Herbert Altrichter · Katharina Maag Merki (Hrsg.)

Handbuch Neue Steuerung im Schulsystem

Educational Governance
Band 7

Herausgegeben von

Herbert Altrichter
Thomas Brüsemeister
Ute Clement
Martin Heinrich
Roman Langer
Katharina Maag Merki
Matthias Rürup
Jochen Wissinger

Herbert Altrichter
Katharina Maag Merki (Hrsg.)

Handbuch Neue Steuerung im Schulsystem

VS VERLAG FÜR SOZIALWISSENSCHAFTEN

Bibliografische Information der Deutschen Nationalbibliothek
Die Deutsche Nationalbibliothek verzeichnet diese Publikation in der
Deutschen Nationalbibliografie; detaillierte bibliografische Daten sind im Internet über
<http://dnb.d-nb.de> abrufbar.

1. Auflage 2010

Alle Rechte vorbehalten
© VS Verlag für Sozialwissenschaften | GWV Fachverlage GmbH, Wiesbaden 2010

Lektorat: Stefanie Laux

VS Verlag für Sozialwissenschaften ist Teil der Fachverlagsgruppe
Springer Science+Business Media.
www.vs-verlag.de

Das Werk einschließlich aller seiner Teile ist urheberrechtlich geschützt. Jede Verwertung außerhalb der engen Grenzen des Urheberrechtsgesetzes ist ohne Zustimmung des Verlags unzulässig und strafbar. Das gilt insbesondere für Vervielfältigungen, Übersetzungen, Mikroverfilmungen und die Einspeicherung und Verarbeitung in elektronischen Systemen.

Die Wiedergabe von Gebrauchsnamen, Handelsnamen, Warenbezeichnungen usw. in diesem Werk berechtigt auch ohne besondere Kennzeichnung nicht zu der Annahme, dass solche Namen im Sinne der Warenzeichen- und Markenschutz-Gesetzgebung als frei zu betrachten wären und daher von jedermann benutzt werden dürften.

Umschlaggestaltung: KünkelLopka Medienentwicklung, Heidelberg
Druck und buchbinderische Verarbeitung: Rosch-Buch, Scheßlitz
Gedruckt auf säurefreiem und chlorfrei gebleichtem Papier
Printed in Germany

ISBN 978-3-531-16312-3

Inhalt

Vorwort 13

Herbert Altrichter & Katharina Maag Merki
Steuerung der Entwicklung des Schulwesens 15
1 Was heißt „Steuerung" im Schulwesen? 15
2 Was heißt „Governance"? 20
2.1 Mehrzahl von Akteuren in „Akteurskonstellationen" vs. „Regierende" mit unilateraler Einflussrichtung 22
2.2 Handlungskoordination oder Regieren 23
2.3 Verfügungsrechte und Regelungsstrukturen 24
2.4 Mehrebenensystem 24
2.5 Intentionalität und Transintentionalität 26
3 *Governance Studies* – Gesichtspunkte der Erforschung komplexer Gestaltungsverhältnisse im Schulwesen 27
4 Gibt es ein „neues Steuerungsmodell" im Schulwesen? 34
5 Konzept dieses Handbuchs 37

Isabell van Ackeren & Stefan Brauckmann
Internationale Diskussions-, Forschungs- und Theorieansätze zur Governance im Schulwesen 41
1 Im Überblick: Governance als internationales Thema 44
1.1 Begriffsverständnis von „(Good) Governance" 44
1.2 Schubkräfte und Entwicklungslinien veränderter Steuerungs- bzw. Governance-Strategien 46
2 Im Fokus: Governance in ausgewählten Ländern 49
2.1 Niederlande: Zwischen traditioneller Schulautonomie und dem Bedarf der Rechenschaftslegung 51
2.2 England: Zwischen Wettbewerbsstrategien zur Leistungssteigerung und dem Bedarf der Förderung sozialer Gerechtigkeit 55
3 Fazit 60

Kathrin Dedering
Entscheidungsfindung in Bildungspolitik und Bildungsverwaltung 63
1 Veränderung von Steuerungsvorstellungen 63
2 Organisatorischer Hintergrund der Entscheidungsfindung 66

3	Evidenzbasierte Entscheidungsfindung in Bildungspolitik und -verwaltung als Gegenstand der Forschung	67
3.1	Das Projekt „MiSteL" als Ausgangspunkt	68
3.1.1	Projektkonzeption	68
3.1.2	Befunde zum Prozess der Evidenzverarbeitung	69
3.1.3	Befunde zur Instrumentalität der Evidenznutzung	69
3.1.4	Befunde zur Rationalität der Evidenznutzung	70
3.1.5	Befunde zur Beteiligung weiterer Akteure an der Evidenzverarbeitung	72
3.2	Befunde zur evidenzbasierten Entscheidungsfindung aus anderen Studien	73
3.2.1	Befunde zum Prozess der Evidenzverarbeitung	73
3.2.2	Befunde zur Instrumentalität der Evidenznutzung	76
3.2.3	Befunde zur Rationalität der Evidenznutzung	77
3.2.4	Befunde zur Beteiligung weiterer Akteure an der Evidenzverarbeitung	78
4	Resümee und Perspektiven	78

Yvonne Brückner & Mareike Tarazona
Finanzierungsformen, Zielvereinbarung, New Public Management, Globalbudgets ... 81

1	New Public Management, Paradigmenwechsel und Modelle „neuer Schulfinanzierung"	82
1.1	New Public Management und Paradigmenwechsel in der Schulsteuerung	82
1.2	Theoretischer Hintergrund	85
2	Praktische Modelle der Schulfinanzierung, erwartete Effekte und Wirkungserfahrungen	88
2.1	Eher staatlich orientierte Finanzierungsmodelle	89
2.1.1	Dezentrale Ressourcenverantwortung – Globalbudgets	89
2.1.2	Indikatorgesteuerte Mittelzuweisung	94
2.2	Eher marktliche Finanzierungsmodelle	97
2.3	Flankierende Maßnahme: Zielvereinbarungen	101
3	Bewertung der Befundlage und Ausblick	107

Herbert Altrichter & Matthias Rürup
Schulautonomie und die Folgen ... 111

1	Schulautonomie – Konzept und Bedeutungen	112
1.1	Bedeutungen und Wirkungsannahmen	112

1.2	Autonomiediskurs und Autonomiegesetzgebung in deutschsprachigen Ländern	120
2	Die Erforschung der Schulautonomie	127
2.1	Ausgestaltung von Schulautonomie-Politiken in verschiedenen Schulsystemen	127
2.2	Wirkungen von Schulautonomie	132
2.3	Prozesse der Schulautonomisierung am Beispiel der Profilierung von Schulen und Klassen	136
3	Resümee und Perspektiven	142

Katharina Maag Merki
Theoretische und empirische Analysen der Effektivität von Bildungsstandards, standardbezogenen Lernstandserhebungen und zentralen Abschlussprüfungen ... 145

1	Konzeptionelle Klärungen	146
1.1	Bildungsstandards als Inputfaktor	146
1.2	Standardisierte Lernstandserhebungen und zentrale Abschlussprüfungen als outputüberprüfende Verfahren	147
2	Aktueller Stand im internationalen Vergleich	149
3	Theoretisches Wirkungsmodell	151
4	Empirische Studien zur Überprüfung der Wirksamkeit von Bildungsstandards, standardbezogenen Lernstandserhebungen und zentralen Abschlussprüfungen	155
4.1	Empirische Ergebnisse zur Steuerungsmaßnahme „No child left behind" in den USA	155
4.1.1	Effekte auf die Lern- und Leistungsergebnisse der Schüler/innen	155
4.1.2	Effekte auf die schulischen und unterrichtsbezogenen Prozesse	156
4.2	Empirische Befunde zur Effektivität zentraler Abschluss- bzw. Abiturprüfungen	160
4.2.1	Effekte auf die Lern- und Leistungsergebnisse der Schüler/innen	160
4.2.2	Effekte auf die schulischen und unterrichtsbezogenen Prozesse	163
5	Resümee und Perspektiven	164

Martin Heinrich & Jürgen Kussau
Das Schulprogramm zwischen schulischer Selbstregelung und externer Steuerung ... 171

1	Zum Wandel der Schulprogrammarbeit	171
2	Zum Problem der unübersichtlichen Forschungslage zur Schulprogrammarbeit	175
3	Intra-organisationale Governance der Schulprogrammarbeit	178

4	Von der intra-organisationalen zur inter-organisationalen Governance der Schulprogrammarbeit	182
5	Zum Wandel der Wirkungsvorstellungen der Schulprogrammarbeit	189
6	Governanceperspektivische Überlegungen zur Schulprogrammarbeit	193

Nils Berkemeyer & Sabine Müller
Schulinterne Evaluation – nur ein Instrument zur Selbststeuerung von Schulen? 195

1	Begriffliche Klärungsversuche und theoretische Überlegungen	196
2	Anwendungsfelder schulinterner Evaluation	200
2.1	Bestandsaufnahme	201
2.2	Feedback	202
2.3	Selbstevaluation	203
2.4	Interne Evaluation	203
2.5	Schulinternes Qualitätsmanagement	203
3	Funktionen schulinterner Evaluation für die Gesamtsystemsteuerung	205
3.1	Evaluation und professionelle Selbststeuerung	206
3.2	Evaluation im Kontext von Organisationsentwicklung, Qualitätsentwicklung und Organisationslernen	206
3.3	Evaluation als Controlling	207
3.4	Evaluation zur Rechenschaftslegung	208
4	Empirische Befunde zu Prozessen und Wirkungen schulinterner Evaluation	209
4.1	Empirische Befunde im deutschsprachigen Raum	209
4.2	Empirische Befunde im anglo-amerikanischen Raum	211
5	Voraussetzungen schulinterner Evaluation	213
5.1	Innerschulische Voraussetzungen für Evaluation	213
5.2	Externe Voraussetzungen schulinterner Evaluation	214
6	Überlegungen zu einem Angebot-Nutzungs-Modell schulinterner Evaluation	215
7	Resümee und Forschungsperspektiven	217

Herbert Altrichter
Schul- und Unterrichtsentwicklung durch Datenrückmeldung 219

1	Der Stellenwert von Datenfeedback in „neuen Steuerungsmodellen" des Schulwesens	219
1.1	Feedback und der basale „Regelkreis" evidenzbasierter Schul- und Unterrichtsentwicklung	219
1.2	Einige begriffliche Unterscheidungen	223

1.3	Datenfeedback in der deutschsprachigen Schulpolitik	226
1.4	Wirkungsmodelle der evidenzbasierten Unterrichts- und Schulentwicklung	228
2	Entwicklung durch Datenfeedback im Spiegel empirischer Untersuchungen	231
2.1	Datenrückmeldung in der internationalen Forschung	231
2.2	Studien aus dem deutschsprachigen Raum	234
2.3	Mögliche Erklärungen	237
2.3.1	Qualität der Rückmeldung	237
2.3.2	Akzeptanz, Kompetenz und „Grundüberzeugungen" von Lehrpersonen	239
2.3.3	Organisation der Einzelschule und Kultur im Kollegium	243
2.3.4	Implementation und Unterstützungsleistungen	244
2.3.5	Fordernde und fördernde Systemstrukturen	245
2.3.6	Interpretationen aus der Feedbackforschung	246
2.3.7	Handlungsmodell und Lernnotwendigkeiten	248
2.3.8	Innovationen im Mehrebenensystem	249
3	Resümee und Perspektiven	251

Ewald Terhart
Personalauswahl, Personaleinsatz und Personalentwicklung an Schulen . 255

1	Der Kontext	257
2	Die Differenz	258
3	Die Möglichkeiten	261
3.1	Personalrekrutierung	263
3.2	Personalbeurteilung	266
3.3	Personalqualifizierung	272
4	Schluss	275

Martin Bonsen
Schulleitungshandeln | 277

1	Veränderte Aufgaben der Schulleitung im Mehrebenensystem Schule	277
1.1	Die Schulleitung als Akteur im Mehrebenensystem	278
1.2	Dezentralisierung von Managementaufgaben	280
1.3	Implizite und explizite Annahmen zur Wirksamkeit von Schulleitungshandeln auf die Effektivität der Einzelschule	281
2	Empirische Studien zur Schulleitung	284
2.1	(Ziel)-Führung und Evaluation	285

2.2	Kooperative Arbeitsweisen und professionelle Entwicklung von Lehrkräften	289
2.3	Delegation und verteilte Führung	291
3	Resümee und Perspektive	293

Hans-Georg Kotthoff & Wolfgang Böttcher
Neue Formen der „Schulinspektion": Wirkungshoffnungen und Wirksamkeit im Spiegel empirischer Bildungsforschung ... 295

1	Bedeutung und Genese der „Schulinspektion" in den deutschsprachigen Schulsystemen	296
2	Wirkungsmodelle und „Wirkungshoffnungen" der Schulinspektion	301
3	Schulinspektionsmodelle im internationalen Vergleich	304
3.1	Schulinspektion in England: Steigerung von Schülerleistungen durch Wettbewerb	304
3.2	Schulinspektion in Deutschland: Schulentwicklung durch Einsicht – das Beispiel Baden-Württemberg	306
4	Akzeptanz und Wirksamkeit der Schulinspektion im Spiegel empirischer Bildungsforschung	309
4.1	Zur Akzeptanz und Wirksamkeit der Schulinspektion: empirische Befunde aus England	309
4.2	Zur Akzeptanz und Wirksamkeit der Schulinspektion: empirische Befunde aus Baden-Württemberg	315
5	Resümee: Bildungspolitische Konsequenzen und Forschungsperspektiven	320

Kathrin Fussangel, Matthias Rürup & Cornelia Gräsel
Lehrerfortbildung als Unterstützungssystem ... 327

1	Einleitung	327
2	Die Lehrerfortbildung als Unterstützungssystem – eine Zustandsbeschreibung	331
2.1	Definition und Inhalte	331
2.2	Differenzierung von Formen der Lehrerfortbildung	332
2.2.1	Formale vs. non-formale Fortbildung von Lehrkräften	332
2.2.2	Träger der Lehrerfortbildung	334
2.2.3	Organisatorische Merkmale von Fortbildungen	337
2.2.4	Didaktisch-methodische Merkmale der Lehrerfortbildung	338
3	Befunde zur Wirksamkeit von Lehrerfortbildungen	340
3.1	Veränderungen im professionellen Wissen und Handeln der Lehrkräfte	341
3.2	Wirkungen auf Schülerinnen und Schüler	348

| 4 | Forschungsbedarfe und Forschungsfelder | 351 |
| 5 | Ausblick | 354 |

Marcus Emmerich
Regionalisierung und Schulentwicklung: Bildungsregionen als Modernisierungsansätze im Bildungssektor ... 355
1	Regionalisierung im Bildungssektor: Governanceanalytische Prämissen	357
1.1	Dezentralisierung – Rezentralisierung – Regionalisierung	358
1.2	Akteur und Interdependenz	360
1.3	Bezugsprobleme und Differenzierungsanlässe	362
2	Regionalisierung in der erziehungswissenschaftlichen Forschung	363
3	Fallstudie Baden-Württemberg	366
3.1	Programmatische Zielsetzungen des Regionalisierungsprojekts	366
3.2	Ausgangssituation der Schulen vor Beginn des Regionalisierungsprojekts	367
3.3	Schulentwicklung und schulische Steuerungsstrukturen	368
3.4	Schulische Qualitätsentwicklung im regionalen Kontext	370
3.5	Bezugsprobleme regionaler Vernetzung	373
4	Schlussbetrachtung: Regionalisierung und Schulentwicklung	374

Matthias Rürup, Hans-Werner Fuchs & Horst Weishaupt
Bildungsberichterstattung – Bildungsmonitoring ... 377
1	Bildungsberichte als Steuerungsinstrument	378
1.1	Definitorische Abgrenzungen	378
1.2	Konzeptionelle Merkmale von Bildungsberichten	379
1.3	Erwartungen an die Bildungsberichterstattung	385
2	Forschung zur Wirksamkeit von Bildungsberichten	387
2.1	Zum Stand der Implementation von Bildungsberichten	387
2.2	Befunde zur Wirksamkeit von Bildungsberichten	390
3	Theoretische Perspektive: Verwendungsforschung	397
4	Zusammenfassung und Ausblick	399

Katharina Maag Merki & Herbert Altrichter
Empirische Erforschung schulischer Governance.
Eine Zwischenbilanz und offene Forschungsfragen ... 403

Literatur ... 409

Autorinnen und Autoren ... 465

Vorwort

Handbuch Neue Steuerung im Schulsystem

Das vorliegende Handbuch ist zum einen geprägt durch ein Forschungsinteresse, das die Gestaltung des Schulsystems unter Berücksichtigung seiner Mehrebenenarchitektur und der komplexen Handlungskoordinationen der involvierten Akteure auf der Basis theoretischer Modelle und empirischer Ergebnisse beschreiben und verstehen möchte.

Zum anderen stellen die in den deutschsprachigen Ländern zu beobachtenden intensiven Reformbemühungen in Richtung eines „Umbaus" des Steuerungssystems von einer „Input-Steuerung" zu einer „Output-Steuerung" bzw. „evidenzbasierten Steuerung" und die Implementation einer grossen Anzahl neuer Steuerungsinstrumente einen Kontext dar, der der Analyse bedarf.

Ziel dieses Handbuchs ist es, die Wirkungserwartungen, die an diesen „Umbau" gestellt werden, an einer systematischen theoretischen Klärung und empirischen Überprüfung zu spiegeln und den Forschungsstand sowie dessen Defizite darzustellen.

Wir hoffen, mit diesem Band einen anregenden Überblick über die aktuelle Steuerungsdiskussion und ihre Erforschung vorzulegen. Unser Dank geht an die Autorinnen und Autoren, die – wie meist bei editorisch anspruchsvolleren Projekten – bei einigen Verbesserungsrunden mitgemacht haben, an Frau Laux vom VS Verlag für Sozialwissenschaften, die das Projekt von Anfang an ermutigt und betreut hat, sowie an die Kolleginnen und Kollegen der Arbeitsgemeinschaft School Governance (ASG), die zu verschiedenen Zeitpunkten kritische und ermutigende Rückmeldung geboten haben.

Ein besonderer Dank geht auch an die Mitarbeitenden, die die Erstellung dieses Bandes im Schlussspurt tatkräftig unterstützt haben. Es sind dies insbesondere Gudrun Rieß und Christoph Helm von der Johannes Kepler Universität Linz für das Lektorat und die Manuskriptgestaltung. Peter Boos von der Universität Zürich danken wir für das erste Korrekturlesen.

Herbert Altrichter, Linz   Katharina Maag Merki, Zürich

Herbert Altrichter & Katharina Maag Merki

Steuerung der Entwicklung des Schulwesens

Seit Anfang der 1990er Jahren erleben die deutschsprachigen Schulsysteme eine neue Reformphase. Sowohl in der bildungspolitischen und akademischen „Modernisierungs"-Debatte (vgl. Brüsemeister & Eubel 2003) als auch in den letztlich umgesetzten Entwicklungsmaßnahmen erhielt die *Frage, wie denn eine Steuerung der weiteren Entwicklung des Schulwesens mit Bezug auf eine optimale Zielerreichung in ökonomischer Weise geleistet werden könnte,* nach und nach zentralen Stellenwert (vgl. Altrichter, Brüsemeister & Heinrich 2005a). Das vorliegende Handbuch setzt sich als Aufgabe, eine erste Bilanz dieser wissenschaftlichen und bildungspolitischen Aufmerksamkeit auf Steuerung zu legen und fragt, welche Entwicklungslogiken und welche empirischen Erfahrungen hinter Steuerungsargumenten und -reformen stehen und inwiefern sich die theoretisch postulierten Wirkungen in den empirisch zu beobachtenden Ergebnissen widerspiegeln.

In dieser Einführung wollen wir zunächst einige Klärungsvorschläge zu den zentralen Konzepten „Steuerung" und „Governance" anbieten (vgl. Kap. 1 u. 2). Sodann stellen wir eine kurze Skizze unterschiedlicher Akzentuierungen der gegenwärtigen Reformen des Schulwesens zur Diskussion (vgl. Kap. 3). In Kap. 4 formulieren wir eine Reihe von Ansprüchen und Herausforderungen, deren sich die Erforschung von Steuerungsvorgängen im Schulwesen gegenübersieht. Abschließend erläutern wir Konzept, Gesichtspunkte der Gestaltung und Aufbau dieses Handbuchs.

1 Was heißt „Steuerung" im Schulwesen?

Dass Fragen der „Steuerung" der weiteren Entwicklung des Schulwesens im Zentrum bildungspolitischer Überlegungen und Innovationsankündigungen stehen, ist eindeutig ein neues Phänomen der aktuellen Reformphase. Dennoch haben in der jüngeren Geschichte der deutschsprachigen Schulsysteme seit dem 2. Weltkrieg Steuerungsüberlegungen in verschiedener konzeptueller und verbaler Gestalt ihre Konjunkturen erlebt, wie Schimank (2009) und Berkemeyer (2009) kürzlich dargelegt haben.

Steuerungsvorstellungen materialisierten sich zunächst in den 1960er Jahren im Begriff der „Planung", der davor – wegen der „Systemkonkurrenz mit der Planwirtschaft" – auf der Ebene der öffentlichen Verwaltung verpönt gewesen war.

„Das änderte sich, als in den 1960er Jahren zum einen eine bewusst Keynesianische Wirtschaftspolitik begonnen wurde, die durch eine vorausschauende antizyklische staatliche Konjunkturlenkung dauerhafte gesamtwirtschaftliche Stabilität gewährleisten wollte. Zum anderen begann der Staat eine längerfristigere und an ehrgeizigen Reformzielen orientierte Planung seiner Tätigkeit in den verschiedenen Ressorts" (Schimank 2009, S. 2).

Auch unterstützt durch Initiativen der Organisation für wirtschaftliche Zusammenarbeit und Entwicklung (OECD) wurde – angesichts des quantitativen Ausbaus von Schul- und Hochschulsystemen – „Bildungsplanung" ein Gesichtspunkt staatlicher Politik. Bis in die Mitte der 1970er Jahre war diese geprägt durch einen „technokratisch motivierten Gestaltungsoptimismus" und die „Vorstellung einer primär etatistischen Gestaltung gesellschaftlicher Felder durch die Politik, mit der Ministerialbürokratie – nicht etwa dem Parlament – als zentralem Gestaltungssubjekt" (ebd., S. 2ff.).

Mit der Zeit wurden die Schwächen plandeterminierter Bildungsreform deutlich: Je nach Perspektive war die Wissensbasis für die vorsorgliche Gestaltung des „Master-Plans" – übrigens ein Konzept, das einen neuen Frühling zu erleben scheint – zu schmal oder die Akteure, die die Reformen umsetzen sollten, erwiesen sich als „unkooperativ", „unqualifiziert" oder auf anderen Weise „widerständig". Jedenfalls stellten sich Bildungsreformen als „komplexe Konstellationen individueller und kooperativer Akteure mit je eigenen Interessen und Einflusspotenzialen" (ebd., S. 3) und als längerfristiges Unternehmen mit schwer vorhersagbaren Ergebnisses heraus. Oder wie Pressmann & Wildavsky (1973) eine Geschichte der Implementation eindringlich titelten: „How Great Expectations in Washington Are Dashed in Oakland". Enttäuschte Reformhoffnungen hatten eine Zeit lang zu einem Erstarken planungs- und steuerungsskeptischer Ansätze in Sozialforschung und Bildungspolitik geführt. Diese kamen beispielsweise wissenschaftlich in manchen systemtheoretischen Interpretationen (vgl. Schimank 2006, S. 283) zum Ausdruck oder politisch in der Propagierung eines anti-etatistischen Typus marktlicher Koordination der Thatcher-Politik. In unseren Breiten zeigten sie sich häufiger in weicheren Formen der Stagnation bildungspolitischen Gestaltungswillens und des Rückzugs auf den Bereich „innerer Schulreform".

Jüngst – insbesondere seit dem PISA-Schock 2001 – hat aber der Druck auf Bildungspolitik und -verwaltung, rasch wirksame Schulreformen zu setzen, deutlich zugenommen (vgl. Altrichter & Heinrich 2007). Der daraus entstandene Reformdiskurs wird mehr und mehr als ein „Steuerungsdiskurs" geführt: Nicht nur die Frage, wie denn die Bildungsreform zu „steuern" wäre, beschäftigt die Bildungsreformer/innen. Vielmehr werden – gleichsam eine Ebene höher – die Steuerungsmodi im Bildungswesen, die die Zeiten des quantitativen Ausbaus und der Schulsystemdiskussionen in großer Stabilität überstanden hatten, selbst in den Fokus genommen. Im Zentrum steht dabei die Leitfrage: Wie kann die Steuerungsstruktur des Schulwesens (die Art und Weise, wie seine Ordnung und seine Leistung zustande kommen und sich weiterentwickeln) rasch und zielgerichtet so verändert werden, dass qualitätsvolle Ergebnisse – und bessere Ergebnisse als bisher – ökonomisch erbracht werden können?

Es ist nachgrade erstaunlich, wie schnell die Rede von der „Systemsteuerung" einen zentralen Stellenwert in den Aussagen von Bildungspolitiker/innen und -forscher/innen erreicht hat. Dabei werden oft anschauliche Bilder verwendet, wie jene der „Stellschrauben" oder „Eingriffshebel", an denen man manipulieren müsste, um Veränderungen an den verschiedensten Stellen des Systems zu erzielen. Ihr häufiges Auftauchen deutet wohl auch darauf hin, dass wir noch nicht allzu viel über die Wirkungsweise solcher Systemsteuerung wissen und daher zu anschaulichen, aber noch nicht treffenden Bildern Zuflucht nehmen müssen.

Kann man heute von „Steuerung" sprechen, ohne gleich dem Verdikt zu verfallen, ein „naiver Planungsoptimist" oder „Machbarkeitsfetischist" zu sein? Unserer Meinung nach kann man dies, allerdings nur unter Berücksichtigung verschiedener Präzisierungen und Einschränkungen. So sollte ein sozialwissenschaftlich begründeter Begriff von „Steuerung" insbesondere ein Bewusstsein der Grenzen direkter Steuerbarkeit zum Ausdruck bringen. Die wichtigsten Bestimmungsstücke eines solchen erweiterten Steuerungskonzepts scheinen uns zu sein:

(1) Viele Steuerungsakteure mit multiplen Interessen: Es gibt viele explizite und implizite „Steuerleute", die die Entwicklung eines Systems intentional beeinflussen, und zwar nicht nur an der Spitze der Hierarchie, sondern an vielen Stellen. „Steuerung" ergibt sich aus den Transaktionen aller relevanter Systemmitspieler/innen, die sich mit unterschiedlichen Interessen und durchaus unterschiedlicher Gestaltungs- und Verhinderungsmacht an der Gestaltung und an der Leistung ihres Systems beteiligen.

(2) Akteure und Systeme mit Eigenlogiken und Eigendynamiken: Die zweite wichtige Einsicht besteht darin, dass weder das Gestaltungs-„Objekt" noch die Steuerungs-„Subjekte" still halten, wenn die Reformer/innen zu Werke gehen.

Eine Steuerungsvorstellung muss von „autonomen Eigendynamiken" ausgehen – davon, dass alle Elemente einer Reform sich ohnehin entwickeln, und dass diese Entwicklungen nach einer Logik geschehen, die nicht mit der eigenen identisch ist und daher in der Regel nicht umstandslos begriffen wird. Diese Idee ist am radikalsten in Luhmanns Rede von der Eigenkomplexität und selbstreferenziellen operativen Geschlossenheit sozialer Systeme zum Ausdruck gekommen (vgl. Luhmann 1997, S. 68), findet sich aber in anderen Sozialtheorien in verschiedenen Gestalten wieder (vgl. Sydow & Windeler 2000, S. 6).

> Durch „Steuerung soll seine *autonome Dynamik* [des Systems; d.Verf.] *gezielt* geändert werden, sei es, dass eine bestimmte Struktur entgegen bestehenden Veränderungstendenzen bewahrt, ein spontaner Wandlungsprozess umgelenkt oder auch eine aus sich heraus stabile Struktur verändert werden soll." (Mayntz 1997, S. 191)

(3) „Verselbständigung und Verschränkung" – keine direkte Steuerung, aber indirekte Beeinflussung durch „aktive Übersetzungsvorgänge": Diese „Eigensinnigkeit", diese „Verselbständigung" sozialer Systeme und sozialer Akteure verhindert, dass Externe direkt in ihre Steuerung eingreifen. Gleichwohl sind die sozialen Systeme nicht selbständig bis zum Autismus, vielmehr sind System und Umwelt miteinander „verschränkt", sind „systematisch miteinander verbunden" (Sydow & Windeler 2000, S. 7). Dies gilt auch für die Systemtheorie, die dafür den Mechanismus „strukturelle Kopplung" formuliert hat (vgl. Luhmann 1997, S. 100f.). In der Strukturationstheorie von Anthony Giddens (1992) wird die Relation zwischen System und Umwelt (die eine Voraussetzung für Steuerung und Beeinflussung ist) über das Konzept des *„reflexive monitoring"* thematisiert. Durch diesen Prozess beziehen sowohl soziale Systeme als auch Akteure Anforderungen ihrer Umwelt „reflexiv" in ihre Praktiken mit ein. Akteure nehmen

> „externe Anforderungen aus Politik, Recht, Ökonomie und Kultur sowie Erwartungen von Wettbewerbern, Kunden, Zulieferern und anderen Sozialsystemen reflexiv mit in ihr Handeln auf. Gleichzeitig beeinflussen sie sowohl das individuelle Handeln anderer Akteure als auch, soweit viele so handeln, die Konstitution sozialer Systeme." (Sydow & Windeler 2000, S. 8f.)

Bemerkenswert ist, dass sowohl bei Giddens als auch bei Luhmann das Verhältnis zwischen System und Umwelt *selektiv* und *aktiv-konstruktiv* konzipiert wird: Systeme beschäftigen sich nicht mit allen externen Irritationen (bei Luhmann), Akteure/Systeme nehmen nicht alle externen Anforderungen in gleicher Weise wahr (bei Giddens), sondern selegieren diese entsprechend ihrer internen Logiken und nutzen dabei Spielräume. Bei systeminternen „Irritationen" handelt es

„sich immer um ein systemeigenes Konstrukt, immer um Selbstirritation – freilich aus Anlass von Umwelteinwirkungen. Das System hat dann die Möglichkeit, die Ursache der Irritation in sich selber zu finden und daraufhin zu lernen oder die Irritation der Umwelt zuzurechnen und sie daraufhin als ‚Zufall' zu behandeln oder ihre Quelle in der Umwelt zu suchen und auszunutzen oder auszuschalten. (…) Dauerirritationen eines bestimmten Typs (…) lenken die Strukturentwicklungen in bestimmte Richtung, weil diese Systeme sehr spezifischen Irritationsquellen ausgesetzt sind und sich daher dauernd mit ähnlichen Problemen beschäftigen." (Luhmann 1997, S. 118f.)

Was dann als externe Irritation oder Anforderung wahrgenommen wird, erfordert aktive Wahrnehmungs-, Verarbeitungs- und Übersetzungsleistungen des Systems. „Externe Einflussnahmen fließen so nur über systeminterne Konstruktionen in die Prozesse und Praktiken der Systeme ein" (Sydow & Windeler 2000, S. 7). Es klingt paradox, aber Beeinflusstwerden setzt einen aktiven Vorgang, eine Mitarbeit des Beeinflussten voraus. Fend (2006a) hat diesen Sachverhalt durch das Konzept der *Rekontextualisierung* zum Ausdruck gebracht. Ihm geht es dabei

„um eine handlungstheoretisch adäquate Abbildung des Gesamtzusammenhanges der inneren Struktur des institutionellen Akteurs ‚Bildungswesen' und um die adäquate Beschreibung der Form des ‚Zusammenhandelns' innerhalb des Bildungssystems" (ebd., S. 174).

Das Handeln auf einer Ebene eines Mehrebenensystems impliziert, dass die

„übergeordnete Ebene für die untergeordneten als Kontext präsent ist, aber im Rahmen der ebenenspezifischen Umweltbedingungen und Handlungsressourcen reinterpretiert und handlungspraktisch transformiert wird. Die übergeordnete Ebene bleibt also erhalten, wird aber gleichzeitig verändert" (ebd., S. 181).

(4) Intentionale Gestaltung mit teilweise transintentionalen Ergebnissen: Steuerungsakteure handeln intentional und „rational" in dem Sinn, dass sie ihre Handlungen so setzen, dass sie Entwicklungen im Sinne ihrer Intentionen zu „steuern" versuchen. Allerdings haben wir in „normal komplexen" Situationen eine Vielzahl solcher Steuerungsakteure mit mehr oder weniger divergierenden Intentionen: Die Möglichkeit ihrer „Rationalität" ist begrenzt. Die Akteure sind „nicht in der Lage (…), alles Geschehen reflexiv zu erfassen und zu steuern. Das „reflexive monitoring", die Steuerungsfähigkeit individueller Akteure oder sozialer Systeme, ist systematisch immer begrenzt" (Sydow & Windeler 2000, S. 9).

Obwohl Akteure also weithin beabsichtigen, „intentional" und „rational" zu handeln, sind – aufgrund der multiplen, sich überlagernden und interferierenden

Prozesse sowie der „bounded rationality" ihrer Handlungen – viele bedeutsame Dynamiken und Wirkungen ihrer Handlungen transintentional. Unintendierte Konsequenzen des Handelns können ihnen wieder als unerkannte Voraussetzungen eigenen Handelns gegenübertreten (vgl. Sydow & Windeler 2000, S. 9).

Diese vier Eckpunkte eines erweiterten Steuerungskonzeptes erfordern sicherlich einen Abschied von „plandeterminierten Vorstellungen von Steuerung". Gleichwohl setzen Akteure Handlungen und treffen Entscheidungen, die weitere Handlungen und Entscheidungen relevanter Akteure in *bestimmter* Richtung und „mehr als nur punktuell (...) beeinflussen" (Sydow & Windeler 2000, S. 3).

Über „Steuerung" zu sprechen impliziert nicht die Annahme, dass Steuerungsintentionen zu 100 % in entsprechende Folgehandlungen umgesetzt würden; nicht, dass Steuerungshandlungen ohne Nebenwirkungen abliefen oder keine „transintentionalen Effekte" erzeugten; nicht, dass sie gleichsam „automatisch" ohne individuelle und soziale Vermittlungsschritte abliefen. „Steuern" heißt aber doch, dass intentional – begründet durch eine gewisse (Steuerungs-)Logik – oder transintentional – durch anders motivierte Handlungsbeiträge – die Zufälligkeit oder Beliebigkeit von Folgehandlungen eingeschränkt wird. Steuerungsskepsis ist hier nur angemessen. Angesichts vieler Beispiele versagender Steuerung aber Steuerungsabstinenz zu fordern oder von einer Nicht-Steuerbarkeit von Systemen auszugehen, hieße, reales und notwendiges soziales Verhalten aus dem analytischen Blick zu drängen oder zu übersehen, dass gesellschaftliches Handeln immer Handeln in hierarchisierten Systemen ist. Vielmehr geht es darum, Beispiele *relativ* gelingender und versagender „Steuerung" im Kontrast zu untersuchen, um die Bedingungen und Prozesse von „Steuerung" besser zu verstehen. Dazu braucht es einerseits theoretisch fundiertes analytisches Inventar und andererseits empirische Forschung.

2 Was heißt „Governance"?

Mit dem Konzept „Governance" werden die „Koordination und Steuerung interdependenter Handlungen gesellschaftlicher Akteure" bzw. allgemeiner „Regelungsaspekte in komplexen Strukturen" (Benz 2004, S. 17) thematisiert. Die „Governance-Perspektive" als Forschungsansatz will verstehen, was „Steuern von sozialen Systemen" heißen könnte und will eine differenziertere Antwort auf die Fragen der Systemgestaltung geben; eine Antwort, die die Extrempositionen eines Planungs- und Steuerungsoptimismus und ebenso eines Steuerungsdefätismus vermeidet.

Der *Begriff „Governance"* wird seit den 1980er Jahren in den Politik- und Sozialwissenschaften für die Konzeptualisierung von Phänomenen verwendet, die vorher als „Regieren" oder „Steuern" bezeichnet worden waren (vgl. Benz 2004, S. 15ff.; Brand 2004; Schneider & Kenis 1996).

„Ordnungspolitik bzw. Governance ist die Gesamtheit der zahlreichen Wege, auf denen Individuen sowie öffentliche und private Institutionen ihre gemeinsamen Angelegenheiten regeln. Es handelt sich um einen kontinuierlichen Prozess, durch den kontroverse und unterschiedliche Interessen ausgeglichen werden und kooperatives Handeln initiiert werden kann. Der Begriff umfasst sowohl formelle Institutionen und mit Durchsetzungsmacht versehene Herrschaftssysteme als auch informelle Regelungen, die von Menschen und Institutionen vereinbart oder als im eigenen Interesse angesehen werden." (Commission on Global Governance 1996, S. 4)

Als *„konstanten Begriffskern"* verschiedener Ausformungen des Governance-Konzepts fasst Benz (2004, S. 25) zusammen:

1. „Governance bedeutet Steuern und Koordinieren (oder auch Regieren) mit dem Ziel des Managements von Interdependenzen zwischen (in der Regel kollektiven) Akteuren.
2. Steuerung und Koordination beruhen auf institutionalisierten Regelsystemen, welche das Handeln der Akteure lenken sollen, wobei in der Regel Kombinationen aus unterschiedlichen Regelsystemen (Markt, Hierarchie, Mehrheitsregel, Verhandlungsregeln) vorliegen.
3. Governance umfasst auch Interaktionsmuster und Modi kollektiven Handelns, welche sich im Rahmen von Institutionen ergeben (Netzwerke, Koalitionen, Vertragsbeziehungen, wechselseitige Anpassung im Wettbewerb).
4. Prozesse des Steuerns bzw. Koordinierens sowie Interaktionsmuster, die der Governance-Begriff erfassen will, überschreiten in aller Regel Organisationsgrenzen, insbesondere aber auch die Grenzen von Staat und Gesellschaft, die in der politischen Praxis fließend geworden sind. Politik in diesem Sinne findet normalerweise im Zusammenwirken staatlicher und nichtstaatlicher Akteure (oder von Akteuren innerhalb und außerhalb von Organisationen) statt."

Mit dem Steuerungsverständnis, wie wir es im vorigen Abschnitt skizziert haben, sind diese Bestimmungen gut vereinbar. Von daher ergibt sich keine Notwendigkeit auf den Begriff der „Steuerung" zu verzichten und ihn etwa durch „Governance" zu ersetzen, wie dies an anderen Stellen vorgeschlagen wird (z.B. Mayntz 2004, S. 66). „Governance" ist in unserem Verständnis keine begriffliche oder praktische Alternative zu „Steuerung", sondern entspricht einem Forschungsansatz, der *Steuerungsfragen im breiteren Kontext von Fragen der sozialen Gestaltung in komplexen Systemen thematisiert* (vgl. Schimank 2009). Statt Phänomene der Steuerung vorauszusetzen, versucht die Governance-Perspektive, gleichsam aus einer Metaposition heraus, diese theoretisch und empirisch zu analysieren, unabhängig davon wie direkt oder indirekt bestimmte Zugriffsmöglichkeiten der verschiedenen Akteure gestaltet oder wie viele und welche Akteure in die entsprechenden Handlungen involviert sind.

Der Begriff „Governance" bietet somit – gerade, weil er in der deutschen Sprache und in der Bildungsforschung keine Tradition hat – Chancen, das Handeln der Akteure sowie die gegenseitigen Abhängigkeiten im Mehrebenensystem differenzierter zu beschreiben und dabei bestimmte Koordinationsdefizite oder -leistungen sichtbar zu machen. „Governance" ist dann eher ein Kunstbegriff, der das Steuerungsgeschehen fragwürdig macht, und eine Abstrahierung von Konzepten wie „Regierung" oder „Regulierung", die ein gebrochenes Verständnis solcher Konzepte indiziert. Mit dem Begriff „Governance" soll die Untersuchbarkeit und Untersuchungswürdigkeit von Steuerungshandlungen deutlich gemacht und die Komplexität der Steuerungshandlungen im Bewusstsein gehalten werden (vgl. Schimank 2009, S. 5).

War „Governance" vorerst eher ein Konzept, mit dem in Soziologie oder Politikwissenschaft gesellschaftliche Strukturierungen und Veränderungen studiert wurden, wird es seit einigen Jahren auch in der Bildungsforschung diskutiert. *Die Governance-Perspektive als Forschungsansatz der Bildungsforschung untersucht in unserem Verständnis*

- *das Zustandekommen, die Aufrechterhaltung und die Transformation sozialer Ordnung und Leistungen im Bildungswesen*
- *unter der Perspektive der Handlungskoordination*
- *zwischen verschiedenen Akteuren*
- *in komplexen Mehrebenensystemen* (vgl. Schimank 2007a; Altrichter & Heinrich 2007; Kussau & Brüsemeister 2007).

Wir erläutern im Folgenden einige Merkmale der Kategorie „Governance", um daran einige spezifische Aufmerksamkeiten und typische Analysefragen einer Governance-Forschung zu verdeutlichen.

2.1 Mehrzahl von Akteuren in „Akteurskonstellationen" vs. „Regierende" mit unilateraler Einflussrichtung

Der Terminus „Governance" will zunächst einmal davon wegbringen, Entwicklung durch unilaterale Maßnahmen verursacht zu sehen. An der Systemgestaltung wirken mehr Akteure als die „Regierenden" und ihre Planungs- und Verwaltungsstäbe mit. Damit Innovationen im Schulalltag spürbar werden, müssen Lehrpersonen und Schulleitungen Innovationsideen aufgreifen und in Handlungen und Organisationsarrangements übersetzen („rekontextualisieren"); müssen unter anderem und nicht zuletzt Schüler/innen die Neuerungen verstehen und ihr Handeln partiell umstellen (und brauchen dafür vielleicht eine gewisse Hilfe oder zumindest Verständnis bei den Eltern); müssen verschiedene Vermittlungsinstitutionen, wie Schulaufsicht, Fortbildungseinrichtungen, Schulbuchverlage usw. Unterstützung anbieten.

Governance als Forschungsansatz geht davon aus, dass für eine angemessene Beschreibung und Erklärung von Prozessen der Systemgestaltung und -veränderung von einer – empirisch zu bestimmenden – Mehrzahl von beteiligten Akteuren ausgegangen werden muss, die in – für den jeweiligen Gestaltungsvorgang charakteristischen – (stabilen oder wechselnden) *Akteurskonstellationen* an der sozialen Koordination mitwirken, wobei diese Mitwirkung mit durchaus *unterschiedlichen Beteiligungs- und Einflusschancen* (vgl. Altrichter & Salzgeber 1996) geschehen kann.

2.2 Handlungskoordination oder Regieren

Mit einem nicht-wertenden Begriff von „Koordination" wird in der Governance-Perspektive die Art und Funktionalität des Zusammenwirkens der verschiedenen Akteure analysiert, ohne vorauszusetzen, wer „steuert" und wer höchstens als „Widerstandsfaktor" einzukalkulieren ist. Es gibt verschiedene Ansätze zur Kategorisierung von *Formen der Handlungskoordination* (vgl. Schimank 2007b; Altrichter & Heinrich 2007, S. 71ff.). Auf einer mikroanalytischen Ebene haben Lange & Schimank (2004, S. 20ff.) vorgeschlagen, Koordination durch „Beobachtung", „Beeinflussung" und „Verhandlung" zu unterscheiden: In *Beobachtungs*-Konstellationen findet „die Handlungsabstimmung allein durch einseitige oder wechselseitige Anpassung an das wahrgenommene Handeln der anderen" statt (ebd., S. 20). Im Modus der *Beeinflussung* (der Beobachtungsbeziehungen voraussetzt) erfolgt die Handlungskoordination „durch den gezielten Einsatz von Einflusspotentialen", wie z.B. von Macht, Geld, Wissen, Emotionen, moralischer Autorität usw. Innerhalb von *Verhandlungs*konstellationen basiert Handlungskoordination schließlich auf der zweiseitigen Ausarbeitung von Vereinbarungen, die ihre bindende Wirkung auch ohne die Aktualisierung von Macht entfalten können.

Auf einer Makroebene werden oft *klassische Modelle der Handlungskoordination*, wie „Hierarchie", „Markt", „Gemeinschaft" oder „Netzwerk" (z.B. Lange & Schimank 2004, S. 22f.), verwendet. Diese sind aus elementaren Governance-Mechanismen zusammengesetzt, aber historisch zu komplexeren Formen der Koordination „institutionell verdichtet" worden (vgl. Kussau & Brüsemeister 2007). Am interessantesten und für die Forschung weiterführend (vgl. Lange & Schimank 2004, S. 15) ist aber wahrscheinlich die auf einer mittleren Abstraktionsebene gelegene *Analyse bereichsspezifischer Governance-Regimes*. Diese versucht die formgebenden Prinzipien und Muster der Handlungskoordination in einem Bereich oder Handlungssektor herauszuarbeiten und zu zeigen, wie die Handlungskoordination in einem spezifischen gesellschaftlichen System durch spezifische Relationierungen (= Handlungen) von Akteuren und Strukturen aufgebaut, aufrechterhalten und transformiert wird. So beschreibt beispielsweise die Forschergruppe um Uwe Schimank (2007a) die gegenwärtigen Transformationen in den europäischen Bildungssystemen als spezifische Konfigurationen von Veränderungen in fünf Analysekategorien, nämlich in Hinblick auf Ausmaß und Form (1) staatlicher Input-Regulierung, (2) der Selbststeuerung der Lehrerprofession, (3) der Außensteuerung substanzieller Ziele, (4) der hierarchischen Selbststeuerung innerhalb der Einzelorganisationen sowie von (5) Konkurrenzdruck und Quasi-Märkten.

2.3 Verfügungsrechte und Regelungsstrukturen

Für eine Governance-Analyse können insbesondere *„strukturierte"* und *„strukturbildende" Handlungen* einen Zugang zur Spezifität sozialer Ordnung verschaffen. Diese sind von als „erratisch" oder „zufällig" erscheinenden Handlungen abzugrenzen und über empirische Analysen zu eruieren. Handlung und Struktur werden damit als aufeinander bezogen verstanden und in ihrer Beziehung analysiert: In diesem Sinne stützt sich alle Handlung auf „Strukturelemente", auf eine „Regelungsstruktur", die *Verfügungsrechte und -fähigkeiten zum Treffen von Entscheidungen* in einer für den jeweiligen sozialen Zusammenhang spezifischen Weise organisiert (vgl. Braun 2001, S. 247; Kussau & Brüsemeister 2007, S. 21ff.). Indem sie dies tut, produziert sie neue Strukturen, auf die sich weitere Handlungen beziehen können. Strukturen werden ihrerseits nur als „gehandelte" (indem sich Akteure auf sie – und sei es nur durch die Unterlassung einer Handlung – beziehen) sozial relevant.

2.4 Mehrebenensystem

Ein weiteres Charakteristikum der Governance-Perspektive besteht darin, dass komplexe soziale Systeme, wie eben auch das Schulsystem, als Mehrebenenphänomene angesehen werden. Diese Bestimmung soll ins Bewusstsein heben, dass in Governance-Analysen alle Akteure – auch wenn sie auf unterschiedlichen Ebenen eines sozialen Systems agieren – einbezogen werden. Dabei gibt es typische Konstellationen von Akteuren, typische „Schichten", auf denen eigene Handlungslogiken herrschen, die sich von jenen auf anderen „Schichten" unterscheiden können.

Manche Autor/innen unterscheiden z.B. eine Mikroebene des unterrichtlichen Interagierens zwischen Lehrpersonen und Schüler/innen, von der Mesoebene der Einzelschule, von der Makroebene des gesamten Schulsystems, seiner Verwaltung und politischen Steuerung sowie schließlich von der intermediären Ebene, die Stützsysteme wie Fortbildung oder auch die Schulaufsicht umfasst. Ob gerade diese Ebenen-Unterscheidung eine kluge ist, dazu gibt es gegenwärtig eine fachliche Diskussion (vgl. Kussau & Brüsemeister 2007; Oelkers & Reusser 2008). Wichtig ist aber, dass durch diese Begrifflichkeit die Aufmerksamkeit auf Fragen *grenzüberschreitender Koordination* zwischen „Systemebenen" gelenkt wird: Die Analyse muss Prozesse und Effekte auf unterschiedlichen Ebenen berücksichtigen; die Intervention sieht sich mit einer Reihe von „Schnittstellenproblemen" konfrontiert, die sich aus den unterschiedlichen Handlungslogiken, Werthierarchien, „Sprachen" und Aufmerksamkeitsprioritäten der „Ebenen" ergeben.

Von ihrem konzeptuellen Potenzial her betrachtet ist es nicht sinnvoll, Governance-Forschung auf die Analyse der Makroebene und auf die Thematisierung von systemischen und organisationellen Fragen zu beschränken. Zum einen interessieren auf der Makro-Ebene nicht nur Strukturfragen, sondern auch jene des interaktionellen, „mikrologischen" Zustandekommens dessen, was uns dann als übergreifende Muster, Regelungen und Strukturen erscheint. Zum andern müssen sich Governance-Analysen nicht auf die Diskussion von Koordinationsleistungen im Mehrebenensystem, *bevor* Schule gestaltet und Unterricht realisiert wird, beschränken, da genau die Interdependenzen der einzelnen Ebenen aufschlussreich für das Verstehen der Handlungen der Akteure und der Leistungen der Systeme sind. Aus der Perspektive der Systemsteuerung und Handlungskoordination muss zudem auf der Meso- und Mikro-Ebene nicht das analytische Instrumentarium gewechselt werden. Auch die Gestaltung von Schule und Unterricht ist eine Koordinationsleistung im Mehrebenensystem, die im Verein mit Handlungskoordinationen auf anderen Systemebenen dazu beiträgt, dass bestimmte Systemleistungen erbracht werden oder eben nicht: Eine größere Anzahl von Lernenden und Lehrenden müssen ihre letztlich individuell gestalteten Lern- und Lehrhandlungen in Abhängigkeit von Kontextfaktoren so koordinieren, dass u.a. bestimmte gesellschaftliche Funktionen erfüllt werden.

2.5 Intentionalität und Transintentionalität

Für Schule, ihren Alltag ebenso wie für Bemühungen zu ihrer Reform, spielt die Intentionalität der Akteure eine große Rolle. Die (meisten) Akteure verbinden Ziele mit ihrer Beteiligung an Schule: Schüler/innen wollen vielleicht „grade mal durchkommen", „eine Sache wirklich verstehen", sich selbst oder anderen „etwas beweisen". Lehrpersonen wollen vielleicht zu einer Verbesserung des Unterrichts beitragen, Ideen der Bildung umsetzen, ihre eigene Arbeitssituationen bewahren oder bloß „den ärgsten Reformunsinn verhindern" (usw. für andere Akteure).

Die Gestalt der Einzelschule wie des gesamten Schulsystems ergibt sich aus der Transaktion der verschiedenen Akteure. Diese ist einerseits als „intentionales Ringen" verstehbar, durch das die Akteure ihre Wertprioritäten explizit und/oder via Handlung als für diesen Kontext leitend (oder zumindest akzeptabel) signalisieren. Allerdings ist zu berücksichtigen, dass gerade im Bildungssystem die Ziele zueinander auch in einem Widerspruch stehen können und somit kaum jemals Zielklarheit für alle Akteure besteht. In dieser Perspektive wird „die genuin *politische* Seite des Geschehens" (Schimank 2009, S. 6) akzentuiert. Gleichzeitig ist auch davon auszugehen, dass nicht nur bewusste, zielfokussierte Handlungen, sondern in relevantem Maße auch unbewusste Handlungen der Akteure die Gestalt der sozialen Systeme beeinflussen. Zudem ergibt sich ein Spannungsfeld zwischen Intentionalität und Wirkungen: Obwohl Akteure intentional handeln, sind viele bedeutsame Dynamiken und Wirkungen ihrer Handlungen *transintentional*. Die Handlungen erzeugen somit nicht-intendierte Wirkungen, unerwartete Nebenfolgen oder nicht vorhergesehene Fernwirkungen. Diese *Transintentionalität* tritt in verschiedenen Formen auf, z.B.:

- Eine Akteurgruppe verbirgt bestimmte Ziele und Wirkungen strategisch vor einer anderen. Transintentional sind diese Ziele und Wirkungen dann freilich nur für letztere, die sich vor vollendete Tatsachen gestellt sehen.
- Prozesse und Wirkungen ergeben sich aus Interaktionsdynamiken gleichsam „unter der Hand", ohne dass sich Intentionen der Akteure auf sie bezogen hätten. Ein Beispiel: Eine Schulleitung, zwei verschiedene Lehrerfraktionen und zwei verschiedene Akteure aus dem Landesschulrat verfolgen in einem Schulentwicklungsprozess jeweils unterschiedliche Ziele. Es ergeben sich Konflikte, Entwicklungsdynamiken und Kompromisse, die niemand so gewollt hat. Die Protagonist/innen werden letztlich von ihren eigenen Ergebnissen überrascht (vgl. Altrichter & Langer 2008).

3 *Governance Studies* – Gesichtspunkte der Erforschung komplexer Gestaltungsverhältnisse im Schulwesen

Governance als Forschungsansatz – Begriffe wie „Governance-Forschung", „Governance-Perspektive" oder „Governance-Studien" werden zu seiner Kennzeichnung verwendet – will das *Zustandekommen, die Aufrechterhaltung und die Transformation sozialer Ordnung und sozialer Leistungen in einem sozialen System* – in unserem Fall im Schulwesen – *verstehen, erklären sowie Strategien für deren Gestaltung entwickeln.*

In einer spezifischen Perspektive geht es also um das „Praktischwerden" von Bildungspolitik, die allerdings nicht als durch einige wenige Politiker/innen determiniert verstanden wird, sondern die ihre gesellschaftliche Wirksamkeit erst durch vielfältige Aneignungs-, Abstoßungs- und Transformationsprozesse unterschiedlicher Akteure auf verschiedenen „Ebenen" erhält. Damit ist ein Typ von *policy studies* angesprochen, der in der deutschsprachigen Erziehungswissenschaft wenig Tradition hat. Nachfolgend wollen wir einige mögliche Bestimmungsstücke eines solchen Ansatzes der Governance-Forschung zur Diskussion stellen.

(1) Governance-Studien beziehen unterschiedliche theoretische Ansätze in die eigenen Analysen mit ein. Sie sind damit für verschiedene sozialwissenschaftliche Theorieansätze offen. Allerdings zeichnet sich die Governance-Perspektive durch einen Satz von gemeinsamen Bestimmungstücken aus, die die Aufmerksamkeit von Forscher/innen auf bestimmte Aspekte der Wirklichkeit lenken und „kategoriale Brücken" zwischen verschiedenen Einzeluntersuchungen ermöglichen.

Aufgrund der Komplexität und des Umfangs jener Phänomene, mit denen sich *policy analyses* beschäftigen, hält Ball (1997b, S. 43) Erklärungsansätze, die sich exklusiv auf *eine* Theorie stützen, für in der Regel nicht erfolgversprechend und postuliert die Notwendigkeit von „multiple theories": „What we need in policy analysis is a toolbox of diverse concepts and theories". Dies konvergiert mit den Vorstellungen von Benz (2004, S. 19), der die Governance-Perspektive nicht als eine Theorie, sondern als eine „Betrachtungsweise" versteht, die die Aufmerksamkeit auf bestimmte Aspekte der Wirklichkeit lenkt. Das klingt sympathisch offen, doch ergeben sich aus solchen Bestimmungen mindestens zwei Folgeprobleme:

Erstens kann ein Forschungsansatz nicht für alles und jedes offen sein. So tritt – wenn multiplen Theorien das Wort gesprochen wird – das Problem der Relationierung des diversen Materials auf. Unserer Meinung nach besteht gerade eine Kernaufgabe des Governance-Diskurses darin, solche kategorialen Bestimmungstücke zu formulieren, die es erlauben, verschiedene Einzeluntersuchungen zu situieren, aufeinander zu beziehen und letztlich in ein theoretisches Gesamtmodell zu integrieren (vgl. dazu weiter unten Punkt 10). Was diese *gemeinsamen Bestimmungsstücke* – von Benz (2004, S. 25) als „konstanter Begriffskern" bezeichnet – ausmachen könnte, haben wir in Abschnitt 2 zur Diskussion gestellt.

Zweitens kann aufgrund der erst jungen Geschichte dieses Forschungsansatzes noch nicht von einem theoretischen Gesamtmodell ausgegangen werden, welches zum einen unter Berücksichtigung der Erkenntnisse verschiedener Bezugstheorien konsistent die unterschiedlichen Dimensionen, Dynamiken und Prozesse zu beschreiben vermag und sich zum andern von möglichen „Konkurrenztheorien" grundlegend unterscheidet. Bislang lassen sich verschiedene theoretische Bezugsmodelle identifizieren: Wo es um die Steuerungswirkungen von Institutionen geht, fällt der Blick auf institutionentheoretische Ansätze, wo es um die Dynamik von Anpassungen und Interaktionsstrukturen geht, stehen eher akteurszentrierte Ansätze im Zentrum (vgl. Benz 2004, S. 27). Die Frage stellt sich allerdings, wie sich der Governance-Forschungsansatz für neue theoretische Blickrichtungen offen halten kann.

(2) „Politik" oder die Gestaltung sozialer Ordnung und sozialer Leistungen tritt in unterschiedlichen Manifestationsformen auf, die alle für das Verständnis von Steuerungs- und Gestaltungsgeschehen interessant sind und daher von Governance-Studien thematisiert werden müssen. Politiken manifestieren sich beispielsweise

- in *Texten,* Repräsentationen von normativen und operativen Vorstellungen, die auf komplexe Weise kodiert und dekodiert werden.
- in *Handlungen und Transaktionen zwischen Akteuren*, in denen sie soziale Ordnungen, die Handlungsmöglichkeiten eröffnen und verschließen, etablieren und soziale Leistungen erbringen.
- in *Strukturen und Institutionalisierungen*, die auf die handelnde Nutzung durch Akteure angewiesen sind. Politiken implizieren eine *Neuverteilung von Handlungsmöglichkeiten und Macht.*
- in *Diskursen,* in „frameworks of sense and obviousness", in „regimes of truth" (Ball 1997b, S. 44), die – oft unmerklich – die Grenzen dessen, was gedacht, kommuniziert und getan werden kann, verändern. Bildungspolitische Innovationen haben in diesem Blickwinkel oft schneller und deutlicher „diskursive" als performative Auswirkung, wofür vielleicht der „Qualitätsdiskurs" als Beispiel gelten kann. Die Reformpolitik „changes the possibilities we have for thinking ‚otherwise', thus it limits our responses to change" (Ball 1997b, S. 49).

- in *Wirkungen auf Individuen und soziale Aggregate,* die wiederum Handeln und Strukturen verändern und sich beispielsweise als Veränderungen von Leistungen, Gesundheitszustand, Wohlbefinden, Arbeitsweisen, Verfügung über Ressourcen usw. niederschlagen. Dabei lohnt es sich zu unterscheiden zwischen
  - Effekten erster Ordnung, die sich in den reformierten Praktiken und Strukturen niederschlagen, und Effekten zweiter Ordnung, die Auswirkungen der Reformen auf andere Merkmale des Systems thematisieren, z.B. auf die soziale Zugänglichkeit und Gerechtigkeit.
  - generellen und spezifischen Politikeffekten: Zum Beispiel kann eine Politik sehr limitierte spezifische Effekte haben, die sich aber in einem Ensemble von verschiedenen Politiken zu bedeutsamen generellen Effekten summieren. Ball (1997b, S. 50) nennt hier die Arbeitsbedingungen von Lehrpersonen im englischen Schulsystem, die sich im Zuge verschiedener unterrichtsbezogener Reformen, die jede für sich wenige unterrichtsbezogene Effekte brachten, bedeutsam verändert haben.
  - unterschiedlichen Effekten auf verschiedene Akteure: Beispielsweise wirkt sich die genannte Veränderung der Arbeitsbedingungen von Lehrkräften durchaus unterschiedlich auf privilegierte und nicht-privilegierte Schulen, auf Lehrpersonen und Schulleiter/innen aus (vgl. Ball 1997b, 50).

(3) Governance-Studien müssen sich sowohl mit Akteuren als auch mit Strukturen befassen.

Governance-Analysen beziehen sich auf die *Akteure, ihre Handlungen und Erwartungen, die* im Kontext rekonstruiert und von den Handlungen und Erwartungen der anderen Akteure abgesetzt werden. Dabei müssen auch die *Strukturen,* die im Handeln der Akteure benutzt und dadurch bestärkt oder transformiert werden, in den Blick genommen werden. Diese Strukturen spiegeln sich einerseits im *Bewusstsein* der Akteure wider, anderenteils können sie auch eine Wirkung jenseits individuellen Bewusstseins entfalten.

Eine wesentliche Dimension politischer Veränderungen spielt sich im Bewusstsein der Akteure ab, in ihren Werten, Aufmerksamkeiten sowie Wahrnehmungs-, Diskurs- und Handlungskategorien. Ball (1997a, S. 10) spricht von Strategien des „re-valuing (or ethical re-tooling)", die letztlich zu einer „formation of new subjectivities" führten. Nicht nur, was wir tun, sondern auch wer wir sind, wird verändert (vgl. Ball 1997a, S. 15). Für Governance-Studien ist der Zusammenhang zwischen den Maßnahmen der Restrukturierung und den Strategien der „re-valuing" besonders interessant. Beispielsweise argumentiert Ball (1997a, S. 10) für die Transformationen im englischen Schulwesen an der Jahrtausendwende, dass die bestehenden professionellen Werte des Personals durch die Diskurse der Qualität, Exzellenz, und Effektivität an die Logik und die Strukturveränderungen eines „new manageralism" angepasst wurden.

(4) Governance-Analysen unterscheiden zwischen Beobachter- und Teilnehmerperspektiven und beziehen diese systematisch aufeinander.
Wie auch andere moderne sozialwissenschaftliche Ansätze müssen Governance-Analysen eine Forschungsstrategie entwickeln, die „zwischen der Teilnehmer- und der Beobachterperspektive vermittelt und zugleich eine kritische Distanz zu beiden Perspektiven ermöglicht" (Osterloh & Grand 1997, S. 357; vgl. Giddens 1992, S. 342ff.). Die Forschung muss sowohl die Intentionalität der Akteurs- oder Teilnehmerperspektive als auch die Funktionalität einer strukturorientierten Sichtweise, die in der Beobachterperspektive deutlich wird, in ihrer Strategie anerkennen, ihnen methodisch gerecht werden, sie aber letztlich transzendieren. Dazu braucht es zunächst *zwei Analyserichtungen,* die beispielsweise bei Giddens (1992) folgendermaßen konzipiert sind*:*

- In einer *strategischen Analyse* soll über einen verstehenden Zugang zu den Wissensinhalten der Akteure – zu „dem diskursiven und praktischen Bewusstsein und den Kontrollstrategien innerhalb definierter kontextueller Grenzen" (Giddens 1992, S. 343) – eine „Rekonstruktion der gesellschaftlichen Wirklichkeit aus der Perspektive der handelnden Subjekte in hermeneutisch-interpretativer Einstellung" (Osterloh & Grand 1997, S. 357) geleistet werden.
- Sozialwissenschaft muss sich auf das Alltagswissen der Akteure einlassen, weil es ein bedeutsamer Teil jener Sozialität ist, die sie verstehen, erklären und theoretisieren will. Sie kann aber als Wissenschaft nicht in ihm verharren und soll über das Alltagswissen hinaus gehen und als kritische Instanz Orientierungshilfen zur Verfügung stellen. Eine *institutionelle* oder *strukturelle Analyse* soll daher

  „die nicht-intendierten Nebenwirkungen aufdecken, die dem handelnden Subjekt verborgen sind. Sie wird vom Wissenschaftler oder von der Wissenschaftlerin in erklärender Absicht aus der Beobachterperspektive an den Untersuchungsgegenstand heran getragen." (ebd.)

Bei den beiden genannten Analyserichtungen handelt es sich eher um „Unterschiede in der Akzentsetzung", denn um klar trennbare Analyseformen: „die eine wie die andere muss im Prinzip durch eine Konzentration auf die Dualität von Struktur abgerundet werden." (Giddens 1992, S. 343)

(5) Governance-Studien dürfen keinen engen Fokus wählen, sondern müssen Politiken in ihrem Kontext und ihrer historischen Bedingtheit untersuchen.
Die Governance-Perspektive hat sich in mehrfacher Hinsicht eine komplexe Sicht auf soziale Gestaltungs- und Leistungsprozesse zur Aufgabe gemacht: Der Blick auf die Mehrebenenhaftigkeit (vgl. Abschnitt 2.4) und auf die Vielfalt der Akteure (vgl. Abschnitt 2.1) wurde schon mehrfach angesprochen. Governance-Studien brauchen weiters ein Bewusstsein der *Zeit und Historizität* der untersuchten Prozesse. Auch wenn die Aufmerksamkeit auf den aktuellen politischen Veränderungen liegt, so haben diese ein Vorher, das selbst meist nicht uniform war, sondern von verschiedenen internen Dynamiken geprägt wurde. So kritisiert Ball (1997a, S. 17f.), dass viele Studien über die Thatcher-Bildungspolitik als „Geschichten reinen Verlusts" ohne ein Bewusstsein der Widersprüchlichkeiten der Vorgeschichte geschrieben wurden.

Governance-Studien brauchen zudem ein Bewusstsein ihres *Ortes:* Innovationen spielen sich unter spezifischen Systembedingungen ab, doch gibt es oft durchaus bedeutsame Beziehungen zu anderen Systemen. In Zeiten der Globalisierung sind Fälle von „travelling policies" (vgl. Ozga & Jones 2006) sowie von „policy borrowing" beschrieben worden (vgl. Halpin & Troyna 1995). Dies spricht dafür, Governance-Studien zu kontextualisieren, *„context rich"* anzulegen. Ball (1997a, S. 19) nennt dafür folgende Gesichtspunkte:

- *policy oriented* versus practice oriented: Forschung sollte sich nicht allein auf die praktischen Veränderungsprozesse auf der Ebene des Unterrichts oder der Einzelschule konzentrieren, sondern muss den breiteren gesellschaftlichen Rahmen der Formulierung und Implementierung einer Politik in den Blick nehmen (vgl. Ball 1997a, S. 16f.). Wenn sich Forschung nur auf die Vorgänge auf der Praxisebene fokussiert, dann wird der Policy-Aspekt methodisch aus dem Bild heraus geschnitten; dadurch erscheinen – durchaus konvergent mit dem Bild, das Politiker/innen oft pflegen – Politiken als Lösungen und selten als Teil des Problems.
- *Multi-focus* versus single-focus: Zu einem bestimmten Zeitpunkt sind in der Regel mehrere Politiken implementiert. Wenn sich Studien auf *eine* Politik unter Ausschluss aller anderen konzentrieren, entstehen schiefe Bilder, die regelmäßig zu einer Wiederholung der Feststellung einer „policy-practice gap" führen und den Praktiker/innen die Schuld an einer mangelhaften Implementation geben. Ball (1997a, S. 17) empfiehlt Forscher/innen: „Consider the other things they [Praktiker/innen; d.Verf.] are expected or required to take seriously and which compete for attention, effort and resources in the complexities of practice."

Eine analytische Strategie, die für Ball (1997a, S. 17) geeignet ist, diese Ansprüche zu erfüllen, ist die *„policy trajectory analysis"*, worunter er versteht:

„A cross-sectional rather than a single level analysis by tracing policy formulation, struggle and response from within the state itself through the various recipients of policy." (Ball 1997b, S. 51)

(6) Governance-Studien müssen sowohl die Ebene politischer Proklamation und Legitimation als auch jene tatsächlicher Handlung und ihrer Wirkungen in den Blick nehmen und zueinander in Beziehung setzen.

Im Feld der Politik ist sowohl *talk* als auch *action* (vgl. Brunsson 1989) interessant. Wir erwarten verschiedene Inkonsistenzen und Brüche zwischen Proklamation und Umsetzung, zwischen Intentionalität und transintentionalen Wirkungen (vgl. Abschnitt 2.5), die nicht bedauerliche individuelle „Implementationsfehler" sind, sondern zum regelmäßigen Bild sozialer Gestaltung gehören und daher Teil der Analyse sein müssen. Aber auch *talk* kann Wirkungen haben, indem „regimes of truth" – „Diskurse" vom Denk- und Machbaren – aufgebaut werden.

(7) Governance-Studien untersuchen Handlungen von Akteuren in sozialen Systemen mit dem Ziel, normative Konzepte mit den empirisch erfassten Wirkungen und Umsetzungsmodi zu konfrontieren sowie Wissen über die Implikationen von Koordinationskonstellationen zur Verfügung zu stellen, das es erlaubt, begründete Vorschläge für die Gestaltung solcher Konstellationen im Feld zu formulieren.

Wir verstehen die Governance-Perspektive nicht als Vehikel, um ein bestimmtes Steuerungsmodell zu propagieren. Allerdings hat die Beschäftigung mit Fragen der Bewertung und Gestaltung einen gewissen Stellenwert in der Governance-Perspektive. Einerseits gilt es, die „normativen Pakete", die spezifische Steuerungsmodelle mit Modernitäts- und Wirkungsbehauptungen verbinden, in ihre verschiedenen Schichten zu „entpacken", ihre proklamierten ebenso wie die unausgesprochenen und nicht-thematisierten Werte klar zu machen, vor dem Hintergrund konkurrierender gesellschaftlicher Zielbestimmungen zu interpretieren und mit ihrer tatsächlichen Umsetzung und Wirkung zu vergleichen. Eine solche Ideologie-, Umsetzungs- und Wirkungskritik gehört nach unserem Verständnis zum Aufgabenbereich von Governance-Studien.

Andererseits sollte die Governance-Perspektive durch ihre Forschungen auch soviel Wissen über gesellschaftliche Koordinations- und Gestaltungsvorgänge produzieren, das letztlich erlaubt, begründete Vorschläge zu deren weiterer Gestaltung zu formulieren, ohne allerdings dadurch politische Prozesse vorwegnehmen zu wollen oder zu können. Die Governance-Perspektive sieht soziale Systeme wie das Schulwesen als intentional gestaltete an: Die aktuelle Form und Arbeitsweise sozialer Systeme ergibt sich nicht durch eine „invisible hand", sondern durch die Auseinandersetzung interessengeleiteter Akteure. Schimank (2007a, S. 29) formuliert den Selbst-Anspruch an die Governance-Perspektive, ihr Wissen um die Prozesse dieses „bewussten Ringens", auch in Gestaltungsvorschläge umzumünzen: Das Studium von Governance-Regimes wäre nicht Selbstzweck, sondern müsse von der Analyse der Dynamik von Regelungsstrukturen zu ihren Auswirkungen auf die Leistungsstrukturen fortschreiten und „Zugriffspunkte von politischen und organisatorischen Gestaltungsakteuren auf die Leistungsproduktion im jeweiligen Sektor" aufzeigen.

> „Nur wenn es gelingt, Analysen von Governance-Regimen auf der Meso-Ebene damit zu verknüpfen, dass auf der Mikro-Ebene systematisch die Auswirkungen bestimmter Ausprägungen dieser Regime auf die jeweilige sektorale Leistungsproduktion untersucht werden, und zwar nicht an einem eindimensionalen Maßstab, sondern differenziert gemessen, kann die Governance-Perspektive ihre praktische Relevanz einlösen; und damit steht und fällt letztlich auch ihre theoretische Bedeutung." (Schimank 2007a, S. 30)

Nach unseren Vorstellungen sollte die Governance-Perspektive aber diesen Gestaltungsanspruch nicht einlösen, indem sie neue umfassende Steuerungsmodelle propagiert, sondern viel eher indem sie Wissen über die Implikationen von Koordinationskonstellationen in spezifischen Kontexten und kritische Punkte ihrer Prozessgestaltung den verschiedenen an praktischer Steuerung beteiligten Akteuren zur Verfügung stellt. Dabei wird deutlich, dass Governance-Forschung selbst Teil des zu untersuchenden sozialen Systems ist. Ihre Rolle – beispielsweise welche Fragestellungen in den Blick genommen und welche anderen vermieden werden – ist in Metaanalysen in regelmäßigen Abständen zu untersuchen.

(8) Governance-Studien untersuchen die Fragen der Gestaltung und Leistung des Bildungssystems mittels empirischer Verfahren. Wir verstehen Governance-Studien als einen pointiert empirischen Zugang zu Fragen der Gestaltung und Leistung des Schulwesens. Wir wollen mehr über das Entstehen, Vergehen und Transformieren von Arbeitsbedingungen von Schüler/innen, Lehrpersonen und anderen Akteuren erfahren, mehr über die Zusammenhangsbehauptungen und Wirkungen im Feld politischer, organisatorischer und unterrichtlicher Gestaltung usw.

Empirische Arbeit in einem komplexen Feld erfordert jedoch auch überlegte *theoretische und methodologische Fundierung.* Gerade die Theoriearbeit, das Zugänglichmachen verschiedener sozialwissenschaftlicher Ansätze für Analysen des Schulwesens und die Erarbeitung von Analysekategorien, die es erlauben, verschiedene Studien miteinander in Beziehung zu setzen, ist unserer Einschätzung nach einer der Kernbereiche, in denen sich die weitere Fruchtbarkeit der Governance-Perspektive erweisen wird (vgl. dazu These 10).

(9) In Governance-Studien werden unterschiedliche Forschungsstrategien und -methoden eingesetzt. Aus der zuvor genannten Vielfalt der interessierenden Objekte und Perspektiven der Forschung folgt, dass unterschiedliche Forschungsstrategien und -methoden notwendig sind. Der Diskurs in der Governance-Perspektive sollte sich nicht mit fruchtlosen Vergleichen der Wertigkeit von qualitativen und quantitativen Ansätzen und ihren jeweiligen Subvariationen aufhalten, sondern versuchen, schrittweise ein multiperspektivisches Bild des Schulwesens zu zeichnen, das sich auf unterschiedliche, den jeweiligen Teilaspekten angemessene Methoden und Forschungsstrategien stützt.

(10) Allen zuvor genannten Kriterien gleichzeitig in einer Forschungsstudie genügen zu wollen, wäre wohl ein ungesunder Anspruch an sich selbst und andere. Wiewohl die zuvor genannten Ansprüche ein besseres Verständnis von Governance-Phänomenen versprechen und zur Weiterentwicklung von Forschungsstrategien herangezogen werden sollten, werden sie kaum in ihrer Gesamtheit von Einzelstudien zu erfüllen sein. Aus dem ergibt sich, dass mit den zuvor diskutierten Überlegungen letztlich *Ansprüche an einen Governance-Diskurs* formuliert sind. Seine Aufgabe ist es u.a., Beziehungen zwischen verschiedenen Ansätzen und Studien herzustellen, Forschungslücken zu identifizieren oder Anforderungen an zukünftige Forschungen zu beschreiben. Dazu ist theoretische und methodologische Arbeit notwendig, die die zentralen Konzepte expliziert, mit denen Beziehungen zwischen Einzeluntersuchungen hergestellt werden können.

4 Gibt es ein „neues Steuerungsmodell" im Schulwesen?

Es ist nicht Aufgabe von Governance-Studien, selbst *ein* „neues Steuerungsmodell" für das Schulwesen zu propagieren (oder zu verdammen). Wenn man die in diesem Buch gesammelten Beiträge liest, so scheinen sich im deutschsprachigen Raum doch recht deutliche Konvergenzen dessen abzuzeichnen, was die Bildungspolitik in den deutschsprachigen Schulsystemen aktuell als „neues Steuerungsmodell" des Schulwesens etablieren will (vgl. Emmerich & Maag Merki 2007; EDK 2009; Specht 2009). In unserer Lesart ist dieses durch *drei Kernbereiche* charakterisierbar:

- durch die unter dem Kürzel *Schulautonomie oder Erhöhung einzelschulischer Gestaltungsspielräume* laufende Idee einer gewissen Umverteilung von Entscheidungsrechten von übergeordneten Verwaltungseinheiten zu den Einzelschulen im Sinne einer Dezentralisierung von Kompetenzen,
- durch verschiedene, manchmal unter dem Motto *Verbetrieblichung der Einzelschule* zusammengefasste Initiativen, die die Manövrier- und Entwicklungsfähigkeit der Einzelschulen stärken sollen, sowie
- durch verschiedene Einzelelemente einer *evidenzbasierten Bildungspolitik und Schulentwicklung*. Bei dieser werden expliziter als zuvor politisch legitimierte und durch eine (von Wissenschaft unterstützte) zentrale Verwaltung ausgearbeitete Ziele (z.B. als Bildungsstandards und Qualitätsrahmen) den Untereinheiten des Schulsystems vorgegeben, deren Erreichung ebenfalls explizit und durch wissenschaftlichen Sachverstand unterstützt geprüft wird (z.B. durch Lernstandserhebungen und Schulinspektionen). Durch diese „outputorientierten" Steuerungsweisen sollen die Einzelinstitutionen und -akteure auf gesellschaftlich wichtige Ziele orientiert, durch rationale Rückmeldung sollen zielgerichtete und raschere Entwicklungen in Richtung dieser Ziele erreicht werden.

Während eine abstraktere Analyse solche Konvergenzen rasch deutlich macht, zeigt ein genauerer Blick, dass das Bild differenzierter ist. Die verschiedenen Einzelelemente, aus denen dieses „neue Steuerungsmodell" in den deutschsprachigen Schulsystemen aufgebaut wird, und der gewählte Reformrhythmus unterscheiden sich – trotz vergleichbarer Stoßrichtung und ähnlicher Rhetorik – im Einzelnen doch erheblich. So zeichnen sich in der Schweiz bedeutsame Unterschiede zwischen den einzelnen Kantonen ab, wie die jährliche Erhebung der Erziehungsdirektorenkonferenz zeigt (vgl. EDK 2009). Beispielsweise ergeben sich Unterschiede in der Implementation von Schulleitungen, der Kompetenzneuordnung zwischen Schulen/Schulleitungen und Schulbehörden oder des Grades der Implementation von standardisierten Leistungsvergleichsverfahren am Ende einer Lernperiode; Schwerpunkte werden auf unterschiedlichen Schulstufen gelegt; die Elemente der Outputsteuerung unterscheiden sich im kantonalen Vergleich. In Deutschland ergeben sich ebenso bedeutsame Unterschiede, wie dies Rürup (2007) in einer Analyse der Reformpolitik deutscher Bundesländer gezeigt hat. Zudem unterscheiden sich die Transferstrategien und die Entwicklungen zur gesetzlichen Verankerung der Reformen teilweise erheblich (Emmerich & Maag Merki 2007). Damit wird deutlich, dass bezüglich der aktuellen Reformbemühungen in den deutschsprachigen Ländern *nicht von einem Steuerungsmodell* gesprochen werden kann, sondern von durchaus *verschiedenen* Steuerungsmodellen.

Die Frage stellt sich nun, inwiefern diese aktuellen, je auch unterschiedlichen Reformstrategien neu sind. Der historische Vergleich zeigt, dass in der Vergangenheit im Bildungssystem bereits unterschiedliche Strategien eingesetzt worden sind, die gleichermaßen wie heute Strategien auf der Makroebene (Bildungspolitik und -administration), auf der Mesoebene (Einzelschule) oder der Mikroebene (Unterrichtsentwicklung) fokussiert haben. Dennoch kann argumentiert werden, dass im zeitlichen Vergleich insbesondere an drei Stellen Unterschiede zu identifizieren sind, die berechtigterweise den Schluss zulassen, dass es sich um eine *neue* Steuerung im Schulsystem handelt:

A) Einführung neuer, insbesondere extern administrierter Steuerungsinstrumente: Die Beiträge in diesem Band zeigen, dass in den deutschsprachigen Ländern in den letzten Jahren (insbesondere nach 2000) neben der Beibehaltung bisheriger Steuerungsinstrumente – allen voran einheitliche Lehrpläne – neue Steuerungsinstrumente eingeführt worden sind, die in dieser Form und mit diesem Gewicht in der bisherigen Steuerungspraxis nicht vorzufinden waren, so z.B. die Implementation von Schulinspektionen, die die Prozesse der Schulen detailliert ins Auge nehmen (vgl. Kotthoff & Böttcher in diesem Band), die Einführung eines Systems von Berichterstattungen (vgl. Rürup, Fuchs & Weishaupt in diesem Band) sowie die Implementation von standardisierten Leistungsvergleichstests und zentralen Abschlussprüfungen (vgl. Maag Merki in diesem Band).

B) Die Konfiguration der einzelnen Steuerungsinstrumente zu einem je spezifischen Steuerungsmodell: Im Vergleich zu den in den letzten 20 Jahren vorzufindenden Phasen der „Modernisierung der deutschsprachigen Schulsysteme" (vgl. Altrichter, Brüsemeister & Heinrich 2005a; Steffens 2007), in denen jeweils einzelne Steuerungsinstrumente als Schwerpunkte eingeführt worden sind (z.B. Lehrplanreform, Stärkung und Verbetrieblichung der Einzelschule), zeigen die aktuellen Steuerungsmodelle eine Integration verschiedener Steuerungsinstrumente, die sowohl auf der Makro-, Meso- und Mikroebene angesiedelt werden und auch „alte" Elemente beinhalten.

C) Stärkere gesetzliche Verankerung der einzelnen Steuerungsinstrumente: Insbesondere im Vergleich mit den neu implementierten Steuerungsinstrumenten in den letzten 20 Jahren (Einführung von teilautonomen Schulen, von Schulentwicklungsansätzen auf der Basis von Selbstevaluationen) ist vor allem für

Deutschland augenfällig, dass die aktuellen Steuerungsinstrumente häufig nicht auf freiwilliger Basis eingeführt oder über mehrere Jahre Pilotierungen durchgeführt werden, sondern in hohem Tempo eine gesetzliche Verankerung und eine Einführung in der Fläche realisiert wird. Am markantesten sind hier die Einführung und Überprüfung von Bildungsstandards sowie die Einführung von Schulinspektionen (vgl. Maag Merki 2009; Emmerich & Maag Merki 2007).

Zusammenfassend kann somit gesagt werden,
- dass das aktuelle Steuerungskonzept in den deutschsprachigen Ländern auf der Oberfläche relativ homogen, im Detail aber durchaus auch heterogen ist,
- dass damit kaum von „einem Steuerungsmodell", sondern von mehreren Steuerungsmodellen gesprochen werden kann,
- dass im Vergleich zu den Steuerungsmodellen in den letzten Jahrzehnten zwar neue Steuerungsinstrumente eingeführt wurden,
- dass diese aber die alten Steuerungsinstrumente nicht abgelöst (insbesondere bei der Regulierung des Inputs und der Stärkung der Verantwortung der Einzelschule), sondern vor allem ergänzt haben und
- dass neue Konfigurationen von Steuerungsinstrumenten mit einer stärkeren gesetzlichen Verankerung realisiert wurden.

Eine der Hauptaufgabe der aktuellen Governance-Forschung liegt darin, die aktuell diskutierten Steuerungskonfigurationen und deren Realisierungen zu studieren und mehr über ihre interne Logik, die Spezifika ihrer Umsetzungen und die beobachtbaren Wirkungen zu erfahren.

5 Konzept dieses Handbuchs

Das vorliegende Handbuch hat zum Ziel, in einem relativ jungen Arbeitsgebiet der Bildungsforschung, das zudem in einem „heißen" gesellschaftlichen Handlungsfeld arbeitet, in welchem einerseits aktuell hoher Veränderungsdruck herrscht, andererseits diese Veränderungen immer wieder durch Verweis auf Forschung legitimiert werden („evidenzbasierte Bildungspolitik"), eine erste Bilanz der bisherigen empirischen und theoretischen Forschungsanstrengungen zu ziehen. Dabei sollen

- erstens die *Ergebnisse* dieser Untersuchungen zu einzelnen Elementen einer erneuerten schulischen Steuerung zusammengetragen und auf ihren Beitrag *zu einer umfassenderen Thematisierung von Steuerungsfragen* analysiert werden;

- zweitens unterschiedliche *theoretische, forschungsstrategische und -methodologische Zugänge* zur empirischen Untersuchung von Steuerungsinnovationen sichtbar werden.

Wir haben uns in einem ersten Schritt entschlossen, verschiedene Steuerungsinstrumente und -strategien, die gegenwärtig im Zentrum der Aufmerksamkeit von Steuerungsreformen und ihrer Erforschung stehen, zu analysieren. Dies hat den Vorteil der Anschlussfähigkeit an den aktuellen Diskurs, aber vielleicht auch Nachteile. Einerseits liegen die aktuellen Steuerungsstrategien auf verschiedenen Aggregierungsebenen; verschieden komplexe Phänomene, wie beispielsweise „Autonomie" oder „Schulleitungshandeln", die zum Teil einander einschließen, werden so in separaten Teilen thematisiert. Dadurch kommt es zu Wiederholungen, die uns – da sie ja auch aus unterschiedlichen Zugriffsperspektiven geschehen – akzeptabel erschienen. Dennoch verführt der Ausgang von der „Einzelinnovation" dazu, das einzelne Instrument gegenüber dem Kontext und der Einbettung in andere Alltags- und Innovationstätigkeiten zu privilegieren. Um dieser Tendenz entgegenzuwirken, wurden die Autorinnen und Autoren gebeten, das unterstellte „Wirkungsmodell" ihrer spezifischen Innovation und deren spezifischen Kontext explizit zu machen. Damit kann die Situierung der Instrumente in einem umfassenderen System angedeutet und die Abhängigkeit der einzelnen Instrumente von weiteren Instrumenten verdeutlicht werden. Es bleibt allerdings weiteren Analysen und Forschungen überlassen, die einzelnen Steuerungsinstrumente in ihren Interdependenzen sowie die unterschiedlichen Konfigurationen der jeweiligen Steuerungsmodelle auf ihre Stärken, Schwächen und Wirkungen hin zu untersuchen.

Nach dem vorliegenden Einleitungskapitel, das einige Grundbegriffe und das Konzept des Bandes erläutern soll, sowie einem einführenden Beitrag von *Isabell van Ackeren und Stefan Brauckmann,* der eine internationale Verortung der Governance-Diskussion im Schulwesen zum Ziel hat, werden *zentrale Elemente neuer Steuerungsvorstellungen* in Einzelbeiträgen thematisiert. Wir haben unsere Kolleginnen und Kollegen gebeten, bei der Abfassung ihrer Beiträge folgendes zu berücksichtigen.

- Jedes Kapitel sollte eine *Definition*, eine Erklärung der *Bedeutung* und eine kurze *„Geschichte"* des jeweiligen Steuerungselements in den deutschsprachigen Schulsystemen enthalten.
- Wichtig war uns eine Explikation der (expliziten oder impliziten) Steuerungsvorstellungen, die hinter dem jeweils analysierten „Steuerungselement" stehen, in einem *„Wirkungsmodell des jeweiligen Steuerungselements".* Dieses soll erläutern, wie das jeweilige Steuerungselement (im Ver-

ein mit anderen Bedingungen) zu einer Weiterentwicklung der Lernergebnisse der Schüler/innen und anderer Erfolgskriterien schulischer Tätigkeit führen soll. *Theoretische Implikationen* dieser Wirkungshoffnungen ebenso wie der eingesetzten Forschungsstrategien sollten deutlich werden.

- Im Zentrum jedes Beitrages sollten *bisherige* (methodisch unterschiedliche, empirische) *Studien* zu dem jeweiligen „Steuerungselement" und ihre Ergebnisse zusammengefasst und interpretiert werden. Im Gegensatz zu vielen Beiträgen zur Steuerungsdiskussion waren keine normativen Konzeptdarstellung und Proklamationen eigener Vorlieben gewünscht. Auch dort, wo den Autor/innen das jeweilige Steuerungselement lieb und wert ist, sollten Probleme der Umsetzung und nicht den Erwartungen entsprechende Ergebnisse deutlich werden.
- Die Literaturrecherche sollte *international* – in zweifacher Hinsicht – ausgerichtet sein: Erstens sollte sie sich nicht bloß auf *eines* der deutschsprachigen Länder beschränken. Zweitens sollte sie auch Bezüge zu nichtdeutschsprachigen Veröffentlichungen aufweisen.
- In einem abschließenden Resümee sollten die kolportierten *Steuerungsvorstellungen* mit den derzeit beobachtbaren *Umsetzungserfahrungen* verglichen und eventuelle *Konsequenzen für Bildungsforschung, Bildungspolitik sowie Schul- und Verwaltungspraxis* zur Diskussion gestellt werden.

Wir hoffen, mit diesem Band einen Überblick über die aktuelle Steuerungsdiskussion und ihre Erforschung vorzulegen, der zu kritischer Diskussion von Steuerungskonzepten und zu ihrer weiteren forscherischen Durchdringung anregt.

Isabell van Ackeren & Stefan Brauckmann

Internationale Diskussions-, Forschungs- und Theorieansätze zur Governance im Schulwesen

Der Begriff der „Educational Governance" beziehungsweise spezieller der „School Governance" ist in den deutschsprachigen Ländern in jüngster Zeit zu einem präsenten Schlagwort in Erziehungswissenschaft sowie in Bildungspolitik und Bildungsadministration geworden.

Die Aufmerksamkeit für bildungsbezogene Governance-Fragen knüpft an Forschung insbesondere aus den Bereichen der Soziologie, Politikwissenschaft, Ökonomie, Rechts- und Verwaltungswissenschaften zu Steuerungs- und Regelungssystemen im Sinne von Strukturen, politisch-gesellschaftlichen Einheiten und Institutionen an und offenbart damit einen disziplinübergreifenden Charakter. Zudem reiht sie sich mit der Fokussierung auf Bildung und Erziehung bzw. Schule in einen internationalen Trend ein, wie die Thematisierung durch international agierende Organisationen (OECD, UNESCO u.a.) vor Augen führt. Vor allem die neueren großen Schulleistungsvergleiche in Ländern mit unterschiedlicher politischer und administrativer Steuerung des Bildungswesens sowie unterschiedlichen organisatorischen Rahmenbedingungen haben die Perspektive in den Vordergrund gerückt, dass die politisch-administrativen Steuerungsformen dafür verantwortlich sein können, dass die Bildungssysteme unterschiedlich leistungsfähig sind. Diese Sichtweise wird dadurch herausgefordert, dass im Rahmen der ersten PISA-Studien diejenigen Länder herausragende Leistungsprofile zeigen, die – aus deutscher Perspektive – andere Governance-Muster aufweisen. Vor diesem Hintergrund wird die Qualitätsentwicklung der Einzelschule zunehmend in Verbindung zur Gesamtsystementwicklung gesehen. Diese veränderte Einschätzung legt die Vermutung nahe, dass es eine mehr oder weniger optimale Konfiguration von Gestaltungsinstrumenten auf politisch-administrativer Ebene gibt, die eine institutionell gestützte Verbesserung von Lernprozessen ermöglicht. Damit wird eine Beziehung zwischen der Systemsteuerung und den Erträgen des Bildungswesens im Sinne der Leistungsergebnisse postuliert.

Es hat sich gezeigt, dass Schulleistungsstudien bislang keine hinreichende Antwort auf die Frage nach maßgebenden Merkmalen geben, die für die unterschiedliche Produktivität von Schulsystemen verantwortlich sind. Es versteht sich, dass daher verstärkt nach Instrumenten gefragt wird, mit denen über die Qualität der Bildungseinrichtungen zuverlässig informiert und diese systematisch verbessert und evaluiert werden können. Im Anschluss an die Befunde der PISA-Studien 2000 und 2003 hat beispielsweise die „Arbeitsgruppe Internationale Vergleichsstudie" diesen angenommenen Zusammenhang als Forschungsfrage aufgegriffen und versucht, Steuerungs- bzw. Governance-Fragen in ihrem Ertrag auf einer empirischen Basis zu fassen. In ihrer Studie mit dem Titel „Vertiefender Vergleich der Schulsysteme ausgewählter PISA-Teilnehmerstaaten" hat die Arbeitsgruppe 2003 – auf der Grundlage einer deskriptiv-analytischen Zusammenstellung von Länderdaten nach einem gemeinsamen, theoretisch hergeleiteten Analyseraster unter Einbeziehung von Bildungsexpert/innen aus den beteiligten Ländern – aktuelle Schulsystemmerkmale und bildungspolitische Steuerungsstrategien von sechs Referenzstaaten herausgearbeitet, die zum Teil deutlich bessere PISA-Ergebnisse aufwiesen als Deutschland.

Als wahrscheinliche Ursachen für den Erfolg von Bildungssystemen wurden unter anderem die folgenden Instrumente bildungspolitischer Steuerung ermittelt: Festlegung von Bildungsstandards und Systembeobachtung nach Maßgabe dieser Bildungsstandards (u.a. durch regelmäßige Durchführung von Vergleichsstudien), Implementierung systematischer interner und externer Evaluationsverfahren, Organisation von Unterstützungssystemen für Schulen und Lehrer/innen, Integration und Förderung von Schüler/innen mit Migrationshintergrund, Ausbau differenzierter Bildungsangebote, gegebenenfalls unter Erhöhung der Eigenverantwortung der Schulen, rationale und differenzierte Steuerung des Ressourceneinsatzes als Konsequenz der Systembeobachtung. Die Untersuchung hat zwar Klarheit erbracht, welche Reformansätze und Steuerungsstrategien die erfolgreicheren Bildungssysteme kennzeichnen; hinsichtlich der Erklärungen für PISA-Varianzen gab es jedoch nur erste hypothetische Ansätze. Offen blieb auch, auf Grundlage welcher Steuerungsstrategie und in welcher Kombination die verschiedenen Steuerungsinstrumente angewendet wurden. Vor allem blieb offen, welche Steuerungsinstrumente in welcher Kombination als notwendig und hinreichend für das erfolgreiche Abschneiden bei PISA anzusehen sind.

Im Anschluss an den Länder-Vergleich hat die personell weitgehend unveränderte Arbeitsgruppe, der auch der Autor und die Autorin dieses Beitrags angehörten, die föderal organisierten Länder Kanada und Deutschland vertiefend verglichen. Zentrales Anliegen war die Untersuchung der Frage, inwieweit Differenzen von Schülerleistungen a) durch Unterschiede hinsichtlich der Steuerung der Schulsysteme in den kanadischen Provinzen und Territorien und deutschen Bundesländern („Steuerungshypothese") bzw. b) durch sozioökonomische und soziokulturelle Kontexte, insbesondere durch die Immigrationspolitik („Kontexthypothese"), erklärt werden können. In der Zusammenfassung schließen die Autor/innen mit dem Befund, dass die Verschränkung der quantitativen und qualitativen Analysen gezeigt hat, dass sowohl die Steuerungshypothese als auch die auf Migrationsbedingungen abhebende Kontexthypothese einen Beitrag zur Erklärung der Unterschiede der Schülerkompetenzen leistet (Arbeitsgruppe Internationale Vergleichsstudie 2007). Im Hinblick auf die Steuerungshypothese heben die Autor/innen vor allem unterschiedliche Schulstrukturen in der Sekundarstufe I als wirksames Steuerelement hervor: Sowohl bei der freien Schulwahl als auch beim Umfang schulinterner Förderung lernschwächerer Schüler/innen scheint Deutschland weniger aktiv zu sein als Kanada. Als methodisches Problemfeld bleibt allerdings die Feststellung, dass die quantitativ-analytischen Erklärungsbeiträge, die die Studie für den Einfluss schulpolitischer Gestaltung aufweist, nur minimal sind.

Mittlerweile schaut man aber auch im Rahmen der PISA-Erhebung systematischer auf schulische und schulsystemische Einflussgrößen der Leistungserbringung. Dazu gehören Strategien und Maßnahmen der Auswahl und Gruppierung von Schüler/innen, das Schulmanagement, die Finanzausstattung, elterliche Schulwahlfreiheit, Rechenschaftslegung, Schulautonomie und schulische Ressourcen (OECD 2007). Zudem hat sich die Organisation for Economic Cooperation and Development in letzter Zeit v. a. mit dem Einfluss wichtiger Governance-Trends auf die Rolle von Schulleitungen beschäftigt (OECD 2008b).

Der Beitrag will die internationale Perspektive auf die Organisation von Wandlungsprozessen auf der Systemebene differenzieren, den Stand der Diskussionen und Maßnahmen in Politik und Forschung sowie in ihrer wechselseitigen Beeinflussung weiter explorieren und strukturieren. Dabei folgen wir zwei aufeinander aufbauenden Zugängen der Systematisierung internationaler Diskussions-, Forschungs- und Theorieansätze: Den Einstieg liefert die Thematisierung von Educational Governance durch internationale und zwischenstaatlich agierende Organisationen, gleichsam als grobe Interpretationsfolie für die sich anschließende Skizze der Situation in ausgewählten Ländern, indem ein Bezugsrahmen für das je spezifische Begriffsverständnis von Governance, die Schubkräfte der Diskussionen und Maßnahmen sowie die spezifische Gestaltung und Kombination einzelner Governance-Elemente hergestellt wird. Dem folgt die Darstellung der grundsätzlichen Thematisierung von Educational Governance bzw. einzelner Aspekte in den Niederlanden und England als exemplarisch ausgewählte Länder, in denen man sich politisch wie wissenschaftlich mit „Governance" beschäftigt und zugleich unterschiedliche Governance-Strategien verfolgt.

1 Im Überblick: Governance als internationales Thema

Eine Auseinandersetzung mit dem Governance-Thema bedarf zunächst der Erläuterung, welches Begriffsverständnis zugrunde gelegt wird; dies gilt umso mehr, als es keine allgemein anerkannte „Lehrbuch-Definition" von (Educational/School) Governance gibt. Im Sinne der deskriptiven Anlage des Beitrags wird dieses Verständnis nicht ex ante gesetzt, sondern wir nähern uns ihm auf der Grundlage der Sichtung von Definitionen großer transnational agierender Organisationen, die sich in der Koordination internationaler Zusammenarbeit auch mit Bildungsfragen beschäftigen, um dies als Bezug für die nachfolgend dargestellten Länderdiskurse nutzen zu können.

1.1 Begriffsverständnis von „(Good) Governance"

Das heutige, international breit getragene Verständnis vom zunächst einmal bereichsunspezifischen Begriff „Governance" wurde wesentlich durch das internationale Expertengremium „Commission on Global Governance" Mitte der 1990er Jahre geprägt. Demnach meint Governance die Gesamtheit der zahlreichen Wege, auf denen Individuen sowie öffentliche und private Institutionen ihre gemeinsamen Angelegenheiten regeln. Es handelt sich um einen kontinuierlichen Prozess, durch den unterschiedliche, kontroverse Interessen ausgeglichen werden und kooperatives Handeln initiiert werden kann. Der Begriff umfasst sowohl formelle Institutionen und mit Durchsetzungsmacht versehene Herrschaftssysteme als auch informelle Regelungen, die von Menschen und Institutionen vereinbart oder als im eigenen Interesse stehend angesehen werden (Commission on Global Governance 1995). Die bis dahin dominierenden Konzepte vergleichsweise einfacher und linear-hierarchischer Planungs- und Steuerungsannahmen wurden mit dieser Beschreibung komplexer Konstellationsgefüge, die ebenso Steuerungsversuche und nicht-intendierte Steuerungswirkungen umfassen, ausgeweitet.

Die OECD orientiert sich in ihrer online im „Glossary of Statistical Terms" abrufbaren Definition von Governance am viel zitierten Begriffsverständnis des United Nations Development Programme (UNDP):

"Governance is the exercise of economic, political and administrative authority in managing a country's affairs at all levels. It comprises mechanisms, processes and institutions, through which citizens and groups articulate interests, exercise their legal rights, meet their legal obligations, and mediate their differences."[1]

Die Definition artikuliert einen demokratischen Anspruch von Governance, indem die Interessen der unterschiedlichen beteiligten Akteur/innen unter Berücksichtigung gesetzlicher Rechte und Pflichten ausgehandelt und koordiniert werden. In diesem Sinne zielt der verwendete Managementbegriff nicht auf die auf Verfügungsrechten basierende Durchsetzung einseitiger Interessen, sondern auf die mit unterschiedlichen Einflussmöglichkeiten der beteiligten Akteur/innen versehene Regelung und gemeinsame Bewältigung sozialer Prozesse, wenngleich relativierend hinzugefügt werden muss, dass rechtlich gebundene Steuerungsasymmetrien zwischen den Akteur/innen durchaus fortbestehen.

Es wird stärker in den Blick genommen, dass gerade auch die Wahrnehmung von Governance-Strukturen durch Akteur/innen und deren anschließende Lernprozesse eine bedeutende Rolle hinsichtlich der Ausgestaltung von Wirkgefügen spielen. Ein Steuerungsmodell ohne die Einbeziehung all derjenigen, die – z.B. im gesellschaftlichen Teilsystem Schule – für Bildung Verantwortung tragen oder ihre Ergebnisse nutzen, vor allem jedoch ohne die Einbeziehung einer breiten Öffentlichkeit, scheint nicht hinreichend für das Verständnis von Bildungsprozessen sowie darauf aufbauend für wirksame Konzepte der Qualitätsentwicklung zu sein.

Die zitierte Definition ist in der beschriebenen Zielausrichtung auch präskriptiv-normativ gefärbt und bietet ein Referenzsystem für „good governance". Die Weltbank beispielsweise definierte die Kriterien für „good governance" Mitte der 1990er Jahre wie folgt:

„Good governance is epitomized by predictable; open, and enlightened policymaking (that is, transparent processes); a bureaucracy imbued with a professional ethos; an executive arm of government accountable for its actions, and a strong civil society participating in public affairs; and all behaving under the rule of law" (The World Bank 1994, S. vii).

Teilhabe, Transparenz, Gleichberechtigung und Rechenschaftslegung werden über verschiedene Definitionen hinweg als zentrale Qualitätskriterien für „good governance" angesehen; sie stehen insbesondere für ein prozedurales, und nicht allein ergebnisorientiertes Begriffsverständnis, wenngleich die Ziel- und Wir-

---

1   vgl. OECD-glossary of statistical terms: http://stats.oecd.org/glossary/detail.asp?ID=7236 [30.12.2008]

kungsperspektive in den letzten Jahren deutlich in den Vordergrund getreten ist; die Gründe hierfür werden nachfolgend knapp skizziert.

1.2 Schubkräfte und Entwicklungslinien veränderter Steuerungs- bzw. Governance-Strategien

Die vielfach in ähnlichen Varianten formulierten Prinzipien von Good Governance sind Ausdruck des Bedarfs an Veränderungen der Art und Weise sowie der erzielten Wirkung von Steuerungsintentionen im Bildungswesen. Angesichts des zeitlichen Zusammentreffens von Modernisierungs- und Innovationsdruck sowie Mittelknappheit in vielen Staaten, gleich ob sie bisher erfolgreich waren oder Transformationsprozesse zu bewältigen hatten, wurden und werden die bisher üblichen expansiven Innovationsstrategien nicht mehr als zielführend angesehen. Zu den grundlegenden Problemstellungen des Bildungswesens gehören dabei insbesondere die Sicherung seiner Leistungsfähigkeit und die Reproduktion von Wissen und Kompetenzen, die für das Funktionieren sich schnell wandelnder Gesellschaften notwendig sind, die Gewährleistung gleicher Bildungsmöglichkeiten und die Effizienz des Mitteleinsatzes. Bezogen auf die Steuerung des Bildungssystems geht es insbesondere um Ziele einer allgemeinen Leistungssteigerung – nicht zuletzt im Kontext des sich verschärfenden internationalen Wettbewerbs – und um die Verringerung des Einflusses sozialer Hintergrundfaktoren.

In diesem Zusammenhang lautet die zentrale Frage, mit welchen Maßnahmen diese Ziele erreicht werden können. In den Strategien des „Dakar Framework for Action" der UNECSO (2000), die direkt auf die Entwicklung des Bildungssystems zielen, wurden neben der Benennung der Kriterien von Good Governance zugleich Perspektiven der Umsetzung formuliert:

> „Develop responsive, participatory and accountable systems of educational governance and management. This means better governance in terms of efficiency, accountability, transparency and flexibility, and better management *through a move from highly centralized, standardized, command-driven reforms to more decentralized, participatory management at lower levels of accountability* [Hervorhebung IvA und SB]" (S. 99).

Das Dakar-Papier knüpft dabei an den realen Paradigmenwechsel in der Steuerungsphilosophie in vielen Ländern seit den 1980er und 90er Jahren an. Unter dem Etikett des „New Public Management" wurden, in der Erwartung einer nachhaltigen Verbesserung der Effektivität und Effizienz, weitreichende Änderungen der institutionellen Arrangements der verhaltenslenkenden Regelsysteme vorgenommen. Das neue Steuerungsmodell beruht dabei auf der Annahme, dass Input-Steuerung Innovationen, die als notwendig erachtet werden, nicht allein gewährleisten kann, sondern dass es darauf ankommt, die Steuerung auf spezifizierte Ergebnisse und die dazu führenden Prozessvariablen zu beziehen. Dabei gibt der Staat aus der Distanz, und zwar durch Rahmenbedingungen und verbindliche Erwartungen, einen Zielhorizont vor, dessen Konkretisierung und operative Realisierung den kleineren Steuerungseinheiten des Schulsystems (regionale Einheiten oder Einzelschulen) überlassen bleibt.

Länderübergreifende Trends der Ausgestaltung von Governance wurden beispielsweise in der EU-finanzierten Studie „Education Governance and Social Integration and Exclusion in Education" (EGSIE, vgl. Lindblad & Popkewitz 2001a, b) analysiert, in der die Autor/innen zwischen 1998 und 2001 der Frage nachgingen, wie im Zuge der internationalen Durchsetzung neo-liberaler (Teil-) Tendenzen in der Bildungspolitik Wandlungsprozesse in verschiedenen europäischen Ländern interpretiert, bewertet und umgesetzt werden. Zum methodischen Repertoire gehörten Forschungsreviews, Textanalysen offizieller Dokumente, die Befragung von Schüler/innen im letzten Jahr der Pflichtschulzeit, die Analyse nationaler und internationaler Statistiken sowie Interviews mit Akteur/innen auf der System- sowie auf der Schulebene. Folgende Trends wurden dabei u.a. herausgearbeitet: Tendenz der Dezentralisierung und damit verbundenen lokalen Ressourcenverwaltung, Einführung des Kontraktmanagement als Instrument der Ergebnissteuerung, Stärkung neuer Formen der Selbstevaluation, Professionalisierung von Lehrkräften, Zentralisierungstendenzen (z.B. Qualitätssicherung durch standardisierte Testverfahren bei gleichzeitiger Abnahme der Autonomie der Lehrkräfte in diesem Bereich), Einforderung von Rechenschaftslegung über erzielte Ergebnisse, Stärkung von Partnerschaften zwischen Schulen, Gemeinden, Staat und Wirtschaft, Angehen der Probleme sozialer Ungleichheit, stärkere Berücksichtigung von Ethnizität, Geschlecht und Familienstrukturen bei der Bewertung und Gestaltung von Bildungsprozessen, Stärkung der Moralerziehung und Staatsbürgerkunde sowie Ausrichtung bildungsstatistischer Daten auf die Unterstützung von Handlungsentscheidungen.

Aus bildungspolitischer Perspektive benennen die Bildungsminister der Asia-Pacific Economic Cooperation (APEC 2004) in ihrem „Review of Governance and Systemic Reform in Education" das Verhältnis von Zentralisierung und Dezentralisierung als aktuelle Kernfrage von Governance-Prozessen. Hinsichtlich der Wirksamkeit von Koordinationsprozessen gehe es vor allem um das Erreichen einer optimalen Balance zwischen Zentralisierung und Dezentralisierung im Bildungswesen. Neben dieser grundlegenden Perspektive auf das Konstellationsgefüge werden u.a. folgende Maßnahmen auf der Grundlage der Identifizierung von „global trends" sowie im Sinne vielversprechender Reformansätze benannt: Die Übertragung von Verantwortung (Empowerment) auf die Ebene der Schulen, die stärkere gesellschaftliche Einbindung, die Implementierung von Strategien eines verbesserten Zugangs zu Bildung und der Gewährleistung von Chancengleichheit, der Ausbau von Unterstützungs- und Professionalisierungsmaßnahmen für Lehrkräfte, die Entwicklung von Strukturen der Rechenschaftslegung hinsichtlich erzielter Wirkungen, die Verbesserung von flexiblen und lebenslangen Lernstrategien sowie die Curriculum-Entwicklung.

In einer aktuellen UNESCO-Publikation zu „Educational Governance at Local level" (UNESCO 2007) wird schließlich auch die Übertragung und Transformation von „authority" von der zentralen Lenkungseinheit auf kleinere regionale und lokale Einheiten als Trend herausgearbeitet; weitere Kennzeichen sind:

> „integrating local and central governments, making decisions that all stakeholders take part in, creating links between areas of policy, building dependencies between stakeholders, shifting development strategies from supply side to demand side, involving communities in planning implementing and evaluating, demonstrating accountability and transparency" (UNESCO 2007, S. 43).

Offen bleibt dabei zunächst sowohl die Frage nach der Hierarchie möglicher Ziele – etwa im Verhältnis von sozialer Integration und Wettbewerb – als auch die Frage der Auswahl und strategischen Nutzung spezifischer Steuerungsinstrumente. Die Wirksamkeit von Governance dürfte entscheidend von der Wahl und Kombination verschiedener Steuerungsinstrumente und der ihr zugrunde liegenden Steuerungsstrategie abhängen.

In einem Zwischenfazit bleibt zunächst einmal festzuhalten, dass eine Vielzahl an Fragen hinsichtlich Educational bzw. School Governance international ungeklärt ist: Was gute Steuerung – gerade auch in der Demokratie und Zivilgesellschaft – ist, bleibt ein Aushandlungsprozess. Daran schließt zugleich die Frage an, wie ein bestimmtes Verständnis von Educational Governance operationalisiert und somit messbar gemacht werden kann. Welches analytische Rahmenkonzept kann Entscheidungsträgern in diesem Zusammenhang helfen, das komplexe Wirkgefüge im Bildungswesen mit seinen möglichen Gelingens- und Misslingensbedingungen besser zu verstehen? Und: Was sind Indikatoren, mit denen die Effektivität des Bildungssystems gemessen werden kann? Wie können auf diese Weise gewonnene Erkenntnisse in eine Effektivierung bestehender Educational Governance überführt werden? Gibt es dabei so etwas wie ideale Kombinationen von Makrosteuerungen? Welche Erweiterungen und Modifizierungen bestehender Makrokonfigurationen sind vor dem Hintergrund der kulturellen Folie eines Bildungswesens überhaupt möglich?

2 Im Fokus: Governance in ausgewählten Ländern

Die nachfolgende Auseinandersetzung mit Governance im Schulwesen schaut vor dem Hintergrund der bisherigen Ausführungen und der gestellten Fragen exemplarisch auf zwei länderspezifische Muster der bildungspolitischen wie wissenschaftlichen Auseinandersetzung mit dem Thema. Die Vergleichsländer England und Niederlande wurden zum einen auf der Grundlage von Literatur- und Materialrecherchen in einschlägigen internationalen und nationalen Literaturdatenbanken (z.B. ERIC) sowie den Internetpräsenzen nationaler Bildungsministerien, weiteren zentralen Einrichtungen des Bildungssystems (z.b. nationale Bildungsräte, Qualitätsagenturen und ähnlichem) und den nationalen Vereinigungen für erziehungswissenschaftliche Forschung (Sektionen zu Schwerpunkten wie: Policy, Administration, Governance) ausgewählt; recherchiert wurde insbesondere im europäischen Raum. Auswahlkriterien waren die Repräsentanz verschiedener „Governance-Philosophien" zwischen den Ländern sowie die möglichst politische wie wissenschaftliche Auseinandersetzung mit Governance-Konstellationen im Bildungswesen. So stehen die Niederlande für den Versuch, Qualität und Vergleichbarkeit in einem auf Schulautonomie setzenden Land zu sichern. England war ein „forerunner" der large-scale-Reformen mit einer marktorientierten Schulentwicklung. Schließlich scheint der Governance-Diskurs in anderen Ländern weniger präsent bzw. aufgearbeitet bzw. für eine internationale Leserschaft zugänglich zu sein. Zudem befördert die Sichtung der Materialien und Dokumente den Eindruck, dass das Forschungsfeld trotz des zunehmenden Interesses (z.b. in den skandinavischen Ländern sowie auch unter dem Stichwort „gouvernance de l'éducation" in Frankreich und Kanada) fragmentiert und nicht klar umrissen scheint.

Zum anderen wurde bei der Auswahl der Vergleichsländer auf vorliegende Befunde komparatistischer Studien zu Governance- und Steuerungsfragen zurückgegriffen, die spezifische „Steuerungsphilosophien", governancebezogene Reformprozesse und „Governance-Typen" international vergleichend herausgearbeitet haben. In jüngerer Zeit wurde unter dem Titel „Types of Governance in Education. A Quantitative Analysis" ein Typisierungsversuch von Governance im Bildungswesen publiziert (Windzio u.a. 2005). Auf der Basis von Faktor- und Clusteranalysen empirischer Datensätze der OECD („Education at a Glance" und „Financing Education", 2002a, b) zu Bildungsindikatoren unterschiedlicher Steuerungs- und Qualitätsdimensionen („input", „integration", „output") kommen sie zu sechs Typen von Education Governance:

- *Scandinavian Governance* (Norwegen, Schweden, Dänemark, Finnland),
- *Private Governance* (Belgien, Niederlande),
- *State Based Governance* (u.a. Frankreich, Irland, deutschsprachige Länder),
- *South European Governance* (Italien, Portugal, Spanien, Griechenland),
- *Anglo-Saxon-Eastern-European-Governance* (Australien, UK, USA, Ungarn, Neuseeland, Tschechische Republik) sowie
- *East-Asian Governance* (Japan, Korea).

Unterschiede liegen in der Ausgestaltung und Kombination von Aspekten wie der Finanzierung des Bildungswesens (public/private), schulischer Autonomie, individueller Förderung und Ungleichheit bezogen auf die in PISA erfasste Leistungsstreuung.[2]

In ihrer 2007 vorgelegten Veröffentlichung „Reform von Schulgovernance-Systemen. Vergleichende Analyse der Reformprozesse in Österreich und bei einigen PISA-Teilnehmerländern" unterscheiden Schmid, Hafner und Pirolt theoretisch drei Typen von „Steuerungsregimen" und ordnen diesen Kategorien deskriptiv-empirisch hergeleitet verschiedene Vergleichsländer zu:

- den *Bürokratietyp* (Kennzeichen: enger Reformspielraum, kein tief greifender Umbau schulischen Verwaltungshandelns; Beispiele: Österreich, Deutschland),
- den *Effizienztyp* (Kennzeichen: Stärkung der Einzelschule („school empowerment") mit wettbewerbsähnlichen Marktelementen; Beispiele: England, Neuseeland) und
- den *Legitimitätstyp* (Kennzeichen: „local empowerment" mit Elementen von „school empowerment"; Beispiele: Finnland, Ungarn).

Damit kommen sie teils zu ähnlichen Ländergruppierungen wie Windzio u.a., es gibt aber auch Abweichungen, z.B. im Hinblick auf Ungarn und die Tschechische Republik. Unter Berücksichtigung solcher Ländergruppierungen sowie insbesondere auf der Basis der in den Ländern recherchierbaren expliziten und grundlegenden Governance-Diskurse im Schulwesen wurden für eine differenzierende Länderdarstellung die beiden Vergleichsländer Niederlande und England ausgewählt.

Zentrale Aspekte, die den explorierenden Vergleich auf der Grundlage der recherchierten und verfügbaren Dokumente und Materialien strukturieren, sind der Stellenwert des Themas „Governance im Schulwesen" im bildungspoliti-

---

2   Gleichwohl erfolgt die Operationalisierung von Governance insbesondere auf der Grundlage der verfügbaren, für den Zweck eher eingeschränkten Datenbasis und wird weniger theoretisch hergeleitet und operationalisiert.

schen und wissenschaftlichen Diskurs, themenbezogene Veränderungen und Akzentverschiebungen in den letzten Jahren, der Bezug auf Theorieansätze und legitimierende Argumente, die Anwendung und Art von Forschungsstrategien sowie die Rezeption von Forschungsergebnissen in bildungspolitischen Diskussionszusammenhängen.

2.1 Niederlande: Zwischen traditioneller Schulautonomie und dem Bedarf der Rechenschaftslegung

Die Diskussion um gute Steuerungs- und Regelungssysteme hat in den letzten Jahren den halb-privaten und öffentlichen Sektor erreicht. Dabei hat das Wirtschaftsministerium eine Vorreiterrolle übernommen, indem es 2004 einen Bericht über „public governance" für die Bereiche Bildung, Gesundheit, Wohnen und Soziales publiziert hat (vgl. Onderwijsraad 2004). Im gleichen Zeitraum hatte die so genannte Kommission Strikwerda den auf die Primar- und Sekundarstufe bezogenen Bericht „Goed bestuur, goed onderwijs" (Commissie Strikwerda 2003), der sich mit guter Steuerung im Bildungsbereich auseinandersetzt, angefertigt. Andere Kommissionen haben sich zeitgleich mit Governance in der beruflichen Bildung, der Erwachsenenbildung und im Hochschulbereich beschäftigt, indem sie Empfehlungen für ein verbessertes Steuerungsverhalten in der Aufsicht der entsprechenden Einrichtungen vorstellten, deren Zielüberprüfung in der Folge in Teilen an externe Evaluationen gekoppelt wurde.

Ein zentraler Indikator für die Aktualität und Dringlichkeit eines Themas im niederländischen Bildungswesen ist seine Bearbeitung durch den regierungsunabhängigen „Onderwijsraad" (www.onderwijsraad.nl), einen wissenschaftlich besetzten Bildungsrat, der seit 1919 das zentrale Beratungsorgan der Regierung im Bildungsbereich ist und – gefragt und ungefragt – über die Hauptlinien der bildungspolitischen Entwicklung und Gesetzgebung berät, indem auch interdisziplinäre (z.B. erziehungswissenschaftliche, ökonomische, rechtliche) Perspektiven sowie internationale Entwicklungen von der Vorschule bis zur Universität einschließlich der beruflichen Bildung berücksichtigt werden. Der Rat hat sich zuletzt Ende 2006 – gleichwohl nicht zuerst – unter der Frage, wie Governance im Unterrichtswesen weiter an „Kontur" gewinnen kann, mit dem Thema beschäftigt (Onderwijsraad 2006). Die zentrale Frage lautet demnach, wie Regelungsstrukturen zu gestalten sind und ob die dabei gewählten Prioritäten gut und sinnvoll sind. Weitere Berichte des Onderwijsraad vertiefen das Governance-Thema, etwa hinsichtlich der Rolle externer Aufsicht, der Partnerschaft mit Eltern und anderen Akteur/innen im Umfeld von Schule oder auch mit Blick auf eine stärkere Evidenzbasierung im Bildungswesen. Governance umfasst nach

Auffassung des Bildungsrates sowohl das „Steuern" an sich als auch die Aufsicht und die Rechenschaftslegung über Steuerungsprozesse (Onderwijsraad 2004). Es sind die Spielregeln und Umgangsformen für die qualitätsvolle Steuerung von sowie die Aufsicht über Bildungseinrichtungen. Governance wird dabei im Hinblick auf das Prinzip der „checks and balances" beschrieben. Dies meint die gegenseitige Kontrolle (checks) zur Herstellung eines dem Erfolg des Ganzen förderlichen Systems partieller Gleichgewichte (balances). Das Prinzip zielt auf die Herstellung und Sicherung eines Systems der Verteilung und Teilung von Befugnissen, so dass ein professionelles Steuerungshandeln von Bildungseinrichtungen gewährleistet ist (Onderwijsraad 2006).

Die spezifische schulische Governance-Diskussion steht in den Niederlanden insbesondere in der Tradition des langen Autonomiediskurses in einem System ohne staatliche Lehrpläne als umfängliche Stoffpläne und kaum inhaltsbezogene Input- und wenig Prozesssteuerung. Auf der anderen Seite sollen Qualität und Vergleichbarkeit auf nationaler Ebene durch bestimmte Verpflichtungen garantiert werden: Die Erstellung von Schulprogrammen ist obligatorisch und wird vom Schulinspektorat zentral überprüft. Zudem werden 50 % der Abschlussprüfungsaufgaben in allen Schulformen zentral gestellt und ausgewertet; die anderen 50 % liefert die Schule, um dem Schulautonomiegedanken gerecht zu werden. Darüber hinaus gibt es eine obligatorische, hinsichtlich des Testmaterials jedoch einzelschulisch frei wählbare Lernstandsüberprüfung zum Ende der Primarstufe im Alter von 12 Jahren (zumeist wird der CITO-Test eingesetzt), die u.a. der Zuweisung der Schüler/innen auf die Schulformen des gegliederten Systems dient, sowie eine Vielzahl an Lernzuwachstests für schulinterne Evaluationsarbeit in den unterschiedlichen Schulstufen und nationale Stichprobenerhebungen.

In diesem Kontext haben das weiter gewachsene öffentliche Bewusstsein für die gesellschaftliche Funktion von Schule sowie der Wunsch unterschiedlicher Einrichtungen nach Professionalisierung, aber auch Fragen nach Finanzierungsmodellen und Finanzflüssen im Bildungswesen, Unklarheiten über bestehende Verantwortlichkeiten in der Gesetzgebung und schließlich mehrere Fälle finanzieller Unregelmäßigkeiten und von Betrug den Governance-Diskurs befördert. Offensichtlich gibt es in diesem Zusammenhang im niederländischen Bildungswesen, das immer noch sehr stark der einzelschulischen Autonomie verpflichtet ist, einen Bedarf, Klarheit zu schaffen, zu einem klaren Rollenverständnis zu kommen und einen Verhaltenskodex im Sinne von „good governance" zu entwerfen. Vor diesem Hintergrund forciert das Bildungsministerium eine zusammenhängende Aufsicht über die Qualität, Rechtmäßigkeit und Zielbezogenheit von Prozessen im Bildungswesen. Verantwortung abzulegen bedeutet zugleich eine größere Ansprechbarkeit der Bildungseinrichtungen innerhalb der

Gesellschaft sowie die Förderung ihrer Lernfähigkeit (Onderwijsraad 2004). Insgesamt entsteht der Eindruck, dass weniger die Lernerträge des bei Large Scale Assessments regelmäßig erfolgreichen Landes im Fokus der Aufmerksamkeit stehen, als vielmehr Verantwortung über die Rechtmäßigkeit von Arbeitsprozessen gegenüber der Gesellschaft abzulegen. Zugleich steht die Kontrolle der Selbstkontrolle im Vordergrund. Dabei geht es mittlerweile auch um die Qualität der lenkenden Organe und nicht allein um die Gesteuerten (z.B. Schulen) (Klifman 2004).

Zu den Prinzipien guter Steuerung gehören in den Niederlanden die Wahrung der Freiheit und Unabhängigkeit der Einzeleinrichtung, ihre Selbstregulierung und interne Überwachung, Transparenz und Verantwortungsübernahme sowie ethisch verantwortliches Handeln. Demnach hat Regierungshandeln einen Rahmen zu schaffen, der dies durch eine entsprechende Gesetzgebung erleichtert. Dabei wird die Trennung von externer Steuerung und interner Kontrolle hervorgehoben. Zentrales Steuerungsprinzip ist die proportionale Aufsicht: Es gibt mehr externe Aufsicht, wo die Qualität und die internen Kontrollmechanismen noch nicht ausreichend sind. Dabei sollen Steuerung und Aufsicht Verschiedenheit ermöglichen (Onderwijsraad 2004). Hier ergibt sich durchaus ein Spannungsfeld zwischen uniformen Qualitätsaspekten und der wachsenden Diversität in und zwischen den Schulen. Der Onderwijsraad hat 2006 das Ministerium dahingehend beraten, Regulierungsformen nicht einzugrenzen, sondern nach Möglichkeit zu erweitern. Es bestehe die Gefahr, dass durch einen engen Kodex guter Steuerung die an sich gewünschte Varietät stark eingeschränkt werde. Zwischen dieser Polarität von Autonomie und Diversität sowie Transparenz, Verantwortung und Rechenschaft bewegt sich der Diskurs um ein in dieser Hinsicht austariertes Bildungssystem.

Governance als Forschungsthema

Die Sektion „Politik und Organisation im Bildungswesen" der niederländischen „Vereinigung für Bildungsforschung"[3] setzt sich nach eigenen Angaben mit der effektiven Steuerung von Bildungsprozessen auf der Ebene der Institutionen und des Bildungssystems auseinander. Zentral ist dabei die differenzierte Beschreibung der Kennzeichen von Bildungspolitik und Bildungseinrichtungen, welchen Einfluss sie auf Bildungsprozesse haben und wie Qualitätsentwicklung erreicht werden kann. Die Stärkung von Dezentralisierung und Autonomie einerseits und der stärkere Akzent auf Rechenschaftslegung andererseits werfen dabei eine

---

3 vgl. www.open.ou.nl/vor/ [30.12.2008]

Reihe von Fragen auf, die das Forschungsfeld kennzeichnen. Wie können Politik und organisatorische Strukturen in diesem Rahmen zu einer Verbesserung der Bildungspraxis beitragen, insbesondere auf der Basis sorgfältiger Analysen und evidenzbasierter Steuerung? Gefragt wird zudem, ob gegebenenfalls zu viel „top down" gesteuert wird und dabei möglicherweise wenig Raum für die schulischen Akteur/innen in lernenden Organisationen bleibt. Dieser Forschungszweig richtet sich neben grundlegender Theorieentwicklung und Evaluationsforschung auch auf passgenaue Untersuchungskonzepte, die auch praktische Richtlinien und politikberatende Konzepte hervorbringen. Dies betrifft sowohl die politischen Ziele als auch die Frage ihrer effektiven und effizienten Realisierung. Im Hinblick auf Steuerungsfragen sind unterschiedliche Akteur/innen in die Betrachtungen einbezogen: Die Regierung, Gemeinden, Schulleitungen u.a.; dabei wird auch die Mehrebenenstruktur des Bildungswesens berücksichtigt. Forschung in der beschriebenen Weise dient dazu, die Basis für evidenzbasierte Bildungspolitik in einem breiten Sinne zu sein. Auch „good governance" wird als aktuelles Thema beschrieben. Die Formulierung von Empfehlungen auf der Basis sorgfältiger Analyse zur Verbesserung der Politik- und Bildungspraxis gehört demnach zum professionellen Selbstverständnis der Wissenschaft.

Aber auch von der Bildungspolitik selbst wird die Evaluation von Steuerungswirkungen im Bildungswesen zur Qualitätsentwicklung eingefordert. So wurde 2007 eine parlamentarische Untersuchung der Gelingens- und Misslingensbedingungen aktueller Bildungsreformen beschlossen. Mit dieser Studie will man differenzierte Einsichten in die Entstehung, Implementation sowie die Resultate von Bildungsreformen erhalten, um daraus Lehren für die Zukunft zu ziehen. Hintergrund ist die zunehmende Diskussion über die Reformen der letzten Jahre, insbesondere hinsichtlich der Frage, ob sie in verantwortlicher Art und Weise eingeführt und umgesetzt wurden. Die Kritik kommt vor allem von den Akteuren vor Ort (Dozierende, Eltern, Lehrkräfte), insbesondere hinsichtlich ihrer Beteiligungs- und Einflusschancen. Dies geht einher mit der Frage, was die konkreten Resultate der Reformen sind.

Zu den Teilstudien gehört eine Politikfeldanalyse zu den gesellschaftlichen und inhaltlichen Hintergründen der Veränderungen, den wechselseitigen Einflüssen von Entwicklungen und den Steuerungsprinzipien. Dabei wird zwischen Entwicklungen im gesellschaftlichen Kontext (demografische, politische, ökonomische und technologische Entwicklungen) und Entwicklungen im unmittelbaren Bildungsbereich unterschieden; sie werden aber auch aufeinander bezogen. Ebenso werden unterschiedliche Einrichtungen in den Blick genommen, z.B. die Schulinspektion und der Bildungsrat. Untersucht wird weiterhin der Einsatz finanzieller Mittel, auch auf der Grundlage von Fallstudien zum Ressourceneinsatz auf Einzelschulebene. Schließlich wird auch die Qualität des Bildungswesens umfassend auf Basis vorliegender Längsschnittuntersuchungen und international vergleichender Studien wie PISA reanalysiert. Darüber hinaus soll in Erfahrung gebracht werden, welche Veränderungen in der Qualität von Lernergebnissen mit konkreten Reformansätzen assoziiert werden können. Schließlich wird gefragt, inwieweit die angestrebten Ziele (Chancengleichheit, Verzögerung von Selektionsentscheidungen sowie verbesserte Studien- und Berufswahl, weitere Anhebung des Leistungsniveaus, bessere Anschlüsse zwischen den Bildungsstufen) tatsächlich erreicht worden sind.

Zu den zentralen Methoden gehören die Dokumentenanalyse, Befragungen der Bildungsverwaltung, Surveys zu Einstellungen und Wahrnehmungen unterschiedlicher Stakeholder im Bildungsbereich (Schulleitungen, Lehrkräfte, Eltern) zum Einfluss der Reformen auf Schule und Unterricht. In Anlehnung an die soziologische Systemtheorie spielt auch die doppelte Kontingenz eine zentrale Rolle: Was denken die schulischen Akteur/innen, was die Akteure/innen auf der Systemebene hinsichtlich der Reformziele, der Einführung von Neuerungen, der Steuerungsprinzipien und der Zielerreichung beabsichtigen. Befunde bleiben abzuwarten.

2.2 England: Zwischen Wettbewerbsstrategien zur Leistungssteigerung und dem Bedarf der Förderung sozialer Gerechtigkeit

In Großbritannien bzw. spezifischer in England wird der Governance-Diskurs derzeit ganz grundsätzlich und in der Einbindung der breiten gesellschaftlichen Öffentlichkeit geführt. Im Juli 2008 eröffnete das britische Justizministerium das Internetportal „The Governance of Britain".[4] Damit wird eine Diskussion um die Staatsverfassung angestoßen, die in einer Erneuerung der Beziehung zwischen Bürger/innen sowie zwischen Bürger/innen und Regierung münden soll. Es ist zugleich eine Bestandsaufnahme und ein Austarieren gesellschaftlicher Machtverhältnisse bzw. ihrer Verschiebung näher zum Bürger/zur Bürgerin hin. Vorschläge für ein solches „constitutional renewal" sind im Grünbuch „The Governance of Britain" enthalten, das kurz nach dem Amtsantritt von Gordon Brown 2007 erschien (Secretary of State for Justice and Lord Chancellor 2007). Darin wird die Belebung der Demokratie hervorgehoben; für den Bildungsbereich wird die „Citizenship Education" betont: „Citizenship education ensures young people become informed citizens and develops their skills of participation and responsible action" (ebd., S. 55).

---

4 http://governance.justice.gov.uk/ [30.12.2008]

Die normative Frage nach guten Governance-Standards wurde für den öffentlichen Sektor beispielsweise in der Publikation „Good Governance Standard for Public Services" (OPM and CIPFA 2004) durch die „Independent Commission on Good Governance in Public Services" bearbeitet und als Vorschlag für alle öffentlichen Dienstleistungen publiziert. Als zentrale Kriterien werden darin u.a. benannt: Ziel- und Ergebnisorientierung, Effektivität und Effizienz, Handeln in klaren Funktionen, klare Verantwortlichkeiten, Demonstration von Werten im organisationalen Handeln, transparentes und informiertes Entscheidungshandeln sowie Risikomanagement, Entwicklung der Fähigkeit und Fertigkeit, effektiv handeln zu können sowie Rechenschaftslegung gegenüber der Öffentlichkeit. In der Zusammenschau der recherchierten Dokumente scheint der Governance-Begriff gegenüber „government" erst in jüngster Zeit im öffentlichen Sektor breitere Präsenz zu erreichen. Bislang ist er insbesondere im Wirtschaftssektor unter dem Stichwort der „corporate governance" gebräuchlich.

Gleichwohl wird die Beschaffenheit von Regelungsstrukturen schon länger in Großbritannien aus unterschiedlicher disziplinärer Perspektive wissenschaftlich bearbeitet. Die Analyse von Lenkungs- und Regelungsprozessen im Bildungsbereich sowie ihrer Wirkungen findet dabei ihren zentralen Ausgangspunkt im „Education Reform Act" von 1988 in der Ära Thatcher. In ganz grundsätzlicher Perspektive kam es zu einer Restrukturierung von Entscheidungsbefugnissen und Verantwortung im Bildungswesen, indem die Rolle der Regierung gestärkt wurde und die Schulen in bestimmten Bereichen mehr Autonomie erhielten (etwa bei der Budgetverwaltung); zugleich wurde die Freiheit der Lehrkräfte etwa durch die Verpflichtung auf ein Nationales Curriculum deutlich eingeschränkt. Schließlich wurde der Einfluss der mittleren Verwaltungsebene, der „Local Education Authorities" (LEA), substanziell beschnitten. Zentrale Schlagworte sind in diesem Zusammenhang „centralisation" (Zentralisierung durch das Nationale Curriculum, daran angebundene Tests und Schulinspektionen als Instrumente der Rechenschaftslegung) und staatlich verwaltete „marketization" (die Schaffung von Quasi-Bildungsmärkten, z.B. durch freie Schulwahl für Eltern, Veröffentlichung schulischer Leistungsdaten und Pauschalfinanzierung von Schulen). Dies hat zu einer Neuordnung des Verhältnisses zwischen der Zentralregierung, den Schulämtern sowie Schulen und Lehrkräften geführt. Die Grundannahme war, dass informierte Wähler/innen (Eltern) die Schulen mit den besten, in Ranglisten publizierten Leistungen anwählen, die wiederum mehr Schüler/innen und aufgrund der Per-Capita-Finanzierung mehr Ressourcen an sich binden können; schwache Schulen hingegen würden demnach ausbluten (vgl. z.B. van Ackeren 2003a). 1997 kam New Labour an die Macht und führte die neoliberale Bildungspolitik der Vorgängerregierung fort. Gleichzeitig verpflichtete man sich – angesichts der (fach-)öffentlichen Bedenken hinsichtlich der negativen Effekte einer Marktstrategie auf Chancengleichheit – auf das Programm der Förderung von „social justice".

Als zentrales Problem erweist sich dabei bis heute die Frage, wie soziale Gerechtigkeit und Inklusion durch marktorientierte Ideen, die grundsätzlich Gewinner und Verlierer hervorbringen, befördert werden können (Whitty 2008). In diesem Kontext beobachtet Ranson (2008, S. 202) eine neue Entwicklung: „A new form of education governance is taking shape within the problematic frame of the old. The contradictions are manifest." Diese parallel zur neoliberalen Marktstrategie verlaufende Policy-Agenda zeichnet sich durch Versuche aus, Benachteiligung durch verschiedene Programme auszugleichen, etwa durch die Initiierung von „learning communities" (im Sinne professioneller Lerngemeinschaften, die gemeinsam Probleme bearbeiten) und „extended schools" (in der Kooperation mit außerschulischen Partner/innen zur umfassenden Förderung von benachteiligten Schüler/innen und ihren Familien). Die Spannungen zwischen den unterschiedlichen politischen Leitzielen sowie die vorliegenden Befunde zur großen Leistungsspreizung und sozialen Segregation der Schülerschaft haben zu einer erhöhten Aufmerksamkeit für Governance-Prozesse im Bildungswesen beigetragen. Zu den großen Herausforderungen des Landes gehört derzeit die Erreichung von „equity" und „excellence" oder, wie es Levin und Fullan (2008) ausdrücken, „raising the bar and closing the gap" (S. 291).

Governance als Forschungsthema

Die konstitutionelle Reform fordert die wissenschaftliche Auseinandersetzung mit den angestoßenen Prozessen und Konsequenzen heraus. Forschung im Kontext des Governance-Themas findet man im englischen Raum derzeit noch eher unter Begriffen wie „education policy", „education reform", „public sector reform", „(de)centralization" und „marketization". Die Beiträge konzentrieren sich auf die Frage, wie Bildungspolitik gestaltet wird, welchen Einfluss sie auf Bildung und Erziehung sowie gesellschaftliche Prozesse insgesamt hat und wie bildungspolitische Fragen durch gesellschaftliche Diskurse und Kräfte beeinflusst werden. Dabei werden insbesondere auch einzelne Reformelemente in ihrer Wirkung in den Blick genommen. Viele Studien untersuchen die durch die Bildungspolitik evozierten Widersprüche und Konflikte und ihre Bearbeitung auf unterschiedlichen Ebenen des Bildungswesens. Spannungsverhältnisse ergeben sich, wie zuvor skizziert, zwischen Zentralisierung und Dezentralisierung, zwischen der Fortführung des Quasi-Bildungsmarktes und einem präskriptiven „policy design", der Förderung von Wettbewerb zur Anhebung des Leistungsniveaus und der Stärkung kollaborativer Bezugssysteme, um „social inclusion" zu erreichen. So steht z.B. auch ein national geregeltes und geprüftes Curriculum in einem Spannungsverhältnis zum Auftrag an Schulen, auf schülerbezogenen Förderbedarf individuell zu reagieren (Ranson 2008). „New Labour has powerfully illustrated the difficulties involved in seeking to mediate and resolve conflicts among conflicting policy goals" (Strain & Simkins 2008, S. 161). Gerade mit der Vermarktung wird eine Stärkung sozialer Exklusion assoziiert, die eine mögliche Legitimationskrise herbeiführen könnte. Es wird beschrieben, dass die Lösung dieser Spannung in der bildungspolitischen Argumentation durch den Bezug auf Ideen der „social capital theory" versucht wird (Alexiadou & Ozga 2002). Demnach kann der Ausgleich sozialer Benachteiligung durch Kapitalakkumulation erfolgen. „Modernisierung" setzt aktive, engagierte, informierte und verantwortliche Bürger/innen voraus. Dies wiederum ist abhängig von der Erhöhung ihrer Kapazität, Informationen aufnehmen zu können, sich mit Evidenz auseinanderzusetzen und an Netzwerken teilzuhaben. Die britische Regierung sieht demnach in vernetzten Gemeinschaften und Individuen die Antwort auf Probleme des Mangels an sozialer Integration und Teilhabe. Zentrale Ideen seien die „network society" und die Förderung von „responsible self-government".

Das Problem der belegten sozialen Segregation und Ungleichheit wird in der Forschung als zentrales Thema insbesondere auch mit Struktur- und Kontextfragen assoziiert. So seien die Erfolge, die mit von der Regierung aufgelegten Bildungsprogrammen (z.B. der „extended school") erzielt und wissenschaftlich belegt wurden, durch Initiativen hervorgebracht worden, die sich gegenläufig zur Idee des Bildungsmarktes darstellen und eine Unterstützungsstrategie verfolgen, bei der auch strukturelle und kulturelle Einflüsse auf die Leistungserbringung berücksichtigt werden (Whitty 2008, S. 172). Gleichwohl spiegele sich diese Einsicht nicht immer in der Logik des Regierungshandelns. Stattdessen werden Qualitätsunterschiede zwischen Schulen insbesondere in der Verantwortung der Schulen selbst gesehen und werden deshalb vor allem auf der Ebene der Einzelschule angegangen (Thrupp & Lupton 2006). Blair selbst sprach 1998 von einem Fokus auf „standards, not structures" (Smithers 2001, S. 414). Deutliche Qualitätsverbesserungen von Einzelschulen werden hingegen von vielen Forscher/innen auf die Zusammensetzung der Schülerschaft („pupil intake") zurückgeführt, die insbesondere durch sozialräumliche Bedingungen (wie das Einzugsgebiet) bedingt sind, die sich der Steuerung durch die Schule entziehen (Whitty 2008). Weitere zentrale Themen der Bearbeitung von Governance-Konstel-lationen sind die Bedeutung der Reformen für die selbstverwaltete Schule und die Leitung und Führung von Schulen, die Debatte um (De-)Professionalisierung („teacher professionalism") in einem System, das die Rolle der Lehrperson zunehmend vorschreibt sowie hinsichtlich der Überprüfung ihrer Arbeitsergebnisse, veränderter Arbeitsbedingungen („workforce structures"), Effekte der Schulwahlfreiheit, der

Schulinspektionen oder mit Blick auf Strategien im Umgang mit Daten aus standardisierten Tests und Prüfungen.

Die Theoretisierung von Governance wird derzeit dominiert vom politikwissenschaftlichen Netzwerk-Paradigma (Ranson 2008), gleichwohl wird es in seiner analytischen Begrenztheit kritisiert:

> „The network model has been valuable in capturing many changes in the nature of the neo-liberal polity, yet it is weak in its explanatory power and remains a partial theory of governance. (...) The paradigm (...) takes for granted and fails to theorize the prior re-structuring of governance that provided the conditions for networks to operate" (ebd. 2008, S. 208).

Es bedürfe einer umfassenderen interpretativen Analyse der Prozesse. Um die konstitutiven und mediativen Wandlungsprozesse fassbar zu machen, sei weitere theoretische Arbeit erforderlich.

Die Sichtung von Webauftritten einschlägiger Arbeitseinheiten an Universitäten in Großbritannien zeigt, dass das forschungsmethodische Vorgehen in diesem Themenfeld typischerweise gekennzeichnet ist durch Dokumentenanalysen, Interviews, Surveys, ethnographische Studien auf der Schulsystem- und Schulebene und die Einordnung identifizierter Trends in internationale Entwicklungen. Dabei finden sich sowohl Querschnitt- als auch Längsschnittanalysen. Die Vernetzung zwischen den auf diese Weise hervorgebrachten Befunden und bildungspolitischem Entscheidungshandeln hat in den letzten Jahren offensichtlich zugenommen; so hat New Labour die Konsultation privater Berater/innen deutlich ausgeweitet. Die Ausgaben für „education consultants" stiegen von „1.76 billion pounds" im Bezugsjahr 2003/04 um 42 % im Bezugsjahr 2004/05 (Ball 2008, S. 190). Whitty (2008) führt beispielsweise aus, dass Befunde zur zunehmenden Leistungsschere zwischen Schüler/innen aus einkommensstarken und -schwachen Familien Maßnahmen durch die Regierung nach sich gezogen haben. Man schaut nun nicht mehr allein auf Schüler/innen in benachteiligten Regionen, sondern auf die Risikoschüler/innen selbst, um die Fördermaßnahmen direkt im Rahmen verschiedener Programme, die z.B. „one-to-one support" ermöglichen, auf sie zuzuschneiden. Die Bedeutung evidenzbasierter Steuerung scheint dabei besondere Aufmerksamkeit zu erzielen, wie Projekte mit dem Titel „Governing by Numbers: Data and Education Governance in Scotland and England"[5] zeigen. Dies betrifft sowohl das Handeln der Akteur/innen auf der Systemebene als auch der Beteiligten auf der Ebene der Einzelschule.

---

5 vgl. Projekthomepage www.ces.ed.ac.uk/research/FabQ/index.htm [30.12.2008]

3 Fazit

Der Beitrag hat in einem ersten Schritt eine Bestandsaufnahme internationaler bildungspolitischer Diskurse sowie international vergleichender Forschung zu Fragen schulischer Governance versucht und auch zentrale Entwicklungslinien der letzten Jahre in den Blick genommen. Dabei ist deutlich geworden, dass es einerseits eine normative Diskussion um die Ausgestaltung von Good Governance und andererseits ein zunehmendes Interesse an einer analytischen Governance-Perspektive gibt, die eine Typisierung von Governance-Regimen versucht sowie nach Merkmalen effektiver und effizienter Konstellationsgefüge im Hinblick auf die Qualitätsentwicklung von Bildungssystemen sucht. Gleichwohl erweist sich der Nachweis von Wirkzusammenhängen unter Berücksichtigung spezifischer, historisch gewachsener nationaler Traditionen und Merkmale als schwierig, zumal angesichts der Vielzahl möglicher Einflussgrößen die Durchführung experimenteller Studiendesigns kaum möglich ist. Dies spiegelt sich in den bislang eher qualitativ ausgerichteten internationalen Vergleichsstudien zu Governance-Strukturen und ihren Effekten wider.

In einem zweiten Schritt wurde die Bearbeitung des Governance-Themas in zwei Ländern mit unterschiedlichen Steuerungsphilosophien exemplarisch vertieft. Im Vergleich zur internationalen und transnationalen Sichtung politischer Dokumente und Forschungsbeiträge wird einerseits deutlich, dass die Länder (Niederlande und England) globalen Trends folgen, andererseits ist offensichtlich, dass das Feld auch innerhalb der jeweiligen Landesgrenzen fragmentarisch bearbeitet ist und noch keine klare Forschungseinheit mit gemeinsamen Theoriebezügen und Fragestellungen darstellt. Gleichwohl geht es in einem weiteren Sinne in beiden Ländern um die Bearbeitung komplexer Konstellationsgefüge, die im Zuge grundlegender Reformen im öffentlichen Sektor entstanden sind. Eine zentrale Perspektive ist dabei der Vergleich von Wirkungshoffnungen und Wirkungsbefunden, die Bearbeitung von Paradoxien, Antagonismen, Widersprüchen, Ungewissheiten und nicht-intendierten Effekten.

Zentrales Thema in den Niederlanden ist der zunehmende Bedarf der Rechenschaftslegung bei gleichzeitiger Wahrung der traditionellen hohen Autonomie der Schulen. In England ist es die Entwicklung hoher Standards bei gleichzeitiger Reduzierung von Chancenungleichheit. In beiden Ländern ergeben sich auf diese Weise – wenn auch mit unterschiedlichen thematischen Akzentuierungen – widersprüchliche Konstellationen, die es zu reflektieren gilt. Das Austarieren des Systems, insbesondere hinsichtlich der grundlegenden Frage des Verhältnisses von Zentralisierung und Dezentralisierung, erscheint für beide Länder dringlich. Dabei hat auch der globale Druck, das Bildungswesen zu modernisieren und international wettbewerbsfähig zu bleiben, beide Länder erreicht. In diesem Zusammenhang wird Diskussionsbedarf hinsichtlich der Frage gesehen, inwieweit nationale Bildungspolitik den unvermeidbaren Druck der Globalisierung reflektiert und inwieweit es Raum für Diversität in je spezifischen nationalen sozialen, politischen und kulturellen Kontexten gibt.

In methodischer Hinsicht betreffen die Schwierigkeiten, die sich im Rahmen der hier vorgelegten exemplarischen Länderanalyse gezeigt haben, insbesondere so grundlegende Fragen wie die Identifizierung der einschlägigen Deskriptoren für die Bearbeitung des Themenfeldes im jeweiligen Land und die Recherche der relevanten Forschungsbeiträge und Dokumente. Für die beiden gewählten Länder ist hier ein exemplarischer Weg skizziert worden, wie dies realisiert werden kann. Gleichwohl bietet es sich in anschließenden Studien an, auf der Grundlage eines Kategoriensystems Expert/innen aus den jeweiligen Ländern eine Bestandsaufnahme der wissenschaftlichen und bildungspolitischen Bearbeitung des Themas vornehmen zu lassen und anschließend systematisch zu vergleichen. Eine mögliche, sicherlich weiter zu differenzierende Strukturierung solcher Länderberichte ist mit den Ausführungen in diesem Beitrag angedeutet worden.

Kathrin Dedering

Entscheidungsfindung in Bildungspolitik und Bildungsverwaltung

1 Veränderung von Steuerungsvorstellungen

Die Vorstellungen über die Steuerung von Bildungssystemen befinden sich seit einigen Jahren in tiefgreifenden Veränderungen, die ihren Ausdruck nicht nur in einem Wandel des Steuerungskonzepts hin zu einem Begriff von Governance finden, sondern darüber hinaus in einer Reihe weiterer Elemente wie Output- und Wettbewerbsorientierungen sowie Netzwerkbildungen zwischen staatlichen und privaten Institutionen (vgl. Altrichter u.a. 2007; Benz u.a. 2007). Im Zusammenhang mit Entscheidungen, die auf den unterschiedlichen Ebenen des Bildungssystems von Vertretern aus Politik und Administration, Schulleitungen und Lehrkräften getroffen werden müssen, wird dabei in zunehmendem Maße die Bedeutung einer *möglichst exakten Datenbasis* hervorgehoben. Sie soll nicht nur Diagnosen über den Zustand von Einrichtungen bzw. Systemen erlauben, sondern auch die Grundlage für die Entwicklung und Implementierung von Maßnahmen und Strategien zu ihrer bestmöglichen Steuerung liefern (vgl. Kopp 2008). Die erforderlichen Entscheidungen sollen demzufolge auf der Basis *bereitgestellter Evidenz* getroffen werden. Der Evidenzbegriff hat sich zunächst in der Medizin durchgesetzt und leistet dort dem Anspruch nach empirisch basierter Wissenschaftlichkeit genüge (vgl. Jornitz 2008). Demgegenüber finden sich in Bildungsforschung und Bildungspolitik Begriffsdefinitionen unterschiedlicher Weite. So formuliert etwa die Europäische Kommission im Sinne einer breiteren Auslegung:

> „Relevant evidence can take many forms, such as experience and evaluation of practice, the results of independent or commissioned scientific analyses, quantitative and qualitative research, basic and applied research, and the development of statistics and indicators" (Commission of the European Communities, SEC 2007, S. 4).

Engere Begriffsverwendungen hingegen implizieren strengere Vorstellungen einer positivistischen Methodologie.

Diskussionen um eine evidenzbasierte Bildungsforschung und Bildungspolitik und die damit verbundene Notwendigkeit zur Schaffung einer entsprechenden Datenbasis sind in Deutschland, Österreich und der Schweiz vergleichsweise jung. In Deutschland zeigt die im Jahre 2006 von der Kultusministerkonferenz vorgelegte *Gesamtstrategie zum Bildungsmonitoring* die große Bedeutung, die diesem neuen Steuerungselement zugeschrieben wird. Die Gesamtstrategie enthält als Komponenten *erstens* internationale Schulleistungsuntersuchungen, *zweitens* eine zentrale Überprüfung des Erreichens der Bildungsstandards in einem Ländervergleich (in der 4., 9. und 10. Klasse), *drittens* Vergleichsarbeiten in Anbindung an die Bildungsstandards zur landesweiten Überprüfung der Leistungsfähigkeit einzelner Schulen und viertens eine gemeinsame Bildungsberichterstattung von Bund und Ländern (vgl. Döbert & Avenarius 2007; vgl. den Beitrag von Rürup u.a. in diesem Band). Auf diese Weise soll in absehbarer Zeit der für eine evidenzbasierte Entscheidungsfindung auf Systemebene erforderliche Datenpool bereitgestellt werden.

In anderen Ländern – und auf länderübergreifender Ebene – erfährt die Thematik schon seit längerem gesteigerte Beachtung: seit Anfang der 1990er Jahre in den USA (vgl. Honig & Coburn 2008) ebenso wie in der Organisation for Economic Co-operation and Development (OECD), auf der europäischen Ebene seit der Jahrtausendwende (vgl. z.B. OECD/CERI 1995b; 2000). Dementsprechend ist die dort zur Verfügung stehende Datenbasis in den letzten Jahren deutlich vergrößert worden (z.B. Behn 2003; Pollitt & Bouckaert 2004).

In allen Ländern handelt es sich um eine Wiederbelebung von Diskussionen, die aus anderen Gründen und in anderen Zusammenhängen schon früher einmal geführt wurden. So haben in Deutschland z.B. bereits in den 1970er Jahren Auseinandersetzungen um die „Wissensproduktion und Wissensverwendung im Bereich der Erziehungswissenschaft" (Drerup & Terhart 1979) stattgefunden, in denen auf die Bedeutung sozialwissenschaftlicher Forschungserkenntnisse bei der bildungspolitischen Entscheidungsfindung hingewiesen wurde (vgl. Kuper 2006). In den USA reichen diese Diskussionen sogar bis in die 1960er Jahre zurück. Damals wie heute lagen den Forderungen nach einer (stärkeren) Nutzung von (wissenschaftlich-empirischer) Evidenz bestimmte Steuerungsvorstellungen zugrunde, die ihren Ausdruck in der Beschreibung eines *Wirkungsmodells* finden, das

> „auf einer Idee der Rationalisierung der Systemsteuerung des Bildungswesens durch die Verbesserung der Informationslage über seinen Entwicklungsstand und seine Auswirkungen" (Altrichter & Heinrich 2006, S. 55)

fußt. Ausgangspunkt des Modells ist die Annahme, dass eine ausschließlich auf dem eigenen Erfahrungs- und Wissenshorizont basierende Information der Politik nicht hinreichend für die Gestaltung des Bildungssystems sei (vgl. Kuper 2006). Es wird unterstellt, dass das Handeln der Protagonisten im Bildungssystem effektiver und effizienter würde, wenn ihnen mehr und besseres Steuerungswissen zur Verfügung stünde (vgl. Anderson & Briddle 1991; Altrichter & Heinrich 2006).

Die empirische (Bildungs-)Forschung soll aus diesem Grund eine Datenbasis produzieren, die solche Erkenntnisse bereithält, die sich als „Steuerungswissen" bezeichnen lassen. Auf diese Weise sollen den Akteuren „Daten und Zugriffsmöglichkeiten für ihre Steuerungsabsichten" (Altrichter & Heinrich 2006, S. 55) geliefert werden.

Die für die Entscheidungsfindung jeweils zuständigen Personen sollen die zur Verfügung gestellten Erkenntnisse in einem ersten Schritt fachkundig rezipieren und in einem zweiten Schritt angemessen verarbeiten. Der Verarbeitungsprozess beinhaltet zunächst eine angemessene Interpretation der Befunde und eine Ableitung sach- bzw. problemorientierter, bedarfsgerechter und adressatenadäquater Entscheidungen. Sodann sollen entsprechende Maßnahmenprogramme formuliert und entwickelt werden. Diese sollen in die Praxis implementiert werden und mittelfristig zu einer Verbesserung von fachlichen Schülerleistungen bzw. anderer schulischer Momente beitragen.

Die Effektivität des so explizierten Wirkungsmodells ist an die Erfüllung einer Reihe von Voraussetzungen geknüpft, die sich erstens auf die zu produzierende *Evidenz*, zweitens auf die *Entscheidungsträger* und *Entscheidungsträgerinnen* als deren Nutzer und drittens auf die *Maßnahmenprogramme* beziehen.

Die *Evidenz* muss bestimmten Qualitätskriterien genügen. Insbesondere müssen die Informationen aussagekräftig sein. Die *Entscheidungsträger* und *Entscheidungsträgerinnen* als Nutzer müssen die zur Verfügung gestellte Evidenz zunächst einmal zur Kenntnis nehmen. Sie müssen dann über die erforderliche Kompetenz zu ihrer Rezeption und Verarbeitung verfügen. Ferner müssen sie den Informationen eine hinreichende Relevanz für die Lösung von Problemen zugestehen. Die Entscheidungsträger und Entscheidungsträgerinnen müssen sich sodann durch eine Sach-, Problem-, Bedarfs- und Adressatenorientierung auszeichnen: Ihre Zielausrichtung muss die Verbesserung der Schulqualität sein. Die von den Entscheidungsträgern und Entscheidungsträgerinnen auf den Weg gebrachten *Maßnahmenprogramme* müssen sich durch eine angemessene Problemlösungskapazität und Bedarfsdeckung auszeichnen. Darüber hinaus müssen sie positive Auswirkungen auf die Schülerleistungen bzw. die Qualität des Bildungssystems insgesamt haben.

Im vorliegenden Beitrag wird der empirische Forschungstand zu diesem so explizierten Wirkungsmodell einer evidenzbasierten Entscheidungsfindung aus der Perspektive der zentralen und intermediären Ebene der Bildungspolitik und Bildungsverwaltung aufgearbeitet. Die Frage, inwiefern eine evidenzbasierte Entscheidungsfindung der impliziten *Wirkungshoffnung* des zuvor skizzierten Modells – einer Verbesserung der Schülerleistungen oder anderer schulischer Tätigkeitsbereiche – zuarbeitet, kann allerdings gegenwärtig nicht schlüssig und abschließend beantwortet werden, weil sie bisher noch nicht hinreichend empirisch erforscht wurde (vgl. Honig & Coburn 2008). In Kap. 3 sollen deshalb Befunde zusammengetragen werden, die zur Klärung der Fragen beitragen, wie Prozesse der Entscheidungsfindung in Bildungspolitik und Bildungsverwaltung auf der Basis bereitgestellter Evidenz ablaufen, inwiefern dabei zwischen Evidenz und Entscheidungsfindung ein instrumenteller Zusammenhang besteht und inwiefern dabei rationale Intentionen im Sinne einer Sach- und Problemorientierung zu Grunde liegen. Bevor die empirischen Ergebnisse berichtet werden, erscheint es sinnvoll, den organisatorischen Hintergrund der Entscheidungsfindung in Bildungspolitik und Bildungsverwaltung nachzuzeichnen (vgl. Kap. 2).

2 Organisatorischer Hintergrund der Entscheidungsfindung

Der vorliegende Beitrag konzentriert sich auf die evidenzbasierte Entscheidungsfindung in Bildungspolitik und Bildungsverwaltung. *Bildungspolitik* wird verstanden als die Gesamtheit aller staatlichen und körperschaftlichen Maßnahmen zur Förderung, Organisation und Finanzierung des Bildungssystems. Grundlegendes Prinzip ist hier, dass die Akteure des bildungspolitischen Systems Mehrheiten für ihre Programme schaffen müssen.

Die *Bildungsverwaltung* umfasst diejenigen Behörden und Institutionen (Akteure), die die öffentlichen Aufgaben ausführen. Sie setzen die in den Gesetzen geregelten politischen Vorgaben um, wobei sie sich innerhalb jenes Spielraumes bewegen, der ihnen erlaubt, die Realisierung von Vorgaben je nach Fall zu differenzieren und zu modifizieren (vgl. Lenz & Ruchlak 2001).

Die Strukturen von Bildungspolitik und Bildungsverwaltung unterscheiden sich zwischen den Ländern erheblich. Dennoch finden Prozesse der Entscheidungsfindung stets auf drei unterschiedlichen Ebenen statt: auf einer zentralen, auf einer – mitunter mehrere Stufen umfassenden – intermediären und auf einer lokalen Ebene (vgl. OECD/CERI 2007). Hinsichtlich des Kriteriums der Dezentralisierung lassen sich die Staaten auf einem Kontinuum anordnen, das von eher zentralistisch organisierten Ländern, in denen die wichtigsten Entscheidungen auf der zentralen (nationalen) Ebene getroffen werden, bis zu eher föderativlokal organisierten Ländern, in denen die wichtigsten Entscheidungen in intermediären und lokalen Umwelten getroffen werden, reicht (vgl. Fend 2008a). In zahlreichen Ländern der OECD ist in den letzten 30 Jahren ein Trend hin zu einer stärkeren Dezentralisierung der Entscheidungsbefugnisse zu beobachten, in dem mehr Verantwortlichkeiten und Befugnisse an lokale Autoritäten abgegeben wurden (vgl. OECD/CERI 1995a; 1998).

Unter der Perspektive von Governance ist davon auszugehen, dass es im Prozess der Entscheidungsfindung zwar offizielle Entscheidungsträger und Entscheidungsträgerinnen gibt, dass diese jedoch eine Vielzahl von Kommunikationspartnern haben. Systematisch lässt sich hier unterscheiden zwischen den institutionellen Akteuren innerhalb des Schulsystems und denjenigen innerhalb des weiteren politischen Systems. Als Akteure des Schulsystems fungieren die nachgeordneten Einrichtungen – u.a. die Schulen –, als Akteure des politischen Feldes etwa die Vertreter von regierenden Parteien, aber auch die der anderen Fraktionen im jeweiligen Parlament. Darüber hinaus sind die Interessenverbände zu nennen. Ferner sind auch andere staatliche Stellen – etwa Finanzminister, Schulträger und länderübergreifende Gremien wie die KMK in Deutschland oder die EDK in der Schweiz – von Bedeutung (vgl. Tillmann u.a. 2008). Aufgrund der unterschiedlichen Systeme in den Ländern ist es nicht möglich, ein allgemeingültiges Modell im Prozess der Entscheidungsfindung relevanter weiterer Akteure anzuführen (vgl. beispielsweise die differenzierte Analyse für den Kanton Luzern bei Büeler 2007); wichtig erscheint jedoch, die offiziellen Entscheidungsträger bzw. Entscheidungsträgerinnen nicht isoliert von einander zu betrachten.

3 Evidenzbasierte Entscheidungsfindung in Bildungspolitik und -verwaltung als Gegenstand der Forschung

Die Nutzung von erziehungswissenschaftlicher Evidenz für Prozesse der Entscheidungsfindung war auf der Ebene der einzelnen Schulen in den letzten Jahren bereits mehrfach Gegenstand empirischer Studien (vgl. Honig & Coburn 2008; Kuper 2006; vgl. den Beitrag von Altrichter in diesem Band). Die Nutzung von Evidenz für Prozesse der Entscheidungsfindung auf der Ebene von (Bildungs-)Politik und (Bildungs-)Verwaltung hingegen ist in einem deutlich geringeren Umfang thematisiert worden (vgl. Askim 2007; Pollitt 2006b). Im deutschsprachigen Raum stammen die bisher publizierten Ergebnisse überwiegend aus dem Forschungsprojekt „Ministerielle Steuerung und Leistungsvergleichsstudien (MiSteL)" (vgl. Dedering u.a. 2007; Dedering 2008; Tillmann u.a. 2008), das daher im Mittelpunkt des folgenden Abschnitts steht.

3.1 Das Projekt „MiSteL" als Ausgangspunkt

Den Hintergrund des Forschungsprojekts stellt die internationale Leistungsvergleichsstudie PISA 2000 dar, eine quantitativ-empirische Untersuchung, die auf der Basis von Tests den Wissensstand und die erworbenen Kompetenzen bei einer großen Zahl von Schülern und Schülerinnen ermittelt, um dann aus Gruppenvergleichen Rückschlüsse über die Zielerreichung in verschiedenen Schulsystemen (bzw. deren Untereinheiten) zu ziehen. Das Hauptziel dieser Studie besteht explizit in der Bereitstellung von Steuerungs- und Entscheidungswissen für die zentrale Ebene des Bildungssystems. Dieser Anspruch wird nicht nur von der OECD – der für die Studie verantwortlichen Organisation –, sondern auch von den zuständigen Schulministerien und den an der Studie beteiligten Wissenschaftlern und Wissenschaftlerinnen hervorgehoben (vgl. Bos & Postlethwaite 2000; OECD-PISA 2000; Stryck 2000). Als Adressaten der PISA-Studie fungieren demnach vor allem die Regierungen der beteiligten Länder und ihre leitenden Mitarbeiter und Mitarbeiterinnen. In Deutschland werden bildungspolitische Entscheidungen vor allem auf der Ebene der Bundesländer getroffen – und Steuerungsmaßnahmen werden ganz überwiegend von den Schulministerien vollzogen. Sie stehen deshalb als institutionelle Akteure im Mittelpunkt der Betrachtung (vgl. Tillmann u.a. 2008).

3.1.1 Projektkonzeption

Das Forschungsprojekt MiSteL griff in systematischer Absicht die aktuelle bildungspolitische *Frage* auf, in welcher Weise die Schulministerien der Bundesländer – als institutionelle Akteure – die Ergebnisse der internationalen Leistungsvergleichsstudie PISA 2000 rezipieren und in welcher Weise sie darauf handelnd reagieren.

Im Rahmen des Forschungsprojekts wurden qualitative Fallstudien in vier Bundesländern (Brandenburg, Bremen, Rheinland-Pfalz und Thüringen) für die Jahre 2001 bis 2005 mit dem *Ziel* durchgeführt, administrative und bildungspolitische Handlungsabläufe so zu analysieren, dass die für den Fall typischen Strukturen und Prozesse erkennbar werden. *Methodisch* stützte sich das Projekt auf Presseanalysen, Dokumentenanalysen und Experteninterviews. *Gegenstand* der Forschung waren administrative und bildungspolitische Aktivitäten im Zuge von PISA 2000, die sich auf das öffentliche Schulsystem beziehen. Thematisch konzentrierte sich die Forschung auf die bildungspolitische Entwicklung der (1) Förderung im Elementar- und Primarbereich, (2) Vergleichsarbeiten und zentralen Prüfungen, (3) Ganztagsschulen und (4) Schulstrukturen der Sekundarstufe I.

Die Frage, inwiefern und auf welche Art und Weise die Schulministerien die Ergebnisse der internationalen Leistungsvergleichstudie bei der Formulierung von Entscheidungen genutzt haben, war ein integraler Bestandteil.

3.1.2 Befunde zum Prozess der Evidenzverarbeitung

Die Fallanalysen des Projekts zeigen, dass in allen vier Bundesländern eine systematische Aufarbeitung der Ergebnisse vorgenommen wurde. Die PISA-Befunde wurden in den Schulministerien also zur Kenntnis genommen; insbesondere in den zuständigen Fachreferaten wurde die Studie komplett gelesen. Für die anderen Mitarbeiter und Mitarbeiterinnen in den Häusern wurde entweder auf die von der OECD herausgegebene Kurzfassung zurückgegriffen oder es wurden Informationsveranstaltungen – u.a. mit Unterstützung von an PISA beteiligten Wissenschaftlern und Wissenschaftlerinnen – durchgeführt.

Zum Teil wurden für den Prozess der Evidenzverarbeitung in den Häusern *neue Organisationsformen* geschaffen. In Brandenburg etwa wurde quer zu den Ministerialabteilungen die so genannte PISA-AG eingerichtet. In dieser Arbeitsgruppe waren nicht nur Ministerialbeamte, sondern auch Mitarbeiter und Mitarbeiterinnen der Schulaufsicht und des Pädagogischen Landesinstituts vertreten. Sie tagte zur Diskussion und Analyse der Befunde in regelmäßigen Abständen. In Bremen wurde ein „Runder Tisch Bildung" installiert. Ihm gehörten von Februar bis November 2002 etwa 40 Personen aus allen Feldern des Bildungssystems an.

3.1.3 Befunde zur Instrumentalität der Evidenznutzung

Die bildungspolitischen Entscheidungsträger und Entscheidungsträgerinnen haben somit die Ergebnisse zur Kenntnis genommen und sich intensiv mit ihnen auseinandergesetzt. Die in PISA aufgezeigten Defizite des Schulsystems sind also bekannt. In einem nächsten Schritt müssten nun angemessene Schlussfolgerungen und rationale, d.h. sach- und problemorientierte Entscheidungen für die notwendigen Entwicklungsmaßnahmen erfolgen. Auf den ersten Blick scheint dies auch so zu sein: In allen vier Ländern werden *Entscheidungen für Maßnahmen* öffentlich mitgeteilt, die als angemessene Reaktion auf PISA dargestellt werden. Es handelt sich dabei nicht nur um Proklamationen: An vielen Stellen sind Programme auf den Weg gebracht worden, um damit die Schulpraxis möglichst bald zu erreichen. Dies gilt für Lernstandserhebungen (in allen vier Ländern), für die Sprachförderung im Elementar- und Primarbereich (in allen vier

Ländern), für die Ausweitung des Ganztagsschulbereichs (in Brandenburg, Bremen und Rheinland-Pfalz) und für die Einführung zentraler Abschlussprüfungen am Ende der Sekundarstufe I (in Brandenburg, Bremen und Thüringen). Schließlich ist es zu Veränderungen der Schulstruktur in der Sekundarstufe I (in Brandenburg und Bremen) gekommen.

Auf den zweiten Blick zeigt sich allerdings: Nur in wenigen Fällen lässt sich klar erkennen, dass die Entscheidungen für die aufgelegten Programme *tatsächlich als Reaktion auf die PISA-Ergebnisse gefallen* sind (z.b. Lernstandserhebungen in Thüringen, Ganztagsschule in Brandenburg). Nur in diesen Fällen besteht demnach überhaupt die Möglichkeit, dass Entscheidungen auf der Basis der zur Verfügung gestellten Evidenz getroffen worden sind.

In der Mehrheit der Fälle liegt hingegen eine ganz andere zeitliche Abfolge im Entscheidungsfindungsprozess vor: Die Entscheidung für bestimmte Maßnahmenprogramme ist schon *weit vor der Veröffentlichung der Ergebnisse von PISA getroffen* worden (z.B. Ganztagsschule in Rheinland-Pfalz, zentrale Prüfungen in Brandenburg). Aufgrund der zeitlichen Abfolge der Schritte können die Entscheidungen gar nicht „evidenzbasiert" gefallen sein. Dennoch wird in der öffentlichen Diskussion von den Ministerien ein inhaltlicher Zusammenhang zu PISA hergestellt, indem die Maßnahmen als Reaktionen auf PISA kommuniziert werden.

Schließlich gibt es eine Gruppe von Maßnahmen, die erst *nach* der Veröffentlichung von PISA im Rahmen der bildungspolitischen Kompromissfindung zwischen den jeweils koalierenden Parteien entstanden sind (z.B. Einführung der Oberschule in Brandenburg, Abschaffung der Orientierungsstufe in Bremen) – und die dann ebenfalls als angemessene Reaktionen auf PISA dargestellt wurden.

Damit lässt sich festhalten: In den meisten Fällen führen die Ministerien ihre bisherigen bildungspolitischen Aktivitäten fort, bringen sie dann aber in einen inhaltlichen Zusammenhang zu PISA. Dies führt häufig dazu, dass bestimmte Aktivitäten verstärkt oder auch ergänzt werden. Relativ selten werden hingegen wirklich neue Programme aufgelegt.

3.1.4 Befunde zur Rationalität der Evidenznutzung

Die Nutzung der PISA-Ergebnisse wird also oftmals nicht von einer wissenschaftlich angeleiteten Evaluationslogik bestimmt. Vielmehr konnte empirisch nachgezeichnet werden, dass die Ergebnisse von PISA vielfach *politisch-taktisch verarbeitet* werden. Sie werden *erstens* zur nachträglichen Bestärkung bzw. Legitimierung bereits getroffener Entscheidungen (durch die Entscheidungsträger bzw. Entscheidungsträgerinnen) herangezogen. So hatte der damalige Minister in Brandenburg schon weit vor PISA Maßnahmen der kontinuierlichen Leistungsüberprüfung eingeführt. Auf die besonders schlechten PISA-Ergebnisse seines Landes konnte er deshalb mit dem Verweis auf die „richtigen" – ja schon seit längerem implementierten – Maßnahmen antworten. Auch dies verschaffte ihm die nötige öffentliche Glaubwürdigkeit.

Damit in engem Zusammenhang steht *zweitens* die Verwendung der PISA-Ergebnisse zum Zwecke eines Erhalts oder Gewinns von politischer Macht der Entscheidungsträger bzw. Entscheidungsträgerinnen: Entscheidungen werden für solche Maßnahmenprogramme getroffen, die zugleich die öffentliche Akzeptanz der Regierungspolitik und die Legitimationsbasis des Ministeriums stärken. Ein Beispiel hierfür ist der Bereich der Lernstandserhebungen und zentralen Prüfungen. Ihn ihm haben die Schulminister auch länderübergreifend die intensivsten Aktivitäten entfaltet. Dies korrespondiert damit, dass diese Aktivitäten auf eine besonders positive öffentliche Resonanz gestoßen sind. Ihnen wurde durchgängig zugeschrieben, dass sie die bei PISA festgestellten Defizite reduzieren könnten. In allen untersuchten Ländern zeigt die Presseanalyse, dass diese Maßnahmen ganz überwiegend positiv bewertet wurden und damit die Legitimationsbasis der Regierenden stärkten.

Drittens werden die PISA-Ergebnisse von allen bildungspolitischen Akteuren zur Untermauerung politischer Forderungen bzw. Interessen genutzt, die schließlich auch zur Durchsetzung längerfristig verfolgter Ziele führen können. Hier lässt sich der Fall Bremen anführen: Das im Vergleich zu den anderen deutschen Bundesländern besonders schlechte Abschneiden bei PISA führte dazu, dass in einer scharfen bildungspolitischen Kontroverse zwischen den Koalitionspartnern CDU und SPD eine Seite die Überhand gewann: Die von der Bremer CDU spätestens seit dem Jahr 2000 geforderten zentralen Abschlussprüfungen wurden gemeinsame Senatspolitik, als die SPD ihre lang vertretene Gegenposition (für dezentrale Prüfungen) aufgab.

Die Ergebnisse weisen somit darauf hin, dass die Entscheidungsträger und Entscheidungsträgerinnen die Ergebnisse der PISA-Studie nicht losgelöst von den gesellschaftlich-politischen Gegebenheiten genutzt haben, sondern vielmehr in deren Einbindung. Dabei muss zum einen bedacht werden, dass *Evidenznutzung und Entscheidungsfindung im politischen Kontext* stattgefunden haben. Dieser lässt sich beschreiben als

„crowded place animated by diverse and competing interests. It consists of a collection of individuals, groups and shifting coalitions with varying agendas and timetables." (Johnson 1999, S. 26).

Zum anderen muss die große *öffentlich-mediale Aufmerksamkeit* gesehen werden, die der PISA-Studie wie keiner anderen Studie zuvor zuteil geworden ist. Die PISA-Studie – das belegen die Befunde der im Projekt durchgeführten quantitativen Presseanalyse – stellte vor allem in den Jahren 2001 und 2002 über Wochen das beherrschende öffentliche Thema dar. Allein durch diese öffentliche Aufmerksamkeit erlangte sie eine bisher nicht beobachtete bildungspolitische Relevanz. Sie konnte von den Akteuren der Bildungspolitik nicht übergangen werden. Diese wurden vielmehr gezwungen, sich mit den Ergebnissen auseinander zu setzen und sich dazu öffentlich zu positionieren. Dies galt insbesondere für die Schulminister und Schulministerinnen, die die kritisierten Zustände zu verantworten hatten. Sie wurden zu einem öffentlichen Disput gezwungen, in dem sie – in Konkurrenz mit anderen Positionen – um politische Akzeptanz zu kämpfen hatten.

3.1.5 Befunde zur Beteiligung weiterer Akteure an der Evidenzverarbeitung

Die zuvor dargestellten Ergebnisse haben gezeigt: Die PISA-Ergebnisse werden nicht von wenigen „Steuerleuten" in fachkompetenten Evaluationszirkeln verarbeitet, sondern von einer großen Zahl bildungspolitischer Akteure in einer zum Teil aufgeregten öffentlichen Debatte diskutiert. Im Prozess der politischen Entscheidungsfindung ist somit eine *Beteiligung zahlreicher anderer Akteure* festzuhalten. In allen Fallstudien konnten in diesem Zusammenhang Beiträge von politischen Parteien, Gewerkschaften, Schulträgern und wissenschaftlichen Experten ausgemacht werden.

Die Beteiligung weiterer Akteure kann aber auch bewusst von den zuständigen Entscheidungsträgern bzw. Entscheidungsträgerinnen initiiert werden. So wurden – wie zuvor bereits erwähnt (vgl. Kap. 3.1.2) – in zwei Ländern in der Folge von PISA *neue Gremien* eingerichtet, die mit der Analyse und Diskussion der Ergebnisse betraut wurden. Darüber hinaus wurden in allen Ländern von den Ministerien umfangreiche *Veranstaltungsreihen* zur Erläuterung der PISA-Ergebnisse organisiert, an denen Lehrkräfte, Schulleitungen und Mitarbeiter und Mitarbeiterinnen der Schulaufsicht in großer Zahl teilgenommen haben. Die Diskussionen, die auf diesen Veranstaltungen geführt wurden, haben den gegenseitigen Kontakt verstärkt und die Sichtweisen und die Erwartungen der „Basis" für die Mitarbeiter und Mitarbeiterinnen der Ministerien deutlich gemacht. In den Ländern, in denen eine Koalition regiere, waren die Minister und Ministerinnen zudem in übergeordnete Entscheidungsstrukturen eingebunden (Brandenburg, Bremen und Rheinland-Pfalz). In diesen konnten die Minister und Ministerinnen nicht autonom regieren, sondern nur gleichberechtigt verhandeln.

Vor dem Hintergrund dieser Erkenntnisse lässt sich *zusammenfassend* konstatieren, dass das eingangs umrissene Modell einer evidenzbasierten Entscheidungsfindung im Hinblick auf die bildungspolitische und administrative Verarbeitung der internationalen Leistungsvergleichsstudie PISA 2000 nur eine begrenzte Gültigkeit besitzt. Die hier erkennbaren Prozesse der Entscheidungsfindung erfolgen deutlich weniger linear und instrumentell; sie sind viel stärker in die Austarierung politischer Interessen eingebunden. Politische Beweggründe scheinen damit gelegentlich ein größeres Gewicht zu besitzen als eine Sach- und Problemorientierung. Dies muss vor dem Hintergrund der großen medialen und öffentlichen Aufmerksamkeit betrachtet werden, die der PISA-Studie zuteil wurde.

3.2 Befunde zur evidenzbasierten Entscheidungsfindung aus anderen Studien

Die im Rahmen des MiSteL-Projekts gewonnenen Erkenntnisse sind an die Ergebnisse anderer empirischer Studien aus dem englischsprachigen Kontext anschlussfähig. Insgesamt muss allerdings angemerkt werden, dass der Forschungsstand zur Frage, ob und in welcher Weise bei der Entscheidungsfindung auf empirische Evidenz zurückgegriffen wird, bisher eher dürftig ist (vgl. Askim 2007; Pollitt 2006b; Propper & Wilson 2003): „The subject is not exactly centre stage, either for the academic community or for the politicians themselves." (Pollit 2006b, S. 43)

3.2.1 Befunde zum Prozess der Evidenzverarbeitung

Die Ergebnisse der wenigen vorliegenden Untersuchungen zeichnen ein heterogenes Bild: Einige Studien (die sich überwiegend nicht explizit auf den Bereich von Bildungspolitik und Bildungsverwaltung beziehen) belegen eine eher geringe, zufällige Nutzung der Evidenz durch die Entscheidungsträger bzw. Entscheidungsträgerinnen (z.B. Bemelmans-Videc 1989; Bussmann 1996; Pollitt & O'Neill 1999; Bogt 2004) und verweisen darauf, dass das Vorhandensein von Evidenz allein nicht notwendigerweise zu deren Berücksichtigung bei der Entscheidungsfindung führt (z.B. Rich & Oh 2000; Melkers & Willoughby 2005; Pollit 2006a). In Kontexten, in denen von Entscheidungsträgern bzw. Entscheidungsträgerinnen formale Prozeduren der Evidenznutzung explizit verlangt werden – größtenteils in Staaten mit einer starken Ausrichtung am Ansatz des New Public Management (z.B. Australien, Neuseeland, Großbritannien und USA) –

scheint diese etwas häufiger realisiert zu werden (vgl. Pollitt & Bouckaert 2004; Pollit 2006a).

Andere Untersuchungen, die sich (auch) auf den Bereich der Bildungspolitik und -verwaltung beziehen, kommen hinsichtlich der Evidenznutzung zu einem positiveren Ergebnis (vgl. Askim 2007; Honig & Coburn 2008). Insbesondere die Zusammenstellung der Befunde aus 52 empirischen Studien, die Honig und Coburn (2008) als Resultat einer umfassenden Literaturrecherche zur Nutzung von Evidenz auf der unteren intermediären Ebene der amerikanischen Bildungsverwaltung (Schulbezirke) seit 1970 vorlegen, deutet auf eine rege Berücksichtigung von Evidenz bei der Entscheidungsfindung hin. Der Literaturrecherche wurde ein vergleichsweise breiter Evidenzbegriff zugrunde gelegt, der neben den Befunden aus der sozialwissenschaftlichen Forschung auch weniger präzise Wissensformen – etwa die Erfahrungen, die im Zuge der Amtsausübung gewonnen werden – einbezieht. Bei der Mehrheit der dabei berücksichtigten Studien handelt es sich um (Einzel-)Fallstudien, die eine Verallgemeinerbarkeit der Befunde mitunter schwierig erscheinen lassen.

Der konkrete Prozess der Evidenzverarbeitung im Zuge der bildungspolitischen Entscheidungsfindung wird in den vorliegenden Untersuchungen nur sehr selten thematisiert (vgl. Hannaway 1989; Honig 2003; Kennedy 1982a, b; Spillane 1998; Spillane & Jennings 1997). Nur vereinzelt wird in den Studien das konkrete Vorgehen von Administratoren und Administratorinnen nach der Bereitstellung von Evidenz beschrieben (Coburn u.a. 2009; Hannaway 1989; Honig 2003; Kennedy 1982 a, b; Spillane 1998). Diese wenigen Befunde deuten darauf hin, dass die Evidenznutzung vielfältige Tätigkeiten umfasst. Sie lassen sich zum einen dem Bereich der Suche nach und der Beschaffung von Evidenzquellen zuordnen, zum anderen geht es um die Aufnahme der Evidenz in den Prozess der Entscheidungsfindung (vgl. Honig & Coburn 2008).

Im Hinblick auf die *Suche* nach und die Beschaffung von Evidenz bestätigen die Studien die bereits aus anderen Bereichen bekannte Erkenntnis, dass diese Tätigkeiten integrale Bestandteile des Nutzungsprozesses darstellen. Insgesamt zeigen die Daten, dass der Suchprozess in gewisser Weise willkürlich abläuft (z.B. Kennedy 1982a). Das Ausmaß der Willkür und die allgemeine Intensität des Suchprozesses scheinen allerdings davon abzuhängen, inwiefern die Administratoren und Administratorinnen formal zur Evidenzsuche und -beschaffung angehalten werden. Eine formale Zuständigkeit geht mit einem hohen Organisiertheits- und Spezialisierungsgrad einher (z.B. Honig 2003).

In Bezug auf die *Aufnahme* der gefundenen oder beschafften Evidenz in den Prozess der Entscheidungsfindung deuten die Ergebnisse der vorliegenden Studien darauf hin, dass die Administratoren und Administratorinnen in einen Entscheidungsprozess darüber eintreten, ob und auf welche Weise sie die Informationen nutzen wollen. Spillane, Reiser und Reimer (2002) bezeichnen diesen Prozess als *Sensemaking* oder *Interpretation*. Sie gehen davon aus, dass der Prozess der Entscheidungsfindung von der Mehrdeutigkeit der Evidenz geprägt ist. Informationen werden relevant und regen Handlungen an, wenn die verantwortlichen Akteure sich mit der Bedeutung der Evidenz und ihren Auswirkungen auf Handlungen auseinandersetzen (vgl. Honig & Coburn 2008). Im Zuge des Bedeutungszuweisungsprozesses passen Individuen und Gruppen neue Informationen in ihre bereits bestehenden Vorstellungen sowie in kognitive und kulturelle Rahmenmodelle ein. Letztere nennt Kennedy (1982b, S. 12) *working knowledge,*

> „the organized body of knowledge that administrators and policy makers spontaneously and routinely use in the context of their work. It includes the entire array of beliefs, assumptions, and experiences that influence the behaviour of individuals at work. It also concludes social science knowledge."

Evidenz beeinflusst Entscheidungen niemals direkt, sondern beeinflusst das *working knowledge,* welches dann möglicherweise Einfluss auf die Entscheidungsfindung nimmt. Administrative Akteure können die Evidenz zum einen in ihrer originalen Form in ihr *working knowledge* aufnehmen. Dies ist etwa der Fall, wenn statistische Angaben über Schüleranmeldungen für die Verteilung von Lernmaterial genutzt werden (vgl. Honig & Coburn 2008). Sie können die Evidenz – und das scheint der stärker verbreitete Weg zu sein – allerdings auch umformen und sie in dieser neuen Form in das *working knowledge* aufnehmen. Kennedy (1982b) berichtet etwa von einem Fall, in dem geringe Anwesenheitsraten von Oberstufenschülern und Oberstufenschülerinnen als Argument für eine Ausweitung des beruflichen Schulangebots genutzt wurden. Für die bildungspolitische Entscheidungsfindung zogen die verantwortlichen Akteure weniger die statistischen Informationen (die geringe Anwesenheitsrate) als vielmehr die Interpretation (den Bedarf an einer Ausweitung des beruflichen Schulangebotes) heran. Die administrativen Akteure zerlegen vielfach komplexe Evidenzstücke in separate Teile oder – andersherum betrachtet – in einfachere, für sie verständlichere und handhabbarere Formen (vgl. Hannaway 1989; Honig 2003). Hierbei können einerseits wichtige Aspekte der Evidenz verloren gehen; andererseits kann der Prozess in einer Evidenzform enden, die die Akteure für ihre Entscheidungsfindung nutzen können (vgl. Spillane 1998).

Mit dem Konzept des *working knowledge* und der damit verbundenen Vorstellung eines eher indirekten Zusammenhangs von Evidenz einerseits und ihrer Nutzung für bildungspolitische Entscheidungsprozesse andererseits wird bereits auf einen Aspekt verwiesen, der im eingangs umrissenen Wirkungsmodell beschrieben worden ist: die Instrumentalität der Evidenznutzung.

3.2.2 Befunde zur Instrumentalität der Evidenznutzung

In den USA hat sich etwa seit Anfang der 1970er Jahre eine Forschungsrichtung entwickelt, die das Verhältnis von Forschung und Politik näher betrachtet hat und inzwischen Teil einer thematisch breiten Wissensverwendungsforschung ist (vgl. Cousins & Leithwood 1986; Shulha & Cousins 1997). Im Mittelpunkt dieser Forschungsrichtung stehen Fragen nach der Nutzung bzw. Nutzbarkeit sozialwissenschaftlicher Forschungsbefunde im Zuge politischer Entscheidungsprozesse.

Ihre empirischen Untersuchungen rekurrierten auf verschiedene Bereiche der öffentlichen Politik; die Bildungspolitik wurde als Forschungsfeld allerdings nicht berücksichtigt. Alle Studien zielten auf eine Nutzung sozialwissenschaftlicher Forschungsergebnisse auf der oberen Ebene der amerikanischen Bundesregierung bzw. deren Exekutive. Wenngleich in diesen frühen Studien vornehmlich Evidenz aus Programmevaluationen betrachtet wurde, lassen sich die Erkenntnisse auch auf jene Form der Evidenz übertragen, die im Zuge der Etablierung neuer Steuerungsvorstellungen wichtig geworden ist, auf Evaluationen, die eher den Charakter einer regelmäßigen, periodischen Bewertung des Entwicklungsstandes bestimmter Bildungsbereiche besitzen (vgl. Scheerens u.a. 2003).

Die Ergebnisse dieser Studien, die überwiegend auf der Grundlage von Selbstreports der am Nutzungsprozess beteiligten Administratoren und Administratorinnen fußen, belegen mehrfach, dass die Nutzung von Evidenz oftmals weniger „linear" und „instrumentell" verläuft als angenommen; sie stellt vielmehr einen allmählichen, längerfristigen Prozess der Beeinflussung und Änderung der Prämissen, Annahmen und Kategorien dar, auf deren Basis die Entscheidungsfindung stattfinden kann (vgl. Caplan u.a. 1975; Knorr 1977; Leviton & Hughes 1981; Scheerens u.a. 2003; Weiss 1980; Weiss & Bucuvalas 1977). Der Informationsnutzung wird eine *conceptual* (vgl. Caplan 1976; Rich 1977) bzw. *enlightment function* (vgl. Lindblom & Cohen 1979; Weiss 1980) zugeschrieben:

> „The conceptual or enlightment function puts more emphasis on knowledge for understanding, which itself entails developing the cognitive perspective to see how bits of knowledge or information relate to each other. There is also the implication that the enlightment function in particular will benefit from the social processing of knowledge" (Hall 1997, S. 345).

3.2.3 Befunde zur Rationalität der Evidenznutzung

In den empirischen Studien zur Nutzung von Evidenz durch Entscheidungsträger bzw. Entscheidungsträgerinnen in amerikanischen Schulbezirken werden auch die Zielsetzungen thematisiert, die die Entscheidungsträger bzw. Entscheidungsträgerinnen verfolgen. Dabei wird deutlich, dass eine Verwendung von Evidenz nicht nur sach- oder problemorientiert stattfindet; neben einer Verwendung von Evidenz zur Fokussierung bildungspolitischer Entscheidungen, die auf eine Verbesserung von Schülerleistungen abheben, werden in den Untersuchungen vielfältige andere Zielsetzungen identifiziert, die vornehmlich politischer Natur sind: Evidenz wird *erstens* zum Aufbau politischer Unterstützung für bestimmte Verbesserungsbemühungen innerhalb des District Office und der Gemeinde genutzt (vgl. Corcoran u.a. 2001; Marsh 2006). *Zweitens* wird auf sie zur Bestärkung, Rechtfertigung und Vervollkommnung von Meinungen oder Entscheidungen, die schon früher formuliert wurden, zurückgegriffen. *Drittens* wird Evidenz beim Versuch bemüht, die politische Unterstützung von Ideen zu verstärken. Die ausgeprägte Bedeutung von Evidenz zum Aufbau politischer Unterstützung veranlasst einige Autoren – so Honig und Coburn (2008) – zu der Schlussfolgerung, dass Evidenz keinen direkten, unabhängigen Effekt auf die Entscheidungsfindung ausübt, sondern eher durch die öffentliche Meinung vermittelt wirkt (vgl. Englert u.a. 1977; Kennedy 1982a). Evidenz wird schließlich *viertens* genutzt, um den politischen Legitimationsgewinn von Administratoren und Administratorinnen zu erhöhen (vgl. Hannaway 1989).

Eine Nutzung von Evidenz bei der bildungspolitischen Entscheidungsfindung aus eher politischen Beweggründen stellt auch Wilson (1999) heraus. Seine Aussagen sind Teil einer nationalen Fallstudie, die er im Auftrag des International Bureau of Education (IBE) in Kanada durchgeführt hat. Dort liege eine ausreichende Wissensbasis vor, um die zuständigen Entscheidungsträger und Entscheidungsträgerinnen dazu in die Lage zu versetzen, evidenzbasierte Entscheidungen zu treffen. Wie er an einer Reformmaßnahme exemplarisch beschreibt, werde diese allerdings lediglich dazu herangezogen, bildungspolitische Entscheidungen zu validieren, nicht zu treffen. Der selektive Rekurs der Entscheidungsträger und Entscheidungsträgerinnen wird durch den widersprüchlichen Charakter zahlreicher Studien befördert. Forschungsergebnisse können so je nach Bedarf zur Untermauerung des eigenen Standpunktes oder zur Ablehnung einer gegenläufigen Meinung herangezogen werden.

3.2.4 Befunde zur Beteiligung weiterer Akteure an der Evidenzverarbeitung

An der Entscheidungsfindung sind nicht nur jene Personen bzw. Institutionen beteiligt, denen offiziell die Entscheidungsbefugnis obliegt. Etliche Untersuchungen weisen darauf hin, dass die Einbeziehung ein hochgradig sozialer Prozess ist, der oft sehr interaktiv abläuft und viele Personen in eine Reihe von Besprechungen (z.B. in Ausschüssen, Teams) und informellen Gesprächen über die Zeit hinweg einbezieht (vgl. Hannaway 1989; Kennedy 1982a, b; Spillane u.a. 2002). Kennedy (1982a) hat herausgefunden, dass diese Prozesse der Mitwirkung die Überzeugungen verschiedener beteiligter Personengruppen, ihre Art, Probleme zu formulieren, ihre Forderungen und Vorstellungen von bestimmten Programmen eher angleichen. Diese Überzeugungen und Verständnisse können Teil des *working knowledge* werden, das die Entscheidungsfindung gestaltet. Spillane u.a. (2002) sowie Hannaway (1989) zeigen, wie Untereinheiten innerhalb der amerikanischen Behörden auf Schulbezirksebene Anlässe für Administratoren und Administratorinnen schufen, sich regelmäßig mit Kollegen zu beraten und übereinstimmende Interpretationen von politischen Forderungen auf eine Weise aufzubauen, die ihre Entscheidungsfindung formte.

4 Resümee und Perspektiven

Als ein wesentliches Element des „neuen Steuerungsmodells" wurde im vorliegenden Beitrag die evidenzbasierte Entscheidungsfindung herausgestellt. Fokussiert auf die zentralen und intermediären Ebenen der Bildungspolitik und Bildungsverwaltung wurde der empirische Forschungsstand zu diesem Aspekt eines neuen Steuerungsparadigmas analysiert.

In der Mehrheit legen die empirischen Untersuchungen ihren Fokus auf die offiziellen Entscheidungsträger und Entscheidungsträgerinnen und betrachten weitere Akteure und deren Beiträge zur Entscheidungsfindung – wenn überhaupt – eher am Rande. Die empirischen Befunde stammen oftmals aus Selbstreports der an der Evidenznutzung und Entscheidungsfindung beteiligten Akteure aus Politik bzw. Administration.

Inhaltlich können die Untersuchungen eine regelmäßige und systematische Berücksichtigung bereitgestellter Evidenz durch die Entscheidungsträger und Entscheidungsträgerinnen *nicht* durchgängig belegen. Die Ergebnisse deuten aber darauf hin, dass die explizite Aufforderung (im Zuge einer Ausrichtung an neuen Steuerungsvorstellungen) einer Evidenznutzung zuarbeitet. Dennoch gilt, dass die Voraussetzungen für das eingangs umrissene Wirkungsmodell nicht immer erfüllt sind.

Die Aufarbeitung des empirischen Forschungsstandes legt die Annahme nahe, dass das Wirkungsmodell insbesondere im Bereich der Bildungspolitik und Bildungsverwaltung nur eine begrenzte Gültigkeit besitzt. Der Zusammenhang von Evidenz und Entscheidungsfindung ist oftmals weniger linear und instrumentell als vom Modell unterstellt. Darüber hinaus liegen der Evidenznutzung oftmals nicht nur Intentionen einer auf die Verbesserung von Schule und Schulqualität abzielenden Sach- und Problemorientierung zu Grunde, vielmehr spielen sehr häufig auch politisch-taktische Intentionen eine Rolle.

Die bildungspolitische und -administrative Entscheidungsfindung auf der Basis bereitgestellter Evidenz kann deshalb nicht so instrumentell betrachtet werden, wie dies in Wirkungsmodellen neuer Steuerung häufig der Fall ist. Sie muss vielmehr in den Kontext bildungspolitischer und öffentlicher Faktoren und deren Zusammenwirken eingebettet werden. Damit einher geht die Notwendigkeit, das Modell um weitere Akteure zu ergänzen, die – auch wenn sie keine formalen Entscheidungsbefugnisse besitzen – doch einen beträchtlichen Einfluss auf die Entscheidungsfindung ausüben können. Die im Modell evidenzbasierter Steuerung oft transportierte Vorstellung eines einzigen Entscheidungsträgers bzw. einer einzigen Entscheidungsträgerin muss deshalb revidiert werden.

Auf der Basis der dargestellten Forschungslage lassen sich abschließend einige *Desiderata für die Bildungsforschung* formulieren: Zukünftige Forschungsvorhaben sollten ihre Aufmerksamkeit verstärkt auf die Prozesse der Evidenznutzung bei der Entscheidungsfindung richten. Diese sollten anhand systematischer und differenzierter Beschreibungen rekonstruiert werden. Das zuvor näher dargestellte Projekt „Ministerielle Steuerung und Leistungsvergleichsstudien (MiSteL)" hat dazu erste explorative Ergebnisse geliefert. Insbesondere in Bezug auf die Kopplung von bildungspolitischen Entscheidungen an die Evidenz sind weitere Arbeiten nötig, die systematisch die Verarbeitungs- und Handlungsweisen von Akteuren aus Bildungspolitik und Bildungsverwaltung untersuchen.

Die Bildungsforschung sollte darüber hinaus unterschiedliche Formen von Evidenz sowie deren Verknüpfung im Prozess der Entscheidungsfindung thematisieren. In Anbetracht der jüngsten bildungspolitischen Entwicklungen – etwa der Verabschiedung der Strategie zum Bildungsmonitoring der KMK – stellt sich nämlich die Frage, wie die Entscheidungsträger und Entscheidungsträgerinnen die in unterschiedlichen Quellen bereitgestellte Evidenz miteinander verbinden, aufeinander beziehen und für die Entscheidungsfindung nutzbar machen.

Wenngleich nicht bestritten werden soll, dass die Gestaltungsverantwortung für das Bildungswesen dem Staat obliegt, sollte die bisher in empirischen Studien überwiegend anzutreffende Konzentration auf einen einzigen Akteur überwunden werden. Es sollten also weitere einflussreiche Akteure identifiziert und hinsichtlich ihres jeweiligen Beitrags zur Entscheidungsfindung in den Blick genommen werden. Das bedeutet, dass die von der Governanceforschung eingenommene Perspektive auf eine Vielfalt der Akteure und den Mehrebenencharakter des Systems (vgl. Altrichter & Heinrich 2007, S. 57ff.; Kussau & Brüsemeister 2007) verstärkt berücksichtigt werden sollte.

Schließlich sollte sich die Bildungsforschung mit den Auswirkungen einer evidenzbasierten Entscheidungsfindung befassen. Untersucht werden sollte, inwiefern bildungspolitische und -administrative Entscheidungen, die auf der Grundlage von Informationen über Stand und Resultate des Bildungswesens getroffen wurden, Einfluss auf das Lernen von Schülern und Schülerinnen ausüben. Damit würde das Augenmerk auf die mit dem Modell der evidenzbasierten Entscheidungsfindung verbundenen Wirkungshoffnungen – und zugleich auf die Schüler und Schülerinnen – gelegt.

Yvonne Brückner & Mareike Tarazona

Finanzierungsformen, Zielvereinbarung, New Public Management, Globalbudgets

Die Sicherung der Leistungsfähigkeit und Effizienz öffentlicher Bereiche ist eine verantwortungsvolle und gleichermaßen herausfordernde Aufgabe. Dies gilt für das Schulsystem als Kern des Bildungssystems angesichts dessen zentraler gesellschaftlicher und wirtschaftlicher Bedeutung in besonderem Maße. Das Zusammentreffen neuer Steuerungsansätze im Kontext der New Public Management-Bewegung, die auch im Bildungsbereich Einzug hielt und hält, mit steigenden Anforderungen an das Bildungssystem, hat zur Entwicklung einer neuen, outputorientierten Steuerung beigetragen, die mit der Hoffnung auf verbesserte Steuerungsleistung verbunden ist und in Gestalt veränderter Budgetierungsverantwortung und neuer Finanzierungsmodelle auch die Seite der Mittelbereitstellung und -allokation betrifft.

Der vorliegende Beitrag thematisiert einleitend die NPM-Bewegung und skizziert den Weg hin zum Paradigmenwechsel in der Steuerungsphilosophie. Er zeigt theoretische Argumente auf, die dem Einsatz von Budgetierung und Zielvereinbarungen sowie neuen Finanzierungsansätzen eine Basis geben. Die Phase ausschließlich theoretischer Argumentation ist inzwischen in zahlreichen Ländern abgeschlossen, vielerorts sind dezentrale Ressourcenverantwortung und indikatorenbasierte sowie nachfrageorientierte Finanzierungsmodelle bereits implementiert, teilweise liegen auch wissenschaftlich evaluierte Erfahrungen mit der *„neuen Finanzierung"* und Zielvereinbarungen als Steuerungsinstrument vor. Einer Darstellung der Grundlagen des NPM und einer theoretischen Einbettung im ersten Kapitel folgen Ausführungen zu Finanzierungskonzepten, Anwendungsbeispiele und empirische Befunde in Kapitel 2, soweit verfügbar mit Fokus auf den deutschsprachigen Raum. Kapitel 3 gibt eine Bewertung hinsichtlich der Perspektiven verschiedener Finanzierungsmodelle und Zielvereinbarungen im Kontext der neuen Steuerung. Dabei wird auch kritisch hinterfragt, inwieweit die gesteckten Ziele bisher erreicht wurden und generell erreichbar erscheinen.

1 New Public Management, Paradigmenwechsel und Modelle „neuer Schulfinanzierung"

1.1 New Public Management und Paradigmenwechsel in der Schulsteuerung

Die Schulsysteme im deutschsprachigen Raum waren als Kernbestandteil des jeweiligen Bildungssystems langjährig mittels für den öffentlichen Sektor typischer, vertikal hierarchischer Strukturen zentral gesteuert und gestaltet. Ob diese Strukturen als leistungsfähig und zieldienlich zu bewerten sind, wurde im Rahmen bildungspolitischer Diskussionen immer wieder thematisiert, mit im Zeitverlauf veränderten Einschätzungen. So nahm von den 1950er bis in die 1970er Jahre die Ausdehnung rationaler Planung in den staatlichen Bürokratien als zentrale Entwicklungsstrategie eine dominierende Rolle ein. Ziel war insbesondere die organisatorische Bewältigung der starken Expansion der Bildungssysteme.

In den 1970er Jahren schließlich kam es unter vielerlei Kritik am etablierten, bürokratischen Modell und der technokratischen Politik, die sich zu diesem Zeitpunkt vor allem auf die bürokratischen Strukturen der Einzelschulen bezog, zu intensiviertem Interesse für schulische Prozesse. Erstmals forderte beispielsweise der Deutsche Bildungsrat 1973 professionalistische Strategien auf Einzelschulebene als Ablösung für das bisherige Modell. Die damalige Positionierung des Bildungsrats wurde allerdings seitens der Politik nicht aufgegriffen. Die Hinwendung zum Markt als Alternative zu zentralisierter Bürokratie wurde erst ab den 1980er Jahren im Zusammenhang mit dem neo-konservativen Angriff auf den Wohlfahrtsstaat intensiviert, als im Rahmen der Public-Choice-Paradigmen verstärkte Außensteuerung durch Marktmechanismen als Lösungsansatz angeführt wurde. Wirtschaftliche Abschwungphasen, verbunden mit sinkenden Steuereinnahmen, und zunehmende Einforderung von öffentlichen Leistungen, auch im Bildungswesen, lösten nicht nur in Deutschland Unzufriedenheit mit den vorherrschenden Verwaltungsstrukturen aus.

Eine weitere Sensibilisierung erfolgte aufgrund publizistischer Aktivitäten, mit denen Ineffizienzen beklagt und wirtschaftlicheres Handeln gefordert wurden. Neben das Argument der pädagogischen Freiheit als schulisches Funktionsprinzip trat zunehmend deutlich die ökonomische Perspektive von Schule als Betrieb, welcher Ressourcen effektiv einsetzen und wirtschaftlich arbeiten sollte. Dabei sind ohnehin im Haushaltsrecht (§ 6 HGrG) die Grundsätze von Wirtschaftlichkeit und Sparsamkeit verankert. Dieses Prinzip findet sich auch in der Bundeshaushaltsverordnung, den Landeshaushaltsverordnungen sowie im Kommunalrecht wieder. Regelmäßige Kosten-Nutzen-Untersuchungen sind ebenfalls gesetzlich festgelegt (Mühlenkamp 2003), können aber ohne ausreichende Daten nicht ohne Weiteres erfolgen. Im Rahmen von Finanzkontrollgesetzen oder Verordnungen sind auch in Schweizer Kantonen in der Regel die Prinzipien der Wirtschaftlichkeit, Sparsamkeit und Zweckdienlichkeit rechtlich verankert, in Österreich findet sich ein entsprechender Passus ebenfalls (zum Beispiel in § 5 B-VG).

Inzwischen gilt weithin als anerkannt, dass die traditionellen, vertikal-bürokratischen Strukturen Innovation, Flexibilität und Reaktionsfähigkeit – und damit auch das Erreichen bildungspolitischer Ziele wie Bildungsgerechtigkeit und der Bereitstellung eines effizienten, hochwertigen Bildungsangebots – hemmen (Böttcher 1997). So führt die zentrale Ressourcenverantwortung mit ihrer starken Ausgabenorientierung beispielsweise zu unerwünschten Effekten wie dem „Dezemberfieber", das die Verausgabung im Jahresverlauf nicht verwendeter Mittel zum Jahresende zur Vermeidung von Budgetkürzungen um eben diese ungenutzten Beträge im Folgejahr beschreibt. Anreize zu sparsamem Umgang mit Ressourcen bestehen hier nicht (Bellenberg u.a. 2001).

Bereits langjährig sind – diese und weitere Systemschwächen erkennend – Bestrebungen zu verzeichnen, den öffentlichen Sektor und mit ihm das Bildungswesen zugunsten einer verbesserten Zielerreichung zu reformieren. Die Entwicklungen nachhaltig geprägt hat dabei insbesondere die unter dem Begriff „New Public Management" (NPM) geführte, umfassende Modernisierungsdiskussion ab den 1990er Jahren. Unter dem Ausdruck NPM, der vieles an vorausgegangenen Reformideen beinhaltet, wird grundsätzlich die Anwendung von Instrumenten und Prinzipien verstanden, welche ihren Ursprung in den Wirtschaftswissenschaften haben, und auf den öffentlichen Sektor übertragen werden. Diese Übertragung betriebswirtschaftlicher Konzepte ist nicht grundsätzlich neu: Bereits im 19. Jahrhundert wurde dem öffentlichen Sektor mangelnde Effizienz attestiert (Ambrosius 2003) und es wurden theoretische Ansätze der Anwendung betriebswirtschaftlicher Konzepte zur Situationsverbesserung vorgestellt. Weiter gehende Konzeptionierungen führten seit den 1930er Jahren dazu, dass sich in den 1960er Jahren in den USA die moderne Public Management Schule bildete (Schedler 2007).

Der NPM-Begriff beschreibt kein konkretes Konzept oder Modell, sondern verkörpert – in den Worten Hartleys (2003) – „a set of ideas", dessen Elemente sich aus verschiedenen Theorien ableiten lassen. Unterschiedliche Organisations- oder Motivationstheorien sind hier zu nennen, sowie die Neue Institutionenökonomik. Der einheitliche Kern des facettenreichen NPM-Begriffs besteht dabei im Anliegen, durch veränderte, um betriebswirtschaftliche Konzepte angereicherte Steuerung einen leistungsfähigen, wirtschaftlichen, ergebnisorientierten öffentlichen Sektor zu gestalten. Zu den zentralen konzeptionellen Komponenten des NPM zählen Transparenz im Hinblick auf die gegebene Leistungsfähigkeit, die auch Defizite sichtbar werden lässt, und die Übernahme von Verantwortung für die erzielten Ergebnisse, die im NPM mit dem Begriff „*Accountability*" beschrieben werden. Im Gegensatz zum Mittel*einsatz*, wie im Rahmen der traditionellen Steuerung gegeben, bezieht sich der Gegenstand von Accountability im NPM auf den erzielten Output, die erzielten Ergebnisse. Die KGSt (1993, S. 13f.) benennt als die aus ihrer Sicht zentralen Prinzipien eines neuen Steuerungsmodells: Orientierung an Nachfrage und Kunden; Wettbewerb; Investition in die Mitarbeiter/innen durch Leistungsziele, Gestaltungsspielräume und Anerkennung.

Eine sinnvolle Übertragung von Ergebnisverantwortung setzt dabei notwendig voraus, dass die Abläufe, die zu den später festzustellenden Resultaten führen, in möglichst starkem Maße durch den bzw. die Verantwortlichen selbst gestaltet werden können, das heißt möglichst umfassende operative Entscheidungsbefugnisse gegeben sind. Entsprechend geht die Umsetzung neuer Steuerungsansätze mit der Delegation von Entscheidungsbefugnissen einher, die auch mit dem Begriff der Dezentralisierung beschrieben wird, da mehr Entscheidungen in Geschehensnähe, auf dezentraler Ebene, getroffen werden. Die übergeordnete Ebene zieht sich auf die Vereinbarung von Zielen und die Kontrolle betreffend deren Erreichung zur Qualitätssicherung zurück. Um diese Kontrollfunktion ausüben zu können, ist allerdings die Schaffung geeigneter Rahmenbedingungen – darunter die Etablierung von Informationssystemen, die eine kontextualisierte Leistungsbeurteilung ermöglichen, sowie kooperativer Beziehungen zwischen den verschiedenen hierarchischen Ebenen – Voraussetzung. Die Autonomisierung und Übertragung von Verantwortlichkeiten gehören dabei zu den zentralen Elementen von Reformen, die im Kontext von NPM stets mit institutionellen Arrangements wie Anreizkomponenten, Zielvereinbarungen, Controlling und Wettbewerb verbunden sind. Verantwortung wird neu geordnet, verbunden mit flexibleren Organisationsstrukturen innerhalb und zwischen den Schulen, starre Regeln werden aufgelöst, um die einzelnen Schulen handlungsfähiger zu machen. Die Schulen sollen sich als Dienstleistungsunternehmen für Schüler/innen, Eltern und die weiteren Interessensgruppen begreifen (Dubs 1996a), mit welchen sie aktiv kooperieren.

Zwar gelten Schulsysteme als besonders veränderungsresistent (z.B. Fullan 2001: „*schools change slower than churches"*), die ergebnisorientierte und auch mit betriebswirtschaftlichen Facetten ausgestaltete Steuerung hält aber nichtsdestotrotz in einem international isomorphen Trend auch hier Einzug. Das Bekenntnis zu NPM bedeutet dabei keinesfalls, *ein* Modell in verschiedenen Ländern undifferenziert einzuführen, sondern vielmehr, eigene Modelle auszuarbeiten, die der jeweiligen Zielsetzung und dem Kontext angepasst sind. Insbesondere im neuen Jahrtausend – einhergehend mit Verfügbarkeit von Daten zum Lernstand von Schüler/innen, die über Abbrecher- und Wiederholerquoten hinaus gehen und als Informationsbasis für die Leistung des Bildungssystems herangezogen werden – ist die Implementierung neuer Steuerungsmodelle zu beobachten. Je detaillierter die Informationen sind, desto eher wird es möglich, ein umfassendes Bild zu zeichnen und den diversen Kontexten der Schulen gerecht zu werden – allerdings bei komplexer und aufwändiger werdender Erhebung und Interpretation der Daten.

Die Öffnung der Schulsysteme für NPM ist nicht zuletzt der Bildungsforschung zu verdanken, die politische Debatten und internationale Entwicklungen aufgegriffen, theoretisch fundiert und empirisch untersucht hat. So führten durch internationale Leistungsstudien nachgewiesene Defizite im Kompetenzerwerb der Schüler/innen sowie Hinweise auf Kostenkrankheit und Ineffizienzen traditionell gesteuerter Schulsysteme zu wachsendem Druck auf die bildungspolitischen Entscheidungsträger. Vor dem Hintergrund dieser Sachverhalte und der wirtschaftlich wie auch demographisch bedingt stetig wachsenden Bedeutung von Bildung war und ist eine neue Steuerung der Bildungssysteme dringend vonnöten.

1.2 Theoretischer Hintergrund

Der traditionelle Ansatz zentralisierter Inputsteuerung des staatlich dominierten Schulwesens sah sich langjährig nicht minder traditionsreicher, theoretischer Kritik ausgesetzt. Diese bezieht sich im Zentrum auf das Erreichen der Ziele von Effizienz und Vielfalt des Bildungsangebots bei dominierender Aktivität des Akteurs Staat (Effizienz- und Nutzenkritik). So führt eine dominante staatliche Anbieterstellung – so das Effizienzargument – über das Fehlen disziplinierenden Wettbewerbs zu mangelhaftem Kostenbewusstsein und im Ergebnis zu produktiver Ineffizienz. Dies bedeutet, dass mit identischen Ressourcen bei optimierter Nutzung mehr Leistung erbracht werden könnte. Darüber hinaus werden unterschiedliche Präferenz- und Bedarfsprofile der Bildungsnachfrager bei Bereitstellung eines strukturbedingt weitgehend uniformen Bildungsangebots nicht berücksichtigt, mit der Konsequenz zusätzlicher allokativer Ineffizienz, so die Nutzenkritik. Allokative Effizienz wäre erst dann erreicht, wenn die vorhandenen Ressourcen für die Bereitstellung eines differenzierten Bildungsangebots eingesetzt würden, das den Bedarfsprofilen der Nachfragenden entspricht.

Wie nun kann diesen Ineffizienzen begegnet werden? Die ökonomische Theorie bietet hier einige Ansatzpunkte, aus denen sich verschiedene Steuerungsmodelle ableiten lassen, die als „eher marktlich" und „eher staatlich" bezeichnet werden können. Sie greifen unterschiedlich intensiv auf Elemente zurück, die typischerweise Austauschbeziehungen auf dem freien Markt kennzeichnen, kommen aber in keinem Fall vollkommen ohne staatliche Eingriffe und Kontrolle aus. Die im Folgenden angeführten theoretischen Argumente bieten einen Rahmen für die Herleitung und Bewertung der einzelnen Modelle, die im Anschluss dargestellt werden sollen.

In einem *weiterhin vorwiegend staatlichen Rahmen* kann die beschriebene Situation der Ineffizienz durch dezentrale Steuerung – das heißt ein Mehr an Befugnissen für die Akteure nachgelagerter Ebenen wie insbesondere der Einzelschule – bei definierten Leistungsstandards und bürokratischer Kontrolle zu entschärfen versucht werden. Die Neue Institutionenökonomik[1] betont die für die Zielerreichung zentrale Bedeutung von „Institutionen" wie Standardsetzung und Kontrollmechanismen, die Entscheidungsräume von Akteuren gezielt beschränken, Anreize setzen und Informationskanäle sowie Belohnungen und Sanktionen festlegen. Maßgeblich für deren Notwendigkeit ist der Sachverhalt, dass das Handeln auf nachgelagerter Ebene nur unter Inkaufnahme von Kosten überwacht werden kann. Dieser Sachverhalt wird in der Prinzipal-Agent-Theorie analysiert, die gerade die Interaktion zwischen Auftraggeber/in (Prinzipal) und Auftragnehmer/in (Agent) unter asymmetrischer Informationsverteilung zum Gegenstand hat. Die Kernaussage: Ohne geeignete Institutionen kann der Agent solche Asymmetrien zur Mehrung seines persönlichen Nutzens einsetzen, indem er beispielsweise relevante Informationen zurückhält, welche der Zielerreichung des Prinzipals entgegen stehen.

Dieses opportunistische Verhalten wird als moralisches Risiko („Moral Hazard") bezeichnet (Shavell 1979; Arrow 1985). Der Prinzipal kann infolgedessen nicht beurteilen, ob die eingesetzten Technologien zur Erstellung eines Gutes oder einer Dienstleistung effizient sind oder das erzielte Ergebnis als effektiv zu bewerten ist, da er über die hierzu benötigten Informationen nicht verfügt. Zur Eindämmung des Problems kann er Anreize setzen, um die eigenen Ziele zu Zielen des Agenten zu machen, Informationen sammeln und Effizienz und Effektivität verschiedener Agenten im Hinblick auf zuvor formulierte Ziele miteinander vergleichen. Mit diesem Argument ist die gestiegene Berichtspflicht im Bildungswesen genauso wie die Durchführung von Leistungstests aus ökonomischer Sicht theoretisch zu begründen, welche sich in zunehmendem Detaillierungsgrad, verbunden mit dem gebotenen Genauigkeitsanspruch, auf die Einzelschulen erstreckt. Die so geschaffene Transparenz kann für die Festsetzung

---

1 Unter dem Begriff Neue Institutionenökonomik werden drei komplementäre Theorien zusammengefasst: Die Verfügungsrechtstheorie, die Agenten-Theorie und die Transaktionskostentheorie. Bedeutende Vertreter der Neuen Institutionenökonomik sind unter anderem Ronald H. Coase (1937), Stephen A. Ross (1973), Oliver E. Williamson (1985) und Douglass C. North (1990).

von „Belohnung" oder „Bestrafung" sowie weitere Entscheidungen der übergeordneten Behörde ebenso herangezogen werden wie zu Informationszwecken für Eltern und Schüler/innen (wie im Bereich marktlicher Steuerung noch thematisiert wird).

Eine durch Dezentralisierung unter gezielter Handhabung von Folgeproblemen von Informationsasymmetrien ermöglichte, verbesserte Zielerreichung ist aber nicht notwendigerweise die effizientere Alternative: Für die Schaffung der Institutionen und die Informationsbeschaffung entstehen Kosten (so genannte Kontroll- oder Transaktionskosten), welche den Leistungszuwächsen und Effizienzgewinnen im Ressourcenumgang gegenüber zu stellen sind. Der angemessene Governance-Modus ist letztlich derjenige, welcher unter Berücksichtigung aller Transaktionskosten und der Höhe der entstandenen Zugewinne im Bereich der Zielsetzungen der effizienteste ist. Ein aufwendiges Test- und Berichtssystem[2] ist demnach nur dann zu begrüßen, wenn die hierdurch entstehenden Kosten durch entsprechend verbesserten Ressourcenumgang und Leistungen der Schüler/innen aufgewogen werden.

Alternativ zur Beibehaltung des staatlichen Rahmens können die Ineffizienzen auch durch die Übertragung von Entscheidungsfunktionen auf den Markt, konkreter auf die Seite der Nachfragenden, adressiert werden. Man spricht hier von *privater oder marktlicher Steuerung*, die den Bildungsnachfrager/innen mit „Exit" und „Voice" zwei Strategiemöglichkeiten eröffnet (Hirschman 1970), mittels welchen diese *direkt* (ohne zwischengeschaltete Institutionen) steuernd einwirken. Mitbestimmungsrechte und Wahlmöglichkeiten stehen entsprechend als Optionen zur Verfügung.

Im Gegensatz zu gänzlich freien Gütermärkten bleiben einige Marktelemente, wie Preis und grundsätzliche Ausgestaltung des Angebots, im Bildungsbereich grundsätzlich eingeschränkt, da Bildung ein Gut ist – so die vorherrschende Meinung in der Bildungsökonomie –, dessen effiziente Produktion nicht über rein marktliche Strukturen erreicht werden kann. Man spricht daher auch von einem hybriden Steuerungssystem, einem Quasi-Markt, der sowohl Elemente staatlicher als auch marktlicher Steuerung aufweist (Weiß 2001). Der Staat nimmt auf Quasi-Märkten eine veränderte Rolle ein. Das Schaffen von Wahlmöglichkeiten ist dabei für sich genommen nicht mehr als *eine* der notwendigen Bedingungen für Wettbewerb, für dessen Erreichung weitere Voraussetzungen zu erfüllen sind. Zu diesen zählen hinreichende Freiheitsgrade zur Reaktion auf Marktsignale, die Verfügbarkeit verlässlicher Informationen und die Spürbarkeit von Konsequenzen wettbewerblich erzielter Resultate im positiven wie auch

---

2 Innerhalb dieses Berichts- und Informationswesens ist auch die Verteilung von Informationen an verschiedene Ressorts und Personen zu regeln, dienen die Daten doch nicht nur der externen Evaluation, sondern auch dem internen Qualitäts- und Personalmanagement.

negativen Sinne. Ein entsprechender Rahmen ist von staatlicher Seite als notwendige Voraussetzung zu schaffen. Inwieweit Wettbewerb – auch bei Erfüllung sämtlicher Erfordernisse – bei fehlendem Gewinnmotiv der Anbietenden und unter Berücksichtigung der Tatsache, dass hohe Ausgaben je Schüler/in meist mit hoher Bildungsqualität assoziiert werden, letztlich Anreize zur Kostensenkung schafft, bleibt bislang allerdings ebenso offen wie die thematisierte Frage der Selbstregulierungsfähigkeit staatlicher Systeme.

Überdies kann eine Übertragung von Marktmacht auf die Seite der Nachfragenden als zur staatlichen Kontrollausübung alternativer Ansatz zu Motivation und Disziplinierung der Anbietenden nur dann wunschgemäße Effekte freisetzen, wenn die Nachfragenden sich annahmegemäß verhalten. Diese Einschränkung zielt zunächst weniger auf die Annahme rational nutzenmaximierenden Verhaltens, als vielmehr auf die in der Zielfunktion berücksichtigten Größen. Sind dies andere Kriterien als unterstellt – beispielsweise räumliche Nähe zum Wohnort oder Leichtigkeit des Erwerbs formaler Qualifikationen, so setzt die Marktmacht der Nachfragenden nicht die gewünschten Anreize frei, gehen der Einzelschule doch mit einem weniger effizienten Bildungsangebot nicht notwendigerweise Ressourcen verloren. Kurzum: Weichen die Zielgrößen der Nachfragenden von den unterstellten ab, werden die gewünschten Effekte nicht eintreten.

Die theoretischen Ausführungen machen deutlich, dass verschiedene Alternativen der Steuerung im Rahmen von NPM möglich sind, die entweder mehr staatliche Elemente oder mehr marktliche Elemente (Quasi-Markt) beinhalten. Übereinstimmend bedürfen alle Varianten einer neuen Datenqualität über schulische Leistungserstellung und Leistungsergebnisse.

2 Praktische Modelle der Schulfinanzierung, erwartete Effekte und Wirkungserfahrungen

Entsprechend ihres grundsätzlich hohen Gewichts innerhalb bildungspolitischer Themen erfährt die Bildungsfinanzierung im Rahmen der die theoretischen Aspekte aufgreifenden, ergebnisorientierten Steuerung intensive Diskussion und teilweise bereits funktionalisierten Einsatz. Dabei wird unter die Finanzierungsthematik nicht nur die Bereitstellung monetärer Mittel sowie geldäquivalenter Ressourcen der Sachmittel- und Personalzuweisung, sondern auch die Allokation von Ressourcen subsumiert. Thematisiert werden im Folgenden entsprechend zum einen indikatorgesteuerte und nachfrageorientierte Finanzierungsmodelle, zum anderen die Neugestaltung der Verantwortlichkeit für die Allokation von Ressourcen im Sinne einer Dezentralisierung von Kompetenzen auf die Ebene der Schulen, die in ihrer Gesamtheit den Schwerpunkt der ressourcenbezogenen Diskussion ausmachen. Die verschiedenen Modelle werden Bezug nehmend auf den theoretischen Hintergrund als „eher marktlich" und „eher staatlich" eingeordnet und durch eine Diskussion zu Zielvereinbarungen als notwendige flankierende Maßnahme ergänzt.

Neben der konzeptionellen Ausrichtung der Ansätze präsentieren die folgenden Abschnitte einen Einblick in Anwendungserfahrungen betreffend die neuen Modelle mit Fokus auf den deutschsprachigen Raum. Dabei geht es weniger darum, eine erschöpfende Zusammenschau sämtlicher für Bundesländer und Kantone häufig heterogener Regelungen zu erstellen, als vielmehr Trends und Tendenzen sowie Beispiele innovativer Steuerung aufzuzeigen und – soweit verfügbar – Erkenntnisse zu Wirksamkeit und Wirkungen der vorgestellten Instrumente zu veranschaulichen, die für die Perspektiven der neuen Steuerung zentral sind. Wie in den folgenden Abschnitten noch deutlich werden wird, ist die Anwendungsintensität für die Ansätze der Gestaltung von Schulfinanzierung bislang deutlich verschieden. Mit Blick auf die verfügbare empirische Evidenz zu Wirkung und Wirksamkeit der Instrumente fällt zudem auf, dass die theoretischen Begründungen der Vorteile neuer Steuerung bislang allenfalls fragmentarisch empirische Evaluation gefunden haben; selbst in Ländern mit deutlich längerer Historie betreffend den Einsatz der hier thematisierten Innovationen bleibt die empirische Basis häufig eher schmal.

2.1 Eher staatlich orientierte Finanzierungsmodelle

2.1.1 Dezentrale Ressourcenverantwortung – Globalbudgets

Von allen im vorliegenden Beitrag behandelten Ansätzen verkörpern die verschiedenen Formen dezentraler Ressourcenverantwortung die aufgrund ihrer unmittelbaren Verbindung zur langjährigen Schulautonomiediskussion bislang im Schulalltag am weitesten verbreiteten Veränderungen. Sie folgen der Programmatik, dass im Rahmen modernen Schulmanagements Schulen nicht gezwungen sein sollten, mit Ressourcen umzugehen, auf deren Mischung und Menge sie nur ungenügend Einfluss nehmen können (Buchen & Burkhard 2000, S. 232), und konkretisieren sich in unterschiedlich stark erweiterter einzelschulischer Entscheidungskompetenz über die Verwendung global bereit gestellter Finanzmittel. Grundsätzlich erschöpft sich die Dezentralisierung der Ressourcenverantwortung aber nicht in der Bereitstellung globaler Budgets, über deren Allokation dann auf einzelschulischer Ebene entschieden wird. Vielmehr kann sie bei einer weiteren Fassung des Begriffs auch eine aktive Beteiligung der

Schulen im Prozess der Mittelbeschaffung vorsehen, theoretisch auch mit dem Ziel der Entlastung der öffentlichen Haushalte.

Leitend für das Modell der Stärkung der Ressourcenallokation auf einzelinstitutioneller Ebene ist die Erwartung einer zielkonformeren Mittelverwendung auf Basis spezifischer Bedürfnisse und Prioritäten der Schulen durch die Zusammenführung von pädagogischer Fachkompetenz und Finanzkompetenz, sowie die Hoffnung auf ein verbessertes Kostenbewusstsein, nicht zuletzt infolge verbesserter Transparenz, die über die Einführung von Rechnungswesen und Controlling mit dezentraler Ressourcenverantwortung verbunden ist. Das Konzept dezentraler Ressourcenverantwortung adressiert damit sowohl die Nutzen- als auch die Effizienzkritik.

Um die theoretischen Potenziale der Dezentralisierung in der Praxis heben zu können, ist – wie unter dem Begriff der Institutionen bereits erläutert – eine Reihe von den Handlungsraum der einzelschulischen Akteure begrenzenden Rahmenbedingungen zu schaffen, die das Verfolgen von Partikularinteressen unterbinden und das Hinarbeiten auf die übergeordnete Zielsetzung sichern sollen. Sie sind konstitutiver Bestandteil durch NPM geprägter Konzepte, der unter anderem in Zielvereinbarungen zwischen den verschiedenen hierarchischen Ebenen (Schulamt und Schule, Schule und Lehrkräften, usw.) zum Ausdruck kommt. Diese finden aufgrund ihres Stellenwerts in Abschnitt 2.3 eingehende Erläuterung. Mit der Vorgabe von Zielen ist notwendig die Kontrolle der Zielerreichung verbunden. Im Rahmen der einzelinstitutionellen Kontrolle werden hier erzielte Leistungen und Ressourceneinsatz gegenübergestellt und sodann auf Basis von Benchmarks bewertet, die ex ante definierte Kontextfaktoren berücksichtigen.

Mit Umsetzung des weiter reichenden Konzepts dezentraler Finanzverantwortung wird Schulen die Möglichkeit eröffnet, zusätzlich zu den Mitteln des Schulträgers lokal Einkünfte, insbesondere aus Raumvermietung, Sponsoring oder Spenden zu generieren. Diese vergrößern die Entscheidungsspielräume der Schule über die reine Budgetierung oder die zusätzliche Schaffung der Übertragbarkeit von Mitteln aus dem Verwaltungs- in den Vermögenshaushalt hinaus und können durch die lokale Mitfinanzierung zudem zu einer verbesserten Kostenkontrolle beitragen. Allerdings ist auch zu berücksichtigen, dass bei Freigabe marktlicher Finanzmittelbeschaffung größere Disparitäten zwischen Schulen gleicher Schulform, die in verschiedenen Regionen gelegen sind, sowie zwischen verschiedenen Schulformen zu erwarten stehen. Um unerwünschte Unterschiede in der Mittelausstattung zu vermeiden, scheint wiederum die Notwendigkeit eines regulierenden Intervenierens von übergeordneter Ebene wahrscheinlich.

Inzwischen gibt es in den deutschsprachigen Ländern verbreitet auch praktische Erfahrungen mit unterschiedlich weitreichenden Dezentralisierungsmodellen, auch im Bereich der Ressourcenbewirtschaftung. Während in der Schweiz vor dem Hintergrund von generellen Reformbemühungen betreffend den öffentlichen Sektor bereits seit den frühen 1990er Jahren NPM und entsprechend auch veränderte Finanzierungsverantwortlichkeiten diskutiert wurden, waren die Aktivitäten zugunsten eines Ausbaus dezentraler Befugnisse im Nachbarland Österreich weniger deutlich ausgeprägt, mit der Konsequenz, dass es von Bildungsexperten wie Lassnigg sowohl mit Blick auf den Zeitverlauf als auch auf die Intensität der Dezentralisierung als Nachzügler bezeichnet wird (Lassnigg u.a. 2007, S. 132). Wurden hinsichtlich eines Ausbaus der Dezentralität der Ressourcenbewirtschaftung lediglich 1998 die Entscheidungsbefugnisse betreffend einen Teil der Betriebsausgaben der zentralstaatlich organisierten, allgemeinbildenden höheren Schulen angepasst (Eurydice 2001, S. 10), so sind zuletzt Modelle zur Erweiterung der finanziellen Autonomie in Erprobung. Auch ist das Generieren zusätzlicher Mittel unter gewissen, schulrechtlichen Voraussetzungen seit 1996 möglich (BMUKK 2008, S. 16f.).

Zwar bestehen auch in Deutschland gegenwärtig noch zahlreiche Einschränkungen der Dezentralität, eine Trendwende ist jedoch im Schulrecht der meisten deutschen Bundesländer deutlich zu erkennen, und reformierte Gemeindehaushaltsverordnungen bieten für eine Dezentralisierung der Ressourcenverantwortung umfangreiche Möglichkeiten (Böttcher u.a. 2006). Die reale Situation mit Blick auf die Schaffung einer alternativen Schulfinanzierung, die mehr Kompetenzen auf die Einzelschule verlagert, stellt sich entsprechend der Mischung aus Möglichkeiten und – durch die Aufgabenteilung zwischen Ländern und Kommunen beförderte – Veränderungsträgheit dar: Zwar erfolgt die Sachkapital- und Sachmittelbewirtschaftung durch den Schulträger weitgehend in Abstimmung mit der Einzelschule, Einfluss auf Personalentscheidungen auch im Bereich des nicht-lehrenden Personals haben die allgemein bildenden Schulen bisher aber kaum, wenngleich ihnen bei der Personalauswahl inzwischen mehr Mitspracherechte eingeräumt werden.

Diese Befundlage weisen auch die Befragungsergebnisse der Eingangserhebung des Modellvorhabens „Selbständige Schule" in Nordrhein-Westfalen aus[3], in deren Rahmen mit 89 % der Schulleitungen die meisten angaben, Lehr- und Unterrichtsmaterial sowie Bürobedarf als Kostenstellen zu budgetieren, wohingegen mit Personalmitteln, Reinigungs- und Energiekosten kostenintensive Bereiche in der bisherigen Praxis in Deutschland nicht selbständig bewirtschaftet werden. Zwar ist nicht ersichtlich, welche Kombinationen budgetierter Kosten-

---

3   Das von 2002 bis 2008 durchgeführte Schulentwicklungsprogramm im bevölkerungsreichsten Bundesland Deutschlands gilt als eines der wichtigsten seit den Strukturreformen der 70er Jahre, mit einer Beteiligung von 278 Schulen in 19 Regionen. Es hat auch zum neuen Schulgesetz des Landes (2005) einen maßgeblichen Beitrag geleistet.

stellen in den untersuchten Schulen vorliegen, wohl aber ist erkennbar, dass diese von einer Avantgarde-Budgetierung, die sämtliche Sachkostenarten einbezieht und in deren Rahmen die einzelne Schule selbst als Vertragspartner am Markt agiert, trotz der Tatsache, dass die Budgetierung von Sachmitteln gemeinhin als etabliert gilt, weit entfernt sind (Brückner & Böhm-Kasper 2009). Damit gibt es durchaus deutliche Parallelen zwischen den Schulen im deutschsprachigen Raum, entziehen sich doch allseits mit Gehältern und gebäudebezogenen Ausgaben die größten Budgetposten bislang weitgehend dem Handlungsspielraum der Akteure vor Ort. Dennoch lässt sich eine zunehmende Inanspruchnahme der Gestaltungsspielräume in der Ressourcenverwaltung in diesem Projekt konstatieren, wie Befragungen für den wissenschaftlichen Abschlussbericht zeigen: 84 % aller Modellschulen nutzen die Übertragbarkeit von Mitteln, fast alle Schulen kapitalisieren Mittel aus unbesetzten Stellen, die sie vor allem für Sachmittel, aber auch für zusätzliches pädagogisches Personal einsetzten (Rhyn u.a. 2002).

Die eigenverantwortliche Personalmittelbewirtschaftung durch die Schulen wird derweil in Deutschland seit einiger Zeit verstärkt diskutiert und in einigen deutschen Bundesländern erprobt; dem Land Nordrhein-Westfalen kann hierbei eine Vorreiterrolle bescheinigt werden (Klemm & Meetz 2004; Holtappels u.a. 2008). Auch haben beispielsweise erste berufliche Schulen in Schleswig-Holstein mit der Umwandlung in voll rechtsfähige Anstalten öffentlichen Rechts dezentrale Ressourcenverantwortung erreicht und somit die notwendigen Voraussetzungen zur Realisierung der erhofften Nutzenpotenziale geschaffen. Da diese Entwicklung noch eine junge ist, liegen bislang allerdings noch keine Evaluationen zu den Effekten dieses Schritts vor. Ein Trend zur Fortsetzung der Dezentralisierung der Ressourcenverantwortung ist aber – ausgehend von verschiedenen bereits erreichten Ebenen – zu erkennen. So wurde in Zürich mit Umsetzung des neuen Volksschulgesetzes auf die Zweckbindung einer Reihe von Zuweisungen des Kantons an die Gemeinden verzichtet (Bildungsdirektion Kanton Zürich 2008), das Einwerben von Drittmitteln ist unter leichten Auflagen möglich. Auch in Bern wird über das konkrete Maß an dezentralen Kompetenzen im Sinne der stärkeren Einbindung von Gemeindebehörden und Schulleitungen in die finanzielle Steuerung diskutiert (Röthlisberger & Herren 2008, S. 29). Eine Besonderheit der Schweiz liegt in der großen Finanzierungsverantwortung der Gemeinden, die den Großteil der Gehälter der Lehrpersonen in der obligatorischen Schule tragen.

Es besteht international weithin Einigkeit, dass die eigenverantwortliche Mittelbewirtschaftung zu Sparerfolgen und damit zu kosteneffizienterem Umgang mit den Inputfaktoren führt (Weiß 2006). Valide Hinweise auf generelle Dezentralisierungserträge hingegen sind bisher weder für den deutschsprachigen

Raum, noch für Länder mit längerer Erfahrung mit Dezentralisierungsmodellen verfügbar (Böttcher u.a. 2006, S. 446), und die Forschungsergebnisse sind widersprüchlich. Vorliegende Ergebnisse internationaler Leistungsstudien sowie eine Vielzahl von Auswertungen zu Fallstudien aus angelsächsischen Ländern legen aber insgesamt die These nahe, dass dezentrale Ressourcenverantwortung nicht automatisch zu höherer Leistungswirksamkeit führt. Die im Kontext der Theorie angeführten, sonstigen institutionellen Bedingungen, die ein opportunistisches Ausnutzen der erweiterten Gestaltungsspielräume bei der Ressourcenverwendung verhindern, scheinen hier Schlüsselcharakter zu besitzen. So kann auf Basis des TIMSS-Datensatzes nachgewiesen werden, dass beim Vorliegen zentraler Prüfungen positive, ohne derartige Vorgaben jedoch negative Effekte größerer Autonomie auf die Schülerleistungen bestehen (Wößmann 2002). Die verbindliche Bindung an Leistungsstandards und Effizienzziele und die Schaffung verfahrenstechnischer Voraussetzungen für eine wirksame Zielkontrolle durch die Etablierung leistungsfähiger Rechnungs- und Berichtssysteme sind folglich auch vor dem Hintergrund empirischer Befundlagen als notwendige Bedingungen zu betonen. Wie schwierig effiziente Rahmenbedingungen letztlich zu schaffen sind, unterstreichen empirisch identifizierte, ungewollte Nebenwirkungen wie „Teaching to the Test" oder gar betrügerische Manipulation von Testergebnissen (Weiß 2006).

Dass es unter Umständen auch bei gelungenen institutionellen Regelungen nicht zu den gewünschten Effekten kommt, ist schließlich dadurch zu begründen, dass den Schulen ein Denken in Kosten-Nutzen-Kategorien traditionell weitgehend fremd ist, und Erfolg vorausgesetzte, dass sich Schulen und Lehrer/innen die neuen Ansätze zu eigen machten (Döbert 1997). Die Identifikation aller Beteiligten mit dem neuen System sollte daher als notwendige Erfolgsvoraussetzung erkannt werden. Gemessene Ineffizienz ist weiterhin zu einem erheblichen Teil durch strukturelle Faktoren bedingt, die sich dem Einflussbereich der Einzelschule entziehen. Schulorganisatorische Kostennachteile entstehen beispielsweise, wenn kleine Klassen unterhalb der Richtwerte gebildet werden und infolgedessen ein Mehrbedarf an Lehrpersonen entsteht; dies ist entsprechend zu berücksichtigen.

Mit dezentraler Ressourcenverwaltung ist trotz der drohenden Komplikationen eine Hoffnung auf effizientere Mittelverwaltung verbunden, die anlässlich der Ergebnisse erster Studien nicht völlig unrealistisch scheint. Jedoch zeigen diese Studien auch, dass die mit diesen Modellen verbundenen Institutionen noch nicht ausgereift sind und oft noch nicht ausreichend balancierte Mischmodelle aus Elementen der alten und der neuen Steuerung bestehen. Die Rolle des Staates ist in der Praxis noch nicht klar definiert.

Als positiv ist gerade vor dem Hintergrund abschließend zu bemerken, dass im Projekt Teilautonome Volksschulen im Kanton Zürich die eingerichteten Schulleitungen viele Schulentwicklungsaufgaben übernommen und eine zielorientierte Schulentwicklung aktiv voran getrieben haben (Rhyn u.a. 2002). Und auch aus dem nordrhein-westfälischen Projekt Selbständige Schule werden teilweise positive Effekte berichtet: Im Vergleich der an PISA und IGLU orientierten Leistungstests von 2003 und 2005 hatten fast alle der am Modellprogramm beteiligten Grundschulen im Leseverständnis und in Mathematik merkliche Fortschritte erzielt. Wenngleich die Lernleistungen 2007 wieder rückläufig waren, geben diese Beispiele doch zumindest berechtigten Anlass zu weiterer Hoffnung, dass auch inhaltlich durch gezielte Gestaltung dezentraler Strukturen Effizienzgewinne erreicht werden können. Die bisher verfügbaren Daten reichen hier für eine abschließende Bewertung noch nicht aus (Holtappels u.a. 2008).

2.1.2 Indikatorgesteuerte Mittelzuweisung

Ebenfalls auf ein Mehr an Effizienz durch primär staatliche Steuerung, aber insbesondere auch auf Bildungsgerechtigkeit im Sinne der Entkopplung von soziodemographischem Hintergrund und Bildungserfolg zielend, finden in zunehmendem Maße indikatorgestützte Modelle der Ressourcenbereitstellung Anwendung. Entsprechend der Zielsetzung der Bildungsgerechtigkeit sind die relevanten Indikatoren keine Leistungsindikatoren, wie sie im Hochschulbereich im Sinne eines „Payment by Result" Anwendung finden. Vielmehr erfolgen hier Zuweisungen allgemeiner oder zweckgebundener Mittel auf der Basis von regionalen, lokalen oder auf die einzelschulische Schülerschaft bezogenen Sozialindizes und curricularen Besonderheiten. Ein Ansatz, der Unterschieden in den Bedarfen der Schulen gerecht werden und positive Diskriminierung erreichen möchte.

Leitend ist demnach die Erwartung, über die Berücksichtigung unterschiedlicher Ausgangslagen eine Erhöhung der – von der internationalen empirischen Bildungsforschung als differentiell belegten – Ressourcenwirksamkeit als Folge verbesserter Übereinstimmung von Bedarfslage und Angebot zu erreichen. Dies verdeutlicht unmittelbar die zentrale Bedeutung der Orientierung des Ressourcenangebots auf einer Ebene, die nicht oberhalb der Einzelschule angesiedelt sein sollte, setzt doch das Erreichen eines guten Fits von Bildungsangebot und -bedarf – gegeben die ausgeprägten Unterschiede zwischen Schulen auch gleicher Schulform – die möglichst exakte Kenntnis der einzelschulischen Ausgangslagen voraus.

Damit diese Potenziale genutzt werden können, sind zeitaktuelle, verlässliche Informationen zu den sozialen, kulturellen und ökonomischen Ausgangslagen der Schülerschaft unerlässlich, welche aus Gründen der Transparenz und Glaubwürdigkeit optimalerweise auf übergeordneter Ebene erfasst werden. Diese können entweder speziell erhoben oder aus verfügbarem Datenmaterial – beispielsweise aus zentralen Lernstandserhebungen – abgeleitet werden. Sind beide Alternativen aus Kostengründen bzw. aufgrund fehlender Datenverfügbarkeit nicht gangbar, steht noch die Möglichkeit offen, aus weniger spezifischen Daten – beispielsweise zu den allgemeinen sozioökonomischen Gegebenheiten in Schulbezirken – Rückschlüsse auf die Ausgangslagen der einzelnen Schulen zu ziehen. Dieses Vorgehen ist allerdings aus zweierlei Gründen durchaus kritisch zu bewerten: Zum einen lässt mit sinkender Spezifität der Informationen die Treffsicherheit der Ressourcenallokation zu wünschen übrig, sind gesamtbevölkerungsbezogene Sozialindizes einer Region oder Kommune doch insbesondere bei Schulwahlmöglichkeiten nicht notwendigerweise gute Indikatoren für die einzelschulischen Gegebenheiten. Zum anderen steht bei Verwendung von Indikatoren, die eine Gemeinde oder einen Schulbezirk als sozial schwach ausweisen, die Ablehnung des Systems durch die Einwohner/innen, die Schüler/innen und Eltern des entsprechenden Gebiets selbst, zu befürchten, sehen sich diese doch mit einer drohenden Stigmatisierung konfrontiert.[4]

Ausgestaltet werden kann ein solches Modell der Ressourcenzuweisung auf Basis sozioökonomischer Merkmale der Schülerschaft beispielsweise in Form von Pro-Kopf-Beträgen, die auf Basis der konkreten sozioökonomischen Merkmale der Schüler/innen gewichtet werden. Zuweisungsmodelle, die auf Schülerzahlen zurück greifen, um formelgebunden monetäre Ressourcen oder Personal- und Sachmittel zuzuweisen, generieren zusätzlich den wettbewerblichen Anreiz, durch Rekrutierung weiterer Schüler/innen das Ressourcenvolumen der Schule zu erhöhen. Bei demographie- wie auch wettbewerbsbedingtem Schülerschwund führen solche Modelle allerdings beim dominierendem Einfluss der Schülerzahl auf die Ressourcensituation der Einzelschule zu problematischen Konstellationen, stehen den Einnahmeausfällen wegen des großen Anteils an fixen Kosten im Schulbereich doch keine entsprechenden Kosteneinsparungen gegenüber.

Im deutschsprachigen Raum stehen bei der Umsetzung indikatorgesteuerter Finanzierung die Mittelzuweisungen für den Elementar- und den Schulbereich auf Basis von Sozialindizes im Zentrum. Als ein Beispiel für ein solches Modell der Schulfinanzierung kann Hamburg gelten, wo für die Schulen bereits seit

---

4 Die genaue Ausgestaltung der Zuweisungsmodalitäten ist dabei in einem sorgfältigen Prozess zu vollziehen, besitzt sie doch erfolgskritischen Charakter. Insbesondere kommt es bei Zuweisungen auf Basis diskreter Gruppenbildung rund um die Grenzen dieser Gruppen zu ungleicher Ausstattung: Während eine Schule, die nur knapp in eine Bandbreite höherer Förderung fällt entsprechend zusätzliche Mittel erhält, bliebe eine Schule, die geringfügig außerhalb dieser Gruppe anzusiedeln ist, ohne die Zusatzressourcen (Poerschke 2008).

1996 ein schulbezogener Sozialindex berechnet wird. Dieser erfasst soziale Struktur und ethnische Heterogenität innerhalb der Schule sowie ökonomisches, kulturelles und soziales Kapital der Familien. Zur Anwendung kommt er bislang im Rahmen der Zuteilung von Förderressourcen sowie der Klassenbildung, also noch nicht in Form globaler Finanzmittelzuweisungen, über deren konkreten Einsatz die Einzelschulen dann autonom entscheiden könnten. Auch in Nordrhein-Westfalen erfolgt seit dem Schuljahr 2006/2007 die Zuweisung zusätzlicher Förderstellen, allerdings zu Schulamtsbezirken, auf Basis eines Sozialindex (Frein & Möller 2006). Entsprechend der zuvor aufgeführten Gründe erscheint der in Hamburg verfolgte Ansatz, auf schulspezifische Indikatoren zurück zu greifen, allerdings von größerer Treffsicherheit.

Auch anderenorts im deutschsprachigen Raum sind Modelle implementiert, die die Ressourcenausstattung der Schulen in Abhängigkeit der sozioökonomischen Ausgangslagen gestalten. So werden beispielsweise in den Kantonen Zürich und Thurgau kantonale Finanzierungsanteile durch Sozialindexwerte, die Sonderbelastungen in den Ausgangslagen erfassen, beeinflusst und im Kanton Bern ist ein entsprechendes neues Steuerungs- und Finanzierungsmodell der Volksschule in Entwicklung. Im Rahmen der Entwicklungsarbeit hat sich hier gezeigt, dass ein Index, der den Anteil ausländischer Schüler/innen, die Relation von Arbeitsplatz- zu Einwohnerzahl, die Arbeitslosengeldbezieherquote sowie den Anteil Alleinerziehender berücksichtigt, zusammen mit den topographischen Gegebenheiten die tatsächlichen Kosten des Schulangebots gut beschreibt (Röthlisberger & Herren 2008, S. 25f.).

Inwieweit sich die Hoffnung auf eine Steigerung der Bildungsbeteiligung und Bildungserfolge von sozial benachteiligten Schüler/innen und solchen mit Migrationshintergrund infolge der Etablierung sozialindex-basierter Finanzierungsbestandteile für den deutschsprachigen Raum letztlich erfüllen wird, bleibt vor dem Hintergrund der noch überschaubaren praktischen Erfahrungen und des resultierenden Fehlens valider Evaluationsergebnisse abzuwarten. Zwar belegt die empirische Bildungsforschung, dass die Ressourcenausstattung alleine für gute Bildungsergebnisse nicht hinreichend ist, wohl aber weist sie auf differenzielle Wirkungen für bestimmte Gruppen von Schüler/innen hin (Weiß & Bellmann 2007), so dass durchaus berechtigte Hoffnung auf nachhaltig positive Effekte dieser Finanzierungsmodelle besteht. Zudem weisen zahlreiche Untersuchungen empirischer Bildungsforscher/innen weltweit eine hohe Wirksamkeit gezielter Interventionen zugunsten bildungsferner Gruppen insbesondere in der Frühphase von Bildungskarrieren nach.[5] Das heißt durch zielgruppenspezifischen

---

5   Zwar bezieht sich ein Großteil der empirischen Evidenz auf die Vereinigten Staaten, aber auch die für Europa vorliegenden Studien weisen nachdrücklich auf diesen Zusammenhang hin und lassen ihn für Deutschland viel versprechend erscheinen (Wößmann 2008).

Mitteleinsatz prioritär im vorschulischen und schulischen Bereich kann – so die Befunde – eine Reduktion der Disparitäten bei hoher Ressourcenwirksamkeit erreicht werden. Die in Zürich vorgenommene Einbindung vorschulischer Einrichtungen in die Regelungen für den Volksschulbereich erscheinen vor diesem Hintergrund sinnvoll.

Sinnvoll erscheint die Verwendung schülerschaftsbezogener Sozialindizes auch im Kontext der fairen Leistungsbewertung von Schulen, welche die Berücksichtigung von Ausgangslagen zwingend erfordert. Das Ergebnis der statistischen Auswertung im Rahmen der Kess-4-Studie veranschaulicht diesen Sachverhalt eindrucksvoll, werden doch gemäß der Befunde 70 % der an einer Schule beobachtbaren Leseleistung über den Sozialindex erklärt; ein extrem hoher Wert, der belegt, warum nicht gewichtete Schulvergleiche keine nachhaltigen Aussagen über die „Schulleistung" erlauben. Um einen fairen Vergleich zu ermöglichen, sind die Schulen in entsprechende Gruppen zu unterteilen, für welche jeweils eigene Benchmarks gelten müssen.[6] Ein extrem aufwändiges Verfahren, das allerdings im Ergebnis Schulen auf Spitzenplätzen ausweist, die in herkömmlichen Rankings schlecht abgeschnitten hätten. Dies gilt umso mehr, insoweit mit der am schulischen Output orientierten neuen Steuerung ressourcenwirksame Konsequenzen einher gehen (Weitzel 2008).

Indikatorgestützte Mittelverteilung erlaubt mit Hilfe staatlicher Steuerung – darauf deuten auch die berichteten empirischen Befunde hin – eine gerechtere Mittelzuweisung, die gleichermaßen allokative Effizienz heben könnte. Hierzu ist es förderlich, in Kopplung an ergebnisorientierte Kennzahlen und Berichte, erzielte Erfolge im Sinne einer besseren Transparenz zu dokumentieren und so die Akzeptanz des Modells zwischen den Schulen zu sichern.

2.2 Eher marktliche Finanzierungsmodelle

Eher marktliche Modelle zeichnen sich im Gegensatz zu den eher staatlichen vor allem durch ihre Nachfrageorientierung aus. Wie das Modell der dezentralen Ressourcenverantwortung adressiert nachfrageorientierte Finanzierung dabei sowohl Effizienz- als auch Nutzenkritik. Sie wird in der Diskussion häufig in Form so genannter Bildungsgutscheine (Vouchers) zur Umsetzung der Exit-Strategiemöglichkeiten der Nachfrager konkretisiert, wobei diese auch virtuellen Charakter besitzen, d.h. Schulen auf Basis der gemeldeten Schülerzahlen finan-

---

6 Schulexperte Wilfried Bos teilte die Hamburger Grundschulen in sechs sozialindexabhängige Untergruppen ein, von Schulen in sozialen Brennpunkten bis zu Schulen in gutbürgerlichen Vierteln. Innerhalb jeder Gruppe wurde sodann eine Schule ermittelt, die im Vergleich zu den übrigen Gruppenmitgliedern besonders erfolgreich abgeschnitten hatte.

ziert werden können. Während man im Fall der Ausgabe von Gutscheinen von subjektbezogener Finanzierung spricht, wird letzterer Fall als institutionelle Finanzierung über Quasi-Vouchers bezeichnet (Weiß 2006; Dohmen 2005).

Bezug genommen wird im Rahmen der Diskussion von Bildungsgutscheinen häufig auf Vorschläge Milton Friedmans, die vorsahen, öffentliche Schulen nicht direkt zu finanzieren, sondern die vorhandenen Steuermittel so einzusetzen, dass sie mit einem mehr oder weniger starken Element der Wahl verbunden sind. Im Rahmen eines solchen Konzepts werden Eltern als Kund/innen der Schulen betrachtet und als disziplinierende und effizienzsteigernde Machthabende genutzt: Sie erhalten aus öffentlichen Mitteln einen bestimmten Betrag, den sie – gemäß der Theorie als Ergebnis einer rationalen, informationsbasierten Anbieterwahl – einsetzen, um im Rahmen ihrer Nachfrage nach schulischer Bildung effiziente, ihrem Bildungsbedarf entsprechende Schulen zu finanzieren (Friedman 1955, 1962).

In ihrer einfachsten Form geben Bildungsgutscheine damit Eltern die Möglichkeit, die Schulgebühren bei einer – notwendig staatlich anerkannten – Schule bis zu einem bestimmten Betrag mit einem Gutschein zu begleichen, welcher vom Staat kostenlos an sie ausgegeben wird. Die Rolle des Staates ist hierbei – wie in Abschnitt 1.2 ausgeführt – eine veränderte, aber keineswegs weniger bedeutende; seine Funktionen umfassen neben der Ausgabe der Gutscheine die Ausarbeitung und Vorgabe von Kriterien für die Anerkennung der Schulen, das Gewährleisten der Verfügbarkeit entscheidungsrelevanter Informationen sowie den Betrieb der staatlichen Schulen und das Eingreifen bei Konflikten.

Bildungsgutscheinprogramme sind ihrer Gestaltung nach keineswegs homogen, vielmehr ist die Variantenvielfalt in der Diskussion so groß, dass von *einem* Gutscheinmodell gar nicht gesprochen werden kann. Sie unterscheiden sich beispielsweise darin, ob die Schulen Schüler/innen über bildungsabhängige Zulassungskriterien hinaus selektiv aufnehmen dürfen oder die Pflicht zur Aufnahme besteht sowie darin, ob die Gutscheine die gesamten, einheitlichen Kosten abdecken oder einzelschulisch optional zusätzliche Gebühren veranschlagt werden können, die dann gegebenenfalls durch private Aufzahlungen auszugleichen sind. Außerdem gibt es einkommensabhängige oder werteinheitliche Gutscheinmodelle und Unterschiede dahingehend, ob die Vouchers nur bei bestimmten Bildungsanbieter/innen oder allen Schulen eingelöst werden können.

Dass ausschließlich oder maßgeblich an der Zahl der Schüler/innen ausgerichtete Finanzierungsmodelle Risiken bergen, wurde bereits im Kontext indikatorbasierter Finanzierung erwähnt. Diese Gefahren finden in der Diskussion um die Einführung von Schülerpauschalen im deutschsprachigen Raum explizite Berücksichtigung. Mit Blick auf zu erwartende Effekte ist – wie im Abschnitt zur dezentralen Ressourcenverantwortung – auch für nachfrageorientierte Finanzierungsmodelle darauf hinzuweisen, dass der Eintritt der erhofften Verbesserungen notwendig von der Übereinstimmung realer Gegebenheiten mit den modelltheoretischen Annahmen abhängt. Insbesondere hinsichtlich der Verhaltensannahmen der Bildungsnachfrager/innen und des Unterstellens einer klassischen Produktionsfunktion erscheint dies nicht unkritisch. Wie bei den anderen Modellen ist zudem die Verfügbarkeit der für eine wettbewerbliche Schulfinanzierung erforderlichen Informationssysteme – hier zur verlässlichen Informationsversorgung der breiten Masse von Bildungsnachfrager/innen – als notwendige Erfolgsvoraussetzung zu gewährleisten, die unter Berücksichtigung der entstehenden Kosten der Gefahr der Suboptimalität ausgesetzt ist.

Gegeben die umfassenden theoretischen Diskussionen und die Vielzahl der Varianten zu nachfragebasierter Bildungsfinanzierung als Inbegriff marktlicher Steuerung mag es beim Blick auf die realen Gegebenheiten zunächst erstaunen, dass bislang keine größere Zahl realer Anwendungen zu verzeichnen ist. Im deutschsprachigen Raum wie auch generell in Europa hat zu keiner Zeit eine mit den traditionell liberalen Vereinigten Staaten oder dem UK vergleichbare Diskussion um Schulsysteme und wettbewerbliche Wahl stattgefunden. Zwar gibt es Beispiele für Gutscheinprogramme, eine flächendeckende Nutzung ist aber mitnichten zu verzeichnen, ebenso wenig sind im deutschsprachigen Raum entsprechende Programme in der Schulfinanzierung in Planung.[7]

Einzig Schweden hat in Kontinentaleuropa in den 1990er Jahren in einer grundlegenden Neuregelung der Schulfinanzierung ausgehend von der Grundschule staatliche Bildungsgutscheine für alle Schulen eingeführt und damit Wettbewerb zwischen den Schulen geschaffen, auf eine Verbesserung der Qualität des schulischen Angebots und der Effizienz des Ressourceneinsatzes zielend. Dabei sind die Bildungsgutscheine virtueller Natur, sie stellen den Gegenwert der durchschnittlichen Kosten dar, die ein Kind in der staatlichen Schule verursacht, und sind ohne anteilige Elternfinanzierung einsetzbar. Private Schulen dürfen keine zusätzlichen Beträge ansetzen und sind zur Auswahl der Schüler/innen rein auf Basis der Reihenfolge der Anmeldung verpflichtet. Eine soziale Selektion durch die Anbieter/innen findet nicht statt.

Hatte vor der Strukturveränderung lediglich ein kaum wahrnehmbarer Privatschulsektor bestanden, so erlebte der nicht-staatliche Bereich infolge dieser

---

7   Die Befunde zu in Entwicklungs- und Schwellenländern eingerichteten Gutscheinprogrammen sowie in den traditionell marktlich orientierten Vereinigten Staaten können derweil nicht ohne Weiteres auf den deutschsprachigen Raum übertragen werden, führen doch Unterschiede in historischen Ausgangslagen, Zielsetzungen und Rechtsordnungen zu maßgeblichen, zu berücksichtigenden Unterschieden und stammen die US-amerikanischen Befunde doch aus kleinen, eher begrenzten Anwendungsfällen (Dohmen 2005).

grundlegenden Strukturveränderung ein starkes Wachstum,[8] und es gibt private Schulen, die mit Bildungsangeboten zu staatlichen Preisen Gewinne erzielen. Auch ist eine Verbesserung der durchschnittlichen Testleistungen der Schüler/innen seit Mitte der 1990er Jahre nachweisbar, die Konkurrenz zwischen den staatlichen und den privaten Schulen im obligatorischen Bereich scheint nach Einschätzung beobachtender Wissenschaftler/innen insgesamt leistungsfördernd (Sandström & Bergström 2005). Allerdings gibt es in ländlichen Regionen nahezu keine unabhängigen Schulen und folglich auch keine Wahlmöglichkeiten, während in Stockholm intensiver Wettbewerb herrscht – eine nicht allzu überraschende Folge marktlicher Mechanismen. Erkennbar sind zudem auch für andere Anwendungsfälle berichtete, negative Segreggationseffekte, die hier allein aus der Elternwahl resultieren, ist ein anbieterseitiges „Cream Skimming" doch regelbedingt nicht möglich. Eltern höheren Bildungsstandes sind durchschnittlich besser informiert und nehmen die Möglichkeit der Wahl signifikant häufiger wahr, mit entsprechenden Konsequenzen.

Zwar gibt es, wie erwähnt, im deutschsprachigen Raum keine gutscheinbasierte Schulfinanzierung, was aber verzeichnet werden kann, ist zum einen die geregelte finanzielle Unterstützung privater Schulen auf Basis von Pro-Kopf-Zuweisungen, zum anderen eine Entwicklung in Richtung freier Schulwahl. In Deutschland besteht insoweit keine vollständig freie Wahl zwischen verschiedenen Schulen, als die Schüler/innen bei Bestehen einer Sprengelpflicht einer Regelschule innerhalb eines festen Einzugsbereichs zugewiesen werden. Eine solche Pflicht besteht aber nur für die Grund- und Hauptschulen und wurde auch hier bereits teilweise aufgehoben. Zudem können die Eltern eine freie Schule wählen oder die begründete Zuweisung in eine andere Schule beantragen und auch für den österreichischen Pflichtschulbereich ist ein entsprechendes Umgehen der Zuweisung möglich. Zwar hat das Recht zur Errichtung von Schulen in freier Trägerschaft in Deutschland Verfassungsrang, der private Schulsektor ist aber dennoch nur im Gymnasialbereich mit im Jahr 2005/06 über zehn Prozent aller Gymnasien in privater, zumeist kirchlicher Trägerschaft gut entwickelt, der Anteil der Schüler/innen in Privatschulen betrug im gleichen Jahr rund sieben Prozent. Ähnlich stellt sich auch hier die Situation in Österreich dar: Im Bereich der Allgemeinbildung gibt es auch hier nur auf der Sekundarstufe II eine nennenswerte Anzahl von Privatschulen, eine Besonderheit ist die vergleichsweise große Zahl privater Berufsschulen (Eurydice 2000). In der Schweiz ist die Situation mit grundlegenden Unterschieden in den Regelungen der 26 Kantone weit weniger einheitlich. Insgesamt ist die freie Schulwahl hier explizit kein ange-

---

8 Rund 7,5 % der schulpflichtigen Kinder und Jugendlichen im Schuljahr 2005/2006 im Vergleich zu weniger als einem Prozent zuvor.

strebtes Ziel. Im Zeitverlauf in einigen Kantonen vorgebrachte Vorschläge einer Voucherisierung wurden demzufolge abgelehnt, so im Jahr 1996 im Kanton Zürich sowie in den Jahren 2005 und 2008 – nach langjähriger Diskussion – in Basel-Stadt. Die Begründung für Basel lautete dabei wie folgt:

> „Der Verzicht auf die Umstellung des heutigen Bildungssystems auf dasjenige des Bildungsgutscheins bedeutet, dass das Bildungswesen primäre Staatsaufgabe bleibt, und eben nicht vorwiegend als privates Gut bewertet und den Gesetzen des Marktes ausgesetzt wird" (Redaktionskommission 2003).

Es lässt sich feststellen, dass diese eher marktlichen Modelle wenig Zuspruch im deutschsprachigen Raum finden. Die Befürchtung negativer Externalitäten durch eine derart drastische Veränderung im Vergleich zur bisherigen Praxis steht im Raum und ist weder von theoretischer Seite noch aus bisherigen empirischen Evaluationen eindeutig zu entkräften. Die beschriebenen Erfahrungen in Schweden sind in dieser Hinsicht ambivalent: Verbesserte Leistungen der Schülerinnen und Schüler scheinen mit gestiegener Ungleichheit sozioökonomischer wie regionaler Art einherzugehen. Überdies ist es stets schwierig, die verbesserten Leistungen der Schüler/innen, wie die im schwedischen Fall beobachteten, auf das neue System zurückzuführen.

2.3 Flankierende Maßnahme: Zielvereinbarungen

Zur Entfaltung der Wirkung von Instrumenten des NPM sind, wie schon mehrfach in vorausgegangenen Abschnitten erwähnt, Zielvereinbarungen ein entscheidender Mechanismus, da sich die intendierten Effekte in der Regel nicht ohne zusätzliche Impulse und einen regelnden Rahmen einstellen. Insbesondere Autonomie kann durch Zielvereinbarungen unterstützt werden, indem Ziele Prozessvorgaben ablösen und Orientierung bieten. Zielvereinbarungen erhalten auch Bedeutung im Kontext indikatorgestützter Mittelvergabe, indem in ihnen sowohl Leistungsziele festgelegt wie auch weitere Besonderheiten der Einzelschulen berücksichtigt werden können. Bei nachfrageorientierten Finanzierungsmodellen können sie aber ebenfalls eingesetzt werden, um die erhofften Leistungsergebnisse abzusichern, sind jedoch deutlich stärker durch die Ziele der Einzelschule geprägt als bei den eher staatlichen Modellen, bei denen vermehrt konkrete Wünsche seitens der Politik einfließen können.

Bei Zielvereinbarungen handelt es sich aus theoretischer Perspektive um Kontrakte zwischen Prinzipalen und Agenten. Im Bildungssystem finden sich solche Prinzipal-Agenten-Konstellationen auf verschiedenen Ebenen, darunter unter anderem Ministerium/Schulaufsicht, Schulaufsicht/Einzelschule, Schulleitung/Lehrer/innen. Insbesondere die Ebene Schulaufsicht/Einzelschule sowie Schulleitung/Lehrer/innen interessieren vor dem Hintergrund von NPM. Als strategisches Element werden Zielvereinbarungen durch schrittweise Konkretisierung in operative Handlungen umgesetzt. Sie sind einzuordnen in ein Phänomen des Kontraktmanagements und unterscheiden sich von anderen Kontraktformen darin, dass sie nicht am Markt ausgehandelt werden, sondern zwischen Prinzipal und Agent innerhalb einer Organisation. Es handelt sich um eine Vertragsart, welche nicht juristisch durchsetzbar ist. Die Durchsetzung dieses vornehmlich informellen Vertrages besteht stattdessen auf einem motivierenden und vertrauensvollen Verhältnis zwischen den Kontraktparteien (Füssel & Kretschmann 2005). Diese Vertragsart ist in der Transaktionskostentheorie der geeignete Governance-Mechanismus bei den schulischen Rahmenbedingungen, welche unter anderem durch mangelhafte rechtliche Durchsetzungsfähigkeit und Unsicherheit gekennzeichnet sind. Die gesetzlichen Rahmenbedingungen bilden daher alle gültigen Gesetze, zumal Zielvereinbarungen neben Finanzierungsaspekten im Schulbereich eine Reihe weiterer Zieldimensionen beinhalten.[9]

Um Fallstricke und Gelingensbedingungen von Zielvereinbarungen im Schulsystem verstehen zu können, ist ein Blick auf Erfahrungen und wissenschaftliche Diskurse mit Zielvereinbarungen in Unternehmen hilfreich. Das Konzept und dessen Einführung in die unternehmerische Praxis entstammen dem in den USA entwickelten Ansatz des „Management by Objectives" (MbO) der nicht primär theoriegeleitet war, sondern als praktisches Managementinstrument entworfen wurde (Drucker 1954). Mit Zielvereinbarungen verbundene strukturelle wie prozessuale Voraussetzungen sind Gegenstand organisationspsychologischer Motivationstheorien, die wiederum in wirtschaftswissenschaftlichen Organisationstheorien aufgegriffen werden. Die Zielsetzungstheorie („Goal Setting Theory", Locke 1968) geht davon aus, dass das Vorhandensein von Zielen Eifer und Bemühungen einer Person wecken und Handlungen in die Richtung dieser Ziele lenken. Vertreter/innen dieser Theorie argumentieren aber auch, dass Ziele und Handlungen sich nicht zwangsläufig entsprechen; inwieweit letzteres der Fall ist, sei eine empirische Frage. Entscheidende Mediatoren zwischen Zielsetzung und Performanz, welche empirisch identifiziert wurden, sind

- Spezifizität der Ziele,
- herausfordernde Ziele,
- Aufgabenschwierigkeit: Bei komplexen Aufgaben sind positive Wirkungen geringer,

---

9 „Es kann nur verhandelt werden, was verhandelbar ist. (…) So setzt das Schulrecht eine Grenze, das Strafrecht eine andere, das Familien- und Sozialrecht eine dritte, das Dienstrecht eine vierte" (Füssel & Kretschmann 2005, S. 69).

- ausreichendes Feedback,
- zeitliche Persistenz von Bemühungen und Zielen,
- (monetäre) Belohnung für Zielerreichung,
- Motivation durch den Vorgesetzten oder die Vorgesetzte,
- Akzeptanz der Ziele dadurch, dass die Personen diese selbst als bedeutsam empfinden,
- ausreichende Fähigkeiten der Person und Kenntnisse darüber, auf welche Weise sie das Ziel erreichen kann, sowie
- Glaube daran, das Ziel auch erreichen zu können (Locke u.a. 1981; Locke & Latham 2005).

Eine weitere Anforderung an Ziele sind ihre Mess- und Überprüfbarkeit, wodurch angemessenes Feedback und Belohnung erst ermöglicht werden. Ob Partizipation im Zielsetzungsprozess Performanz erhöht, ist umstritten, es gibt zumindest empirische Hinweise darauf, dass die Zielidentifikation und das Engagement („Goal Commitment") durch Partizipation gesteigert werden können (Li & Butler 2004; Seijts u.a. 2004). Vor dem Hintergrund dieser Forschungserkenntnisse ist der Frage nachzugehen, welche Ziele Schule hat, die mittels Zielvereinbarungen erreicht werden können, und wie dies letztlich ökonomisch zu bewerten ist.

Zunächst sei aber unter nochmaligem Rückgriff auf die Neue Institutionenökonomik, konkret den Prinzipal-Agenten-Ansatz, ergänzend aufgeführt, wie Zielvereinbarungen zu begründen sind. Lehrer/innen sowie Schulleiter/innen haben entsprechend dieses theoretischen Ansatzes dann ein Interesse an opportunistischem Verhalten, wenn ihre eigenen Zielpräferenzen sich von denen der Schulaufsicht (bzw. auch der Eltern und aller anderen relevanten gesellschaftlichen Anspruchsgruppen) unterscheiden. Sofern Zielkongruenz zwischen Prinzipal und Agent vorliegt, sinkt die Wahrscheinlichkeit opportunistischen Verhaltens. Die Zielkongruenz von Prinzipal und Agent kann, wie erläutert, teilweise durch Anreize gesteuert werden. Da Lehrer/innen und Schulleitung aufgrund öffentlich geregelter Gehälter durch monetäre Anreize kaum zu motivieren sind, ist fragwürdig, ob Zielvereinbarungen die in sie gesetzte Hoffnung zu erfüllen vermögen. Darüber hinaus kann es sich auch bei ihren Zielpräferenzen um andere pädagogische oder Lernziele handeln, denen die Lehrer/innen mehr Bedeutung zumessen als denen, welche in Curricula verankert sind. In diesem Fall liegt kein Eigennutz vor, und entsprechend Williamsons (1985) Definition von Opportunismus als Verfolgung des Eigeninteresses unter Zuhilfenahme von List auch kein opportunistisches Verhalten (nichtsdestotrotz liegt aus Sicht des Prinzipals ein Agenturproblem vor, wenn sich Lehrer/innen nicht wie von ihm gewünscht verhalten, wodurch sich Effizienz seiner Regeln nicht einstellt). Es ist außerdem davon auszugehen, dass wenige Lehrer/innen eine Präferenz für Verwaltungsaufgaben haben.

Die Analyse von Zielen, welche zwischen Schulaufsicht – Schulleitung – Lehrer/innen festgehalten werden können, offenbart ein wesentliches Dilemma für Zielvereinbarungen im Schulsystem: Die Festlegung von Bildungszielen krankt an der Tatsache, dass diese in der Regel diffus und vage sind. Die Frage nach den Zielen von Schule ist schwierig zu beantworten: Es gibt eine Vielzahl korrekter Antworten, etwa Menschenbildung, Ermöglichung gesellschaftlicher Teilhabe, Förderung kreativen und innovativen Denkens oder Vorbereitung auf den Arbeitsmarkt. Darüber hinaus ist die Technologie, sprich die zur Verfügung stehenden pädagogischen Methoden, nicht standardisierbar. Stattdessen, so der organisationstheoretische Ansatz der professionellen Bürokratie von Mintzberg (1979), wird eine sorgfältige Aus- und Weiterbildung der Lehrer/innen (Professionelle) sichergestellt, wodurch diese in die Lage versetzt werden, entsprechend professioneller Standards zu handeln und qualitativ guten Unterricht zu leisten (Röbken 2008). Zielvereinbarungen, wie zuvor erwähnt, führen jedoch vor allem dann zu erhöhter Performanz, wenn sie spezifisch und damit operationalisierbar sind. Diese Voraussetzung für den Erfolg von Zielvereinbarungen ist im Bildungssystem also ebenfalls nicht erfüllt.

Die Zielvagheit hat weitere problematische Konsequenzen. Durch das Lenken der Bemühungen und der Zeit des Lehrpersonals entstehen Opportunitätskosten für Aufgaben, welche sie in dieser Zeit nicht erfüllen können. Das Einsetzen ihrer Ressourcen zur Verwaltung oder Dokumentation von Leistungen der Schüler/innen durch die Durchführung von Tests kann beispielsweise dazu führen, dass weniger Zeitressourcen in Unterrichtsvorbereitung fließen. Agenten konzentrieren sich in ergebnisorientierten Steuerungsmodellen darauf, solche Ziele zu erfüllen, die leicht operationalisierbar und damit leicht messbar sind. Vage Ziele, die als nicht minder wichtig einzuschätzen sind, mögen in diesem Fall weniger Aufmerksamkeit erfahren.

Trotz dieser Grenzen könnten Zielvereinbarungen positive Wirkungen haben, sofern die weiteren Voraussetzungen erfüllt sind. Deren Erfüllung ist an die Art der Implementierung gekoppelt, sowie an Fähigkeiten und Wille der Schulaufsicht und der Schulleitung, welche selbst gleichermaßen Prinzipale und Agentenposition innehaben, zu motivieren und die Akzeptanz der Ziele durch Partizipation und Diskussion innerhalb des Lehrerkollegiums zu fördern. Die Vorteile einer Konkretisierung von Zielen im Privatwirtschaftlichen sind aber auch für die Schulen nicht zu unterschätzen, da sie auch den Lehrkräften Orientierung bieten können. Kritisiert sei vor allem eine zu fokussierte Sichtweise, welche große Teile der zeitlichen Ressourcen einnimmt. Da letztlich verbesserte Leistungen der Schüler/innen oder andere Verbesserungen in Organisation und innerschulischer Mittelverteilung auf Engagement und pädagogischen Fähigkeiten des Lehrpersonals beruhen, scheint es durchaus sinnvoll zu sein, eine Veränderung durch Zielvereinbarungen zu induzieren. In diesem Prozess ist die Rolle der Prinzipale eine beratende und kontrollierende: Mit Hilfe von Zielvereinbarungen spezifizieren die Vertragspartner/innen, wozu sie sich gegenseitig verpflichten. Beratende Tätigkeiten der Schulaufsicht können zum Beispiel Vorschläge zu Fortbildungsaktivitäten, Teilnahme an Wettbewerben und Modellvorhaben oder Aufnahme von noch nicht bearbeiteten Feldern in das Schulprogramm umfassen (Reiners-Woch 2002).

Die Vereinbarungen und ihre Evaluation basieren auf ebenfalls in Verhandlungen festgelegten Berichtsinhalten und Statistiken. Diese für NPM typische Datenbasierung ist bei dem Instrument Zielvereinbarungen eine Gesprächsbasis. Es werden keine Vorgaben ohne Rücksprache mit den Schulen getroffen, so dass Akzeptanz der Ziele und die Berücksichtigung besonderer Kontexte in den Vereinbarungen gewährleistet werden kann. Dies erlaubt auch, Ursachen zu diskutieren, die in einer rein indikatorbasierten Steuerung nicht hinreichend erkannt werden (Buschor 2005).

Auch im Hinblick auf Zielvereinbarungen bietet das bereits mehrfach erwähnte nordrhein-westfälische Modellprojekt *Selbständige Schule* konkrete empirische Befunde. Hier waren Zielvereinbarungen zwischen Schulen, Schulträgern, Ministerium und Projektleitung des Modellvorhabens seit Beginn vorgesehen. Nach Angaben der Schulleitungen bezogen sich die Vereinbarungen zu großen Teilen auf die Unterrichtsentwicklung. Aus diesem Modellprojekt konnten ausreichend Daten gewonnen werden, mit denen mehrebenenanalytisch überprüft wurde, welchen Einfluss Variablen der Individual-, Klassen- und Schulebene auf das Leseverständnis von Schüler/innen haben. In diese Analyse fließt auch die Variable „Ziel- und Konsensorientierung" auf Schulebene ein. Dieser Einfluss erwies sich zwar als positiv, aber nicht signifikant (Holtappels u.a. 2008). Die Autoren selbst merken an, dass diese ersten Ergebnisse aufgrund des Längsschnittcharakters des Untersuchungsdesigns noch späteren Gültigkeitsprüfungen unterzogen werden müssen. Zudem ist zu berücksichtigen, dass solche Variablen, die sich bei Untersuchungen in Unternehmen als wichtige Mediatoren erwiesen haben, nicht entsprechend analysiert wurden, zumal dies nicht im Fokus der Studie stand.

Aus anderen Untersuchungen lassen sich zusätzliche Hinweise darauf finden, dass es wichtig ist, in einer empirischen Analyse von Zielvereinbarungen die genannten Mediatoren zu integrieren. Bisherige Projektberichte aus dem deutschsprachigen Bereich lassen die Schlussfolgerung zu, dass die notwendigen Rahmenbedingungen in der Regel nicht geschaffen werden, was sich aller Voraussicht nach auch in der Wirksamkeit der Zielvereinbarungen ausdrücken wird.

So wurden Zielvereinbarungen im Berliner Projekt *Eigenverantwortliche Schule* erst nach Beginn des Modellvorhabens eingeführt, und nicht als Kernaufgabe des Projekts konzipiert. In einem Gutachten wurden folgerichtig einige Schwächen aufgeführt: Die Ziele seien wenig spezifisch, personelle Verantwortlichkeiten und die Reichweite der Ziele nicht festgelegt, außerdem bestand keine Verbindlichkeit für die Vereinbarung (DIPF 2006). Fehlende Anreize zur Einhaltung der Zielvereinbarungen finden sich explizit und implizit in Untersuchungen zu einer Reihe von Modellvorhaben, welche aufdecken, dass die Übernahme von Verwaltungsaufgaben und der insgesamt im Rahmen von NPM geleistete Mehraufwand weder materiell noch immateriell honoriert wird und die Belastung durch die zusätzlichen Aufgaben als hoch eingeschätzt wird. Darüber hinaus sind sich Lehrkräfte in verschiedenen Modellvorhaben, beispielsweise dem Vorhaben „Selbstverantwortung Plus" oder „Operativ eigenständige Schule", einig in der Einschätzung, dass durch die Modelle kein positives Verhältnis von Aufwand und Nutzen gegeben sei (Euler 2007; Martin & Clement 2008; Roos 2006).

Die für den Erfolg von Zielvereinbarungen notwendige Voraussetzung der Akzeptanz scheint in manchen Projekten insofern getrübt, als dass manche Prozesse, wie die Einführung von Personalentwicklung, die mit Zielvereinbarungen verbunden war, als von oben „übergestülpt" empfunden wurden (Becker & Dreher 2006, S. 25). Jedoch zeigt sich, dass trotz all dieser Mängel und Kritik Zielvereinbarungen als Instrument von Schulleiter/innen und Kollegien akzeptiert sind, wie eine entsprechende Frage in der Berliner Studie zeigte: Das Instrument habe sich „eher bewährt" (DIPF 2006, S. 158). Als positive Auswirkungen von Zielvereinbarungen bezeichnen Lehrkräfte den Abbau von Einzelkämpfertum, die mit ihnen einhergehende Feedbackkultur, die dadurch vertiefte Reflexion, eine neu entstandene Kooperationskultur und Transparenz (Euler 2007).

Die Verbreitung von Zielvereinbarungen im deutschsprachigen Raum variiert ebenso stark wie ihre Ausgestaltung. Manchmal sind Ziele in Schulprogrammen festgelegt, andere Modellprojekte sehen zusätzliche Vereinbarungen in einem eigenen Dokument vor, sie beinhalten Ergebnis- und Prozessziele und werden von den Schulen auch auf sehr unterschiedliche Weise mit unterschiedlichem Detaillierungsgrad ausgefüllt.

Als Fazit kann daher festgehalten werden, dass Zielvereinbarungen bislang wenig Aufmerksamkeit erfahren haben, weshalb mit ihrer Einführung bislang noch nicht die notwenigen Modalitäten verbunden waren, damit dieses Instrument die gewünschten Effekte erzielt. Im Hinblick auf ihre zentrale Rolle zur Unterstützung anderer Instrumente von NPM sind Zielvereinbarungen gemeinsam mit der Einrichtung neuer Finanzierungsmodelle entsprechend zu konzipieren.

3 Bewertung der Befundlage und Ausblick

Das Vertrauen darauf, dass im Wesentlichen auf Basis von Inputsteuerung, einer Professionalisierung des Lehrpersonals und dessen relativer Unabhängigkeit ohne zusätzliche Anreizmechanismen gute Bildungsergebnisse an Schulen im deutschsprachigen Raum erzielt werden und auf effiziente Weise mit den verfügbaren Mitteln umgegangen wird, ist in Politik und Gesellschaft erodiert. Mit großer Hoffnung verbunden war daher die Einführung von Elementen des New Public Management in allen deutschsprachigen Ländern. New Public Management bedeutet im Kern eine Anwendung wirtschaftswissenschaftlicher Instrumente auf den öffentlichen Sektor, auch auf die Bildungssysteme. Auswirkungen dieser Mechanismen werden in verschiedenen Disziplinen der Bildungsforschung diskutiert und empirisch analysiert, und auch die Bildungsökonomie leistet hierzu ihren Beitrag. Bildungsökonomen gestehen der NPM-Bewegung ein gewisses Potenzial hinsichtlich der Steigerung von produktiver und allokativer Effizienz zu, u.a. da sie Leistungen und Prozesse transparenter gestaltet und Kontrollen einführt. Die ökonomische Bewertung der NPM-Bewegung fällt allerdings nicht eindeutig positiv aus, denn Institutionen wie Leistungsstandards und Qualitätssysteme sind nur als effizient zu beurteilen, wenn die Kosten durch entsprechende Leistungszuwächse gerechtfertigt und unerwünschte Nebenwirkungen vermieden werden können.

Mit der Entbürokratisierung und der Hinwendung zu Gedanken des NPM geht nicht zwangsläufig eine Privatisierung oder ein obsolet werdender Staat im Bildungsbereich einher, ebenso wenig wie der Paradigmenwechsel die Notwendigkeit der Umstellung von Staats- auf Marktsteuerung mit sich bringt. Richtig ist vielmehr, dass der Staat in veränderter Form eine weiterhin zentrale Rolle spielt, bei zunehmend direkter Kopplung von Schulentwicklung und lokalen, schulspezifischen Bedürfnissen. Es lassen sich eher staatliche Finanzierungsmodelle finden, zu denen dezentrale Ressourcenverwaltung wie die Vergabe von Globalbudgets und sozialindexgesteuerte Modelle zu zählen sind, und eher marktliche Finanzierungsmodelle, die eine starke Nachfrageorientierung aufweisen. Die Kombination mit Zielvereinbarungen erscheint in allen Modellen sinnvoll, um die erwünschten Effekte zu verstärken und angemessene, kontextbezogene Rahmenbedingungen zu schaffen.

Im deutschsprachigen Raum herrscht mit Blick auf die Finanzmittelausstattung eine vergleichsweise Zurückhaltung in der Etablierung marktlicher Steuerungsmechanismen im Sinne echten Wettbewerbs und der hierfür erforderlichen Infrastrukturen. Der Rückgriff auf neue Steuerung in einem weiterhin staatlichen Rahmen ist dem gegenüber mit der zunehmenden Dezentralisierung der Ressourcenverantwortung deutlich stärker verbreitet und scheint favorisiert. Vor dem Hintergrund der eigenen Traditionen wie auch der wenig ermutigenden Befundlage, die aus anderen Ländern zur Etablierung von Quasi-Märkten berichtet wird – in Großbritannien spricht man teilweise bereits von einer „Post-Marketization Era" – steht man der Hinwendung zum Markt als Mechanismus zur Überwindung der geschilderten Problemlagen offenbar kritisch gegenüber. Ob die eingesetzten Instrumente sich als effizienzsteigernd erweisen, hängt schließlich von der Art der Implementierung ab. Zielvagheit, Grenzen in der (monetären) Anreizsetzung für Lehrkräfte und geringe Wahlmöglichkeiten bewirken nachhaltige Einschränkungen hinsichtlich des Potenzials von Instrumenten wie Globalbudgets, Bildungsvouchers und Zielvereinbarungen. Die sorgfältige Ausgestaltung der Instrumente und der Rahmenbedingungen gewinnt besondere Bedeutung durch diese Einschränkungen.

In großen Teilen des deutschsprachigen Raums wurden Neuerungen bezüglich der Ressourcenverwaltung eingeführt, Modellvorhaben in Schulen eingerichtet und Befragungen durchgeführt. Generalisierbare Ergebnisse aus empirischen Analysen liegen aber noch nicht vor. Die Befundlage ist derzeit vielmehr als fragmentarisch zu bezeichnen und in den Anfängen begriffen. In Zukunft werden aber dank der für NPM fundamentalen Datenbasierung und der mit vielen Modellprojekten verknüpften wissenschaftlichen Begleitung zunehmend empirisch auswertbare Informationen vorliegen, die tiefgreifendere Erkenntnisse ermöglichen. Diese Erkenntnisse werden mit vorhandenen Untersuchungen aus den vorwiegend angelsächsischen Ländern zu vergleichen sein, um grundsätzliche und landesspezifische Wirkungslinien unterscheiden zu können.

Prinzipiell scheint es, dass die Potenziale in bisherigen Implementierungen noch nicht ausgeschöpft werden konnten. Dies liegt zum einen an der Professionskultur des Lehrberufs und den tradierten Strukturen, welche sich erst allmählich zu verändern beginnen. Wenngleich viele der neuen Errungenschaften an den Schulen begrüßt werden, lösen einige Aspekte Widerstände aus, welche zum Teil auch als gerechtfertigt gesehen werden können. So bestätigen empirische Befunde, dass bei fehlenden Anreizstrukturen der Mehraufwand für Verwaltungsarbeit zu erheblichen Belastungen führt, zumal dieser nicht honoriert wird. Es wird von Lehrkräften kritisch eingeschätzt, ob durch diese Reformen das Ziel der verbesserten Leistungen der Schüler/innen erzielt werden könne. Zum anderen ist auf politischer Ebene NPM nicht konsequent durchgesetzt worden, sondern nur eine selektive Übernahme der Diskursinhalte zu diesem Thema erfolgt. Sofern die getroffenen theoretischen Annahmen richtig sind, ist auch aufgrund dieser Selektion mit reduzierter Wirksamkeit zu rechnen.

Es ist durchaus denkbar, dass die an vielen Stellen mangelhafte Passung der derzeitigen Modelle zu Professionskulturen und Präferenzen von Eltern und Schüler/innen durch Professionalisierung der Verwaltungsaufgaben (*Bildungs-*

manager), Integration der neuen Leitbilder in die Lehrerbildung und das weitergehende Vorantreiben kooperativer Strukturen zwischen Schulbehörde, Schulleiter/innen, Lehrer/innen, Eltern und Schüler/innen es ermöglicht, den Nutzen der neuen Instrumente zu steigern und bisherige Schwachstellen zu beheben. Welche Erwartungen unter den gegebenen Systembedingungen erzielbar sind, insbesondere hinsichtlich verbesserter Kompetenzen der Schüler/innen, hängt davon ab, ob es gelingt, die aus der Wirtschaft abgeleiteten Impulse auch in pädagogisches Handeln und hierfür essentielle Rahmenbedingungen umzusetzen. An dieser Stelle endet jedoch die ökonomische Perspektive.

Herbert Altrichter & Matthias Rürup

Schulautonomie und die Folgen

Die neue Phase der „Schulmodernisierung", die wir in den deutschsprachigen Schulsystemen seit der ersten Hälfte der 1990er Jahre erleben, hat mit einer Politik der „Schulautonomisierung" bzw. der „Erhöhung der einzelschulischen Gestaltungsspielräume" begonnen (vgl. Altrichter & Heinrich 2007, S. 83ff.). Diese lapidare Aussage, der die meisten Beobachter/innen der Schulpolitik der letzten beiden Dekaden zustimmen können, wird jedoch komplexer, wenn man sich bewusst macht, dass die Erhöhung einzelschulischer Gestaltungsspielräume (1) durchaus unterschiedliche Entscheidungsbereiche von innerorganisatorischen Maßnahmen bis zur Personal- und Budgethoheit betreffen konnte, (2) in verschiedenen Ländern zu unterschiedlichen Zeitpunkten, in unterschiedlichen Sequenzen und Mischungen erfolgte und in der Folge (3) wahrscheinlich zu unterschiedlichen Steuerungssituationen und Folgen führen konnte.

Damit ist ein weites Feld eröffnet, das in diesem Kapitel nur an einzelnen Beispielen kartiert werden kann. Wir versuchen zu Beginn mögliche Bedeutungen und Wirkungsannahmen von „Schulautonomie" klar zumachen. Im 2. Kapitel stellen wir einige Ansätze, Umsetzungen und Wirkungen empirisch zu erfassen, dar. Danach wenden wir uns der Frage, welche Prozesse der inner- und zwischenschulischen Handlungskoordination die Politik der „Schulautonomisierung" ausgelöst haben könnte, am Beispiel von Schulprofilierungsprozessen zu. Kapitel 3 fasst schließlich die Hauptaussagen zusammen und formuliert einige Konsequenzen für Bildungspolitik und Bildungsforschung.

Einleitend noch ein Wort zum Begriff „Schulautonomie", der zumindest in der schulrechtlichen Diskussion dauerhaft umstritten ist. So insistierte Avenarius mehrfach (vgl. z.B. 1994) auf der Unhintergehbarkeit der Verantwortung des Staates für das Schulwesen nach dem deutschen Grundgesetz und schlug vor, lieber von „schulischer Selbstverwaltung" zu sprechen. Obwohl aufgrund seiner vielfältigen Interpretationsmöglichkeiten und seiner inflationären Verwendung schon zum „reformpolitischen Unwort" (Maritzen 1998, S. 609) erklärt, scheint sich „Autonomie" in letzter Zeit auch international als Identifikationsmarke für diesen speziellen Typus schulpolitischer Veränderungen durchzusetzen (vgl. Gronn 2009; McLellan 2009). Festgehalten sei jedenfalls, dass dieser Beitrag verschiedene Formen von „relativer Autonomie" oder „Teilautonomie" anspricht. Die Maßnahmen zur Erhöhung der einzelschulischen Gestaltungsspielräume verstehen wir also nicht als „Loslösung" der Einzelschulen von Politik und Verwaltung, sondern als eine *Steuerungspolitik,* durch die Entscheidungsrechte und Koordinationsverhältnisse zwischen den verschiedenen Akteuren und Handlungsebenen im Schulsystem verändert werden.

1 Schulautonomie – Konzept und Bedeutungen

1.1 Bedeutungen und Wirkungsannahmen

„Autonomie" ist im Schulwesen ein Begriff mit Geschichte und unterschiedlichen Deutungsmöglichkeiten. Heinrich (2006; vgl. Beetz 1997) unterscheidet drei „ideengeschichtliche Quellen", die gleichsam den überlieferten Untergrund aktueller Interpretationen bilden: Seit der Aufklärung finden wir erstens wichtige pädagogische Strömungen, die *Autonomie und Mündigkeit des Kindes* zur „Grundlegung und Legitimationsbasis jeglichen pädagogischen Handelns" (ebd., S. 23) machen. Motiviert durch die angestrebte Autonomie der Lernenden, aber auch als Reflex auf die zunehmende Institutionalisierung der Erziehung und auf die Professionalisierung des Lehrpersonals wurde zweitens eine *professionelle Autonomie der Lehrpersonen* gefordert: „Für den professionellen pädagogischen Bezug, der das Kind zur Mündigkeit freisetzen soll, sei eine Autonomie des Lehrers/der Lehrerin unabdingbar" (ebd., S. 22). Schließlich ist drittens die historische Entwicklung des öffentlichen Bildungswesens von Forderungen nach einer *institutionellen Autonomie der Schule* von anderen, die autonome Bearbeitung der pädagogischen Aufgabe behindernden gesellschaftlichen Einflüssen begleitet. Richteten sich Emanzipationsbestrebungen zunächst gegen kirchliche Trägerschaft, finden wir später Versuche, die Einflussmöglichkeiten von Staat und anderen öffentlichen Trägern zu vermindern, aber auch sich gegenüber Anforderungen der Wirtschaft, der Globalisierung usw. abzuschirmen.

Während die Beschwörung einer „Eigengesetzlichkeit" von Bildungsprozessen, ihrer Akteuren und Institutionen oft ein normativer „Abwehrbegriff der Pädagogen gegen ,fremde Mächte'" (Tenorth 2003, S. 106) war, haben moderne sozialwissenschaftliche Theorien die funktionale Bedeutung einer – immer als „relativ" verstandenen – Autonomie des Schulsystems herausgestrichen: So ist die Autonomie des Bildungssystems bei Bourdieu & Passeron (1971) eine „gesellschaftlich höchst funktionale Form der Kontrolle der Subjekte und der Legitimation von Ungleichheit, die im und durch das Bildungssystem erzeugt wird" (Tenorth 2003, S. 114). Bei Luhmann & Schorr (1979, S. 52) ermöglicht es gerade die „Unabhängigkeit in der Selbstregulierung", die Funktionen des Bildungssystems angesichts struktureller Defizite und paradoxer Erwartungen zu realisieren (vgl. Tenorth 2003, S. 115).

Damit ist ein weites Feld unterschiedlicher Deutungsmöglichkeiten von „Schulautonomie" angedeutet, das schrittweise geklärt werden muss. Zunächst wird es darum gehen, die grundlegenden Ideen – das *Wirkungsmodell* – der Autonomiepolitik in den deutschsprachigen Schulsystem seit den 1990er Jahre herauszuarbeiten.

(1) *Ausgangssituation:* Obwohl Ende der 1980er und Anfang der 1990er Jahre auch in nicht-deutschsprachigen Schulsystemen Politiken zur Erhöhung der einzelschulischen Gestaltungsspielräume zu beobachten waren, herrschte in den deutschen Schulsystemen und in Österreich insofern eine Sondersituation, als dort ein *ausgeprägter Typ bürokratisch-hierarchischer Steuerung der Einzelschulen durch eine „zentrale" Bildungsverwaltung* vorherrschte. Dessen Logik sah Einzelschulen als das letzte Glied einer administrativen Kette an, die von einer Spitze, der zentralen Bildungsverwaltung im Auftrag der Bildungspolitik, gesteuert wurde. Als Beispiel für dieses Muster kann das bundeseinheitliche österreichische Schulwesen gelten; im föderalen deutschen Schulwesen vervielfacht sich dieses Grundmuster in 16 Länderministerien und -parlamenten. In den deutschsprachigen Schweizer Kantonen finden sich dagegen davon abweichende Verhältnisse, weil Gemeinden und einzelnen Bürger/innen (z.B. in der Laienschulaufsicht „Schulpflege") traditionell mehr Verantwortung und Mitsprache eingeräumt wird (vgl. Maag Merki & Büeler 2002).

Ein zweiter Aspekt der Ausgangssituation erscheint erwähnenswert: Nach dem Scheitern der Strukturreformvorstellungen für die Sekundarstufe I herrschte in den 1980er Jahre in Deutschland (vgl. Bastian 1998) wie in Österreich (vgl. Gruber 1990; Altrichter & Posch 1995) eine *Stagnation auf bildungspolitischer Ebene*: eine „eigenartig unbewegte Zeit" (Fend 2006b, S. 225). Rufe nach Reformen blieben vereinzelt, aber an vielen Stellen des Schulsystems wurde – in einer „Grauzonenautonomie" (Heinrich 2007, S. 59ff.) – praktische Entwicklungsarbeit von Lehrpersonen, Elterngruppen und anderen lokalen Akteuren geleistet. In einem Klima der Gleichförmigkeit und routinierter Spielräume konnte sich drittens ein *Lehrerindividualismus* (vgl. Terhart 1996, S. 464) entfalten, der einerseits als Voraussetzung für qualitätsvolle Lehrertätigkeit proklamiert (vgl. Klatetzki 2005, S. 277) und oft auch genutzt wurde, andererseits auch Spielräume für suboptimale Tätigkeit bot.

Erst in den 1990er Jahren kamen auch aus Kultusministerien und Expertengruppen neue Entwicklungsvorschläge (z.B. Bonz u.a. 1993; Fleischer-Bickmann 1993; Bildungskommission NRW 1995). Die Rufe nach Erhöhung schulischer Gestaltungsspielräume gewannen – bei aller Unterschiedlichkeit der Motive und Vorschläge bei einzelnen Akteuren und Regionen – dadurch ihre Kraft, dass sie als gemeinsamer Nenner unterschiedlichster Hoffnungen auf eine Schwächung der „zentralistisch-bürokratisch-hierarchischen" Grundstruktur und auf eine neue Beweglichkeit nach der Zeit schulpolitischer Erstarrung gelten konnten. Unter Ausklammerung der strittigen schulstrukturellen Grundsatzfragen sollte Dynamik dadurch gewonnen werden, dass diese an die Einzelschulen und die dort tätigen Akteure delegiert wurde. Obwohl die verschiedenen Akteuren des Schulwesens immer wieder einzelne Rigiditäten im Schulsystem moniert hatten (vgl. Posch & Altrichter 1993, S. 120ff.), kann man nicht von einer breiten Bewegung der Unzufriedenheit „von unten", die sich neue Gestaltungsrechte erkämpft hätte, sprechen. Es geht also im Folgenden um eine „Autonomie von oben", um eine von den Zentren von Politik und Verwaltung ausgehende Reformpolitik (z.B. Maag Merki & Büeler 2002).

(2) *Grundidee:* Die verschiedene Versionen einer Politik der „Schulautonomisierung", die in der ersten Hälfte der 1990er Jahre in den deutschsprachigen Schulsystemen realisiert wurden, bestanden im Kern darin, eine Reihe von *Entscheidungsrechten und –kompetenzen* von vor allem höheren Ebenen des Schulsystems, die sich auf „strategische" Aufgaben konzentrieren sollten, *auf jene der Einzelschule zu verlagern,* die für ihre – als „operativ" verstandenen – Aufgaben größere Gestaltungsspielräume und erhöhte Eigenverantwortung zugewiesen bekam.

In der Autonomiedebatte wurde „kaum eine Dimension schulischen Lebens" (Heinrich 2006, S. 14) als möglicher Bereich autonomer Entscheidungen ausgespart. Tatsächlich wurden in verschiedenen Schulsystemen durchaus unterschiedliche autonome *Entscheidungsbereiche* eröffnet, und zwar:

- *Finanzielle Autonomie,* z.B. durch erhöhte Verfügungsrechte über ein Globalbudget, durch erweiterte Möglichkeiten, Sponsoring und Drittmittel zu erhalten und Leistungen der Schule (z.B. Räume) gegen Honorar anzubieten;
- *Personalautonomie,* z.B. durch erweiterte Möglichkeiten bei der Einstellung von Lehrpersonen, bei Inhalt und Ausmaß ihrer Beschäftigung und Bezahlung, bei ihrer Beförderung, durch die Möglichkeit zusätzliches Personal einzustellen;
- *Organisatorische Autonomie,* z.B. durch eine schulindividuelle Gestaltung der Entscheidungsprozesse, der Einbeziehung verschiedener Akteure, der Regelung der Außenkontakte, der Strukturierung der Zeit,
- *Pädagogische Autonomie,* die Entscheidungen bezüglich des Curriculums, des Unterrichts und sonstiger pädagogischer Belange schulischer Tätigkeit umfasst, z.B. durch die Möglichkeit, schulautonome Lehrpläne zu entwickeln, spezielle Profile auszubilden, zusätzliche Angebote und Dienstleis-

tungen aufzubauen (z.B. ganztägige Betreuung, Erwachsenenbildung, Community Education usw.).

(3) *Akteur Einzelschule:* Obwohl das Konzept der „Autonomie" auch auf Individualebene („Autonomie der Lehrperson") oder auf Systemebene („Autonomie des Schulsystems gegenüber anderen gesellschaftlichen Subsystemen") bezogen werden kann, setzte die Autonomie-Politik primär an der Schule als Organisation, an der Meso-Ebene der Einzelschule an.

Für die zentralistisch-bürokratische Verwaltungstradition, die bisher Schulen nicht als Akteur mit eigenen Rechten behandelt hatte, bedeutete dies einen Paradigmenwechsel. Mit der Delegation von Rechten war aber noch nicht klar, wie die Einzelschule diese Entscheidungen fällen sollte und damit „Akteursqualität" gewinnen könnte. Unterschiedliche Konstellationen sind denkbar: „Autonomie" hätte als Entwicklung zu einer partizipativen Schule gedeutet werden können, die *Eltern, Schüler/innen und andere lokale Stakeholder* stärker in die schulische Entscheidungsfindung einbindet. Eine andere Interpretation lagert die neuen Entscheidungsrechte vor allem an der *Schulleitung* an; das Bild einer „geleiteten Schule" nimmt dabei häufig Anleihen bei Vorstellungen eines durch dritte Interpretationsmöglichkeit sieht das *Lehrerkollegium* als primären Akteur der neuen Entscheidungsrechte, eine Interpretation, die mit den Vorstellungen der Schulentwicklung (vgl. Rolff 1991) kompatibel war.

(4) *Zielhorizont:* Als generelles bildungspolitisches *Ziel* der Delegation von Entscheidungsrechten und -aufgaben an die einzelne Schule wurde zumeist die Hoffnung, „Qualität und Effektivität der Schulbildung zu verbessern und ein besseres Eingehen auf lokale Belange zu erreichen" (OECD 2008a, S. 524), genannt.

Jenseits dieser allgemeinen Bestimmungen ist „Schulautonomie" ein Gestaltungsprogramm von bemerkenswerter *Polyvalenz:* Beispielsweise hat Sertl (vgl. 1993, S. 90ff.) sechs Interessensstränge unterschieden, die alle mit Autonomie verbunden werden können, ohne untereinander bruchlos vereinbar zu sein. Wahrscheinlich ist es gerade diese vielfältige Anschlussfähigkeit, die die heutige Bedeutung, die internationale Verbreitung und die Langlebigkeit dieser Politik zu erklären vermag. Pelinka (1996) interpretiert Schulautonomie als eine „niederschwellige Reformpolitik", mit der verschiedene politische Akteure bestimmte Teile ihrer traditionellen Positionen in Zusammenhang bringen können. Dies erlaubt zunächst einen breiten Konsens, „vertagt" aber die bildungspolitische Auseinandersetzung oder verlegt sie gleichsam eine Ebene tiefer – ins Schulhaus.

Die Grundidee des Übertragens von Entscheidungsrechten wurde bei der Umsetzung des Programms durch unterschiedliche Maßnahmen verwirklicht und partiell ergänzt, wie z.B. durch die Einführung von Schulleistungsstudien, die Vergabe von Entscheidungsrechten für Schulleitungen bzw. Mitbestimmungsrechten für Eltern usw. Manche dieser Maßnahmen sind für mehrere Zwecke zielführend, andere nur für einzelne und wieder andere Maßnahmen stehen womöglich zu bestimmten Zielen im Widerspruch. In einem Versuch die Vielfalt der mit Schulautonomie verknüpfter Handlungsoptionen nach strategischen Schwerpunkten zu ordnen, unterscheiden wir drei mögliche *Schulautonomiemodelle*, die Zielstellungen mit typischen Realisierungsformen verknüpfen:

(4.1) Das *Optimierungsmodell* versucht – in Einklang mit einer allgemeinen Philosophie der Dezentralisierung und lokalen Verantwortungsübernahme oder mit Ansätzen des New Public Managements – die Prozesse und Ergebnisse der „Bildungsproduktion" sowohl monetär als auch ihrer Qualität nach zu verbessern, indem Ressourcen- und Aufgabenverantwortungen möglichst dezentral gebündelt werden. Grundidee ist, dass durch das lokale Wissen vor Ort angemessenere Lösungen für pragmatische lokale Entscheidungsfragen gefunden und schneller umgesetzt werden können, wenn die notwendigen Entscheidungsrechte und Ressourcen nicht erst in Rücksprache mit hierarchisch übergeordneten Organisationsebenen eingeholt werden müssen. Zudem können Probleme der Identifikation abhängig Beschäftigter mit den übergeordneten Zielen der Organisation oder des Schulsystems gemindert werden, wenn ihnen Eigenverantwortung zuerkannt wird.

(4.2) Das *Partizipationsmodell* will ebenfalls durch Vor-Ort-Entscheidungen zu passfähigen und längerfristig tragfähigeren Ergebnissen kommen, doch konzipiert es nicht die „Professionellen" in der Schule als dominante Akteure, sondern nimmt an, dass durch *partizipative Einbindung verschiedener lokaler Akteure* und deren Bereitschaft zu lokaler Verantwortungsübernahme die erwünschten Entwicklungen erreicht werden könnten. Partizipation – oder in einem weiteren Sinne Demokratisierung – ist dabei nicht nur Mittel der Reform, sondern auch Zweck. Durch Rücknahme zentralstaatlicher Einflüsse entstehen in Schulen und im schulischen Umfeld jene Gestaltungsspielräume, die eine lebendige demokratische Teilhabe ermöglichen und insbesondere für Schüler/innen erleb- und erlernbar machen. „Schulautonomie" als Reformprogramm der Schulorganisation verbindet sich so mit einem pädagogischen Programm des selbstständigen Lernens, der Persönlichkeitsbildung und der Einübung von Gestaltungskompetenz.

(4.3) Ein *Wettbewerbsmodell* will schließlich Einzelschulen unabhängiger von Zentrum und unterschiedlicher von einander machen. Diese würden ihren Gestaltungsspielraum dazu nutzen, sich zu differenzieren und mit einander in Wettbewerb zu treten, wodurch die Qualität, Innovationskraft und Ökonomie im Schulwesen gestärkt würde: „Ein begrenzter Wettbewerb unter Schulen verstärkt die Qualität und Innovation." (Buschor 1998, S. 78) Eine pointierte Ausformung der Idee, Schulen voneinander unabhängiger zu machen, erfolgt in einem *Privatisierungsmodell*, das die Trägerschaft für die einzelnen Schulen von staatlichen auf private Akteure überträgt, die dann innerhalb allgemeiner gesetzlicher Rahmenvorgaben als professionelle Anbieter in einem Bildungsmarkt agieren und mit ihrem eigenständigen Angebot mit anderen lokalen Bildungsanbieter um die Zustimmung von Eltern und Schüler/innen konkurrieren. Privatisierung als Gedanke der Übertragung staatlicher Aufgaben auf private Akteure findet sich auch auf regionaler oder nationaler Ebene in Form von Strategien des Outsourcings, z.B. von Maßnahmen der Lehrerfortbildung, der Schulevaluation oder Akkreditierung, die dann von den einzelnen Schulen auf einem Anbietermarkt eingekauft werden, statt als staatliche Einrichtungen und Leistungen systematisch vorgeplant zu werden.

Abbildung 1 Grundmuster der Rechenschaftslegung (aus Altrichter & Heinrich 2007, S. 60)

Dominierende Akteure	*Evaluative Entscheidungen fallen primär*	
	intern	*extern*
Staat	Schulleitung [als bürokratische Vorgesetzte]	Schulaufsicht, Inspektionsteams, externe Leistungsmessung, Akkreditierung
Profession	Lehrerkollegium, Selbstevaluation [Schulleitung als kollegiale Koordinator/innen]	Externe Fachexpert/innen, peer review
Klient/innen	Partizipation der Eltern/Schüler/innen (z.B. wichtige Entscheidungen fallen im Schulpartnerschaftsgremium, unabhängige Rolle für Eltern/ Schüler/innen bei der Evaluation) [Schulleitung als kundenorientierte Manager/innen]	Wettbewerb, Konsumenten-Kaufentscheidungen (z.B. voucher-Systeme, transparente Leistungsinformation über Schulen soll differentielle Elternentscheidungen stimulieren, Förderung des Privatschulwesens)

Unsere Kategorisierung ist angelehnt an eine Typisierung von *Grundmustern der Steuerung und Rechenschaftslegung im Bildungswesen* von Kogan (1986; 1996). Diese Grundmuster unterscheiden sich danach, welcher der drei „großen Akteure" im Schulwesen – Staat, Lehrerprofession oder Klient/innen – eine führende

Rolle übernimmt und ob evaluative Entscheidungen eher *innerhalb* oder *außerhalb* der Einzelschulen organisiert werden. Die Zellen in Abb. 1 geben typische Repräsentant/innen der jeweiligen Steuerungsgrundmuster wieder.

Die traditionelle Form der Steuerung in den deutschsprachigen Schulen war *de jure* eine staatlich-interne Steuerung, bei der sich die bürokratische Anordnungshierarchie über die Schulleitung in die Einzelschule hinein verlängerte. *De facto* herrschte große professionell-interne Mitsteuerung, die sich aus der Arbeitsaufgabe, aber auch aus Traditionen der Lehrerautonomie ergab. *Schulautonomisierung als „Optimierung"* der bisherigen Koordinationsverhältnisse entspricht in Kogans Typisierung einer Strategie der internen „staatlich-professionellen Doppelsteuerung", wie sie auch schon traditionell in den deutschsprachigen Schulsystemen existierte. Durch Rücknahme oder Verallgemeinerung bisheriger Regelungen bzw. durch Delegation von Rechten werden neue Spielräume für die Akteure vor allem auf der Schulebene – für Lehrpersonen und für sich eher professionell verstehende Schulleitungen – eröffnet. Zentrales Movens der angestrebten Qualitätsverbesserungen sind in diesem Ansatz das Engagement, die Qualifikation, der Ideenreichtum und der gute Wille – kurz die „Professionalität" – der berufsmäßigen Akteure vor Ort. *Schulautonomisierung als „Partizipation"* aktiviert das Feld „Klienten/intern" und erhofft sich Dynamik dadurch, dass Akteure, die die Leistungen der Schule in Anspruch nehmen, in die Verhandlungsbeziehungen vor Ort einbezogen werden und dadurch der Schule neue Ideen und Erfahrungen zugänglich machen. *Schulautonomisierung als „Privatisierung"* bzw. *„Wettbewerb"* gibt den „Klienten/innen" außerhalb der Verhandlungen der Schule eine Stimme als Konsument/innen. Dynamik müsste in dieser Konstellation entstehen, wenn die Klient/innen für Schulen konsequenzenreiche Wahlentscheidungen treffen können, die die Schulen beobachten und auf die sie sich präventiv und reaktiv einstellen.

(5) *Ergänzung von Autonomie durch Accountability:* Vor allem seit dem „PISA-Schock" 2001 ist eine Neunuancierung der deutschsprachigen Schulautonomie-Diskussion sichtbar. Schon Ende der 1990er Jahre hatten die Schulverwaltungen begonnen, die – durch Autonomisierung offenbar produzierte – „Vielfalt zu orchestrieren" (vgl. EDK 2000), indem zunächst „milde" Formen der Beobachtungs-Koordination (z.B. Aufgabenbeispiele, Vergleichsarbeiten) in einigen Ländern verpflichtend gemacht wurden (z.B. MSWWF 1999). Nach 2001 traten zunehmend Maßnahmen hinzu, mit denen „zentral" Systemziele vorgegeben (Bildungsstandards, Qualitätsrahmen) und Institutionen bzw. Verfahren eingeführt wurden, um die einzelschulische Zielerreichung regelmäßig extern zu überprüfen (Lernstandstests, Schulinspektionen; vgl. Kotthoff & Böttcher sowie Maag Merki in diesem Band). „Schulautonomie" wurde durch eine *Accountability-Politik* ergänzt und dabei von einem eigenständigen Konzept zu einem Teil-

programm in einem umfassenderen neuen Steuerungsmodell des Schulwesens, sodass heute Autonomie und Accountability als „siamesische Zwillinge" der aktuellen Bildungspolitik erscheinen (vgl. Gronn 2009, S. 2). Die Autonomie der einzelnen Schule wird dabei zur Vorbedingung dafür, dass sie für ihre Arbeit und die ihr zugerechneten Arbeitsergebnisse verantwortlich gemacht und zur Rechenschaft gezogen werden kann. Dafür müssen ihr Gestaltungsspielräume – eine *interne Manövrierfähigkeit* – überantwortet werden; dafür sind aber auch Inspektions- und Monitoringsysteme aufzubauen, die eine regelmäßige verlässliche Messung der Arbeitsqualität der Schulen erlauben. Qualität im Bildungssystem entsteht nach dieser Vorstellung also dadurch, dass Schulen rasch und spezifisch auf Zielvorgaben und Feedback reagieren können.

Im Sinne unserer obigen Analyse (vgl. Abb. 1) aktiviert die aktuelle Accountability-Politik das bisher nicht im Zentrum der Aufmerksamkeit stehende Feld „Staat/extern" und setzt auf eine stärkere Intervention der zentralen staatlichen Akteure, die allerdings nicht verwaltungsintern hierarchisch geplant und schulintern über Schulleitung transportiert wird, sondern durch schulextern organisierte Maßnahmen der Standardsetzung und Leistungsmessung Dynamik im Schulsystem erzeugen will. Als Akteure dieser externen Intervention treten oft eigenständige, staatlich alimentierte Agenten der Standardsetzung und Leistungsmessung auf neu geschaffenen Positionen auf, die oft extern/professionellen Sachverstand repräsentieren, aber in staatlich/externem Auftrag arbeiten.

Da „Schulautonomie" durch heterogene und heteronome Zielsetzungen gekennzeichnet ist, sind es empirische Fragen (vgl. Kap. 2), (1) welche Maßnahmen der Autonomisierung unter welchen wechselnden Zielstellungen ergriffen wurden, (2) welche Akteurskonstellationen auf Einzelschulebene durch die gesetzlichen Veränderungen und andere Regel- und Ressourcenvorgaben privilegiert wurden und (3) welche Akteurskonstellationen sich real in den Umsetzungsprozessen in den Schulen und zwischen Schulen, Eltern, Schulträgern und Schulverwaltung heraus bildeten und bestimmendes Gewicht gewannen.

(6) Kritik: Trotz der vielfachen Interpretationsmöglichkeiten wurden nach und nach *Kritikpunkte an der Autonomiepolitik* formuliert, die um folgende Themen kreisen:

- Autonomie wäre eine Ökonomisierungsstrategie, die „keine pädagogischen Impulse zur Innovation des Systems" beinhalte (Hackl 1998, S. 84). Ihre Zielrichtung wären *Einsparungen* und eine „Dezentralisierung der Mangelverwaltung" (vgl. Rieger 2000, S. 142; Saalfrank 2005, S. 268).
- Durch Autonomisierung würden neue *marktwirtschaftliche Mechanismen der Systemkoordination* in das Bildungswesen eingeführt, die zu einer Ori-

entierung auf Wettbewerb, individuellen Einsatz und Gewinn führten und ungünstig für die Aufgaben des Bildungssystems wären (vgl. Hackl 1998, S. 84). Längerfristig würde dadurch der Weg von lokaler Schulentwicklung zu einer Bildungsindustrie („for-profit education companies") führen, für die es mehr und mehr Beispiele gibt (vgl. Steiner-Khamsi 2000; Ball 2007). Die marktwirtschaftliche Dynamik erfordere ständige Vergrößerung des Marktes und Steigerung des Vermarktungswertes, welche über Prozesse der Monopolisierung, Globalisierung und Standardisierung die ursprünglich angestrebte Erhöhung der Vielfalt unterlaufe; der Ersatz von „Allgemeinbildung" durch ein leicht messbares und in verschiedene Kontexte transponierbares Konzept der „Minimalbildung" wäre eine der Konsequenzen (vgl. Steiner-Khamsi 2000, S. 123ff.).

- Autonomisierung führe zu einer *Differenzierung und Hierarchisierung* zwischen Individuen und Schulen und erlaube jenen Einzelschulen, die schon bisher Vorteile haben, diese zu maximieren (vgl. Whitty u.a. 1998, S. 113).
- Eine Funktion der Autonomiereform bestünde darin, die „Übersichtlichkeit des Sozialen zu zerstören, den einzelnen Schicksalen die Vergleichsbasis zu entziehen" (Graf & Graf 1997, S. 31). Sie differenziert Angebote und *individualisiert* Leistungen (von Individuen und Schulen) und macht dadurch *strukturelle Ungleichheit unsichtbar* (vgl. Willmott 1999, S. 255).
- Obgleich schon vorher vorhanden, steigen durch die beschriebenen Mechanismen im Zug von Autonomiereformen *soziale Ungleichheit und soziale Segregierung* im Schulsystem. In diesem Sinne interpretieren Graf & Graf (1997, S. 34) die Autonomie-Politik als „Reorganisation der Selektionsfunktion", an der selbst nirgends gerüttelt würde.

1.2 Autonomiediskurs und Autonomiegesetzgebung in deutschsprachigen Ländern

Forderungen nach einer größeren Autonomie der Schule wurden in *Österreich* erstmals im Jahr 1988 geäußert (vgl. Sertl 1993). 1991 beauftragte das Unterrichtsministerium ein Gutachten zu „Chancen und Grenzen der Autonomisierung im Schulwesen", das angesichts der schulpolitischen Entwicklungen in einigen anderen Industrieländern Gestaltungsgesichtspunkte und Vorschläge für mehr Autonomie im Bildungswesen formulierte (vgl. Posch & Altrichter 1993). Im Jahre 1993 beschloss das österreichische Parlament die 14. Novelle zum Schulorganisationsgesetz (SchOG). In deren Zentrum standen neben „schulautonomen Eröffnungs- und Teilungszahlen", die Spielräume für Klassen- und Gruppengrößen eröffneten, vor allem curriculare Verfügungsrechte: Schulen durften (mussten aber nicht) 5-10 % ihres Curriculums nach eigenen Vorstellungen gestalten, wobei sie bestehende Fächer erweitern, kürzen oder zusammenlegen sowie neue Fächer in ihren „schulautonomen Lehrplan" aufnehmen konnten. Aber auch neue Rechte zur Entscheidung über Schulzeit, interne Organisation, Finanzen (Vermietung von Schulliegenschaften, Gewinnen von Sponsoren und Drittmitteln, Möglichkeit, Einrichtungen mit Teilrechtsfähigkeit zu gründen) und internen Personaleinsatz (nicht aber über Personalrekrutierung) wurden in den Folgejahren an Schulen gegeben (vgl. Fankhauser 2001 und o.J.; Schratz & Hartmann 2009). 1997 kündigte sich mit einem weiteren, vom Bildungsministerium beauftragten Gutachten zu „Möglichkeiten und Grenzen der Qualitätsevaluation und Qualitätsentwicklung im Schulwesen" (Posch & Altrichter 1997) das Aufkommen von „Accountability"-Gedanken an, die in der Zwischenzeit zu einem System von Bildungsstandards und standardbezogenen Tests geführt haben, das jenem der meisten anderen deutschen Schulsysteme entspricht (vgl. Eder u.a. 2002; Eder & Altrichter 2009). 2001 wurde schließlich ein neues Lehrerdienstrecht für die Lehrenden der Volks-, Haupt- und Sonderschulen (nicht aber für jene von Gymnasien und Berufsbildenden Höheren Schulen) beschlossen, das Spielräume in der Anzahl der zu erteilenden Lektionen sowie in den sonstigen, über den Unterricht hinausgehenden Tätigkeiten von Lehrpersonen vorsah, die in „Diensteinteilungen" vor Ort mit der Schulleitung auszuhandeln waren (vgl. Seel u.a. 2006).

Im Vergleich der deutschsprachigen Länder werden Österreich relativ frühe und relativ „tiefgreifende" rechtliche Veränderungen attestiert (vgl. Saalfrank 2005, S. 274). Die Autonomie-Gesetzgebung traf offenbar auf ein Bedürfnis im System: Obwohl optional und freiwillig ergriffen schon in den ersten zwei Jahren nach Beschluss des Gesetzes 64 % der Hauptschulen (HS), 38 % der Gymnasien (AHS) sowie drei Viertel der Berufsbildenden Mittleren und Höheren Schulen (BMHS) die Möglichkeit, spezifische Schulprofile aufzubauen (vgl. Bachmann u.a. 1996, S. 50). An den Hauptschulen schienen die gebotenen Möglichkeiten dem Bedürfnis auf Profilierung stark entgegen zu kommen, während die Autonomie an AHS

> „auf mehr Skepsis, vor allem bei den Lehrerinnen und Lehrern [traf]; es werden mehr Probleme bei der Umsetzung gesehen und die Prozesse der inneren Veränderung im Rahmen der Autonomie gestalten sich hier deutlich schwieriger und konfliktreicher." (ebd., S. 51)

In den AHS ging die Autonomie-Entwicklung mit höherer Arbeitsbelastung und geringerer Arbeitszufriedenheit von Lehrer/innen und Schulleitungen einher, während sich an den Hauptschulen keine solchen Unterschiede zeigten. In beiden

Schultypen erwähnten die Befragten, dass Konflikte im Kollegium im Zuge autonomer Schulentwicklungen häufiger wurden, wobei diese Konflikte in Hauptschulen eher „relativ begrenzt" waren und das Gesamtklima wenig belasteten, während aus den AHS häufiger Polarisierung im Kollegium berichtet wurden (vgl. ebd., S. 93ff.).

Die später von Tanzer u.a. (2000) sowie Gutknecht-Gmeiner u.a. (2007) durchgeführten Fragebogenerhebung dokumentieren die Fortsetzung dieser Entwicklung, in die nun auch die BMHS flächendeckend einbezogen sind: Mit Ausnahme der land- und forstwirtschaftlichen Schulen (85 %) hatten 2007 über 90 % der Schulen autonome Maßnahmen gesetzt. Mehr als die Hälfte der Hauptschulen (55 %) und über ein Drittel der AHS (36 %) wünschten sich eine Ausweitung der Lehrplanautonomie. Hindernisse bei der Einführung neuer Schwerpunkte fanden sich oft im Bereich der finanziellen und personalen Autonomie. Die *Auswirkungen der Autonomie* wurden von der überwiegenden Mehrheit der Schulleiter/innen positiv beurteilt (vgl. Gutknecht-Gmeiner u.a. 2007, S. 6). Auswirkungen auf die Qualität und Vielfalt des Angebots sowie die Attraktivität des Standorts wurden besonders hervorgehoben. Nach Meinung der Schulleiter/innen führte der Wettbewerb zu einer Steigerung der Motivation und des Engagements von Lehrpersonen und stellte einen Ansporn zu Steigerung von Qualität dar, gleichzeitig kam es durch den steigenden Druck zu mehr Konflikten innerhalb der Schule.

In kritischen Kommentaren wurde immer wieder darauf verwiesen, dass die verstärkte Eigenständigkeit der Schule nicht durch eine Reform der Bildungsverwaltung begleitet wurde (Schrittesser 2007, S. 246). Durchaus ambitionierte Reformprojekte (z.B. „Landesschulrat neu"; vgl. Saalfrank 2005, S. 302) schafften es letztlich nicht in die flächendeckende Implementierung. Globalere Kritiken attestieren der österreichischen Autonomiepolitik „kein ausgewiesenes strategisches Konzept", sondern „akutes Krisenmanagement" nach einem „Top-Down-Prinzip", das „neue organisatorische Spielräume [geschaffen, aber] wenig neue pädagogische Gestaltungsmöglichkeiten erbracht" hätte (Hackl 1998, S. 79).

Obwohl internationale Entwicklungen schon früher rezipiert worden waren, wurde die Autonomiebewegung in der *Schweiz* erst in der ersten Hälfte der 1990er Jahre breitenwirksam. Obwohl ähnlich in der rhetorischen Ausgestaltung, gewann „der Ruf nach Schulautonomie eine im Vergleich mit [den deutschsprachigen] Nachbarländern andere Färbung" (Maag Merki & Büeler 2002, S. 139), wenn man die spezifische Ausgestaltung dieses extrem föderalistischen Bildungssystems (26 verschiedene kantonale Bildungssysteme) in Betracht zieht. Beispielsweise bestand schon eine sehr weitgehende regional-kantonale – und im Volksschulsystem kommunale – Autonomie, die eine Erweiterung von Mitspracherechten für Eltern leicht zu einer „Beschneidung der Kompetenzen der demokratisch gewählten Schulpflege" (ebd.) machen konnte. Ein weiteres Charakteristikum war, dass in der deutschsprachigen Schweiz „die Gewährung von schulischer Teilautonomie systematisch verknüpft [war] mit der Implementation von Schulleitungen" (Maag Merki & Steinert 2006, S. 103).

Weit deutlicher als in den anderen deutschsprachigen Schulsystemen war die Diskussion über teilautonome Schulen in der Schweiz mit Ansätzen der Reorganisation der gesamten öffentlichen Verwaltung verbunden und von einer Diskussion um New Public Management überlagert (vgl. Dubs 1996b).

> „Programmatisch sprach der Zürcher Bildungsdirektor Ernst Buschor bei seinem Amtsantritt davon, dass die Schulen in einer ersten Reformphase zu modernen Dienstleistungsunternehmen umgestaltet werden sollten. (...) Durch Dezentralisierung der Kompetenzen sei die Motivation zu verbessern, durch Ergebnisvorgaben (Kosten und Leistungen) und Wettbewerb die Wirksamkeit zu steigern." (Maag Merki & Büeler 2002, S. 136)

Die verschiedenen Kantone unterschieden sich in Reformdichte und Reformtempo stark. Auch die aktuelle Erhebung der Erziehungsdirektorenkonferenz (vgl. EDK 2009) zeigt eine bedeutsame Variation zwischen den einzelnen Kantonen. Beispielsweise ergeben sich Unterschiede in der Implementation von Schulleitungen, der Kompetenzneuordnung zwischen Schulleitungen und Schulbehörden oder des Grades der Implementation von standardisierten Leistungsvergleichsverfahren am Ende einer Lernperiode; Schwerpunkte werden auf unterschiedliche Schulstufen gelegt; die Elemente der Outputsteuerung unterscheiden sich im kantonalen Vergleich. Nach der Einschätzung von Maag Merki und Büeler (2002, S. 139f.) lag der Fokus der Schulautonomisierung auf „Schulentwicklungsprojekten in einem breiteren Sinne", wobei fünf *Reformbereiche* besonders bedeutsam waren:

- Erhöhung von *Gestaltungsspielräumen* der Einzelschulen *für ihre Unterrichts- und Erziehungsarbeit*, durch Globalbudgets, durch frei verfügbare Lektionenpools sowie in Hinblick auf Lehrplan, Schul- und Unterrichtsorganisation.
- Ermöglichung der Erstellung unverwechselbarer *Schulprofile*.
- Installation von *Schulleitungen*, die in den Volksschulen praktisch flächendeckend eingeführt und durch Maßnahmen zur Rekrutierung und Ausbildung begleitet wurden.
- Reformen der *Schulaufsicht*, sowohl von professionellen Schulinspektoraten als auch der Laien-Schulpflege.

- Unterschiedliche Maßnahmen des *Qualitätsmanagements und der Evaluation*.

Auf der Basis einer Inhaltsanalyse von Dokumenten aus sechs verschiedenen Autonomieprojekten in verschiedenen Deutschschweizer Kantonen konnten Maag Merki und Büeler (2002, S. 142ff.) keinen einheitlichen Trend in den *Erfahrungen* der beteiligten Gruppen erkennen. Am ehesten zeigten sich positive Wirkungen im Bereich „Organisation und Leitung der Schule" sowie im Bereich „Kooperation und Kommunikation". „Chronische Zusatzbelastungen und Überforderungsempfindungen" finden sich als negative Auswirkungen bei Akteuren in fast allen Projekten. Maag Merki & Büeler (2002, S. 157) resümierten, dass die Reformen tendenziell die Ebene der Einzelschule sowie die Makroebene der kantonalen Behörde auf Kosten der Entscheidungsrechte der Schulbehörden und der Lehrpersonen stärkten. Die Verlagerung von Entscheidungskompetenzen wäre jedenfalls „weniger einschneidend als vorerst angenommen" ausgefallen, weil Lehrpersonen auch schon vorher bedeutende Freiheitsgrade hatten und abgegebene Entscheidungsrechte oft durch neue Kontrollmöglichkeiten kompensiert wurden (vgl. ebd., S. 135).

Das Konzept „Schulautonomie" wird schon in den 1970er Jahren prominent in den Schulreformdiskurs in *Deutschland* eingebracht, so in den Empfehlungen des Deutschen Bildungsrates (1973) und des Deutschen Juristentags (1981), damals vorwiegend mit dem Ziel einer gesellschaftlichen Demokratisierung und des Schutzes der pädagogischen Freiheit der Lehrenden vor fachlich-administrativer Kontrolle. Zu Beginn der 1990er Jahre wechseln Begründungsmuster und disziplinäre Referenzen (vgl. Richter 1994, 1999). Ansätze der Organisationsentwicklung, des Qualitätsmanagements und der Optimierung von organisationalen Entscheidungsabläufen mit zumeist verwaltungs- und betriebswirtschaftlichen Hintergrund gewinnen eine stärkere Bedeutung, wenn auch in spezifischer Anpassung auf Schulen (Rolff 1992) und zum Teil mit erheblichem visionären Anspruch (Bildungskommission NRW 1995).

Diese Trendbeschreibung ist für die einzelnen Bundesländer zu differenzieren. So finden sich schon in den 1980er Jahren in einzelnen Ländern größere curriculare und schulorganisatorische Freiheiten (z.B. Verwaltungsvorschrift über die Erweiterung des pädagogischen Freiraums der Schulen vom 07.01.1980 in Rheinland-Pfalz) oder Aufforderungen zur eigenständigen Schulprogrammarbeit (so in den Richtlinien und Lehrpläne für die Primarstufe in Nordrhein-Westfalen von 1985, S. 17). Als systematisch gedachtes Gesamtprogramm der Eröffnung von Gestaltungsspielräumen gibt es „Schulautonomie" aber erst in den 1990er Jahren. Auch dann unterscheiden sich die Länder in Hinblick auf das Ausmaß und die Sequenz der eröffneten Gestaltungsspielräume, wie Rürup

(2007a) anhand einer Analyse des deutschen Schulrechts der Primarstufe und Sekundarstufe I der 16 Bundesländer im Zeitraum von 1990 bis 2004 zeigen konnte. Diese Studie erlaubt zudem eine genauere zeitliche und inhaltliche Analyse des Reformprogramms „Schulautonomie". Rürup (2007a, S. 147ff.) unterschied dazu ermöglichende Maßnahmen, die Gestaltungsspielräume eröffnen, von regulierenden Maßnahmen, die neue Steuerungsimpulse geben. Die *Gestaltungsmöglichkeiten* wurden in folgende Subkategorien unterteilt:

- *Lernorganisation,* die vor allem Curriculum und Leistungsbeurteilung betrifft,
- *Unterrichtsorganisation,* wo es unter anderem um Größe und Zusammensetzung von Lerngruppen und die Verteilung der Unterrichtszeit und Fächer geht,
- *Personalbewirtschaftung* sowie
- *Sachmittelbewirtschaftung.*

Auf der Basis einer politikwissenschaftlichen Theorie der Steuerungsmedien differenziert der Autor vier Kategorien von regulierenden *Steuerungsimpulsen:*

- *Reflexionsaufforderung,* womit „die politisch-administrative Definition von Verfahren, Beteiligten und Anlässen schulinterner Entscheidungsprozesse" (Rürup & Heinrich 2007, S. 165) gemeint ist (z.B. Schulprogramm, Mitarbeitergespräche, Vereinbarungen mit Eltern, schulinterne Fortbildungen);
- *Unterstützungsangebote,* die auf zusätzlichen finanziellen und personellen Ressourcen beruhen (z.B. Schulaufsicht, Lehrerfortbildung);
- *Rechenschaftslegung,* die auf externen Evaluationen und Berichtspflichten basiert; sowie
- *Orientierungsvorgaben,* womit die „politisch-administrative Verlautbarung von allgemeinen Wünschen und Zielen" (Rürup & Heinrich 2007, S. 166) gemeint ist.

Aus den Auswertungen wird klar, dass für die Gesetzgeber der deutschen Bundesländer „Schulautonomie" beides ist, sowohl die Eröffnung von Entscheidungsspielräumen als auch die Vorgabe von neuen Steuerungsimpulsen (vgl. Rürup & Heinrich 2007, S. 171). Eine Auswertung im Zeitverlauf (vgl. Abb. 2) macht außerdem deutlich, dass die Idee Schulautonomie „von 1994 bis 2004 einem deutlichen inhaltlichen Transformationsprozess ausgesetzt" war (Rürup & Heinrich 2007, S. 178). In der Gesetzgebung bis 1994 dominierten Maßnahmen und Instrumente, die pädagogische und unterrichtsorganisatorische Gestaltungsspielräume eröffneten (vgl. ebd., S. 172f.). Diese Bereiche sehen im Zeitraum bis 1999 keinen Zuwachs mehr, der dann vor allem in den Feldern „Unterstützungsangebote" und „Orientierungsvorgaben" zu verzeichnen ist (vgl. ebd., S. 174ff.). Zwischen 1999 und 2004 findet ein weiterer Zuwachs in den Bereichen Unterstützungsangebote und Orientierungsvorgaben statt, die massivsten Veränderungen geschehen aber im Feld „Rechenschaftslegung", was auf verschiedene Maßnahmen der Standardisierung und externen Evaluation zurückzuführen ist (vgl. ebd., S. 176ff.).

Abbildung 2 Anteil der Verwirklichung von Schulautonomieaspekten in den Jahren 1994, 1999 und 2004 (aus Rürup & Heinrich 2007, S. 172)

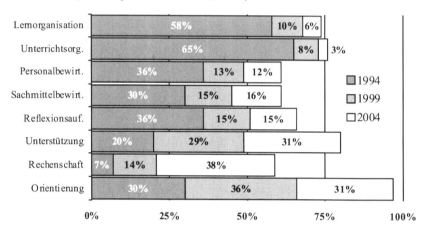

Der Transformationsprozess der Reformidee „Schulautonomie" lässt sich damit folgendermaßen beschreiben:

„Von einer funktionalen Aufgabenverteilung im Mehrebenensystem ‚Schule' im Jahr 1994, bei der insbesondere die professionelle pädagogisch-unterrichtsorganisatorische Eigenverantwortung der einzelschulischen Akteure betont wird, erweitert sie sich zu einem auf einzelschulische Organisationsentwicklung fokussierten Reformansatz im Jahr 1999 und verändert sich schließlich erneut zu einer auf einzelschulische Accountability aufbauenden Strategie gesamtsystemischer Qualitätsentwicklung im Jahr 2004" (Rürup & Heinrich 2007, S. 178).

Diese Veränderungen brächten einen „tiefgreifenden Einschnitt", der für die Lehrpersonen und andere Akteure „deutliche Anforderungen, umzulernen" bedeutete. Da die Analyse Gesetzestexte betraf, kann mit ihr nur die Seite der „politisch-administrativen Botschaften" abgebildet werden, die Gesetzgeber senden wollen. Wie diese auf der Ebene der Einzelschule wahrgenommen und verarbeitet werden, ist eine weiterführende Forschungsfrage.

Dass der Prozess der Schulautonomisierung mit dem Jahr 2004 nicht beendet war, zeigt sich bei einer aktuellen Aufarbeitung schulrechtlicher Entwicklungen von Dietrich & Reuter (2010). Nahezu bundesweit eingeführt sind inzwischen einzelschulische Möglichkeiten, Lehrerstunden in Finanzmittel umzuwandeln (Geld statt Stellen) und diese dann in schulischer Eigenverantwortung für die befristete Beschäftigung von Honorarkräften zu nutzen. Auch ist der politische Wille, den Schulleitungen die Dienstvorgesetztenfunktion für die Lehrkräfte und damit ausdrückliche Aufgaben der Personalführung und Personalentwicklung zu übertragen, inzwischen bundesweit erkennbar. Bemerkenswert sind schließlich Entwicklungen im Berufsschulwesen, wo mehrere Länder (Hamburg, Schleswig-Holstein) den staatlichen Schulen den Status rechtsfähiger Einrichtungen gegeben haben.

2 Die Erforschung der Schulautonomie

Kap. 1 hat versucht, mögliche Deutungen der Schulautonomie-Politik vorzuführen. In diesem Kapitel soll nun gefragt werden, was wir empirisch über die Realisierung dieser Politik wissen. In Kap. 2.1 wird gleichsam die Input-Frage gestellt, welche der möglichen Deutungen von Schulautonomie in den rechtlichen Veränderungen und Reformkonzepten verschiedener Schulsysteme tatsächlich forciert wurden. Kap. 2.2 wendet sich Output-Überlegungen zu und versucht zu eruieren, was bisher über die Wirkungen von Schulautonomiepolitiken von der Forschung in Erfahrung gebracht werden konnte. Kap. 2.3 sucht schließlich an einem Aspekt von Schulautonomisierungspolitiken, nämlich am Beispiel von Schulprofilierung, nach Hinweisen auf Prozesse, in denen sich neue Koordinationsverhältnisse im Schulsystem realisieren.

2.1 Ausgestaltung von Schulautonomie-Politiken in verschiedenen Schulsystemen

„Schulautonomie" ist keine auf den deutschsprachigen Raum beschränkte Politik; sie tritt aber in verschiedenen Kleidern auf und bedeutet in ihrer Realisierung in verschiedenen Ländern und zu verschiedenen Zeitpunkten oft etwas sehr Unterschiedliches. Schon unsere Länderdarstellungen der Schulautonomiepolitiken in Österreich, Deutschland und der Schweiz haben dies aufgezeigt. Noch mehr ist bei globalen Vergleichen zwischen stärker und weniger stark autonomisierten

Schulsystemen große Vorsicht geboten, weil sehr unterschiedliche Mixes von Entscheidungsrechten der Einzelschulen angesprochen sind.

Auf internationaler Ebene haben OECD und EurydiceVergleichsstudien zu den Gestaltungsspielräumen der einzelnen Schulen (OECD 2008a, Eurydice 2007) bzw. der einzelnen Lehrkräfte vorgelegt (Eurydice 2008). Die Berichte basieren jeweils auf Befragungen von Expertengruppen, auf welchen Ebenen Entscheidungen in den öffentlichen Bildungseinrichtungen des allgemeinbildenden Schulwesens bzw. im Sekundarbereich I getroffen werden. Die OECD berichtet beispielsweise, dass in England und den Niederlanden über 90 % dieser Entscheidungen der Schulebene zufallen, während dies in Deutschland und Österreich jeweils 30 % seien. In diesen Staaten sind die Länder (Deutschland) bzw. der Bund (Österreich) dominante Entscheidungsebenen, wobei jedoch ein beträchtliches Maß an Entscheidungen auch auf anderen Ebenen, wie Region und Kommune übertragen werden (vgl. ebd., S. 531; keine Daten für die Schweiz verfügbar).

Im Zeitraum 2003-2007 wurden in fast der Hälfte der von der OECD (2008a, S. 528) untersuchten Länder Dezentralisierungsmaßnahmen gesetzt, doch war dieser Trend sowohl in Hinblick auf die Anzahl der betroffenen Länder als auch auf den Prozentsatz der getroffenen Entscheidungen weniger ausgeprägt als zwischen 1998 und 2003 (vgl. OECD 2004, S. 463ff.).

> „Gleichzeitig gab es immer wieder Beispiele für eine Stärkung des Einflusses der Zentralbehörden bei der Festlegung von Bildungsstandards, der Lehrpläne und der Leistungsbewertungen. So ging häufig die Dezentralisierung von Prozess- und Finanzvorgaben mit einer verstärkten zentralen Ergebniskontrolle und nationalen Richtlinien für den Lehrplan einher." (OECD 2008a, S. 524)

Auch in der Eurydice-Erhebung (2007) wird deutlich, dass sich die „early adopters" von Schulautonomie-Politiken am Anfang der 1980er Jahre stärker auf „demokratische Partizipation" einer größeren Zahl von Akteuren an den einzelnen Schulstandorten konzentrierten, während in jüngerer Zeit Accountability- und New Public Management-Politiken vorherrschend wurden, die Prozessautonomie und Ergebniskontrolle kombinieren.

Zum Verständnis der internationalen Situation macht eine Differenzierung nach Entscheidungsbereichen Sinn: Der größte Teil der Entscheidungen in Hinblick auf Unterrichtsorganisation (z.B. bzgl. Methoden, Lehrbücher, Klassenzusammensetzung und Leistungsbeurteilung) wird in dem meisten Ländern auf Schulebene getroffen, während Planungs- und Strukturfragen (z.B. Einrichten und Schließen von Schulen, Konzeption von Bildungsgängen und Zertifikaten) meist zentrale bzw. Länderagenden sind. Größere Unterschiede zwischen den Ländern zeigen sich bei Personalangelegenheiten (Einstellung und Entlassung von Mitarbeiter/innen, Festlegung der Gehälter und Arbeitsbedingungen) sowie Ressourcenentscheidungen. In beiden Bereichen geben Deutschland und Österreich der Schulebene vergleichsweise wenige Kompetenzen, wobei in Ressourcenfragen in beiden Ländern die Kommunen wichtige Entscheidungsträger sind, mit Personalfragen sind mehrere, tendenziell höhere Entscheidungsebenen befasst (vgl. OECD 2008a, S. 532ff.).

Eine systematische international vergleichende Analyse der Schulautonomieentwicklungen, die über Bestandsaufnahmen in einzelnen Bereichen der Dezentralisierung und Deregulierung hinausginge und geeignet wäre, nicht nur Aktivitäten zu summieren, sondern auch Typen und möglicherweise konkurrierende Modelle zu identifizieren, steht immer noch aus. Ob sie angesichts der Vielfalt der Rahmenbedingungen, Regelungsgegenstände und -varianten, realisierbar ist, erscheint durchaus fraglich. Am Beispiel der deutschen Schulautonomiegesetzgebung wollen wir einen Vorschlag eines typologisierend-analytischen Zuganges zu politischen Initiativen der Schulautonomisierung zur Diskussion stellen. Basal für das Analysemodell sind die schon in Kap. 1.1 unterschiedenen Schulautonomiemodelle mit ihren drei Zielperspektiven „Wettbewerb/Privatisierung", „Partizipation" und „Optimierung".

Die Daten der inhaltsanalytischen Auswertung von schulautonomiebezogenen Veränderungen der rechtlichen Grundlagen der 16 deutschen Länderschulsysteme zwischen Oktober 1990 und Dezember 2004 (aus Rürup 2007a; vgl. Kap. 1.2); die wir hier bis Februar 2008 fortgeschrieben haben (vgl. Rürup 2008b), werden (unter Nutzung der selbst erklärenden Subkategorien „Gestaltungsebenen" und „Regelungsinhalte, -strukturen und -verfahren") geordnet, um Aktivitätsschwerpunkte der Schulautonomie-Politiken bestimmen zu können. Abb. 3 ordnet im deutschen Schulrecht identifizierbare Maßnahmen den jeweiligen Handlungsfeldern zu und zeigt dabei die unterschiedlichen Gewichtungen, die die potentiellen Handlungsoptionen in ihrer gesetzlichen Umsetzung erfahren haben. Grau sind jene Felder markiert, in denen die erfassten (wenigen) Maßnahmen zwischen 1990 und 2004 nur in wenigen deutschen Bundesländern ergriffen wurden: Hier finden sich Hinweise auf mögliche Leerstellen der Schulautonomieentwicklung. Schwarz ist hingegen jenes Feld markiert, in dem sich schon bis 2004 eine erhebliche Vielfalt von Einzelregelungen beobachten lässt. Damit wird der Kernbereich der Schulautonomie-Diskussion in Deutschland, inhaltliche Entscheidungskompetenzen zur Selbstorganisation auf Schulebene, hervorgehoben. Fett/kursiv sind schließlich jene Felder hervorgehoben, in denen die deutschen Bundesländer seit 2004 besonders aktiv waren, neue Maßnahmen einführten oder bisher weniger genutzte Maßnahmen verstärkt aufgriffen (in drei und mehr Ländern). Wir betrachten dies als einen Indikator für die aktuelle Dynamik der Schulautonomieentwicklung. Abb. 3 lässt sich so interpretieren, dass

(1) sich in Deutschland eine große Vielzahl schulautonomiebezogener Regelungsaktivitäten beobachten lässt, die sich vor allem unter der Zielperspektive „Optimierung" einordnen lassen. Auf „Partizipation" zielen insgesamt weniger Regelungen; „Privatisierung" scheint bisher weitgehend ausgeklammert. Lediglich einzelschulbezogen finden sich Aufforderungen zur Schulprofilierung, die im Zusammenhang mit den (meist traditionellen) Wahlmöglichkeiten zwischen verschiedenen Schulen derselben Schulform in der Sekundarstufe I eine lokale Wettbewerbssituation generieren können.

(2) aktuelle Aktivitäten der Schulautonomie überwiegend zu weiteren „Optimierungen" der Regelungsstrukturen des in staatlicher Obhut verbleibenden Schulsystems genutzt werden. Wir sehen dies als Anzeichen dafür, dass a) einzelschulbezogen immer noch weitere Deregulierungs- und Dezentralisierungspotentiale bestehen sowie b) als Kennzeichen, der sich aktuell erst vollziehenden Ergänzung der Dezentralisierungsaktivitäten durch Instrumente externer Evaluation (Lernstandserhebungen und Schulinspektionen) und darauf aufbauender Zielvereinbarungen zwischen Schulaufsicht und Schule.

(3) Bemerkenswert ist schließlich auch die aktuelle Dynamik im Bereich der Förderung von Wettbewerb (Aufbau von öffentlichen Informationssystemen über die Qualität einzelner Schulen) bzw. der Privatisierung als rechtlicher Verselbstständigung öffentlicher Schulen im Berufsbildungswesen, die auf eine steigende Relevanz solcher Politiken hindeuten könnte. So hat beispielsweise Nordrhein-Westfalen die Schulbezirke für öffentliche Grundschulen und Berufsschulen beginnend mit dem Schuljahr 2008/2009 abgeschafft (vgl. SchulG NRW; § 84 Abs. 1) und so lokaler Konkurrenz zwischen Schulen auch im Primarbereich eine größere Bedeutung gegeben.

(4) Unter der Zielperspektive der „Partizipation" findet sich aktuell wenig Bewegung – abgesehen vom Instrument der Zielvereinbarungen zwischen Schule und Eltern bzw. Schüler/innen und einer – schulrechtlich allerdings nur punktuell sich dokumentierenden – größeren Bedeutung von zivilgesellschaftlichen Akteuren wie Stiftungen, die über Projektkooperationen mit staatlichen Behörden (z.B. Modus-21 in Bayern, Stiftung Bildungspakt Bayern 2005) oder eigenen anreizorientierten Förderinitiativen wie dem „Deutschen Schulpreis" tätig werden (http://schulpreis.bosch-stiftung.de).

Zusammenfassend lässt sich festhalten, dass die deutsche Schulentwicklung vor allem durch die Zielstellung der „Optimierung" geprägt ist, gegenüber der die Ziele der „Privatisierung" oder einer weiteren Erhöhung der „Partizipation" zurückstehen. Weder die staatliche Gesamtverantwortung noch die Einbettung der Einzelschule in eine formale Verwaltungshierarchie wird aufgegeben. Nur in der jüngsten Phase der Untersuchung, nämlich zwischen 2004 und 2008 ist ein gewisses Ansteigen privatisierungsbezogener Reformen feststellbar.

Schulautonomie und die Folgen

Abbildung 3 Strukturierung von Handlungsansätzen im Rahmen des Reformprogramms „Schulautonomie" (aus Rürup 2008b)

		Inhalte	Strukturen	Verfahren
Optimierung (45)	Systemweit (8)	Deregulierung (*) & Standardisierung (2)	Zentralisierung & Neuaufbau (2**)	Outputsteuerung/Bildungsmonitoring (4)
	Regional (5)	Neudefinition von Aufgaben (1)	Restrukturierung (2**)	Steuerung auf Abstand (2)
	Einzelschulisch (32)	**Selbstorganisation (23)**	Schulmanagement (5)	Schulentwicklung (4)
Wettbewerb (10)	Systemweit (5)	Deregulierung & Standardisierung (1***)	Privatisierung (Outsourcing) (2)	Standardbezogene Akkreditierung (2***)
	Regional (2)	Freie Schulwahl (1)	Bildungsmärkte (Outsourcing) (1)	Bildungsgutscheine (0)
	Einzelschulisch (3)	Schulprofilierung (1)	Public relations (Outsourcing) (0****)	Schülerauswahl (2)
Partizipation (17)	Systemweit (3)	Bürgergesellschaftliche Beteiligung (0****)	Partizipationsgremien & Stiftungen (3)	Beteiligungsverfahren (0*****)
	Regional (6)	Öffnung von Schule (1)	Beiräte & Netzwerke (3)	Schulübergreifende/lokale Kooperation (2)
	Einzelschulisch (8)	Demokratie lernen & autonomes Lernen (2)	Gremienstrukturen (4)	Innerschulische Partizipation (2)

*   Deregulierungen werden als erweiterte einzelschulische Entscheidungsbefugnisse erfasst (siehe Feld Selbstorganisation).
**   Strukturveränderungen werden zum Teil zugleich auf regionaler wie auf systemweiter Ebene wirksam.
***   Deregulierung, Standardisierungen und standardbezogene Akkreditierungen sind vorwiegend auf staatliche Schulen orientiert und nur mittelbar für private Schulen relevant.
****   Ein verstärkte Öffentlichkeitsarbeit der Schulen und die gesamtsystemische Zielsetzung einer stärkeren bürgerschaftlichen Beteiligung an der Schulentwicklung waren im Schulrecht nicht explizit erfassbar.
***** Die systemweiten Beteiligungsstrukturen (von Eltern und Schülern bzw. Vereinen und Verbänden) sind mit Beteiligungsverfahren direkt verknüpft, letztere werden dabei nicht extra erfasst.

Die Bevorzugung der „Optimierungsstrategie" durch die Bildungspolitik könnte durchaus mit den Bereitschaften von Lehrpersonen übereinstimmen. Bei einer Reanalyse eines Schweizer Profilierungsprojekts (vgl. Altrichter & Heinrich 2005) und in unseren eigenen Studien zu diesem Thema (vgl. Kap. 2.3) konnten wir – auch dort wo dies zunächst als Projektziel genannt worden war – große Reserven in der Umsetzung einer stärkeren Partizipation von Eltern und Schüler/innen feststellen. Bei Befragungen im Rahmen letzterer Studien wurde auch häufig eine Ablehnung von Wettbewerbskoordination bei Lehrpersonen deutlich, oft auch von solchen, die sich durchaus aktiv durch Schulentwicklungsarbeit an einem solchen Wettbewerb beteiligten.

Die rechtlichen Regelungen, die in diesem Abschnitt analysiert wurden, stellen in Governanceperspektive nur Handlungs- und Gestaltungsangebote, nur Regeln und Ressourcen bereit, die andere Systemmitspieler, wie z.B. die Schulaufsicht, die Fortbildungsinstitute, aber eben auch die Einzelschulen und ihre Schulleitungen aufgreifen müssen. Was tatsächlich an „Teilautonomie" implementiert wird, unterscheidet sich also damit Region zu Region und von Schule zu Schule in mehr oder minder großer Weise. So fanden Maag Merki & Steinert (2006, S. 119) für die schulautonomen Entwicklungsprozesse in Zürcher Gymnasien, „dass trotz identischer reglementarischer Vorgaben für alle Schulen eine deutliche Varianz zwischen den Schulen in der Umsetzung der Vorgaben vorzufinden ist."

2.2 Wirkungen von Schulautonomie

Obwohl eine grundlegende Annahme darin bestand, dass Schulautonomie zu einer verbesserten Qualität des Lernens beitragen würde, gibt es überraschend wenig empirische Evidenz zu dieser Frage. Aus einem Vergleich der beiden eher dezentralen Steuerungssysteme Englands und Schwedens leitet Kotthoff (2005) ab, dass die Ermöglichung von Teilautonomie nicht direkt Unterrichtsqualität und Schülerleistung verbessert. Sie kann aber positive Wirkungen auf bestimmte Bedingungen der schulischen und unterrichtlichen Arbeit haben (z.B. Kooperation zwischen Lehrpersonen); es zeigen sich aber auch negative Effekte (z.B. Differenzierung zwischen Lehrenden und Schulleitung, Konkurrenz zwischen Schulen, steigender Selektivität und Ungleichheit im schulischen Angebot). Die von Ekholm (1997; S. 605) berichteten Ergebnisse weisen darauf hin, dass im Zuge der Umsetzung eines neuen Steuerungssystems in Schweden sich zwar Einstellungsveränderungen bei Lehrpersonen und Schulleitungen ergeben haben, die innere Arbeitsroutine und -kultur der Schulen aber relativ unverändert fortbestehen.

Das großangelegte (278 Schulen) Projekt „Selbständige Schule" nutzte ein „Öffnungsklausel" im Schulgesetz von Nordrhein-Westfalen, um durch qualitätsorientierte Selbststeuerung und die Entwicklung regionaler Bildungslandschaften die „Qualität der schulischen Arbeit und dabei insbesondere des Unterrichts" (MSWWF 2001; zit. nach Holtappels u.a. 2008, S. 5ff.) zu verbessern. Die Begleitforschung, die ohne Kontrollgruppen auskommt, zeigt im Zeitverlauf Zuwächse in verschiedenen Einstellungen und Selbstberichten über Prozessqualitäten der schulischen Tätigkeit, so z.B. in der Innovationsbereitschaft des Kollegiums, Lehrerkooperation, Evaluationshandeln sowie bei Indices für Organisationslernen. Keine signifikante Verbesserung konnte in den Maßen für Unterrichtsqualität und in den Fachleistungen der Grund- und Sekundarschüler/innen (9. Klasse) beobachtet werden. Dagegen ließen sich Zusammenhänge der Leseleistung mit Schulleitungshandeln, Evaluationskultur und Unterrichtsqualität feststellen (vgl. ebd., S. 129ff.).

Insgesamt sind die bisherigen Forschungsergebnisse zur Effektivität von Autonomie inkonsistent, gehen jedoch eher in die Richtung,

> „dass die Effektivität von teilautonomen Schulen für die Schüler/innenleistung kaum gegeben ist. Allerdings sei tendenziell von einer indirekten Funktionalität von Teilautonomie für die optimale Förderung der Kompetenzen der Schüler/innen auszugehen, indem es teilautonomen Schulen eher gelingt, eine optimale Lernumgebung herzustellen." (Maag Merki & Steinert 2006, S. 104; vgl. Leithwood & Menzies 1998b, S. 340; McLellan 2009, S. 3f.).

Größere Aufmerksamkeit hat in jüngster Zeit ein spezieller Typ von Studien auf sich gezogen, der sich auf eine theoriegeleitete und mit Methoden der quantitativen Ökonomie vorgenommene Reanalyse von Daten aus den PISA- und TIMS-Untersuchungen stützt. Der größte Teil dieser Studien stammt aus einer Münchner Forschungsgruppe rund um Wößmann, der seine Arbeit auf ein „Education Production Model" aufbaut, bei dem Schülerleistungen mit institutionellen Arrangements in Bildungseinrichtungen durch Principal-Agent-Beziehungen und deren Auswirkungen auf effizienten Ressourcengebrauch verbunden sind (vgl. Bishop & Wößmann 2004). Akteure in diesem Modell streben danach, ihren eigenen Gewinn zu maximieren und ihre Investitionen zu minimieren. Schulautonomie oder die Dezentralisierung von Entscheidungsmacht versteht Wößmann (2008a, S. 820) als die Delegation einer Aufgabe von einem Prinzipal (Gesellschaft, Politik, Eltern) auf den Agenten („Schule", Lehrpersonal, Schüler/innen).

Für die Autonomiemaße, die in den PISA- und TIMS-Studien enthalten sind, zeigt Wößmann (2008a, S. 824) „tendenziell eher negative Effekte erhöhter Schulautonomie" auf Schülerleistungen, die jedoch, wenn gleichzeitig zentrale Abschlussprüfungen im System wirksam sind, „vielfach in positive Effekte [gewendet werden; d.Verf.] (wobei die Effekte von Abschlussprüfungen mit und ohne Autonomie positiv sind)." Für weitere autonome Entscheidungsbereiche argumentiert Wößmann (2008a, S. 822ff.), dass der Lehrereinfluss auf die Finanzierung der Lehrmittel, die lokale Festsetzung der Lehrergehälter sowie die lokale Entscheidung über Kursinhalte in Schulsystemen ohne zentrale Abschlussprüfungen keinen positiven Effekt und teilweise signifikant negative Effekte auf Schulleistungen hätten, während sie in Systemen mit zentralen Abschlussprüfungen positive Effekte aufwiesen. Ähnlich konzipierte Studien mit PISA 2000-Daten von Robin & Sprietsma (2003) erbrachten einen signifikant positiven Effekt von personeller Autonomie. Bei Maslowski u.a. (2007) hatte sowohl Personalautonomie als auch curriculare Autonomie einen negativen Effekt auf Schülerleistungen, finanzielle Autonomie jedoch positiven Einfluss.

Die Ergebnisse Wößmanns lassen sich als Rechtfertigung der Verbindung von Autonomie und Accountability lesen, wobei jedoch dem zweiten Teil des Paares mehr Gewicht beigemessen wird. Wößmann (2008a, S. 812) interpretiert die von ihm gefundene leistungssteigernde Wirkung von zentralen externen Abschlussprüfungen auf der Basis seines Principal-Agent-Modells. Nach dessen Vorstellungen führen Principal-Agent-Beziehungen zu suboptimalen Ergebnissen, wenn der Prinzipal Aufgaben an einen Agenten delegiert und dabei (1) unterschiedliche Interessenslage zwischen ihnen vorherrschen und (2) keine perfekten Informationen über das Verhalten des Agenten zugänglich sind. Zentrale Prüfungen können mit ihren sichtbaren und vergleichbaren Informationen die den Principal-Agent-Relationen

„inhärenten Monitoring-Probleme verringern [weil sie Anreize setzen,] die die Interessen des Agenten stärker mit den Interessen des Prinzipals und damit mit den Zielen des Bildungssystems in Einklang bringen." (Wößmann 2008a, S. 812)

Dabei vermutet er „drei Wirkungskanäle": Sichtbare und vergleichbare Leistungen würden von Arbeitgebern zu Vergleichen genutzt; damit erhöhen sich die externen Belohnungen für Lernanstrengungen der Schüler/innen und in der Folge die Schülerleistungen. Die Veröffentlichung verhindert, dass zweitens unerkannt die Standards des Unterrichts gesenkt würden und setzt drittens auch für die Lehrpersonen verstärkte Anreize, quantitativ und qualitativ erfolgreiche Wissensvermittlung zu leisten.

In der Zwischenzeit sind eine Reihe von *Kritikpunkten* gegenüber Studien diesen Typs vorgebracht worden (vgl. Schümer & Weiß 2008; McLellan 2009; Gronn 2009):

- Das „Education production-Modell" ist – von Bishop & Wößmann (2004) zugegebenermaßen – recht einfach. Es bezieht sich hauptsächlich auf *eine* Principal-Agent-Beziehung (meist auf jene zwischen Regierung und Schüler/innen) und nimmt gelegentlich Übertragungen auf die Akteure aus dem Lehrerkreis vor. Tatsächlich ist das Erziehungssystem aber eher als ein „Netzwerk von Principal-Agent-Beziehungen" zu beschreiben.
- Zweitens ist es fraglich, ob das unterlegte Modell menschlichen Verhaltens die Komplexität der Prozesse einfangen kann. Menschen als rationale Agenten auf der Basis von Kosten-Nutzen-Analysen sind vor dem Hintergrund aktueller Sozialpsychologie eher simpel konzipiert; andere Motivationslagen sind in Schulentwicklungsprozessen denkbar und beschrieben worden (vgl. McLellan 2009, S. 9).
- Empirisch ist an Wößmanns Studien kritisiert worden, dass in den Ergebnissen Inkonsistenzen auftreten, die mit dem Principal-Agent-Modell nicht erklärbar sind. Beispielsweise ist der („autonome") Einfluss von Lehrpersonen auf den gelehrten Stoff negativ mit Schülerleistungen in den TIMSS-Daten verbunden, während Lehrereinfluss bei der Auswahl von Schulbüchern einen positiven Effekt hat. In den PISA-Daten ist kein Effekt in irgendeiner Richtung sichtbar (vgl. McLellan 2009, S. 9).
- Kann man überhaupt annehmen, dass sich Autonomisierungspolitiken direkt auf Schülerleistungen auswirken? Fullan & Watson (2000) sehen Autonomisierung als eine strukturelle Reform an, die notwendig wäre, damit Schulen Handlungsfähigkeit angesichts sich wandelnder äußerer und innerer Anforderungen gewännen. Autonomiereformen stellen zunächst strukturelle Handlungsangebote dar, die erstens von Schulen, Lehrpersonen und anderen Akteuren aufgegriffen werden müssen und auf denen zweitens – da sie ja eher auf *organisatorische Voraussetzungen* denn auf die Unterrichtsarbeit selbst zielen – andere eher unterrichtsbezogene Reformen aufsetzen müssen, um die Qualität schulischer Prozesse und Ergebnisse zu verbessern, z.B. didaktische Reformen, „capacity building" im Kollegium und bei den Schüler/innen usw. (vgl. ähnlich bei Maag Merki & Steinert 2006, S. 105).

Die Diskussion über diese Studien zeigt, dass verschiedene Aspekte von Schulautonomie und „Accountability" in einer höchst komplexen Weise interagieren, die noch nicht hinreichend erklärt ist. Wie Wößmann (2007) selbst anmerkt, können die internationalen Schulleistungsvergleiche zwar ein „big picture" geben, allerdings kommt es auch auf die Spezifika der Implementation an, die durch die internationalen Vergleichsstudien nicht hinreichend ausgeleuchtet werden. Daraus ergibt sich die Aufgabe, auch von der Makro- auf die Mikroebene zu wechseln und die Prozesse, durch die Autonomie und Accountability verbunden werden, besser zu verstehen.

2.3 Prozesse der Schulautonomisierung am Beispiel der Profilierung von Schulen und Klassen

Was geschieht, wenn Reformvorschläge und neue rechtliche Regelungen in den Schulen und Klassenzimmern „implementiert" werden? Welche Prozesse werden durch neue rechtliche Vorgaben ausgelöst und welche neuen Mechanismen der Handlungskoordination sind dabei zu beobachten? Diese Fragen ließen sich im Prinzip an den verschiedenen Teilelementen der Schulautonomie-Politik untersuchen, z.B. an Modi der Lehrereinstellung (vgl. Schaefers 2004), an innerschulischen Koordinationsinstrumenten, wie an Schulprogrammen (vgl. Holtappels 2004d) und an schulinterner Qualitätsevaluation (vgl. Altrichter & Posch 1999) oder an der Erhöhung von Schulwahlfreiheit (vgl. Ackeren 2006; Altrichter u.a. 2008a). Wir konzentrieren uns im Folgenden auf Prozesse von „Schulprofilierung": Einesteils liegen zu dieser Frage schon eine Reihe von Studien vor. Anderenteils stellt „Schulprofilierung" eine der wichtigsten und häufigsten Konsequenzen bisheriger Autonomiepolitik in den deutschsprachigen Schulsystemen dar, die zunächst auch weithin begrüßt wurde und nicht mit spezifischen gesellschaftspolitischen Programmen – wie Partizipation, Privatisierung oder Verwaltungsoptimierung (vgl. Kap. 1.1) – assoziiert schien.

Unter *Schulprofilierung* verstehen wir die Prozesse, durch die Einzelschulen die jeweils gegebenen autonomen Gestaltungsmöglichkeiten nutzen, um sich ein spezifisches „Profil" in Hinblick auf Lernangebote und andere Merkmalen zu geben, mit dem sie sich von anderen Schulen differenzieren und das sie zur Außendarstellung verwenden. In der Folge stellen wir die Ergebnisse einiger Studien über Aspekte der Schulprofilierung vor.

Clausen u.a. (2007) haben gefragt, wie Schulen die durch Autonomie erzeugten Handlungsspielräume in Form nicht zweckgebundener Schulstunden („Poolstunden") nutzen. In einer Inhaltsanalyse schulautonomer Lehrpläne von 92 Gymnasien in Baden-Württemberg fanden sie, dass der überwiegende Teil der Schulen diese Spielräume für fachliche Lernziele nützte; bei 40 Gymnasien schienen auch methodische oder psychosoziale Lernziele auf. Insgesamt stellen die Autor/innen fest, dass sich Schulen auf Basis dieser individuellen Profile differenzieren und „programmatisch voneinander abgrenzen, ohne sich dabei gegenseitig Qualität absprechen (…) zu müssen" (Clausen u.a. 2007, S. 746).

Horak und Johanns (2001; vgl. auch Horak 2005) untersuchten schulische Profilbildung im Rahmen der Frankfurter Schulentwicklung der 1990er Jahre mittels historischer Analyse, statistischem Material und Interviews. Dabei stellten sie fest, dass die – durch Schulautonomie forcierte – Differenzierung der Einzelschulen (vgl. auch Sikorski 2007) von Hierarchisierung und neuen Selektionsformen begleitet war. Ihre Studie legt ebenso wie internationale Forschungsergebnisse nahe,

> „dass sich im Rahmen der staatlichen Förderung von Schulautonomie das Schulwesen nicht nur pluralisiert, sondern sich auch Statusunterschiede von Schulen gleicher Schulform ausbilden. Diese Statusunterschiede scheinen von spezifischen Handlungsstrategien abhängig, die Schulen in einer Konkurrenzsituation um Schülerinnen und Schüler entwickeln. Dabei ergibt sich aus den Statusunterschieden für einzelne Schulen die Möglichkeit, sich Schülerinnen und Schüler nach von ihnen bestimmten Kriterien auszuwählen und so neue Selektionsformen auszubilden." (Horak & Johanns 2001, S. 6)

Profilbildungsprozesse der Sekundarschulen zeigten in dieser Studie auch Auswirkungen auf die Grundschulen, weil einige profilierte Schulen versuchten,

> „den Prozess der Klientelbildung für das eigene Profil schon in die Grundschulen zu verlagern, indem sie Kooperationen mit Grundschulen eingehen, die ein entsprechendes [fachspezifisches Angebot] bereits in den Klassen 1 - 4 anbieten. Durch diese institutionelle Strategie geraten auch Schulen aus dem Grundschulbereich in den Sog des Profilierungsprozesses und es verstärkt sich die Tendenz, dass bestimmte Grundschulen sich nicht mehr nur nach Anforderungen des gegliederten Schulwesens ausrichten, sondern sich verstärkt auf Profile weiterführender Schulen beziehen." (ebd., S. 12)

Die Rekrutierungserfolge weiterführender Schulen provozierten neuen Steuerungsbedarf im kommunalen Schulwesen (vgl. Horak 2005, S. 3), wie auch in folgender Studie deutlich wird.

Maroy & van Zanten (2009) untersuchten sechs städtische Schulregionen in Frankreich, Belgien, Portugal, England und Ungarn mit einem Inventar qualitativer und quantitativer Methoden. Jenseits aller nationalen Systemunterschiede fanden sie jeweils „competitive interdependencies" zwischen den Schulen, die als wesentlicher Mechanismus der Systemkoordination wirkten, interessanterweise sogar in Fällen, in denen die nationalstaatliche Bildungspolitik keineswegs auf Wettbewerbskoordination aus war (vgl. ebd., S. e70). Dadurch entwickelten sich hybride Koordinationskonfigurationen zwischen Bürokratie und Markt, die der Beschreibung von Quasi-Märkten bei Bartlett & Le Grand (1993) entsprechen: Entscheidungsmöglichkeiten von Schulen und Wahlmöglichkeiten von Eltern werden erweitert, doch spielt der Staat weiterhin eine gewichtige Rolle bei der Finanzierung und der Regulierung z.B. der Ziele und Inhalte der Curricula oder des Auftritts neuer Anbieter von pädagogischen Leistungen.

Abhängig von den Vorstellungen über Schulqualität in den Familien, der Reaktionslogik der Schulen auf die Wettbewerbssituation sowie dem nationalen und lokalen Regelungsrahmen entwickelten sich bei Maroy & van Zanten (2009, S. e78) unterschiedliche Dynamiken des Wettbewerbs, die mit Prozessen der Hierarchisierung zwischen Schulen und der Segregierung ihrer Schülerpopulationen einhergingen. Diese Phänomene waren den lokalen und regionalen Akteuren in Schulverwaltung und -aufsicht meist bewusst, sie reagierten jedoch sehr unterschiedlich: So versuchten die Verantwortlichen einer französischen Region die negativen Effekte des Wettbewerbs mit einer Veränderung der schulischen Einzugsbereiche sowie mit restriktiverer Genehmigung von Schulwechselansuchen zu begegnen, was auf offensive und defensive Gegenstrategien der Professionellen und der Eltern traf. Einer ungarischen Region, die ebenfalls den entstehenden Ungleichheiten entgegenarbeiten wollte, standen dagegen keine Instrumente, die Elternwahl einzudämmen, zur Verfügung. Ihre Strategie der positiven Diskriminierung von benachteiligten Schüler/innen und Schulen führte zu einer Spezialisierung der Schulen auf „segregierte" Segmente der Schülerpopulation und zur Flucht von eher „privilegierten" Schüler/innen aus jenen Schulen, die sich besonders um Benachteiligte kümmerten. Ein belgischer Schulbezirk wiederum griff – trotz Unbehagens über Segregierungsprozesse – überhaupt nicht ein, weil das historisch gut verankerte Prinzip der „Unterrichtsfreiheit" schwerer wog und – auf dessen Basis – negative Reaktionen von Schulen und Eltern zu befürchten waren (vgl. ebd., S. e75ff.).

In einer Analyse der Berliner Schulpolitik zeigte Flitner (2007, S. 46), dass in einer Stadt mit 30 % Kindern aus Migrantenfamilien (2006/07) die Mittel für Sprachunterricht und zweisprachigen Anfangsunterricht immer knapper würden, gleichzeitig aber „eine eindrucksvolle Vermehrung zweisprachiger Schulangebote für ausgewählte Kinder deutscher Mittelschichtfamilien" stattfände. Als zweites Beispiel führte Flitner (2007, S. 49ff.) die „grundständigen Gymnasien" ab der 5. Schulstufe an, die – obwohl eine Anomalie im Berliner Schulsystem, das eine 6jährige Grundschule für alle vorsieht – seit Beginn der 1990er Jahre eine eindrucksvolle Vermehrung erlebten. Während es im Schuljahr 1989/90 maximal 20 grundständige Gymnasialklassen mit 600 Schüler/innen im 5. Schuljahr gab, waren es 2006/07 schon 81 grundständige Klassen mit etwa 2360 Plätzen, die mit 3687 Anmeldungen übernachgefragt waren. Lehmann & Nikolova (2003) fanden, dass die Chance auf Aufnahme an einem grundständigen Gymnasium für deutsche Kinder bei gleicher Intelligenz etwa doppelt so hoch war wie für ausländische. Noch wichtiger als Intelligenz, Fachleistung oder Nationalität ist jedoch die Ausbildung der Eltern. In der Interpretation von Flitner (2007, S. 44) setzt die Berliner Schulpolitik angesichts von Sparzwängen Prioritäten und fördert die Entwicklung einer Schulvielfalt, die die Form „exklusiver neuer Angebote für ein schulisch anspruchsvolles deutsches Publikum" annimmt, während andere – politisch weniger gewichtige und artikulierte – Gruppen nicht mehr ausreichend versorgt werden.

In zwei aufeinanderfolgenden Projekten untersuchten wir (Altrichter u.a. 2005c; 2008b), wie österreichische Sekundarschulen die Autonomiegesetzgebung interpretierten und in schulautonome Lehrpläne sowie „Schulprofile" umsetzten. Beide Projekte folgten einem Fallstudienansatz, der sich auf Dokumentenanalyse und Interviews mit 10 – 15 Mitglieder der Schule, die verschiedene Funktionen in der Organisation und verschiedene epistemologische Perspektiven repräsentierten, stützte. In der ersten Studie wurden drei Schulen (Hauptschule, AHS, HAK), die sich im Bereich der neuen Informations- und Kommunikationstechnologien (IKT) attraktive Schulprofile aufbauen wollten, untersucht (vgl. Altrichter u.a. 2005c). In der Folgestudie wurden zu den vermuteten Besonderheiten des Profilierungsbereiches IKT komplementäre Profilierungsfelder ausgewählt, nämlich je zwei Schulen mit einem Profil in Fremdsprachen, in Kunst und Kreativität in Sozialem Lernen sowie in Integration.

Die vergleichende Analyse der elf Fälle führte u.a. zu folgenden *Hypothesen über schulische Profilierungsprozesse:*

- Was als „schulische Profilierung" bezeichnet wird, umfasst in den untersuchten österreichischen Fällen *zwei miteinander verbundene Prozesse:*
  (1) Klassenprofilierung: Die schulautonomen Lehrpläne beziehen sich meist auf einzelne Klassen, neben denen – außer in sehr kleinen oder spezialisierten Schulen – noch andere Profilklassen und „Restklassen" bestehen. Profilklassen sind meist attraktiver als „Restklassen" und gelegentlich besteht auch eine Hierarchie der Attraktivität zwischen den verschiedenen Profilklassen. Attraktive Profilklassen können, wenn sie mehr Anmeldungen als Plätze aufweisen, in Hinblick auf ihre Leistung und ihr soziales Kapital besonders „attraktive" Schüler/innen auswählen.
  (2) Einzelschulprofilierung: „Schulprofilierung" bedeutet unter diesen Bedingungen zu allererst, ein „Portfolio" mit einer oder mehreren attraktiven Profilklassen zu füllen, mit denen ein positives Image der Schule aufgebaut und um Schüler/innen geworben werden kann. Darüber hinaus können noch weitere klassenübergreifende Merkmale dem „Portfolio" hinzugefügt werden, doch gerade im Bereich der höheren Schulen ist ein Schulprofil ohne attraktive Profilklassen kaum zu finden. Wo dies aus schulrechtlichen und regionalpolitischen Gesichtspunkten möglich ist, versuchen Schulen die Zahl attraktiver Profilklassen zu steigern und unattraktive Profile sowie

„Restklassen" auslaufen zu lassen, deren Schülerklientel in weniger erfolgreiche Schulen umgeleitet wird.
- *Wettbewerb* ist ein zunehmend bedeutsamer überschulischer Koordinationsmechanismus, der offenbar auch relativ unabhängig davon, ob durch die Bildungspolitik explizit darauf hingearbeitet wird, die Interdependenzen zwischen Schulen reguliert (vgl. auch Maroy & van Zanten 2009, S. e70).
- Für eine Reihe von Schulen sind Wettbewerbsüberlegungen der erste und vorherrschende *Impuls, eine Profilierung in Angriff zu nehmen*. Dieser Impuls kann aber auch von internen *normativen Vorstellungen* (z.B. pädagogische Entwicklungsideen) ausgehen, die Lehrende hegen oder die von der Schulbehörde vorgegeben werden, sowie von einer *internen Problemanalyse* einer als belastend empfundenen Schulsituation.
- Für die *Etablierung* des Profils scheint *Wettbewerbserfolg* aus externen (Sicherung einer ausreichenden Schülerzahl) und/oder internen Gründen (Skepsis von Kolleg/innen) jedoch unumgänglich. Wenn ein Profil diesen Erfolg langfristig nicht zeigen kann, dann wird es durch eine neue Profilierung ersetzt oder durch ein „attraktiveres" Profil ergänzt.
- Die „Schlüsselressource", um die konkurriert wird, sind *Schüler/innen*, deren Zahl und speziellen Charakteristika erstens Einfluss auf Ausmaß und Qualität weiterer Ressourcen haben, die die Schule erhalten kann („firstorder competition"). Zusammensetzung und spezielle Charakteristika der Schülerklientel zählen zweitens zu den stärksten Einflussfaktoren auf Image der Schule, erzielbare Schülerleistungen sowie Arbeitsbedingungen und Berufszufriedenheit von Lehrpersonen („second-order competition" bei Gerwitz u.a. 1995).
- Die letztlich erzielte Schülerzusammensetzung einer Schule ist dann wiederum ein wichtiges *Wettbewerbsargument,* weil diese für viele Eltern ein verständlicherer Qualitätsindikator („visible, 'physical' markers") ist als beispielsweise die „Arbeit der Schule", die für Laien oft komplex und schwer zu bewerten ist, oder – in anderen Ländern – als abstrakte Leistungskennzahlen (vgl. Maroy & van Zanten 2009, S. e72). Das Schulprofil, die speziellen schulischen Angebote, ist ein weiteres Argument in der Konkurrenz um „gute" Schüler/innen.
- Im Gefolge der Profilbildungen zeichnen sich *Selektionsprozesse* im Schulwesen ab, die auf neuen, durch Profilierung erzeugten Statushierarchien zwischen Schulen bzw. Klassen beruhen. Wettbewerb und Vergleich finden mit wenigen Ausnahmen *innerhalb* der Schulform statt und tragen nicht zur Flexibilisierung der Grenzen innerhalb des zweigliedrigen Schulsystems bei. Im Gegenteil wird eine *neue Statushierarchie innerhalb der Schulformen* aufgebaut, die zur Bildung von „Restschulen" und von „Restklassen"

und zu entsprechenden Selektionsprozessen führt. Diese Unterschiedlichkeit wird von den Schulen für die Konkurrenz um ihre Schlüsselressource „gute Schüler/innen", für die Werbung um und für die Abweisung von Bewerber/innen bzw. für interne Selektion genutzt, was dazu führt, dass Schüler/innen von bestimmten „attraktiven" Angeboten ausgeschlossen werden.

- Die *interne Arbeitsorganisation* der Lehrpersonen wird in manchen Schulen, in denen die Profilbildung von der Schulleitung oder einer speziellen Koordinationsperson betrieben wird, kaum verändert, in anderen Schulen findet sich dagegen vermehrte *Teamarbeit* jener Lehrer/innen, die sich im Profilschwerpunkt engagieren. Kooperationsformen sind meist unterrichtsnah gestaltet und setzen auf normative Übereinstimmung und persönliche Beziehungen. Weiterhin scheint Scheu zu bestehen, *formellere Institutionalisierungsformen* zu benutzen, z.B. zeitlich fixierte Klassenlehrerkonferenzen, formell installierte Sprecher/innen oder Leiter/innen der Schwerpunkte.
- Die von Wissenschaft und Bildungsverwaltung propagierten *neuen innerschulischen Steuerungsinstrumente*, wie Schulprogramm und Selbstevaluation, spielen selbst in entwicklungsaktiven Schulen kaum eine Rolle im schulischen Alltag. Zur Rechtfertigung schulintern angezweifelter oder kritisierter Entwicklungen wird in manchen Fällen temporär Evaluation eingesetzt, die jedoch nach Akzeptanz des Profils meist verschwindet und zu keinem Instrument kontinuierlicher Weiterentwicklung wird.

Wir haben Schulprofilierungsprozesse bisher v.a. aus der Perspektive von Politiker/innen, die Politiken und Gesetze entwickeln, und von Lehrpersonen, die sie in schulischen Prozessen zum Leben bringen sollen, diskutiert. *Machen schulische Profilierungsprozesse einen Unterschied für Schüler/innen?* Führen sie zu veränderten Lernerfahrungen und -ergebnissen? Eder (2006) versuchte sich diesen Fragen anzunähern, indem er 20 zufällig ausgewählte Hauptschulklassen, die ein länger aufgebautes Profil als „Musikklassen" hatten, mit 20 „Normalklassen" in den gleichen Schulen verglich. Seine Analysen zeigten, dass Schüler/innen in Musikklassen tatsächlich bessere Leistungen in Mathematik, Lesen und Naturwissenschaften aufwiesen als jene in „Normalklassen" und dass die Schüler/innen in solchen Klassen auch über eine höhere Qualität der unterrichtlichen und sozialen Prozesse berichteten. Der Autor fand aber auch, dass diese Vorteile fast zur Gänze auf die positive Auswahl der Schüler/innen zurückzuführen war. Die Attraktivität des Schwerpunkts in Verbindung mit der Möglichkeit einer Aufnahmeprüfung führte im Vergleich zu den Regelklassen zu einer deutlich verringerten Anzahl von Schüler/innen mit Migrationshintergrund und einer größeren Anzahl von Kindern aus vollständigen und unterstützenden Familien, die insgesamt auch deutlich bessere kognitive Leistungsvoraussetzungen aufwiesen (vgl. Eder 2006, S. 18f.). Innerschulisch führte dies in den „Normalklassen" zu einer Häufung von Kindern, die diese Merkmale in einem verringerten Ausmaß aufwiesen. Offenbar kann es durch schulische Profilierungsprozesse zu problematischen Massierungen von Schüler/innen mit schlechteren Lernvoraussetzungen sowohl in „Restklassen" innerhalb der Schulen (wie in Eders Untersuchung) als auch in „Restschulen" innerhalb bestimmter Regionen kommen.

3 Resümee und Perspektiven

Die bisherigen Überlegungen lassen sich folgendermaßen zusammenfassen: International sind seit den 1980er Jahren, in den deutschsprachigen Ländern seit den 1990er Jahren Autonomisierungspolitiken zu beobachten, die mehr Entscheidungsrechte v.a. auf die Ebene der Einzelschule transferieren und dadurch zu einer Erhöhung von Qualität, Effektivität und Responsivität der Bildung führen sollen. In der ersten Hälfte der 2000er Jahre wurden Autonomiereformen durch Accountability-Politiken ergänzt, die durch Zielvorgabe, Ergebnismessung und darauf aufbauende Entwicklungszyklen neue Steuerungsmöglichkeiten in Richtung einer verbesserten Leistungsfähigkeit des Schulsystems aufbauen wollten. Obwohl das Verhältnis zwischen Autonomie- und Accountability-Politik in der Forschung sehr kontrovers diskutiert wird und längst nicht geklärt ist, erscheinen sie gegenwärtig als „siamesische Zwillinge" der aktuellen Bildungspolitik (vgl. Gronn 2009, S. 2).

Schulautonomie ist keine Ein-Thema-Politik, sondern ein komplexes Programm, das sich potentiell aus Änderungen auf allen Ebenen der Organisation Schule zusammensetzt und oft mit Accountability-Maßnahmen verwoben ist. Die tatsächliche Verteilung von Entscheidungsrechten variiert zwischen verschiedenen Schulsystemen; auch sind gleichzeitig (Re-)Zentralisierungsprozesse, v.a. im Bereich der Zielformulierung und der Ergebniskontrolle, zu beobachten (vgl. OECD 2008a, S. 524). Autonomiepolitiken bestehen zweitens v.a. aus Strukturangeboten, die von Schulen und Individuen aufgegriffen, „rekontextualisiert" und umgesetzt werden müssen, um ihre Wirksamkeit zu entfalten. Schließlich betreffen Autonomiereformen meist organisationelle und systemische Voraussetzungen, auf die erst unterrichtsbezogene Innovationen aufsetzen müssen, damit „Wirkungen" im Schülererleben und –lernen erwartbar sind.

Diese drei Merkmale stellen die empirische Erforschung von Autonomiereformen vor nicht unbeträchtliche Probleme und können eine Erklärung dafür sein, dass die bisherigen Forschungsergebnisse zu den Effekten von Autonomie inkonsistent sind. Vieles deutet darauf hin, dass von einer – ursprünglich wohl bildungspolitisch erhofften – globalen Wirkung von Autonomiereformen auf

Unterrichtsqualität und Schülerleistungen nicht auszugehen ist. Demgegenüber ist das Bewusstsein über potentielle unerwünschte Nebenwirkungen der realisierten Autonomiekonfigurationen im Steigen begriffen. So scheint, obwohl die Forcierung von marktlicher Koordination im Schulwesen in der Regel nicht zu den explizit verfolgten Zielen von Autonomiereformen in den deutschsprachigen Schulsystemen gehört hat, der schulische Wettbewerb deutlich zugenommen zu haben und die (erwünschte) Differenzierung zwischen Einzelschulen mit einer (unerwünschten?) Hierarchisierung und der Bildung von Restklassen und Restschulen einherzugehen, die eine sozial und leistungsmäßig ausgelesene Klientel aufweisen. Wenn dem so ist, dann müsste die Bildungsforschung die auch international immer wieder geäußerte Kritik, Autonomie fördere die Desintegration des Schulsystems und die Segregation zwischen Schulen, konsequenter als bisher untersuchen. Dann müsste sich aber auch die Bildungspolitik der Frage stellen, ob nicht Umsteuerungen notwendig sind, wenn ihre Reformen – offenbar transintentional – einem nicht explizit angestrebten Zustand zuarbeiten.

In dieser Situation stellen sich eine Reihe durchaus anspruchsvoller *Aufgaben für die Bildungsforschung*: Zunächst scheint angebracht, aus der sehr umfassenden „Politikwolke", die sich aus Autonomie- und Accountabilityreformen zusammensetzt, jene Elemente und *Konfigurationen herauszuarbeiten*, die real einigermaßen häufig auftreten und von denen aufgrund von theoretischen Überlegungen und bisherigen empirischen Erfahrungen plausibel systemverändernde Wirkungen und Nebenwirkungen zu erwarten sind. Dafür bieten die schon vorliegenden Analysen von Autonomiegesetzgebungen kategoriale und methodische Ansatzpunkte.

Eine weitere Aufgabe besteht in der *empirischen Rekonstruktion von Wirkungsbedingungen und Wirkungsverläufen solcher Konfigurationen* über die verschiedenen Vermittlungsschritte im Mehrebenensystem Schule hinweg bis hin zu den Ergebnissen, die sie in relevanten Indikatoren zeigen (vgl. das Konzept der „policy trajectory analysis" bei Ball 1997b, S. 51). Dass diese Aufgabe nicht leicht ist, wird niemand verwundern und hat sich schon in diesem Beitrag gezeigt, der versucht hat, Informationen zu Input, Prozessen und Output von Autonomiepolitiken zusammenzustellen und dabei mit Studien unterschiedlicher Aufmerksamkeitsrichtung, Datenquellen und Datenqualität ein sehr patchworkartiges Bild gezeichnet hat. Die angestrebte Rekonstruktion von Wirkungsverläufen von komplexen Steuerungsinnovationen wird unserer Meinung nach auch in Hinkunft kaum von in sich kohärenteren Einzeluntersuchungen zu leisten sein, sondern erfordert die Relationierung von Untersuchungen auf verschiedenen Ebenen und verschiedener Reichweite, um der vielfachen Vermitteltheit von Steuerungsphänomenen und der Mehrebenenhaftigkeit von Schulsystemen gerecht zu werden.

Die Untersuchung von Steuerungsphänomenen hat sich bisher – in Einklang mit dem Mainstream der aktuellen Forschung und Bildungspolitik – häufig mit Maßen des Schülerlernens zur *Darstellung der Ergebnisse von Bildungssystemen* zufrieden gegeben. Diese sind wichtig, doch müssen Ansätze der Erforschung erneuerter Steuerungssituationen darüber hinaus gehen und andere relevante Systemergebnisse, wie z.B. ihren Beitrag zu gesellschaftlicher Integration oder zur Gesundheit der Akteure, erfassen, um eine aufgeklärte Bewertung von „Steuerungsreformen" zu ermöglichen, die ja ihrem Selbstanspruch und ihrem Potential nach eine umfassendere Veränderungen gesellschaftlicher Koordination mit sich bringen. Das heißt aber auch, dass Forschungsansätze einer schultheoretischen und gesellschaftstheoretischen Einbettung bedürfen, um ihre Aufmerksamkeitsrichtungen etwas unabhängiger von den jeweils aktuellen Politikmoden zu machen. Dies wird nur chancenreich sein, wenn empirische und theoretische Arbeit näher aneinander herangeführt wird, als dies bisher in der deutschsprachigen Bildungsforschung zumeist der Fall war.

Für die Bildungspolitik wird es nicht einfach sein, eine kritische Untersuchung des Politikpaares von Autonomie und Accountability zuzulassen und zu fördern, weil diese das ideelle Kernstück der aktuellen Bildungsreformbemühungen ausmachen. Gerade darum müsste es aber einer „evidenzbasierten Bildungspolitik" daran gelegen sein, sich hier schrittweise mehr Klarheit zu verschaffen.

Katharina Maag Merki

Theoretische und empirische Analysen der Effektivität von Bildungsstandards, standardbezogenen Lernstandserhebungen und zentralen Abschlussprüfungen

In der Steuerung von Bildungssystemen lässt sich in den letzten Jahren nicht nur in den deutschsprachigen Ländern, sondern international, eine klare Trendwende hin zu einer stärkeren Fokussierung auf die Überprüfung von Bildungsergebnissen der Schüler/innen mit einer gleichzeitigen Stärkung der schulischen Autonomie feststellen (Altrichter & Heinrich 2007; Burkard & Eikenbusch 2002; Fend 2005). Die Entwicklung und Implementation von Bildungsstandards, die Einführung von standardbezogenen Lernstandserhebungen sowie von zentralen Abschlussprüfungen sind Kernbereiche dieser Output-Steuerung, deren Einführung mit internationalen Entwicklungen und dem erwartungswidrig schlechten Abschneiden der deutschsprachigen Länder in den internationalen Leistungsvergleichsstudien in einen Zusammenhang gebracht werden kann (Steffens 2007). Zudem verweisen Forschungsbefunde auf die nur geringe Standardsicherung, auf eine hohe Varianz zwischen einzelnen Bundesländern oder Schulen (Baumert & Watermann 2000; Köller u.a. 2004; Köller, Baumert & Schnabel 1999), auf die uneinheitliche Verwendung von Benotungsmaßstäben (Klieme 2003) und auf signifikante Interaktionseffekte zwischen Notengebung und Schulzugehörigkeit (Klieme 2005). Um Unterschiede zwischen Schulen oder Regionen hinsichtlich des Niveaus der fachlichen Anforderungen, der Maßstäbe zur Beurteilung der Leistungen der Schüler/innen und letztlich des erreichten Niveaus auszugleichen, werden deshalb Verfahren gefordert, die eine höhere Standardsicherung bewirken (vgl. Klieme 2004; Klieme u.a. 2003).

In diesem Artikel erfolgen eine Klärung der Konzepte sowie die Darstellung der entsprechenden Verfahren und der jeweiligen Implementationsmodi im internationalen Vergleich (Kap. 1). Danach wird die Wirkungslogik der Verfahren theoretisch dargestellt (Kap. 2). Im dritten Teil werden auf Grundlage empirischer Studien Effekte der verschiedenen Instrumente präsentiert, wobei der Fokus vor allem auf Befunde zu den high-stakes Testverfahren im Reformprogramm „No child left behind" in den USA und zu zentralen Abiturprüfungen gelegt wird (Kap. 3). Den Abschluss bildet eine Bilanz, in der die in Kapitel 2 dargelegten Wirkungshoffnungen an den in Kapitel 3 präsentierten empirischen Ergebnissen gemessen werden.

1 Konzeptionelle Klärungen

Bildungsstandards, standisierte Lernstandserhebungen und zentrale Abschlussprüfungen können insofern differenziert werden, als sie sich auf unterschiedliche Steuerungsvariablen beziehen: *Bildungsstandards* entsprechen einem Inputmerkmal und definieren, welche Ziele bzw. Kompetenzen zu einem bestimmten Zeitpunkt von den Schülerinnen und Schülern erreicht werden sollen (Klieme u.a. 2003). *Lernstandserhebungen* und *zentrale Abschlussprüfungen* hingegen stellen extern administrierte und definierte Verfahren dar, mit denen die Kompetenzen und Leistungen der Schülerinnen und Schüler am Ende einer bestimmten Lernzeit als Outputmerkmal überprüft werden sollen. Sie gehören neben anderen Qualitätssicherungsverfahren wie beispielsweise die Schulinspektionen (vgl. Kotthoff & Böttcher in diesem Band), die nicht in erster Linie auf den schulischen Output, sondern auf die schulischen Prozesse gerichtet sind, zu den Instrumenten der externen Evaluation.

1.1 Bildungsstandards als Inputfaktor

Bildungsstandards, wie sie im deutschsprachigen Raum konzipiert werden, haben den Anspruch, Erwartungen (Normen) an fachliches Lernen im Kontext allgemeiner Bildungsziele zu spezifizieren. Es handelt sich bei diesen Standards im Wesentlichen um normative Curricula, die auf Kernbereiche fokussiert sind. Dabei hat die in Deutschland erstellte Expertise zur Entwicklung nationaler Bildungsstandards von Klieme u.a. (2003) nicht nur die politischen Entscheide in Deutschland geprägt, sondern auch in der Schweiz und in Österreich eine herausragende Bedeutung erhalten, an der sich die Ausarbeitung und Implementation orientiert. Entsprechend dieser Expertise werden Bildungsstandards als Performanzstandards verstanden, die sich durch verschiedene Merkmale auszeichnen sollen (Klieme u.a. 2003, S. 20ff.):

- Sie konkretisieren die Ziele in Form von Kompetenzanforderungen und legen fest, über welche Kompetenzen eine Schülerin, ein Schüler zu einem bestimmten Zeitpunkt in der Schullaufbahn verfügen muss, wenn wichtige

Ziele der Schule als erreicht gelten sollen. Damit zielen sie auf kumulatives und systematisch vernetztes Lernen.
- Die Standards decken nicht die gesamte Breite des Lernbereichs bzw. des Faches in allen Veränderungen ab, sondern konzentrieren sich auf einen Kernbereich, der für alle Lernenden verbindlich ist.
- Die Kompetenzanforderungen werden in Kompetenzmodellen systematisch über verschiedene Kompetenzstufen geordnet, die Aspekte, Abstufungen und Entwicklungsverläufe von Kompetenzen darstellen.
- Konkretisiert werden diese in Aufgabenstellungen und Testverfahren, die das Kompetenzniveau, das die Schülerinnen und Schüler erreicht haben, valide erfassen.

1.2 Standardisierte Lernstandserhebungen und zentrale Abschlussprüfungen als outputüberprüfende Verfahren

Sowohl standardisierte Lernstandserhebungen als auch zentrale Abschlussprüfungen sind Verfahren, mit denen die Leistungen und Kompetenzen der Schüler/innen am Ende einer bestimmten Lernperiode überprüft werden. Auch wenn damit eine Kongruenz der beiden externen outputüberprüfenden Verfahren sichtbar wird, ergeben sich dennoch Unterschiede. Die folgende Gegenüberstellung basiert auf dem Verständnis der jeweiligen Konzepte im deutschsprachigen Raum.

Die erste Differenz zwischen standardisierten Lernstandserhebungen und zentralen Abschlussprüfungen bezieht sich auf den *Zeitpunkt der Durchführung in der Schulbiographie der Schüler/innen*: Während Lernstandserhebungen, wie sie im deutschsprachigen Raum verstanden werden, auf formulierte Bildungsstandards Bezug nehmen bzw. in Zukunft nehmen sollen sowie den erreichten Lernstand am Ende einer Lernperiode, meist am Ende eines Schuljahres, teilweise am Ende der Schullaufbahn, überprüfen, finden zentrale Abschlussprüfungen ausschließlich am Ende der Schullaufbahn der Schüler/innen statt, beispielsweise am Ende der Sekundarstufe I oder II. Zudem beziehen sich die zentralen Abschlussprüfungen weniger explizit auf die Bildungsstandards.

Lernstandserhebungen und zentrale Abschlussprüfungen haben *unterschiedliche Funktionen*. So wird mit Lernstandserhebungen, zumindest in der theoretischen Konzeption (Klieme u.a. 2003), keine Selektions-, sondern eine Monitoringfunktion für Bund, Land, Region und/oder Schulen verknüpft, wenngleich einige Bundesländer zur Regelung übergegangen sind, dass die Schulen die Ergebnisse dennoch als reguläre benotete Klassenarbeiten in die Jahresnote einfließen lassen müssen oder können (van Ackeren & Bellenberg 2004). Zudem können Lernstandserhebungen als Basis für die Rechenschaftslegung und Kontrolle gegenüber Schulaufsicht bzw. vorgesetzten Behörden oder explizit zur schulischen Qualitätsentwicklung im Sinne eines Evaluationsinstrumentes eingesetzt werden (Abs, Maag Merki & Klieme 2006).

Selektion ist bei den zentralen Abschlussprüfungen explizites und erstes Ziel, während Monitoring oder Rechenschaftslegung eher nachgeordnete Funktionen sind. Da sich allerdings die Durchführung zentraler Abschlussprüfungen im internationalen Vergleich systematisch unterscheidet (für die zentralen Abiturprüfungen siehe Klein u.a. 2009) und die Ergebnisse der zentral durchgeführten Abschlussprüfungen im Vergleich zu den Erfahrungsnoten während des Schuljahrs mit unterschiedlichem Gewicht in die Abschlussnote (Abiturnote) eingehen, variiert der Selektionsgrad dieses Prüfverfahrens. Nach Klein, Kühn, van Ackeren und Block (2009) präferiert die Mehrheit der Bundesländer in Deutschland solche Organisationsformen des Zentralabiturs, die im Vergleich mit 15 anderen OECD-Staaten einen nur geringen bis mittleren Standardisierungsgrad repräsentieren. Im Unterschied zu den zentralen Abschlussprüfungen in den USA zeichnen sich die in den OECD-Staaten untersuchten Konzepte zudem vor allem dadurch aus, dass in den meisten Ländern, so auch in Deutschland, die Ergebnisse der zentralen Abschlussprüfungen mit den Lernbeurteilungen in den Jahresleistungen des Gymnasiums verrechnet werden. In den USA erfolgt die Beurteilung einzig auf der Testleistung in der Abschlussprüfung, Erfahrungsnoten aus der Unterrichtszeit werden nicht berücksichtigt.

Darüber hinaus finden sich zwischen den beiden Verfahren *Unterschiede im methodischen Design*. Zentrale Abschlussprüfungen werden aufgrund ihrer Selektionsfunktion auf individueller Ebene eingesetzt, wobei alle Schüler/innen daran teilnehmen müssen, um eine bestimmte Qualifikationsstufe, beispielsweise das Abitur, zu erreichen. Lernstandserhebungen wiederum werden nicht zwingend in der Gesamtpopulation eingesetzt, sondern können auch stichprobenbasiert durchgeführt werden, insbesondere dann, wenn die Ergebnisse der Erhebungen nicht zu Selektionszwecken verwendet werden.

Unterschiede zwischen standardisierten Lernstandserhebungen und zentralen Abschlussprüfungen zeigen sich ebenfalls in Bezug auf die *überprüften Fächer*. Während Lernstandserhebungen meist auf die Fächer Mathematik, Deutsch und Englisch fokussiert sind (van Ackeren & Bellenberg 2004), wird in den zentralen Abschlussprüfungen, insbesondere am Ende der Sekundarstufe II, ein wesentlich größerer Fächerkanon in die Prüfungen einbezogen. Über die Möglichkeit, bestimmte Schwerpunkt- oder Profilfächer zu wählen, wird den Schüler/innen damit eine größere Wahlmöglichkeit zugestanden (Klein u.a. 2009).

2 Aktueller Stand im internationalen Vergleich

Die Einführung von Bildungsstandards und der hier interessierenden outputüberprüfenden Verfahren scheinen auf den ersten Blick neu und stark von den Erschütterungen geprägt zu sein, die die deutschsprachigen Länder aufgrund der PISA-Ergebnisse ab 2000 durchzogen haben. In der Tat setzen sich die Reformen nach 2000 deutlich ab von den Ende des 20. Jahrhunderts favorisierten Steuerungsstrategien der „reinen" Inputsteuerung. Auch die methodische Anlage und die theoretische und empirische Fundierung der eingesetzten leistungsvergleichenden Tests unterscheiden sich im zeitlichen Vergleich. Dennoch ist die Einführung von Bildungsstandards und die standardisierte Überprüfung der Leistungen der Schüler/innen im deutschsprachigen Raum nicht absolut neu, sondern kann auch als eine Weiterführung früherer Ideen und bildungspolitischer Absichten verstanden werden (Criblez & Huber 2008; Fend 2005). Im internationalen Vergleich, insbesondere mit Blick auf die angloamerikanischen Länder, ist dennoch festzustellen, dass diese Entwicklungen im deutschsprachigen Raum später einsetzten als in anderen europäischen Ländern oder in den USA, wo sich erste Entwicklungen bereits in den 1980er Jahren zeigten (Horn 2004; Ravitch 1995). Der aktuelle Stand der Entwicklungen in den deutschsprachigen Ländern gestaltet sich wie folgt (Stand September 2009):

Die Implementation von Bildungsstandards, zentralen Abschlussprüfungen und standardisierten Lernstandserhebungen erfolgte in *Deutschland* in hohem Tempo und ist bereits weitestgehend gesetzlich verankert (Maag Merki 2009). Die entsprechenden Standards haben in allen Bundesländern Gültigkeit und werden – vorerst innerhalb der Bundesländer, demnächst bundesländübergreifend – regelmäßig überprüft (Ditton 2008). Aufgrund der noch fehlenden empirischen Grundlage für die Etablierung von Kompetenzmodellen werden allerdings in Deutschland die aus den Standards abgeleiteten Kompetenzen noch nicht in einem Stufenmodell, sondern in drei Anforderungsbereiche gegliedert (Kultusministerkonferenz 2004, S. 17). Zentrale Abiturprüfungen am Ende der Sekundarstufe II sind in allen Bundesländern, außer Rheinland-Pfalz, eingeführt. Im Bundesländervergleich etwas weniger verbreitet sind zentrale Abschlussprüfungen am Ende der Sekundarstufe I (Ditton 2008; van Ackeren & Bellenberg 2004).

In der *Schweiz* ist diese Entwicklung noch nicht so weit fortgeschritten (Rhyn 2009). Auf nationaler Ebene sind die Einführung von Bildungsstandards und die dementsprechenden Testverfahren gebunden an die „Interkantonale Vereinbarung über die Harmonisierung der obligatorischen Schule" (HarmoS). Diese trat zum 1. August 2009 mit zehn Kantonen in Kraft. Im Gegensatz zu Deutschland hat die Erziehungsdirektorenkonferenz der Schweiz (EDK) beschlossen, die Standards wie auch die entsprechenden Kompetenzmodelle vorerst in einem mehrphasigen Prozess zu entwickeln und empirisch zu überprüfen (EDK 2004). Aktuell liegen die Abschlussberichte der verschiedenen Konsortien vor (vgl. Heft 3/2008 der Zeitschrift „Beiträge zur Lehrerbildung") und die ersten Vorschläge für die Bildungsstandards werden in 2010 publiziert. Der definitive Entscheid über die zu berücksichtigenden Mindeststandards sowie die Einführung in die Praxis erfolgt nach der Evaluation der entwickelten Modelle und nach einem Anhörungsprozess bei schulischen Fachkreisen (vgl. http:// www.edk.ch).

In einzelnen Kantonen laufen zudem Reformprojekte, in denen die klassenübergreifenden bzw. schulübergreifenden Lernstandserhebungen Bestandteil sind, oder die Kantone haben Verfahren für klassenübergreifende Vergleichsarbeiten entwickelt, die die Lehrpersonen in ihren Klassen hauptsächlich als Diagnose- und Förderinstrument, teilweise auch als Selektionsinstrument, einsetzen. Hierzu gehören beispielsweise die Verfahren Klassencockpit, Stellwerk 8, Check 5. Die Verbreitung dieser Ansätze ist bei weitem nicht so fortgeschritten wie in Deutschland, ebenso wenig ihre gesetzliche Verankerung. Zentrale Abschlussprüfungen werden zudem in vier Kantonen in kleinem Umfang pilotiert.

In *Österreich* kann in den letzten Jahren ebenfalls eine systematische Zuwendung zu einer stärkeren Standardsetzung beobachtet werden (Altrichter 2008a; Altrichter & Heinrich 2005). Bildungsstandards wurden für die 4. Klasse Volksschule und für die 8. Schulstufe am Gymnasium und an der Hauptschule gesetzlich verankert, eine spätere Erweiterung für die 2., 6. und 10. Schulstufe ist denkbar (Lucyshyn o. J.; Zukunftskommission 2005). Das Vorgehen in Österreich entspricht einer Kombination der in Deutschland und in der Schweiz beobachtbaren Entwicklungsprozesse. Wie in Deutschland wurden vorerst ebenfalls nur Anforderungsbereiche, nicht aber Kompetenzstufen festgelegt. Hingegen werden die Bildungsstandards zuerst in einer mehrjährigen Pilotphase an ausgewählten Schulen in allen Bundesländern erprobt und erst nach der Evaluation verbindlich eingeführt. Zentrale standardisierte Lernstandserhebungen werden in Österreich vorerst in den Pilotschulen durchgeführt, in denen die Bildungsstandards erprobt werden. Langfristig ist eine landesweite Überprüfung der Bildungsstandards geplant. Die Einführung einer Zentralmatura wird aktuell diskutiert, ein konkreter Zeitplan für die Implementation steht allerdings aus.

3 Theoretisches Wirkungsmodell

Angesichts der Relevanz, die der Einführung von Bildungsstandards und outputüberprüfenden Verfahren in den deutschsprachigen Ländern zugewiesen wird, ist zu fragen, welches Wirkungsmodell diesen Reformen zugrunde gelegt wird. Wie sollen diese Reformen zu einer Qualitätsverbesserung der schulischen Prozesse und zu besseren Lernergebnissen führen? Die Argumentationslogik ist wesentlich geprägt von theoretischen Überlegungen der Institutionenökonomie (Schedler 2007), der Schulqualitäts- (Fend 1986, 2006a; Rolff 1993) und Schulentwicklungsforschung (Altrichter 2000; Altrichter, Messner & Posch 2006; Maag Merki 2008a).

Aus der *ökonomischen Perspektive* (vgl. den Beitrag von Brückner & Tarazona in diesem Band) ist die Prinzipal-Agent-Theorie grundlegend, in der die Austauschbeziehungen zwischen einem Auftraggeber (Prinzipal) und einem Auftragnehmer (Agent) beschrieben werden (Ebers & Gotsch 2002). Um das erwartete Informationsdefizit auf der Seite des Auftraggebers und eine mögliche Interessenverschiebung auf Seiten des Auftragnehmers zu dessen Gunsten zu verhindern, werden zum einen Leistungs- und Wirkungsindikatoren gesetzt, Überwachungsgesellschaften eingerichtet oder Ratings durchgeführt, zum andern werden Anreizsysteme für die Auftragnehmer eingebaut.

Das Konzept des New Public Management (Rhodes 1991) wird als verwaltungspraktische Umsetzung des Principal-Agent-Modells verstanden. Auch wenn sich relevante Unterschiede in der praktischen Anwendung des Modells ausmachen lassen, können dennoch zentrale konzeptionelle Merkmale identifiziert werden (vgl. Schedler 2007, S. 265). Es sind dies beispielsweise:

- *Verschiebung des Steuerungsfokus*: Die Leistungen öffentlicher Institutionen sollen verstärkt an den angestrebten Wirkungen gemessen werden. Das Ziel ist die Fokussierung auf die effizienteste Leistungserbringung. Übertragen auf das Bildungssystem bedeutet dies, dass eine explizite Formulierung der angestrebten Wirkungen (Bildungsstandards) und die Beurteilung der Effektivität der Prozesse in Abhängigkeit der Leistungen und der Zielerreichung der Akteure erfolgen sollen, bei gleichzeitiger Dezentralisierung von Verantwortungsbereichen. Dabei werden die Akteure als verantwortlich für die Leistungserbringung betrachtet (Linn 2004).
- *Öffnung der Verwaltung gegenüber Anliegen der Stakeholder*: Damit wird eingefordert, dass das selbstreferenzielle System der Verwaltung systematisch geöffnet und eine stärkere Kundenorientierung ermöglicht werden soll. Dieses Merkmal wird in der Bildungspraxis insbesondere bezüglich der stärkeren Einbindung der Eltern in Elternbeiräten zu Fragen der schulischen

Gestaltung (Altrichter & Heinrich 2005) bzw. der Forderung diskutiert, dass Evaluationsergebnisse zu einer Schule öffentlich publiziert werden sollen, damit sich die Öffentlichkeit und die Eltern darüber informieren können.
- *Verstärkung des Effizienzdrucks auf die öffentliche Leistungserstellung*: Ein wesentliches Merkmal ist die Einführung von Wettbewerbsmechanismen und Anreizsystemen, die die Kontrolle der Verwaltung durch die Politik ergänzen sollen. Im Bildungsbereich erscheint dieses Merkmal insbesondere in der Forderung, den Eltern Spielraum oder Freiheit bei der Wahl der Schule für ihre Kinder einzuräumen und die Ressourcen der Schulen über die Anzahl der Schüler/innen zu regulieren, die tatsächlich die entsprechende Schule besuchen.

Für das Verständnis der Wirkungslogik im Bildungsbereich in den deutschsprachigen Ländern ist zu berücksichtigen, dass das hier skizzierte Konzept nur partiell übernommen wurde; wesentliche Elemente, insbesondere jene, die auf eine stärkere Wettbewerbsorientierung zielen, werden nicht oder nur in einem eingeschränkten Masse eingesetzt. In den angloamerikanischen Ländern hingegen wird das Konzept umfassender eingesetzt, beispielsweise im Rahmen des in den USA implementierten Reformpakets „No child left behind (NCLB)" (Nichols & Berliner 2007, S. 8ff.).

Eine zweite theoretische Folie für das Verständnis der Wirkungslogik bietet die *Schulqualitätsforschung*. Empirische Studien verweisen auf die Bedeutung der Einzelschule für die Gestaltung eines optimalen Lernangebotes für die Schüler/innen (Fend 1986, 2006a; Rolff 1993). Damit werden analog zur Theorie der Institutionenökonomie Mechanismen der Dezentralisierung favorisiert, die es den Akteuren „vor Ort" erlauben, durch Rekontextualisierung der gesetzlichen Vorgaben und Reglemente, die schulischen Prozesse situationsadaptiv und funktional für die Zielgruppen (Schüler/innen und Eltern) zu gestalten. Die Angebots-Nutzungstheorie (Fend 2006a; 2008a) weist zumindest partiell eine konzeptionelle Nähe zur „Kundenorientierung" des New Public Management auf, insofern aus ihrer Perspektive die Nutzungsmöglichkeiten und damit die kognitiven und motivationalen Voraussetzungen der Schüler/innen für die Erreichung der Bildungsziele stärker in den Blick geraten müssen.

Diese beiden theoretischen Perspektiven erlauben es allerdings noch nicht, die Wirkungslogik im Zusammenhang mit der Einführung von Bildungsstandards und standardisierten Lernstandsmessungen oder zentralen Abschlussprüfungen angemessen zu beschreiben, da damit noch nicht deutlich wird, wie bzw. auf Grundlage welcher Prozesse die Schulen effektiv mit den Anforderungen und Realisierungen umgehen können. Die Schulentwicklungstheorie ermöglicht hier eine wesentliche Ergänzung für das Verständnis des Wirkzusammenhanges, insbesondere durch die theoretische Modellierung von Schulentwicklungsprozessen (Altrichter 2000; Altrichter u.a. 2006; Maag Merki 2008a) und spezifisch durch die theoretische Beschreibung von Prozessen der Rezeption von Forschungsergebnissen aus externen Evaluationsverfahren (Hosenfeld & Groß Ophoff 2007; Kuper & Schneewind 2006; Schneewind 2007; Tresch 2007; vgl. Beitrag von Altrichter in diesem Band).

Abbildung 1 stellt eine Zusammenführung der drei vorgestellten Zugänge zur Beschreibung der *Wirkungslogik von Bildungsstandards und outputüberprüfenden Verfahren* unter einer besonderen Fokussierung der bildungswissenschaftlichen Perspektive dar (vgl. Hamilton, u.a. 2008). Bezug nehmend auf Modelle der Kybernetik (Wiener 1948), wird davon ausgegangen, dass über die Rückmeldung der Ergebnisse aus den standardisierten Lernstandserhebungen oder den zentralen Abschlussprüfungen sowie einem Vergleich von Ist- und Soll-Ergebnissen bestimmte Handlungsschritte im jeweiligen System realisiert werden, die kurz- oder langfristig zu einer besseren Anpassung der schulischen Prozesse und der Ist-Ergebnisse an den erwarteten Output führen. Zudem wird angenommen, dass Schulen zu einem spezifischen Teil verantwortlich sind für die Lernergebnisse der Schüler/innen, diese somit als Indikator für die Effektivität schulischer Prozesse herangezogen werden können (Hamilton, Stecher & Klein 2002).

Indem *Standards im normativen Sinne* (Erwartungen an die Lernergebnisse von Schülerinnen und Schülern) verbindlich vereinbart und überprüft werden, sollen *Leistungsstandards im diagnostischen Sinne* (Benotungsmaßstäbe) angeglichen sowie *Leistungsstandards im empirischen Sinne* (gemessene Lernergebnisse) länderübergreifend auf ein ähnliches Niveau gebracht und wenn möglich angehoben werden (Klieme 2004). Die Schulen bzw. Lehrpersonen und Schulleitungen werden dabei als aktive Akteure verstanden, die in der Lage sind, über rezeptive und reflexive Prozesse der Auseinandersetzung mit einer möglichen Ist-Soll-Differenz geeignete Schulentwicklungsmaßnahmen abzuleiten und diese in funktionaler Weise in der schulischen Praxis umzusetzen. Beeinflusst wird dieser Prozess einerseits durch Rekontextualisierungsprozesse der Akteure (Fend 2008a) und somit durch die Interpretations- und Transformationsleistungen der Lehrpersonen in den Schulen. Andererseits wird davon ausgegangen, dass gesellschafts- und bildungspolitische Kontextbedingungen sowie das Setzen von Anreiz- und Unterstützungselementen den Schulentwicklungsprozess und damit die Wirkungen dieser Verfahren zentral beeinflussen.

Abbildung 1 Wirkungsmodell

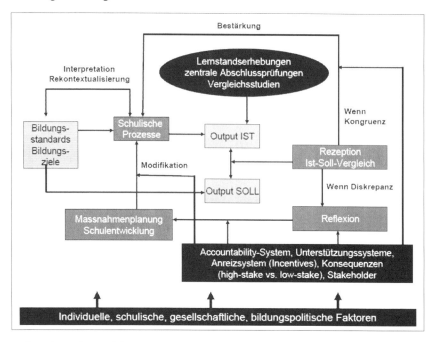

In den deutschsprachigen Ländern stehen damit die von Böttger-Beer & Koch (2008, S. 254f.) beschriebenen Wirkungsmechanismen „*Qualitäts-/Schulentwicklung über Konsequenzen*" und „*Qualitäts-/Schulentwicklung über Einsicht*" im Zentrum. Aufgrund der Anstellungsmodalitäten der Lehrpersonen (z.B. Beamtenstatus) kann vermutet werden, dass der Hauptmechanismus in der hier skizzierten Wirkungslogik der Mechanismus „*Qualitäts-/Schulentwicklung über Einsicht*" (Böttger-Beer & Koch 2008) darstellt, da Lehrpersonen bei einer geringen Zielerreichung nicht einfach entlassen werden können oder ihnen der Lohn gekürzt werden kann. Im Gegensatz zu den Ansätzen, wie sie in den USA oder in Großbritannien implementiert sind, wird in den deutschsprachigen Ländern kaum der Wirkungsmechanismus „*Qualitäts-/Schulentwicklung über Wettbewerb*" eingesetzt. Auch der Mechanismus „*Qualitäts-/Schulentwicklung über Konsequenzen*" erhält in den deutschsprachigen Ländern eine spezifische Ausgestaltung, da als Konsequenzen keine high-stakes Konsequenzen (Heubert 2004) angedacht sind, sondern eher, wenn überhaupt, low-stakes Konsequenzen mit starker Förderorientierung (Abrams & Madaus 2003).

4 Empirische Studien zur Überprüfung der Wirksamkeit von Bildungsstandards, standardbezogenen Lernstandserhebungen und zentralen Abschlussprüfungen

Die Darstellung der empirischen Befunde zur Einführung von Bildungsstandards und outputüberprüfenden Verfahren erfolgt zum einen in der Auseinandersetzung mit den empirischen Ergebnissen im Kontext der Steuerungsmaßnahme „No child left behind" in den USA. In diesem Reformpaket werden wesentliche Teile des weiter vorne beschriebenen Konzeptes der Institutionenökonomie bereits seit längerem umgesetzt und empirisch untersucht (für eine Übersicht vgl. beispielsweise Abrams 2007; Hamilton u.a. 2007; Oelkers & Reusser 2008; Stecher 2002).

In einem zweiten Teil wird die Einführung von zentralen Abiturprüfungen fokussiert, wobei neben dem internationalen Forschungsstand Ergebnisse aus einer eigenen längsschnittlich angelegten Forschungsstudie zur Analyse der Implementation von zentralen Abiturprüfungen in Bremen und Hessen präsentiert werden (siehe z.B. Maag Merki 2008b; Maag Merki & Holmeier 2008; Maag Merki, Klieme & Holmeier 2008). Untersucht werden die Effekte der Implementation auf das schulische Erleben und Handeln der Lehrpersonen und Schüler/innen und auf die Lernergebnisse der Schüler/innen in allen 20 Gymnasien mit gymnasialer Oberstufe in Bremen und in 18 nach spezifischen Kriterien (Region, Schulform) ausgewählten Gymnasien mit gymnasialer Oberstufe in Hessen. Beteiligt haben sich in Bremen und Hessen pro Jahr je ca. 1000 Schüler/innen und ca. 700 Lehrpersonen.

4.1 Empirische Ergebnisse zur Steuerungsmaßnahme „No child left behind" in den USA

4.1.1 Effekte auf die Lern- und Leistungsergebnisse der Schüler/innen

Die empirischen Effekte der Implementation von standardisierten Testsystemen auf die Lern- und Leistungsergebnisse der Schüler/innen in den USA sind kontrovers und erlauben kaum eine konsistente und den hohen Erwartungen entsprechende positive Beurteilung (Herman 2004). Die in einzelnen Studien vorgefundenen positiven Effekte auf die Leistungen der Schülerinnen und Schüler (z.B. Carnoy & Loeb 2004) sind mit großer Vorsicht zu interpretieren, zumal sie sich in national repräsentativen Studien, die mit keinen high-stakes Rückmeldungen an die Lehrpersonen und Schulen verbunden sind, nur zum Teil oder gar nicht bestätigen lassen (Amrein & Berliner 2002; Herman 2004; Klein u.a. 2000; Koretz 2002, 2008; Koretz & Barron 1998; O'Day 2004). Beispielsweise konnte Koretz (2008) zeigen, dass die im high-stakes Testverfahren KIRIS vorgefundenen Effektstärken von .52 für die Leistungsentwicklung in keiner Weise korrespondieren mit den Ergebnissen im stichprobenbasierten nationalen low-stakes Testverfahren NAEP. In diesem konnte einzig eine Leistungsentwicklung mit Effektstärke von .13 beobachtet werden. In der Literatur wird dieses Ergebnis als score-inflation-Effekt interpretiert.

Im Gegensatz dazu scheinen high-stakes Testverfahren einen bedeutsamen Einfluss auf das motivational-emotionale Erleben der Schüler/innen aufzuweisen, wobei die entsprechenden empirischen Befunde relativ konsistent sind. Sie verweisen beispielsweise auf eine Zunahme von Stresserleben, Angst oder Müdigkeit bei den Schüler/innen, (Nichols & Berliner 2007; Pedulla u.a. 2003; Ryan u.a. 2007). Ebenso ergeben sich Hinweise auf eine Zunahme der Drop-out-Raten in High Schools, wobei deutliche Segregationseffekte, beispielsweise aufgrund der Zugehörigkeit zu einer Ethnie, beobachtet werden können (Clarke, Haney & Madaus 2000; Miao & Haney 2004; Nichols & Berliner 2007; Warren, Jenkins & Kulick 2006).

4.1.2 Effekte auf die schulischen und unterrichtsbezogenen Prozesse

Untersuchungen der Auswirkungen zentral gestellter, standardisierter Leistungstests auf die schulischen und unterrichtsbezogenen Prozesse (Koretz, McCaffrey & Hamilton 2001) zeigen, dass insbesondere die Implementation eines hoch standardisierten outputorientierten high-stakes Monitoringsystems, welches mit bedeutsamen Konsequenzen für die beteiligten Lehrpersonen, Schülerinnen und Schüler oder Schulleitungen verbunden ist (z.B. kein Vorrücken in die nächst höhere Stufe, Personalentlassungen), gravierende negative Effekte erzeugen kann. Verschiedene Autor/innen kommen auf der Basis von Überblicksanalysen zum Schluss, dass der Einfluss der Reformmaßnahme auf die Gestaltung schulischer Prozesse in hohem Masse bedeutsam ist (Abrams 2007) und „(…) that policies can penetrate classroom boundaries" (Hamilton u.a. 2008, S. 38). Nicht alle Schulen und Lehrpersonen scheinen aber gleich damit umzugehen.

> „Research suggests that the influence of state testing policy is highly variable and does not have the same effect on teachers within the same schools, on schools within the same districts, or on districts within the same state" (Abrams 2007, S. 90).

Nach Ansicht von Rice & Roellke (2009) oder Valli u.a. (2008) variiert der Umgang mit den Tests in Abhängigkeit der Schulentwicklungskapazität der Schulen.

Zudem scheinen Reaktionen von Lehrpersonen auf den Druck von high-stakes Testsystemen vor allem mit individuellen Merkmalen zusammenzuhängen:

> „Teachers are responding individually to pressures from the accountability system. (...) Little evidence suggests that specific and school actions are affecting teacher's own response" (Hamilton u.a. 2008, S. 61).

Die zahlreichen empirischen Befunden ergeben ein relativ komplexes Bild hinsichtlich der Effekte standardbasierter Testverfahren im Kontext eines high-stakes Monitoringsystems, wobei neben einzelnen positiven Effekten bedeutsame „Kollateralschäden" (Nichols & Berliner 2007) beobachtet werden können. Die Effekte sind nach Stecher (2002) auf den verschiedenen Ebenen des Bildungssystems zu identifizieren. Entsprechend der Kategorisierung der „teacher response to high-stakes testing" nach Koretz, McCaffrey und Hamilton (2001) ist zwischen positiven, ambivalenten (mit positiver oder negativer Ausprägung je nach Rahmenbedingungen und Umständen) und negativen Effekten zu unterscheiden. Sie sind in Abhängigkeit der Testsysteme zu interpretieren.

Das Potenzial für produktive Veränderungen wird in low-stakes Monitoringverfahren als weitaus größer beurteilt als in high-stakes Verfahren (Abrams 2007; Abrams & Madaus 2003; Brozo & Hargis 2003; Clarke u.a. 2003).[1] Koretz (2008) verweist dabei auf „Campbell's Law" (Campbell 1975), welches besagt, dass bei zunehmendem Druck soziale Prozesse korrumpiert und zerstört werden. Im Gegenzug bedeutet dies, dass bei fehlendem Druck mehr Raum für die Gestaltung von schulischen Prozessen besteht, die funktional für das Lernen der Schüler/innen weiterentwickelt werden können.

Stichwortartig gibt es auf der Basis empirischer Analysen Hinweise auf folgende Effekte (Abrams 2007; Amrein & Berliner 2002; Au 2007; Hamilton u.a. 2007; Hamilton u.a. 2008; Herman 2004; Koretz 2008; Madaus & Russell 2009; Nichols & Berliner 2007; Perna & Thomas 2009; Ryan u.a. 2007; Schwartz Chrismer, Hodge & Saintil 2006; Stecher 2002; Swanson & Stevenson 2002):

---

1 Siehe hierzu auch die Erfahrungen im Umgang mit den *Principles and Standards der National Council of Teachers of Mathematics (NCTM) (http://www.nctm.org/; Zugriff April 2009)*

Effekte im Kontext von high-stakes Assessments	
Positive Effekte	**Ambivalente oder negative Effekte**
Lehrperson	
<ul><li>Zunahme der Motivation von Lehrpersonen</li><li>Lehrpersonen arbeiten effektiver</li></ul>	<ul><li>Steigerung des Leistungsdrucks</li><li>Reduktion von „moralischem" Verhalten</li><li>Wechsel in ein Bildungssystem ohne high-stakes Testsysteme</li><li>Deprofessionalisierung</li></ul>
Unterricht	
<ul><li>Stärkere Verwendung anspruchsvoller Unterrichtsmethoden</li><li>Stärkere Unterstützung von Schüler/innen</li><li>Stärkere Fokussierung auf die Lernergebnisse der Schüler/innen</li><li>Integration von zentralen Inhalten in das eigene Curriculum</li><li>Höhere Konsistenz zwischen Lehrinhalten von Lehrpersonen und Curriculum</li><li>Testsystem als Basis für Entscheidungen und Förderansätzen</li></ul>	<ul><li>*Reallocation*: Einengung des Curriculums in Abhängigkeit der Testinhalte und der Stärke der Konsequenzen (Vernachlässigung von nicht getesteten Fächern, Vernachlässigung von Themen innerhalb von Fächern, die nicht getestet werden)</li><li>*Aligning*: Anpassung der Lehrmethoden, Prüfungsmethoden an das Testformat</li><li>*Negative Coaching*: umfangreiche Testvorbereitungstrainings, die eine inhaltliche Auseinandersetzung mit Unterrichtsinhalten verhindert</li><li>*Cheating*: z.B. Testfragen im Voraus zugänglich machen, Hinweise und Unterstützung während der Testdurchführung geben; Antworten vor der Beurteilung abändern</li></ul>
Schule	
<ul><li>Stärkere Professionalisierungsmaßnahmen von Lehrpersonen</li><li>Zunahme von Kooperation zwischen Lehrpersonen</li></ul>	<ul><li>Neuzuteilung von Lehrpersonen zu den geprüften Klassenjahrgängen mit dem Ziel der Verbesserung der Prüfungsleistungen der Klassen</li></ul>

▪ Zunahme der Bedeutung von Qualität für Schulentwicklung ▪ Reallocation of resources: stärkere Förderung von Schüler/innen mit Defiziten; zusätzliche „After-school"-Programme; mehr/besseres Lehrpersonal	▪ Verteilung von Belohnungen für Schüler/innen, damit sich diese im Test anstrengen ▪ Ausschluss von leistungsschwachen Schüler/innen; Zurückbehaltung von Schüler/innen mit schlechten Leistungen in Klassenstufen, die nicht getestet werden; Zulassen von Absenzen an Testtagen ▪ Häufigere Diagnose von Sonderbeschulungen ▪ Vergrößerung des Anteils Schüler/innen, die die Schule ohne Abschluss verlassen ▪ Nicht-Versetzen in die nächste Klasse ▪ Reduktion oder Streichung von Fächern, die nicht getestet werden ▪ Unterstützung von kollektiven Strategien für Lehrpersonen durch Schulleitung, Unterricht auf Tests zu fokussieren.
Staat/Gesellschaft	
▪ Definierung von zentralen Inhalten/Curriculum ▪ Aufbau von technischen Unterstützungssystemen mit dem Ziel einer höheren Konsistenz zwischen schulischen Prozessen und Testsystem ▪ Vergrößerung des Lehrumfangs für leistungsschwache Schüler/innen	▪ Entscheidung über Zulassung von Lehrmitteln auf Ebene des Staates und nicht auf Ebene Distrikt oder Schule ▪ Manipulierung von Ergebnissen ▪ Willkürliche Bestimmung des „cut score" ▪ Validitätsprobleme bei Testkonstruktion, Fehler in den Tests ▪ Keine oder negative Effekte auf Gerechtigkeit des Schulsystems ▪ Veränderung des Bildes über die Lehrerprofession in der Gesellschaft

Die Frage stellt sich nun, inwiefern die Implementation von standardisierten Leistungstests und zentralen Abschlussprüfungen in den deutschsprachigen Ländern zu vergleichbaren Effekten führt. Hierzu fokussiere ich auf die Einführung zentraler Abiturprüfungen in Deutschland. Wichtig ist dabei, dass in Deutschland die Abiturprüfungen nur für Schüler/innen als high-stakes Verfahren umgesetzt werden; dies allerdings nicht erst mit der Einführung von zentralen Abiturprüfungen, sondern auch schon bei den traditionellen, dezentral administrierten Abiturprüfungen. Die Abiturergebnisse sind in Deutschland hingegen nicht an personelle, finanzielle oder sächliche Konsequenzen für Lehrpersonen, Schulen und/oder Regionen gekoppelt. Für diese Akteure handelt es sich bei den zentralen Abiturprüfungen damit um ein low-stakes Verfahren. Zudem ist zu berücksichtigen, dass nur die Aufgabenentwicklung und die Prüfungsdurchführung zentral geregelt ist, nicht aber das Korrekturverfahren. Das wird in den untersuchten Ländern nach wie vor dezentral in den einzelnen Schulen durch die einzelnen Lehrpersonen realisiert, allerdings auf der Basis eines zentral vorgegebenen Beurteilungs- und Benotungsrasters.

4.2 Empirische Befunde zur Effektivität zentraler Abschluss- bzw. Abiturprüfungen

4.2.1 *Effekte auf die Lern- und Leistungsergebnisse der Schüler/innen*

International liegen Studien vor, die die *Leistungen* der Schüler/innen bei zentralen bzw. dezentralen Abschlussprüfungen vergleichen, wobei einzig auf Daten in Querschnittdesigns zurückgegriffen wird. Die Analysen der Daten internationaler Leistungsvergleichsstudien (z.B. TIMSS, PISA) von Bishop (1999) und Wössmann (2003a; 2003b; 2005; 2008) lassen vermuten, dass Schüler/innen in zentral prüfenden Systemen bessere Fachleistungen zeigen als in dezentral prüfenden Systemen. Diese Tendenz ist aber je nach Fach, Steuerungskontext (schulische Teilautonomie ja/nein) oder Leistungsniveau der Schüler/innen unterschiedlich stark ausgeprägt. Die Untersuchung von Jürges, Schneider und Büchel (2003) verweisen im Bundesländervergleich in Deutschland ebenfalls auf einen positiven Zusammenhang zwischen den Leistungen der Schüler/innen und dem Vorhandensein zentraler Abschlussprüfungen, wobei dieser Effekt nach Ansicht der Autoren durch unterschiedliche Fachkulturen und Einstellungen gegenüber Bildung mediiert sein könnte. Die Analysen von Baumert und Watermann (2000) haben im Rahmen der TIMSS/III-Studie in Deutschland gezeigt, dass das Zentralabitur in obligatorischen und häufig gewählten Kursen der gymnasialen Oberstufe – gezeigt am Beispiel Mathematik – das Leistungsniveau zu stabilisieren und für eine größere Leistungshomogenität zu sorgen vermag, wobei die Effekte in den Grundkursen am größten sind. Bei den Physikleistungen zeigen sich hingegen keine Effekte. Auch in den Untersuchungen des Ministeriums für Bildung, Jugend und Sport im Land Brandenburg (2006) bzw. des Landesinstituts für Schule und Medien Berlin-Brandenburg (Bieber, Kowalski & Lambrich 2009) ergeben sich nur in einzelnen Fächern systematische, allerdings geringe Veränderungen der erreichten Abiturpunktwerte aufgrund der Einführung zentraler Abiturprüfungen. Die Abiturdurchschnittsnote und die Bestehensquote unter dem zentralen Prüfsystem 2004/2005 scheint sich kaum von der des Jahres 2003/2004 (dezentrales Prüfsystem) zu unterscheiden (Ministerium für Bildung Jugend und Sport Brandenburg 2006). Gesteigert hat sich hingegen der Anteil der Schüler/innen, die eine Abiturdurchschnittsnote von 1.0 erreicht haben. Allerdings ist bei diesen Ergebnissen nicht klar, ob sich die Leistungen der Schüler/innen im Durchschnitt tatsächlich verändert haben oder ob sich der veränderte Abiturdurchschnitt im jeweiligen Fach durch ein über die Jahre verändertes Anforderungsniveau der Abituraufgaben oder durch veränderte oder uneinheitlich angewendete Beurteilungs- und Benotungskriterien ergeben haben könnte.

Die eigenen Analysen im Bundesland Bremen zeigen ebenfalls nur in einzelnen Fächern signifikante und eher schwache Effekte, wobei sich bei diesen Effekten auch das Problem der Interpretation der Differenzen ergibt.[2]

In den *Leistungskursen*, in denen ein Wechsel im Abiturjahr 2007 zu 2008 stattgefunden hat, zeigt sich, dass im schriftlichen Abitur in den Fächern Mathematik und Englisch die Leistungen der Schüler/innen im Zentralabitur 2008 systematisch besser beurteilt worden sind als in 2006 und 2007 bei dezentralem Abitur. Während dem dieser Effekt im Fach Mathematik auch im Abiturjahr 2009 stabil bleibt, reduziert sich die durchschnittliche Abiturpunktzahl im Fach Englisch wieder, so dass zwischen den Jahrgängen 2006 (dezentral), 2007 (dezentral) und 2009 (zentral) keine systematischen Unterschiede mehr bestehen. Im Abiturfach Physik erreichen die Schüler/innen erst im zweiten Jahr mit zentralen Abiturprüfungen bessere Leistungsbewertungen als im dezentralen Testsystem in 2006 und 2007. Im Fach Biologie hingegen werden die Leistungen der Schüler/innen im zentralen Abitur 2008 und 2009 systematisch schlechter beurteilt als im dezentralen Abitur (2006 und 2007).

In den *Grundkursen,* in denen 2007 zentrale Abiturprüfungen eingeführt worden sind, können systematische Effekte nur für die schriftlichen Abiturprüfungsfächer Deutsch, Mathematik, Englisch und Biologie identifiziert werden.

---

2   In weiterführenden Analysen kann dieses Problem zumindest annähernd für die Fachleistungen in Mathematik und Englisch bearbeitet werden, da in diesen beiden Fächern auch Leistungstests für die Schüler/innen durchgeführt worden sind.

Im Fach Englisch erreichen die Schüler/innen mit Einführung zentraler Abiturprüfungen bessere durchschnittliche Punktwerte, im Fach Deutsch hingegen schlechtere. Nach Einführung des Zentralabiturs verändern sich die durchschnittlichen Werte bei diesen beiden Fächern hingegen nicht mehr.

In den Fächern Mathematik und Biologie wiederum zeigt sich im Vierjahresvergleich ein anderer Verlauf der Effekte: Mit Einführung des Zentralabiturs werden die Leistungen in diesen Fächern in 2007 signifikant positiver beurteilt als im dezentralen Abitur 2006. Mit einer Reduktion des durchschnittlichen Punkteniveaus von 2008 zu 2009 werden die Leistungen in 2008 und 2009 im Durchschnitt allerdings wieder vergleichbar wie in 2006 mit dezentralem Abitur beurteilt.

Neben den möglichen Effekten auf die fachlichen Leistungen der Schüler/innen wurde bisher in wenigen Studien untersucht, inwiefern das Zentralabitur in einem systematischen Zusammenhang mit *Lernhandlungen* (z.B. Einsatz von Lernstrategien für die Abiturvorbereitung) und *Lernmotivationen* der Schüler/innen steht. Aufgrund der Studie von Baumert und Watermann (2000) kann angenommen werden, dass sich das Zentralabitur nicht oder, wenn doch, dann eher positiv auf das individuelle Lerngeschehen der Schülerinnen und Schüler auswirkt. So wird die Nutzung von Elaborationsstrategien im Mathematikunterricht tendenziell häufiger von Schülerinnen und Schülern berichtet, die unter den Bedingungen eines Zentralabiturs lernen. Im Physikunterricht zeigen sich zwischen den beiden Prüfsystemen allerdings keine Unterschiede (Baumert & Watermann 2000).

In der eigenen Studie wurden die Leistungsattributionen der Schüler/innen mit Bezug zu einem möglichen Erfolg im Abitur untersucht (Oerke & Maag Merki 2009). Die Ergebnisse zeigen, dass die Schüler/innen in zentral geprüften Leistungskursen einen Monat vor dem Abitur zur Erklärung eines möglichen Erfolges im Abitur in größerem Maße auf die Lehrperson und ihre Erklärungen attribuieren („Lehrperson hat gut erklärt"), als dies Schüler/innen in dezentral geprüften Leistungskursen tun. Hingegen ergeben sich keine Hinweise dahingehend, dass die Einführung des Zentralabiturs bei den Schüler/innen zu einem Gefühl des Kontrollverlusts führt, wie es sich zum Beispiel in einer stärkeren Attribution auf „Glück" oder „leichte Themen" ausdrücken könnte. Weiter zeigen die ersten Analysen, dass der Wechsel von einem dezentralen zu einem zentralen Prüfsystem in den Leistungskursen die Nutzung von Monitoringstrategien bei der Vorbereitung auf das Abitur stärkt, hingegen das Unsicherheitserleben der Schüler/innen vergrößert. Der verstärkte Einsatz von Memorierstrategien bei der Vorbereitung auf das Abitur kann nur im ersten Jahr der Einführung des Zentralabiturs beobachtet werden, nicht mehr aber im zweiten Jahr (Maag Merki in Vorbereitung). Bei den Lehrpersonen wiederum ergeben sich über die drei untersuchten Jahre eine kontinuierliche Abnahme des Unsicherheitserlebens und des Leistungsdrucks mit gleichzeitiger Zunahme des Gefühls der Entlastung. Einen Effekt auf die durchschnittliche Arbeitszufriedenheit der Lehrpersonen hatte die Einführung des Zentralabiturs zudem nicht.

4.2.2 Effekte auf die schulischen und unterrichtsbezogenen Prozesse

Die Reanalyse verschiedener internationaler Leistungsvergleichsstudien von Bishop (1999) weist darauf hin, dass in Ländern mit zentralen Abschlussprüfungen mehr Unterrichtszeit für Prüfungsfächer aufgewandt wird, allerdings ohne negative Effekte auf das Lernen der Schüler/innen. Auf allfällige Konfundierungseffekte verweist das Ergebnis, dass sich die Länder mit zentralen Abschlussprüfungen durch ein höheres Gehalt der Lehrpersonen auszeichnen, allerdings bei gleichzeitig geringerer Zufriedenheit der Lehrpersonen (Bishop 1999, S. 394).

Erste Analysen eigener Daten über das erste Jahr der Einführung des Zentralabiturs (Maag Merki & Holmeier 2008) zeigen, dass die Lehrpersonen in zentral geprüften Kursen in einem bedeutsam stärkeren Maße die Themenvarianz im Unterricht einschränken und weniger auf Schülerinnen- und Schülerinteressen und Alltagsaktualitäten eingehen als in dezentral geprüften Kursen. Im Gegensatz zu diesem teaching-to-the-test Effekt innerhalb der zentral geprüften Kurse ist eine unterschiedliche Gewichtung zentral und dezentral geprüfter Kurse bei der Unterrichtsvorbereitung und Leistungsförderung durch die Lehrpersonen nur bei einer kleinen Gruppe von Lehrpersonen zu beobachten (weniger als 12 %). In Bezug auf die Unterrichtsqualität zeigt sich, dass die Einführung zentraler Abiturprüfungen nur im dritten Prüfungsfach (Grundkurse), wie dies in Bremen im ersten Jahr realisiert worden ist, tendenziell zu einer Stärkung der kognitiven Aktivierung und Unterstützung durch die Lehrpersonen in den Grundkursen führt. Dieser Effekt scheint auszubleiben, wenn, wie in Hessen, alle schriftlichen Prüfungsfächer zentral geprüft werden.

Weitere Analysen weisen zudem auf systematische Unterschiede zwischen den Schulen in Bezug auf die realisierte Unterrichtsqualität in den Grund- und Leistungskursen, wobei die stärkere Fokussierung auf die zentral geprüften Grundkurse nicht mit einem Qualitätsverlust in den dezentral geprüften Leistungskursen einhergehen muss (Maag Merki u.a. 2008).

Hinweise auf eine mögliche Veränderung der Unterrichtsqualität in den Leistungskursen nach Einführung zentraler Abiturprüfungen zeigen erste Analysen für die Leistungskurse in den Fächern Mathematik, Naturwissenschaften, Deutsch und fortgesetzte Fremdsprachen. Diese Fächer wurden in Bremen in

2007 dezentral, in 2008 aber zentral geprüft (Maag Merki eingereicht). Diese Ergebnisse lassen vermuten, dass die Einführung zentraler Abiturprüfungen in den Leistungsfächern zu einer Stärkung der kognitiven Aktivierung (Elaboration) und zu einer stärker wahrgenommenen Motivierungsfähigkeit der Lehrpersonen führt. In Leistungskursen, in denen sich das Testsystem nicht geändert hat, zeigen sich hingegen keine Veränderungen.

5 Resümee und Perspektiven

Der Vergleich zwischen dem im zweiten Kapitel formulierten Wirkungsmodell und den daran anschließenden empirischen Befunden ermöglicht abschließend, die skizzierten Wirkungshoffnungen an den beobachteten Erfahrungen und Ergebnissen in der Praxis zu spiegeln sowie Perspektiven für Forschung und Steuerungspraxis zu formulieren. Auffallend ist in einer ersten Analyse, dass an mehreren Stellen eine Diskrepanz zwischen dem, was beabsichtigt und theoretisch erwartet wird und dem, was konkret in der Umsetzung beobachtet werden kann, sichtbar wird. Allerdings ist dies in Abhängigkeit der Rahmenbedingungen und Inhalte der implementierten Steuerungsinstrumente zu beurteilen.

Die „getreueste" Umsetzung des beschriebenen Wirkungsmodells kann in den USA im Rahmen des Programms „No child left behind (NCLB)" beobachtet werden. Die Bilanz zeigt dabei, dass ambivalente und negative Befunde die positiven übertreffen, die Einführung eines high-stakes Testsystems somit kaum einen substanziellen Beitrag zur Kompetenzförderung der Schüler/innen und zur Steigerung der Schul- und Unterrichtsqualität leistet. Vielmehr muss mit gravierenden nicht-intendierten Effekten gerechnet werden, die allfällige positive Effekte unterminieren. Ein Steuerungsmodell, das auf der Unterstellung zweckrationalen und für das Lernen aller Schüler/innen produktiven Handelns von Lehrpersonen und Schulleitungen in Abhängigkeit von gesetzten Zielen und Leistungsindikatoren beruht und zudem auf Anforderungen der Stakeholder durch ein entsprechendes Sanktionssystem reagiert, wird der Komplexität von Bildungsprozessen offenbar keinesfalls gerecht. Als trivial muss ebenso die Vorstellung zurückgewiesen werden, dass Schüler/innen bessere Resultate erzielen können, nur weil sie sich aufgrund der für die eigene Bildungsbiographie hohen Dramatik des Nicht-Reüssierens bei zentralen Abschlussprüfungen mehr anstrengen und motivierter lernen (Nichols & Berliner 2007; O'Neil u.a. 2003; Valli u.a. 2008). Lernen ist Ergebnis eines komplexen Bedingungsgefüges (Helmke & Schrader 2006; Becker & Lauterbach 2007), welches nicht einzig über Anstrengung von Schüler/innen und äußeren Druck reguliert werden kann, sondern ebenso von Faktoren abhängt, die das einzelne Individuum nicht beeinflussen kann (z.B. familiärer Hintergrund). Damit kann nicht davon ausgegangen werden, dass alle Schüler/innen gleichermaßen „Lernangebote" nutzen können (Fend 2006a). Misserfolg ist somit ungleich und nicht entsprechend den differenziellen individuellen Leistungsfähigkeiten der Schüler/innen verteilt, was nicht nur aus individueller, sondern auch aus einer gesellschaftlichen Perspektive gravierend ist. Damit ist auch die Grundannahme zu problematisieren, dass auf der Basis der Lernergebnisse der Schüler/innen direkt Verantwortlichkeiten für die Lehrpersonen und Schüler/innen abgeleitet werden sollen, da zuerst die Frage zu klären ist, wer für welche Lernergebnisse der Schüler/innen „accountable" ist und welchen Anteil die Schulen und Lehrpersonen dabei zu übernehmen haben (Maag Merki & Schwippert 2008).

Die bisherigen empirischen Studien zeigen kein konsistentes Bild hinsichtlich der Implementation von zentralen Abschlussprüfungen und ihrer Effekte auf schulische Prozesse und Ergebnisse; die empirische Basis ist insgesamt eher schmal. Die leistungsbezogenen positiven Effekte basieren lediglich auf Analysen über die Lernergebnisse einzelner Fachleistungen. Die Befunde insbesondere im deutschsprachigen Raum lassen allerdings auf eine fachspezifische Effektivität schließen, so dass aufgrund der aktuellen Datenlage *kaum von einem generellen Effekt* zentraler Abiturprüfungen auf Lernergebnisse gesprochen werden kann, sondern die Effekte *fach- und kursspezifisch ausgeprägt* sind.

Die international vergleichenden Analysen basieren zudem auf Querschnittdaten, die keine Informationen darüber zulassen, inwiefern sich ein *Wechsel von einem dezentralen zu einem zentralen Prüfsystem* am Ende der Schullaufbahn auf das Lehren und Lernen der Schüler/innen und Lehrpersonen auswirkt. Dies ist erstmals für die Implementation von zentralen Abiturprüfungen in Deutschland möglich, wobei die ersten Auswertungen für die Leistungsfächer (Kurse mit erweiterten Anforderungen) vermuten lassen, dass der Wechsel von einem dezentralen zu einem zentralen Prüfsystem den Einsatz von tiefenverarbeitenden Lernstrategien bei der Abiturvorbereitung positiv beeinflusst, im Gegensatz dazu aber das Unsicherheitserleben der Schüler/innen vergrößert. Es zeigen sich Effekte bei den Leistungsattributionen der Schüler/innen (die Bedeutung der Lehrperson für die Einschätzung des eigenen Erfolgs vergrößert sich leicht), ohne dass angenommen werden kann, dass die Einführung des Zentralabiturs bei den Schüler/innen zu einem Gefühl des Kontrollverlusts führt.

Die Analysen der Effektivität der Einführung zentraler Abiturprüfungen auf das schulische Handeln der Lehrpersonen und die Unterrichtsqualität weisen eher auf positive Effekte hin. Insbesondere zeigt sich eine Stärkung der kognitiven Aktivierung und der Unterstützungsqualität der Lehrpersonen. Im Gegensatz dazu ergibt sich tendenziell, dass in zentral geprüften Kursen im Vergleich zu dezentral geprüften Kursen etwas weniger auf die Alltagsaktualität oder die

Interessen der Schüler/innen eingegangen wird. Dieser teaching-to-the-test Effekt innerhalb der Kurse findet allerdings keine Korrespondenz in einer systematischen Verschiebung der Vorbereitungsqualität und Leistungsförderung von Kursen mit dezentralem Prüfsystem auf Kurse mit zentralen Abiturprüfungen. Angesichts der aus Sicht der Lehrpersonen und Schüler/innen relativ hohen Qualität der zentralen Abituraufgaben, dies zeigen weitere Analysen der Abituraufgaben in Bremen und Hessen, muss dieser teaching-to-the-test Effekt innerhalb der Kurse allerdings nicht zwingend negativ beurteilt werden, könnte er doch aufgrund einer stärkeren Fokussierung durchaus auch zur Verbesserung der Unterrichtsqualität beitragen. Dies muss allerdings in weiteren längsschnittlichen Auswertungen genau untersucht werden.

Es scheint somit, dass – im Gegensatz zu den Steuerungsinstrumenten im Kontext des Programms NCLB in den USA – zentrale Abiturprüfungen, wie sie in Deutschland eingeführt worden sind, zu produktiveren Ergebnisse führen, wobei allerdings berücksichtigt werden muss, dass die Erfahrungswerte hierzu erst eine kurze Zeitspanne abdecken.

Eine mögliche Erklärung für die tendenziell positiven Befunde könnte darin liegen, dass die Implementation zentraler Abiturprüfungen in Deutschland nicht als high-stakes Testsystem erfolgte, sondern das neue System für die Schulen und Lehrpersonen ohne gravierende Konsequenzen eingeführt worden ist und somit mehr Raum für schülerbezogenes Unterstützungshandeln der Lehrpersonen lässt. Gestützt wird diese These mit Erfahrungen der Implementation von low-stakes Testsystemen, welche unter Berücksichtigung spezifischer Bedingungen das Potenzial haben, die Schul- und Unterrichtsqualität sowie das Lernen der Schüler/innen zu fördern (Abrams 2007; Abrams & Madaus 2003; Brozo & Hargis 2003; Clarke u.a. 2003). Allerdings ergeben sich bei der Implementation eines low-stakes Testsystems ebenfalls multiple Herausforderungen.

> „In our opinion, the immediate issue is how to integrate legitimate concerns about accountability with the desire for classroom instruction that promotes deep understanding and excellence in education, not just for privileged populations of students but also for students who have been poorly served by the nations's public schools" (Valli u.a. 2008, S. 160).

Zudem scheint die Implementation eines Monitoringsystems auf der Basis von Standardsetzungen und Testverfahren in Abhängigkeit von schulinternen Kompetenzen, Kapazitäten und Wissen für Schulentwicklung zu variieren (Rice & Roellke 2009; Valli u.a. 2008) und mit individuellen Merkmalen von Lehrpersonen zu korrelieren (Abrams 2007; Hamilton u.a. 2008, S. 61). Die Frage stellt sich somit, wie mit diesem Phänomen der spezifischen „Rekontextualisierung" (Fend 2006a) auf schulischer Ebene umgegangen werden kann, wenn man an der

Implementation von Bildungsstandards, standardisierten Lernstandserhebungen oder zentralen Abiturprüfungen festhalten will.

Nach Birenbaum u.a. (2006) kann dies erreicht werden, wenn „assessment of learning" mit „assessment for learning" in „Integrated Assessment Systems" verbunden werden:

> „Current assessment practices tend to focus on *Assessment of learning*. Such *'testing'* generally is summative, and drives the teaching ('teaching for the test'). It is also inauthentic, context independent, inflexible and uneconomical. *Assessment for learning* is generally formative, integrated into the curriculum, authentic, context embedded and flexible. In short, an assessment for learning model can serve as a framework for developing *Integrated Assessment Systems (IAS)* as ways of assessing today's learners" (Birenbaum u.a. 2006, S. 1, Hervorh. im Original).

Ein solches integratives Testsystem ist prozess- und outputorientiert und ermöglicht, die Lernenden und Lehrenden über den Lernfortgang zu informieren und daraus abgeleitet zukünftiges Lernen zu planen und umzusetzen (vgl. Abrams 2007; Nichols & Berliner 2007, S. 184ff.). Zentrale Elemente eines solchen Testsystems sind (Birenbaum u.a. 2006, S. 5):

- „The learners participate in the assessment process;
- Assessment is contextual and responsive – it is aligned to instruction;
- The topic of assessment is what the learners know and are able to do. IAS are not focusing primarily on gaps in learner knowledge and/or performance;
- Both learning processes and learning products are assessed;
- Assessment criteria are transparent to individual learners and teachers;
- Learners and teachers get feedback about assessment results and outcomes;
- The key aim of IAS is to inform learners and teachers on how to progress in their learning, i.e. IAS allow for the planning of a learning route."

Damit dies gelingen kann, ist ein optimales Zusammenspiel zwischen Politik, Wissenschaft (Bildungsforschung, Fachdidaktik etc.) und Bildungspraxis notwendig. Hierzu gehören verschiedene Faktoren, die je für sich alleine allerdings bereits anspruchsvoll zu realisieren sind, in der integralen Implementation zudem ein ehrgeiziges Politik- und Forschungsprogramm darstellen (vgl. Abbott 2008; AERA 2000; Birenbaum u.a. 2006; Hamilton u.a. 2002; Holme 2008; Klieme u.a. 2003; Nichols & Berliner 2007; Oelkers & Reusser 2008; Rice & Roellke 2009; Scheerens 2003; Valli u.a. 2008). Zu nennen sind hier:

- Normative und theoretische Bestimmung der zentralen Bildungsstandards und Entwicklung entsprechender Kompetenzmodelle auf der Basis empirischer Analysen
- Entwicklung von validen Testverfahren (McCaffrey u.a. 2003; Rice & Roellke 2009), die an das Curriculum zurückgebunden sind und der Komplexität von Bildungsprozessen und Bildungsergebnissen sowohl in Bezug auf inhaltliche Breite, kognitive Anforderungen und Verarbeitungsprozesse gerecht werden können
- Verstehen der Lernergebnisse als ko-konstruktive Leistung im Mehrebenensystem mit unterschiedlichen Akteuren
- Auseinandersetzung mit Fragen von Accountability: Wer kann wofür Rechenschaft ablegen?
- Implementation eines low-stakes Testsystems
  - Orientierung auf Förderung, nicht auf Sanktion für Lehrpersonen und Schüler/innen mit transparenten und – mit den zur Verfügung stehenden Mitteln – erreichbaren Zielen
  - Multidimensionales Monitoringsystem mit unterschiedlichen Assessment-Methoden, die relevante Prozesse und Lernergebnisse in den Blick nehmen
  - Bestimmung eines Selektionssystems, in welchem die Entscheidung über Promotion von Schüler/innen nicht auf der Basis eines einzelnen Testwertes gefällt wird
- Capacity Building: Aufbau von Schulen als lernende Organisationen mit erweiterten Gestaltungs- und Handlungsmöglichkeiten, die sich verantwortlich fühlen für das Lernen aller Schüler/innen („shared ownership"; Abbott 2008) und in der Lage sind, eine optimale Lernumgebung für ihre Schüler/innen herzustellen
- Ressourcen und Unterstützungssysteme
  - Angebote für Schulleitungen mit dem Ziel der Entwicklung von Kompetenzen im Umgang mit Dateninterpretation und Schulentwicklungsmaßnahmen
  - Angebote für Lehrpersonen mit dem Ziel der Kompetenzentwicklung in Bezug auf die Optimierung der Unterrichtsgestaltung, der diagnostischen Kompetenz und der Leistungsförderung (Problem: „Wissen, *wo* Defizite bestehen", bedingt nicht „Wissen, *warum* die Defizite bestehen" und „Wissen, *wie* die Defizite *behoben* werden können")
  - Unterrichtsmaterialien, die die Umsetzung der gesetzten Ziele im Unterricht unterstützen
  - Angebote für Schüler/innen mit Lernschwierigkeiten oder geringer außerschulischer Unterstützung (z.B. Ganztagsschulen)

Die bisherigen Ergebnisse lassen vermuten, dass die Berücksichtigung dieser Faktoren die Wahrscheinlichkeit erhöht, dass die hier diskutierten Reformen im Dienste des Lernens der Schüler/innen eingesetzt werden. Inwiefern ein Umbau eines Testsystems hin zu einer stärkeren Standardisierung der Anforderungen tatsächlich zu den gewünschten Resultaten *mit nachhaltiger Wirkung* führt, und, wenn ja, in welchem Zeithorizont, ist allerdings in systematischen längsschnittlichen und multiperspektivischen empirische Analyse durch politisch unabhängige Institutionen in Bezug auf die intendierten und nicht-intendierten Effekte zu untersuchen. Ziel muss zudem sein, die bestehenden Monitoringkonzepte kontinuierlich zu optimieren und alternative Konzepte zu erforschen, da die bisherigen Befunde vermuten lassen, dass Standardisierungsverfahren für sich alleine eine zu geringe Wirkung erzeugen, sondern zusätzlich in ein gezieltes Unterstützungs- und Professionalisierungsangebot für die Lehrpersonen eingebaut werden müssen. Wie das Verhältnis von Standardisierung, Unterstützung und Professionalisierungsstrategien gestaltet werden muss, damit die Effekte für die Verbesserung der Unterrichts- und Schulqualität optimal sind, kann auf der Basis des aktuellen Forschungsstandes allerdings noch nicht im Detail beschrieben werden, sondern ist in weitergehenden Studien zu untersuchen.

Martin Heinrich & Jürgen Kussau

Das Schulprogramm zwischen schulischer Selbstregelung und externer Steuerung

1 Zum Wandel der Schulprogrammarbeit

Als in den 1990er Jahren absichtsvolle Schulentwicklung im Gefolge der „Wiederentdeckung der Schule als pädagogische[r] Gestaltungsebene" (Fend 1988) auch in den deutschsprachigen Ländern Einzug hielt, wurde der Schule mit der Aufforderung, ein Schulprogramm zu erarbeiten, ein entwicklungsanregendes Aufgabensubstrat unterbreitet. Die Schule kann zwar nicht anders als sich entwickeln; absichtsvolle Schulentwicklung im neueren Verständnis einschließlich ihrer Konstituierung als Organisation waren jedoch auf Arbeitsmaterial angewiesen, um das herum die Schule sich kollektiv entwickeln konnte und es etwas zu organisieren, „pädagogisch zu 'füllen' und zu konkretisieren" gab (Holtappels 2004a, 27). Eine neue Definition von Schule im Verhältnis zum Staat versprach, sie aus „bürokratischer" Bindung herauszulösen – Stichwort „Schulautonomie" (Heinrich 2006, 2007; Rürup & Heinrich 2007) – und ihr Selbstregelungskapazitäten zuzuordnen, genauer: zuzuweisen. Die Programmarbeit als „produktive Selbstfindung" zielt(e) auf eine autonome Praxis und ist in ihrer Außenwirkung dem Unternehmensvorbild der Corporate Identity nachgebildet (Lohmann, Hajek & Döbrich 1997; von Lüde 1995). Dieser ersten Phase veränderter schulischer Steuerung, die die Unterschiedlichkeit der Schulen betonte, folgte bald als Reflex auf die Ergebnisse internationaler Leistungstests, aber auch in Reaktion auf die nun in Schulprogrammen dokumentierte Diversität („Wildwuchs") der Schulen (van Buer & Köller 2007, S. 108f.) eine „realistische Wendung", diesmal der staatlichen Steuerungspolitik. Nicht nur wurden die Grenzen des Staates in der Autonomisierung der öffentlichen Schulen erkannt (Kussau & Brüsemeister 2007a), auch nahm die staatliche Handlungsstrategie zunehmend Gestalt an, die eigenständig(er)en Schulen zur Rechenschaftslegung zu verpflichten und sie systematischer Beobachtung zu unterstellen. Die förmlich-systematische Evaluation der Einzelschule wurde als wissensbasiertes Steuerungsinstrument „entdeckt".

„Das Schulprogramm ist der Ausdruck der pädagogischen Zielsetzungen einer Schule, indem es den pädagogischen Konsens, das Schulkonzept und die pädagogische Philosophie einer Schule formuliert und eine Aktionsplanung für deren Realisierung enthält." (Dalin, Rolff & Buchen 1996, S. 144)

„Schulprogramme sind Instrumente der Einzelschule (…) die Wirksamkeit der jeweils vereinbarten Lehr-Lern-Milieus und der darin ablaufenden Prozesse bezüglich der explizit vereinbarten Zielhorizonte zu verbessern. Schulprogramme sind auch Instrumente, um das innerschulische Netz direkter und indirekter Wirkungen mittels der vereinbarten Evaluationskonzepte Schritt für Schritt systematisch abzubilden, die Wirtschaftlichkeit der Entwicklungskonzepte zu erfassen, dieses Wissen mit den Akteuren in die Konstruktion von Schule und Unterricht zurückzubinden und evaluationsbasierte Entscheidungen für die weiteren schulinternen Interventionen vorzubereiten." (van Buer & Köller 2007, S. 123)

Diese beiden Definitionen des Instruments „Schulprogramm", deren Formulierungen über zehn Jahre auseinander liegen (vgl. Posch 2002, S. 26f.; van Buer & Köller 2007, S. 123ff. für weitere Definitionen), dokumentieren sehr deutlich diesen Wandel – sowohl im Duktus als auch in den inhaltlichen Akzentuierungen. Eine revitalisierte staatliche Steuerung der Schule, die die bisherige hierarchische Koordination wissensgestützt ergänzt und erweitert, fand im Schulprogramm einen anschlussfähigen „Zugriffspunkt" (Schimank 2007a, S. 253), ohne von der lokal orientierten Schulentwicklung rhetorisch lassen zu müssen oder sie praktisch aufzugeben, denn das Schulprogramm bildet eine neue und zusätzliche Nahtstelle zwischen der Schule und der Schulverwaltung (Staat) (van Buer & Köller 2007, S. 126f.). Damit wird ein Informationsangebot verfügbar, das sich aus der Öffentlichkeit des Schulprogramms ergibt und das schulintern ebenso genutzt werden kann wie es zur politisch-administrativen Steuerung der Schule einlädt. Das Schulprogramm wird zum „möglicherweise entscheidenden Instrument für die Qualitätssicherung und -steigerung" (van Buer & Köller 2007, S. 125). Schulprogramme sind damit zum einen *nach innen* auf die Schule gerichtet und dienen der pädagogischen und organisationalen Selbstverständigung. Zum anderen zielen sie auf die performative Selbstdarstellung *nach außen* und sind dort dem öffentlichen Publikum und den Aufsichtsbehörden zugänglich. Durch das Schulprogramm soll die Schule über die formale Arbeitsorganisation als kollektive pädagogische Einheit „greifbar" werden (selbst wenn sich dies als fiktiv herausstellen sollte). Damit wird zumindest ein denkbarer Zusammenhang zwischen interner schulischer Selbstregelung und äußerem Zugriff hergestellt. Das Schulprogramm wurde in wenigen Jahren von einem schulbezogenen Entwicklungsinstrument, das sich an die Selbstregelungsfähigkeit der Profession richtet, in ein systemisches Steuerungsinstrument transformiert, das sanktionsfähige Zurechnungen von Leistungen (und Versagen) erlaubt („Verantwortung") und damit zu einem wichtigen Bestandteil „evaluationsbasierter Steuerung" (Altrichter & Heinrich 2006) aufsteigt. Dabei wird man (funktionalistisch) kaum eine bürokratisch-innovative Absicht annehmen können. Vielmehr wurde der Staat selbst überrascht von den Möglichkeiten, die das Schulprogramm für Interventionen bietet, wenn es „erst jetzt, d.h. mit enormer zeitlicher Verzögerung als Element im Rahmen einer übergreifenden Strategie des Qualitätsmanagements erkannt (wird)" (Maritzen 2004, S. 31). Das Schulprogramm als Entwicklungsinstrument verändert damit seinen funktionalen Stellenwert. Im Rahmen „evaluationsbasierter Steuerung" erscheint es nunmehr als probates Mittel, zugleich die „Autonomisierung der Schule" voranzutreiben, den Deregulierungsanspruch zu bedienen, und sich zur Evaluation der Leistungen und Kontrolle der Wirksamkeit der Handlungsautonomie zu eignen.

„Evaluationsorientierung" ist mit dem Schlagwort des Wechsels von der „Input- zur Outputorientierung" verknüpft (Rolff 2006; van Buer & Köller 2007, S. 111). Aus dem empirischen Nachweis von Defiziten soll handlungsleitendes (Steuerungs-)Wissen für die Verbesserung der Schulen generiert werden. Die evaluative Dimension dieser Outputorientierung ist allerdings bislang eher in den konzeptionellen Ansätzen als in der Praxis zu erkennen (siehe unten). Danach werden idealiter alle Schulen an „zyklischer Qualitätssicherung" ausgerichtet (van Buer & Hallmann 2007, S. 324): Es wird ein Prozess in Gang gesetzt, in dem man über eine Bestandsaufnahme zu operationalisierten Zielsetzungen kommt, dieses Programm realisiert und mit den zuvor definierten Verfahren und Indikatoren evaluiert, um schließlich anhand der Evaluationsergebnisse einen erneuten Qualitätszyklus zu starten. Dazu kommt die Absicht, das Handeln weiterer Akteure, die für die Schaffung einer „guten Schule" notwendig sind, auf diese zyklische Qualitätssicherung hin auszurichten. Das evaluativ einsetzbare Instrument des Schulprogramms ist dafür in ein umfängliches Gefüge politischer Handlungskoordination (Bildungsstandards, Lernstandserhebungen, zentrale Abschlussprüfungen, Schulinspektion etc.) einzubauen.

Die Aufforderung an Schulen, Programme vorzulegen, gehört zu den Instrumenten, die unabhängig von der parteipolitischen Provenienz der jeweiligen Regierungen und Koalitionen in das steuerungspolitische Repertoire aufgenommen wurde. Damit wiederholt sich im Schulsektor, was unter dem Titel „a public management for all seasons" bereits für die Veränderungen der Verwaltung bis zum Umbau des Sozialstaats beschrieben wurde (Hood 1991). „Verwendungsneutrales" Wissen, apolitische Fachlichkeit und Sachgesetzlichkeiten besetzen scheinbar die Stelle politischer Entscheidungen – ein Sachverhalt, der eine föderalistische „originäre" Schulpolitik streng genommen ad absurdum führt. Entsprechend wurde auch die zentrale Funktion der Schulprogramme innerhalb des Reformkontextes von Neuem Steuerungsmodell und erweiterter Schulautonomie als Versuch einer standortbezogenen Neukonzeptualisierung der Steuerungsfrage im Schulwesen betrachtet (Lange 1999, S. 426; Maritzen 2000, 2004).

In welchem Umfang das Schulprogramm fester Bestandteil des staatlichen (nicht des einzelschulischen) Steuerungsrepertoires wird, ist unseres Erachtens noch nicht abzusehen. In verschiedenen Schulgesetzen ist die Aufforderung, ein Schulprogramm vorzulegen, mittlerweile rechtlich festgeschrieben. Der Versuch des österreichischen Schulministeriums, Schulprogramme gesetzlich verpflichtend einzuführen (Posch & Altrichter 1998, S. 552; BMUK 1999) wurde allerdings sistiert (vgl. Keppelmüller 2000, S. 252). In der deutschsprachigen Schweiz ist eine Governance-Architektur in Entstehung, in der Schulprogrammarbeit mit der Neuausrichtung bzw. Neuinstallation von Schulleitungen einhergeht. Dieser innerschulische Entwicklungsbezug ist zugleich eingebettet in das generell zu beobachtende Steuerungsmodell, in dem sukzessive Schulautonomie gegen evaluative Beobachtung getauscht bzw. um diese ergänzt wird. Das Schulprogramm – gängiger sind in der Schweiz Begriffe wie lokales Leitbild, Jahresprogramm oder Maßnahmenplanung – ist fester Bestandteil der „Teilautonomisierung" der Volksschule. Die Schulen sind gehalten, neben einem Leitbild eine Maßnahmenplanung vorzulegen, die in einem Zusammenhang steht mit den internen Entwicklungsmaßnahmen und externen Evaluationsverfahren. Allerdings wurde Schulprogrammarbeit nicht als isoliertes Instrument in die Schulen getragen, sondern im Kontext der Teilautonomisierung der Schulen zeitlich synchron mit der Einführung von Schulleitungen. Diesen wurde damit ein Instrument in die Hand gegeben, Entwicklungsimpulse konkret umzusetzen. Exemplarisch seien die Bestimmungen des Kantons Zürich zitiert (Volksschulgesetz vom 7. Februar 2005). Danach „erlässt" jede Schule ein Schulprogramm, „das ihre Ziele für die nächsten Jahre und die zur Umsetzung vorgesehenen Massnahmen enthält" (§ 43, Abs. 4). Das Programm wird veröffentlicht und die Schule „legt Rechenschaft über die Zielerreichung ab" (§ 43, Abs. 5), die auch der Neuen Schulaufsicht (analog zu dem in Deutschland in unterschiedlichen Formen realisierten Inspektorat; vgl. Rürup 2008a) zur Verfügung steht. Das Programm unterliegt dem Genehmigungsvorbehalt der kommunalen Schulbehörde (§ 42, Abs. 3, Ziff. 3).

Für Deutschland ist eine stetige Ausweitung der juridischen Kodifizierung des Schulprogrammgedankens in den verschiedenen Bundesländern zu konstatieren. Dies lässt sich auch an der Dokumentationsgeschichte der rechtlichen Regelungen verfolgen: von den frühen Übersichten (Diegelmann & Porzelle 1998, 1999; Holtappels 2004a, S. 21) bis zum Überblick von van Buer & Köller (2007, S. 320) ist – innerhalb von zehn Jahren – die Ausweitung der rechtlichen Regelungen zur Schulprogrammarbeit offensichtlich:

„Derzeit (März 2007) kann die Situation wie folgt charakterisiert werden: In den folgenden Bundesländern wird die Verpflichtung bzw. die Empfehlung zur Erstellung eines Schulprogramms formuliert – Berlin (§ 8 des Schulgesetzes), Brandenburg (§ 7 Abs. 2), Bremen (§ 9 Abs. 1), Hamburg (§ 51), Hessen (§ 127b), Mecklenburg-Vorpommern (§ 39a), Niedersachsen (§ 32 Abs. 2; Änderung vom 17. Juli 2006); Nordrhein-Westfalen (§ 3 Abs. 2), Sachsen (§ 1 Abs. 3), Schleswig-Holstein (§ 3). In den folgenden Bundesländern findet das Instrument des Schulprogramms keine Erwähnung – Baden-Württemberg (letzte Novellierung des Schulgesetzes von 2005), Bayern (Novellierung von 2006), Rheinland-Pfalz (Novellierung von 2004), Saarland (Grundlage: Schulordnungsgesetz von 2005), Thüringen (Novellierung von 2005). Insgesamt kann man die These wagen, dass in absehbarer Zeit das Instrument des Schulprogramms in jedem Bundesland verbindlich vorgeschrieben sein wird (…)."

Diesen weit reichenden juridischen Forderungen stehen indessen bislang uneinheitliche Angaben zur Verbreitung von Schulprogrammen in den Schulen entgegen: Nach Schätzungen von van Buer & Hallmann (2007, S. 317) haben bisher in Deutschland etwa ein Viertel der Schulen Schulprogramme erarbeitet. Von den Schulen auf der Sekundarstufe sollen in Deutschland etwa 40 % über Schulprogramme verfügen (Weiß & Steinert 2001). In Nordrhein-Westfalen legten zum ersten Abgabestichtag 94 % der Schulen ein (verbindlich vorgeschriebenes) Schulprogramm vor (Burkard 2004, S. 140). Die IGLU-Schulen verfügten zu knapp 50 % über ein Schulprogramm (Mohr 2006, S. 74-76). Diese Unübersichtlichkeit in den Angaben zur Verbreitung der Schulprogrammarbeit deutet zugleich auf ein Problem der empirischen Erfassung von Schulprogrammarbeit.

2 Zum Problem der unübersichtlichen Forschungslage zur Schulprogrammarbeit

Da Schulprogramme buchstäblich so vielfältig anfallen, wie es Schulen gibt (van Buer & Köller 2007, S. 105f.), und zudem nur Momentaufnahmen darstellen, lassen sich immer nur einige „große Linien" markieren und ihre instrumentelle Logik exemplarisch beschreiben. Zahlenangaben sind hinsichtlich ihrer realen Wirkungsmächtigkeit vor Ort vorsichtig zu interpretieren und – nimmt man die Unterschiedlichkeit von Schulen ernst – auch nur schwer hochzurechnen. Da die Anzahl der Formen der Handlungskoordination zwischen einzelschulischer Programmarbeit und staatlichen Absichten bei der Wende zur evaluativen Schulprogrammarbeit mit der Zahl der föderalen Schulsysteme zusammenfällt, wären allein im deutschsprachigen Raum zahlreiche Differenzierungen notwendig. Weder für sämtliche Schulen noch für alle Schulsysteme liegen jedoch Studien vor. Einzig für die deutschen Bundesländer Hamburg, Hessen und Nordrhein-Westfalen ist die Schulprogrammarbeit recht ausführlich analysiert (MSWWF & LSW 2002; Schlömerkemper 2004; Holtappels, Müller & Simon 2002; Holtappels 2004a), wohl auch deswegen weil hier schon zu einem sehr frühen Zeitpunkt allen Schulen aufgetragen wurde, Schulprogramme zu erarbeiten und somit ein besonderer Legitimationsbedarf für die Bildungspolitik bestand. Untersuchungen liegen zudem vor für die deutschen Bundesländer Brandenburg (MBJS 1998), Niedersachsen (Holtappels & Simon 2002) und Rheinland-Pfalz (Gruschka u.a. 2003) sowie die IGLU-Schulen (Mohr 2006). Auch für die Schulprogrammarbeit in Österreich liegen einige Studien vor (Hinteregger 2001; Radnitzky 2001; Krainz-Dürr 2002b; Krainz-Dürr, Posch & Rauch 2002). Für die Schweiz und Liechtenstein existieren unseres Wissens keine gesonderten Untersuchungen zur Schulprogrammarbeit als Instrument staatlicher Steuerung.

International lassen sich verwandte Textformen ausmachen, wie etwa die niederländischen Schulwerkpläne (Liket 1993, S. 231f.), die schwedischen Schulentwicklungspläne (Ekholm 1999) oder das im angloamerikanischen Raum verbreitete School Development Planning mit seinen School-Improvement Plans (Fullan 1999; Wallace 2005). Auch in der internationalen, englischsprachigen Literatur lassen sich zwar immer wieder einzelne Untersuchungen zum School-Development-Planning oder zu den School-Improvement-Plans finden (Cuckle & Broadhead 2003), eine Systematisierung dieser Arbeiten bzw. eine Lokalisierung von deren Bedeutung für Steuerungsfragen fällt schwer, nicht zuletzt da diese oftmals auch unter dem Titel des School-Based-Managements rubriziert werden (Cuckle & Broadhead 2003; Wallace 2005).

Bei aller Heterogenität lassen sich die deutschsprachigen Untersuchungen zur Schulprogrammarbeit ganz grob in *vier Gruppen* einteilen: Neben der (a) Ratgeber- und Empfehlungsliteratur (z.B. Philipp & Rolff 1999), liegen (b) eher ausschnitthafte, evaluativ angelegte Studien zu einzelschulischen Entwicklungsprozessen (z.B. MSWWF & LSW 2002), (c) mikrologische Studien mit rekonstruktivem Anspruch (z.B. Arnold, Bastian & Reh 2004; Gruschka u.a. 2003; Heinrich 2007; Bender in Vorb.) vor sowie (d) größere, mit subsumptionslogischen und/oder quantifizierenden Verfahren operierende Untersuchungen, die die Programmarbeit in deutschen Bundesländern (z.B. Kanders 2004) bzw. in größeren Ausschnitten von Schultypen (z.B. Altrichter & Eder 2004; van Buer & Zlatkin-Troitschanskaia 2006) zum Gegenstand haben. Die letztgenannten Studien sind meist als Auftragsforschungen entstanden und sind nochmals zu unterscheiden in Untersuchungen, die sich inhaltsanalytisch mit den Programmtexten befassen (z.B. Holtappels & Müller 2004) und Untersuchungen, die sich auf Befragungen von schulischen Akteuren und deren Einschätzungen stützen (z.B. Schlömerkemper 2004; Mohr 2006). Im Rahmen des vorliegenden Beitrags können die vielfältigen Einzelbefunde der letzten Jahre nicht insgesamt dargestellt werden; im Folgenden kann es nur darum gehen, ausgewählte Befunde – zugespitzt auf die Frage nach dem Verhältnis von schulischer Selbstregelung und externer Steuerung – unter Rückgriff auf Governancekategorien zu diskutieren. Umfassendere Übersichten zu Forschungen zur Schulprogrammarbeit, die den Forschungsstand in seiner Breite thematisieren, liegen bei Heinrich (2007, S. 109-144), van Buer & Hallmann (2007, S. 325-339) und Rolff (2006) vor.

Es besteht allerdings u.E. der – angesichts der erst einsetzenden Tendenz nur schwer belegbare – Eindruck, dass das Interesse an Schulprogrammen mittlerweile nachlässt bzw. überformt wird von neuen instrumentellen Schwerpunktsetzungen. Dazu gehören alle Maßnahmen, die um die „Vermessung" der Schule kreisen. Der traditionelle, entwicklungsoffene und auf die Lehrerautonomie zielende Schulprogrammansatz erscheint dann leicht „altmodisch" und es bleibt unklar, ob das Schulprogramm tatsächlich im Zentrum der Reformagenda steht, wie es van Buer & Köller (2007) nahe legen. Auch die Fragestellungen der Studien lassen eine Orientierung an Wirkungen auf Unterricht und Kompetenzsteigerung erkennen. Sie folgen damit bereits dem Frageinteresse an Vermessung und passen nicht umstandslos zum ursprünglichen „mikrologischen" Entwicklungsansatz. Entsprechend schwingt teilweise ein enttäuschter Unterton mit, weil die Korrelation zwischen Schulprogramm und Schülerleistungen nur schwer zu belegen ist. Zu durch Schulprogrammarbeit ausgelösten Entwicklungsprozessen an Schulen sowie zu den dazugehörigen mikropolitischen Auseinandersetzungen liegen allenfalls Andeutungen vor. Die Frage, was wie geschieht, droht zusehends übersprungen zu werden, das heißt die Implementation des Programmauftrags wird nicht mehr problematisiert. Es könnte also sein, dass sich Schulprogramme – zumindest in Deutschland – zunehmend durchsetzen, gleichzeitig die ursprünglichen Vorstellungen von Schulprogrammarbeit im Sinne eines organisationsnahen offenen Entwicklungsinstruments jedoch zurück gedrängt werden. Je nachdem, welche Innovationssemantik damit der Schulprogrammarbeit unterstellt wird, könnte man also formulieren: „Das Schulprogramm ist tot! Es lebe das Schulprogramm!" Diese Sichtweise auf Schulprogrammarbeit lässt sich nur plausibilisieren durch eine Analyse der governancetheoretisch bedeutsamen Phänomene im Verhältnis von „schulischer Selbstregelung" und „externer Steuerung", die sich materialisieren in den Fragen nach innerorganisatorischer Selbstregelung (Kap. 3) und dem Versuch das schulinterne Dokument auch interorganisational zum Steuerungsinstrument umzufunktionieren (Kap. 4), indem es gegenüber der Schulaufsicht und der Bildungspolitik als Informations- und Legitimationsinstrument dient (Monitoring/Fremdevaluation).

3 Intra-organisationale Governance der Schulprogrammarbeit

Der Auftrag, ein Schulprogramm zu entwickeln, fordert nicht nur eine Reflexionsleistung darüber, „was die eigene Schule eigentlich ist", sondern verlangt auch bislang nicht vorgesehene Organisations- und damit (funktionale) Differenzierungsleistungen in der traditional durch flache Hierarchie gekennzeichneten Schule. Schulen besitzen eine nur schwach ausgeprägte „Führung" und sind nicht darauf eingestellt, funktional arbeitsteilig zu operieren, so dass man einer „Programmabteilung" den Auftrag erteilen kann, ein Schulprogramm zu entwerfen. Daraus ergeben sich zwei Fragen: Wie gelingt es Schulen, die Programmarbeit zu organisieren (Organisationsformen) und wie gelangen sie in den jeweiligen arbeitsorganisatorischen Formen zu stabilen programmatischen Festlegungen, die geeignet sind, handlungsleitend in die schulische Realität einzuziehen?

Die *Organisation der Programmarbeit* ist als soziale Aufgabe zu begreifen, für die es bislang in Schulen wenig Anlässe und Vorbilder gibt. Neben die alltägliche formale Arbeitsorganisation tritt eine auf eine Sonderaufgabe gerichtete „soziale Architektur" (Krainz-Dürr 2002a), die nicht nur zusätzlichen Arbeitsaufwand beinhaltet, sondern auch die Entwicklung von Kooperationsformen und die Fähigkeit, Konsens auszuhandeln und Konflikte professionell auszutragen. Dass Programmarbeit Kooperation fördert, ist zu erwarten, wenn der Programmauftrag an *die Schule* geht und dort nicht durch die Schulleitung oder eine entsprechende Arbeitsgruppe monopolisiert wird. So wird berichtet, dass in etwa einem Drittel der Schulen in Nordrhein-Westfalen die Schulleitungen die Bestandsaufnahme und -interpretation an sich zogen (Jürgens 2004, S. 104). Programmarbeitsgruppen unter unterschiedlichen Bezeichnungen sind in der Programmentwicklung jedoch ebenso weit verbreitet wie Verfahrensregeln (Kanders 2004, S. 128; Holtappels 2004b, S. 177). In solchen Programmgruppen sind dabei in der Mehrzahl Lehrer/innen und Schulleitungen vertreten, aber auch Schüler/innen und Eltern. Die Gruppen bestehen im Schnitt aus acht Personen, die in durchschnittlich 14 Sitzungen zu einem Programmbeschluss kommen (Kanders 2004, S. 120f.). Kaum überraschend ist auch, dass Partizipation der Lehrer/innen an der Programmarbeit auch „Widerstände" gegen das Instrument an sich verringert (Holtappels 2004b, S. 178; Holtappels & Müller 2004, S. 85). Daneben existieren vielfache Hinweise, dass eine Arbeitsgruppe nicht „von oben verordnet" werden darf, sondern durch das Kollegium zu wählen ist und sich zudem inhaltlich zurückhält, vielmehr „die im Kollegium vorhandenen Ideen bündelt und vorformuliert" (Haenisch 2004, S. 230). Die Bildung von Programmarbeitsgruppen scheint auch zu begünstigen, Kooperationsformen selbst, z.B. Jahrgangsteams (Holtappels & Müller 2004, S. 96) oder „Kooperations- und

Konsensfindung im Kollegium" (Jürgens 2004, S. 106) zum Programmthema zu erklären. Insgesamt wird Kooperation, mit Ausnahme eher der Gymnasien, für wichtig eingeschätzt (Kanders 2004, S. 129; Jürgens 2004, S. 108f.). Der Auftrag, Schulprogramme vorzulegen, führt in der Prozessdimension zu (mikro-)politischen Auseinandersetzungen um Konsens oder mindestens Mehrheiten, die darüber hinaus zeitlich tragfähig sein müssen, um programmatische Festlegungen in handlungsleitende Verbindlichkeit zu überführen – ohne damit in „Erstarrung" zu landen (Schlömerkemper 2004, S. 64). In paradoxer Weise müssen Schulprogramme im Kollegium mehrheitsfähig sein, ohne dass Mehrheitsfähigkeit eine hinreichende Bedingung für das Gelingen von Schulprogrammen ist (Heinrich 2007, S. 263f. u. 296f.). Schulen als professionelle Einrichtungen sind gehalten, kollektive Entscheidungen konsensual herbeizuführen und die politische Mehrheitslogik nur für den „Notfall" zu bemühen. Ein „nur" mit Mehrheit beschlossenes Schulprogramm wird ständig auf das Problem handlungsleitender Verbindlichkeit für jede einzelne Lehrkraft stoßen. Solange Unterricht nicht kollektiv stattfindet, sondern in Klassen und Lerngruppen, greift die politische Mehrheitslogik allenfalls als „erster Einstieg", weil sie einzelne Lehrer/innen nicht zwingend in ihrem professionellen Handeln erreicht. Umgekehrt wird das Schulprogramm

> „zunehmend zu einem Steuerungsinstrument mit hoher Verbindlichkeit und deutlicher Beschränkung der individuellen Freiräume der pädagogischen Akteure auch und gerade im 'Kerngeschäft' des alltäglichen Unterrichts" (van Buer & Hallmann 2007, S. 325; vgl. van Buer & Köller 2007, S. 120f.).

Damit gerät die Spannung zwischen schulisch-organisatorischer Autonomie via (hierarchischer) Selbstregelung und individueller Lehrerautonomie in den Blick (Heinrich 2007). Nicht umsonst betonen Untersuchungen die Bedeutung des Konsenses und der Konsensfindung (Jürgens 2004, S. 106) und ihrer handlungsleitenden Verbindlichkeit (Holtappels 2004a, S. 17). Dabei lässt sich die Wirksamkeit der Schulprogrammarbeit auf den Nenner bringen, dass sie schulintern die Kommunikation und Kooperation intensiviert und die Schulen in einen „Lern- und Aushandlungsprozess" eintreten, um einen „Grundkonsens in Fragen schulischer Erziehung und schulischen Unterrichts zu erzielen" (Jürgens 2004, S. 108). Freilich scheint kein „Vollkonsens" erreichbar, der Verbindlichkeit sichert. Faktisch basieren Schulprogramme meist auf Mehrheiten bei zugleich nennenswerten Minderheitenpositionen (Kanders 2004, S. 131). Unabhängig davon aber, ob Schulprogramme auf Konsens oder Mehrheiten beruhen dürfte die Programmarbeit die Identifikation mit der eigenen Schule stärken, weil sie das Kollegium als Kollektiv fordert und den argumentativen Austausch auch unterschiedlicher Positionen und Ansichten zulässt (Jürgens 2004, S. 110; Kanders

2004, S. 131ff.). Zunächst ist niemand in der Minderheit, weil das jeweilige individuelle pädagogische Konzept hinter einem „Schleier des Nichtwissens" verborgen sein kann. Das Schulprogramm bietet, bei geschicktem „Konferenz-Management" (Schlömerkemper 2004, S. 77), die Chance „sich einzubringen" – mit allen Vorteilen und Risiken – jedoch auf der Basis der Indentifikationsmöglichkeit.

Ein Schlüsselbegriff in der Debatte um Schulprogrammarbeit lautet daher „Verbindlichkeit" (Arnold u.a. 2004, S. 55). Schulprogrammarbeit ist damit auch gekennzeichnet durch die intra-organisationale Governancefrage: *Wie gelingt es den an der Schule Beteiligten kollektiv handlungsfähig zu werden, ihre individuellen Handlungen aufeinander abzustimmen und individuelles Handeln anzuleiten, ohne die Autonomie der Lehrer/innen zu beschädigen?* Schulprogrammarbeit veranlasst Schulen, etwas in der Schulgeschichte bisher nicht Bekanntes zu leisten, nämlich (a) kollektiv zu handeln und (b) individuelles Handeln aufeinander zu beziehen. Die traditionale „Lösung" lautet Hierarchie, meist unter dem Begriff „Führung" diskutiert (Thom, Ritz & Steiner 2006). Die Befunde aus der Schulprogrammforschung zeigen jedoch, dass Schulführung noch nicht einmal durchgehend geeignet ist, kollektive *Entscheidungs*fähigkeit herzustellen. Denn die Schule ist (noch?) nicht in dem Zustand eines korporativen Akteurs, der jenseits der individuellen Präferenzen der Schulmitglieder handlungs- und entscheidungsfähig ist (Coleman 1990, S. 540; Scharpf 1997, S. 54-58). Schulprogrammarbeit veranlasst die Schule, ihre interne Steuerungsfähigkeit zu erhöhen, u.zw. unter den nicht entgegenkommenden Bedingungen der Organisationsstruktur der Jahrgangsklasse, der Dominanz von Unterricht, der individuell erfolgen muss und schließlich der nach wie vor bestehenden individuellen Zurechenbarkeit der Erfolge/Misserfolge. Soll die Schule *kollektiv handlungsfähig* werden, bedarf sie eines möglichst breiten Konsenses, der ständig erneuert werden muss. Die permanente Diskussion des Programms kann die ohnehin ständig prekäre Verbindlichkeit stabilisieren. Ist Führung kein Allheilmittel, so steht der Schule auch kaum der Weg offen, sich als „Gemeinschaft" (im Sinne von Grundmann u.a. 2006) mit kollektiv geteilten Zielen und Werten zu konstituieren, weil sie zum einen eine Pflichteinrichtung ist, die zum anderen an einen staatlich, ihr extern vorgegebenen Zweck gebunden ist, dem keine affektiven Bindungen und Gemeinsamkeiten eignen (Rolff 1995b, S. 121f.).

Neben die „hierarchische Selbststeuerung" der zunehmend betrieblicher verstandenen Einzelschule tritt, wie aus der Schulprogrammarbeit deutlich wird, die „Notwendigkeit" horizontaler Selbstorganisation, eine Governanceform der Koordination, die bei allen Schwierigkeiten auch gelingen kann und den Erwartungen der Lehrer/innen entgegenkommt. So assoziieren Lehrer/innen mit dem Begriff Schulprogramm am stärksten „Verantwortung" und „Kooperation"

(Schlömerkemper 2004, S. 63). Verbindlichkeit kann „gefordert" werden, in Schulhäusern ist sie jedoch eher als „vereinbarte Verbindlichkeit" herzustellen (zur Unterscheidung: Schlömerkemper 2004, S. 75). Damit geraten Koordinationsmechanismen der Beobachtung, der Beeinflussung und vor allem der Verhandlungen ins Zentrum (zur Unterscheidung vgl. Lange & Schimank 2004, S. 19-23). Weisung und Anordnung versagen; sie generieren allenfalls Konsensfiktionen (Hahn 1983), aber keine konstant stabilisierte Handlungspraxis. Die intra-organisationalen Beobachtungs-, Beeinflussungs- und Aushandlungsprozesse sind als mikropolitische Auseinandersetzungen unter Bedingungen von Anwesenheit, also unmittelbarer Interaktion und Kommunikation zu verstehen, die auf Konsens zielen, weil eine innerschulische Mehrheitslogik ihre Grenzen in der individuellen Handlungspraxis hat (Arnold u.a. 2004, S. 56). Das *Ziel* Schulprogramm wird selbst zum *Medium der Reflexion eigenen Handelns*. Damit werden die Bedingungen für Konsensbildung hergestellt wie potenziell konfliktträchtige Debatten angestoßen. Konsens kann nicht vorausgesetzt werden, er ist im besten Fall Ergebnis. Weil Verbindlichkeit, die mindestens so sehr eine Kategorie der Fremdbeobachtung wie der Selbstbeschreibung ist, jedoch von der Erwartung der Lehrer/innen auf „Veränderbarkeit" des Schulprogramms begleitet wird (Schlömerkemper 2004, S. 64), könnte darin ein Schlüssel für Konsensbildung liegen. Dann sind nämlich auch Mehrheitsentscheide nicht festgezurrt, sondern veränderbar und auch Unterlegene erhalten ihre zweite und dritte Chance, weil bestehende Einstellungen und Präferenzen sich wandeln können (vgl. Goodin 1986; Kanders 2004, S. 133f.).

Allerdings scheinen die Lehrer/innen der Veränderbarkeit von Programmen – und damit auch sich selbst – nicht voll zu trauen. Denn Schulentwicklung und Schulprogramm passen nicht umstandslos zusammen, weil Programme definitionsgemäß Eigenschaften des Abgeschlossenen haben. Auch wenn Lehrer/innen das Schulprogramm selbst entwerfen, wissen sie, wie schwer ein permanentes kollektives Selbstreflexionsniveau – die permanente Veränderung – zu institutionalisieren sein dürfte, und zudem kennen sie Programme als politisch administrierte Programme, die sie gerade nicht als kurzfristig veränderbar erfahren.

Vereinbarte Verbindlichkeit verweist ferner darauf, dass die Implementation eines Schulprogramms *innerhalb* des Schulhauses sich von selbst erledigen muss, soll sie erfolgreich sein. Ausgehandelte Selbstverpflichtung beschreibt Prozess und Ergebnis schulinterner „Implementation" genauer als Umsetzung im Sinne bindender Entscheidung (Kussau 2008). Die kognitive Trennung von Programmausarbeitung und -umsetzung ist unter Bedingungen von Anwesenheit unwahrscheinlich – vorausgesetzt, die Programmentwicklung wird nicht an eine schulinterne Arbeitsgruppe delegiert und das Gesamtkollegium fungiert nur als ratifizierendes „Parlament". Denn Implementation im Schulhaus kennt keinen

Absender, wie das bei politisch initiierten Programmen die Regel ist. Programmentwurf, Programmbeschluss und Programmrealisierung zeichnen sich durch die Identität von Absender und Adresse aus. „Implementation" erfolgt im Wege von *Lernen* distanzlos in je einer Organisation bzw. in je einer individuellen Lehrperson und hängt wesentlich vom Programmengagement der Lehrer/innen ab (vgl. auch Arnold u.a. 2004, S. 58). Zwar ist Selbstverpflichtung nicht enttäuschungssicher, anders als Implementation jedoch gegen Täuschung gefeit. Zwar kann auch die Schulleitung ein Auge darauf werfen, was mit dem Programm in der Praxis geschieht, sie wird jedoch rasch mit prohibitiven Beobachtungskosten konfrontiert und verfügt kaum über die Mittel, für Abhilfe zu sorgen. Ein gemeinsam erarbeitetes Schulprogramm muss auch gemeinsam realisiert werden – unter Inkaufnahme von Konsensfiktionen. Abweichungen und Nichtteilnahme sind zu tolerieren und in einem Prozess laufender Revisionsmöglichkeiten aufzufangen, der die Chance bietet, nicht grundsätzlich in einer Minderheitsposition gefangen zu bleiben.

4 Von der intra-organisationalen zur inter-organisationalen Governance der Schulprogrammarbeit

Im vorangegangenen Kapitel wurde das Kollegium als Akteur begriffen, der sich im Prozess der Programmarbeit als kollektiver Akteure erst konstituiert. Ein alternatives Verständnis konzipiert das Schulprogramm als schulinternes Steuerungsinstrument, das auch gegen Widerstand oder Passivität verbindliche Geltung beanspruchen soll: Das Schulprogramm als bindende Entscheidung – ein Konzept, das bisher für das politische System, nicht hingegen für das Bildungs- und Erziehungssystem, reserviert war. Danach ist das Schulprogramm ein auf die Ebene der Schule heruntergebrochenes Steuerungsprogramm. Das Schulprogramm wird als maßstabsverkleinerte politische Steuerung der Einzelschule analogisiert. Herstellung von Verbindlichkeit ist „schultheoretisch" geboten und „juristisch" einklagbar (van Buer & Köller 2007, S. 121 u. 127). Individuelle Lehrerautonomie wird dann auf reine Situativität zurückgefahren, das Schulprogramm ist rechtsverbindlich durchzusetzen und zu implementieren, zumal wenn die Schule in dieser Sichtweise als „unterste Verwaltungsinstitution der Schuladministration" bzw. „unterste Dienstinstanz der Schuladministration" verstanden wird (van Buer & Köller 2007, S. 114 u. 120). Damit wird die rechtliche, nicht die soziale Seite der Aufgabe „Verbindlichkeit herzustellen" betont und Bindungswirkung rechtlich abgeleitet (van Buer & Köller 2007, S. 116-118). Sie wird nicht verstanden als sozialer und politischer Prozess, der Kooperation und Kooperationsverweigerung, antagonistische Kooperationsformen und *free riding* mitberücksichtigt. Aus dem Schulprogramm wird ein Durchgriffsinstrument, mit dem einzelne Lehrer/innen auch gezwungen werden können, das Programm einzuhalten (van Buer & Köller 2007, S. 121). Die Spannung zwischen schulischer und individueller Autonomie wird einseitig gebrochen und die Komplexität des Spannungsverhältnisses zwischen staatlichem Schulauftrag, Schule und Lehrkraft in *Fachbeamtentum* aufgelöst. Die steuerungspolitische Wende, die die Bedeutung der Einzelschule betont, wird schulintern aufgegeben, nämlich das Prinzip: „Die konkreten Aufgaben können am besten ‚vor Ort' gelöst werden" (Schlömerkemper 2004, S. 77), also im Klassenzimmer und im Lehrerzimmer. Die Frage bleibt dann nur, *wem* das Durchgriffsrecht zusteht, und ob das Schulprogramm, neben allem anderen auch dazu dient, die Schule als korporativen Akteur zu begründen. Letztlich wird die Schule in eine bürokratische Anstalt umdefiniert. Zugleich wird das Schulprogramm transformiert in ein Instrument der Outputsteuerung und damit in ein Instrument, das es ursprünglich nicht war (van Buer & Köller 2007, S. 111). Verbindlichkeit wird zu „der Schlüsselgröße" hypostasiert. Wird ein Schulprogramm so verstanden, geht es tatsächlich darum, eine „Implementationskultur" zu etablieren (van Buer & Köller 2007, S. 128).

Allerdings erweist sich der Versuch, das Schulprogramm als internes Steuerungsprogramm zu etablieren, als zwiespältig. Gelingen angenommen, führt es wie alle steuerungspolitischen Ansätze zu einer Zentralisierung des Verhaltens in der Schule; es entspricht damit (im Sinne der Isomorphiethese) nicht der dezentrierten, normativ sogar „zu individualisierenden" Struktur der Schulhausorganisation (und auf Systemebene des Schulsystems). Wenn das Handeln der individuellen Lehrer/innen auf ein einheitliches *Schulhandeln* hin zentriert wird, wächst sich ein qualitativ wenig geeignetes Schulprogramm zum Risiko aus, weil es das Handeln aller Lehrer/innen „kontaminiert". Eine nicht zentral gesicherte Verbindlichkeit lässt die ohnehin unausweichlichen Deutungsspielräume hingegen als legitim zu und ist überdies geeignet, Schwächen an einer Stelle durch Stärken an anderer Stelle aufzufangen. Wird das Schulprogramm demgegenüber als strenges schulinternes Steuerungsinstrument verstanden, dann ist zu erwarten, dass unter der Hand das „besondere Gewaltverhältnis" als „organisationspädagogische" schulinterne Norm wiederbelebt wird. Zudem wird *in* der Schule die Input-Steuerung revitalisiert, mit dem Zweck zwar, Schulen im gewünschten Sinne outputfähig zu machen, aber dennoch nach innen hochgradig regelgebunden, mit dem bedeutenden Unterschied freilich, dass der Input selbst erzeugt ist. Ein so verstandenes Schulprogramm als „offizielles Programm der Schule" eignet sich dann nicht nur zur Selbstdarstellung, sondern auch als Anschlussdokument für Evaluation, sei sie informell und „nur" öffentlich, sei sie technisch-systematisch und den Aufsichtsbehörden zugänglich. Im Folgenden soll nur der Zusammenhang von innerschulischem Programm und behördlicher Evaluation näher betrachtet werden.

Denkt man das Schulprogramm von seinen Anfängen her in seiner Rolle als „Arbeitsmaterial" für die Organisierung der Schule als pädagogischer Einheit, so kommt mit dem Evaluationsbezug eine weitere Anforderung hinzu: *Wie kann der Staat das Schulsystem steuern – dem Schulsystem zu kollektiver Handlungsfähigkeit verhelfen – ohne die Schulen in ihrer soziokulturellen „Einzigartigkeit", aus der sich Schulautonomie speist, zu beeinträchtigen?* Auf diese Frage geben die Untersuchungen zu Schulprogrammen keine Antwort. Dort wird bisher dokumentiert, in welchem Umfang die Schulen ihr Programm evaluationsfähig formulieren. Wie diese Informationen steuerungspolitisch verwendet werden – Eingang in einen Korpus von Steuerungswissen finden – ist nicht untersucht. Evaluation, die die autonome(re) Schule qua Wissen steuert (Steuerungswissen), gewinnt als „Schlüssel", um die Schulen nicht in dezentrierte Beliebigkeit abdriften zu lassen, an Bedeutung. Der Schule werden externe Orientierungspunkte vorgegeben (Altrichter & Heinrich 2007), oder, in einer alternativen Terminologie, Außensteuerung (= Input-Steuerung!) wird wiederbelebt. Schulprogramme bieten einen Anschlussknoten, wenn es gelingt, die schulischen Akteure auf externer Evaluation beruhende, wissensgestützte Vorgaben zu verpflichten. Damit steht das Instrument Schulprogramm durch die evaluative Wende vor dem traditionellen Implementationsproblem von Steuerung: Wie gelangen Instrumente in die Schule und werden dort zielgerecht adaptiert? Die evaluative Wende kommt, aus Sicht der Lehrer/innen, erneut „top down" (Jürgens 2004, S. 108) und berührt die für einen Steuerungserfolg notwendige Komplementarität von Steuerungsinstrument und entgegenkommenden Erwartungen bei den Lehrer/innen. Nur wenn in den Schulen parallel zur verpflichtenden Einführung der Schulprogrammarbeit auch Veränderungsbereitschaft oder realer Profilierungszwang besteht, wird es wahrscheinlich, dass das Instrument „Schulprogramm" als geeignetes Mittel der Schulentwicklung auch in Kollegien „mehrheitsfähig" wird.

Allerdings wird damit die Funktion des Schulprogramms explizit als *Instrument der Außensteuerung* etabliert – mit der Folge, dass Verbindlichkeit nicht mehr primär durch gemeinsame innerschulische Zielfindungsprozesse herzustellen ist. Das Schulprogramm als organisationsinternes Entwicklungsinstrument (Selbstorganisation) wird in ein externes Steuerungsinstrument umgeformt, mit dem innerschulische Zielfindung beeinflusst werden kann. Dieses neue Verständnis von Schulprogrammarbeit besteht dann gerade in der koordinativen Verknüpfung außerschulischer Vorgaben mit innerschulischen Verbindlichkeiten. Die Spannung zwischen individueller und organisatorischer Autonomie verliert an Brisanz, weil durch Außenziele die Organisationsautonomie heruntergeregelt wird und die traditionale pädagogische bzw. Lehrerautonomie übrigbleibt, soweit sie nicht über Zurechnungsverfahren ebenfalls eingeschränkt wird.

Ist die Arbeit an Schulprogrammen bereits in der Binnenperspektive nicht frei von „Spannungsfeldern" (Arnold u.a. 2004, S. 46-58) – individuelle vs. Organisationsautonomie, Konsens vs. Mehrheiten, verordnete vs. vereinbarte Verbindlichkeit –, so erzeugt der externe Evaluationsbezug weitere systematische Spannungen. Denn administrative Außensteuerung der Schule stößt bei Lehrer/innen beinahe schon habituell auf Misstrauen. Kommt, wie im Fall des Schulprogramms, noch seine externe Evaluation dazu, steigt der Begründungsbedarf, das Instrument anzunehmen (Heinrich 2007). Allerdings scheint die programmatische Eigeninitiative der Schulen nicht sonderlich entwickelt zu sein, so dass es nahe liegt, den Schulen Programmarbeit wenigstens vorzuschreiben und Schulprogramme ggf. auch genehmigen zu lassen. Diese Option ist indes nicht identisch mit Programmevaluation. Zwar wird die Arbeit an einem Schulprogramm mehr oder weniger angenommen; sie mündet jedoch kaum in eine innerschulische Eigendynamik, die seine Existenz und permanente Fortschreibung aus sich selbst heraus sichert (Gruschka u.a. 2003). Einer solchen Eigendynamik scheinen nur solche Schulen zu unterliegen, die – aufgrund von Veränderungspotenzial oder Profilierungsdruck – bereits auf ein spezifischeres Profil der Einzelschule zurückgreifen können (Schlömerkemper 2004, S. 77; Kanders 2004, S. 134). Andere Schulen benötigen „einen deutlichen Anstoß, um aus Routinen herauszukommen und ein Konzept für die pädagogische Arbeit zu entwickeln" (Schlömerkemper 2004, S. 77; Kanders 2004, S. 128f.). Zu beobachten ist mithin eine Ambivalenz zwischen freiwilliger Selbstreflexion via Schulprogramm, für die in der traditionellen Routine der Anlass fehlt, und der Verpflichtung zu „Zwangsreflexion", die „von oben" angeordnet wird und schon deshalb skeptisch bis ablehnend betrachtet wird, weil sie als Außenanforderung von Behörden, die „nichts von der Sache" verstehen, herangetragen wird (Arnold u.a. 2004, S. 51f.).

Anders als im schulischen Innenverhältnis kann die Aufforderung an die Schulen, Schulprogramme vorzulegen, als Implementation verstanden werden, auch wenn die „Umsetzung" eher ein Prozess der Nacherfindung und der Übersetzung sind (Kussau 2008). Die Lehrer/innen werden die Vorgaben in je spezifischer Weise interpretieren – ein unausweichlicher Schritt, der durch Vorgaben, welche Kategorien und Themen in welcher Form programmatisch ausgearbeitet werden müssen, eingeengt, aber niemals völlig aufgehoben werden kann. Dazu kommen mancherorts unterstellte Verweigerungshaltungen und recht handfeste Gründe dafür, dass die arbeitsintensiven Evaluationen ausbleiben. So stellt nach Ansicht der befragten Lehrer/innen der erhöhte Aufwand und die Belastung der

Lehrkräfte das weitaus größte Problem bei der Schulprogrammarbeit dar (Kanders 2004, S. 131). Stößt der Auftrag, ein Schulprogramm vorzulegen zwar nicht auf Widerstand, aber auch nicht auf Begeisterung, so erweist sich der evaluative Zugriff der staatlichen Behörden als prekär. Mehr als die Hälfte der Schulleitungen in Nordrhein-Westfalen steht der externen Arbeitsüberprüfung „skeptisch bis ablehnend gegenüber", während sie etwa 40 % „zumindest ins Kalkül gezogen haben" (Jürgens 2004, S. 113). Andere Zahlen für dasselbe Bundesland sprechen davon, dass nur bei weniger als der Hälfte der Schulen schriftliche Dokumente zur Evaluation vorlagen, wobei diese Zahl je nach Schulform variierte – besonders selten an Realschulen, überdurchschnittlich häufig an Grund- und Gesamtschulen (Kanders 2004, S. 120). Werden die Programmvorgaben („Was muss in einem Schulprogramm stehen?") hingegen strikt formuliert, steigt die „Evaluationsfähigkeit" von Schulprogrammen. So kamen in Hamburg die meisten Schulen (88 %) der Verpflichtung nach, eine „Evaluationsplanung" mitzuliefern. Knapp die Hälfte enthielten sogar ausgearbeitete Evaluationspläne (Holtappels & Müller 2004, S. 98). Auch scheint sich der Evaluationsbezug auf die Vollständigkeit der Programme auszuwirken, obwohl bereits die Formulierung von evaluationsfähigen Schulprogrammen – „eine kritische Bilanzierung und Diagnose" – den Schulen schwer fällt oder diese eher vage gehalten sind (Holtappels 2004c, S. 253).

In Nordrhein-Westfalen fiel die Beurteilung der Schulprogramme durch die Schulaufsicht allerdings durchaus zufrieden stellend aus (Burkard 2004, S. 148f.). Danach wurde in den Schulprogrammen der Zusammenhang mit Richtlinien und Lehrplänen ebenso berücksichtigt wie die spezifische Situation der Schulen und ihres Umfeldes sowie längerfristige Entwicklungsüberlegungen. Nachholbedarf besteht in den Programmen neben der Beteiligung der „Schulgemeinschaft" (Schüler/innen, Eltern etc.) vor allem im Unterrichtsbezug und der Evaluation. Während Lehrer/innen und Schulleitungen den Programmnutzen allenfalls zwiespältig beurteilen, schreibt die Schulaufsicht den Schulprogrammen beachtliche Effekte für die Qualitätsentwicklung zu (Burkard 2004, S. 153). Als Erklärung wird die Erwartung der Lehrer/innen nach rascheren und spürbaren Wirkungen genannt. Dazu kommt, dass sich die Schulaufsicht aufgrund ihrer Beratungsleistungen bis zu einem gewissen Grad mit den Programmen identifiziert (Burkard 2004, S. 153). In diesem Zusammenhang verdienen die Implementierungsregelungen für die administrativ verordnete Schulprogrammarbeit in Nordrhein-Westfalen noch besondere Beachtung. Dort wird die Schulaufsicht per Erlass in die Schulprogrammarbeit einbezogen (MSWWF & LSW 2002; Bauer 2004). Alle Schulen sind verpflichtet, sowohl ein Schulprogramm zu erarbeiten als auch in einen Dialog mit der Schulaufsicht über ihr Schulprogramm und seine Umsetzung zu treten, wie umgekehrt die Schulaufsicht diese Gespräche führen muss. Schulaufsicht und Schulen sollen in symmetrischer Kommunikation über das Schulprogramm und seine Umsetzung diskutieren, wobei durch die Vorgaben zur Gesprächsführung „Machtmissbrauch" seitens der Schulaufsicht vermieden werden soll, indem die „Weisungsbefugnis der Schulaufsicht" für die Gespräche suspendiert ist (Bauer 2004, S. 155). Damit ist eine Evaluationsvariante beschrieben, die nicht in einem konsequenzialistischen Automatismus mündet, dessen Ausprägung generell noch unbekannt ist, sondern als Gespräch, vielleicht als Verhandlung mit dem Ziel der Beratung. Die Ergebnisse dieser Dialoggespräche werden positiv beschrieben und der Schulaufsicht ein behutsames Vorgehen und kompetente Beratungsleistungen attestiert (Bauer 2004, S. 166 u. 171). Dabei besteht auch die Chance, dass eine Schule sich gegen die Schulaufsicht mit ihren programmatischen Schwerpunkten und sogar konkreten Maßnahmen durchsetzt (Bauer 2004, S. 167f.).

Bislang forderte die evaluative Wende damit vor allem die intermediäre staatliche Schulaufsicht. Wie und in welchem Maße die Begutachtungs- und vor allem Beratungsleistungen der Schulaufsicht zur Stärkung des zentralen Steuerungswissens beigetragen haben, ist nicht bekannt. Die Herausforderung für die Schulaufsicht liegt vor allem darin, dass sie, die jahrelang die einzelnen Lehrer/innen hinsichtlich ihrer korrekten Amtsausübung kontrollierte, nun zusätzlich zur Schul*aufsicht* eine *beratende* Funktion übernimmt: Diese wird umso stärker anfallen, je mehr die Lehrer/innen und Schulleitungen erst lernen müssen, neue oder bislang unbemerkte Gestaltungsfreiräume nicht nur zu nutzen, sondern auch in eine Programmform zu gießen. In Schulen und in der Schulaufsicht handeln Akteure in routinisierten Rollenmustern und bewährten Verhaltensmustern (Haenisch 2004, S. 243). Die informationelle Beziehung zwischen der Schulaufsicht und der ministeriellen Administration ist im Blick auf die Schulprogrammarbeit eine wenig beachtete Forschungsfrage, die insbesondere durch mikrologische Studien zu bearbeiten wäre (Heinrich 2007, S. 175-202).

Für England lässt sich zunächst eine ähnliche Verlaufsform des Wandels der Schulprogrammarbeit feststellen, wenn Hopkins & MacGilchrist (1998) von den späten 1980er Jahren an einen Wechsel von schulorientierten Fragen der Leistungserbringung hin zur Akzentuierung der Möglichkeiten zur Beförderung der Schülerleistungen durch Schulprogrammarbeit konstatieren: „It has become apparent over time that as Davies and Ellison (1998) point out, ‚traditional' approaches to school planning no longer serve the needs of schools." (Cuckle & Broadhead 2003, S. 230) Zwar stellen Hopkins & Levin (2000) zur Jahrtausendwende fest, dass die Schulprogrammarbeit noch nicht in dem erwarteten Maße zur Anhebung der Standards beigetragen habe, damit dokumentieren sie aber zugleich ex negativo das ihrer Ansicht nach im Entwicklungsinstrument angelegte Potenzial des school development planning zum schulübergreifenden Steuerungsinstrument.

Auch wenn eine vergleichbare Entwicklung des Schulprogramms zu einem „evaluationsbasierten Steuerungsinstrument" stattgefunden hat, so zeigt sich doch eine bedeutsame Differenz durch die Koinzidenz mit der Einführung und der deutlichen Aufwertung von Schulinspektion als nationalem Steuerungsinstrument im England der 1990er Jahre:

> „In the early days of OfSTED inspections, Rose (1995) pointed out that inspections would only bring about improvement if recommendations were incorporated into the schools' development plans for improvement and later, Harris (1999) made a similar point about target setting." (Cuckle & Broadhead 2003, S. 230)

Trotz theoretischer und wiederholter empirischer Studien (Broadhead u.a. 1998; 1999; Broadhead & Cuckle 2002) kommen Cuckle & Broadhead (2003, S. 230) zu dem Ergebnis, dass sich Korrelationen zwischen der Schulprogrammarbeit und den Leistungen der Schüler/innen nur schwer nachweisen ließen. Zeigen ließ sich allerdings der deutliche und in den Jahren zunehmende Einfluss der OfSTED-Inspektionen auf die Schulprogrammarbeit:

> „More than half of the Key Issues (KIs) from OfSTED had been anticipated and already incorporated into the SDP [School-Development-Planning; die Verfasser]; these reflected the national imperatives that were gathering momentum, most notably literacy, numeracy and ICT." (Cuckle & Broadhead 2003, S. 232)

Angesichts der Implementierung unterschiedlicher Formen der Schulinspektion auch in Deutschland (Rürup 2008a) liegt die Vermutung nahe, dass auch hier eine solche „Einspruchsvorwegnahme" gegenüber der Schulaufsicht praktiziert werden könnte, wenn die Schulen zunehmend in ihren Schulprogrammen die Themen des Qualitätsrahmens und insbesondere der auf Schülerleistungen fokussierten Aspekte schlichtweg übernehmen. Zwar könnte wahrscheinlich weiterhin nur schwerlich ein Zusammenhang zwischen gestiegenen Schülerleistungen und der Verankerung dieser leistungsbezogenen Aspekte im Schulprogramm empirisch nachgewiesen werden. Die Schulen hätten aber – im Sinne einer Legitimationsübung – empirisch nachweisbar (!) ihren good-will dokumentiert. Diese Transformation des Steuerungsinstruments „Schulprogramm" bliebe aber nicht ohne Folgen, da organisationsbezogene Entwicklungsbemühungen leicht aus dem Blick geraten könnten, oder wie es Cuckle & Broadhead (2003, S. 230) ausdrücken:

„Fidler (1998) expressed the view that schools should take a broader view of development planning than one based on improvements in test scores particularly when stipulated by agencies outside the school."

5 Zum Wandel der Wirkungsvorstellungen der Schulprogrammarbeit

Erwartungen an die Wirkung von Schulprogrammen unterliegen, wie mittlerweile alle „Reformansätze", mehr oder weniger latent der letztlich eindimensionalen Sicht, dabei müsse etwas für den Unterricht und damit für das kognitive Kompetenzniveau herausspringen – „die zentrale Zielgröße von Schulprogrammen [ist] die Optimierung des schulindividuellen Outputs und dort letztendlich des Kompetenzerwerbs der Schülerinnen und Schüler (...)" (van Buer & Hallmann 2007, S. 333; vgl. auch van Buer & Köller 2007, S. 111). Die Untersuchungen dementieren jedenfalls die Hoffnung, dass via Schulprogramm auch Unterricht und Schülerleistungen verbessert würden (Holtappels 2004a, S. 22ff.; 2004b, S. 194; van Buer & Hallmann 2007, S. 330 u. 342; Mohr 2006). Obwohl nach Angaben von Schulleitungen die „‚Qualitätsentwicklung und -sicherung von Unterricht' ein besonders wichtiger Entwicklungsschwerpunkt in den Schulen ist" (Jürgens 2004, S. 106), wird ihr Effekt gering eingeschätzt und ist als konkrete Wirkung im multifaktoriellen Gefüge von Schulentwicklungsarbeit als isolierbarer Faktor schwer nachweisbar (Weiß & Steinert 2001, S. 445ff.; Holtappels 2004a, S. 23).

Ohne hier auf die Multifunktionalität von Schule eingehen zu können (Fend 2006a), die jedenfalls differenzielle Wirkungen erzeugen *muss*, soll die Wirkung von Schulprogrammen vor dem Hintergrund der „evaluativen Wende" und seiner Funktion im schulischen Mehrebenensystem kurz diskutiert werden. Das Schulprogramm war ursprünglich als einzelschulisches Entwicklungsinstrument angelegt – vor einem Zielhintergrund, der die Schule als „pädagogische und organisatorische Einheit" entwickeln, als professionelle Organisation funktional differenzieren und als Leistungsorganisation um die vergessenen (?) Variablen „Schulklima" und „Schulethos" erweitern sollte (Rolff 1995b, S. 109ff.). Es ging um *Schulqualität*, die nicht identisch mit *Unterrichtsqualität* ist. Die Transformation des Schulprogramms in ein evaluationsfähiges politisch-administratives Steuerungsinstrument kann nicht folgenlos bleiben. In der Entwicklungsperspektive stehen Organisationsbezüge im Mittelpunkt, in der Evaluationsperspektive hingegen die Unterrichts- und Schülerleistungen. Die Doppelfunktion des Schulprogramms ist jedoch nicht gleichzusetzen mit einer Wirkungserwartung, wonach ein Schulprogramm auch einer doppelten Zielsetzung dienen könne. Vielmehr führt die evaluative Transformation zu einem Zielwandel, der die Bedingungen der Wirksamkeit des Schulprogramms vom Ziel *Schulqualität* auf das Ziel *Unterrichtsqualität* verschiebt. Ein Instrument, das sich auf organisationspädagogische Ziele richtet, soll nun ein Kompetenzziel nicht nur mitbedienen, sondern sogar primär erreichen helfen.

Wird die Wirkungserwartung von Schulprogrammen im schulischen Mehrebenensystem angesiedelt (Kussau & Brüsemeister 2007b), ist mit multiplen Wirkungen und differenziellen Wirksamkeiten zu rechnen, damit, dass ein und dieselbe Maßnahme mehr oder weniger die Erwartungen und Interessen verschiedener Akteure auf den verschiedenen Systemebenen unterschiedlich bedient. Die Umstellung auf „Evaluationsbasierung" wechselt nicht nur die Ziele aus, sie indiziert auch, dass das Schulprogramm in seiner Doppelfunktion administrativ-evaluativ verfügbar gemacht werden kann und wird, deswegen aber nicht Ziele umstandslos austauschbar sind. Administrativ-evaluative Verfügbarkeit des Schulprogramms beinhaltet als Wirkung zunächst lediglich einen weiteren „Zugriffspunkt" für zentrale Schulsteuerung. Und so dient der evaluative Zugriff auf das Schulprogramm dem Staat und seiner Verwaltung *vorerst als Instrument*, die eigenen Rechenschaftspflichten zu bedienen, Handlungsfähigkeit zu beweisen und sich darüber zu legitimieren, weil Beobachtungsverfahren Ausdruck rationalen Handelns darstellen.

Damit stellt sich die Frage, nach der *Eignung des Schulprogramms wofür* in aller Schärfe. Der „Glaube", Maßnahmenevaluation alleine sichere Unterrichtswirksamkeit, ist ein Fehlschuss. Durch die Zieltransformation geht das Schulprogramm seines funktionalen Orts verlustig. Nicht nur theoretisch, sondern auch steuerungspraktisch müsste eine kausale Verbindung zwischen dem Schulprogramm als *kollektivem* Schulprodukt und seinen Effekten für das *individuelle* Unterrichtshandeln (Unterrichtsqualität) begründet werden. Um evaluative Tauglichkeit mit Unterrichtstauglichkeit gleichzusetzen wären die verschlungenen Wirkungsketten zu rekonstruieren. Dieser Nachweis ist bisher ausgeblieben: Es besteht gerade keine Evidenzbasierung zwischen Schulorganisation und Wirksamkeit für den Unterricht (van Buer & Hallmann 2007, S. 342). Dieser Nachweis wird unseres Erachtens auch in Zukunft kaum zu führen sein – und zwar aus folgenden Gründen:

- *Forschungsmethodische Gründe:* Der Nachweis eines bedeutsamen Zusammenhangs von Schulprogrammarbeit und Schülerleistungen ist empirisch schwer zu führen. Bislang liegen – auch international – wenige und nicht sehr eindeutige Befunde hierzu vor (vgl. Leithwood u.a. 2006b; Flinspach & Ryan 1992, S. 45; MacGilchrist & Mortimore 1997; Reeves 2000; Hatton 2001, S. 130; Earl & Lee 1998; Harris 2001; Harris & Young 2000). Untersuchungen zur Akzeptanz von Schulprogrammarbeit und den Einschätzungen der Akteure zur „Wirkungskraft" dieses Instruments, wie sie im deutschsprachigen Raum häufig durchgeführt wurden, sind nur wenig aufschlussreich, denn

> „estimates of SIP [School Improvement Planning; d.Verf.] effects on students depended very much on the ‚instruments' used to measure those effects; judgments of teachers, parents, and administrators were largely unrelated to the results of provinical test scores (...)" (Leithwood u.a. 2006b, S. 460).

Auch die Untersuchungen zu den Inhalten der Schulprogramme und sogar zu den Verlaufsformen von Schulprogrammarbeit lassen kaum Rückschlüsse zu: „Indeed, neither the content of the plan nor the processes used to develop it had any significant effect on at least test score estimates of student learning" (Leithwood u.a. 2006b, S. 461). Bemerkenswert in diesem Zusammenhang ist die Längsschnittstudie von Leithwood u.a. (2006b), die mit einem aufwändigen qualitativ-quantitativen Zwei-Phasen-Design zu wenn auch nicht sehr weit reichenden, aber doch signifikanten Aufklärungen von Varianzen in den Schülerleistungen gelangen. Ob man diese Befunde – angesichts der Best-Practice-Bedingungen von Schulprogrammarbeit an den ausgewählten untersuchten Schulen – nun eher optimistisch oder pessimistisch deutet, hängt von der (Steuerungs-)Perspektive sowie den darüber mit Schulprogrammarbeit intendierten/erhofften Effekten auf Schülerleistungen zusammen:

> „The overall effects of our robust SIP model explained a significant amount of the variation in student achievement (...). While some will consider the amount of variation (7 %) to be quite small, it takes on considerable importance when compared with the total variation typically explained by all factors associated with schools. Such variation is usually estimated to be from 12 % to 20 % using indicators of achievement similar to those used in this study (...)." (Leithwood u.a. 2006b, S. 460)

Pessimistischer formuliert könnte man dieser Einschätzung entgegen halten: Wenn aufgrund der Multifaktorialität von Unterricht es bislang nicht zweifelsfrei gelingt, die Einflüsse spezifischer Lehrmethoden auf die Kompetenzsteigerung bei Schüler/innen nachzuweisen, dann erscheint es fraglich, wie es in absehbarer Zeit möglich werden sollte, signifikante Effekte mit auch nur annähernd befriedigender Varianzaufklärung für den sich gerade erst konstituierenden korporativen Akteur „Einzelschule" aufzuweisen?

- *Starke soziale Vermitteltheit der Effekte durch Varianz in der Akzeptanz:* Wenn nach Einschätzung vieler Lehrer/innen das Schulprogramm ihnen *individuell* wenig nützt, dann ist diese Wahrnehmung zunächst einmal entscheidend, weil alle politisch-administrativen Maßnahmen durch die Wahrnehmungen, Deutungen und Interessen der Lehrer/innen „hindurch" müssen.
- *Varianz der Implementationsstrategien:* Die Ungleichzeitigkeit des Instrumenteneinsatzes mitsamt der angeführten Zielverschiebungen bzw. additiven Hinzufügungen von Zielen führt zu Überlagerungseffekten, die sämtliche Implementationsprozesse überlasten und Evaluation als Zurechnung von Wirksamkeitsfaktoren erschweren. Es kommt zu zeitlich nicht synchronem Instrumenteneinsatz, ohne den jeweiligen Entwicklungsstand der Schulen zu kennen und zu berücksichtigen. Wenn und weil Maßnahmen in so rascher Folge auf die Schulen zukommen, geht die institutionelle Stabilität der Schule, ihre Regelhaftigkeit, verloren. Dieser Effekt ist zwar von manchen im Sinne einer „produktiven Unruhe" (vgl. van Buer & Hallmann 2007, S. 339) beabsichtigt, lässt jedoch weder Raum noch Zeit für den Aufbau neuer institutionalisierter Handlungsmuster – mit dem Ergebnis der Orientierungslosigkeit und dem noch dramatischeren Ergebnis des Sinnverlusts. Auf die Frage „Was soll denn die Schule jetzt eigentlich leisten?" ist keine Antwort mehr möglich. Wenn ständig neue Instrumente über die Schule kommen, sie aber nicht an Zwecke rückgebunden werden (können), sind „wir (...) bei Mitteln ohne Zwecke angelangt" (Simon 1993, S. 81; vgl. auch Weick 1995).

Solange die Schule eine „politische Angelegenheit" bleibt, ist mit solchen Ungleichzeitigkeiten zu rechnen. Diese verweisen freilich nicht ausschließlich auf die politische Unfähigkeit zu „Gesamtkonzepten" und ihre punktuellen irrationalen Interventionen, sondern ebenso auf ihre Fähigkeit zum Policy-(Nicht-)Lernen (Rose 1993) und die Neigung zum „muddling through" (Lindblom 1959). Deshalb werden die *Chancen des „Überlebens" des Schulprogramms im Modus der evaluationsbasierten Steuerung* wesentlich davon abhängen, wie es sich sachlich und zeitlich einfügt in das gesamte Steuerungsinstrumentarium. Dabei wird vor allem eine Rolle spielen, wie (a) die Rangfolge der Relevanz der unterschiedlichen Informationssorten, auf die der steuernde Staat zugreifen kann, ausfällt: Das Schulprogramm als Informationsquelle im Verhältnis zu weiteren evaluativen Beobachtungsformen, wie nationale und internationale Leistungsuntersuchungen, Monitoringbefunde, Schulstatistik, Inspektionsdaten, Informationen durch die Schulaufsicht. Daneben wäre (b) zu klären, welche Bedeutung die schulische Selbstbeschreibung als Informationsquelle für eine eher an Fremdbeobachtung orientierte Evaluation zugeschrieben erhält. Das Konzept der schulprogrammatischen Selbstbeschreibung passt in das Konzept einer Autonomisierung der Einzelschule, die das Konzept der evaluationsbasierten Steuerung je nach Ausprägung mehr oder weniger zurücknimmt. Das „Arbeitsmaterial" Schulprogramm wird dort durch evaluative Programmvorgaben und Bildungsstandards ergänzt, wenn nicht sogar ersetzt.

Wenn dem Schulprogramm wenig Wirksamkeit für den Unterricht attestiert wird, so wird damit keine generell fehlende Wirkung festgestellt. Das Schulprogramm erweist sich als wirksam im ursprünglichen einzelschulischen Ansatz, der auf die Förderung der Schulkultur und der inneren Schulentwicklung zielte. So werden alle Effekte, die um das Kollektiv Schule kreisen, vergleichsweise hoch bewertet, jedenfalls höher als Unterrichtswirkungen und individueller Nutzen: Die Diskussion des Leitbilds, die Bestandsaufnahme, Impulse für das Schulleben, Planung systematischer Schulgestaltung und Außendarstellung der Schule (Holtappels 2004b, S. 181ff.). In den Schulen entsteht – wenigstens auf Zeit – eine funktional differenzierte Organisationsstruktur, Kooperationsformen werden erprobt, mindestens teilweise kommt es zu einem Motivationsschub, die Identifikation mit der eigenen Schule gerät ins Blickfeld und wird gestärkt und schließlich wird die Partizipationsbereitschaft für kollektive Belange der Schule mobilisiert.

6 Governanceperspektivische Überlegungen zur Schulprogrammarbeit

Die neue Bindung des Schulprogramms an behördliche Fremdevaluation impliziert eine mindestens partielle Aufgabe des „mikropolitischen" Entwicklungsansatzes zugunsten der „makropolitischen" Nutzung des Schulprogramms (Rolff 1995a, S. 38). Es verwandelt sich in ein an staatliche Absichten gebundenes Steuerungsinstrument, das die dezentrierte Vielfalt des Instruments vereinheitlicht und damit aus der Governancesicht eine staatliche „Gesamtsystem-Strategie" (Rolff 1995a, S. 37f.) wiederbelebt, die mit der propagierten dezentralen Struktur des „Schulsystems" nicht übereinstimmt. Eine Steuerung der Schule *auch* über Schulprogramme nimmt nicht nur Schulautonomieansätze zurück, sondern die Grundannahmen der entwicklungsbezogenen Schulveränderung, wonach nämlich Schulen je spezifische, eigenständige und damit verschiedene Lehr- und Lernorganisationen sind. Damit wird gleichzeitig der „Lehrsatz" von der je spezifischen Einzigartigkeit der Schulen, der die Entwicklungsstrategie der Autonomisierung zu Veränderungsbeginn begründete, mindestens relativiert. Schulen sind zwar verschieden, jedoch in zahlreichen Merkmalen identische

Organisationen – qua politisch-administrativer Vorgaben und qua „Verähnlichung" erfolgreicher Organisationen (Sahlin-Andersson 1996). Es ist abzuwarten, ob sich eine Balance zwischen (erweiterter?) Autonomie und externstaatlicher Evaluation herausbildet (vgl. van Buer & Hallmann 2007, S. 344). Hier zeigt sich ein Dilemma: Das „Schulsystem" bewegt sich zwischen enormer Größe, die generalisierte Regelungen und Standardisierung nahe legt, und dazu disproportionalen Einzelschulen, die auch in Schulprogrammen ihre Individualität und „Subjektivität" – politisch explizit dazu aufgefordert – „ausleben". Nimmt der Staat die Spezifität der Einzelschule ernst, scheiden Gesamtstrategien aus. Dies wird im augenblicklichen Diskurs auf Leistungsvereinbarungen hinauslaufen, die rasch an Kapazitätsgrenzen der Behörden stoßen dürften und dann wieder entsprechend standardisiert ausfallen (müssen). Oder sie ignoriert die Bedeutung der Einzelschule und steuert die Schule nach *einem* Muster – dem der hierarchischen Koordination (Kussau & Brüsemeister 2007a), einer Input-Steuerung angereichert mit dem neuen Input des auf systematischer Beobachtung beruhendem Schulwissen. Diese Variante wird im Augenblick favorisiert. Wieweit eine solche Gesamtsystem-Strategie die Form eines makropolitischen „Unterstützungssystems" annimmt (Rolff 1995c, S. 120), ist jedenfalls kritisch zu beobachten. Freilich sind auch Alternativen ansatzweise erkennbar, wie die nordrhein-westfälischen Dialoggespräche oder die im Zusammenhang mit der Einführung des Inspektorats vorgesehenen Verhandlungen über Leistungsvereinbarungen – jedoch als Zwangskontrakte –, die einen schulischen Entwicklungspfad abstecken sollen.

Nils Berkemeyer & Sabine Müller

Schulinterne Evaluation – nur ein Instrument zur Selbststeuerung von Schulen?

Die Evaluation der eigenen Arbeit wird in Beiträgen zur Schulentwicklung und Schulentwicklungsforschung seit langem als bedeutsames Kriterium professionellen Lehrerhandelns einerseits sowie als Kriterium einer auf Lernen hin ausgerichteten Organisation andererseits betrachtet (vgl. Berkemeyer & Bos 2009; Scribner u.a. 1999; Creemers & Kyriakides 2006; 2008). Angesichts der hohen Bedeutung, die der Selbstevaluation zugewiesen wurde, verwundert es nicht, wenn MacBeath (2008, S. 385) feststellt: „Governments around the world have adopted school self-evaluation as an essential corollary to the local management of schools." So unbestritten die Bedeutsamkeit von Selbstevaluation für die Schulentwicklung auch sein mag, so unklar ist die tatsächliche Verwendung von Verfahren der Selbstevaluation in der Praxis, deren Wirkung auf die eigene Arbeit und auf die Entwicklung von Schulen. Sicher ist, dass in den letzten 20 Jahren erhebliche Anforderungen an Schulen in Bezug auf Selbstevaluation gestellt worden sind (vgl. Holtappels 2004; Maag Merki, Imhasly & Leutwyler 2003; Scheerens, Glas, Thomas 2003). Lander & Ekholm (2005, S. 98) stellen diesbezüglich pointiert fest:

> „However, it is clear from the research discussed here, that evaluation and its modest contribution to school improvement may well get lost in the struggle between the social technology of teaching and the running of schools. If evaluation as management becomes too dominant, it is likely that teachers will administer the kiss of the death to the whole idea of evaluation as improvement."

Die im Zitat formulierte Gefahr der Überforderung von Schulen in Form zunehmender Anforderungen an Quantität und Qualität von Evaluationsprojekten ist dabei kaum zu unterschätzen:

> „Wenn Unrealistisches gefordert wird, dann werden viele Schulen ‚so tun als ob' und viele Schulaufsichtsbeamte werden sich damit zufrieden geben, weil sie wissen, dass mehr nicht drin ist" (Altrichter, Messner & Posch 2006, S. 33).

Die in den Zitaten benannten Problemstellen verweisen neben Zweifeln an der generellen Leistungsfähigkeit von interner Evaluation bzw. Selbstevaluation auch auf die Frage, was interne Evaluation ausmacht und was Schulen eigentlich dabei zu leisten im Stande sind.

Bislang fehlt eine hinreichend präzise Systematik für das, was als Selbstevaluation oder interne Evaluation bezeichnet wird – trotz oder vielleicht auch gerade wegen der zahlreichen Publikationen zum Thema. Auch die Frage nach dem Stellenwert von Verfahren interner Evaluation für die Gesamtsystemsteuerung ist bislang weder theoretisch fundiert noch empirisch hinreichend beantwortet. Diese Desiderate kann der vorliegende Beitrag nicht beheben, doch soll zumindest in Ansätzen eine Systematisierung erfolgen, die hoffentlich für die weitere Ausarbeitung des Gegenstandes gewinnbringend ist. Im Einzelnen fragt der Beitrag zunächst danach, was unter interner Evaluation oder Selbstevaluation verstanden werden kann. In Kap. 2. werden wir Anwendungsfelder schulinterner Evaluationsverfahren beschreiben. Danach fragen wir in Kap. 3, was interne Evaluation oder Selbstevaluation in Bezug auf Gesamtsystemsteuerung leisten kann. Es folgt ein Übersichtskapitel zu aktuellen Forschungsbefunden zur schulinternen Evaluation. Wir schließen unseren Beitrag mit der Vorstellung eines Modells der Governance schulinterner Evaluation, das den Zusammenhang von Evaluation und Gesamtsystemkoordination in den Blick nimmt, sowie mit Hinweisen auf Forschungsperspektiven.

1 Begriffliche Klärungsversuche und theoretische Überlegungen

Nachfolgend sollen drei Modelle vorgestellt werden, die auf den Unterschied zwischen interner Evaluation, Selbstevaluation und externer bzw. Fremdevaluation abheben sowie den Prozess von Evaluation näher bestimmen helfen. Dabei kann zunächst mit Klieme (2005, S. 41) für alle Formen der Evaluation gesagt werden, dass *Evaluation* ein Prozess ist,

> „innerhalb dessen eine zweckgerichtete Auswahl von Bewertungskriterien erfolgt, eine Institution oder Maßnahme auf Basis dieser Kriterien systematisch untersucht und bewertet wird und eine Kommunikation über die Bewertung stattfindet mit dem Ziel, Konsequenzen abzuleiten."

Ausgehend von diesen Bestimmungsmerkmalen wird deutlich, dass Evaluationsprozesse von einer Reihe von *Entscheidungen* begleitet werden, anhand derer sich verschiedene Evaluationsformen unterscheiden lassen. So haben beispielsweise Altrichter, Posch und Messner (2006) entlang relevanter Stationen im bekannten Evaluationskreislauf gefragt, wer an welcher Station, welche Entscheidungen innerhalb eines Evaluationsprozesses trifft (vgl. Tab. 1).

Tabelle 1 Selbst- und Fremdevaluation (aus Altrichter u.a. 2006, S. 21)

Welche Akteure treffen Entscheidungen über ...	**Elemente von Selbstevaluation**	**Elemente von Fremdevaluation**
Anfang Woher kommt der Impuls oder Auftrag?	*z.B.: Ein Kollegium entscheidet sich auf einer pädagogischen Konferenz zu einer Bestandsaufnahme der pädagogischen Arbeit.*	*z.B.: Es besteht ein behördlicher Auftrag zur Evaluation.*
Ziele Wer definiert Evaluationsbereiche und Kriterien?	*z.B.: Evaluationsfelder und Entwicklungsziele werden vom Kollegium selbst gewählt.*	*z.B.: Ein externer Auftrag gibt einzelne Evaluationsfelder als verpflichtend vor.*
Durchführung Wer ist für die Auswahl/Entwicklung von Instrumenten und die Sammlung von Informationen zuständig?	*z.B.: Die Evaluationsmethoden werden schulintern festgelegt und angewendet.*	*z.B.: Die Konferenz beauftragt eine universitäre Forschergruppe mit den Untersuchungen.*
Interpretation der Ergebnisse und Konsequenzen Von wem werden die Daten interpretiert und Handlungskonsequenzen entwickelt?	*z.B.: Die Steuergruppe der Schule wertet Daten aus und schreibt einen Rohbericht, der in einer Konferenz diskutiert und ergänzt wird.*	*z.B.: Die Schulaufsicht liest den Bericht der Schule und kommentiert ihn (unter Umständen mit Anweisungen für erforderliche Entwicklungsinitiativen).*

Nähert man sich in dieser Weise dem Begriffspaar Fremd- und Selbstevaluation, wird schnell ersichtlich, dass es neben Reinformen der Fremd- und Selbstevaluation auch zu Mischformen kommen kann. So beispielsweise wenn eine Schule sich eigenständig für eine Evaluation entscheidet und die Ziele der Evaluation bestimmt, die Durchführung aber Dritten überlässt. Tatsächlich finden sich in der Evaluationspraxis zahlreiche Mischformen, ohne dass bislang bekannt ist, ob eine spezifische Variante geeignet ist, um bestimmte Prozesse oder Wirkungen besonders angemessen zu evaluieren.

Eine andere Möglichkeit der Unterscheidung kann durch eine Kombination der Kriterien *Mitgliedschaft* und *ausführender Akteur* vorgenommen werden. Eine *externe Evaluation* ist diesem Unterscheidungsvorschlag folgend, durch die Nichtmitgliedschaft des Evaluators oder der Evaluatorin in der zu evaluierenden Organisation gekennzeichnet. Eine *interne Evaluation* hingegen findet statt, wenn Kolleg/innen ihre Kolleg/innen oder deren Programme beurteilen. Somit sind beide Evaluationsformen, werden aber als Verfahren der Fremdevaluation bezeichnet, die sich nur graduell in der Distanz der Evaluator/innen zu den Evaluationsgegenständen unterscheiden. Eine *Selbstevaluation* liegt erst dann vor, wenn die Evaluatorin oder der Evaluator zugleich die Produzentin/der Produzent des zu evaluierenden Gegenstands ist. Angesichts dieses Unterscheidungsvorschlags macht der Sprachgebrauch „Selbstevaluation von Schule" nicht viel Sinn, da bei dieser Verwendungsweise unklar bleibt, wer was evaluiert. Im internationalen Kontext konnten wir diesen unklaren Sprachgebrauch ebenfalls feststellen. Ob eine Selbstevaluation vorliegt, wird in diesen Arbeiten und häufig auch im nationalen Kontext anhand des Kriteriums „wer führt die Evaluation durch" festgelegt. Dies ist aber allein nicht hinreichend. Neben der Frage *wer* führt die Evaluation durch, muss auch geklärt werden, *was* mit *welchem* Ziel evaluiert wird und *wer* dies entscheidet. So sind standardisierte Instrumente zur Selbstevaluation nur dann „Selbstevaluationsinstrumente", wenn sie geeignet sind, die spezifischen Zielsetzungen der jeweiligen Organisation tatsächlich zu evaluieren. Da die Instrumente in der Regel jedoch sehr allgemein sind, darf bezweifelt werden, ob die tatsächlichen Ziele und Interessen der Organisation erfasst und evaluiert werden. Hier mag ein Grund liegen, warum die Nutzung solcher Verfahren aus Sicht der Schulen keineswegs unproblematisch empfunden wird (vgl. die Drop-out-Quote bei Schildkamp, Visscher & Luyten 2009).

Eine dritte Möglichkeit der Differenzierung sieht die Unterscheidung von intern und extern in einem *Nähe-Distanz-Kontinuum* sowie in der Unterscheidung von Angemessenheit und Wahrheit innerhalb eines *Gütekontinuums* vor. Neben den Fragen „Wer führt die Evaluation durch?" und „Wer legt die zu evaluierenden Ziele fest?", gilt es in dieser Variante zu eruieren, welcher Orientierungsrahmen bzw. welches Referenzsystem dem Evaluationsverfahren zu Grunde liegt. Formen der Evaluation, die explizit auf Verfahren sozialwissenschaftlicher Forschung zurückgreifen (und insofern als Evaluations*forschung* bezeichnet werden können), sind eher am Kriterium „Wahrheit" orientiert, da die Kommunikation innerhalb der Wissenschaft nach Luhmann (1990) entlang des Codes „wahr/unwahr" selektiert wird. Eine andere Orientierungsmöglichkeit bietet die Praxis selbst, die entsprechend des Kriteriums „Angemessenheit" beurteilt (vgl. Dewe u.a. 1992).

Ein professioneller Umgang mit Evaluationsverfahren wird sich an einer Mischung dieser beiden Orientierungsrahmen zeigen, da so die Anforderungen an den Evaluationsprozess überschaubar bleiben und dennoch relevante Informationen erzeugt werden. Lehrkräfte können und sollen im Rahmen ihrer alltäglichen Arbeit keine Wissenschaft betreiben, sie können jedoch professionelle Reflexionsfolien erarbeiten und einsetzten. Abb. 1 stellt einige Evaluationsverfahren im Spannungsgefüge zwischen externer und interner Ausrichtung sowie zwischen den Polen Wahrheit und Angemessenheit dar.

Abbildung 1 Dimensionen von Evaluationsverfahren (Berkemeyer 2008, S. 47)

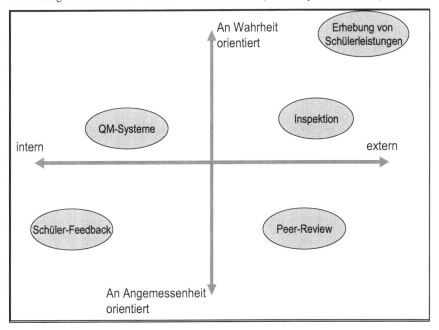

Vor dem Hintergrund dieser Differenzierung können nun verschiedene Evaluationsverfahren gruppiert werden, wobei allerdings vorstellbar ist, dass beispielsweise ein Peer Review sowohl professionsgemäß, also unter Einbeziehung von wissenschaftlich relevanten Kriterien, als auch an praktischer Angemessenheit orientiert verlaufen kann. Insofern ist nachstehende Tabelle eher als ein Diskussionsanlass zu lesen, um sich über Formen und Verfahren von Evaluation Klarheit zu verschaffen und weniger als eine trennscharfe, lehrbuchgemäße Einteilung der Verfahren. Letztlich muss jede Vorgehensweise auf die bereits benannten Fragestellungen und Kriterien hin neu bewertet werden.

Tabelle 2 Beispiele für interne, externe Evaluation sowie Selbstevaluation

	An Wahrheit orientiert	Professionsgemäß	An Angemessenheit orientiert
Externe Evaluation	PISA, IGLU, Lernstandserhebungen NRW, VERA	Schulinspektion	Peer Review
Interne Evaluation	Verbleibsstudien (Wo gehen die Schüler nach ihrem Abschluss hin, z.B. Anzahl der Ausbildungen nach Branchen, Hochschulbesuche, etc.), Analyse der statistischen Schuldaten	Evaluation des Schulprogramms, standardisierte Hospitation (mit klarem Beobachtungsauftrag), Coaching, kollegiale Fallberatung, Supervision, Elternbefragung, Bestandsaufnahme	Unstandardisierte Hospitation
Selbstevaluation	Quasi-experimentelle Designs (z.B. Schreiben lernen mit Anlauttabelle oder mit Fibellehrgang)	Parallelarbeiten	Ad-hoc Schüler-Feedback (z.B. one-minute-paper; vgl. Altrichter u.a. 2006)

2 Anwendungsfelder schulinterner Evaluation

Da mittlerweile Schulen in vielen Ländern in der einen oder anderen Form zur Selbstevaluation der eigenen Arbeit aufgefordert sind, verwundert es nicht, dass ein entsprechend großer Pool von Praxisleitfäden und Instrumenten verfügbar ist (vgl. Altrichter, Messner & Posch 2006; Buhren 2007; Granzer, Wendt & Berger 2008; Buhren, Killus & Müller 1998; Burkard & Eikenbusch 2000; Mittelstädt 2006; Burkard, Eikenbusch & Ekholm 2003). Ferner gibt es im deutschsprachigen Raum seit geraumer Zeit Bestrebungen, interne Evaluation in den Schulgesetzen zu verankern, um Verbindlichkeit zu sichern (z.B. in Baden-Württemberg, Sachsen, Zürich, Luzern). Stand früher schulinterne Evaluation als Element und Instrument von Organisationsentwicklungsprozessen im Zentrum, so ist sie derzeit oftmals mit externen Monitoringinstrumenten (z.B. der Schulinspektion) verknüpft und erhält damit eine zusätzliche Bedeutung.

Nachfolgend soll in eher deskriptiver Form aufgezeigt werden, welche Anwendungsfelder es für Verfahren der internen Evaluation im Bereich Schule gibt.

Aus unserer Sicht sind aktuell mindestens fünf praktische Anwendungsfelder schulinterner Evaluation zu benennen.

2.1 Bestandsaufnahme

Als „Bestandsaufnahme" bezeichnen wir eine Form interner Evaluation, die zu Beginn oder zu bestimmten Meilensteinen eines Entwicklungsprozesses Anwendung findet. Dabei liefert sie insbesondere zu Beginn einen orientierenden Rahmen für die weitere Schulentwicklung, im Falle einer wiederholten Anwendung hat die Schule die Möglichkeit, Veränderungen zu erkennen und in Beziehung zu den bis dahin realisierten Maßnahmen zu setzen. Bei einer Bestandsaufnahme geht es zunächst um eine Momentaufnahme der Stärken und Schwächen einer Schule. Dies geschieht häufig mit umfassenden standardisierten Befragungsinstrumentarien, die den Schulen verbunden mit unterschiedlichen Serviceleistungen zur Verfügung stehen und die von den Schulen oft modifiziert und adaptiert werden können. Den meisten Instrumenten zur Bestandsaufnahme liegt implizit ein Qualitätsmodell zu Grunde, dass sich aus den Erkenntnissen der Schuleffektivitätsforschung und den Erkenntnissen der „Gute-Schule-Diskussion" speist (vgl. Aurin 1991). Insofern können die Instrumente als wissenschaftsgestützt bezeichnet werden, die den Schulen die Entscheidung über die Art der Durchführung und zum Teil auch über die zu evaluierenden Teilbereiche abnehmen oder erleichtern. Beispiele dafür sind:

Das *IFS-Schulbarometer* wurde in den 1990er Jahren am Institut für Schulentwicklungsforschung der TU Dortmund entwickelt und mehrfach überarbeitet (vgl. IFS 1999). Es ist ein mehrperspektivisches Instrument zur Erfassung von unterschiedlichen Aspekten der Schulwirklichkeit in der Triangulation von Lehrer-, Schüler- und Elternperspektive. Gleichzeitig bietet es schulformbezogene Referenzwerte zur Verortung und Einordnung der Ergebnisse einzelner Schulen.

Das *Instrument SEIS* („Selbstevaluation in Schulen") wurde von der Bertelsmannstiftung auf der Basis internationaler Qualitätsvergleiche entwickelt (vgl. Stern, Mahlmann & Vaccaro 2004). Es handelt sich um ein umfangreiches Fragebogen-Instrumentarium, das einen Perspektivenvergleich von Schulleitung, Lehrkräften, Schülerinnen und Schülern sowie Eltern und nicht unterrichtendem Personal ermöglicht. Die Fragen beziehen sich auf fünf übergeordnete Qualitätsbereiche von Schule, nämlich (a) Bildungs- und Erziehungsauftrag, (b) Lernen und Lehren, (c) Führung und Management, (d) Schulklima und Schulkultur sowie (e) Zufriedenheit.

Das Instrument hat sich in verschiedenen deutschen Bundesländern etabliert und bietet den Vorteil einer professionellen Unterstützung durch eine externe

Dateneingabe sowie einen Ergebnisbericht, der von geschulten „SEIS-Kommentator/innen" verfasst wird. So erhält die Schule erste Anhaltspunkte zur Datenanalyse, gleichzeitig aber auch eine große Datenmenge, die von den Schulen zu bewältigen und zu nutzen ist. Die fünf Qualitätsbereiche des Instruments sind den Qualitäts- bzw. Referenzrahmen angepasst, um gegebenenfalls Vergleiche mit der externen Evaluation durch Schulinspektion (vgl. den Beitrag von Kotthoff & Böttcher in diesem Band) zu ermöglichen. Bei den spezifischeren Qualitätsaspekten und -kriterien gibt es aber Unterschiede zu den Qualitätsrahmen, so dass eine 1:1-Übertragung nicht möglich ist.

Bei der *Pädagogische Entwicklungsbilanz (PEB)* handelt es sich um ein standardisiertes Befragungsinstrument mit Skalen, die im Verlauf verschiedener Forschungsprojekte entwickelt wurden. Im Projekt „Qualitätsentwicklung in Netzwerken" (vgl. Rolff 2007) wurde es beispielsweise als Bestandsaufnahme und als Instrument zur Zielevaluation genutzt (Gerecht u.a. 2007).

2.2 Feedback

Im Rahmen der zahlreichen Praxisleitfäden zur internen Evaluation bzw. Selbstevaluation spielt das Feedback unterschiedlicher Akteure eine bedeutsame Rolle (vgl. Altrichter u.a. 2006; Buhren 2007; Hattie & Timperley 2007). Dabei kann Feedback unterschiedliche Funktionen übernehmen, wie beispielsweise die der Diagnose, der Bewertung, der Beteiligung, der Kommunikation sowie der Entwicklung. Zudem wird Feedback einerseits zur Reflexion einzelner Handlungen (Individualfeedback) eingesetzt, andererseits aber auch zur Bewertung von umfassenderen Maßnahmen zur Schulentwicklung. So hat beispielsweise Ulber (2006) ein Survey-Feeback-Instrument zur Bestandsaufnahme in Schulentwicklungsprozessen entwickelt.

Die einschlägigen Praxisleitfäden zur Schulentwicklung und Evaluation weisen zahlreiche Instrumente vor allem zum *Schüler*feedback auf. Diese beziehen sich unter anderem auf die Rückmeldung zum Unterricht, die einzelne Lehrkräfte zusammen mit ihrer Klasse durchführen können (vgl. Helmke 2003; Bastian, Combe & Langer 2005). Insgesamt stellt Feedback eine sehr professionsgemäße Form der Evaluation dar, da Feedbackprozesse sowohl spontan als auch systematisch, beispielsweise im Kontext professioneller Lerngemeinschaften, entwickelt und eingesetzt werden können.

2.3 Selbstevaluation

„Selbstevaluation ist die Reflexion, Auswertung und prozessbegleitende Weiterentwicklung des eigenen Unterrichts" (vgl. Boller 2009). Solche Maßnahmen werden insbesondere unterstützt durch Verfahren der Aktionsforschung (vgl. Altrichter & Posch 2007), die Lehrkräfte bei der Erforschung und Weiterentwicklung ihres eigenen Unterrichts unterstützen. Auch die Selbstevaluation kann als besonders professionsgemäßes Verfahren der Evaluation bezeichnet werden. Sie ist zumeist eher an Angemessenheit als an Wahrheit orientiert. Selbstevaluationsverfahren suchen eher nach plausiblen Hinweisen für den Erfolg oder Misserfolg einer bestimmten Praxis, ohne dabei generalisieren zu wollen.

2.4 Interne Evaluation

Als „schulinterne Evaluation" werden Evaluationsvorhaben bezeichnet, bei denen die Evaluator/innen zwar Mitglieder der Schule sind, aber nicht (nur) ihre eigene Arbeit, sondern die der Kolleg/innen oder die der Schule insgesamt evaluieren. Beispielsweise erhielten die beteiligten Schulen in den Projekten „Schule und Co." sowie „Selbstständige Schule", die in Nordrhein-Westfalen mit Unterstützung der Bertelsmann-Stiftung durchgeführt wurden, Qualifizierungen bezüglich ihrer Evaluationskompetenz. Die ausgebildeten Lehrkräfte standen ihren Kolleginnen und Kollegen als Evaluationsberater/innen zur Verfügung. Die Kompetenzen zur Evaluation sollten damit in der Schule durch interne Beraterinnen und Berater verankert werden.

Schulinterne Evaluation findet häufig unter Hinzuziehung *externer Berater/innen* oder *externer Peers* statt (vgl. Rolff u.a. 1998). So entwickelten und erprobten 12 Schulen im Modellversuch „Selbstevaluation als Instrument einer höheren Selbstständigkeit von Schulen" (vgl. Müller 2002) Verfahren und Instrumente der internen Evaluation zu unterschiedlichsten Bereichen ihrer schulischen Arbeit.

2.5 Schulinternes Qualitätsmanagement

Ansätze der schulinternen Evaluation haben auch eine bedeutsame Stellung als Teilprozesse in Konzepten umfassenderen schulischen Qualitätsmanagements (vgl. Altrichter & Posch 1999). Folgende Modelle haben im Bildungsbereich eine gewisse Resonanz erfahren:

Das *EFQM-Modell* ist in den vergangenen Jahren zu einem anerkannten Instrument der Qualtitätsentwicklung und –sicherung von Schulen – vor allem in größeren Systemen wie Berufskollegs – geworden (vgl. Maritz u.a. 2006). Die European Foundation for Quality Management hat ursprünglich ein Instrument entwickelt, mit dessen Hilfe Unternehmen systematisch ihre Stärken und Verbesserungsbereiche analysieren, dokumentieren und bewerten können. Das Grundschema des europaweit anerkannten EFQM-Modells basiert auf den drei fundamentalen Säulen des Total Quality Management (TQM) – nämlich der gleichzeitigen Betrachtung von Menschen, Prozessen und Ergebnissen. Schulen, die danach arbeiten, werden in festgelegten Abständen extern zertifiziert bzw. auditiert.

Das *Schweizer Modell Q2E* – das Kürzel Q2E steht für „Qualität durch Evaluation und Entwicklung" – orientiert sich am Konzept des Total Quality Management (TQM), allerdings mit dem Anspruch, die Charakteristika von Schule und Unterricht möglichst gut und umfassend in den Blick zu nehmen (vgl. Landwehr & Steiner 2007). Das Ziel besteht in einem systematischen Entwicklungsprozess zum Aufbau und zur dauerhaften Implementation eines schulinternen Qualitätsmanagements, dessen Kernbestandteil in systematischen Evaluationen besteht. Das Konzept beinhaltet verschiedene Entwicklungsphasen bzw. Komponenten auf dem Weg zu einem umfassenden Qualitätsmanagement: Nach einer schulweiten Erarbeitung gemeinsamer Qualitätsvorstellungen und -standards, die in einem Leitbild dokumentiert werden, erfolgen interne Entwicklungsprozesse und Evaluationen zunächst auf Individualebene und anschließend schulweit. Das Modell ist gekoppelt mit externen Evaluationen. Das von der jeweiligen Schule entwickelte Q2E-Modell wird nach 13 Kriterien extern beurteilt; die Beurteilung mündet in einer Zertifizierung der Schule.

Der *internetbasierte Leitfaden „Qualität in Schulen" (QIS):* In Österreich wurde ein schulbezogener „Werkzeugkasten" mit umfassenden Verfahrenshilfen, Materialien und Erhebungsinstrumenten entwickelt (www.qis.at; vgl. Radnitzky 2002). Er soll Schulen beim Aufbau eines entsprechenden Qualitätsmanagement- und Evaluationssystems unterstützen und bezieht sich auf fünf Qualitätsdimensionen schulischer Arbeit, nämlich auf Lehren und Lernen, Lebensraum Klasse und Schule, Schulpartnerschaft und Außenbeziehungen, Schulmanagement, Professionalität und Personalentwicklung.

Der Leitfaden zeigt einen Entwicklungszyklus auf und hilft Schulen Schritt für Schritt, ihren Entwicklungsprozess einschließlich der internen Evaluation zu steuern. Ferner werden über das Internet-Portal Möglichkeiten der Vernetzung mit anderen Schulen angeboten.

Im Zentrum des *„Modulansatzes zur Selbstevaluation von Schulentwicklungsprojekten" (MSS)* (vgl. Paschon 2007) steht ein Pool, aus dem Schulen unterschiedliche Module der internen Evaluation verschiedener Themen auswählen können. Der Ansatz bietet Schulen eine schrittweise Unterstützung bei der Wahrnehmung ihrer Gestaltungsautonomie und legt dabei einen Schwerpunkt auf Unterrichtsentwicklung.

3 Funktionen schulinterner Evaluation für die Gesamtsystemsteuerung

Verfahren interner Evaluation zielen auf die Verbesserung der Entscheidungsgrundlagen in Schulen durch Bereitstellung systematisch erhobener Informationen durch die Schule sowie weitere Akteure (z.b. Schulinspektion, Lernstandsmessung und anderem mehr) ab. Damit geht es aber auch um die Steigerung der Systemrationalität (vgl. Brüsemeister & Eubel 2008). Rolff u.a. (1998) benennen vier *Begründungslinien für Selbstevaluation* in Schulen: Sie kann

- ein Instrument zur Steuerung der Schulentwicklung (Management),
- eine Hilfe zur Selbstreflexion für Lehrkräfte (Personalentwicklung),
- eine Kontrolle und Rechenschaftslegung (Gesamtsystemsteuerung) sowie
- ein Instrument zur Beteiligung von Schüler/innen, Lehrer/innen und Eltern (Partizipation) sein.

Im Folgenden soll ein Systematisierungsversuch vorgestellt werden, der sich, inspiriert durch diese Unterscheidung, zum einen an der Funktionalität von Verfahren schulischer Evaluation für die Gesamtsystemsteuerung (vgl. ähnlich Altrichter u.a. 2006) und zum anderen an der theoretischen Grundunterscheidung von Profession und Organisation orientiert. Allgemein lassen sich Profession und Organisation in modernen Gesellschaften als zwei grundlegende Formen gesellschaftlicher Steuerung verstehen (vgl. Stichweh 1992; Klatetzki & Tacke 2005; Berkemeyer, Brüsemeister & Feldhoff 2007a; Helsper u.a. 2008). Professionen sind gekennzeichnet durch die Abwesenheit von Hierarchie oder aber nur durch wenige Hierarchiestufen sowie durch einen unmittelbaren Bezug zu ihrem jeweiligen Gegenstand. Organisationen hingegen sind auf Hierarchie angewiesen, um Entscheidungen zu erzeugen und zu kommunizieren. Darüber hinaus weisen sie eine größere Distanz zum eigentlichen Gegenstand ihrer Leistungserzeugung auf. Evaluationsverfahren können vor diesem Hintergrund nun bezüglich ihrer Nähe zum Gegenstand der Leistungserzeugung befragt werden. Eine allgemeine Bestandsaufnahme richtet sich demnach eher auf die Vorbereitung organisationaler Entscheidungen, ein Schülerfeedback zu einer Unterrichtsstunde richtet sich hingegen sehr konkret auf den Prozess der Schüler-Lehrer-Interaktion. Wir schlagen im Folgenden *vier Koordinationsformen* vor, die allesamt auf Evaluationsverfahren basieren, die aber auf unterschiedliche Steuerungsbedarfe im Schulsystem Bezug nehmen.

3.1 Evaluation und professionelle Selbststeuerung

Wenngleich zahlreiche Formen der professionellen Selbststeuerung vorstellbar sind, werden wir nachfolgend nur auf die Form der Selbststeuerung durch Aktionsforschung und Selbstevaluation eingehen. Die Aktionsforschung ist bislang vornehmlich in Schulprojekten systematisch zum Einsatz gekommen. Es ist allerdings davon auszugehen, dass Lehrkräfte auch außerhalb solcher Projekte als Erforscher/innen ihrer eigenen Praxis agieren. Die eigene Praxis zu reflektieren und evaluativ zu durchdringen, dient der Selbstkoordination und der Adjustierung der eigenen Strategien sowie der eigenen Skripte, die im Unterricht zur Anwendung kommen. Was erforscht werden soll und in welcher Form dies geschieht, ist allein die Entscheidung der Lehrkraft, die sich allerdings im Forschungsprozess beraten lassen kann (vgl. Altrichter & Posch 2007). Aktuell werden Verfahren der Aktionsforschung unter Stichworten wie professionelle Lerngemeinschaften (vgl. Bonsen & Rolff 2006) oder community of practice (vgl. Jackson 2006) eher noch implizit diskutiert. Insgesamt besteht ein nicht unerhebliches Misstrauen, dass die Lehrerprofession die Kompetenz besitzt, sich über derartige Verfahren selbst hinreichend zu steuern und die Qualität der Bildungsprozesse von Schülerinnen und Schülern zu sichern. Unklar ist zudem, wann professionelle Kooperation in organisierte Routine umschlägt, also Organisation Profession zu dominieren beginnt.

3.2 Evaluation im Kontext von Organisationsentwicklung, Qualitätsentwicklung und Organisationslernen

In den letzten gut dreißig Jahren wurde mit zunehmender Intensität die Organisationsförmigkeit von Schule betont und als Gestaltungsanlass betrachtet. Letztlich geht es bei diesen Innovationsversuchen immer darum, die Selbstorganisationsfähigkeit der Einzelschule zu stärken, wobei historisch betrachtet die Wurzeln dieser Bewegung in der klassischen Organisationsentwicklung liegen (vgl. French & Bell 1994). Zum Teil komplementär, zum Teil aber auch im Sinne einer Ablösung folgte die Phase der Qualitätsentwicklung. Aktuell wird der Ansatz der „Lernenden Organisation" vermehrt diskutiert, ohne allerdings schon projektförmig weiter Fuß gefasst zu haben.

Doch nicht jede Form der Selbstorganisation ist funktional im Hinblick auf eine die Lernprozesse von Schülerinnen und Schülern fördernde Organisationskultur. Insbesondere Veränderungen der Selbstorganisation, also Lernprozesse erster und zweiter Ordnung (vgl. Argyris & Schön 1978), sind für Schulen auch bei massiver Unterstützung keineswegs unproblematisch (vgl. Holtappels, Klemm & Rolff 2008; Rusch 2005; Tyack & Tobin 1994; Corbett, Firestone & Rossman 1987). Programme, Projekte, Ansätze und Instrumente zur Verbesserung der Selbstorganisationsfähigkeit von Schulen sind zwar vielfältig (vgl. Geert & Verhoeven 2003), allein ein Königsweg ist bislang nicht in Sicht. Nach wie vor erhofft man sich von Verfahren der Selbstevaluation eine Verbesserung der Entscheidungsfindung in Schulen (vgl. Pedder & MacBeath 2008; Kuper 2008), die wiederum als wichtiges Merkmal gut funktionierender Schulorganisationen betrachtet werden kann (vgl. Kuper & Thiel 2009).

Vor dem Hintergrund von Organisation und Profession lassen sich alle drei Herangehensweisen (die wiederum auf Selbstevaluation sowie interner Evaluation gründen) als Bindeglieder zwischen Organisation und Profession begreifen. Die klassische Organisationsentwicklung zielt dabei mit starker Betonung partizipativer Elemente und der grundsätzlichen „human resource"-Orientierung stärker auf Aspekte der Profession, während insbesondere Verfahren des Qualitätsmanagements, die Standardisierungsprozessen eine hohe Bedeutung beimessen, stärker auf Organisation ausgerichtet sind. Aus unserer Sicht bietet die Idee der „Lernenden Organisation" gute Möglichkeiten Organisation und Profession durch die Einbindung unterschiedlicher Evaluationsverfahren miteinander in Einklang zu bringen oder – vielleicht treffender formuliert – in einer produktiven Oszillation zu halten. Der Vorteil liegt darin, dass lernende Organisationen nicht auf *ein* Verfahren setzen, sondern unterschiedliche Verfahren für unterschiedliche Zielsetzungen, aber auch zur wechselseitigen Kontrolle der Verfahren nutzen.

3.3 Evaluation als Controlling

Controlling ist sowohl als Begriff als auch als Maßnahme im Kontext von Verwaltungshandeln relativ neu (vgl. Richter 1998; Schedler 2005). Die Verwendung des Begriffs ist eng mit der Diskussion über das „neue Steuerungsmodell" (vgl. Jann 2001) verbunden. Aus einer erziehungswissenschaftlichen Perspektive heraus haben Controllingmaßnahmen Ähnlichkeit mit Strategien formativer wie summativer Evaluation.

„Controlling ist ein System zur Führungsunterstützung (...) durch Bereitstellung von geeigneten Informationen im Rahmen des Managementprozesses Planung – Durchführung – Kontrolle. (...) Besondere Bedeutung kommt Controlling bei Steuerungssystemen zu, bei denen Verantwortung und Handlungskompetenz dezentralisiert sind." (Richter 1998, S. 394f.).

Das Instrumentarium des Controllings ist vielfältig. Richter (1998) unterscheidet drei Methoden der Informationsgewinnung:

- *Politische Methode:* Erstellung eines Meinungsbildes durch Befragung von Schlüsselpersonen (qualitative Evaluation bzw. Bestandsaufnahme).
- *Klassische Verwaltungsmethode:* Befragung bzw. schriftliche Stellungnahme von „zuständigen" Dienststellen (innerhalb der Schulorganisation so gut wie unbekannt und ohne Anwendung).
- *Wissenschaftlich-analytische Methode:* Sie umfasst die systematische Sammlung und Aufbereitung von Daten des Verwaltungsvollzuges für Kontroll- und Planungszwecke (standardisierte Bestandsaufnahme, Erhebung von Zielvariablen wie Versetzungsquoten oder ähnlichem).

Controlling ist in Schulen weitgehend ein Tabuthema, nicht zuletzt deshalb, weil es zunächst Hierarchie und Führung betont und insbesondere unter Heranziehung harter Fakten zu einem „unangenehmen" Führungsinstrument werden kann. Es ist daher auch stärker ein *Organisations*instrument, das für den Schulbereich aber dann sinnvoll sein kann, wenn es entweder externe Vorgaben aufgreift und/oder Kennwerte nutzt, die einem innerschulischen Dialog entstammen.

3.4 Evaluation zur Rechenschaftslegung

Im Zuge der Einführung neuer Steuerungsmodelle (vgl. Bellmann & Weiß 2009) soll ebenfalls die Selbstorganisationsfähigkeit von Schulen gestärkt und die Kapazität organisationalen Lernens (vgl. Marks & Louis 1999) erweitert werden. Dies soll vor allem durch Rückmeldungen gewonnener Daten beispielsweise aus Verfahren der externen Evaluation geschehen (vgl. die Übersicht bei MacBeath 2000). Hierzu können neben Verfahren der Outputmessung auch Verfahren der Prozessüberprüfung gezählt werden, so wie diese beispielsweise im Rahmen der Schulinspektion erzeugt werden.

Während internationale Rechenschaftslegung zumeist als Wechselspiel interner und externer Evaluation verstanden wird, sind in Deutschland solche Zusammenhänge noch nicht vollständig konturiert. Sie bekommen dort Form, wo die Qualitätsrahmen der Länder sowohl Orientierung für interne als auch externe Evaluationsprozesse darstellen. Allerdings führt dies nicht selten zu einer verdoppelten und nicht zu einer komplementären Sichtweise. Selbst wenn dieser doppelte Blick als Gewinn einer weiteren Perspektive angesehen wird, muss kritisch bemerkt werden, dass die verwendeten Beobachtungskategorien oftmals sehr allgemeiner Natur sind und darum für Zwecke der internen Evaluation wenig hilfreich erscheinen. Eine echte Rechenschaftslegung einer sich selbst verantwortenden Schule muss auf verschiedene Evaluationsverfahren zurückgreifen und daher sowohl Formen des Controllings als auch der Aktionsforschung beinhalten. Nur so kann die Notwendigkeit zur Evaluation intern begründet angewendet und zudem nach außen gewinnbringend in Form von Rechenschaft kommuniziert werden. Interne Evaluation wird in diesem Fall nicht nur Instrument zur Rechenschaftslegung, sondern auch Medium der Vermittlung zwischen Profession, Organisation und Umwelt.

4 Empirische Befunde zu Prozessen und Wirkungen schulinterner Evaluation

4.1 Empirische Befunde im deutschsprachigen Raum

Aktuelle empirische Befunde zum Stand der Selbstevaluation in Schulen entstehen in den deutschen Bundesländern derzeit vor allem durch die flächendeckende Implementation von Verfahren der Schulinspektion (vgl. Maritzen 2006; Kotthoff & Böttcher in diesem Band). Wenngleich sich die Verfahren und Referenzrahmen in den Bundesländern unterscheiden, so gehört die in den Schulen praktizierte Evaluation bzw. „Evaluationskultur" zu den standardmäßigen Gegenstandsbereichen der Schulinspektion. Auch wenn die Ansprüche an gelungenes schulinternes Qualitätsmanagement in den Bundesländern unterschiedlich definiert werden, gehört dieser Bereich schulischer Arbeit überwiegend nicht zu den diagnostizierten Stärken der Schulen (vgl. Müller, Dedering & Bos 2008; Müller, Pietsch & Bos 2009). In Nordrhein-Westfalen erhielten von den 325 im Schuljahr 2007/2008 inspizierten Schulen über die Hälfte (52,3 %) bezogen auf den Qualitätsaspekt „Selbstevaluation" die Bewertungsstufe 2 („eher schwach als stark") und 1,9 % wurden mit Stufe 1 als „erheblich entwicklungsbedürftig" bewertet. Als „vorbildlich" (Stufe 4) wurden dagegen nur 2,2 % der Schulen eingestuft, 43,6 % erhielten die Bewertungsstufe 3 („eher stark als schwach"). Dabei wurde die Bewertungsstufe 2 in 62 % der Grundschulen, 63 % der Hauptschulen, 42 % der Realschulen, 48 % der Gymnasien, 43 % der Gesamtschulen, 55 % der Förderschulen und 29 % der Berufskollegs vergeben (vgl. MSW 2009).

Die Evaluation der Bremer Jahresplanung weist in eine ähnliche Richtung. Der in der Jahresplanung geforderte Aspekt der internen Evaluation wurde zwar formal in 75 % der Fälle berücksichtigt, wobei jedoch nur in wenigen Fällen auch ein ausgereiftes Evaluationskonzept samt Kriterien, Indikatoren und Methoden vorlag (vgl. Berkemeyer, Kummer & Müller 2007b). Ein ähnliches Fazit lässt sich aus Studien zur Schulprogrammarbeit ziehen (vgl. Holtappels 2004; Mohr 2006; Berkemeyer 2007).

Damit bestätigen aktuelle Studien die Resultate der 2. PISA-Studie, in deren Schulleitungsbefragung ebenfalls ein defizitärer Stand der Evaluationskultur an deutschen Schulen festgestellt wurde (vgl. Prenzel u.a. 2004). Für Österreich haben Haider und Reiter (2004) die PISA-Ergebnisse von PISA-2000 und PISA-2003 gegenübergestellt. Dabei zeigten sich zum Teil deutliche Entwicklungen. So gaben im Jahr 2000 nur 24 % der befragten Schulleitungen an, eine umfassende Bestandsaufnahme durchgeführt zu haben; drei Jahre später sagten dies bereits 38 %. Trotz solcher Zuwächse, die allerdings aufgrund der spezifischen Datenquellen vorsichtig interpretiert werden sollten, kann auch für Österreich festgestellt werden, dass Evaluation längst kein selbstverständlicher Bestandteil der schulischen Praxis ist.

Über die *Wirksamkeit interner Evaluation* für Prozesse der Schulentwicklung oder gar für die Leistungsentwicklung von Kindern und Jugendlichen ist im deutschsprachigen Raum noch wenig bis gar nichts bekannt. Studien, die von Effekten bezogen auf Kommunikationsstrukturen, kollegiale Beziehungen und verbesserter Teamarbeit berichten (vgl. Müller 2002), basieren oft auf Selbsteinschätzungen von Schulleitungen und Lehrkräften. Das Schweizer FQS-Projekt (Formatives Qualitätsevaluations-System) stellte darüber hinaus auch eine Verbesserung der Kommunikation zwischen Kollegium, Schülerschaft, Schulleitung und Behörden fest (Strittmatter 2000). Unmittelbare Effekte auf Schülerinnen und Schüler konnten in zahlreichen Studien nicht nachgewiesen werden (vgl. Burkard 1998; Altrichter 1999; Buhren, Killus & Müller 2000).

Eine Schweizer Längsschnittstudie kam zu dem Ergebnis, dass die Hypothese, Selbstevaluation wirke sich nicht auf den Unterricht aus, „als zu pessimistisch verworfen werden" könne (Maag Merki u.a. 2003, S. 8). Konkrete Wirkungen konnten aber auch hier nicht nachgewiesen werden; wenngleich die Autor/innen auf lange Sicht solche Zusammenhänge vermuten. In einer Studie zur Selbstwirksamkeit konnten Bieri & Forrer (2001, S. 19) bei einem Extremgruppenvergleich feststellen,

„dass sich Lehrkräfte, welche die Schule im Team über längere Zeit erforschen und verbessern und diesen Prozess systematisch planen, ausschließlich kollektiv selbstwirksamer fühlen (N=37, m=4.6 gegenüber m=3.93, N=18, t=-2.93, p<.01) als solche, die dies nicht tun".

Im Modellvorhaben „Selbstständige Schule" in Nordrhein-Westfalen konnte, insbesondere im Zuge der Bearbeitung des Handlungsfelds Qualitätssicherung, eine Zunahme an Erfahrung im Umgang mit Evaluation konstatiert werden. Während zu Beginn des Projekts noch die Hälfte der teilnehmenden Schulen angab, keine Erfahrungen mit Formen von Selbstevaluation zu haben, sagten dies vier Jahre später nur noch 25 % der befragten Schulen. In einem Mehrebenenmodell wurde zudem nachgewiesen, dass die Evaluationskultur einer Schule einen unmittelbaren Einfluss auf die dort erzielten Leseleistungen hatte (vgl. Holtappels u.a. 2008, S. 325ff.). Dieser Befund sollte jedoch kritisch betrachtet werden, da eine plausible Erklärung des Zusammenhangs – in dem insgesamt überkomplex erscheinenden Modell – nicht mitgeliefert wird.

4.2 Empirische Befunde im anglo-amerikanischen Raum

Auch im internationalen Diskurs ist die Forschungslage unübersichtlich. Dies wird insbesondere daran deutlich, dass nicht einmal Einigkeit darüber besteht, was das Verfahren leisten soll und leisten kann. Scheerens (2002, S. 66) resümiert, dass „school self-evaluation" oftmals als „spin-off, consequence or counterbalance to external evaluation" auftritt. Und weiter heißt es:

> „School self-evaluation contains the possibility to bridge the distance between evaluation and school improvement, particularly when it is tackled as a joint learning experience from internal and external actors, like administrators, school leaders, teachers and researchers" (Scheerens 2002, S. 57).

Van Amelsvoort u.a. (2006) hoben in einem international vergleichenden Bericht drei Befunde bezüglich des Verhältnisses von Schulinspektion und interner Evaluation hervor (vgl. auch Janssen & van Amelsvoort 2008):

- Keines der acht untersuchten Länder gab eine klare Definition für Selbstevaluation an Schulen, obwohl alle Schulen angehalten waren, sich selbst zu evaluieren.
- Vielen Schulen fehlten Kompetenzen zur Durchführung von Selbstevaluationsprojekten.
- Je stärker die schulische Selbstevaluation als Gegenstand der Schulinspektion Berücksichtigung fand, desto stärker wurden Beobachtungsbereiche und Indikatoren der Inspektion in die Selbstevaluation der Schule aufgenommen. Auch MacBeath (2008) berichtete, dass externe Evaluation, z.B. in Form von Schulinspektionen, zu einer Präformierung der Selbstevaluation an Schulen führte und dadurch zu einem ritualisierten Ereignis reduziert

würde. Die Ritualisierung von Selbstevaluation nach extern erwarteten Vorgaben verhinderte dynamische und auf Lernen ausgerichtete Entwicklungen (vgl. MacBeath 2006; Plowright 2008).

Aus Devos und Verhoevens (2003) Studie über den Einsatz eines standardisierten Instruments zur Selbstevaluation ergab sich jedoch, dass die alleinige Interpretationshoheit über die Daten durch die Schule zu kontraindizierten Handlungen führen könnte und darum externe Hilfen im Prozess der Selbstevaluation (critical friends) hilfreich wären. Zudem wäre die externe Unterstützung auch dann notwendig, wenn die Schulleitung noch nicht auf den Wandel vorbereitet ist. Sie plädierten für einen „open dialogue between internal stakeholders and external agents, in which external agents respect the core values of the school" (Devos & Verhoeven 2003, S. 418).

Schildkamp, Visscher & Luyten (2009, S. 85) untersuchten Effekte der Nutzung des ZEBO-Selbstevaluationsinstruments mit folgenden Ergebnissen:

„Our findings showed that most schools find it difficult to use the ZEBO results, conceptually or instrumentally, on their own. (…) Although this is the idea [change in student learning; Anm. der Aut.] underlying self-evaluation instruments, it may not be that easy to accomplish" (ebd.).

Neben diesen eher ernüchternden Befunden konnten sie aber auch eine Intensivierung der Reflexion und des Dialogs über Schulentwicklungsprozesse feststellen. In einer Studie an 81 niederländischen Primarschulen untersuchten Hofmann, Dijkstra & Hofmann (2009) den Zusammenhang von Selbstevaluation und Schülerleistungen. Mittels Clusteranalyse konnten die Autoren vier schulische Nutzungstypen bilden. Dabei zeigte sich, dass Schulen mit ausgeprägten Selbstevaluationsverfahren besser bei den Inspektionsbesuchen abschnitten und mitunter auch bessere Leistungen erzielten. Allerdings räumten die Autoren ein: „Strong empirical evidence on the effects of school evaluations is still lacking" (ebd., S. 65).

Schaut man *zusammenfassend* auf die internationalen und deutschsprachigen Befunde, zeigt sich folgendes Bild:

- Verfahren zur internen Evaluation finden eine breite Anwendung.
- Die mit den Evaluationsverfahren verbundenen Ziele sind allerdings nicht immer klar.
- Lehrkräfte haben nicht immer die notwendigen Kompetenzen, um eigene Evaluationsprojekte durchzuführen.
- Die Auswirkungen werden insgesamt eher positiv eingeschätzt, insbesondere Auswirkungen auf weiche Faktoren wie schulentwicklungsbezogene

Kommunikation und Reflexion. Effekte auf die Leistungsentwicklung von Schülerinnen und Schüler fehlen.

Daneben wird aber auch deutlich, wo *Desiderate der Forschung* sind:

- Es fehlt belastbares Wissen über die Qualität der Evaluationsverfahren, ihre Umsetzung und Nutzung.
- Zudem ist unklar, wie Ergebnisse in den Schulalltag eingebunden werden, welche Formen der Institutionalisierung und Routinisierung vorliegen.
- Auch über die Form und den Umfang externer Beratung für den Erfolg schulinterner Evaluation ist wenig bekannt.

5 Voraussetzungen schulinterner Evaluation

5.1 Innerschulische Voraussetzungen für Evaluation

Die Forderung nach Selbstevaluation ist bedeutsam wie problematisch zugleich: Bedeutsam, da Selbstevaluation Reflektionsprozesse anzuleiten vermag und diese wiederum wesentliches Merkmal professionellen Handelns sind (vgl. Holtappels, Klemm & Rolff 2008; Maag Merki u.a. 2003). Problematisch ist die Forderung, da die erforderliche *Zeit* genauso wie die *Kompetenz*, Evaluationsprozesse systematisch zu planen und durchzuführen, längst nicht in allen Schulen vorhanden ist (vgl. Altrichter & Posch 1999; Altrichter 2000). Die Anwendung von Evaluationsverfahren, von ihrer Auswahl bis hin zur Interpretation der Ergebnisse, muss, wenn man an der Idee der Selbstevaluation und internen Evaluation festhalten möchte, frühzeitig eingeübt werden. Die erste und zweite Phase der Lehrerausbildung können hierfür genauso Gelegenheit bieten wie Abschlussarbeiten in Qualifizierungsprogrammen.

Neben den Kompetenzen der Lehrpersonen müssen weitere Voraussetzungen stimmen. Es muss beispielsweise einen geeigneten *Evaluationsgegenstand und Ziele* geben, die evaluierbar sind. Zudem macht Evaluation nur dann Sinn, wenn sie in einen *Verwertungskontext* überführt werden kann. Zumindest müssen jedenfalls folgende Fragen beantwortet werden, um Evaluationsprozesse organisationsintern sinnvoll durchzuführen und zu nutzen:

- Was soll evaluiert werden und welche Ziele sind mit dem Evaluationsgegenstand verbunden?
- Wie kann der Gegenstand evaluiert werden?

- Wer verfügt über die notwendige Kompetenz zur Durchführung der Evaluation?
- Für wen sind die Ergebnisse der Evaluation bedeutsam?
- Wie sollen sie kommuniziert und wie in den Arbeitsprozess eingebunden werden?
- Was können die Lehrkräfte und was kann die Schule als Organisation lernen?

5.2 Externe Voraussetzungen schulinterner Evaluation

Extern formulierte Forderungen nach schulinterner Evaluation sind nur dann sinnvoll, wenn sie als Kommunikationsanlass genutzt werden sollen *und* können. Bleiben die Forderungen ohne Referenz im System, das die Evaluation einfordert, wird signalisiert, dass es für die geforderte Evaluation keine Bedeutung gibt bzw. – systemtheoretisch gesprochen – keinen Sinn, der für eine Anschlusskommunikation sorgt. Wenn also Schulprogrammarbeit von den Schulen eingefordert wird, und Evaluation ein fester Bestandteil von Schulprogrammen sein soll, dann muss für die Schulen erkennbar sein, wie und wann die Anforderungen in Kommunikation mit der Umwelt Relevanz erhalten. Bei Fend (2006a) wird das als Rekontextualisierung bezeichnet, also als Neuformulierung externer Anforderungen unter den Bedingungen des jeweils eigenen Systems. Bei Luhmann (2002) findet man diesen Gedanken als Respezifikationsprozess. Der Erfolg bleibt (aus Sicht externer Beobachtung) davon abhängig, ob es gelingt, über die formulierte Anforderung einen konsensuellen Bereich (vgl. Burth 1999) bzw. eine strukturelle Kopplung (vgl. Willke 2001) einzurichten. Konsensuelle Bereiche oder strukturelle Kopplungen sind Räume im Mehrebenensystem, an denen die Akteure des Systems unter Berücksichtigung ihrer Standardinteressen (vgl. Schimank 2006) in Verhandlung treten. Die wenigen Forschungsarbeiten, die dies bislang in den Blick genommen haben, kommen bezüglich der Kommunikationsfähigkeit von Schule und schulischer Umwelt (hier insbesondere mit der Bildungsadministration) zu skeptischen Befunden (vgl. Holtappels 2004; Berkemeyer, Kummer & Müller 2007b). Evaluationsprozesse sind, diesen Ergebnissen folgend, auf ergänzende Kompetenzen im Gesamtsystem angewiesen. Dies gilt jedenfalls, wenn die durch Evaluation gewonnenen Informationen für das Gesamtsystem gewinnbringend genutzt werden sollen. Über die Gesamtsystemnutzung und -verwendung von teilsystemisch erzeugten Evaluationsdaten ist bislang aber nur in wenigen Evaluationsbereichen etwas bekannt (vgl. Berkemeyer & Bos 2009).

6 Überlegungen zu einem Angebot-Nutzungs-Modell schulinterner Evaluation

Im letzten Teil dieses Beitrags werden wir die in Kap. 3 genannten vier Koordinierungsfunktionen in einen übergeordneten Zusammenhang bringen. Dabei lassen wir uns einerseits von der differenzierungstheoretischen Idee der teilsystemischen Leistungserbringung sowie andererseits vom Angebot-Nutzungs-Modell von Fend (2008a, S. 22) leiten. Beide Bezugstheorien erfordern die Betrachtung der Schule im Kontext eines Mehrebenensystems. Zudem können die nachstehenden Überlegungen auch im Sinne der aktuellen Governanceforschung gelesen werden (vgl. Altrichter, Brüsemeister & Wissinger 2007). Die einfache Grundidee liegt darin, der folgenden Frage Rechnung zu tragen: Wer evaluiert was für wen mit welchem Ziel oder Zweck? Ganz bewusst wird bei dieser Betrachtungsweise die Frage nach dem *wie* der Evaluation zurückgestellt. Das Modell in Abb. 2 zeigt erstens das Mehrebenensystem sowie das dieses flankierende regionale Umfeld mit seinen Akteuren, die jeweils wiederum als indirekte oder direkte Nutzer (z.B. Betriebe), aber auch Anbieter (z.B. Beraterfirmen, Universitäten) auftreten können. Zudem formiert sich derzeit mit den Schulträgern und eigens eingerichteten Bildungsbüros eine relativ neue Akteurkonstellation im Gesamtsystem (vgl. den Beitrag von Emmerich in diesem Band), die auch für Evaluationsprozesse eine wichtige Bedeutung einnehmen kann. Weiterhin geht das Modell von den vier benannten Funktionen interner Evaluation in Bezug auf Steuerung und Koordinierung aus (siehe Abb. 2, Legende). Zudem gibt es Verbindungslinien, die keine Evaluationspfade, sondern lediglich Informationspfade angeben.

Abbildung 2 Modell zur Governance schulinterner Evaluation

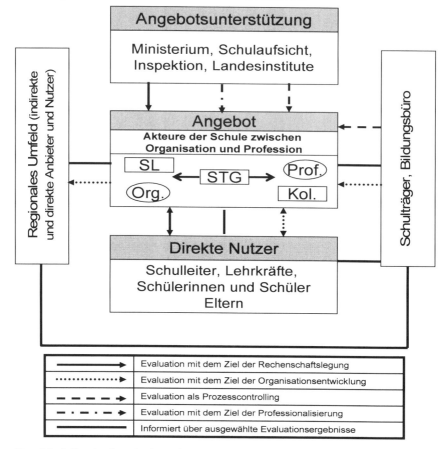

Das Modell zeigt bereits bestehende genauso wie denkbare Pfade interner Evaluation. Es ist daher nicht als normatives Modell aufzufassen, sondern eher als Analyseheuristik für eine Governance interner Evaluation, die folgende Fragen fokussiert:

- Wer evaluiert wen mit welcher Zielsetzung?
- Wer nutzt welche Ergebnisse aus welchen Evaluationsverfahren?
- Wer tritt als (Ko-)Anbieter von Evaluation auf?

Vor dem Hintergrund dieser Fragen kann beurteilt werden, ob die vorfindbaren Evaluationsverfahren in einem sinnvollen Gesamtzusammenhang stehen, ob es unnötige Dopplungen gibt, ob mehr angeboten als genutzt wird und vieles mehr. Das Modell weist zudem darauf hin, dass Evaluation in Schulen – interpretiert vor der Folie des Angebot-Nutzungs-Modells – insbesondere deshalb hoch voraussetzungsvoll ist, da Anbieter und Nutzer im Spannungsverhältnis von Organisation und Profession verschwimmen, da Lehrkräfte zum Teil sich selbst sowie anderen Lehrkräften Daten anbieten und zumuten, die aus der Befragung und oder Beobachtung von Lehrkräften entstanden sind. Schulintern wird also durch Evaluation ein Markt von Informationen erzeugt, ohne dass zum einen der Bedarf oder die Nachfrage wirklich geklärt ist. Zum anderen können interne Evaluationsprozesse Kompetenzen der Kolleginnen und Kollegen in Frage stellen. Dies kann der Fall sein, wenn Evaluationsprozesse verordnet werden und so Hierarchie die professionelle Autonomie gefährdet. Dabei ist an dieser Stelle mit professioneller Autonomie kein normativ verstandenes Qualitätsmerkmal gemeint, sondern nur auf das bekannte Verhaltensmuster von Lehrkräften hingewiesen, das sich durch ein prinzipielles Misstrauen gegenüber Hierarchie ausdrückt (vgl. klassisch hierzu Lortie 1975/2002).

Mit dem Modell ist der Vorschlag unterbreitet, interne Evaluation nicht allein organisationsintern zu begreifen, sondern systemisch zu interpretieren und zu analysieren. Dies steigert zwar die Komplexität, aber es eröffnet auch neue Sichtweisen, Analyseperspektiven und Erklärungsansätze. Insbesondere wird damit betont, dass unter einer gesamtsystemischen Perspektive interne Evaluation immer im Kontext einer Akteurkonstellation zu deuten und zu entwerfen ist. Im Übrigen ist damit auch impliziert, dass nicht allein die Schule, sondern auch andere Akteure Formen der internen Evaluation nutzen und die so gewonnenen Informationen zur sinnvollen Bearbeitung der Schnittstellen im System verwenden sollten.

7 Resümee und Forschungsperspektiven

Interne Evaluation ist nicht nur als Instrument zu Selbststeuerung von Schule zu verstehen, sondern muss als Bestandteil der gesamten Regelungsstruktur des Schulsystems begriffen werden. Erst eine solche Vorstellung löst den Diskurs von einer zu einseitigen Betrachtung der Leistungsfähigkeit der Schulen in Bezug auf ihre Evaluationsaktivitäten. Solange Ministerien Selbstevaluation an Schulen fordern, ohne sich selbst zu evaluieren, und so lange Wissenschaftler/innen über Evaluationskultur an Schulen nachdenken, ohne aktiv an einer sinnvollen Evaluationskultur an Hochschulen mitzuwirken, haftet diesem Diskurs etwas Unglaubwürdiges an. Neben diesem Glaubwürdigkeitsproblem, das bei dem einen oder anderen Akteur zu bloßem Anpassungslernen führt oder gar zu einer prinzipiellen Verweigerung der Teilnahme an Evaluation, muss grundsätzlich über die Leistungsfähigkeit interner Evaluation nachgedacht werden.

Die bisherigen Befunde der Forschung (vgl. Kap. 4) können keine eindeutigen Effekte nachweisen. Die Interpretation der Befunde ist zudem nicht selten von der Überzeugung getragen, dass Evaluation grundsätzlich etwas Positives sei. Hier müsste der Diskurs deutlich differenzierter und zum Teil auch sachorientierter werden. Auf sich selbst angewandt, also als Evaluation der Evaluation, müsste für Prozesse der schulinternen Evaluation gelten, dass sie ganz klar angeben können, welche Ziele mit ihnen erreicht werden sollen und an welchen Kriterien und Indikatoren diese Zielerreichung abzulesen ist. Dass schulinterne Evaluation beispielsweise den innerschulischen Dialog über Prozesse der Schulentwicklung fördert oder dem Kollegium zusätzliche Evaluationserfahrungen verschafft, sollte zwar nicht missachtet, aber auch nicht überschätzt werden, schließlich liegt solchen Befunden eine gewisse Tautologie zu Grunde. Derartige Befunde bleiben zu abstrakt; Forschungsarbeiten sollten darum *stärker verhaltensorientiert* nachfragen: Wurde beispielsweise die eigene Praxis verändert, werden bestimmte Routinen verändert oder konnten neue Einstellungen erworben werden? Lohnend sind künftig Forschungsanstrengungen, die verstärkt die *Kompetenzen der unterschiedlichen Akteure* für Entscheidungsbildung und Handlungsrealisation in den Blick nehmen. Insgesamt – so unser Fazit – wird momentan von interner Evaluation, auch im Zusammenspiel mit externen Verfahren, deutlich mehr erwartet, als an tatsächlichen Effekten realisiert. Sowohl die Gewinnung, Nutzung und Verbreitung von Informationen aus Evaluationsprozessen als auch die passende Abstimmung zwischen diesen Evaluationsmaßnahmen im Gesamtsystem ist noch keineswegs erfolgreiche Routine; dies gilt derzeit für alle Schulsysteme.

Herbert Altrichter

Schul- und Unterrichtsentwicklung durch Datenrückmeldung

Ein Charakteristikum von Vorschlägen zu einem „neuen Steuerungsmodell" im Schulsystem besteht in der Idee, dass durch die Erhebung besserer Informationen über die Ergebnisse („Output") der schulischen Tätigkeit und durch „Datenrückmeldung" an relevante Akteure eine zielgerichtete und effiziente Entwicklung in Richtung erhöhter Qualität erreicht werden kann. Das vorliegende Kapitel befasst sich mit den Bedingungen und Möglichkeiten dieses Rückmeldemechanismus für die Schul- und Unterrichtsebene. Nach der Definition der zentralen Begriffe und einer Darstellung der aktuellen Verbreitung dieser Steuerungsvorstellungen in den deutschsprachigen Schulsystemen in Abschnitt 1 werden in Abschnitt 2 bisherige Erfahrungen mit Unterrichtsentwicklung durch Datenfeedback, wie sie in Forschungsarbeiten und Entwicklungsprojekten dokumentiert sind, zusammengetragen und in Hinblick auf die Wirksamkeit dieses Steuerungselements interpretiert. Abschnitt 3 fasst die Hauptaussagen zusammen und stellt einige Konsequenzen für Bildungsforschung und Bildungspolitik zur Diskussion.

1 Der Stellenwert von Datenfeedback in „neuen Steuerungsmodellen" des Schulwesens

1.1 Feedback und der basale „Regelkreis" evidenzbasierter Schul- und Unterrichtsentwicklung

Unter *Feedback* versteht man einesteils eine *Information*, die von einem Akteur als Aussage über sein Handeln und/oder dessen Ergebnisse interpretiert wird (vgl. Hattie & Timperley 2007, S. 81). Anderenteils wird Feedback (im Sinne von „Feedback geben und empfangen") auch als *Prozess* verstanden: Akteure bieten anderen Akteuren Informationen (in weitem Sinn z.B. von Verhaltensaufzeichnungen und Testergebnissen über Beobachtungen bis zu Bewertungen) an, die diese als Aussage über ihr Handeln und/oder dessen Ergebnisse interpretieren. „Feedback geben oder anbieten" ist aber nur „eine Seite der Gleichung" (a.a.O., S. 103). Auf der anderen Seite müssen jene Akteure, die Feedback empfangen, diese Informationen aktiv verarbeiten und darüber hinaus solche Informationen – innerhalb eines potentiell unübersehbaren Informationsangebots – aktiv suchen, auswählen und als Rückmeldung für *ihr* Handeln interpretieren.

Damit wird Feedback einesteils aus einem (möglichen) Reiz-Reaktions-Verständnis gelöst: „Feedback empfangen" ist kein passiver Vorgang, sondern erfordert aktive Suche und Verarbeitung durch „Empfänger/innen" (vgl. Hattie & Timperley 2007, S. 82). Anderenteils wird der Begriff damit auch in seiner Bedeutung über die direkte soziale Interaktion zwischen Akteuren hinaus erweitert: Handelnde bekommen Feedback nicht nur in direkter Interaktion, sondern können dieses auch aus materiellen Trägern (z.B. Internetquellen, Arbeitsergebnisse, Bücher und andere Schriftstücke; vgl. a.a.O., S. 81) bzw. aus der Beobachtung eigenen oder fremden Handelns ableiten.

Die Idee, dass Informationen über Ergebnisse und Wirkungsweisen des Schulsystems von dessen relevanten Akteuren als „Feedback" interpretiert und dadurch die weitere Entwicklung von Schule und Unterricht anleiten könnten, nimmt in der Suche nach einem „neuen Steuerungsmodell" für das Schulsystem, die seit dem PISA-Schock von Bildungspolitik und -verwaltung mit verstärkter Intensität vorangetrieben wird, eine prominente Stellung ein.

„Neben dieses ‚system monitoring' [das durch die large scale assessment-Studien ins Bewusstsein gehoben wurde; HA] tritt jedoch eine zweite Komponente der Evaluation, die ‚improvement'-Komponente: Evaluation durch vergleichende Leistungsstudien ist kein Selbstzweck, sondern soll ja letztendlich der Verbesserung von Schule und Unterricht, Lehren und Lernen, fachlichen und überfachlichen Kompetenzen der Schülerinnen und Schüler dienen." (Schrader & Helmke 2003, S. 2)

Diese Suche nach einem „neuen Steuerungsmodell" findet gegenwärtig in einem Feld statt, das durch folgende Leitideen abgesteckt ist:

- *Evidenzbasierung* von Bildungspolitik und Schulentwicklung meint, dass Entwicklungsentscheidungen auf der Basis von geprüften Informationen fallen und in ihrer Umsetzung empirisch evaluiert werden müssen. Die Forderung nach *Outputorientierung* postuliert, dass dabei Informationen über „Leistungen von Bildungseinrichtungen" besonders wichtig wären.
- Diese Leistungen werden vor allem im Bereich (fachlichen) Unterrichts gesehen und über Schülerleistungen geprüft – in diesem Sinn kann man von einer *Unterrichtsfokussierung* der Vorstellungen zum „neuen Steuerungsmodell" sprechen.
- Dabei wäre es nötig, den Akteuren im Bildungssystem deutlicher als bis dahin wesentliche Ziele (den gewünschten „Output") zu signalisieren und

die *Zielorientierung* der schulischen Tätigkeit und der Weiterentwicklung von Schule zu verstärken (vgl. Klieme 2004, S. 627).

Abbildung 1 Regelkreis der „outputorientierten Steuerung"

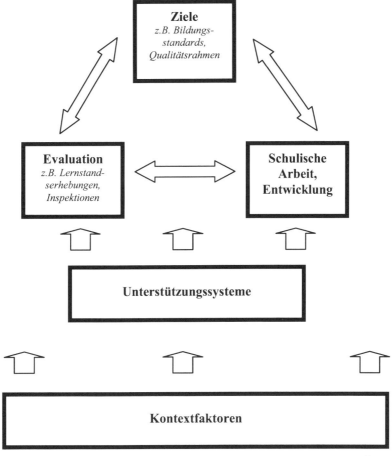

Diese Leitideen lassen sich zu einem „Regelkreis von Zielbestimmungen, Überprüfungen, Rückmeldungen, Entwicklungsmaßnahmen, Unterstützungssystemen und Verbesserungen" zusammensetzen, den Specht (2006, S. 33) als „Idealmodell outputorientierter Steuerung" ansieht (vgl. Abb. 1). Konkrete Verwirklichungen dieses „Regelkreises" sind die „Standards-Politik" (vgl. Maag Merki in diesem Band) ebenso wie die Einführung von neuen Modellen der „Schulinspektionen" (vgl. Kotthoff & Böttcher in diesem Band). In beiden Fällen werden den Akteuren im Schulsystem Ziele – durch Bildungsstandards und Qualitätsrahmen – vorgegeben; die Erreichung dieser Ziele in der schulischen Arbeit wird – durch Lernstandserhebungen bzw. Teaminspektionen – evaluiert. Obwohl die Zielvorgabe durch Bildungsstandards einige relative Innovationen enthalten mag, besteht die eigentliche Neuerung darin, Zielvorgaben mit Tests zu verknüpfen, regelmäßig zu messen und diese Elemente zu Instrumenten der Qualitätskontrolle und -entwicklung auszubauen (vgl. Fend 2008b; Halbheer & Reusser 2008).

„Datenfeedback" ist ein zentrales Gelenkstück dieses „neuen Steuerungsmodells". Die (z.B. systemtheoretische) Idee von Wissen oder Information als „Steuerungsmedium" wird aufgenommen und zur Hoffnung konkretisiert, „durch außerschulisch aufbereitetes Wissen innerschulische Entwicklung in Gang zu setzen – und dies auch noch in eine Richtung zu steuern, wie sie von der Systemebene gewünscht wird" (Rolff 2002, S. 79). Gerade durch Datenfeedback soll eine Dynamisierung und Zielorientierung des Steuerungsmodells geleistet werden: Durch die Rückmeldung der durch Evaluation produzierten „Evidenz" an die für schulische Qualität entscheidenden Akteure soll einerseits schulische Entwicklungsarbeit stimuliert und motiviert werden und diese Arbeit andererseits auch auf die richtigen Entwicklungsziele – gleichsam als Verstärkung des Akts der Zielvorgabe – ausgerichtet werden. „Unterstützungssysteme" sollen helfen, dass die Potentiale dieses Regelkreises tatsächlich genutzt werden; verschieden konzipierte „Kontextfaktoren" beeinflussen die Nutzungsvorgänge.

„Regelkreise" werden von Befürworter/innen wie Kritiker/innen oft als ein relativ geschlossenes Konzept verstanden, in dem auf klare Zustandsinformationen eindeutig zuordenbare Regelungsmaßnahmen erfolgen. Eine solche kybernetisch-technologische (der Thermostat als Bild) oder behavioristische (Verhaltensmodellierung durch Feedback) Interpretation von „Regelkreis" ist für die hier zu diskutierenden Verhältnisse nicht angemessen; sie ist aber auch nicht theoretisch notwendig: „Regelkreise" zwischen Handlungsbeobachtung, Zielvergleichen und Handlungssteuerung sind ubiquitäre Modelle, die in verschiedenen sozialen Bereichen vorkommen. *Modelle individuellen Handelns und Wahrnehmens* seit dem TOTE-Modell (vgl. Miller u.a. 1960) nehmen aktive Verarbeitungsprozesse durch die Akteure an – so auch das oben angesprochene Feedback-Modell von Hattie & Timperley (2007). Auch in den meisten avancierten *Sozialtheorien* konstituieren sich soziale Systeme gerade auch im Wechselspiel der Beobachtung von System und Umwelt einerseits und eigener Strukturbildung angesichts interner und externer Anforderungen andererseits. Externe Anforderungen gehen dabei nicht ungefiltert in Systeme ein, sondern müssen auf die systemeigenen „Leitdifferenzen" bezogen (Luhmann) oder durch *reflexive monitor-*

ing (Giddens) für die Handlungsmöglichkeiten des Systems aufbereitet werden; sie „determinieren" nicht die Form der Systeme, sie können auch nicht „vollständig", sondern immer nur selektiv wahrgenommen und verarbeitet werden. Und doch ist gerade die reflexive Verarbeitung von Informationen über das eigene Verhalten und seine Auswirkungen ein zentrales Movens sozialer Gestaltung (vgl. Sydow & Windeler 2000, S. 10f.).

„Regelkreise" oder „Feedback-Schleifen" müssen also nicht unbedingt kybernetisch-technologisch interpretiert werden, obwohl die oft mechanistische Sprache der „neuen Steuerung", in der nicht selten „Stellschrauben" und „Eingriffshebel" auftauchen, das ihre dazu tut, dass solche Assoziationen entstehen. Der kritische Punkt in derlei Modellen ist aber, dass die „Pfeile" (die oft in graphischen Abbildungen – wie eben in Abb. 1 – auftauchen) mehr den Zusammenhang zwischen einzelnen Akteuren, Elementen und Ebenen beschwören, als dessen genaue Qualität explizieren, dass sie oft suggerieren, ein solcher Zusammenhang müsse sich notwendig ergeben, wo er in der Realität durchaus mühsam herzustellen und prekär in seiner Aufrechterhaltung ist. Daraus ergibt sich eine Reihe von kritischen Fragen an Feedback-Modelle, z.B.: Was – wenn überhaupt – fließt in den „Pfeilen"? Welche Akteure müssen daran arbeiten, um die Dynamik der „Pfeile" zu aktualisieren und welcher Strukturen (Regeln und Ressourcen) können sie sich dabei bedienen? Wenn Antworten auf solche Fragen ausbleiben, wenn keine individuellen und sozialen Verarbeitungsprozesse für Feedback angegeben werden, dann kann mit Recht von vereinfacht-technologischen Rückmelde-Modellen gesprochen werden (vgl. Herzog 2009).

1.2 Einige begriffliche Unterscheidungen

Dass Erfahrungen der Schul- und Unterrichtsrealität für deren Weiterentwicklung verwendet werden sollen, ist keine grundlegende neue Idee. Viele Lehrpersonen haben Informationen, die im Zuge des Unterrichts und der Reflexion darüber abfielen, als Datenfeedback genutzt, um daraus Schlüsse für ihren Unterricht zu ziehen. Auch in Modellen der Schulentwicklung (z.B. Dalin u.a. 1996, S. 108) hatten Diagnosen des Ist-Zustands und die Evaluation, ob und wie die Ziele von Schulprogrammen und Entwicklungsprojekten erreicht wurden, einen hohen Stellenwert für institutionelle Selbstvergewisserung und weitere Entwicklung. *Neu* an der Strategie der Datenrückmeldung im Rahmen der Versuche, eine „evidenzbasierte Steuerung" zu etablieren, sind hingegen folgende Merkmale:

- Die Rückmeldeinformationen werden nicht selbst von einzelnen Lehrkräften oder Schulstandorten ausgewählt und produziert, sondern – gleichsam

über die "Ebenen" des Schulsystems hinweg – schulextern durch übergeordnete Verwaltungseinheiten beauftragt und oft durch externe Expert/innen konzipiert, gesammelt und vorinterpretiert.
- Dadurch werden *komplexere, technisch bessere, wissenschaftsförmige Informationen* verfügbar, die z.B.
  - Vergleiche von Leistungsergebnissen mit jenen anderer Klassen, Schulen, Länder usw. erlauben (durch Verwendung einheitlicher Instrumente, die sich auf das gemeinsame Kriterium „Bildungsstandards" beziehen; vgl. Halbheer & Reusser 2008, S. 261; Oelkers 2008, S. 4) sowie
  - die Verknüpfung der erhobenen Leistungsdaten mit anderen Daten, z.B. Kontextinformationen (wichtig für „faire Vergleiche") oder Daten über Schülerwahrnehmung und Lehrerhandeln (die für Entwicklungsentscheidungen bedeutsam sein können).
- Schließlich sollen im günstigen Fall die rückgemeldeten Informationen – in verschieden aggregierter Form – *für mehrere Ebenen des Schulsystems* als Feedback und Weiterentwicklungsimpuls taugen. Der „Regelkreis evidenzbasierter, outputorientierter Steuerung" ist nämlich eine Modellierung, die für alle Ebenen des „Mehrebenensystem" – und auch *zwischen* diesen Ebenen – Gültigkeit beansprucht: Bildungspolitik und Schulverwaltung sollen sich im „neuen Steuerungsmodell" bei ihren Entwicklungsentscheidungen in gleicher Weise an den postulierten Zielen und den „Evidenzen" über die bisherigen Leistungen orientieren, wie dies für die regionale Schulaufsicht oder Unterstützungseinrichtungen wie die Lehrerfortbildung gilt. Aufgrund der Tatsache, dass schulische Leistungen primär (wenn auch nicht exklusiv, z.B. in Schulinspektionen) an Schülerleistungen abgelesen werden, gewinnt dieser Rückmeldungsmechanismus auf der Ebene des Unterrichts gegenwärtig besondere Aufmerksamkeit: Es gibt vielfältige Versuche, Lehrpersonen Daten über Unterrichtsergebnisse zurückzuspielen, um sie zu stimulieren, ihren Unterricht ziel- und ergebnisorientiert weiterzuentwickeln.

Woher kommen die Informationen, die als Datenfeedback in „neuen Steuerungsmodellen" verwendet werden? Im Brennpunkt der Aufmerksamkeit einer outputorientierten Steuerung stehen die *Ergebnisse* des Schulsystems, die derzeit v.a. über Schülerleistungen gemessen werden. Dafür gibt es aktuell zwei Typen von Untersuchungen, die unterschiedliches Potential für Datenfeedback haben:

- Die *internationalen Leistungsvergleichsstudien* sensu PISA und TIMSS sind stichprobenbasierte Untersuchungen, die sich als System-Monitoring an bildungspolitische Entscheidungsträger wenden, für einzelne Schulen aber keine direkten Schlussfolgerungen erlauben.

- Die im Zuge der Umsetzung der Standardspolitik in den meisten deutschsprachigen Schulsystemen erarbeiteten *fachbezogenen, standardorientierten Kompetenztests*, die unter Bezeichnungen wie Lernstandserhebungen, Vergleichsarbeiten oder standardorientierte Tests firmieren, werden üblicherweise bei vollständigen Schülerkohorten durchgeführt, sind für individuelle Schüler/innen, Klassen und Schulen aussagekräftig und können im Prinzip Grundlage für weitere Entwicklungsentscheidungen sein. Mit dem Begriff *Lernstandserhebungen* werden im Folgenden outputbezogene, in Schulsystemen flächendeckend und verpflichtend eingesetzte Test- und Rückmeldungssysteme bezeichnet. Daneben gibt es auch Systeme zur Testung von Schülerleistungen, die – oft von einzelnen Lehrpersonen – freiwillig zur Selbstvergewisserung über die Leistungsprofile ihrer Klassen und Schüler/innen eingesetzt werden können. Prominente Beispiele sind die Schweizer Testsysteme „Klassencockpit" (www.klassencockpit.ch; 9.9.2009) und „Check 5" (www.ag.ch/leistungstest/de/pub/check5.php; 9.9.2009).

Im Prinzip sind für die Weiterentwicklung von Unterricht und Schule auch *Prozess-* und *Kontext*informationen interessant, die nicht im Zentrum der Aufmerksamkeit outputorientierter Steuerung stehen. Dennoch stehen Schulen eine wachsende Zahl von Instrumenten zur prozessbezogenen Selbstevaluation zur Verfügung, z.B. das zunächst von der Bertelsmann Stiftung entwickelte Konzept „SEIS" (Selbstevaluation in Schulen; www.seis-deutschland.de; 9.9.2009) oder der Modulansatz „Selbstevaluation von Schulentwicklungsprojekten" von Riffert & Paschon (2005). Diese „School Performance Feedback Systeme" (vgl. Visscher & Coe 2002) sind extern produzierte, aber häufig freiwillig von Schulen eingesetzte prozessbezogene Rückmeldesysteme. Schulinspektionen[1] stützen sich in ihren Aussagen oft auf Output- und Prozessinformationen; sie gehen in den jeweiligen Ländern nach einem vergleichbaren Satz von Kriterien vor, meist ohne dass die resultierenden Beurteilungen der verschiedenen Inspektionsteams im strengen Sinn vergleichbar sind.

Schließlich macht es einen Unterschied, ob gemessener Output gravierende systemische Konsequenzen nach sich zieht. Unter *high-stakes Tests* versteht man „assessments that have serious consequences attached to them" (Nichols & Berliner 2007, S. xv) – Schüler/innen, Lehrpersonen, Schulleitungen und ganze Schulen erhalten in diesem Fall aufgrund von Testergebnissen zum Teil existenziell gravierende positive und negativen Sanktionen.

Abb. 2 zeichnet eine Landkarte feedbackrelevanter Instrumente. Für Datenfeedback im Sinne eines „evidenzbasierten Steuerungsmodells" sind v.a. jene

---

1 Obwohl für Schulinspektionen die Problematik des Datenfeedback ebenfalls relevant ist, werden sie hier nicht weiter behandelt (vgl. dazu Kotthoff & Böttcher in diesem Band).

Test- und Rückmeldestrategien interessant, die vergleichbare Output-Informationen bringen, also die grau unterlegten Instrumente in der rechten Spalte. Sie werden im Zentrum der folgenden Überlegungen stehen.

Abbildung 2 Typen von Datenfeedback für die Unterrichts- und Schulentwicklung

		schul-/klassen-spezifische Daten	*vergleichbare Daten*
Interne Entscheidung („freiwillig")	– *Adressat: individuelle Lehrpersonen*	Traditionelle Reflexion von Schülerleistungen und Schülerfeedback	lehrerbezogene Rückmeldesysteme (z.B. „Klassencockpit" etc.)
	– *Adressat: Schulebene*	Selbstevaluation in Schulentwicklung	selbst gewählte School Performance Feedback Systems (Visscher & Coe 2002), SEIS
Externe Verpflichtung	– *Sanktionen: low stake*	Verpflichtung zu Qualitätsmanagement ohne Vorgabe von ‚benchmarks' (z.B. Altrichter & Posch 1999)	Lernstandserhebungen der deutschen Bundesländer
	– *Sanktionen: high stake*		high stake-Testsysteme in US-Bundesstaaten

1.3 Datenfeedback in der deutschsprachigen Schulpolitik

Österreich wird in der Teaching and Learning International Survey (TALIS) der OECD zu jenen Ländern gerechnet, die eine „relativ schwach ausgeprägte Evaluationsstruktur [haben und] keinen Nutzen aus Schulevaluationen" ziehen (OECD 2009, S. 463). Ähnliches ließe sich historisch über die anderen deutschsprachigen Schulsysteme sagen (die an TALIS nicht teilgenommen haben). In den letzten Jahren wurde aber die Idee, dass bessere Informationen über die Leistungen des Schulsystems als „Feedback" Schul- und Unterrichtsentwicklung orientieren und stimulieren sollten, von der Schulpolitik in den deutschsprachigen Ländern durchgehend aufgegriffen. Im Juni 2002 beschloss die Kultusministerkonferenz (KMK) länderübergreifende Standards in Mathematik, Deutsch, erste Fremdsprache und Naturwissenschaften für die 4. Schulstufe, den mittleren Schulabschluss und den Hauptschulabschluss (vgl. Klieme 2004, S. 628). Seit

Sommer 2004 werden die KMK-Standards für den mittleren Bildungsabschluss in allen Bundesländern implementiert. Standardbezogene Informationen werden in allen Ländern der Bundesrepublik *Deutschland* unter Bezeichnungen wie „Lernstandserhebungen" oder „Vergleichsarbeiten" ab dem Schuljahr 2007/2008 in Grundschulen und ab dem darauffolgenden Schuljahr in der Sekundarstufe I erhoben und rückgemeldet (vgl. Steffens 2009; Müller 2009, S. 51). Die Erhebungen ziehen meist keine institutionalisierten Konsequenzen für Schüler/innen und Lehrpersonen nach sich (sind als „low stake"), wenn auch gelegentlich, wie z.B. in Rheinland-Pfalz, die Ergebnisse der Vergleichsarbeiten als Ergänzung zu Zeugnisnoten und Schullaufbahnempfehlung der Grundschullehrkräfte eingesetzt werden sollen (vgl. Landtag Rheinland-Pfalz 2002).

In *Österreich* wurden Bildungsstandards und darauf bezogene Leistungstests in zwei Pilotphasen seit 2003 entwickelt (vgl. Specht 2006; Lucyshyn 2004; 2006; Steuergruppe 2004). Die gesetzliche Grundlage (vgl. BGBl. I Nr. 117/2008 v. 8.8.2008; BGBl. II Nr. 1/2009 v. 2.1.2009) wurde 2008 geschaffen. Am Ende der 4. Schulstufe sollen die standardbezogenen Leistungen in Deutsch und Mathematik sowie am Ende der 8. Schulstufe jene in Deutsch, Mathematik und Englisch erhoben und rückgemeldet werden. Die entsprechenden Instrumente befinden sich in Entwicklung und werden gegenwärtig in Pilotschulen erprobt (vgl. Lucyshyn 2006). Österreichweite Überprüfungen sollen ab dem Schuljahr 2011/12 für die 8. Schulstufe bzw. ein Jahr danach für die 4. Schulstufe in einem dreijährigen Rhythmus durchgeführt werden.

In der *Schweiz* sind durch eine „Interkantonale Vereinbarung über die Harmonisierung der obligatorischen Schule" (HarmoS) Bestrebungen in Gang, Bildungsstandards und dementsprechende Testverfahren auf nationaler Ebene zu implementieren. Allerdings haben erst weniger als die Hälfte der Kantone ihren Beitritt zu diesem Konkordat beschlossen, so dass ungewiss ist, ob dieses Ziel erreicht werden kann. Im Gegensatz dazu sind in einzelnen Kantonen vergleichende Leistungstests implementiert, die es erlauben, die Leistungsergebnisse der eigenen Klasse im Vergleich zu einer Referenzstichprobe zu beurteilen. Dazu gehören beispielsweise die Verfahren Klassencockpit, Stellwerk 8, Check 5 (vgl. Moser 2003; Tresch 2007). Im Gegensatz zu den meisten Bundesländern in Deutschland werden diese von den Lehrpersonen allerdings freiwillig eingesetzt und bilden damit in der Regel keine systematische Grundlage für die Rechenschaftslegung der Schulen und Lehrpersonen gegenüber den Schulbehörden. Dementsprechende Auseinandersetzungen der Lehrperson mit allfälligen Differenzen der Leistungen der eigenen Klasse mit den Leistungen der Referenzstichprobe sind zudem abhängig von Engagement und Bereitschaft der einzelnen Lehrperson. In einzelnen Kantonen wird zudem auf kantonaler Ebene ein Monitoring der Leistungen der Schüler/innen durchgeführt, ohne dass dessen Ergebnisse auf Schulebene systematisch rückgemeldet werden. Dies ist beispielsweise der Fall im Kanton Zürich, wo seit 2003 alle drei Jahre die Lernleistungen und kognitiven Grundfähigkeiten einer Schülerstichprobe ab der Grundstufe erhoben werden (vgl. Moser & Hollenweger 2008).

1.4 Wirkungsmodelle der evidenzbasierten Unterrichts- und Schulentwicklung

Zentralen, standardbasierten Vergleichsarbeiten, den Kerninstrumenten „evidenzbasierter Unterrichts- und Schulentwicklung", wird von Bildungspolitik wie von Bildungsforschung eine *Doppelfunktion* zugeschrieben; sie sollen einesteils der öffentlichen *Rechenschaftslegung und Kontrolle* der Leistungen des Schulsystems dienen, andererseits Diagnosen und Gesichtspunkte abwerfen, die der weiteren *Entwicklung* von Schüler/innen, Unterricht, Schulen und des Schulsystems insgesamt dienen (vgl. EMSE 2006; Steffens 2009, S. 7f.). Ihre Multifunktionalität gibt ihnen Gewicht, bringt aber auch Probleme (vgl. Fend 2008b, S. 301) und kann ihre Glaubwürdigkeit unterminieren (vgl. Steffens 2009, S. 8). So ist eine „Funktionsüberfrachtung" (Kühle & Peek 2007) als eine der Schwierigkeiten des „evidenzbasierten Steuerungsmodells" genannt worden. Wo Zielklarheit aus motivationalen Gründen angesagt wäre, erfolgt durch bildungspolitische Interessen aber „oft eine ‚Anreicherung' von Zielen, die nur partiell vereinbar sind" (Hosenfeld & Groß Ophoff 2007, S. 362) und die Skepsis bei Praktiker/innen auslösen (vgl. Ingram u.a. 2004).

Die Frage nach den *Zielkriterien* der zu kontrollierenden und entwickelnden „Leistungen des Schulsystems" wird gegenwärtig im Steuerungsdiskurs selten profund diskutiert: „Improvement of school performance" (z.B. Schildkamp u.a. 2009, S. 69) ist entsprechend den Aufmerksamkeiten aktueller Bildungsforschung immer als Zielkriterium vertreten, das in aufgeklärteren Versionen durch Vorstellungen sozialer Gerechtigkeit ergänzt wird (z.B. „Equity" in SKBF 2006).

Wie können diese Instrumente die postulierten Funktionen erfüllen? Baumert (2001) kontrastiert zwei Formen des Wirksamwerdens flächendeckender Evaluationen, die gleichsam jeweils eine Seite der oben dargestellten „Doppelfunktion" aufnehmen: Im *Wettbewerbsmodell* führt die Veröffentlichung schulischer Leistungsindikatoren zu einer nachfragegetriebenen Qualitätsentwicklung. Im *Modell professioneller Qualitätsentwicklung* müssen die Leistungsinformationen nicht veröffentlicht werden, sondern dienen den Einzelschulen als Informationsgrundlage für Diskurs und Reflexion, aus denen Impulse für die Weiterentwicklung entstehen sollen. Van Ackeren (2003a, S. 276) fügt dem ein *Misch-*

modell Pressure and Support hinzu, in welchem die Verpflichtung der Schulen, über Leistungsergebnisse nach außen Rechenschaft zu legen, Wettbewerbsdruck schafft, ihnen aber – insbesondere bei Defiziten – Unterstützung durch Finanzen und professionelle Beratung angeboten wird. Die meisten deutschsprachigen Schulsysteme scheinen sich jedenfalls für solche Mischmodelle mit unterschiedlichen Kombinationen der beiden Pole entschieden zu haben.

Abbildung 3 Rahmenmodell zur pädagogischen Nutzung von Vergleichsarbeiten (aus Hosenfeld & Groß Ophoff 2007, S. 358)

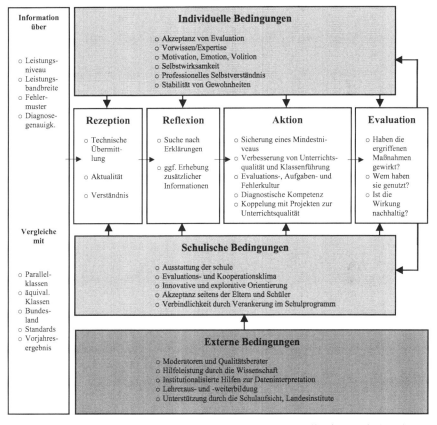

Eine Konkretisierung dessen, was in einem solchen Regelkreis geschehen kann, um Entwicklung zu stimulieren, bietet Helmkes (2004) *Rahmenmodell zur pädagogischen Nutzung von Vergleichsarbeiten* (vgl. eine aktuelle Version in Abb. 3; siehe auch Helmke & Hosenfeld 2005; Hosenfeld 2005), das von Fends (2000,

S. 58) Angebots-Nutzungs-Modell inspiriert ist. Seine Grundfrage lautet: Wie können empirische Leistungsinformationen z.b. aus Vergleichsarbeiten eine „Verbesserung (...) des Lehrens und Lernens, die Steigerung der Unterrichtsqualität und damit auch die Förderung der Professionalisierung der Lehrerschaft" (Helmke 2004, S. 1) stimulieren? Extern erhobene Informationen über den Leistungsstand von Schüler/innen, Klassen und Schulen wären „lediglich ein Angebot" (ebd., S. 3), „nur eine Einladung (...), die Ergebnisse für die Orientierung über eigene Stärken und Schwächen zu verwenden und daraus Konsequenzen für den Unterricht zu ziehen" (ebd., S. 10).

Abbildung 4 Modell wichtiger Einflussfaktoren auf School Performance Feedback Systems (Visscher & Coe 2003, S. 331; dt. Version nach Bonsen & Gathen 2004, S. 249)

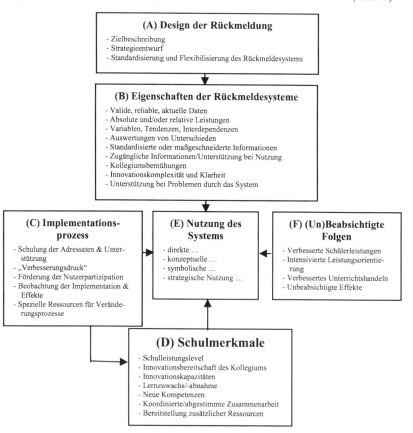

Helmkes (2004, S. 11ff.) Modell thematisiert die *Prozesse der Verarbeitung von Leistungsinformationen durch die individuelle Lehrperson* in differenzierter Weise, wie sie in verschiedenen Konzepten menschlicher Informationsverarbeitung seit Miller u.a. (1960) und in Evaluationszyklen (vgl. Altrichter & Posch 2007, S. 16) immer wieder vorkommt. Die Leistung des Modells besteht in der differenzierten Zusammenstellung hypothetisch zu erwartender und empirisch bekannter individueller, schulischer und darüber hinausgehender extern-systemischer Bedingungen, die diesen Verarbeitungsvorgang beeinflussen. „Für eine empirische Überprüfung fehlt jedoch die inhaltliche Spezifikation von Zusammenhängen." (Maier 2008, S. 97) Weiters bleibt offen, wie die individuellen Wahrnehmungs-, Handlungs- und Lernvorgänge von verschiedenen Akteuren in einem Mehrebenensystem verknüpft werden, was gerade das Grundproblem von „Systemsteuerung" darstellt.

Visscher & Coe (2003, S. 331ff.) haben ein Modell vorgelegt, das – diesmal nicht aus der Perspektive der einzelnen Lehrperson, sondern aus jener einer Einzelschule – wesentliche Entscheidungen thematisiert, die an einer Schule bei der Auswahl und Nutzung eines School Performance Feedback Systems gefällt werden müssen. Auch dieses Modell sammelt bedeutsames Wissen – diesmal aus der Schulentwicklungsforschung –, hat aber ebenfalls Probleme mit der Modellierung des Mehrebenencharakters des Schulsystems und – komplementär zu Helmkes Vorschlägen – der Handlungsbeiträge einzelner Akteure.

2 Entwicklung durch Datenfeedback im Spiegel empirischer Untersuchungen

Dass eine bessere Informationsbasis und Feedback über eigenes Verhalten und seine Wirkungen gut für die Weiterentwicklung der eigenen Tätigkeit sein können, ist eine Idee von großer Plausibilität: Feedback ist ein Konzept, das im Alltag selbstverständlich gebraucht und positiv konnotiert wird. Nichts scheint dagegen zu sprechen, dass es bei einer Übertragung auf das Schulsystem günstige Wirkungen entfalten könnte.

2.1 Datenrückmeldung in der internationalen Forschung

Die internationale Forschungslage zur Frage, ob Datenfeedback im Sinne eines „neuen Steuerungsmodells" zu verstärkter Unterrichts- und Schulentwicklung und in der Folge zu *verbesserten Systemleistungen* führt, ist keineswegs eindeutig (vgl. Coe 2002; van Ackeren 2003a). Die Ergebnisse der Meta-Analyse von

Black & Wiliam (1998) extrapolierend, die bedeutsame Effekte bei Interventionen mit formativer Leistungsmessung fanden, könnte man annehmen, dass formatives Feedback auch für Lehrpersonen günstig ist. Dagegen zeigen die Meta-Analysen von Kluger & DeNisi (1996) und Hattie & Timperley (2007), dass Feedback nicht unter allen Umständen nützlich ist (vgl. Abschnitt 2.3.6).

Was über die *systemischen* – erwünschten und unerwünschten – Effekte von evidenzbasierter Steuerung bekannt ist, thematisiert Maag Merki (in diesem Band). Wenden wir uns den in einzelnen *Schulen* stattfindenden Prozessen zu. In einer Untersuchung von Schildkamp u.a. (2009) wurden zwei Kohorten von insgesamt 79 holländischen Primarschulen, die an einem prozessbezogenen Rückmeldeprogramm freiwillig teilnahmen, über fünf Jahre hinweg beobachtet. Dabei zeigte sich (vgl. Schildkamp u.a. 2009, S. 79ff.):

- Nur eine kleine Gruppe von Schulen und Lehrer/innen verwendete die Rückmeldeinformationen intensiv: Im besten der beobachteten Jahre gaben 52 % der Schulleitungen und 24 % der Lehrpersonen an, auf der Basis der Datenrückmeldung Maßnahmen zur Verbesserung der Qualität der Bildung unternommen zu haben (ähnlich Ingram u.a. 2004 für US-Highschools).
- Eine intensivere Nutzung der Ergebnisse stand in keinem Zusammenhang zu den Mathematik- und Sprachleistungen der Schüler/innen.
- Allerdings wurden einige indirekte Effekte beobachtet, die normalerweise langfristig mit Schülerleistungen assoziiert sind, wie „innerschulische Kommunikation über Arbeitsweise und Qualität der Schule", „Professional development", „Leistungsorientierung des Kollegiums" sowie einige „Veränderungen in Richtung adaptiver Didaktik".
- Als mögliche Gründe für die enttäuschenden Wirkungen des Feedbacksystems wurden das geringe Ausmaß der Nutzung sowie die Schwierigkeiten beim Nutzen des Feedbacks ohne Unterstützung genannt.

Schildkamp & Ehren (in Vorb., S. 9ff.) studierten die Nutzung von Inspektionsberichten in sechs niederländischen best-practice Sekundarschulen durch Dokumentenanalyse und Interviews. Obwohl alle Schulen die Berichte im Prinzip akzeptierten, verwendete nur eine der untersuchten Schulen (und zwar jene, die schon ein funktionierendes System der Qualitätssorge hatte) deren Ergebnisse für pädagogische Weiterentwicklungen, während die anderen die Rückmeldungen selektiv für minimale Adaptionen oder Außenkommunikation nutzten und Hinweise auf Mängel übergingen. Die Autorinnen (ebd., 20ff.) bieten dafür folgenden Erklärungen an: „lack of ownership and of pressure/support", Passung der Ergebnisse und möglicher Konsequenzen zu den laufenden Praktiken der Schule, fehlende Zusammenarbeit der Lehrpersonen bei der Dateninterpretation und Konsequenzenplanung.

Die umfassendste mir zugängliche Analyse stammt von Visscher & Coe (2002; 2003), die internationale Erfahrungen mit „school performance feedback systems" (SPFS) auswerten. Die Autoren konstatieren ein stark *steigendes Interesse* an SPFS. Offenbar wollen international tausende Schulen solche Systeme und sind auch bereit, dafür zu zahlen (vgl. Visscher & Coe 2003, S. 341). Visscher & Coe (2002) verwenden ein empirisch und theoretisch begründetes Modell hypothetischer Bedingungen und Prozesse von SPFS (vgl. Abschnitt 1.4), um fünf international verbreitete SPF-Modelle zu analysieren. Dabei wird deutlich:

- *Unterschiedliche Bestandteile und Nutzungsmodelle:* Die untersuchten SPF-Systeme unterscheiden sich in mancherlei Hinsicht: Während beispielsweise ein Konzept Feedback über einzelne Schüler/innen gibt, will ein anderes Informationen über das Funktionieren der Schule und eben keine Informationen über individuelle Akteure anbieten. Während ein Projekt Daten nur den Schulen zur Verfügung stellt, werden sie in anderen Konzepten auch den vorgesetzten Behörden übergeben. Zudem können gleichartige Modelle und Informationen von Schulen sehr unterschiedlich genutzt werden (vgl. Visscher & Coe 2002, S. 221ff.; DeBray u.a. 2001). Generalisierende Aussagen über die Wirkung von SPFS sind daher schwierig, so lange kein plausibles und empirisch fundiertes Modell über entscheidende Faktoren und Prozesse von Feedbacksystemen vorliegt.
- *Wenige belegte Aussagen über Effekte:* Angesichts der enormen Ressourcen, die in die Entwicklung von qualitätsvollen SPFS investiert werden, ist es für Visscher & Coe (2002, S. 238) überraschend, wie wenig „Evidenz" über Prozesse und Effekte der Feedback-Systeme vorliegt. Beispielsweise setzten in einem SPF-Programm von Tymms & Albone (2002) die meisten Schulen ihre Teilnahme am Programm fort, was dafür spricht, dass sie das Angebot als nützlich und relevant empfanden. Die relativ rigorose Evaluation der Auswirkungen zeigte aber keinen robusten Effekt auf Schülerleistung. Alle gefundenen Unterschiede in Leistungsdifferenzen zugunsten der teilnehmenden Schulen waren statistisch nicht signifikant und auch die Effektgrößen waren sehr klein (0,1 oder niedriger; vgl. Visscher & Coe 2003, S. 331f.). In den Projektberichten gab es allerdings oft anekdotische Hinweise darauf, dass die SPFS Effekte auf Unterrichtsprozess und schulische Entwicklungspolitik hatten sowie zu einer größeren Aufmerksamkeit für Schülerleistungen führten.

2.2 Studien aus dem deutschsprachigen Raum

In den letzten Jahren wurden auch in den deutschsprachigen Ländern Studien durchgeführt, in denen die Nutzung von Datenrückmeldung für die Entwicklung von Unterricht und Schule untersucht wurde. Die Vorgangsweise war dabei in den Grundzügen die folgende: Lehrpersonen – und seltener Schulleitungen und andere schulische Akteure – wurden über die Ergebnisse schulischer Tätigkeit, wie sie sich zunächst aus großflächigen Leistungsuntersuchungen (wie z.B. MARKUS oder QuaSUM), später in den standardbezogenen Lernstandserhebungen ergaben, durch verschiedene Rückmeldeformate informiert. Sodann wurde – meist durch Fragebogen – erhoben, wie diese schulischen Akteure die Rückmeldungsinformationen rezipierten und verarbeiteten sowie welche Maßnahmen als Konsequenz gesetzt wurden.

Über die *Sicht- und Erlebensweisen anderer Akteure* (z.B. von Schüler/innen, Schulaufsichts- und Verwaltungsbeamt/innen, Fortbildner/innen und Eltern), die *tatsächlichen Handlungen* aller Beteiligten und darüber, welche *Auswirkungen* eventuelle Maßnahmen auf Lernen und Lernergebnisse hatten, wissen wir aus deutschsprachigen Untersuchungen praktisch nichts. Überdies dürfte sich der Aussagewert von Fragebogendaten in einem sensiblen Bereich wie der Evaluation und Entwicklung von Unterricht in engen Grenzen halten. Kohler & Schrader (2004, S. 12f.) nennen zahlreiche Einschränkungen, vor allem hinsichtlich der Glaubwürdigkeit von Angaben über tatsächliche Veränderungen im Unterricht. Insgesamt ist in Hinblick auf unsere Fragestellung anzunehmen, dass aufgrund der genannten Designmerkmale Effekte häufiger über- als unterschätzt werden.

Ein *zusammenfassendes Resümee der Ergebnisse* bisheriger Studien aus dem deutschsprachigen Raum über die Nutzung von Datenfeedback für die Schul- und Unterrichtsentwicklung lautet folgendermaßen (vgl. auch die Übersichten bei Bonsen & Gathen 2004, S. 228ff.; Maier 2006):

(1) Lehrkräfte (und noch viel stärker Schulleitungen) geben häufig „offene" (Gathen 2006, S. 16) bzw. „moderat positive" (Maier 2006, S. 24) *Einstellungen* gegenüber externer Leistungsmessung zu Protokoll. Dennoch finden sich auch viele skeptische Stimmen (vgl. Schrader & Helmke 2003; Ditton u.a. 2002), sodass insgesamt ein Bild sehr unterschiedlicher Meinungen in der Profession entsteht: So hielten in einer Online-Befragung zur ersten NRW-Lernstandserhebung 51 % der Befragten die Bedeutung der Ergebnisrückmeldungen für die unterrichtspraktische Arbeit für hoch; 48 % stimmten dem nicht zu. Für 61 % waren die Ergebnisse „nützlich zur Diagnose des erreichten Lernstandes", für 38 % nicht. 59 % erachteten die Rückmeldungen als „nützlich hinsichtlich der Verbesserung und Weiterentwicklung des Unterrichts", 41 % nicht (vgl. Bonsen u.a.

2006, S. 140ff.). Ziemlich durchgehend geben Lehrpersonen eine skeptischere Einstellung als Fachkonferenzvorsitzende und diese wiederum als Schulleitungen zu Protokoll (z.B. Bonsen u.a. 2006, S. 141f.; Grabensberger u.a. 2008).

Nicht nur in der Gesamtgruppe der Lehrpersonen, sondern auch individuell gibt es *ambivalente Erwartungen* gegenüber Datenfeedback, z.B. die Hoffnung, dass sich aus dem Feedback Veränderungen zum Besseren ergeben sollten, ohne dass dabei die Arbeit verändert würde (vgl. Schneewind 2007b, S. 378f.). Wenn das Instrument unter einigermaßen transparenten Bedingungen in Kommunikation mit den betroffenen Lehrkräften eingeführt wird und keine standardmäßige Veröffentlichung erfolgt, lässt es sich aber offenbar vermeiden, dass Leistungsrückmeldungen – wie vielfach befürchtet – als Bedrohung wahrgenommen werden (vgl. Maier 2006, S. 26).

(2) Ein relevanter Teil der Lehrpersonen zeigt – entsprechend ihrer Selbstdarstellung – *Bereitschaft, sich mit den Ergebnissen von Lernstandserhebungen auseinanderzusetzen und Konsequenzen abzuleiten* (z.B. Peek 2004; Leutner u.a. 2007; Grabensberger u.a. 2008, S. 70). So gaben bei Bonsen u.a. (2006, S. 143) 75 % der befragten Lehr- und Leitungspersonen eine generelle Bereitschaft, Konsequenzen für den Unterricht zu ziehen, zu Protokoll.

(3) In manchen Studien ist die Zustimmung zum allgemeinen Prinzip der Bildungsstandards und zu der darauf bezogenen Datenrückmeldung größer, während die Skepsis zunimmt, je mehr konkrete Instrumente und Durchführungsarten beurteilt werden (vgl. Freudenthaler & Specht 2005, S. 21ff.; Freudenthaler u.a. 2004, S. 4ff.). Damit passt möglicherweise zusammen, dass die allgemeine Akzeptanz von Leistungsrückmeldung nicht mit der *Einschätzung ihrer Unterrichtsrelevanz* einhergehen muss: „Zentrale Lernstandserhebungen werden als zusätzliche Leistungsmessung akzeptiert, wenngleich sie aus Sicht der Lehrkräfte wenig über die Qualität des Unterrichts aussagen können." (Maier 2006, S. 24; vgl. auch Ditton u.a. 2002; Tresch 2007, S. 316). In einer Befragung zur ersten Nutzung der baden-württembergischen Vergleichsarbeiten wurden von den teilnehmenden Lehrpersonen alle Nutzungsmöglichkeiten unter dem theoretischen Mittelpunkt der Skala eingeschätzt; eine „förderdiagnostische" Nutzung korrelierte dabei noch am höchsten mit allgemeiner Akzeptanz des Instruments (vgl. Maier 2008, S. 106f.).

(4) Auch wenn Lehrpersonen einer Datenrückmeldung offen gegenüberstehen und sich damit auseinandersetzen, scheint es ihnen nicht leicht zu fallen, die Informationen über die Leistungsstände ihrer Schüler/innen zu verarbeiten und in konstruktive Entwicklungsinterventionen umzusetzen. Abgesehen von bemerkenswerten Ausreißern, über die z.B. Hosenfeld u.a. (2007; vgl. auch Groß Ophoff u.a. 2006) sowie Tresch (2007) berichten, haben die meisten Studien enttäuschend *wenig Nutzung von Datenrückmeldung für Unterrichtsentwicklung* erho-

ben (vgl. z.B. Peek 2004; Grabensberger u.a. 2008; Steffens 2009, S. 1; Nilshon 2004, S. 15; vgl. Gärtner u.a. 2009, S. 10 für Schulinspektionen).

„Die Erwartung, dass alleine die Bereitstellung von externen Evaluationsdaten eine praxiswirksame Diagnose- und Reflexionsfunktion ausübe und gleichsam im Selbstlauf unterrichtsentwickelnde Konsequenzen nach sich ziehe, bestätigt sich bislang nicht." (EMSE 2008, S. 2)

(5) Wenn überhaupt Entwicklungsmaßnahmen durch Datenfeedback angestoßen werden, dann betreffen diese *selten eine weitergehende Innovation des Unterrichts*. Viel eher werden bisherige Inhalte und Aufgaben repetiert (z.B. bei Groß Ophoff u.a. 2006, S. 8; Maier 2007; Hosenfeld u.a. 2007), Impulse aus den Messungen direkt übernommen (z.B. bestimmte Aufgabenformate aus den Testungen; vgl. Leutner u.a. 2007; Maier 2007; Hosenfeld u.a. 2007) oder geringfügige Veränderungen in der Interaktion vorgenommen (vgl. Schildkamp u.a. 2009, S. 86). „Es wurden überwiegend Maßnahmen verstärkt, die bereits vor den Vergleichsarbeiten Teil des Repertoires waren. ‚Innovative', also bisher nicht praktizierte Verfahren wurden seltener eingeführt." (Groß Ophoff u.a. 2006, S. 8) Einmal gezogene Konsequenzen werden in der Regel nicht auf andere Klassen übertragen (vgl. Ophoff u.a. 2007, S. 423). Veränderungen werden eher „in Bereichen [vorgenommen oder erwogen], in denen dies offenbar ohne größeren Qualifizierungs- und/oder Organisationsaufwand möglich gewesen ist" (Schrader & Helmke 2004a, S. 14).

(6) Lehrpersonen scheinen auch eher bereit, die Rückmeldungen aus Lernstandserhebungen in Beziehung zu *Aufgaben der Leistungsbeurteilung und Lerndiagnose* zu setzen, als didaktische Weiterentwicklung aus ihnen abzuleiten (vgl. Maier 2009). Damit bleiben sie eng an der „Testförmigkeit" der verwendeten Instrumente: Leistungstest werden im Schulalltag eben für Förder- und Selektionsdiagnose eingesetzt. Nachtigall & Jankowski (2007, S. 408) erklären die große Akzeptanz der Thüringer Kompetenztests mit ihrer Verwendung „vorrangig als Instrument von Schulleistungsdiagnostik und als Leistungsvergleichsmöglichkeit". Bei Moser (2003) revidierten etwa 20 % der befragten Nutzer/innen des „Klassencockpits" die Noten aufgrund der Testergebnisse. Bei Baeriswyl u.a. (2006) zeigte sich, dass bei zusätzlicher Nutzung von standardisierten Testergebnissen als Entscheidungsgrundlage für Bildungsempfehlungen am Ende der Primarstufe, der Einfluss des familialen Hintergrunds auf die Entscheidung zurückging. In der Interviewstudie Maiers (2009, S. 205) berichteten Lehrkräfte von einer lerndiagnostischen Nutzung der Ergebnisrückmeldungen, die jedoch stark von den bei den Lehrkräften vorhandenen diagnostischen Kategorien abhängig war. Für Maier (2009, S. 205) macht dies deutlich, dass

„die diagnostische Nutzung der Daten hinter den ambitionierten Zielen zurück bleibt. Allerdings zeigen die Ergebnisse auch, dass Vergleichsarbeiten grundsätzlich diagnostisch relevantes Wissen produzieren können. Professionalisierung durch Vergleichsarbeiten wird aber nur dann in einem größeren Umfang möglich sein, wenn man die Eigenstruktur des Diagnosewissens von Lehrkräften bei der Konzipierung von Vergleichsarbeiten stärker berücksichtigt."

Die Rückmeldung von Leistungsdaten ihrer Schüler/innen scheint Lehrpersonen – jedenfalls nach ihren Selbstberichten in Befragungsstudien – nach der ersten Kontaktnahme nicht besonders aufzurühren, aber auch keine besonderen Impulse für Unterrichtsentwicklung zu bringen. Dies widerspricht zentralen Hoffnungen eines „neuen Steuerungsmodells":

„Das Idealmodell outputorientierter Steuerung, der Regelkreis von Zielbestimmungen, Überprüfungen, Rückmeldungen, Entwicklungsmaßnahmen, Unterstützungssystemen und Verbesserungen (...) hat seinen kritischsten Punkt, aber auch gleichzeitig seine größte Schwachstelle dort, wo Ziele und Rückmeldungen in Entwicklungsarbeit und verändertes Unterrichtshandeln übersetzt werden sollen." (Specht 2006, S. 33; ähnlich Visscher & Coe 2003, S. 344; van Ackeren 2007, S. 207)

2.3 Mögliche Erklärungen

Wie sind die bisher unbefriedigenden „Steuerungswirkungen" von schülerleistungsbezogenem Datenfeedback zu erklären? Viele Bildungspolitiker/innen und Forscher/innen (z.B. Oelkers & Reusser 2008; Lucyshyn 2006, S. 9) nehmen an, dass eine derartige Innovation längere „Wirkungszeit" benötigt, um Effekte zu zeigen. Selbst wenn man dieser Erklärung anhängt, wird man nicht bloß auf die zukünftigen Wirkungen warten, sondern wissen wollen, was in diesem Zeitraum zu tun und wo anzusetzen ist, um die Chancen dieser Neuerung zu erhöhen. Ich diskutiere zunächst einige Einzelfaktoren des Nutzungsprozesses, um danach (vgl. Abschnitt 2.3.6 – 2.3.8) umfassendere Erklärungen zur Diskussion zu stellen.

2.3.1 Qualität der Rückmeldung

Die *Formate und Prozesse der Rückmeldung* werden von den Lehrpersonen in manchen Untersuchungen kritisiert (vgl. Schrader & Helmke 2004b), in anderen durchaus geschätzt (Gathen 2006, S. 16 & 18; Ditton u.a. 2002). Eine nutzerfreundliche *technische Infrastruktur,* die eine ökonomische und den Regeln des

Datenschutzes entsprechende Nutzung ermöglicht (vgl. Breiter 2008, S. 217; Bonsen u.a. 2006, S. 139) sowie eine basale Verständlichkeit sind Voraussetzungen für die weitere Beschäftigung mit den Rückmeldungen; daher sind Arbeiten zur weiteren Verbesserung des Angebots – z.b. im Hinblick auf die Fairness bzw. Aussagekraft von Vergleichsdaten (Steffens 2004, S. 6) oder ergänzende diagnostische Materialien und fachdidaktische Anregungen – weiterhin von Bedeutung.

Hinsichtlich der Angebotsseite sind in den letzten Jahren wichtige Fortschritte gemacht worden (vgl. die Beiträge in Kohler & Schrader 2004), sodass gegenwärtig die Qualität der Tests und Rückmeldeprozeduren, die in den verschiedenen deutschen Bundesländern zur Anwendung kommen, als „relativ hoch" eingeschätzt wird (vgl. Steffens 2009, S. 1). Bei der Gestaltung von Rückmeldungen dürften folgende Qualitätsmerkmale beachtenswert sein (vgl. z.B. Helmke 2004; van Ackeren 2003a, S. 278; Merkens 2007, S. 99; Schildkamp & Ehren in Vorb., S. 3f.):

- *Umfang, Lesbarkeit und Verständlichkeit:* Möglichst geringer Umfang und übersichtliche Darstellung mit geringen Ansprüchen an statistische Vorkenntnisse.
- *Bezugsnormen:* Es gibt aufwendige Bemühungen um „Fairness" bei sozialen Bezugsnormen etwa durch Vergleiche mit Klassen ähnlicher Zusammensetzung oder durch Angabe von Erwartungswerten. Einige Studien weisen darauf hin, dass kriteriale Vergleichsformen gegenüber sozialen Vergleichen Vorteile aus Entwicklungsgesichtspunkten haben und von Lehrkräften bevorzugt werden (vgl. Schneewind 2007a; Watermann & Stanat 2004), eventuell in Kombination mit ipsativen Bezugsnormen (das heißt Vergleich aktueller Ergebnisse mit früheren; vgl. Müller 2009).
- *Aggregationsniveau:* Die Daten werden in unterschiedlichen Aggregationsniveaus angeboten, in Form von Verteilungen innerhalb einer Klasse, Leistungsprofilen etc. Geringer aggregierte Informationen wurden bei Nachtigall & Jantowksi (2007) als nützlicher wahrgenommen.
- *Kontextdaten:* Angebot zahlreicher Kontextdaten (u.a. soziale Schicht, Sprachhintergrund, Motivationslage der Schüler/innen, Unterrichtswahrnehmung der Schüler/innen etc.), um die Spezifität der eigenen Ergebnisse einzuschätzen und „faire" Vergleich zu ermöglichen.
- *Zeitdimension:* Neben Querschnitt- werden auch Längsschnittuntersuchungen durchgeführt, die Entwicklungen im Zeitverlauf abbilden.
- *Timing:* Die Zeit zwischen Datengewinnung und Datenrückmeldung ist wesentlich kürzer geworden (von mehreren Monaten zu wenigen Wochen). Ein zu großer Zeitraum zwischen Datenerhebung und -rückmeldung wird

nicht nur abgelehnt, sondern torpediert auch den Entwicklungsanspruch, weil sich die evaluierte Situation verändert (vgl. Gathen 2006, S. 16; Hölzl & Rixinger 2007; Light u.a. 2005). Für das Ziel „Schulentwicklung" ist formativ-diagnostische Rückmeldung *während* der Lehr-Lernprozesse angemessener als summativ-bilanzierende Evaluation (van Ackeren 2003a, S. 278; Maier 2009).

- *Zusatzinformationen zu den Daten:* Die Daten werden durch unterrichtsbezogene Zusatzinformationen (Fehleranalysen, fachdidaktische Anregungen etc.) ergänzt, die flexiblere und unterschiedliche Nutzungsmöglichkeiten erlauben (vgl. Light u.a. 2005).

Die Qualität der Erhebungsbasis, der Datenerhebung und -aufbereitung sowie der Rückmeldedesigns sind nach dem bisherigen Wissen eine wichtige Voraussetzung für die Rezeption der Daten, allerdings noch keine hinreichende Bedingung für das Entstehen datengesteuerter Schulentwicklung (vgl. Rolff 2002, S. 93).

2.3.2 Akzeptanz, Kompetenz und „Grundüberzeugungen" von Lehrpersonen

Nach der Rückmeldungsqualität fiel die Aufmerksamkeit der Forschung auf den „individuellen Faktor", auf Merkmale der als Hauptrezipient/innen konzipierten Lehrpersonen. Voraussetzungen für die Datennutzung sind zunächst die *Rezeption der Informationen* und eine *positive Einstellung der Lehrer/innen* gegenüber Prinzip, Inhalten und Prozessen der Datenrückmeldung. Über die Ergebnisse der ersten großen internationalen Schulleistungsvergleiche zeigten sich offenbar viele Lehrkräfte nur wenig informiert; auch hielten sie die Informationen oft nur für mäßig bedeutsam (z.B. Kohler 2002, S. 1589). Das Bewusstsein über die bildungspolitische Bedeutung scheint aber in der Zwischenzeit gestiegen zu sein; die Akzeptanz ist aber sicher nicht durchgehend vorhanden (vgl. Maier 2006, S. 26; Schrader & Helmke 2004a, S. 15; Peek 2006, S. 1359). Die Akzeptanz der Vorgangsweise korreliert beispielsweise bei Ditton & Arnoldt (2004, S. 135) mit höherer beruflicher Zufriedenheit, geringerem Empfinden beruflicher Belastung und besseren Rückmeldeergebnissen in den Leistungstests. „Insofern werden von den Rückmeldungen am besten diejenigen erreicht, bei denen am wenigsten Anlass für Veränderung besteht und die ohnehin schon neue Wege beschreiten." (Ditton & Arnoldt 2004, S. 135).

Akzeptanz und Bewusstsein scheinen jedoch entwickelbar; wichtige Rahmenbedingungen könnten die transparente Gestaltung der Vorgangsweise und die Involvierung der Lehrkräfte bei Aufgabenauswahl und Datenerhebung sein, die ihre Loyalität dem Prozess gegenüber ebenso wie ihr Verständnis von Vorgangsweise und verwendeten Kategorien erhöht (vgl. Gathen 2006, S. 4; Maier 2009; Schildkamp & Ehren in Vorb., S. 3).

Die Umsetzung einer Neuerung erfordert aber auch neue *Kompetenzen*. Häufig wird berichtet, dass Lehrkräfte selten über ein „sicheres *statistisches bzw. forschungsmethodisches Grundverständnis"* (Schwippert 2004, S. 77; Hervorh. HA; vgl. Peek 2006, S. 1354) verfügen, um angemessene Botschaften aus rückgemeldeten Daten ableiten zu können, und dass von ihnen Unterstützungsbedarf signalisiert wurde (z.B. Groß Ophoff u.a. 2006, S. 8). Dieser Bedarf betrifft vermutlich nicht nur den Umgang mit und die Interpretation von Evaluationsdaten, sondern auch *didaktische Kompetenzen,* z.B. hinsichtlich kompetenzorientierter Unterrichts- und Curriculumentwicklung (vgl. Dubs 2006b) oder didaktischer Konsequenzen aus dem Unterrichtsfeedback (vgl. Arnold 2007; Darling-Hammond 2004; Steffens 2009, S. 4).

In einer Reihe von Studien wird berichtet, dass Lehrpersonen die rückgemeldeten Daten als „informationsarm" (Gathen 2006, S. 18) und wenig aussagekräftig in Hinblick auf die Qualität des Unterrichts empfänden (vgl. Maier 2006, S. 24) sowie über die Unklarheit der Konsequenzen enttäuscht wären (vgl. Nilshon 2004, S. 10ff.). Manche Autor/innen erklären dies mit einer mangelnde *Passung der angebotenen Informationen mit „Grundüberzeugungen" bzw. Arbeits- und Denkstilen der Lehrpersonen* (vgl. Steffens 2009, S. 2f.). Genannt werden einesteils *komplexe allgemeine Werthaltungen,* die der Logik der „neuen Steuerungsmodelle" zuwider laufen, z.B. „Vorbehalte gegen Messbarkeit, gegen Technokratie und Verbetriebswirtschaftlichung" (Steffens 2009, S. 2f.) oder gegen die Offenlegung als „privat" angesehenen Unterrichts (vgl. Peek 2006, S. 1355). Eine zweite Gruppe relevanter „Überzeugungen" betrifft *konkrete unterrichtsbezogene Einstellungen,* die oft mit habitualisierten *Denk- und Arbeitsstilen* zusammenhängen. Wenn die Feedbackinformationen den Lehrpersonen mit ihren Praxissichten, dem Geschehen im Klassenzimmer, dem Curriculum und praktischen Unterrichtsstrategien verbindbar erscheinen, dann werden sie diese eher bei Planung und Entscheidungsfindung benutzen (vgl. Ingram u.a. 2004, S. 1273; Light u.a. 2005; Rogers 1995, S. 224; Merkens 2007, S. 99). (Potentielle) Interferenzen zwischen Testinformationen und Lehrerpraktiken werden in folgenden Bereichen geortet:

- Beurteilungsschemata der Lehrkräfte und der Tests stimmen nicht überein (vgl. Ingram u.a. 2004, S. 1282; Hartung-Beck 2009, S. 232).
- Lehrer/innen erwarten Rückmeldungen über einzelne Schüler/innen, weil sie gewohnt sind, schülerbezogen in Hinblick auf Leistungsbeurteilung oder formative Verwertung zu denken (vgl. Gathen 2006, S. 17; Maier 2008).

- Als „kontrollierend" wahrgenommenes Datenfeedback, bei dem Anreize oder Strafen in Abhängigkeit von Testergebnissen vergeben oder vermutet werden, führen zu einer Reihe von nicht intendierten Nebenwirkungen, wie Vermeidungsstrategien und einer Konzentration auf Fehler. Als Information wahrgenommenes Feedback führt hingegen zu aktiven Bearbeitungsstrategien (vgl. Hosenfeld & Groß Ophoff 2007, S. 363f.; Ryan & Sapp 2005).

Als *Maßnahmen*, die eine intensivierte Nutzung von Lernstandsdaten durch besseres Anknüpfen an bestehende Praktiken und Einstellungen von Lehrpersonen erwarten lassen, werden vorgeschlagen:

- externe wie interne personelle Unterstützung (z.B. Schwippert 2004, S. 77)
- Ausbildung von Lehrpersonen und Schulleitungen in der Nutzung von Daten (vgl. z.B. Schildkamp & Ehren in Vorb., S. 5)
- transparente Gestaltung der Vorgangsweise und Partizipation der Lehrkräfte (vgl. Gathen 2006, S. 4; EMSE 2008, S. 6)
- Tests um diagnostische Materialien ergänzen (z.B. EMSE 2008, S. 3)
- „Stärkung fachdidaktischer Erwägungen bei der Testkonstruktion" (vgl. Maier 2009)
- Zeitressourcen zu Verfügung stellen: „Die Arbeit mit Schulrückmeldungen hat Auswirkungen auf das Arbeitsbudget von Lehrpersonen, das bislang nicht durch Umschichtungen ausgeglichen wird." (EMSE 2008, S. 5)

Innerhalb der Lehrerschaft gibt es große *Unterschiede* in ihren Haltungen und Umgangsformen mit Datenfeedback (vgl. Kuper & Hartung 2007; Groß Ophoff u.a. 2007). Auf der Basis einer Interviewstudie mit Evaluator/innen, Entscheidungsträger/innen und anderen praktischen Akteur/innen vermutet Stamm (2003), dass Evaluationsinformationen häufiger rezipiert und genutzt würden, als man annimmt. Allerdings gäbe es unterschiedliche Nutzungstypen, die zum Teil die vorhandenen Informationen uminterpretieren, relativieren oder trivialisieren. Sie unterscheidet dabei die Nutzungstypen Innovation, Reaktion, Alibi und Blockade. Aus dem Bewusstsein solche Unterschiede ergibt sich die Forderung, durch Gestaltung der Angebote, der Implementierungsstrategie und der Unterstützungsmaßnahmen produktiv auf derartige Differenzen einzugehen (z.B. Groß Ophoff u.a. 2007, S. 424).

Von manchen Autor/innen wird die Nutzung von Lernstandserhebungen als ein Zeichen von *Professionalität* der Lehrpersonen angesehen. Alles deutet jedoch darauf hin, dass ein „neues Steuerungsmodell" einen *Wandel von professionellen Überzeugungen* erfordert. Beispielsweise bricht das Konzept der Outputorientierung mit den „bislang üblichen Routinen der Wissensbeschaffung für die Ausübung der Lehrtätigkeit" (vgl. Kuper & Hartung 2007, S. 216). Was für manche Autor/innen „ein organisatorisches Instrument zur Unterstützung professioneller Arbeit" (Kuper & Hartung 2007, S. 218) ist, interpretieren andere als ein Zeichen für die Deprofessionalisierung des Lehrerberufs (vgl. Groeben 2005; Ball 1997a, S. 12): Im Zuge der Einpassung in einen verbetrieblichten Zusammenhang von Zielvorgabe und Kontrolle würden wichtige Lehreraufgaben (Formulierung von Bildungszielen; Beurteilung von Lernergebnissen) an professionsfremde Expert/innen delegiert, professionsfremde Aufgaben (z.B. Administration und Korrektur von externen Tests) den Lehrpersonen zugeordnet und Kollegium und Schulleitung einander entfremdet. Neue Anreizsysteme, steigendes Misstrauen gegenüber den Professionellen und eine „zunehmende Kontraktualisierung pädagogischer Verhältnisse" (z.B. Lernverträge, Zielvereinbarungen, Verpflichtung auf einen „adequate yearly progress" in den USA) veränderten die Motivationslage, führten zu Druck, gegen pädagogische Überzeugungen zu handeln, und damit zur „Verletzung professioneller Integrität" (vgl. Bellmann & Weiß 2009, S. 13ff.).

Ob im Zuge der Versuche der Implementierung einer neuen „evidenzbasierten Steuerung" nun eine Professionalisierung oder Deprofessionalisierung des Lehrberufs in den deutschsprachigen Schulsystemen erfolgt, ist eine ungelöste Frage. Jene, die Deprofessionalisierung drohen sehen, müssen sich mit dem Argument auseinandersetzen, dass gerade durch die Schulleistungsvergleiche große Variationen in den Schülerleistungen und eine im internationalen Vergleich extrem hohe Abhängigkeit von sozialen Schülermerkmalen deutlich wurde, was wohl schwer mit den Ansprüchen an eine voll ausgebildete Professionalität vereinbar ist. Jene, die sich im Prozess einer Professionalisierung des Lehrerberufes wähnen, müssten sagen, auf welchen Wegen mit welchen Meilensteinen und zu welchem Ziel dieser Prozess führen soll (vgl. Heinrich & Altrichter 2008).

Wenn (und dort, wo) die Nutzung von Lernstandserhebungen eine grundlegende Umorientierung, eine „Revolution" oder einen „Paradigmenwechsel" im Lehrerhandeln (z.B. zu kompetenzorientiertem Unterricht) erfordert (vgl. Steffens 2009, S. 3), dann sind Datenrückmeldungen eben kein „weiteres Werkzeug, das das Handlungsrepertoire von Lehrerinnen und Lehrern erweitert" (vgl. ebd., S. 7), sondern erfordern tief gehende (Um-)Lernprozesse; dann findet sich das Steuerungsinstrument „Datenfeedback" in einem – bei Innovationen allerdings nicht unüblichen – Dilemma, weil es für seine Nutzung schon Einstellungen und Kompetenzen voraussetzt, in deren Richtung es „steuern" soll.

2.3.3 Organisation der Einzelschule und Kultur im Kollegium

Die Nutzung von Datenfeedback für Schul- wie Unterrichtsentwicklung unterscheidet sich von Schule zu Schule. „Individuelle Maßnahmen scheinen umso eher erwogen oder realisiert zu werden, je größer die Unterstützung durch den schulischen Kontext ist." (Schrader & Helmke 2004a, S. 15) Die Akzeptanz von Rückmeldeverfahren korreliert beispielsweise bei Ditton & Arnoldt (2004, S. 135) mit der Fortbildungshäufigkeit, der Einschätzung der Bedeutsamkeit des Schulprofils, der Kooperationshäufigkeit, mit stärkerer Bedeutsamkeit sozialer Lernziele und geringerer von Leistungszielen. Schlechter abschneidende Schulen lernen weniger aus Rückmeldungen als Schulen mit günstigen Ergebnissen (vgl. O'Day 2004, S. 26).

Wenn eine *Kultur der Kooperation und fachbezogener Zusammenarbeit* im Schulhaus existiert, dann ist die Nutzung wahrscheinlicher (vgl. Peek 2004, S. 81f.; Gathen 2006, S. 17; Ackeren 2007, S. 191f.; Pont u.a. 2008, S. 51f.). Einen Zusammenhang zum allgemeinen Schulklima fanden Schrader & Helmke (2004a, S. 15) dagegen nicht.

Schulen, die schon *Bewusstsein und organisatorische Praktiken für Schulentwicklung und Evaluation* entwickelt haben, nutzen externe Evaluationsinformation häufiger. Klare und weithin geteilte Ziele (vgl. Hartung-Beck 2009, S. 244), Schulprogrammarbeit (vgl. EMSE 2008, S. 5), etablierte Praktiken der „Thematisierung von Evaluationsergebnissen in Fach- und Schulkonferenzen oder Steuerungsgruppen", „Anreize, mit Daten umzugehen", das „Professionswissen der Schule insgesamt, das durch Fortbildungen auf diesem Gebiet beeinflusst wird" (van Ackeren 2007, S. 191f.; Schildkamp & Ehren in Vorb., S. 4), werden als Indikatoren genannt. Outputorientierte Reformen erfordern offenbar „eine andere Organisationsstruktur" und veränderte organisatorische Voraussetzungen professioneller Arbeit (Darling-Hammond 2004; Hartung-Beck 2009, S. 233). Aufgrund unterschiedlicher organisationsbezogener Einstellungen zu Lernstandserhebungen (vgl. Kuper & Hartung 2007, S. 220) sowie aufgrund unterschiedlicher allgemeiner Entwicklungsfähigkeit (vgl. Rolff 2002, S. 96f.) sind wohl auch hier *differentielle Unterstützungsmaßnahmen* angezeigt.

Peek (2006, S. 1361) sieht Hinweise, dass sich die Nachhaltigkeit von Daten-Rückmeldeverfahren eher intermediär zwischen Meso- und Mikroebene in *Fachgruppen oder Fachkonferenzen* entwickelt als auf der Ebene der einzelnen Lehrperson und schlägt diese als primäre Zielgruppe vor (vgl. auch Bonsen u.a. 2006, S. 127f.; EMSE 2008). Aufgrund der Komplexität der rückgemeldeten Sachverhalte sind aber auch Fachkonferenzen, für die es kaum systematische Qualifizierungskonzepte gibt,

„in der Regel überfordert, wenn sie mit dem gesamten Material konfrontiert werden. Hier ist die zielgerichtete Vorbereitung der Sitzungen (Auswahl der zu besprechenden Aspekte/Aufgaben, Ausdruck der fachlichen Aufgabenkommentare und der Kompetenzniveaubeschreibungen etc.) eine Schlüsselvariable für eine gelingende fachliche Arbeit." (Peek 2006, S. 1361)

Wie in anderen Schulentwicklungsfragen wird *Schulleitungen* eine Schlüsselposition zugeschrieben (vgl. Peek 2006, S. 1361; Hartung-Beck 2009, S. 244; Nilshon 2004, S. 16).

2.3.4 Implementation und Unterstützungsleistungen

Offenbar setzen viele Feedbacksysteme eine Entwickeltheit von Schulen voraus (vgl. Oelkers & Reusser 2008, S. 55), die selten gegeben ist. Wenn dies stimmt, dann ist die ursprüngliche Hoffnung, dass durch Datenfeedback Schulentwicklung entstehen würde, zu relativieren. Letztlich ist eine lernförderliche Kollegiumskultur, ist „Schulentwicklung" sogar „Voraussetzung für eine produktive innerschulische Nutzung von Rückmeldedaten." (Rolff 2002, S. 93) Wo diese nicht existiert, bedarf es massiver Unterstützungsmaßnahmen.

Steffens (2009, S. 4) meint, dass die Implementation des neuen Instruments ursprünglich zu leicht genommen wurde und zu wenig intensive Unterstützungsleistungen vorgesehen hätte (vgl. Altrichter 2008a). Gegenwärtig werden als Konsequenz der mangelnden Nutzung von Datenfeedback intensivierte Maßnahmen der *externen Unterstützung bei der Rezeption und Nutzung* von Rückmeldeinformationen vorgeschlagen (z.B. Ditton & Arnoldt 2004, S. 136). Fortbildung und „effiziente und praxisorientierte Fachberatung für die Analyse und Reflexion von Leistungsdaten und schließlich für die Erarbeitung von Möglichkeiten der schulischen Weiterarbeit" (EMSE 2008, S. 6) wären notwendig.

Peek (2006, S. 1354) berichtet, dass Schulen diese Unterstützungsangebote anläßlich der Rückmeldungen der frühen großen Leistungstests „kaum bis gar nicht angenommen" hätten, und bietet als mögliche Erklärungen ungelöste Fragen des Vertrauensschutzes und der wechselseitigen Kompetenzen an. Gathen (2006, S. 17) und Grabensberger u.a. (2008, S. 70ff.) berichten von positiven Erfahrungen (vgl. auch Pöhlmann 2009). Angesichts der Studie von Tresch (2007) kann man die Hypothese entwickeln, dass jene Unterstützung sinnvoller ist, die nicht „auf Vorrat", sondern prozesshaft, schrittweise und „maßgeschneidert" angeboten wird.

2.3.5 Fordernde und fördernde Systemstrukturen

Schließlich kann man fragen, ob für die neue Steuerungspolitik neue Strukturangebote durch Bildungspolitik und Verwaltung zur Verfügung gestellt oder von anderen Akteuren „emergent" erarbeitet wurden, die die Nutzung von Datenfeedback für Schul- und Unterrichtsentwicklung fordern und fördern. In den empirischen Studien zur Nutzung von Datenfeedback wird oft auf mangelnde Ressourcen, wie z.B. *Zeitmangel*, sich ausführlich mit den rückgemeldeten Daten auseinanderzusetzen (vgl. Schneewind & Kuper 2008, S. 26; Gathen 2006, S. 16; EMSE 2008, S. 5), hingewiesen. Auch sind fehlende *schulische Verfahren der Qualitätssicherung und –entwicklung,* in die das Datenfeedback eingebunden und durch die es verarbeitet werden könnte, sowie – wo diese vorhanden sind – die *mangelnde Einbindung der Datenrückmeldung* in diese Verfahren eine Kontraindikation für die Wirksamkeit von Datenfeedback (vgl. Schneewind & Kuper 2008, S. 26; Maier 2009, S. 4; Hartung-Beck 2009, S. 232). Lucyshyn (2006, S. 10) nennt fehlende *rechtliche Festlegungen* als Desiderate der österreichischen Standards-Politik, z.B. die Anpassung der Leistungsbeurteilungsverordnung an das neue Konzept der Outputorientierung sowie Regelungen für Schulprogramme und schuleigene Rechenschaftslegung.

Posch (2009) hat einige strukturelle Voraussetzungen gesammelt, die eine Nutzung von Datenfeedback für die Schul- und Unterrichtsentwicklung wahrscheinlicher machen und „strukturell" absichern. Auch in dieser Liste tauchen eine Reihe von offenbar fehlenden Strukturelementen auf, z.B. Verpflichtung zur kontinuierlichen Evaluation und Entwicklung sowie zur periodischen Dokumentation der Ergebnisse (z.B. Schulprogramm und Aufbau innerschulischer Qualitätsentwicklungssysteme); Verpflichtung der Schulleiter/innen zur Stimulierung und Überprüfung von Entwicklung und Evaluation auf Unterrichtsebene; generelle Verpflichtung der Schule, alle Schüler/innen zu den Zielen zu führen und bei Leistungsabfall sofort mit unterstützenden Maßnahmen zu reagieren; flexibles System regionaler Unterstützung usw. Die Botschaft ist jedenfalls, dass die Umsetzung einer solchen Neuerung nicht nur im Datenangebot und der Hoffnung auf individuelles Interesse bestehen kann, sondern einer Revision bestehender Anreiz- und Arbeitsstrukturen bedarf. Wenn Leistungsmessungs- und Feedbackarrangements aber zu viele fordernde und sanktionierende Strukturelemente enthalten, besteht die Gefahr einer „Übersteuerung", wie sie am US-amerikanischen „high stakes"-System kritisiert wird (vgl. Nichols & Berliner 2007).

2.3.6 Interpretationen aus der Feedbackforschung

Ein Grund für die Karriere des „Datenfeedback-Modells" als Element neuer Systemsteuerung liegt wahrscheinlich darin, dass Feedback als Mechanismus sozialer Abstimmung bekannt und plausibel ist. Aus der Feedback-Forschung (vgl. Kluger & DeNisi 1996; Hattie & Timperley 2007) ist bekannt, dass Feedback-Interventionen einen positiven Effekt auf die Leistung haben können, aber nicht unter allen Umständen. So haben Kluger & DeNisi (1996) bei ihrer Meta-Analyse von feedbackbezogenen Untersuchungen eine durchschnittliche Effektstärke von 0,4 gefunden. Allerdings war über ein Drittel der analysierten Effekte negativ; auch traten viele Nicht-Effekte auf. Offenbar hängt die Wirksamkeit von Feedback für nachfolgende Handlungen von bestimmten Merkmalen des Feedbacks sowie der Rezeptions- und Nutzungssituation ab. Kluger & DeNisi (1996) verweisen auf drei Klassen von hier bedeutsamen Variablen:

- *Cues im Feedback:* In der Feedback-Botschaft sind Hinweise enthalten, die die Aufmerksamkeit der rezipierenden Person auf verschiedene Aspekte des gesamten Feedback-Geschehens lenken können. Ungünstig ist, wenn solche Cues die Aufmerksamkeit von der *Aufgabebearbeitung* weglenken (vgl. Vischer & Coe 2003, S. 327), z.B. auf das *Selbst*. Günstigenfalls richten die Cues die Aufmerksamkeit auf die *Selbstregulation der Lernenden* oder den *Lernprozess*. Feedback über die *Aufgabe und ihre Ergebnisse* ist dann wirksam, wenn die Information nützlich ist, den Prozess der Aufgabenbewältigung oder die Selbstregulierung zu verbessern oder Zusatzinformationen zu Verbesserungsmöglichkeiten enthält (vgl. Hattie & Timperley 2007, S. 90ff.). Darin liegt gerade eine Problematik von Output-Daten, die ja nur in Fällen, in denen die Ergebnisse mit fachdidaktischen Theorien korrespondieren oder in vorhandene Theorien oder Ahnungen von Lehrpersonen eingepasst werden können, prozessbezogen interpretierbar sind.
Außerdem können Cues *Attribuierungen für Erfolg und Misserfolg* beeinflussen. Viele Lehrpersonen neigen dazu, Ergebnisse, die veränderndes Handeln erfordern würden, *external* zu attribuieren (z.B. auf die Familie, leistungsheterogene Zusammensetzung der Klasse; vgl. Kohler 2002, S. 158; Tresch 2007, S. 323). Die übliche Art der Datenrückmeldung könnte diese Tendenz unterstützen, weil sie die Aufmerksamkeit auf das Schülerverhalten richtet.
In manchen Feedbackkonzepten wird eine große (vorzugsweise negative) *Diskrepanz zwischen den Erwartungen (bzw. als relevant akzeptierten Vergleichswerten) und den tatsächlichen Ergebnisse* als wichtiger motivierender Faktor angenommen (vgl. Klug & Reh 2000, S. 17; Grabensberger u.a.

2008, S. 75). Auf der anderen Seite deuten Daten aus den USA darauf hin, dass schlechter abschneidende Schulen weniger aus Rückmeldungen lernen (O'Day 2004, S. 26).

- *Charakteristika der Aufgabe:* Kluger & DeNisi (1996) fanden bedeutsame Effekte von Feedback eher bei einfachen Aufgaben, während Feedback bei komplexen Aufgaben überhaupt keine Effekte brachte.
- *Situations- und persönlichkeitsbezogene Variablen:* Vischer & Coe (2003, S. 328f.) nennen hier zwei Hauptfaktoren: Klare, spezifische und herausfordernde Ziele im Lernprozess haben eine, wenn auch maßvolle Bedeutung für die Nützlichkeit von Feedback. Wenn Feedback als eine geringe Bedrohung des Selbstwertes erfahren wird, sind die Effekte von Feedback größer.

Viele schulische Datenfeedback-Modelle scheinen einige dieser Bedingungen für die Wirksamkeit von Rückmeldungen nicht zu erfüllen (vgl. Vischer & Coe 2002, S. 247): Sie bieten meist keine spezifischen Cues, die die Aufmerksamkeit auf den weiteren Entwicklungsprozess und Verbesserungsmöglichkeiten lenken, sondern häufig Vergleiche mit anderen Schulen oder anderen Vergleichsgruppen, die oft „Selbstwert"-bezogen interpretiert werden. Sie stellen ihren Nutzer/innen meist sehr komplexe Aufgaben (vgl. Vischer & Coe 2003, S. 328) und können eine Selbstwertbedrohung enthalten, v.a. wenn sie Teil eines konsequenzenreichen Accountability-Systems sind (vgl. Vischer & Coe 2002, S. 247).

Sind die Einsichten der Feedback-Forschung auf die üblichen Formen des Datenfeedbacks nach Lernstandserhebungen an Lehrpersonen anwendbar? Die Idee, dass Lehrpersonen Feedback über Schülerleistungen zur Unterrichtsentwicklung verwenden, basiert auf einem *unüblichen Verständnis von Feedback*: Lehrpersonen erhalten Feedback über die Leistungen anderer Personen, nämlich Schüler/innen, und sollen daraus Schlüsse für ihr eigenes Verhalten – für Unterricht und Lernförderung – ziehen. Externe, oft als Kontrolle verstandene Mechanismen sollen interne Operationen auslösen; Schüler/innen – oder in anderen Konzepten (z.B. bei der Teaminspektion) die Schule – werden evaluiert, einzelne Lehrer/innen sollen handeln (vgl. O'Day 2004).

Tatsächlich zeigte sich in Schneewinds (2007a, S. 229; vgl. auch Schildkamp & Ehren in Vorb., S. 21) Studie, dass die befragten Lehrpersonen häufig die Sichtweise vertreten,

> „die Tests haben die Leistung der Kinder getestet und nicht die Leistung der Lehrerinnen. Daher bieten – in der Wahrnehmung der Lehrerinnen – die Rückmeldungen nur Informationen über die Schülerinnen und Schüler an, nicht jedoch über das pädagogische Handeln der Lehrerin."

Offenbar erwarten Lehrer/innen eher Rückmeldungen über einzelne Schüler/innen (vgl. Grabensberger u.a. 2008, S. 76), weil sie gewohnt sind, schülerbezogen und in Hinblick auf formative Verwertung zu denken (vgl. Gathen 2006, S. 17). Ihre Konsequenz besteht daher allenfalls in Individualförderung, nicht jedoch in Unterrichtsentwicklung. Dass Schulen durch Datenfeedback zu „lernenden Organisationen" werden, wie manche hofften, liegt dann aber in weiter Ferne (vgl. Vischer & Coe 2002, S. 238).

2.3.7 Handlungsmodell und Lernnotwendigkeiten

Die ursprünglichen Ideen der Wirksamkeit von Datenfeedback für Schul- und Unterrichtsentwicklung gingen vermutlich von zu einfachen und rationalistischen Handlungsmodellen aus (vgl. Peek 2006, S. 1356). Wie bei der Entwicklung von Managementinformationssystemen in der Wirtschaft lag wohl auch hier ein falsches Bild von Entscheidungsprozessen und der dabei benutzten Informationen vor (vgl. Gorry & Scott Morton 1971; Feldman & March 1988; Breiter & Stauke 2007).

In der Zwischenzeit gehört zu den weithin akzeptierten Erklärungsfiguren des Diskurses, dass die bereitgestellten Informationen nicht einfach für die Unterrichtsentwicklung „angewendet" werden können, sondern dass es eines aktiven Aneignungs- und Umwandlungsprozesses durch die Rezipient/innen bedarf, um Handlungskonsequenzen aus dem Datenfeedback zu erarbeiten. Jeder Wissenstransfer erfordert eine „Transformation des Wissens", die „auf der Grundlage institutionell präformierter und im alltagspraktischen Gebrauch stabilisierter Deutungs- und Interpretationsmuster" (Kuper 2005, S. 99) geschieht. Verweise auf die Wissensverwendungsforschung (vgl. Weiss 1990a; 1990b; Beck & Bonß 1989) oder auf Angebots-Nutzungs-Modelle (vgl. Fend 2000, S. 58) sollen dies unterstreichen.

> „Verwendung ist also nicht ‚Anwendung', sondern ein aktives Mit- und Neuproduzieren der Ergebnisse, die gerade dadurch den Charakter von ‚Ergebnissen' verlieren und im Handlungs-, Sprach-, Erwartungs- und Wertkontext des jeweiligen Praxiszusammenhangs nach immanenten Regeln in ihrer praktischen Relevanz überhaupt erst erschaffen werden." (Beck & Bonß 1989, S. 11)

Um diese Transformation zu leisten, werden von den Akteur/innen mehrfache Lernprozesse erwartet (vgl. Breiter & Stauke 2007, S. 395). Es ist eine Überforderung des Feedback-Modells, wenn erwartet wird, dass Feedbackdaten die sehr unterschiedlichen, aber zum Teil widerstrebenden Akteure erstens stimulieren, sich überhaupt auf diese Aneignungsprozesse einzulassen, zweitens erforderliche

Einstellungen und Kompetenzen zu erwerben und schließlich mit deren Hilfe drittens die angebotenen Daten sinnvoll zu rezipieren und auszuwerten sowie ihre Unterrichtshandlungen zu reflektieren und weiterzuentwickeln. Die Stärke des Feedback-Modells liegt im Bereich der adaptiven Verhaltensanpassung; es ist eher für Fälle geeignet, in denen die Fähigkeiten zur Äußerung des Verhaltens an sich da sind, aber für die Spezifität der Situation, über die das Feedback Informationen liefert, adaptiert werden müssen. Schon weniger geeignet ist bloßes Feedback, wenn neues Verhalten gezeigt werden muss. Hier bietet sich aber an, Feedback mit Phasen der Instruktion zu verbinden (vgl. Hattie & Timperley 2007, S. 104). Wenn aber kompetenzorientiertes Unterrichten und die Nutzung von Datenfeedback tatsächlich einen „Perspektivwechsel" (Drüke-Noe u.a. 2008, S. 372), „Paradigmenwechsel" (Fend 2008b, S. 292; Specht 2006, S. 31; Dubs 2006b, S. 18) oder eine „Revolution" im pädagogischen Denken und Handeln (Steffens 2009, S. 3) erfordern, dann ist zu vermuten, dass die Lernbedürfnisse vieler Lehrpersonen eher in Richtung sehr tiefgehenden „Umlernens" gehen werden.

Obwohl häufig davon gesprochen wird, dass die Standards-Reform eine sehr grundlegende *System*reform wäre, wird sie oft wie eine geringfügige „Anpassungsreform" betrieben, als wäre mit weithin vorliegenden Bereitschaften und Fähigkeiten bei den Systemakteuren zu rechnen. Eine Systemreform erfordert jedenfalls einen komplexen sozialen Lernvorgang mit Wandel von Überzeugungen, u.zw. nicht nur von den Lehrer/innen. Das braucht Zeit und innovative Formen der Fortbildung; dabei müssen individuelles und organisationales Lernen aufeinander bezogen sein (vgl. Oelkers & Reusser 2008).

2.3.8 Innovationen im Mehrebenensystem

Angesichts bisher unbefriedigender Impulse von Datenfeedback für Unterrichts- und Schulentwicklung werden oft Lehrpersonen und ihre Kompetenz- und Akzeptanzprobleme als die entscheidenden Hemmnisse identifiziert. Wiewohl diese Diagnose auch ihre wahren Seiten hat, besteht die Gefahr, dass durch die Fokussierung auf diesen Aspekt der Problematik, Reform noch mehr als bisher als individuelle Aufgabe der betroffenen Fachlehrer/innen angesehen wird, womit Schulen und andere Akteure verleitet würden, die Standards-Reform (weiterhin) nicht als auch *ihre* Aufgabe zu sehen. Wenn es zu einer Systemtransformation in einem Mehrebenensystem kommen soll, dann müssen nicht nur einzelne Akteure ihr individuelles Verhalten, sondern auch verschiedene Akteure ihre Koordinationsbeziehungen ändern.

Was wissen wir aus der bisherigen Rezeptionsforschung darüber? Erstens wird in manchen Studien über die Implementation von Bildungsstandards (die ich hier als ersten Schritt zur Etablierung des „neuen Steuerungsmodells" interpretiere) von einer Zunahme der *Lehrer-Lehrer-Kooperation* berichtet (vgl. Freudenthaler & Specht 2006, S. 56 und 20f.). Allerdings berichten Lehrer/innen in Interviews eher von *lockereren, informellen Koordinationsformen* („Erfahrungsaustausch"), während stärker institutionalisierte, verbindlichere Formen einer dichten und kontinuierlichen Handlungskoordination (z.B. Homogenisierung der Kriterien der Leistungsbeurteilung oder Konsequenzen für Schulprofil ausarbeiten) seltener beobachtet werden (vgl. Aiglsdorfer & Aigner 2005, S. 225; Hölzl & Rixinger 2007, S. 128).

Weiters gibt es Hinweise darauf, dass die Weiterentwicklung der *Koordinationsbeziehungen zu anderen Systempartner/innen* (Schulaufsicht, Fortbildung, Schulverwaltung, Eltern) selten mitbedacht wird. In Fallstudien über zwei österreichische Pilotschulen sahen die befragten *Schulleiter/innen* offenbar keine „eigenständige Funktion" in der Standardentwicklung (vgl. Aiglsdorfer & Aigner 2005, S. 142; Hölzl & Rixinger 2007, S. 161). Schluga (2006, S. 165) kommt zu dem Schluss, dass Schulleiter/innen „aufgrund mangelnder Information und Einbindung" die Schlüsselrolle für die Implementierung von Bildungsstandards nicht übernehmen können (vgl. auch Maier 2008, S. 113). *Schulaufsichtsbeamte* wurden in den Interviews kaum als relevante Bezugspersonen für die Standardentwicklung erwähnt. *Eltern* erhielten an einer der untersuchten Schule briefliche Information über die Tatsache der Teilnahme am Pilotversuch, die als „zu dürftig" empfunden wurde (vgl. Hölzl & Rixinger 2007, S. 124 & 165). Auch bei Nachtigall (2005) klagen Elternvertreter/innen über eine zu sporadische Kommunikation der Testergebnisse.

Ein bisher besonders wenig beachteter Akteurstyp sind schließlich die *Schüler/innen*. In den genannten Fallstudien wurden sie hauptsächlich über die kommenden Tests informiert und konnten keine Angaben über die Nutzung von Standards für ihre Lernplanung machen (vgl. Aiglsdorfer & Aigner 2005, S. 221). Wenn das Ziel wirklich in der Förderung kompetenzorientierten Lernens besteht, dann müssen wohl auch die Lernenden den allgemeinen Sinn und die speziellen Botschaften von Bildungsstandards und Datenfeedbacks verstehen und sie in entsprechende Lernhandlungen umsetzen können. In der Governance-Perspektive wird jedenfalls gerade die Entwicklung von Handlungskoordination zwischen verschiedenen Systemakteuren gleicher oder verschiedener Ebenen des Mehrebenensystem als Charakteristikum und kritischer Punkt von Innovationen angesehen – ein Aspekt, der gegenwärtig sowohl in Implementation als auch in Forschung vernachlässigt scheint.

3 Resümee und Perspektiven

Die Idee, dass Feedback über (v.a. Leistungs-)Ergebnisse schulischen Handelns Unterrichts- und Schulentwicklung erstens stimulieren und zweitens auf im Sinne schulischer Qualität „richtige" Ziele orientieren würde, ist ein Kernelement in verschiedenen Versionen „neuer Steuerungsmodelle" für das Schulwesen. In den bisherigen Implementationsversuchen hat Datenfeedback allerdings enttäuschend wenig konsistente Entwicklung nach sich gezogen. Dies mag in manchen Fällen an suboptimalen Umsetzungsversionen und an der Vernachlässigung von Einflussfaktoren gelegen haben.

> Die evidenzbasierten „Steuerungsstrategien basieren offensichtlich in diesem Bereich [in ihrer Systementwicklungsfunktion] zu einem großen Teil auf Überzeugungen, nicht aber auf empirischen Belegen der Wirksamkeit. Es gibt noch wenig Hinweise darauf, ob die Evaluationsprogramme tatsächlich die Wirkungen hervorrufen, die mit ihnen intendiert sind." (van Ackeren 2007, S. 207)

Insgesamt entsteht der Eindruck, dass häufig überzogene Erwartungen an das Instrument Datenfeedback und sein Potential zur Rationalisierung und Steuerung der Entwicklung von Schule und Unterricht vorliegen. Datenfeedback ist als Steuerungsinstrument ausgesprochen voraussetzungsvoll. Rückgemeldete Daten über Prozesse, Bedingungen und Ergebnisse von Unterricht und Schule „steuern" nicht direkt, sondern können eine etwaige Steuerungswirkung nur über vielfache Vermittlungsprozesse entfalten – Vermittlungsprozesse, die aus rezeptiven und konstruktiven Aktivitäten verschiedener Akteure auf der Basis bestehender Einstellungen und Kompetenzen und in bestimmten strukturellen Bedingungen bestehen. Feedbackdaten sind *ein* Element in einem Steuerungskontext, in dem von Entscheidungsakteuren noch weitere Informationen und andere Rücksichten beachtet werden müssen. In der Realität eines Mehrebenensystems ist Evaluation „ein unspezifischer Impuls für die sukzessive Veränderung von Programmen, nicht ein zielsicher umsetzbarer Plan für eine ad hoc zu vollziehende Umgestaltung" (Kuper 2005, S. 101f.). Entwicklung aufgrund von Evaluation geschieht „eher im Sinne eines allmählichen, von außen kaum steuerbaren Einsickerns, als im Sinne einer punktgenauen Implementation von Informationen" (ebd., S. 103). Feedbackinformationen im diskutierten Sinn sind ein „Beitrag zur Unterstützung der Verhandlung zwischen den Akteuren bzw. Akteursgruppen" (ebd., S. 101) und nicht eine Entschärfung der Ambiguität von individuellen und organisationellen Entscheidungssituationen oder ein Ersatz (mikro- und makro-)politischer Aushandlungsprozesse zwischen Akteuren mit divergierenden Interessen.

Welche *Konsequenzen für Bildungspolitik und Schulreform* ergeben sich aus der vorliegenden Analyse? Die allgemeinen Schlüsse sind recht klar: Dämpfung der überzogenen Erwartungen, realistische Reformulierung der angestrebten Funktionen. Wenn man aus Gründen gesellschaftlicher Transparenz und einer engeren Orientierung der Schulen an Systemzielen eine stärkere Beachtung solcher Informationen für Entwicklungsentscheidungen in Unterricht und Schule will, dann braucht es

- intensivere Unterstützungsleistungen und gezieltere Implementationsbemühungen,
- die auch differentielle Angebote für unterschiedliche Bedarfsgruppen enthalten
- und sich auf einen längerfristigen und schrittweisen Prozess der Veränderung von Einstellungen und Praktiken sowie von Kultur- und Strukturmerkmalen in Einzelschulen und Schulsystem einrichten.

Dazu müssen aber auch die widersprüchlichen Signale, die oft von testbasierten Leistungsrückmeldungen ausgehen, so verändert werden, dass ein für relevante Akteure plausibles und verarbeitbares Gesamtkonzept entsteht; Signale, die da sind (vgl. O'Day 2004):

- die Leistung einzelner Schüler/innen wird gemessen, einzelne Lehrer/innen und/oder die Schule als Einheit sollen handeln;
- Messungen, die nicht selten als externe Kontrollmechanismen verstanden werden, sollen interne Operationen auslösen;
- Output-Messungen sollen prozessbezogen interpretiert werden und entsprechende Reaktionen nach sich ziehen;
- eine Politik, die aus einem Zweifel an der professionellen Selbstentwicklungsfähigkeit der Lehrpersonen und Schulen entstanden ist, appelliert an die Professionalität des schulischen Personals, aus Datenrückmeldung Konsequenzen der Qualitätsentwicklung zu ziehen.

Gerade im letzten Punkt scheint das Grunddilemma dieser Politik zu liegen: Wenn die Nutzung von Lernstandserhebungen einen (kompetenzorientierten) „Paradigmenwechsel" im Lehrerhandeln, wenn sie eine „neue Professionalität" erfordert, dann setzt das Steuerungsinstrument Datenfeedback gerade das voraus, in dessen Richtung es „steuern" soll.

Welche *Perspektiven für die Bildungsforschung* wirft die Analyse ab? Zunächst ist zu konstatieren, dass die Erforschung der Nutzung von Datenfeedback für Unterrichts- und Schulentwicklung im Zuge der Verbreitung von large scale assessments und der Überprüfung von Bildungsstandards deutlich zugenommen hat und dadurch eine Wissensbasis erarbeitet wurde, die eine differenziertere Diskussion des Themas als noch vor wenigen Jahren erlaubt. Befragungen von Lehrerpersonen, in geringerem Ausmaß von Schulleitungen, begleiten die meisten Versuche der Implementierung von Datenfeedback. Die Untersuchungen sind zum Teil theoretisch fundiert (z.B. Schrader & Helmke 2003; Schneewind 2007a), andere wirken eher wie anlassbezogene Rezipientenbefragungen; sie werden häufiger als quantitativ ausgewertete Fragebogenerhebungen durchgeführt, in selteneren Fällen werden auch qualitative Interviews verwendet. Innerhalb dieser Parameter scheint sich eine Routine der Rezeptionsstudien zu etablieren, die an ihre Grenzen stößt. Meiner Einschätzung nach sollten die Forschungsbemühungen in folgende Richtungen weiterentwickelt werden:

1. Die *Konzentration auf die Erhebung von Selbstberichten durch Fragebögen* unterbietet längerfristig die selbstformulierten Ansprüche einer outputorientierten Schulreform. Zum Verständnis des Phänomens der Schul- und Unterrichtsentwicklung durch Datenfeedback braucht es *bessere Informationen über Ergebnisse und wohl auch über konkrete Prozesse* (vgl. Punkt 2) der Verarbeitung und Nutzung angebotenen Feedbacks.
2. Wenn es stimmt, dass der Prozess der Verarbeitung von Rückmeldungsinformationen durch Lehrpersonen sehr unterschiedlich verläuft und in vielen Fällen verstärkter Unterstützung bedarf, dann sind *Beobachtungen solcher Verarbeitungsprozesse in ihren besonderen Schul- und Gruppensettings* sowie *Interventionsstudien*, die spezifische Prozesse und Rahmenbedingungen erproben, sinnvoll (vgl. auch Rolff 2002). Dazu gibt es Ansätze (vgl. Pöhlmann 2009; Zeitler u.a. 2009), die weiter ausgebaut werden sollten.
3. Aus der Perspektive der Governanceforschung ist ein wesentlicher Mangel bisheriger Nutzungsforschung, dass sie die *Mehrebenencharakter von Innovationen im Schulwesen kaum in den Blick nimmt*. Dies ist eine empirisch anspruchsvolle Aufgabe, umso mehr müssen hier – nachdem der Verweis auf die Mehrebenenstruktur des Schulsystems nun schon zur Routineingredienz von Aussagen über „neue Steuerung" gehört – Weiterentwicklungen in Angriff genommen werden. Dazu bedarf es auch *umfassenderer theoretischer Modelle*, die der angenommenen Relevanz von Datenfeedback für mehrere Ebenen sowie seiner Kommunikation über mehrere Ebenen hinweg gerecht werden (vgl. Abschnitt 1.4).
4. Wie die Implementationsmodelle ist auch die Nutzungsforschung *zu stark auf die Lehrpersonen (inklusive Schulleitungen) und ihre Selbstberichte fokussiert; andere Akteure werden vernachlässigt,* obwohl sie für das Wirksamwerden von Datenfeedback bedeutsam sein könnten. Der Weg von der

Rezeption eines Feedback auf Schulebene bis ins Klassenzimmer und bis zur Verarbeitung veränderter Lehrerhandlungen durch die Schüler/innen ist in der Nutzungsforschung bisher praktisch ununtersucht geblieben. Ähnlich wenig empirische Aufmerksamkeit haben bisher Unterstützungssysteme, wie Schulaufsicht, Schulverwaltung, Lehrerfortbildung oder Beratung, erfahren.

Ewald Terhart

Personalauswahl, Personaleinsatz und Personalentwicklung an Schulen

Überall dort, wo Menschen (Berufs-)Arbeit verrichten, bildet die Auswahl geeigneter Personen, ihre Vorbereitung auf die spezifische Arbeitsaufgabe, ihr fähigkeitsgerechter Einsatz, die Aktualisierung ihrer Fähigkeiten, die Pflege ihrer Motivation sowie die weitere Planung ihrer individuellen Fähigkeitsentwicklung eine zentrale Aufgabe für diejenigen Instanzen, die die Arbeitsabläufe insgesamt zu organisieren haben. Dies gilt für die Bereiche der materiellen Produktion und Distribution, für die Bereiche der (privatwirtschaftlichen oder öffentlich-staatlichen) Verwaltung von Akten und Entscheidungsabläufen sowie schließlich und in verstärktem Maße für alle Organisationen, in denen Menschen Dienstleistungen für andere bzw. an anderen Menschen in Form von Berufsarbeit erbringen. Das Bildungssystem insgesamt sowie jede einzelne Bildungseinrichtung – sei es eine Grundschule, eine Volkshochschule, eine Weiterbildungsfirma, eine Waldorfschule – unterliegt in einer besonders verschärften Weise der Notwendigkeit, im Interesse zweckgerichteter und wirksamer Arbeitsabläufe der Personalauswahl, dem Personaleinsatz und der Personalentwicklung maximale Beachtung zu schenken. Denn die Arbeit in Bildungseinrichtungen ist sehr stark personengebunden, also in Ablauf wie Ergebnis entscheidend von den Personen abhängig, die dort arbeiten. Schulen gehören zu den *people-processing-* bzw. *people-changing-institutions*; in solchen Institutionen spielt der Faktor Personal eine ganz entscheidende Rolle, weil das Personal nicht einfach nur Technologien einsetzt und die bereit gestellten Instrumente bedient bzw. den vorgeschriebenen Abläufen mechanisch folgt, sondern *selbst das zentrale Instrument solcher Einrichtungen ist*.

Im Folgenden soll es um diesen zentralen Faktor für die Qualität von Bildungseinrichtungen, genauer: von Schulen gehen, um die Rolle, die dem Personal der Schule, den Lehrerinnen und Lehrern, den Schulleitungen, den Lehrerkollegien sowie schließlich: den einzelnen Lehrkräften zugemessen wird. Es geht im Kern darum, den für die organisationale Lenkung von Schule zentralen Zusammenhang zwischen Schulentwicklung und Personalentwicklung deutlich zu machen. Im Einklang mit einer langen und breiten Tradition von Schulreformen und gestützt auf die Ergebnisse der modernen Schulforschung ist davon auszugehen, dass alle Formen einer gezielten Beeinflussung schulischer Abläufe – seien sie nun als Systementwicklung oder aber als Entwicklung der Einzelschule angelegt – immer nur *mit den Lehrerinnen und Lehrern* und *nicht ohne oder gar gegen sie* stattfinden können. Insofern befindet sich die Lehrerschaft faktisch in einer Vetoposition gegenüber angeordneten oder sonstwie auf die Schule zudringende Reformambitionen; der von der *governance*-Forschung inspirierte theoretische Blick auf Schule weist ausdrücklich darauf hin (Kussau & Brüsemeister 2007, S. 176ff.; zum Lehrberuf in der modernen Schulreform aus der Sicht der *governance*-Forschung vgl. umfassend Heinrich 2007; zum *governance*-Ansatz generell vgl. von Kopp 2007). Personalentwicklung muss also Teil von Schulentwicklung werden, und beides zusammen kann im Rahmen von *educational governance* nur erfolgreich sein, wenn Personalmaßnahmen im weitesten Sinne nicht fremdbestimmt und „von oben" erfolgen bzw. als solche wahrgenommen werden, sondern wenn ihre Programme und Konzepte von der Lehrerschaft mit entwickelt, akzeptiert und mit getragen werden.

Erfahrungen mit vergangenen und aktuellen Bildungsreformen zeigen, dass alle Versuche einer organisierten Einflussnahme auf die Bildungsinstitutionen und deren Personal in ein komplexes Netzwerk von Abhängigkeitsbeziehungen und widerstreitenden Interessen eingebettet sind. Diese komplexe Ausgangslage macht einen direkten, naiv-administrativen Durchgriff unmöglich; dort, wo dieser doch mit purer Macht durchgesetzt wird, führt er in der Regel zu Resistenzen sowie zu starken ungewollten und unplanbaren Nebenwirkungen. Gleichwohl wächst in der interessierten Öffentlichkeit, aber auch innerhalb des Bildungssystems selbst, der Erwartungsdruck in Richtung auf eine irgendwie von verantwortlicher Seite „gesteuerte", nachhaltige Verbesserung der Prozesse und Wirksamkeiten des Systems – man denke nur an die in Deutschland sehr verbissen geführten Nach-PISA-Debatten (vgl. Terhart 2002). Insofern steht jede Instanz, die das System in die gewünschte Richtung bzw. auf ein höheres Niveau „steuern" will, vor einer immer weiter aufklaffenden Lücke zwischen einer täglich erfahrbaren, nicht zuletzt durch die Bildungswissenschaften selbst immer nachdrücklicher behaupteten tendenziellen Unsteuerbarkeit des Systems einerseits und dem wachsenden Erwartungs- und Handlungsdruck aus Öffentlichkeit und Kreisen der Systemakteure in Richtung auf nachhaltige Verbesserung andererseits.

1 Der Kontext

Sowohl die Ergebnisse der Schulforschung als auch die aktuellen Ansätze zur Schul- und Unterrichtsreform haben zunehmend den Faktor „Lehrer/in" und vor allem „Lehrerkollegium" in den Mittelpunkt der Aufmerksamkeit gerückt:

- Die Forschung zur Schulqualität sowie auch die sich an Leistungsvergleiche anschließenden Studien über Unterrichtsroutinen machen zunehmend deutlich, dass über Schulqualität *in den Klassenzimmern* entschieden wird. Die auf das Unterrichten bezogene fachliche, didaktische und diagnostische Qualifikation des Personals wird zur zentralen Quelle für Qualität von Schule insgesamt (vgl. Fend 1998).
- Schulqualität entsteht zweitens auf der Basis einer guten kollegialen Zusammenarbeit. Insofern beruht Schulqualität eben doch nicht nur auf der Arbeit in den Klassenzimmern – das Lehrerzimmer ist genauso wichtig. Insbesondere im Rahmen der erweiterten Selbstständigkeit von Schulen sollen Lehrerkollegien zusammenarbeiten, sollen ein höheres Maß an Verantwortlichkeit für die Ergebnisse ihrer Arbeit übernehmen und das Profil ihrer Schule schärfen. Kollegiale Kooperation ist einer der wichtigsten Schlüssel für Personalentwicklung und Schulqualität. Zugleich aber, und dies sollte selbstkritisch gesehen werden, ist die Berufskultur der Lehrerschaft noch vielfach vom herkömmlichen Einzelkämpfertum geprägt (vgl. zum Forschungsstand das Themenheft „Kooperation im Lehrerberuf" der Zeitschrift für Pädagogik 2006, Heft 4; Rothland 2007).
- Wenn Personalentwicklung auch im schulischen Kontext einen Sinn haben soll, so ist unmittelbar von Lehrerfort- und Lehrerweiterbildung zu sprechen. Die seit geraumer Zeit in allen deutschsprachigen Ländern zu beobachtenden verstärkten Anstrengungen um eine Verbesserung der Erstausbildung der Lehrerinnen und Lehrer in Universitäten, Hochschulen und Studienseminaren sind wichtig und notwendig und müssen verstärkt vorangetrieben werden. Sie können sich aber immer nur recht langfristig auswirken. Näher am Problem liegt die Aufgabe der Fort- und Weiterbildung des *vorhandenen* Personals. Aus diesem Grunde hat in Deutschland die Kommission der Kultusministerkonferenz zu den „Perspektiven der Lehrerbildung in Deutschland" die 3. Phase, das Lernen im Beruf also, in seiner Bedeutung sehr stark herausgestellt (vgl. Terhart 2000).

Somit kann man festhalten: Dreh- und Angelpunkt für die Qualität von Schule und Unterricht ist „das Personal" – sind die Lehrerinnen und Lehrer. „Teachers matter" (OECD 2005/2006) bzw. „Auf die Lehrer kommt es an" (AERA 2005)!

Damit wird Personalentwicklung bzw. allgemeiner: Personalmanagement zu einem zentralen Element von Schulentwicklung (Lange 1995; Bartz 2004; umfassend Buhren & Rolff 2006 sowie Meetz 2007). Die Anschlussfrage lautet: Welche Möglichkeiten, Instrumente und Mittel stehen im Schulsystem beziehungsweise in der einzelnen Schule bereit, um das Personal auch tatsächlich aufgabenbezogen auswählen, einsetzen und „entwickeln" zu können? Welche institutionellen Erfahrungen und Forschungsergebnisse liegen vor? Im deutschsprachigen Raum kann man lediglich auf erste Befunde von begrenzter Aussagekraft zurückgreifen. Dies ist erstens darauf zurück zu führen, dass tatsächliches Personalmanagement in Schulen erst seit kurzem sehr zögerlich und punktuell eingeführt worden ist.[1] Insofern fehlt – pointiert formuliert – schlicht (noch) ein hinreichend großer Forschungsgegenstand. Die Übersicht von Meetz (2007, S. 137-154) macht dies sehr deutlich. Zweitens können die prozessverändernden Auswirkungen sowie die möglichen Effekte solcher personalbezogenen Innovationen auf der Seite der Lehrenden (oder gar auf der Seite des Lernens der Schüler/innen) nur nach längerer Zeit festgestellt werden.

2 Die Differenz

Die zentrale Position des Faktors Personal lenkt die Aufmerksamkeit auf die Lehrerschaft, auf die Frage ihrer Ausbildung, ihrer schulspezifischen Auswahl, ihres sinnvollen kompetenzgemäßen Einsatzes und vor allem: ihrer Weiterentwicklung parallel zu den sich verändernden Aufgaben von Schule. In privatwirtschaftlichen Kontexten wird Personalwirtschaft, genauer: Personalentwicklung schon immer als ein ganz entscheidendes Instrument der Betriebsführung betrachtet. Sie ist wichtiger Teil des allgemeinen Qualitätsmanagements und wird heute, bei moderner Betriebsführung und qualifiziertem Personal, nicht mehr als einfaches Verfügen über den Faktor Arbeitskraft betrachtet, wobei die individuell-menschliche Seite gänzlich unberücksichtigt bliebe. Sie ist vielmehr eine sehr komplexe Strategie, in der die betrieblichen Zwecke und die beruflichen und privaten Lebensperspektiven der Einzelnen möglichst sinnvoll miteinander koordiniert werden, und zwar zum Wohle beider Seiten. Das Stichwort „Personalentwicklung" sollte insofern in pädagogischen Kontexten nicht gleich abschrecken bzw. mit einem kaltherzig-profitorientierten Verfügen über die Mitarbeiter/innen gleichgesetzt werden. Dies entspricht jedenfalls nicht den modernen

---

1 Nicht ohne Verwunderung muss man konstatieren, dass eine Reihe von Beiträgen zur Personalentwicklung an Schulen sich auf Pläne, Konzeptionen und Zukünfte beziehen, denen – zumindest in Deutschland – in der Breite des Schulsystems und im Alltag der Schulen überhaupt keine Wirklichkeit entspricht.

Formen des Personalmanagements, und insbesondere bei hoch qualifiziertem Personal mit komplexen, nicht-standardisierbaren Aufgaben ist Personalentwicklung auf dem Anordnungswege ein Widerspruch in sich selbst.

Allerdings muss folgende zentrale Differenz beachtet werden: Eine Personalentwicklung im privat- und betriebswirtschaftlichen Sinne und mit den dadurch gegebenen Möglichkeiten hat es an Schulen (beziehungsweise im öffentlichen Dienst generell) bislang nicht wirklich gegeben, und womöglich wird dies auch mittelfristig so bleiben. Die Differenz oder Diskrepanz der Kulturen zwischen öffentlichem Dienst/Beamtenapparat einerseits und den Personalmanagementkonzepten der Privatwirtschaft andererseits ist historisch gewachsen und muss – unabhängig davon, wie man inhaltlich dazu steht – als Ausgangsbedingung berücksichtigt werden. Traditionell steht Berufsarbeit im Staatsapparat – und Schulen gehören dazu – unter der Verpflichtung der strikten Loyalität zu staatlich-administrativen Weisungen bei garantierter Unabhängigkeit von partikularen Privatinteressen Dritter. Traditionell folgt staatliches Handeln dem klassischen, bürokratisch-hierarchischen Modell von organisationalen Abläufen. Hierbei wird durch Vorgaben unterschiedlicher Art von oben „gesteuert", bei Problemen durch veränderte Vorgaben nachgesteuert. Grundsätzlich besteht eine Fürsorgepflicht des Staates für seine Beamten und Angestellten, die sich unter anderem in einer lebenslangen Anstellung ausdrückt. Auf den oberen Ebenen der staatlichen Verwaltung in den europäischen Ländern kann durchaus von akademisch gebildeten Staats-Professionellen gesprochen werden, die dem Professionenmodell der Berufssoziologie, welches ursprünglich für die „free professions" in den USA formuliert wurde, jedoch nicht wirklich entsprechen (vgl. Saks 1998; Nóvoa 2000).

Vor diesem Hintergrund sind Personalentwicklungsmaßnahmen aus dem privatwirtschaftlichen Bereich nicht bruchlos auf die Schule zu übertragen. Folgende Punkte illustrieren die Differenz:

- Die *Ausbildung für den Lehrberuf* dauert sehr lange; ihre einzelnen Elemente sind, zumindest in Deutschland, nicht gut aufeinander abgestimmt; die Ausbildung in der universitären Phase ist nicht punktgenau und nur indirekt auf das Anforderungsprofil des Arbeitsfeldes bezogen. Dies ist in den nichtakademischen Berufsausbildungen anders, da diese direkter auf Berufsfertigkeit zielen. Die Art der Prüfungsdurchführung (Staatsexamina) lässt es nicht zu, aus den erzielten Noten etc. zuverlässige Prognosen für die längerfristige Berufseignung und Berufsbewährung abzuleiten.
- Die *Zuweisung des Personals*, konkret: die Platzierung von ausgebildeten Berufsanfänger/innen erfolgte in Deutschland in allen Bundesländern bis vor ca. zehn Jahren allein auf der Basis eines Listenverfahrens rein mecha-

nisch und im wörtlichen Sinne „ohne Ansehen der Person" nach Eignung, Befähigung und Leistung auf der Basis der individuellen Ausbildungs- und Prüfungsakte. Das ist einerseits rechtsstaatlich konsequent im Sinne von Verteilungsgerechtigkeit, lässt aber personen- und schulnähere Formen der Personalrekrutierung außen vor und schränkt die Situationsgerechtigkeit insofern eher ein. Man stelle sich einmal vor, dass allen Betrieben – seien sie nun mittelständisch oder Großkonzerne – das Personal nach staatlich regulierter Ausbildung zentral und ohne Mitsprache der Betriebsleitungen, aber zugleich faktisch unwiderruflich, zugewiesen würde!

- Eine objektivierte, präzise *Leistungsbeurteilung und Wirkungskontrolle der beruflichen Arbeit von Lehrkräften* ist schwierig und aufwändig. Dies ist ein wichtiges Argument – es sollte jedoch nicht so verstanden werden, als ob man die Kompetenzen der Lehrkräfte überhaupt nicht differenziell beurteilen könnte. Seit Jahrzehnten geschieht dies während der Ausbildung durch die Gutachten der Ausbildenden (vgl. dazu Strietholt & Terhart 2009) bzw. durch die Benotung in Examina. Wenn dies während der Ausbildung möglich ist und die entsprechende Praxis von der Schulaufsicht sogar mit großer Beharrlichkeit verteidigt wird, dann wird es auch mit anderen Kriterien und Verfahren bei Berufsinhaber/innen möglich sein. Und auch in anderen Berufsbereichen, auch in der Privatwirtschaft wird dasjenige Personal, welches komplexe, hinsichtlich ihrer tatsächlichen Effektivität und Effizienz schwer zu beurteilende Tätigkeiten zu vollziehen hat, selbstverständlich beurteilt.

- Im Gegensatz zu dem seit Jahrzehnten expandierenden Markt der *inner- und außerbetrieblichen Weiterbildung* und im Gegensatz zur zentralen Rolle *lebenslangen Lernens für alle Berufsbereiche* sind die Weiterbildungsmöglichkeiten für Lehrkräfte vielfach begrenzt. Umgekehrt muss man berücksichtigen, dass die Weiterbildungsangebote für Lehrkräfte oft nicht den Erwartungen der Nutzer/innen entsprechen bzw. die potentiellen Nutzerinnen und Nutzer die Angebote ignorieren. Nicht selten wird die Wirksamkeit von Weiterbildung von Lehrkräften angezweifelt. Richtig daran ist, dass die Wirksamkeit und innerschulische Nachhaltigkeit von individueller Lehrerfortbildung empirisch durchaus ungesichert sind.

- Einmal eingestellt findet im Lehrberuf – zumindest in Deutschland – praktisch *kaum eine Überprüfung des Qualifikationsstandes sowie der Kompetenzentwicklung* statt; es gibt keine nennenswerten positiven oder negativen Sanktionierungsmöglichkeiten. Generell werden im Schulbereich wenige Anreize geboten; starkes Engagement und gute Leistung „lohnen" nicht. Karrieremöglichkeiten sind sehr schmal oder zum Teil – insbesondere im Bereich der Grund- und Hauptschulen – gar nicht vorhanden. Starre Laufbahnregelungen schränken die Einsetzung Geeigneter ein, sofern sie lediglich über formal nicht hinlängliche Zertifikate und Patente verfügen. Dies alles sieht innerhalb privatwirtschaftlicher Zusammenhänge deutlich anders aus: Hier wird die individuelle Leistung und Kompetenzentwicklung stärker gewürdigt und berücksichtigt; der Ertrag der geleisteten Arbeit ist vielfach unmittelbar quantitativ fassbar; Konkurrenz um Positionen und Gehälter wird gefördert; auf Inkompetenz und Versagen wird möglichst schnell reagiert; die Karriere und Gehaltsentwicklung sind stark leistungsabhängig (vgl. Fersch 2002; Kiefer 2004). Demgegenüber herrscht in der Lehrerkultur *offiziell* die Philosophie der Gleichheit: Alle formal Gleichen sind gleich gut und können auch alles gleich gut; *inoffiziell* jedoch sind Leistungsunterschiede zwischen Lehrer/innen sehr wohl bekannt – zuallererst den Lehrerinnen und Lehrern selbst (zu Laufbahnmodellen im Lehrerberuf vgl. Leutwyler & Sieber 2006).

Wenn also gegenwärtig in den Schulen Personalentwicklung in völliger Analogie zum privatwirtschaftlichen Bereich letztlich (noch) gar nicht möglich ist, da in sachlicher, rechtlicher und kultureller Hinsicht gravierende Differenzen bestehen, stellt sich folgende Anschlussfrage: Was ist trotz und angesichts dieser Differenz gleichwohl an Personalentwicklung in der Schule möglich? Lassen sich system- und kulturspezifische Formen von Personalentwicklung finden, die zur Schule und zum Lehrerberuf passen? Welche Forschungs- und sonstigen Erfahrungen liegen mit solchen adaptierten Instrumenten vor?

3 Die Möglichkeiten

Weil im Zuge der aktuellen Schulreformbemühungen Schulentwicklung und Personalentwicklung Hand in Hand gehen sollen, wird gleichwohl nach Möglichkeiten gesucht, den Faktor „Personal" neu zu gestalten. „Personalentwicklung" und „Unterrichtsqualität" werden zu Zentralbegriffen der neueren Diskussion. Wie schon erwähnt, zielt Personalentwicklung darauf ab, die Qualifikationsstruktur und das Qualifikationsniveau des Personals insgesamt kontinuierlich an die aktuellen und sich wandelnden Qualifikationserfordernisse und neuen Anforderungen anzupassen.

Um gleich einem möglichen Missverständnis vorzubeugen: Personalentwicklung bezieht sich *nicht* lediglich auf diejenigen, die in Funktions- und Leitungspositionen kommen oder kommen wollen. Sie sollte ebenso nicht pauschal mit der Vorstellung verwechselt werden, dass *alle* nunmehr rasch Karriere machen. Generell muss zwischen entwicklungsbezogenen Prozessen innerhalb des

Personals und den Entscheidungen über Karriereschritte Einzelner unterschieden werden. Aufgrund des Wandels von Anforderungen ist eine *ständige* Qualifikationsentwicklung auf *allen* Ebenen des Personals auch *ohne* explizite Karriereschritte und Statusanhebungen allein schon dann notwendig, wenn man lediglich den Status quo halten will – einfach deshalb, weil die Anforderungen sich wandeln und also auch die Qualifikationen und Kompetenzen mitgehen müssen.

Für Personalentwicklung als Teil von Schulentwicklung bieten sich die folgenden drei Bereiche an: Personalrekrutierung (3.1), Personalbeurteilung (3.2), Personalqualifizierung (3.3).[2] Hierauf wird im Folgenden ausführlich eingegangen. Vorab sind jedoch zwei Aspekte zu erwähnen, die sich auf den *Zugang zur Ausbildung zum Lehrberuf* sowie auf die Problematik *unterschiedlicher Ausbildungswege- und -zertifikate* für den Lehrberuf beziehen.

- Auf das Instrumentarium der Eignungsprüfung vor Eintritt in die Ausbildung zur Lehrerin/zum Lehrer kann in diesem Kontext nur verwiesen werden. Obwohl sich bei einem Vergleich der bei PISA bildungserfolgreichen Ländern mit Deutschland gezeigt hat, dass erstere Eignungsprüfungs- und Auswahlverfahren vor Antritt der Ausbildung einsetzen, ist bislang eine solche Praxis in Deutschland an keiner Stelle installiert; dies hat neben diagnostischen auch mit verfassungsrechtlichen Problemen zu tun. Ein Auswahlverfahren im Sinne der Bestenauslese wäre allerdings sehr wohl angezeigt: Die wenigen Untersuchungen, die es dazu gibt, konnten zeigen, dass durchweg nicht die allerbesten Abiturienten und Abiturientinnen die Ausbildung zur Lehrerin/zum Lehrer wählen (Giesen & Gold 1994; Spinath, van Uphuysen & Heise 2005); dies gilt vor allem für die Ausbildung für nicht-gymnasiale Lehrämter. Bereits bei Lehramtsstudierenden ist im Vergleich zu anderen Studiengängen ein hoher Anteil an Personen festzustellen, die über problematische Muster der Belastungsbewältigung verfügen (Schaarschmidt 2004). Mittlerweile existieren unterschiedliche Instrumente der *freiwilligen Selbstüberprüfung* vor der Entscheidung für oder gegen den Weg zum Lehrberuf (vgl. dazu das Themenheft „Rekrutierung, Eignungsabklärung und Selektion für den Lehrerinnen- und Lehrerberuf" der Beiträge zur Lehrerbildung 2006, Heft 1). Diese Instrumente dienen aber eher der Selbstklärung, nicht der Selektion. Auf der anderen Seite muss man aber auch sehen: Die diagnostische und prognostische Qualität solcher selektiver Eignungsprüfungen oder eigenschaftsorientierter Auswahlverfahren beim Zugang zur Ausbildung zur Lehrerin/zum Lehrer ist bislang ungeprüft. Die Schulbehörden stehen dem auch eher skeptisch gegenüber, da

---

2 Auf die Qualifizierung von Schulleitungspersonal, die auch zum Personalmanagement gehört, wird im Rahmen dieses Beitrags nicht eingegangen (vgl. Bonsen in diesem Band).

in jedem Fall (also letztlich unabhängig von der Qualitätsfrage!) die bedarfsgerechte Versorgung der Schulen mit neu ausgebildeten Lehrkräften sichergestellt werden *muss* und aus diesem Grunde hinreichend vielen Interessenten der Weg in die Lehramtsstudiengänge offen stehen sollte.
- Ein besonderes Problem bildet die Frage, inwieweit Unterschiede bestehen zwischen solchen neu eingestellten Lehrkräften, die über eine vollständige, regelkonforme Lehrerausbildung verfügen, und solchen, denen eine begrenzte, verkürzte oder sonst wie außergewöhnliche, nicht-regelkonforme Qualifizierung anhaftet („Seiteneinsteiger", *„emergency qualification"*; vgl. dazu auch Schneider & Sommer 2006; Ingersoll 2005; Weems 2003). Vergleichende empirische Studien über den Erfolg von fachgerecht versus fachfremd unterrichtenden Lehrern existieren meines Wissens im deutschen Sprachraum nicht. Für die internationale Fachdiskussion zum Problem des beruflichen Erfolgs der verschiedenen Arten von „Seiteneinsteigern" liegen Forschungsübersichten von Darling-Hammond u.a. (2005) und Laczko-Kerr & Berliner (2002) vor. In beiden Übersichten wird herausgestellt, dass regulär qualifizierte und fachgerecht unterrichtende Lehrpersonen alles in allem größere Erfolge bei ihren Schüler/innen erzielen als andere Gruppen von Lehrpersonen. Dieser Vorsprung konnte auch durch die allmähliche Erfahrungsbildung nicht regulär qualifizierter bzw. fachfremd unterrichtender Lehrkräfte nicht wett gemacht werden: „The effects of certification status were generally much stronger than the effects of teacher experience" (Darling-Hammond u.a. 2005, S. 18). Laczko-Kerr und Berliner (2002) weisen auf den geringeren Berufserfolg von Lehrpersonen mit Not-Zertifizierungen hin und kritisieren, dass diese Lehrer/innen hauptsächlich in sozialen Brennpunkten eingesetzt werden (müssen) und damit die Benachteiligung noch verstärken (vgl. dazu auch AERA 2005). In der amerikanischen Fachdiskussion wird dieser Punkt (Wie wirkt sich die Art der Lehrerbildung und Lehrerzertifizierung auf die Lernzuwächse der Schüler/innen dieser Lehrkräfte aus?) jedoch auch auf empirischer Basis sehr kontrovers diskutiert (vgl. für weniger eindeutige Resultate Wayne & Youngs 2006; neuerdings Tobe 2009).

3.1 Personalrekrutierung

Mit Personalrekrutierung ist die Gewinnung von ausgebildetem, neuem Personal der Schule, von neuen Mitgliedern eines Lehrerkollegiums gemeint. Traditionell wurde in Deutschland eine Art Listenverfahren praktiziert, bei dem die Art der Lehramtsprüfung, die Fächerkombination sowie die Durchschnittsnote aus erstem und zweitem Staatsexamen die wichtigsten Parameter für die Zuweisung von neu ausgebildeten Lehrerinnen und Lehrern zu freien Lehrstellen sind. Der Begriff „Zuweisung" drückt es schon aus: Nicht die Schule rekrutiert, sondern die Schulaufsicht weist zu. Dieses Modell basiert auf der Fiktion, dass alle qualifizierten Lehrkräfte mit der gleichen Lehramtsberechtigung, der gleichen Fächerkombination und der gleichen Gesamtnote auch wirklich gleich sind und also beliebig zugewiesen werden können. Das Ganze folgt den überholten, aber nachwirkenden Prinzipien bürokratischer Organisation. Mit Schulentwicklung durch Personalentwicklung hat es wenig zu tun.

Zunehmend gehen die Bundesländer dazu über, den Anteil der durch ein Ausschreibungsverfahren zu besetzenden Stellen zu erweitern; in Nordrhein-Westfalen ist dieses Verfahren mittlerweile die Regel; das traditionelle Listenverfahren existiert noch im Hintergrund. In diesem neuen Verfahren schreiben Schulen nach Absprache mit der Schulaufsicht Fächer beziehungsweise Fächerkombinationen aus. Zusätzlich werden je individuelle Qualifikationsprofile formuliert, die dem Schulprofil der ausschreibenden Schule entsprechen sollen. Diese so ausgeschriebenen Stellen werden von den Schulabteilungen der Bezirksregierungen im Internet veröffentlicht, und potenzielle Bewerber/innen können sich parallel bei der Bezirksregierung und der jeweils angestrebten Schule bewerben. Die Bezirksregierung wählt bis zu zehn formal (Lehramtstypus) und von den Fächern geeignete Bewerber/innen mit den besten Examensnoten aus. An Mitglieder dieser Auswahl kann die Schule Einladungen aussprechen, danach finden Auswahlgespräche statt (vgl. dazu Sassenscheid 2006; Kluge 2004; zur Problematik von Auswahlgesprächen bei der Rekrutierung von Lehrkräften vgl. Young & Delli 2002; Delli & Vera 2003). Unabhängig von den Noten kann dann ein Bewerber oder eine Bewerberin zur Besetzung vorgeschlagen werden. Auf diese Weise kommen Schulen in die Lage, bei der Gewinnung von Personal ihre Interessen zu artikulieren und durchzusetzen. Erst dadurch können sie dann auch zu Recht in die Verantwortung genommen werden für ihre Qualität.

Zu dieser neuen Praxis der Rekrutierung ist an der Universität Münster ein Forschungsprojekt durchgeführt worden: Bei einem bestimmten Einstellungsjahrgang (Auswahlprozedur im Frühjahr 2002; Beginn der Tätigkeit Spätsommer 2002) wurde jede der ausgewählten und neu einzustellenden Lehrkräfte, die Schulleitung und ein Mitglied der Auswahlkommission zu verschiedenen Aspekten des Verfahrens befragt (Vollerhebung in Nordrhein-Westfalen). Diese Personen wurden ein Jahr später erneut befragt; nunmehr hatten die ausgewählten Personen ihren Platz im Kollegium gefunden. Die Analyse der ersten Befragung beruhte auf 1079 auswertbaren Fragebögen; der Analyse der zweiten Befragung liegen 1164 Fragebögen zugrunde (vgl. zum Projekt Terhart 2004; Hercher u.a.

2004, 2005; Schaefers 2004, 2008; Schaefers & Terhart 2006). Einige Ergebnisse sollen kurz benannt werden:

- Für die Schulen ist nicht das eigentliche Ziel des neuen Verfahrens, nämlich eine Personalauswahl entsprechend dem jeweiligen Schulprofil zu betreiben, entscheidend, sondern die Möglichkeit, aus verschiedenen Kandidierenden nach Auswahlgesprächen den aus ihrer Sicht am besten geeigneten Kandidaten oder die am besten geeignete Kandidatin auszuwählen. Das neue Verfahren wird geschätzt und sofort adaptiert, aber nicht aus den Gründen, derentwegen es offiziell eingeführt wurde – ein innovationstheoretisch interessanter Befund!
- Die befragten eingestellten Lehrkräfte beurteilen das Verfahren ebenfalls sehr positiv.
- Der Aufwand an Zeit und Organisation wird als sehr hoch eingeschätzt, aber man ist sich nicht sicher, ob das Verhältnis von Aufwand und Ertrag stimmt.
- Die Befragten wünschen generell eine Erweiterung der Befugnisse von Schulen bei der Personalrekrutierung – am liebsten würde man auf jegliche formalen Vorgaben der Schulaufsicht völlig verzichten.
- Bei der Personalauswahl bzw. in den Auswahlgesprächen sind eher *globale Persönlichkeitseinschätzungen* und Kriterien wie die richtige Fächerkombination, pädagogische Kompetenz und die Passung des Bewerbers oder der Bewerberin in das Kollegium viel stärker leitend als die Beurteilung fachspezifischer und sonstiger, *im engeren Sinne beruflicher Fähigkeiten.*
- Bei der zweiten Befragung zeigte sich, dass Schulleitungen und Mitglieder der Auswahlkommission zu einem sehr hohen Anteil die Auswahlentscheidung im Nachhinein als richtig einschätzen. Nur etwas mehr als die Hälfte der Befragten sieht aber bei bestimmten Anforderungen an neue Kolleg/innen einen Unterschied zwischen dem alten Listen- und dem neuen Ausschreibungsverfahren.
- Die eingestellten Personen bekunden einerseits zu einem sehr hohen Anteil, sehr positiv aufgenommen worden zu sein; sie weisen aber zugleich auf die sehr hohen Erwartungen hin, denen sie ausgesetzt waren, und die ein kleinerer Teil dieser Befragten auf die Tatsache zurückführt, dass sie über ein Auswahlverfahren an die Schule gekommen sind.

Das Ausschreibungsverfahren kann seine Vorteile allerdings nur dann ausspielen, wenn ein hinreichend gutes Angebot an gut qualifizierten Lehramtsabsolvierenden vorhanden ist. In Zeiten eines generellen oder speziellen, also fach- oder schulformbezogenen Mangels an Lehrkräften kann dieses Verfahren unter Umständen sogar zu Problemen bei der gleichmäßigen Versorgung der Schulen führen (vgl. Eide, Goldhaber & Brewer 2004). Dies macht deutlich, dass es sich beim „Arbeitsmarkt" für Lehrkräfte nicht um einen freien, sondern um einen durchweg staatlich regulierten Markt handelt und auch in Zukunft handeln wird – jedenfalls solange man an der Durchsetzung der Schulpflicht sowie an einer in allen Regionen annähernd gleich guten Versorgung mit qualifizierten Lehrkräften festhalten will.

Natürlich hat es bei diesem Verfahren in den Bundesländern alle nur denkbaren Probleme, Konflikte und Abweichungen gegeben, und von Jahr zu Jahr wird es angepasst und verbessert werden. Trotz vielfältiger Umsetzungsprobleme ist die Strategie einer schulnahen und schulgenauen Personalrekrutierung jedoch positiv zu bewerten. Wenn die Schule Eigenverantwortung übernehmen soll, so muss sie auch in die Lage versetzt werden, Einfluss auf die Auswahl ihres Personals zu nehmen.

Der hohe Aufwand bei Ausbildung, Prüfung und Zulassung zum Beruf, der für das deutsche Lehrerbildungssystem kennzeichnend ist, ist durch die Tatsache begründet, dass nach einer Einstellung als Beamter oder Beamtin, aber auch als angestellte Lehrperson, kaum noch Korrekturen dieser Berufszulassung von Seiten der Schulaufsicht durchzusetzen sind. Solange dies so ist, richten sich alle Erwartungen und Vorsichtsmaßnahmen auf die Ausbildung und Zulassung. Gibt man dieses Muster auf und entscheidet sich – analog zu entsprechenden Verfahren im angloamerikanischen Raum – für einen allmählichen, über mehrere Jahre gestaffelten Zugang zum Lehrerberuf, an dessen Ende dann die endgültige Zulassung auf Dauer steht, so entsteht ein völlig anderes Bild. In einem solchen Modell könnten bereits in die Ausbildung längere Praxisphasen eingebettet sein, und nach dem Eintritt in den Beruf könnte es zunächst noch eingeschobene Phasen der Qualifizierung geben. Die Aufgabenbereiche könnten dann zunächst begrenzter, assistierender Art sein, um dann – je nach Kompetenzentwicklung – allmählich ausgeweitet zu werden, im besten Fall bis hin zum vollen Aufgabenspektrum. Dadurch würden Kompetenz- und Laufbahnentwicklung aufeinander bezogen; dies müsste sich dann auch in Richtung auf eine entsprechende Staffelung des Gehaltes auswirken. Der Lehrerberuf bekäme ein ganz anderes Gesicht. Dies hätte vermutlich auch Konsequenzen für den Personenkreis, den er attrahiert.

3.2 Personalbeurteilung

Die Tatsache, dass eine kontinuierliche Personalbeurteilung als Regelbeurteilung in den allermeisten Bundesländern im Lehrerberuf praktisch nicht stattfindet, wobei Bayern allerdings eine andere Tradition hat und bis heute die Praxis der alle drei Jahre stattfindenden Regelbeurteilung fortführt, ist von außen gesehen und verglichen mit anderen Berufsbereichen eigentlich unverständlich. Denn in anderen Berufswelten mit ähnlich anspruchsvollen, ähnlich komplexen, ebenso personengebundenen und ebenso wirkungsunsicheren Tätigkeiten wird sehr wohl beurteilt (vgl. zu den allgemeinen Problemen der Beurteilung von Lehrerarbeit das Themenheft „Lehrerbeurteilung" der Zeitschrift Berufsbildung Schweiz 2004, Heft 2; Steiner & Ritz 2005; Müllener-Malina 2005; Sigrist u.a. 2005; Legler 2006; Terhart 2007; Maurer & Gurzeler 2007).

Es darf auch im Lehrerberuf kein Tabu sein, wenn Kompetenzunterschiede offiziell erfasst und kommuniziert werden. Würden sich die Lehrerinnen und Lehrer diesem Gedanken verschließen, könnte dies zu Recht als eine Art Immunisierungsstrategie verstanden werden. Im Übrigen sind die Erstellung von Kompetenzprofilen und die kontinuierliche Personalbeurteilung die notwendigen Grundlagen für Personaleinsatz und für bedarfsgerechte Personalentwicklung überhaupt. Lehnt man Personal*beurteilung* kategorisch ab, kann es letztlich überhaupt keine übergreifende, am allgemeinen Betriebszweck orientierte Personal*entwicklung* geben. Nur bei der Erfassung der je spezifischen Kompetenzen kann es zu einer sinnvollen Person/Position-Zuordnung kommen, und nur dann, wenn die Fähigkeitsentwicklung von Lehrerinnen und Lehrern kontinuierlich erfasst wird, lassen sich auch frühzeitig Entwicklungsnotwendigkeiten, Stützmaßnahmen und ggf. gezielte Weiterqualifizierungen für herausgehobene Funktionen individuell anpassen.

Dies bedeutet gerade nicht, alle an *einem* Maßstab zu bemessen; es bedeutet auch nicht, dass alle Mitglieder eines Kollegiums Alles gleich gut beherrschen müssen. Wie üblich, so sollte auch in Schulen die Expertise „verteilt" sein, so dass sich je spezifische Kompetenzen zu einem Ganzen ergänzen. Die Fiktion, dass alle Lehrkräfte das Gleiche tun müssen und auch alle gleich gut sind, entspricht allenfalls noch der traditionellen Vorstellung des bürokratischen Modells, welches lediglich der Fiktion einer Gleichversorgung und Gleichförmigkeit aufsitzt.

Aber wie üblich steckt der Teufel im Detail: Die möglichst gerechte und halbwegs objektive Erfassung von Leistungen von Lehrer/innen und individuellen beruflichen Kompetenzen und Entwicklungspotenzialen ist eine sehr schwierige Angelegenheit. Lehrpersonen stimmen der Idee einer auch für Teile des Gehalts folgenreichen Beurteilung der beruflichen Leistungen im Lehrerberuf sehr wohl zu – sofern ein verlässliches, sie überzeugendes Instrumentarium der Kompetenzbeurteilung vorliegt.

Welche Möglichkeiten der Erfassung und Beurteilung der beruflichen Kompetenzen von Lehrern bestehen grundsätzlich?

a. Erfassung des schulpädagogisch-(fach)didaktischen Wissens und Urteilens von Lehrkräften

Auf einer ersten, elementaren Ebene geht es darum, berufsbezogenes Wissen zu erheben. Dieses Wissen bezieht sich auf das unterrichtete Fach und seine Fachdidaktik, auf allgemeine schulpädagogische Fragen sowie auf Aspekte des Lehrerberufs und der Schule. Sicherlich ist nach allgemeinem Stand der Forschung zum Wissen von Lehrpersonen davon auszugehen, dass dieses Wissen keineswegs schon das Handeln bestimmt. Die Verhältnisse sind sehr viel komplexer (vgl. z.B. Neuweg 2004). Gleichwohl ist davon auszugehen, dass es ein wichtiges berufliches Kompetenzmerkmal ist, über viel Wissen in fachlich-fachdidaktischer und schulpädagogischer Hinsicht zu verfügen. Eine erste Basis hierfür wären Wissens- und Kenntnistests. Von einer solchen Erfassung des Wissens ist eine Erfassung und Beurteilung der Reflexions- und Urteilsfähigkeit zu unterscheiden. Diese Ebene könnte z.B. durch die Konfrontation mit speziell ausgewählten Video-Sequenzen von beruflichen Situationen erfassbar gemacht werden: Die Proband/innen werden aufgefordert, solche Situationen innerhalb und außerhalb von Unterricht zu kommentieren, zu analysieren und begründete Handlungsempfehlungen zu geben. Als Situationen außerhalb des Unterrichts sind z.B. Beratungsgespräche mit Eltern, Konflikte auf dem Pausenhof, Situationen in (Fach-)Konferenzen etc. vorstellbar. An der Art der Reflexion und Argumentation sowie an der Art der Begründung der empfohlenen Handlungsalternativen lassen sich – dies ist das Ziel – unterschiedliche Kompetenzniveaus identifizieren.

b. Einholung von Selbsteinschätzungen zu den eigenen beruflichen Kompetenzen

Die Beurteilung der eigenen Stärken und Schwächen ist sicherlich nicht die zuverlässigste Form der Kompetenzerfassung, denn diese Datenquelle kann u.U. durch bewusste und/oder unbemerkte fehlerhafte Selbstwahrnehmung bzw. -beurteilung in ihrem Erkenntniswert eingeschränkt sein. Gleichwohl ist dieses Instrument in Verbindung mit anderen durchaus aussagekräftig. Man wird den Proband/innen nicht von vornherein die Tendenz zu einer durchgängigen und gezielten Beschönigung der eigenen Kompetenzen unterstellen, denn es ist ja allen bekannt, dass dies nur ein Element innerhalb des breiteren Instrumentariums ist, insofern also Korrekturen zu erwarten sind. Darüber hinaus ist es am Ende eine Frage der geeigneten Konstruktion des Instrumentariums, welches so gestaltet sein muss, dass tatsächlich eine Bereitschaft besteht, auch wenig entwickelte bzw. schwache Fähigkeitsbereiche auszuweisen, gegebenenfalls auch eine Einschätzung der Entwicklung der eigenen Kompetenzvorstellung in bestimmten Bereichen abzurufen. Untersuchungen, in denen es um die Selbst-Einschätzung der Kompetenz von Lehramtsstudent/innen und -absolvent/innen ging, haben zeigen können, dass sehr wohl auch von den Befragten selbst eine solche Unterscheidung vollzogen und dokumentiert wird (Nolle 2004).

c. *Einholung von Beurteilungen durch andere (Kolleg/innen, Schüler/innen, Vorgesetzte)*
Während auf der ersten Ebene Wissen und Urteile und auf der zweiten Ebene die Selbsteinschätzung erfasst wird, werden auf einer dritten Ebene Beurteilungen der beruflichen Kompetenzen der Lehrpersonen von anderen eingeholt.

Schüler/innen: Die Schülerinnen und Schüler sind – dies zeigen Untersuchungen (Gruehn 2000; Clausen 2002) – recht zuverlässige Beurteiler/innen des Unterrichts ihrer Lehrpersonen. Mittlerweile gehören von Schüler/innen ausgefüllte Rückmeldebögen an die Lehrkräfte zum Instrumentarium von Schul- und Unterrichtsentwicklung. Die Schülerschaft hat den direktesten und breitesten Einblick vor allem in die unterrichtlichen Kompetenzen von Lehrerinnen und Lehrern – aber auch darüber hinaus.

Kolleg/innen: Üblicherweise haben Kolleg/innen wechselseitig keinen Einblick in die Unterrichtsarbeit, und offiziell gehört das Gleichheits-Paradigma zur Berufskultur der Lehrerschaft. Faktisch und informell scheint es innerhalb von Kollegien doch sehr genaue Vorstellungen über die differenzielle berufliche Leistungsfähigkeit zu geben. Diese „Meinungen" sind jedoch nicht kontrolliert. Die Beurteilung durch *peers* ist innerhalb der Schulentwicklung ein durchaus übliches Verfahren. Es wäre zu erproben, in welcher Weise Formen der Beurteilung durch Kollegen in Schulen zu entwickeln und einzusetzen sind, um dies mit in die Beurteilung von Lehrerkompetenz einfließen lassen zu können (vgl. Themenheft zu „Peer Review" des *Journals für LehrerInnenbildung* 2004, Heft 4).

Vorgesetzte: Schulleiter/innen (bzw. Mitglieder der Schulaufsicht) sind – je nach Bundesland – schon immer mit der Beurteilung von Referendar/innen bzw. von Mitgliedern des Kollegiums befasst; im letztgenannten Fall dann, wenn sich ein Mitglied um eine höher dotierte Funktionsstelle beworben hat. Innerhalb der Schulverwaltungen liegen hierfür entsprechende Handreichungen, Formulare etc. vor. Es wird notwendig sein, diese Instrumente mit in anderen Berufsfeldern von Vorgesetzten verwendeten Beurteilungsinstrumenten abzugleichen und neue Formen zu erproben. Zur Lehrerbeurteilung als Instrument der Qualitätsentwicklung vgl. speziell Kunz-Heim (2002). Neben der Arbeit im Unterricht können auch außerunterrichtliche Elemente in die Bewertung einbezogen werden (Qualität der Vorbereitungsarbeit; Umgang mit Eltern in Beratungssituationen; Mitarbeit im Rahmen kollegialer Kooperation etc.). Zu Eltern als Evaluatoren von Kompetenzen von Lehrpersonen vgl. Peterson u.a. (2003).

d. Direkte Beobachtung und Beurteilung des beruflichen Handelns durch geschulte Beurteilende

Auf dieser Ebene geht es um die direkte Erfassung und Bewertung des unterrichtlichen Handelns – dem Kernbereich dessen, was den Lehrerberuf ausmacht. (Beobachtungen im Rahmen von Unterrichtsvorbereitung, Elterngesprächen, Lehrerkonferenzen sind aus pragmatischen wie rechtlichen Gründen schwierig bis unmöglich). In Anlehnung an vorliegende Erkenntnisse zu gutem und effektivem Unterricht kann ein Beurteilungsinstrument konstruiert werden, welches es erlaubt, auf der Basis der Teilnahme an 2–5 Stunden pro Lehrperson ein hinlänglich zuverlässiges Urteil über die Qualität des beobachteten Unterrichts zu bilden. Hierzu gehört auch, dass im Rahmen der Entwicklung durch parallele Beobachtung/Beurteilung dieses Instrument durch zwei Beobachter/innen auf Reliabilität geprüft wird. Selbstverständlich ist bei einer solchen offenen, angekündigten teilnehmenden Beobachtung mit Verzerrungseffekten zu rechnen. Andererseits ist auch zu bedenken, dass das Erfassungsinstrumentarium Lehrerinnen und Lehrern die Chance geben muss, ihr beruflich „bestes", kompetentestes Handeln zu zeigen.

e. Lernfortschritte der Schülerinnen und Schüler als Indikator für den Grad der Lehrerkompetenz?

Der Zweck der Schule ist das Lernen oder breiter formuliert: pädagogisch vertretbare Erfahrungsbildung der Schülerinnen und Schüler. Insofern hat sich die berufliche Fähigkeit von Lehrer/innen letztlich daran zu bemessen, wie groß qualitativ und quantitativ der Lernfortschritt ist, den eine Lehrperson bei seinen Schüler/innen auslöst. Die Einbeziehung des Lernfortschritts der Schüler/innen als Indikator für Lehrerkompetenz hat jedoch Folgendes zu berücksichtigen:

- Die bislang vorliegenden Forschungsergebnisse zur Stärke des Faktors „Lehrer/in" bei der Erklärung der Lernleistungen von Schülerinnen und Schülern sind sehr uneinheitlich und kontextgebunden: Die Zahlen schwanken: Zwischen 3 % und 23 % Varianz der Leistungen der Schüler/innen wird durch den Faktor „Lehrer/in" erklärt (OECD 2005/6), wobei die Studien, die zu diesem Thema durchgeführt wurden, methodisch sowohl auf der Seite der „Schülerleistungen" wie auch auf der Seite des Faktors „Lehrer/in" sehr unterschiedlich angelegt waren und insofern kein wirklich überzeugendes einheitliches Gesamtbild erstellt werden kann (vgl. Tobe 2009).

- Zur unsicheren bzw. wenig eindeutigen Datenlage treten Unterschiede in der Bewertung hinzu: Es ist umstritten, ab welcher Effektstärke man nun den Faktor „Lehrer/in", in Relation zu anderen Determinanten von Schülerleistung, als bedeutsam einschätzt. Obwohl also der Faktor (!) „Lehrer/in" schwer zu isolieren und insgesamt vermutlich nicht der wirkmächtigste ist, konzentrieren sich viel Kritik, aber auch viel Hoffnung auf die Lehrkräfte als Personen (!) – weil es eben deren zentrale Aufgabe ist, Lernprozesse zu fördern. Hier wird hohe Verantwortung gesehen, vielleicht auch deshalb, weil viele andere Bedingungsfaktoren für Schüler-/Schulleistung (z.B. milieuspezifische Benachteiligungen bzw. Bevorteilungen) nicht so ohne weiteres änderbar sind bzw. erscheinen.
- Sicherlich ist der Zweck der Schule und der Arbeit der Lehrkräfte das Lernen der Schüler/innen. Da es jedoch keinen kausalen Nexus zwischen der Arbeit der Lehrpersonen und dem Lernen der Schüler/innen gibt und geben kann, sollte als das Ziel der Arbeit der Lehrer/in statt dessen die möglichst kompetente Bereitstellung von adäquaten bzw. möglichst optimalen Lerngelegenheiten (*opportunity to learn*) verstanden werden. Dies ist das Arbeitsprodukt bzw. Erfolgskriterium von Lehrerarbeit.
- Die Lernleistung bzw. die Lernzuwächse von Schüler/innen entstehen nicht durch die Arbeit eines Lehrers oder einer Lehrerin und auch nicht durch die Addition der Arbeit mehrerer Lehrpersonen, sondern sind komplex determiniert durch eine Vielzahl von äußeren, teils situationsnahen, teils situationsfernen Faktoren. Darüber hinaus entstehen sie durch von Schülerinnen und Schülern selbst vollzogene Strukturbildungsprozesse. Das bedeutet: Sobald man über die Ebene von Wissenszuwachs in definierten Inhaltsbereichen hinaus zu qualitativ anspruchsvolleren bzw. höherwertigen Lernarten übergeht, ist es schwierig, den Beitrag einzelner Lehrkräfte zu identifizieren.

Völlig verfehlt ist es, wenn die Beurteilung von Lehrkräften zum Zweck der Personalentwicklung zur Drohgebärde der Schulaufsicht wird bzw. so wahrgenommen wird oder aber lediglich als Deckmantel für dringend umzusetzende Sparmaßnahmen dient. Die Verfahren und Manuale der Beurteilung müssen bekannt sein, und die Ergebnisbildung sowie die Entwicklung von Konsequenzen müssen ebenfalls transparent sein.[3] Ebenso müssen grundlegende Fairnessregeln eingehalten werden, etwa indem der jeweilige soziale Kontext einer Klasse bzw.

---

3 Keinesfalls darf durch Regularien und auch nicht durch informelle Praxisabsprachen festgelegt sein, wie viele gute und wie viele schlechte Lehrkräfte in welchen Noten- oder Punktegruppen es in einer Region denn amtlicherseits wohl nur geben darf. Dies wurde in der bayrischen Schulaufsicht offen kommuniziert.

einer Schule berücksichtigt wird (vgl. dazu Jürges & Schneider 2007). Ist dies nicht gewährleistet, entwickeln sich nämlich *gerade nicht* die Motivation und Kompetenz des Personals, sondern umgekehrt der Widerwille, die Lustlosigkeit und am Ende die informelle Obstruktion. Wenn Personalentwicklung Teil von einzelschulischer Selbstentwicklung sein soll, so kann sie keineswegs als Fortsetzung obrigkeitsstaatlicher Verwaltung mit anderen, modernen Mitteln und Sprachregelungen aus Personalmanagement und *governance*-Konzepten durchgeführt werden.

Die ablehnende Haltung und der Protest der Lehrerschaft zu solchen Vorgaben sind sehr gut nachzuvollziehen. Allerdings muss der folgende pikante Widerspruch auch gesehen werden: Mit dem vorgesehenen Beurteilungsmodus trifft die Lehrerinnen und Lehrer das, was sie selbst den Schüler/innen bedenkenlos zumuten! Oder anders: Die Lehrerinnen und Lehrer protestieren einerseits gegen die Anwendung eines Verfahrens auf sie selbst, welches sie andererseits schon immer oder immer noch wie selbstverständlich auf Schüler/innen anwenden: die stillschweigende Orientierung an der Idee einer „normalen" Verteilung von Leistung.

3.3 Personalqualifizierung

Die Gewinnung von geeignetem Personal ist natürlich nur der erste Schritt zu einem umfassenden Personalmanagement – und derzeit leider häufig auch nur der einzige. Vor allem im Grundschulbereich gibt es kaum Aufstiegsmöglichkeiten. Nicht ohne Grund hat man den Lehrberuf ja als einen Beruf ohne Karriere gekennzeichnet. Unter arbeitswissenschaftlichen Gesichtspunkten ist dies sicherlich eine unbefriedigende Situation. Personalbeurteilung wäre der zweite Schritt. Durch sie wird eine Ausgangsbasis für den dritten Schritt geschaffen: die kontinuierliche *Weiterqualifizierung* des Personals. Solange eine solche Personalbeurteilung nicht stattfindet, muss die Weiterqualifizierung letztlich immer ohne ein brauchbares Fundament bleiben.

In allen Stellungnahmen zur Situation des Lehrerberufs und zur Weiterentwicklung der Lehrerbildung insgesamt wird das kontinuierliche Bemühen um Aufrechterhaltung und Weiterentwicklung der beruflichen Fähigkeiten von im Dienst befindlichen Lehrkräften als zentrale Aufgabe benannt: Nach Universität und Vorbereitungsdienst ist das Lernen im Beruf, ist kontinuierliches *teacher development* als „dritte Phase" der Ausbildung von Lehrer/innen anzusehen. Zu unterscheiden ist die *Fortbildung* von Lehrpersonen von der *Weiterbildung* von Lehrpersonen: Erstere richtet sich auf die Aufrechterhaltung und Aktualisierung der Qualifikation *im Rahmen der gegebenen Funktion;* die Weiterbildung von

Lehrpersonen dagegen zielt auf Qualifizierung für *die Übernahme neuer Funktionen*. Im Folgenden geht es um Fortbildung von Lehrpersonen, also um die Aufrechterhaltung und Aktualisierung der Qualifikation in der je aktuellen Funktion. Innerhalb der Lehrerfortbildung sind unterschiedliche Formen von zentraler bis hin zu dezentraler Fortbildung denkbar; seit einem Jahrzehnt ist eine deutliche Tendenz zu dezentralisierten, arbeitsplatznahen, von den Betroffenen zu einem großen Teil selbst initiierten schulnahen Fortbildungsstrategien zu erkennen (vgl. Fussangel, Rürup & Gräsel in diesem Band).

Einige punktuelle Daten über die Verbreitung und Intensität von Lehrerfortbildung seien an dieser Stelle genannt:

- In Deutschland wurden 2002 durchschnittlich 190 EUR pro Lehrkraft für die Lehrerfortbildung ausgegeben. Nach Schätzung der Bund-Länder-Konferenz nehmen 30 – 40 % der Lehrer/innen an Lehrerfortbildung teil (iwd 2005).
- In sechs Bundesländern liegen formelle Personalentwicklungskonzepte für die Schule vor, die unterschiedlich ausgerichtet sind. Evaluationsberichte liegen nicht vor (Meetz 2007, S. 154).
- Arbeitsplatznahe und fachbezogene Fortbildung, die auf die Veränderung des Wissens zielt, ist effektiver und kostengünstiger als zentralisierte Formen. Direkt auf Veränderung des Handelns zielende Fortbildung (*coaching*) ist eine vergleichsweise wirksame, aber zugleich äußerst aufwändige Form.
- Im Bundesland Nordrhein-Westfalen hat im Durchschnitt jeder Lehrer/jede Lehrerin 3,2 Tage an Lehrerfortbildung teilgenommen; 60 % der Schulen haben schulinterne Lehrerfortbildungen durchgeführt.
- Bei einer Befragung von zwanzig Gymnasien in NRW zeigte sich, dass Schulleitungen sehr viel mehr Personalentwicklung in ihren Schulen sehen als Mitglieder des Lehrkörpers.
- Die Wirkung von Lehrerfortbildung auf die innerschulische Arbeit wird im Rahmen einer auf Nordrhein-Westfalen bezogenen Evaluationsstudie („Fortbildungsbericht 2002") von den Teilnehmenden recht hoch eingeschätzt.

Ein großes Problem der Fortbildung von Lehrpersonen ist die Frage der Wirksamkeit und Nachhaltigkeit (zur Forschungslage vgl. Lipowsky 2004; umfassend Bessoth 2007). Es wird nicht hinreichend deutlich, ob, wie und in welcher Weise etwa die individuelle Teilnahme an freiwillig gewählten Fortbildungsmaßnahmen sich auf das berufliche Handeln des oder der Teilnehmenden auswirkt. Ebenso wenig ist deutlich, ob und in welcher Weise es irgendeine Form der

Nachhaltigkeit dieser individuellen Fortbildungsaktivität innerhalb des Kollegiums gibt. Vielfach scheinen individuelle Fortbildungen schnell zu verpuffen. Ganz entscheidend ist, dass Fortbildungen innerhalb des Kollegiums, aber auch zwischen Schulen im Rahmen von regionalen Bildungsnetzwerken weiter vermittelt werden. Schulentwicklung und Personalentwicklung sind erst miteinander verknüpft, wenn als Teil von Schulentwicklungsplänen auch *Fortbildungspläne* erarbeitet werden, in denen niedergelegt ist, wer wann in welchen Bereichen fortgebildet wird. Dies korrespondiert zu der Idee, dass in Kollegien sehr wohl unterschiedlich ausgerichtete Kompetenzen und Spezialisierungen vorhanden sein sollten.

Auf der Basis von Personalbeurteilungen und anderen Rückmeldungen sollte es möglich sein, in bestimmten Problemfällen spezifische, problembezogene Fortbildung zur Pflicht zu machen. Fortbildung ist generell zunächst immer auf die unterrichtliche (didaktisch-methodische) Kompetenz zu konzentrieren – wobei die Bezugnahme auf die jeweiligen Unterrichtsfächer besonders wichtig ist (West & Staub 2003); ist sie hierauf gerichtet, erfährt sie die beste Akzeptanz und hat eine höhere Nachhaltigkeit. Den Teilnehmenden sollte deutlich werden, dass – entgegen einem weit verbreiteten Vorurteil – mit Schulentwicklung und der Verbesserung der Zusammenarbeit im Kollegium nicht automatisch und kontinuierlich immer nur Mehrarbeit verbunden ist. Im Wesentlichen haben sich solche Kooperationsformen bewährt und Akzeptanz gefunden, die der einzelnen Lehrperson bei ihrer Arbeit nützlich sind, die ihm Vorteile bringen, das heißt die Arbeit erleichtern und die Belastung reduzieren.

Die Bedeutung von kontinuierlichem Lernen im Beruf herauszustellen bedeutet natürlich auch, dass Schulen die Möglichkeit haben müssen, ihre Fortbildung zu intensivieren. Konkret ist damit eine entsprechende Versorgung der einzelnen Schulen mit hinreichenden Lehrerstellen beziehungsweise Lehrstunden gemeint, die es dann auch erlaubt, dass ein hinreichend großes Zeitdeputat für die Umsetzung von Fortbildungsplänen eingesetzt wird. Auf Seiten der Geldgeber und der Schulaufsicht setzt es etwa die Bereitschaft voraus, die Rahmenbedingungen hierfür zu schaffen. Personalentwicklung ist gerade nicht eine Sache jeder einzelnen Lehrkraft; Personalentwicklung ist eine Sache „des Betriebs".

Die im Vorangegangenen erläuterten Elemente der Personalentwicklung – Personalrekrutierung unter (Mit-)Verantwortung der Schulen, kontinuierliche Personalbeurteilung und damit die Verdeutlichung und Kommunikation von Kompetenzunterschieden, Weiterbildungspläne und Pflicht zur Weiterbildung, Einführung leistungsabhängiger Gehaltselemente – berühren Traditionen, Gewohnheiten und sicherlich auch *Tabus* der hergebrachten Berufskultur der Lehrerinnen und Lehrer. Angesichts der aktuellen Bildungs- und Schuldebatte und eben auch aufgrund objektiv feststellbarer Probleme in den Schulen ist es jedoch notwendig, manche fest gefügte und lieb gewonnene Berufstradition, manches selbstlegitimatorische Klischee, manche nach außen gerichtete immunisierende Selbstmystifikation des Berufsstandes kritisch zu hinterfragen und zu überwinden. „Wenn diese Tabus nicht angefochten werden, ist zu befürchten, dass sich zwar das Reden über Schulen und in Schulen ändert, aber die Schule selber nicht" (Rolff 1999, S. 8).

4 Schluss

Die pädagogische Weiterentwicklung von Schulen und die kontinuierliche Pflege des Faktors „Lehrpersonal" ist möglich, wird aber nur dann gelingen, wenn die beteiligten Institutionen und Personengruppen das Ganze als eine komplexe Netzwerkdynamik verstehen und sich an die Maxime halten, dass diese nur gemeinsam und als ein kontinuierlicher Prozess zu organisieren ist. Allerdings: Gemeinsamkeit lässt sich nicht verordnen, und gemeinsame Anstrengungen auf unsicherem und unbekanntem Terrain schließen auch Meinungsverschiedenheiten über die richtige Richtung und Konflikte über berechtigte und unberechtigte Interessen mit ein.

Hierauf muss gesondert hingewiesen werden, weil im Bildungsdiskurs generell und innerhalb der unendlichen Schuldebatte speziell ja vielfach stabile Konfliktlinien, rücksichtslose Interessenpolitik, problematische Grenzüberschreitungen und blitzschnelle Rollen- und Positionswechsel zu beobachten sind: Manchmal hat man den Eindruck, dass Bildungspolitiker/innen und Bildungsadministrator/innen die Schule zu ihrem Besitz erklären – ein Besitztum, das mit einem immer größeren Apparat und einer immer größeren Regulationsdichte überwacht und kontrolliert werden muss, insbesondere natürlich dort, wo man mehr Selbstständigkeit gewährt. Aber auch auf der Gegenseite, also von Lehrer/-innenverbänden jeder Couleur, hört man Botschaften, die den Eindruck erwecken, als ob die Schule nur erfunden worden sei, damit es den Lehrberuf gibt und es diesem gut geht. Eltern denken naturgemäß immer nur zuerst an ihr Kind – und die Elternverbände an ihre Klientel. Bildungsforscher/innen fühlen sich zu Recht eher dem System der Wissenschaft bzw. der Erkenntnisbildung verpflichtet als dem Handlungsbereich Schule. Alle diese *stakeholder* erwarten Problemlösungen – von den jeweils anderen. Diese Akteur/innen handeln also *innerhalb einer Arena* voller weiterer, engagierter und energischer Interessent/innen und Konkurrent/innen. Das Ganze geschieht zudem *vor Publikum*, genauer: vor konstant einseitigen, periodisch aufgeputschten und teilweise bewaffneten Zuschauerfraktionen, die gerne auch als Mitspieler/innen in der Arena agieren. Das eigentliche Problem aber ist: Es gibt keine klare Grenze zwischen Arena und Tribüne.

Martin Bonsen

Schulleitungshandeln

1 Veränderte Aufgaben der Schulleitung im Mehrebenensystem Schule

Schulleitung ist kein neues Thema, schließlich gehört der Schulleiter seit jeher zu den zentralen Steuerungsbeamten im Schulsystem (aufgrund der historischen Bedeutung von Frauen in diesem Amt, ist die männliche Form an dieser Stelle ausnahmsweise und mit Bedacht gewählt). Der Schulleiter steht dem Kollegium vor, bildet die Schnittstelle zur Schulaufsicht und hat eine zentrale Funktion im Modell der bürokratischen Steuerung. Der Funktions- und Aufgabenradius der Schulleitung wird traditionell in Schulgesetzen festgelegt (Hintz u.a. 2001): Ihr obliegt in der Regel die Verantwortung für die Erziehungs- und Bildungsarbeit an der Schule, für die sachgerechte Umsetzung von Rechts- und Verwaltungsvorschriften und Konferenzbeschlüssen sowie die innere und äußere Ordnung des Schulalltags. In der angesprochenen Schnittstellenfunktion ist die Schulleitung verantwortlich gegenüber der Schulaufsicht, dem Schulträger, dem Kollegium und gegenüber den Eltern und Schüler/innen. Für das der Schule zugewiesene Personal ist die Schulleitung bislang zwar – aufgrund unterschiedlicher Regelungen in den verschiedenen deutschsprachigen Schulsystemen – nicht immer Dienstvorgesetzter, doch meist in vorgeordneter Position mit beschränktem Weisungsrecht. Das traditionelle Rollen- und Aufgabenverständnis der Schulleitung fasst Schratz (1998, S. 93f.) pointiert zusammen:

> „Eine gut funktionierende Schule war bislang diejenige, die als bürokratische Organisationseinheit nach der Vorgabe übergeordneter Kenn- und Grenzwerte klaglos arbeitete. Als Schulleitung bewährte sich vorwiegend, wer ein guter ‚Befehlsempfänger' und ‚-weitergeber' mit dem Ziel einer reibungslosen Verwaltung von Schule war. Die Rahmenbedingungen der zentral gesteuerten Schule waren klar (das ist hierarchisch) strukturiert und über den Verordnungsweg ‚von oben nach unten' reguliert."

In dem Maß, wie neue Steuerungsvorstellungen Raum greifen, wird die alte Form des „Schulhausvorstehers" obsolet, und neue Schulleitungsaufgaben werden formuliert. Mit dem Begriff der Schulleitung kann in diesem Beitrag mithin nicht ein neues Steuerungselement oder ein neuer Steuerungsakteur bezeichnet werden. Vielmehr gilt es ein reformiertes Verständnis der Rolle und Funktion der Schulleitung im Gesamtzusammenhang neuer Steuerungsvorstellungen im Bildungswesen nachzuzeichnen.

1.1 Die Schulleitung als Akteur im Mehrebenensystem

Um die neuen Anforderungen an Schulleitung in diesem Zusammenhang zu verstehen, ist es hilfreich, sich den Mehrebenencharakter der Steuerung im Bildungswesen vor Augen zu führen. Alte wie neue Steuerungsmodelle gehen in der Regel von einer Struktur anordnender, umsetzender und kontrollierender Ebenen mit eingeschlossenen Umsetzungs- und Handlungsfreiräumen aus. Es lassen sich *drei Ebenen* unterscheiden, die sowohl im etablierten System der bürokratisch verfassten Steuerung, als auch nach wie vor in reformierten Steuerungskonzepten relevant sind (Gerstenmaier 2002, S. 155):

- Auf der *Makroebene* erfolgt eine grundlegende und übergreifende Steuerung des Bildungssystems durch Gesetze, Verordnungen und Weisungen. Traditionell lässt sich die Makroebene als Spitze einer Pyramide verstehen, in der Steuerungsprozesse von oben nach unten reguliert werden („top-down-Steuerung").
- Die *Mesoebene* bilden Einrichtungen, die jeweils einen institutionellen Rahmen für planmäßigen Unterricht bieten. Im Rahmen eines staatlichen Schulwesens betrifft dies die Ebene der Einzelschule. Innerhalb der Organisation Schule nimmt die Schulleitung eine nicht immer spannungsfreie Vermittlungs- und Kontrollposition zwischen Administration und Kollegium der Einzelschule ein. Die Einzelschule kann in ihrer Besonderheit auch als eine „Organisation in der Organisation" (Osterwalder & Binder 2007, S. 618) verstanden werden.
- Die *Mikroebene* wird von „pädagogischen Handlungsorganisationseinheiten" (Osterwalder & Binder 2007, S. 619) gebildet, in denen unter der Bedingung pädagogischer Gestaltungsautonomie von Lehrerinnen und Lehrern initiierte Prozesse stattfinden. Die Gestaltung von Unterricht gilt als nur begrenzt von der Makroebene steuerbar, weshalb alternative Steuerungsansätze besonders auf die Mesoebene fokussieren und dort der nur losen Kopplung des Systems (Weick 1982) durch Kooperation und Zielvereinbarungen entgegen zu wirken suchen (Lortie 1975; Terhart 1995).

In der Unterscheidung dieser drei Ebenen wird bereits angedeutet, dass von der obersten Ebene nur begrenzt bis zur pädagogischen Handlungsebene der Lehrkräfte „durchgesteuert" werden kann. Die Zielgenauigkeit von auf der Systemebene erlassenen Interventionen stellt Rolff (2002) unter Bezugnahme auf systemtheoretische Annahmen in Frage:

> Wie und ob überhaupt das Subsystem, in das interveniert wird, eine entsprechende Intervention verarbeite, entscheide dieses zu einem Großteil selbst. Die Hoffnung, über externe Intervention innerschulische Entwicklung zielgerichtet steuern zu können, entspringe demnach eher einer „Steuerungs-Illusion" (Rolff 2002, S. 79).

Nach Fend (2006a) sind die Gestaltungsebenen und Verantwortungsebenen zwar systematisch aufeinander bezogen, jedoch geschieht dies nicht linear, sondern in der komplexen Verknüpfung verschiedener Handlungsebenen. Vorgaben werden in mehreren hierarchisch organisierten Stufen umgesetzt und je nach Handlungsbedingungen „vor Ort" spezifiziert. Innerhalb der hierarchisch-bürokratischen Struktur des Bildungswesens handeln die Akteure demnach in je spezifischer Art und Weise gemäß ihren Wahrnehmungen, ihrer Verantwortungsbereitschaft und ihren Fähigkeiten. Schließlich entstehen auf den verschiedenen Ebenen des Bildungswesens jeweils eigene Handlungsaufgaben, die wiederum eigene Handlungsinstrumente und Kompetenzen erfordern. Für jede Handlungsebene (Ministerium, Schulaufsicht, Schulleitung und Gesamtkollegium, Fachgruppe und einzelne Lehrkraft) werden die übergeordneten Ebenen zu Umwelten des Handelns, welche die Adaption an die jeweils ebenenspezifische Umwelt des Handelns beeinflusst und mitbestimmt. Betrachtet man das Bildungssystem unter dieser Perspektive, so lässt sich die Realität des Unterrichts allein aus den rechtlichen Festlegungen und institutionellen Strukturen nur unzureichend ableiten. Das Handeln auf den verschiedenen Ebenen ist in den jeweils übergeordneten Ebenen zwar eingebettet, jedoch ist es auch geprägt von der Selbstreferenz und den Interessen und Ressourcen der Handelnden.

In der Praxis muss die Schulleitung administrative und politische Vorgaben zwar umsetzen, dabei wird sie diese aber in der Regel den örtlichen Besonderheiten anpassen, wobei sie gleichzeitig auf den Konsens mit dem Kollegium angewiesen ist und gemeinsam mit den Lehrkräften die in Lehrplänen und Vorgaben formulierten Bildungsintentionen an die Bedürfnisse und Fähigkeiten der Schülerinnen und Schüler anpassen müssen. Sie setzen dabei nicht einfach nur um, was „von oben" angeordnet wurde, sondern passen alle Vorgaben den jeweiligen Handlungsbedingungen vor Ort an. Für die Akteure auf Schulebene bedeutet dies, dass sie über Handlungsspielräume verfügen, die gestaltbar sind. Genau diese Gestaltungsspielräume werden in neuerer Zeit im Rahmen von Modellvorhaben und Reformen erweitert.

1.2 Dezentralisierung von Managementaufgaben

Seit mehr als einem Jahrzehnt gibt es in Folge der skizzierten Überlegungen in den deutschsprachigen Schulsystemen eine intensive Diskussion über teilautonome Schulen und schulische Selbstständigkeit, in deren Fokus die Erweiterung des Entscheidungskorridors auf der Mesoebene steht. Dabei ist die Diskussion nicht neu, schon im Jahr 1973 empfahl der deutsche Bildungsrat in einem Gutachten unter Federführung von Helmut Becker die „verstärkte Selbstständigkeit der Schule". Ansätze zur praktischen Realisierung dieser Empfehlungen ließen jedoch mehr als 25 Jahre auf sich warten und erfolgten in Deutschland im internationalen Vergleich sehr spät (Bellenberg u.a. 2001; Klafki 2002; Klemm 2005; zu den Entwicklungen in Österreich und der Schweiz vgl. den Beitrag zu „Schulautonomie" in diesem Band). In mehreren deutschen Bundesländern erhalten Schulen inzwischen nicht nur das Angebot erweiterter Selbstständigkeit, sondern sie werden sogar zur aktiven Gestaltung verpflichtet. Sie sollen nun als Handlungseinheit Entscheidungen, die bisher von oberen und mittleren Ebenen der Schulpolitik und -verwaltung verantwortet wurden, dezentral treffen. Die zentralen Merkmale der nun entstehenden „selbstständigen" oder „teilautonomen" Schule sind eine autonomere Personalrekrutierung, Budgetierung, die Öffnung zeitlicher und inhaltlicher Vorgaben für die pädagogische Arbeit sowie die Betonung von Qualitäts- und Schulprogrammen (Klemm 2005). Diese Merkmale der Schulen in erweiterter Selbstständigkeit lassen erkennen, dass innerhalb der Schule neue und vielfältige (Management-)Aufgaben zu erfüllen sind.

Die Schulleitung erhält im Prozess der Implementierung neuer Steuerungsvorstellungen, dies offenbart auch der international vergleichende Blick, vermehrte Entscheidungskompetenzen, aber auch mehr Verantwortung für den zielgerichteten und effektiven Einsatz von Ressourcen (Cheng 1996). Das konkrete Aufgabenprofil der Schulleitung lässt sich jedoch international nur schwer vergleichen, da viele Schulsysteme traditionell andere Steuerungs- und Governanceformen kennen. Entsprechende „school boards" (Pont u.a. 2008, S. 87ff.) sind im bürokratischen System bislang in Deutschland nicht vorgesehen, weshalb die Verlagerung von Kompetenzen hierzulande direkt an die Schulleitungen in Person erfolgt. Welche konkreten Aufgaben in neuen Steuerungsmodellen erweiterter Selbstständigkeit von Schulen an die Schulleitung übertragen werden, zeigt das Beispiel des Nordrhein-Westfälischen Modellvorhabens „Selbstständige Schule NRW". Die in Nordrhein-Westfalen in diesem Reformprojekt umgesetzte Erweiterung der Kompetenzen der Schulleitung lässt sich im Kern auch in weiteren Bundesländern beobachten. Das „Kompetenzprofil für Schulleiterinnen und Schulleiter im Rahmen des Modellprojekts ‚Selbstständige Schule'" (MSKJ o.J.) erweitert das Aufgabenprofil um folgende Felder: Schulleiterinnen und Schulleiter ...

- tragen die besondere Verantwortung für die Entwicklung und Sicherung der Qualität schulischer und unterrichtlicher Arbeit.
- entscheiden eigenverantwortlich (jedoch im Rahmen der Beschlussfassungen der Schulkonferenz!) über Fragen der Unterrichtsorganisation und Unterrichtsgestaltung.
- stellen Personal ein.
- sind Dienstvorgesetzte der Lehrerinnen und Lehrer, haben in diesbezüglichen Entscheidungen jedoch die Mitwirkungsrechte der Lehrerräte zu berücksichtigen.
- entscheiden über die Bewirtschaftung ihres Schuletats im Rahmen erweiterter Budgets.
- sorgen dafür, dass der Grundsatz der Gleichberechtigung an der von ihnen geleiteten Schule umgesetzt wird.

Diese im Rahmen eines Modellprojekts realisierte Ausweitung des traditionellen Kompetenzprofils von Schulleitung verdeutlicht die Fülle von Entscheidungen, die nunmehr auf die Ebene der Einzelschule verlagert werden sollen. Der neuen „Kompetenz-" und daraus resultierenden „Machtfülle" der Schulleitungen, insbesondere im Bereich personalrechtlicher Entscheidungen, wird dabei eine gleichzeitige Neuakzentuierung von Mitbestimmungsrechten (beispielsweise durch die Einrichtung oder Neuverfassung eines Lehrerrats) gegenüber gestellt (z.B. MSKJ 2003).

1.3 Implizite und explizite Annahmen zur Wirksamkeit von Schulleitungshandeln auf die Effektivität der Einzelschule

Da die noch relativ zurückhaltend umgesetzte schulische Selbstständigkeit in Deutschland bislang noch kaum hinsichtlich ihrer Wirkungen auf die Schuleffektivität erforscht wurde – eine Ausnahme findet sich bei Holtappels, Klemm & Rolff (2008) –, lassen sich konzeptionelle Vorschläge zur Erforschung des Zusammenhangs von Schulleitungshandeln in erweiterter Selbstständigkeit und der Entwicklung von Schulqualität und Schuleffektivität vor allem im internationalen Kontext finden. Hilfreich ist in diesem Zusammenhang der Verweis von Wissinger (2007) auf die in Staaten wie den USA, Kanada, Australien, Neuseeland und Großbritannien etablierten Ansätze des „school-based-management" oder „site-based-management", eine Governanceform, die ebenfalls im Kern auf

Dezentralisierung und die Neujustierung der Aufgaben und Verantwortungen im Verhältnis von Staat und Schule abzielt. School- oder site-based-management setzen mit strukturellen Veränderungen bei der Reform schulischer Steuerung an und streben Effekte auf der Ebene der Einzelschule an. Diese reichen von einer Veränderung der innerschulischen Organisationsstruktur und -kultur über die Partizipation in Entscheidungsprozessen hin zur Verbesserung der Kooperation zwischen Lehrkräften und ihrer Arbeitszufriedenheit (Wissinger 2007, S. 112). Im Kern unterstellt die Governanceform des school-based-management, dass die Effektivität der Einzelschule steigt und sich – mindestens längerfristig – verbesserte Schülerleistungen beobachten lassen. Trotz der eher ernüchternden Ergebnisse der empirischen Überprüfung dieser Erwartungen (Fullan & Watson 2000; Leithwood & Menzies 1998a) wird auch in Deutschland die Forderung nach mehr schulischer Selbstständigkeit mit der Hoffnung auf einer Verbesserung der Schülerleistungen verbunden.

Auch die empirische Forschung zur Wirksamkeit von Schulleitung hat sich mit der Frage beschäftigt, ob überhaupt und wie die Schulleitung eine relevante Steuergröße für die Effektivität von Schulen darstellt und dabei das Leistungskriterium in den Mittelpunkt gerückt. Die mit der Schulleitung verbundenen Steuerungsvorstellungen wurden wiederholt, vorwiegend im angloamerikanischen Sprachraum, im Rahmen von großen, quantitativ ausgerichteten Leistungsstudien einer empirischen Prüfung unterzogen. Dabei wurde die Schulleitung in der Regel als wesentlicher Faktor effektiver Schulen betrachtet, zunächst jedoch ohne gleichzeitig potenzielle Einflussgrößen des innerschulischen Kontextes und der außerschulischen Rahmenbedingungen zu berücksichtigen. Im Zuge der Weiterentwicklung entsprechender Modelle wurde allerdings bald erkannt, dass eindimensionale Erklärungsmodelle den komplexen und vielschichtigen Phänomenen der Führung in pädagogischen Organisationen kaum angemessen sind (Bossert u.a. 1982, S. 38) und komplexere Wirkungsmodelle heran zu ziehen sind. In einer Sekundäranalyse quantitativ ausgerichteter Forschungsarbeiten zur Wirkung von Schulleitungshandeln haben Hallinger und Heck (1996) die unterschiedlichen Annahmen und Modellierungsversuche zur Wirkung von Schulleitung auf Schülerleistungen nach vier Modelltypen klassifiziert (Abb. 1). Im Wesentlichen unterscheiden sie Studien, die von einer direkten Wirksamkeit der Schulleitung auf die Leistungen der Schülerinnen und Schüler ausgehen, von solchen, die eher indirekte, das heißt vermittelte Effekte annehmen. Dabei zeigte sich, dass Modelle, die von einer direkten Beeinflussung der Schülerleistungen durch die Schulleitung ausgehen, empirisch nicht haltbar sind. Der Einfluss der Schulleitung auf die Entwicklung von Schülerleistungen lässt sich nur in komplexeren Modellen nachweisen, wobei die Schulleitung dann als *eine* Einflussgröße innerhalb eines Bündels von Faktoren betrachtet wird und verschiedene vorausgehende und moderierende Variablen gleichzeitig zu berücksichtigen sind.

Abbildung 1 Klassifizierung von Modellen zur Erforschung der Wirksamkeit von Schulleitungshandeln auf Schülerleistungen (nach Hallinger & Heck 1996, S. 732)

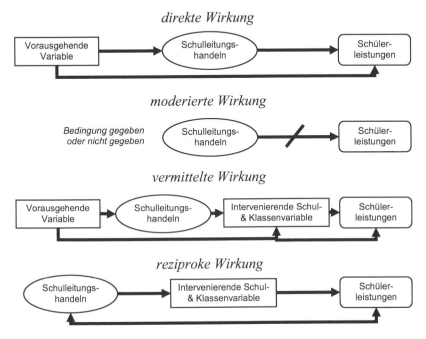

Die in der Abbildung skizzierten Modelltypen werden in der Forschungspraxis auf sehr unterschiedliche Art und Weise operationalisiert. Als Variablen zu *vorgängigen Bedingungen und zum schulischen Kontext* werden häufig der sozioökonomische Status und die Schulstufe, aber auch die Struktur des schulischen Einzugsbereichs, kommunale Rahmenbedingungen, regionale Unterschiede sowie demografische Merkmale erfasst. Die in verschiedenen Studien verwendeten *vermittelnden Variablen* lassen eine große Bandbreite erkennen, besonders bei Modellen, die eine Mehrebenensicht auf die Schule implizieren. Eine zentrale vermittelnde Variable mit konsistentem Einfluss auf die Schulleitung sind innerschulisch vereinbarte Ziele („school goals"), die allerdings je nach Studie unterschiedlich gemessen werden (z.B. als Konsens über Zielvorstellungen, als Vision, als Fokus oder als Aufgabe des Schulleiters, eine übergreifende Zielvorstellung weiterzugeben). Für Hallinger und Heck (1996) ist die Erfassung wichtiger

Kontextvariablen von Schule und Unterricht unverzichtbar, wenn man zu gültigen Aussagen über die Wirkung von Schulleitungshandeln gelangen möchte. Die Art und Weise, wie die Schulleitung nun genau Einfluss auf potenziell vermittelnde Variablen nehmen kann, um die Schuleffektivität zu erhöhen, ist in diesen Wirkungsmodellen noch nicht zu erkennen. Die inhaltliche Spezifizierung und damit verbunden die Möglichkeit zur Ableitung „technologischer Theorien" (Bortz & Döring 1995), mit denen man erhofft, wissenschaftlich fundierte Alternativen zu normativen und programmatischen Steuerungsvorstellungen zu erhalten, ist Gegenstand der empirischen Schulleitungsforschung und wird im nächsten Abschnitt dargestellt.

2 Empirische Studien zur Schulleitung

Die internationale Forschungsliteratur zum Zusammenhang zwischen Schulleitungshandeln und der Effektivität und Qualität der Einzelschule schöpft aus zwei unterschiedlichen Forschungstraditionen, der qualitativen Forschung auf Grundlage von Fallstudien und der quantitativen Forschung auf Grundlage von großen Stichproben (Leithwood & Riehl 2003).

Die empirische Evidenz aus Fallstudien belegt konsistent die Schlüsselfunktion der Schulleitung für Schulentwicklung und Schuleffektivität. Fallstudien aus unterschiedlichen Ländern und Kontexten gelangen immer wieder zum Schluss, dass Schulleitungen an erfolgreichen Schulen eine zentrale und wichtige Rolle spielen (Pont u.a. 2008, S. 33). Solche Fallstudien identifizieren in der Regel zunächst effektive Schulen (gemessen an Outputkriterien) und analysieren darauf aufbauend Merkmale der Schulleitung. Problematisch ist der Anspruch der Generalisierung von Fallstudienergebnissen.

Auf Seiten der quantitativen Forschung zur Schulleitung lässt sich eine erstaunliche Bandbreite feststellen. Hier gibt es beispielsweise Arbeiten zu Zusammenhängen zwischen der Schulleitung und Leitbildern und Zielen der Schule (Bamburg & Andrews 1991; Duke 1982), zwischen der Schulleitung und dem Schul- und Klassenklima (Brookover & Lezotte 1979; Griffith 2000), zwischen der Schulleitung und Einstellungen von Lehrkräften (Oakes 1989), zwischen der Schulleitung und dem Handeln von Lehrerinnen und Lehrern im Unterricht (Brookover & Lezotte 1979), zwischen der Schulleitung und der Unterrichtsorganisation in einer Schule (Bossert u.a. 1982; Oakes 1989) sowie Forschungsarbeiten zum Zusammenhang zwischen der Schulleitung und schulinternen Lerngelegenheiten von Schülerinnen und Schülern (Duke & Canady 1991; Dwyer 1986; Murphy & Hallinger 1989). Neben solchen Studien zum Zusammenhang von Schulleitung und schulischen Prozessvariablen hat die empirische Schulleitungsforschung sich auch mit Fragen der Schuleffektivität beschäftigt.

Die im vorausgegangenen Abschnitt thematisierten Modellvorstellungen zur Wirkung von Schulleitung auf Schuleffektivität finden in der Forschungsliteratur nicht zuletzt deshalb Beachtung, weil der empirische Nachweis einer Beeinflussung der Effektivität einer Schule durch das Handeln der Schulleitung lange Zeit nicht eindeutig ausfiel und auch noch heute diskutiert wird. So gelangen Witziers, Bosker und Kruger (2003) in ihrer Meta-Analyse zum Zusammenhang von Schulleitung und Schuleffektivität zu einer eher pessimistischen Schätzung. Sie finden mit einer über alle Studien hinweg berechneten Korrelation von $r=.02$ insgesamt einen weder statistisch noch praktisch bedeutsamen Zusammenhang zwischen Schulleitungshandeln und Schülerleistungen. Leithwood u.a. (2004) gelangen auf Basis einer Meta-Analyse zu dem Ergebnis, dass sich ein mittlerer Effekt der Schulleitung auf die Kompetenzentwicklung von Schülerinnen und Schülern finden lässt, der sich als Korrelation in einer Höhe von $r=.17$ bis $r=.22$ ausdrücken lässt. Zu einem ähnlichen Bild gelangt die Meta-Analyse von Marzano, Waters und McNulty (2005, S. 31f.), welche die von ihnen gefundene Korrelation von $r=.25$ als bedeutsamen Effekt der Schulleitung auf die Lernleistungen der Schülerinnen und Schüler interpretieren:

„The message is clear – the leadership behavior of the principal can have a profound effect on student achievement. We believe that our general finding of a .25 average correlation is compelling and should stir school leaders to seek ways to improve their leadership skills."

Die Betonung des Handelns von Schulleiterinnen und Schulleitern als zentrales Steuerungselement im Gesamtzusammenhang einer neuen Steuerung lässt sich demnach auch empirisch rechtfertigen.

2.1 (Ziel)-Führung und Evaluation

„Die einzigen Dinge, die sich in einer Organisation von selbst entwickeln sind Unordnung, Konflikte und Fehlleistungen." (Drucker, zit. nach Rolff 2006, S. 297). Wenig deutet darauf hin, dass neue Steuerungselemente wie Bildungsstandards, Kernlehrpläne, Schulinspektionen oder eben auch erweiterte Schulleitungskompetenzen direkt die flächendeckende Entwicklung der Einzelschulen zur Folge haben. Erfahrungen aus der Schulpraxis zeigen, dass Innovationsstrategien und Projekte in Schulen sehr wohl ressourcen- und zeitintensiv, jedoch letztendlich ohne erkennbaren gegenseitigen Bezug betrieben werden können und sich dann durchschlagende Veränderungen auf Schulebene oder gar eine Verbesserung der Unterrichtsqualität kaum feststellen lassen.

Schulentwicklung erfordert in diesem Verständnis die intentionale und systematische Integration und Koordination vielfältiger Entwicklungsbemühungen sowie deren Fokussierung auf Faktoren der Qualität und der Effektivität der Schule. Komplementär zur Etablierung neuer Steuerungselemente auf der Makroebene, müssen daher auf der Mesoebene Zielführung, Integration und Sinnstiftung erfolgen. Diese Funktionen werden im Allgemeinen unter den Begriffen Führung oder Leadership behandelt (Bonsen 2003; Dubs 2006a).

In der selbstständiger werdenden Schule kann *Führung* als zielgerichtetes und zweckmäßiges Leitungshandeln verstanden werden, das auf die Mitwirkung aller Lehrkräfte ausgerichtet ist und, in Anlehnung an die humanistische Grundhaltung der Organisationsentwicklung (Becker & Langosch 1995; French & Bell 1994), sowohl eine hohe Qualität der schulischen Arbeit („Effektivität") sichern, als auch allen Beteiligten möglichst hohe Zufriedenheit und Wachstumschancen („Humanisierung") bieten soll. Eine zentrale Führungsaufgabe ist nach Dubs (2006a) die langfristige Orientierung der Gestaltung und Entwicklung der Schule. Führung lässt sich in diesem Zusammenhang als Gruppenfunktion verstehen, die gemeinsame Bemühungen auf ex ante definierte grobe Ziele orientiert. Für die Schulleitung umfasst dies vor allem sinngebende und integrierende, aber auch ermöglichende und motivierende Tätigkeiten. Schulleiterinnen und Schulleiter erfüllen in der Schule somit klassische „Schlüsselaufgaben des Managements" (Malik 2001, S. 171ff.): Sie müssen (1) für Ziele sorgen, (2) organisieren, (3) entscheiden, (4) kontrollieren, messen und beurteilen und (5) die Selbstentwicklung von Menschen fördern.

Im deutschsprachigen Kontext wurde die Bedeutung von Zielführung und Innovation durch die Schulleitung auf empirischem Weg im Rahmen einer explorativen Studie zum Schulleitungshandeln an guten und weniger guten Schulen (Bonsen u.a. 2002b) evident. In dieser Untersuchung wurden Lehrer/innen-Einschätzungen der Schulleitung an guten und verbesserungsbedürftigen Schulen verglichen, um herauszufinden, welche Handlungsdimensionen von Schulleitung eine besondere Bedeutung bei der Unterscheidung erfolgreich und weniger erfolgreich arbeitender Schulen haben. Mit Hilfe der statistischen Methode der logistischen Regression wurde dabei untersucht, ob die Zugehörigkeit einer Schule zu jeweils einer von zwei empirisch ermittelten „Qualitätsgruppen" („gute" oder „verbesserungsbedürftige" Gruppe; zur Identifikation dieser Gruppen vgl. Bonsen u.a. 2002a, S. 43ff.) durch Merkmale der Schulleitung statistisch vorhergesagt werden kann. Im Ergebnis besitzen in dieser Studie vier *Handlungsdimensionen der Schulleitung* prädiktive Kraft für die Schulqualität:

- zielbezogene Führung
- Innovationsförderung
- Partizipation in der Entscheidungsfindung
- Organisationskompetenz

Während zielbezogene Führung, Innovationsförderung und Organisationskompetenz positiv mit der Qualität der Einzelschule assoziiert sind, ist der Zusammenhang zur Dimension „Partizipation in der Entscheidungsfindung" differenziert zu betrachten. Hier zeigt die Studie einen negativen Effekt der Mitbestimmungsförderung durch die Schulleitung. Zwar deutet ein generell hohes Niveau der Mitbestimmungsförderung an allen Schulen der Untersuchung darauf hin, dass es wichtig ist, Lehrerinnen und Lehrer an Entscheidungen zu beteiligen. Allerdings erweist sich ein über den anderen Dimensionen liegendes Niveau in diesem Bereich als kontraproduktiv. Eine vorsichtige Erklärungshypothese hierfür wäre, dass je mehr Gewicht auf diesen Bereich gelegt wird, desto mehr Aushandlungsprozesse im Kollegium erforderlich werden. Da Kollegien in der Regel durch heterogene Ansichten und Vorstellungen bezüglich der Ziele schulischer Arbeit und deren Erreichung gekennzeichnet sind, schafft die Über-Betonung der Mitbestimmung mehr Raum für den Einsatz von Strategien und Taktiken schulischer Mikropolitik, wie sie Altrichter und Salzgeber (1996) beschreiben. Eine Zurücknahme der eigenen Führungsrolle durch den Schulleiter oder die Schulleiterin könnte demnach zu einer Verschärfung mikropolitischer Aktivitäten innerhalb des Kollegiums führen. Negiert der Schulleiter seine eigene Führungsfunktion und -rolle, so besteht die Gefahr, dass andere Akteure innerhalb des Kollegiums informelle Führungsfunktionen übernehmen. Diese Art der Führung erfolgt dann eher verdeckt, unkontrolliert und ist, im Unterschied zur Schulleitung in Person, in der Regel nicht durch ein Amt legitimiert. Aus diesem Blickwinkel heraus betrachtet, scheint in der Praxis die Frage weniger sinnvoll zu sein, ob Schulen überhaupt Führung brauchen, sondern eher, wer Führung ausübt und wie diese Führung legitimiert ist.

Das in den Analysen von Bonsen u.a. (2002b) entwickelte Modell deutet *insgesamt* auf ein stark führungsbetontes Bild von Schulleitung an guten Schulen hin. Diese Ergebnisse stehen im Einklang zum internationalen Stand der Schulleitungsforschung. Auch hier zeigt sich, dass erfolgreiche Schulleitungen der Umsetzung von Innovationen und gemeinsam getragenen Zielen einen hohen Stellenwert zumessen. Die Entwicklung von Zielen für die pädagogische Arbeit wird dabei allerdings immer auch im Zusammenhang mit Zielüberprüfung und Rechenschaftslegung betrachtet. Ein OECD-Bericht zur Situation der Schulleitung in verschiedenen Staaten kommt zum Schluss, dass die meisten Staaten in ihren Reformbemühungen diese Aufgaben der Schulleitung besonders betonen (Pont u.a. 2008):

- Strategische Führung und Zielentwicklung, u.a. mit Hilfe von Schulentwicklungsplänen (in Deutschland als Schulprogramm oder Qualitätsprogramm bezeichnet; vgl. Heinrich & Kussau in diesem Band), in welchen die spezifischen Notwendigkeiten der Situation „vor Ort" mit zentralen Vorgaben, in der Regel einem nationalen Curriculum, in Einklang gebracht werden,
- die Nutzung von Daten aus Leistungsvergleichen und Abschlussprüfungen zur Beobachtung der Entwicklung des schulischen „Outputs",
- Entwicklung einer Gruppe von Lehrkräften, die Kompetenzen im Umgang mit Daten, insbesondere der Interpretation und der Ableitung von konkreten Schlussfolgerungen für die pädagogische Arbeit besitzt.

Evaluation, im anglo-amerikanischen Sprachraum häufig auch als *assessment* bezeichnet, spielt im Rahmen neuer Steuerungsvorstellungen offenbar eine zentrale Rolle. Mit der Generierung und Nutzung von Daten – sowohl zu schulischen Prozessmerkmalen als auch zu realisierten Outputqualitäten – wird der Anspruch einer evaluationsbasierten Steuerung erhoben, die darauf abzielt, auf der Grundlage von mehr Wissen qualitativ gehaltvoller steuern zu können (Brüsemeister & Eubel 2008). Wenn Schulen die auf der Makroebene formulierten Rahmenvorgaben den auf der Mesoebene differenziert wirksamen Bedingungen anpassen, müssen sie die Wirksamkeit ihres Handelns schließlich anhand von Output-Daten überprüfen bzw. überprüfen lassen. Basiert die systematische Einzelschulentwicklung auf Daten, so kann die Schule gegenüber schulexternen und höheren Steuerungsebenen nachvollziehbar und transparent argumentieren und jederzeit Rechenschaft über die schulischen Arbeits- und Entwicklungsschwerpunkte ablegen. Die Nutzung von Monitoringdaten trägt dann dazu bei, die professionelle Verantwortlichkeit in ein harmonisches Gleichgewicht mit der Verantwortlichkeit des Staates zu bringen, indem ein System der Rechenschaft geschaffen wird (Liket 1995, S. 38ff.).

Die Rolle der Schulleitung ist in diesem Zusammenhang nicht empirisch erforscht; dokumentiert sind vornehmlich Anforderungen, die im Rahmen schulischer Evaluation durch die Schulleitung auszufüllen sind (z.B. bei Bonsen & Büchter 2005). Empirische Hinweise darauf, dass die Erhebung von Daten zum pädagogischen Output tatsächlich positive Effekte auf Ebene der Einzelschule haben können, finden sich bei Hanushek und Raymond (2004) sowie bei West u.a. (2005) für Schulen, die unter besonders herausfordernden Bedingungen arbeiten. Dabei deutet sich an, dass die Erhebung und Rückmeldung von Daten nur unter der Bedingung einer professionelle Zusammenarbeit zwischen Schulleitung und Lehrkräften dazu führt, dass die Einzelschule ihre pädagogischen Bemühungen tatsächlich enger an den spezifischen Bedürfnissen ihrer Schülerinnen und Schüler ausrichtet:

> „Several authors have argued that bureaucratic accountability needs to be complemented by ‚professional accountability' (...), i.e. the collaboration among professionals, both teachers and school leaders, to address student needs and to continuously improve their own practise." (Pont u.a. 2008, S. 51f.)

Im letztgenannten Zitat wird eine weitere Funktion der Schulleitung angedeutet. Im angesprochenen Kontext fällt ihr die Aufgabe zu, eine professionelle Auseinandersetzung mit Daten(-Rückmeldungen) im Kollegium zu ermöglichen und zu forcieren, womit die Aufgaben der Kooperationsforderung und Lehrerprofessionalisierung angesprochen sind.

2.2 Kooperative Arbeitsweisen und professionelle Entwicklung von Lehrkräften

Obwohl weiter oben gezeigt wurde, dass sogenannte „Schulqualitätsmerkmale", also Prozessmerkmale in Schule und Unterricht, mit dem Handeln von Schulleiterinnen und Schulleitern im Zusammenhang stehen und Forschungsergebnisse auf die Wirksamkeit eines insgesamt führungsbetonten Bildes von erfolgreichen Schulleitungen hindeuten, erscheint der konkrete Zusammenhang zwischen Schulleitungshandeln und der Entwicklung von Schülerleistungen bislang eher diffus. Es ist wenig plausibel, dass Schulleitungen die Kompetenzentwicklung von Schülerinnen und Schülern direkt fördern können, wenn sie nicht als Fachlehrer auch den Unterricht gestalten. Allerdings zeigen empirische Studien, dass Schulleiterinnen und Schulleiter durch ihr Leitungshandeln die Lernprozesse der Schülerinnen und Schülern als Gruppe dennoch beeinflussen können. Dies geschieht jedoch in erster Linie vermittelt über Interaktionen mit Lehrkräften und über eine gezielte Steuerung der Schulorganisation, also auf indirektem Wege (Hallinger u.a. 1996; Hallinger & Heck 1998). Eine indirekte Wirksamkeit der Schulleitung auf Schuleffektivität und Unterrichtsvariablen legt auch die weiter oben zitierte Studie von Bonsen u.a. (2002b, S. 316) nahe, die zeigt, dass ein positiver Einfluss auf die Kooperation zwischen Lehrerinnen und Lehrern ein probates Mittel ist, um andere Faktoren wie die Innovationsbemühungen auf Schulebene, aber auch mögliche Unterrichtsmerkmale zu beeinflussen.

In der Literatur zur Schulentwicklung wird die Lehrerkooperation als Grundlage für professionelles Lernen von Lehrerinnen und Lehrern in der Schule betrachtet. Rosenholtz (1991, S. 99ff.) zeigt, dass Schulen mit gemeinsam lernenden Lehrkräften ihre Schülerinnen und Schüler zu höheren Fachleistungen führen, als Schulen, in denen isolierte Arbeitsweisen zum Alltag gehören. Auf der Basis ihrer empirischen Daten unterscheidet sie *learning-enriched schools* und *learning-impoverished schools* (ebd., S. 87ff.), womit sie den Stand der Lehrerprofessionalisierung charakterisiert. Ein zentrales Merkmal der *learning-enriched schools* ist eine Kultur der Unterstützung und der gegenseitigen Hilfe (ebd., S. 55ff.). Auch andere Autoren betonen die Bedeutung kooperativer Arbeitsweisen im Kollegium als Notwendigkeit zur Überwindung der allzu losen Kopplung der Schulorganisation und somit als Schulmerkmal, das effektive Schul- und Unterrichtsentwicklung erst ermöglicht (Bryk u.a. 1999; Darling-Hammond 1997). Auch im Zusammenhang mit der im vorausgegangenen Abschnitt thematisierten Nutzung von Daten und Monitoring-Ergebnissen zu Evaluationszwecken ist die Lehrerkooperation eine wichtige Voraussetzung für die Weiterentwicklung der pädagogischen Arbeit. Leithwood u.a. (2006a) entwickelten ein Monitoring-System für Schuldistrikte und Einzelschulen, das explizit den Theorie- und Forschungsstand zum Konzept der *Professionellen Lerngemeinschaft* aufnimmt. In der Tat zeigen auch deutsche Erfahrungen, dass Nachhaltigkeit von Daten-Rückmeldeverfahren sich eher intermediär zwischen Meso- und Makroebene in Fachgruppen oder Fachkonferenzen entwickelt, als auf Ebene der einzelnen Lehrkraft (Peek 2006).

Insgesamt zeigt die empirische Forschung, dass unterrichtswirksame Schulleitung neben einer Betonung der Unterrichtsqualität im Kollegium vor allem an der Förderung der Lehrerkooperation und der berufsbegleitenden Professionalisierung ansetzt (Scheerens u.a. 2003). Pädagogisch wirksame Schulleitungen

- richten die Aufmerksamkeit in der Schule auf den Unterricht.
- werden in Unterrichtsfragen anerkannt und mischen sich ein.
- fördern unterrichtsbezogene Lehrerkooperation.
- fördern die Professionalisierung der Lehrerinnen und Lehrer.

Nach Pont u.a. (2008, S. 48f.) ist der Professionalisierungsgrad von Lehrkräften als wichtigster Einzelschul-Faktor von Schuleffektivität anzusehen. Schulleitungen müssen in diesem Zusammenhang Möglichkeiten kennen, wie sie Motivation, Leistungsfähigkeit und Arbeitsbedingungen der Lehrerinnen und Lehrer in ihrer Schule positiv beeinflussen können. Sie benötigen Zeit und Kompetenz zur Lehrerevaluation, Kompetenzen zur Abstimmung der Lehrerfortbildung mit den schulischen Zielen sowie Wissen über den Aufbau und die Förderung unterrichtsbezogener Lehrerkooperation (ebd., S. 64f.).

2.3 Delegation und verteilte Führung

Die veränderten Vorstellungen davon, was die Schulleitung in neuen Steuerungsmodellen an Aufgaben wahrzunehmen hat, führen unweigerlich zu einer Ausweitung des Tätigkeitskatalogs von Schulleiterinnen und Schulleitern. Ihre Position hat sich in Deutschland im Laufe der Jahre von der Lehrkraft mit Zusatzaufgaben zum Vorgesetzten mit zentralen Verantwortungen und Zuständigkeiten gewandelt und soll nun ein differenziertes und komplexes Aufgabenspektrum erfüllen, das kaum mehr als Einzelperson zu realisieren ist. Die Leitung einer Schule erfordert daher die Aufteilung von Führung auf unterschiedliche Funktionsträger und Kernteams (Rolff 2007). Diese Aufteilung wird im deutschsprachigen Raum vornehmlich unter dem Aspekt der Delegation von Aufgaben behandelt, wobei zwischen Führungs- und Handlungsverantwortung unterschieden wird (Dubs 2006a). Die Schulleitung delegiert einzelne (Führungs-)Aufgaben und bleibt für die richtige Führung der Delegation verantwortlich, während die Handlungsverantwortung auf den Delegationsnehmer übertragen wird. Die Lehrkraft, an welche eine Aufgabe delegiert wird, ist für die richtige Ausführung der Arbeit verantwortlich und muss die Schulleitung regelmäßig über den Fortlauf der Arbeit, insbesondere bei Unvorhergesehenem, informieren. Die Schulleitung ist bei dieser Form der Delegation nicht mehr direkt für die Handlung verantwortlich, sondern muss die Delegationsempfänger richtig ausbilden, auswählen und einsetzen. Sie muss die delegierte Arbeit koordinieren und ihren Fortgang angemessen kontrollieren – eine Führungsverantwortung, welche nicht delegierbar ist.

In einer ersten Untersuchung der Delegationspraxis an Schulen in erweiterter Selbstständigkeit zeigen Harazd u.a. (2008), dass Schulleitungen mit der erhöhten Selbstständigkeit der Einzelschule zahlreiche und vielfältige zusätzliche Aufgaben übernehmen und sie darauf mit zunehmender Delegation reagieren. Die befragten Schulleiterinnen und Schulleiter geben an, dass es ihnen schwer falle, „loszulassen" und den Fähigkeiten der Delegationsnehmer zu vertrauen. Die Ergebnisse zeigen, dass die Delegation von Führungsaufgaben zum einen ein vertrauensvolles Verhältnis zwischen Schulleitung und Lehrkräften, zum anderen Kompetenzen zur Erfüllung der delegierten Aufgaben auf Seiten der Delegationsnehmer voraussetzt. Die weiter oben angesprochene Professionalisierung von Lehrkräften ist somit auch als Grundlage für ein System der Delegation zu betrachten.

International zeichnet sich die Tendenz ab, weniger nach Wegen der Delegation von Führungsaufgaben zur Entlastung der Schulleitung in Person oder zur Förderung der Mitbestimmung zu suchen, sondern Führung in der Schule aus einer breiteren Perspektive zu denken. Hier werden unter verschiedenen Schlagwörtern ähnlich akzentuierte Konzepte diskutiert: *shared governance* (Blase & Blase 1999), *teacher leadership* (Leithwood & Jantzi 2000) oder *devolved leadership* (Portin 1998). Dass die Begriffe zuweilen sogar von denselben Autoren synonym genutzt werden, zeigt sich bei Harris und Chapman (2002), die die Begriffe *demokratische Führung* und *distributed leadership* für austauschbar halten. Aus ihrer Sicht geht es in beiden Konzepten darum, dass die Schulleitung Aufgaben und Verantwortung abgibt und mehr Gelegenheiten schafft, um Lehrkräfte an Entscheidungen teilhaben zu lassen.

Grundlegend für diese Sichtweisen ist die Annahme, dass die Führung weniger als Rolle, denn als *Funktion* zu verstehen ist. Führung ist nicht an eine Position oder ein Funktionsstelle gekoppelt, sondern kann von jedem Mitglied des Kollegiums auf jeder Ebene wahrgenommen werden, allein dadurch, dass es Einfluss auf andere Mitglieder ausübt (Leithwood & Riehl 2003). Spillane u.a. (2001) verdeutlichen anhand schulpraktischer Beispiele, wie sich Führung als Funktion auf verschiedene Akteure aufteilen kann. In einem Fallbeispiel beschreiben sie, wie drei Lehrkräfte einer Grundschule versuchen, aus den Ergebnissen eines standardisierten Leistungstests, Maßnahmen zur Verbesserung des Unterrichts abzuleiten. Die drei Lehrer diskutieren die Testergebnisse unter der Zielsetzung, konkrete pädagogische Maßnahmen zur besseren Förderung der Kinder und zur Veränderung des Unterrichts abzuleiten. Dabei führt ihr je unterschiedliches Wissen und ihre je persönliche Expertise im Austausch zu einem Prozess der Ko-Konstruktion. Das Teamergebnis ist schließlich mehr, als jede einzelne Lehrkraft hätte erreichen können. Das Beispiel verdeutlicht, dass sich *distributed leadership* im Zusammenhang mit aktuellen Konzepten zur datenbasierten Schulentwicklung als höchst effektiv erweisen könnte. So argumentiert beispielsweise Gronn (2002), dass *distributed leadership* besonders in Kontexten, in denen Entscheidungen aus (Evaluations-)Daten abgeleitet werden sollen, einen zentrale Rolle spielt; verteilte Führung ist für ihn ein effektiver Weg zum Umgang mit einer komplexen, daten- und informationsreichen Umwelt.

Die empirische Evidenz für eine Überlegenheit des *distributed leadership*-Ansatzes erscheint jedoch derzeit noch uneindeutig (Bennett u.a. 2003), allerdings deuten neuere Studien darauf hin, dass Führung dann besonders effektiv auf die Schule insgesamt und auf die Schüler/innen im Besonderen wirkt, wenn sie möglichst breit innerhalb der Schule verteilt ausgeführt wird (Pont u.a. 2008, S. 83). In ihrer qualitativen Studie zur Schulentwicklung unter besonders herausfordernden Bedingungen gelangen Harris und Chapman (2002) zum Schluss, dass erfolgreiche Schulleitung besonders mitarbeiter- und gemeinschaftsorientiert vorgeht. Hierbei sind nach ihren Beobachtungen fünf Strategien zentral:

1. Die Schulleitung lebt demokratische Führung vor, stärkt und motiviert die Lehrkräfte sich für die gemeinsame Vision der Schule einzusetzen,
2. sie delegiert Verantwortung und Entscheidungsmacht an Mitglieder der erweiterten Schulleitung oder eines „mittleren Managements" (z.B. eine Steuergruppe) und beteiligt und stärkt die Lehrkräfte darin, ebenfalls Führungsfunktionen zu übernehmen,
3. sie betreibt systematische Personalentwicklung und sieht hierin eine sinnvolle Investition in die Entwicklungskapazität der gesamten Schule,
4. sie entwickelt und pflegt die sozialen Beziehungen im Kollegium und
5. sie versucht durch gemeinsamen Dialog und offene Diskussion das Kollegium zu einer schulweiten Lerngemeinschaft zu entwickeln.

Wie man an dieser Aufzählung erkennt, betrachten Harris und Chapman *distributed leadership* als *eine* Dimension eines umfassenden schulischen Führungsmodells, das neben einer demokratisch verteilten Führung auch die Kommunikation eindeutiger Werte, klarer Erwartungen und transparenter Standards umfasst.

3 Resümee und Perspektive

Vergleicht man die normativen Steuerungsvorstellungen zur Schulleitung mit dem derzeitigen Stand der empirischen Schulleitungsforschung, so stellt sich ein komplexes und nahezu unüberschaubares Feld dar. Weder lässt sich eine umfassende Theorie der Schulleitung ausmachen, noch liegen Forschungsergebnisse vor, die über die Ausleuchtung von Fragmenten der sozialen Realität von Schulleitungen hinauszugehen vermögen. Diese Situation ist plausibel: Schulleitung „wirkt" nicht mechanisch und nach linearen, quasi naturwissenschaftlichen Gesetzmäßigkeiten, sondern entfaltet Wirkung nur in der Besonderheit und historischen Einmaligkeit einer spezifischen Situation.

Die nicht auf den Schulkontext begrenzte Führungsstilforschung zeigt, dass es nicht *den* optimalen Führungsstil oder *die* optimalen Führungseigenschaften gibt. Vielmehr besteht heutzutage Einigkeit darüber, dass die Anforderungen an effektives Führungsverhalten je nach Situation variieren. Insgesamt wurde durch die sogenannten Situationsansätze in der Führungsforschung beispielsweise das Verständnis des Führungsprozesses erheblich erweitert und allzu einfache Führungsempfehlungen wurden zunehmend zurückgedrängt (Schreyögg 1995). Allerdings bereitet auch die Einbeziehung von Situationsmerkmalen Probleme. Neben methodischen Schwierigkeiten, wie etwa der problematischen Operationalisierung relevanter Schulleitungsmerkmale und der schwierigen Erfassung von Effektvariablen, bleiben weitere Fragen unbeantwortet.

Versucht man das nahezu unüberschaubare internationale Feld der empirischen Forschung zur Schulleitung zu überblicken, so stellt sich schnell eine gewisse Orientierungslosigkeit ein. Was auffällt ist, dass qualitative Beiträge der Schulleitungsforschung in der Regel eher vorab formulierte Annahmen bestätigen und die Falsifikation von Hypothesen so gut wie nie vorkommt. Gerade die empirische Evidenz zur Wirkungslosigkeit erprobter Reformvorstellungen kann aber für die Praxisgestaltung äußerst hilfreich sein und dazu beitragen, Implementationsfehler schon während der Planung zu reduzieren. Wünschenswert wäre mit anderen Worten eine evidenzbasierte Steuerung auf der Makroebene, d.h. die Einbeziehung der Wissenschaft in die Planung von Reformen. Allerdings muss in diesem Zusammenhang der noch erhebliche Entwicklungsbedarf im Bereich der Theorie sowie des Einsatzes empirischer Methoden berücksichtigt werden. Viele Entscheidungen dürften in Ermangelung empirischer Evidenz nach wie vor auf eine normative Begründung angewiesen sein.

Betrachtet man die in Abschnitt 1.3 dargestellten Klassifizierungsmodelle zur Erforschung der Wirksamkeit von Schulleitungshandeln auf Schülerleistungen, so scheint diese allein auf Forschungslogik und Auswertungsstrategien zu fokussieren. Diese ausschließlich für die empirische Wissenschaft wertvollen Modelle müssen durch inhaltlich spezifizierte Modelle, welche die Explikation theoretischer Annahmen beinhalten, ergänzt werden. Erst wenn die Variable „Schulleitungshandeln" mit Inhalt gefüllt wird und verschiedene Handlungsalternativen theoretisch ableitbar verknüpft werden, kann es gelingen, Forschungsergebnisse mit einem höheren instruktiven Wert für Praktiker/innen zu generieren. Die im vorliegenden Beitrag zur Darstellung des empirischen Forschungsstandes genutzten Kategorien der Zielführung (einschließlich Evaluation), der Förderung kooperativer Arbeitsweisen und der Lehrer/innen-Professionalisierung sowie nicht zuletzt der Delegation und Verteilung von Führungsfunktionen innerhalb der Organisation Schule sollen Hinweise auf eine sinnvolle Strukturierung des theoretischen Feldes geben.

Hans-Georg Kotthoff & Wolfgang Böttcher

Neue Formen der „Schulinspektion": Wirkungshoffnungen und Wirksamkeit im Spiegel empirischer Bildungsforschung

In den deutschsprachigen Schulsystemen werden seit einigen Jahren mit einem – zumindest für deutsche Verhältnisse – relativ hohen Reformtempo neue Steuerungsinstrumente entwickelt und implementiert, die freilich in anderen Staaten bereits seit längerem zum etablierten Kern der „Governance"-Strukturen zählen. Dies gilt auch für die Einführung des Steuerungsinstruments der „externen Evaluation", die als „Schulinspektion", „Qualitätsanalyse", „Fremdevaluation" oder „Schulvisitation" oder ähnlichem firmiert. Auch wenn die Vielfalt der Bezeichnungen durchaus auf unterschiedliche Akzentuierungen der Schulinspektion in den jeweiligen Steuerungsstrukturen hinweist, so gibt es doch länderübergreifende Merkmale, die allen Schulinspektionskonzepten gemein sind und die auch in der folgenden grundlegenden Definition zum Ausdruck kommen:

> „Schulinspektion bedeutet Blick in oder auf Einzelschulen auf der Grundlage einer Zusammenschau vorhandener, intern und/oder extern gewonnener Daten. Die Inspektionen erfolgen meist auf der Grundlage von Verfahren mit wiederkehrenden Standardelementen, die in öffentlich zugänglichen Handbüchern beschrieben sind" (Maritzen 2008, S. 87).

Folgt man dieser recht weiten Definition, so sind damit wesentliche Merkmale der Schulinspektion benannt: Erstens konzentriert sich die Schulinspektion vornehmlich auf die Evaluation der Einzelschule. Dies bedeutet in den meisten Inspektionsmodellen auch, dass die Evaluationsergebnisse in erster Linie an die Einzelschule zurückgemeldet werden, die auf der Basis der aus den Evaluationsergebnissen abgeleiteten externen Entwicklungsimpulse Schulentwicklungsprozesse einleiten soll. Die Ergebnisse können darüber hinaus aber auch an andere Akteur/innen im schulischen Steuerungssystem zurückgemeldet werden und dann eine ähnliche Funktion wie andere Steuerungsinstrumente (z.B. zentrale Abschlussprüfungen, Lernstandserhebungen, Diagnose- und Vergleichsarbeiten) erfüllen, die als weitere Mosaiksteine in zunehmend komplexer werdenden schulischen Qualitätssicherungssystemen fungieren. Die Schulinspektion ist zweitens datenbasiert und standardisiert, das heißt sie stützt sich auf ausgewiesene Instrumente und Abläufe, die es erlauben, die Evaluationsergebnisse von Einzelschulen miteinander zu vergleichen. Drittens werden die Bezugsnormen der Schulinspektion, in der Regel in Form eines Orientierungsrahmens für Schulqualität, der eine Quasi-Theorie der „guten Schulen" repräsentiert, veröffentlicht. Durch die Veröffentlichung von Evaluationskriterien werden Erwartungen an die Qualität von Schulen und Unterricht formuliert, durch die das Steuerungsinstrument Schulinspektion zusätzlich eine normative Wirkung auf die Einzelschulen entfalten kann. Spätestens hier wird die Inspektion zum Instrument der Rechenschaftslegung.

1 Bedeutung und Genese der „Schulinspektion" in den deutschsprachigen Schulsystemen

Im Unterschied zu anderen europäischen Schulsystemen (z.B. England, Niederlande), in denen systematische Schulinspektionen schon seit Anfang der 1990er Jahre durchgeführt werden (vgl. Kotthoff 2003; van Ackeren 2003a; Böttcher & Kotthoff 2007), setzte die Entwicklung und Implementierung von Schulinspektionsmodellen in den deutschsprachigen Bildungssystemen relativ spät ein, verlief zudem recht unterschiedlich und hat demzufolge in Österreich, der Schweiz und in Deutschland eine jeweils unterschiedliche Bedeutung erlangt.

In Österreich scheint der Entwicklungsprozess bislang am wenigsten weit fortgeschritten zu sein. Im Unterschied etwa zum deutschen Bildungssystem, in dem seit geraumer Zeit in allen Bundesländern versucht wird, auszutarieren, wie die Einrichtung einer „Schulinspektion" den Aufgabenbereich der „Schulaufsicht" beeinflusst, scheint die österreichische Verwendung dieser beiden Begriffe noch nicht sehr trennscharf. In einem Rundschreiben des Bundesministeriums für Unterricht und kulturelle Angelegenheiten (BMUKA) vom 17.12.1999, das den auch derzeit noch gültigen, „aktuellen" Stand der Aufgaben der Schulaufsicht beschreibt und zum Teil noch nicht vollständig umgesetzt ist, ist abwechselnd von „Schulaufsichtsorganen" und „Landesschul- bzw. Bezirksschulinspektoren" die Rede. Darüber hinaus wird in diesem Dokument deutlich, dass österreichische Schulaufsichtsorgane ein sehr breites Aufgabenspektrum zu erfüllen haben, was neben den Aufsichtsfunktionen durchaus auch evaluative Aufgaben in Bezug auf die Einzelschule und die Lehrerschaft mit einschließt:

> „Unter Berücksichtigung der oben angeführten Kompetenzen umfasst der Tätigkeitsbereich des Schulaufsichtsorgans einerseits schulübergreifende Aufgaben, die in der mitwirkenden Gestaltung von Führung, Planung und Koordination, Organisa-

tions- und Personalentwicklung, in Qualitätsentwicklung, Beratung sowie Konfliktmanagement bestehen und andererseits die Inspektion der einzelnen Schule, die als pädagogische Handlungseinheit mit schulautonomen Entscheidungsspielräumen zu verstehen ist, sowie der Lehrer." (BMUKA 1999, III, S. 1)

Da auch die politische Ankündigung der österreichischen Unterrichtsministerin aus dem Jahre 2005, im österreichischen Schulwesen ein „neues Evaluierungs- und Controllingmodell (...) angelehnt an das Beispiel der Niederlande" (BMBWK 2005, S. 7) zu entwickeln, bislang noch nicht umgesetzt worden ist, bleibt für das österreichische Bildungswesen derzeit festzuhalten, dass eine „Schulinspektion" im oben definierten Sinne nicht existiert.

Allerdings gab es in jüngster Zeit eine Reihe von Entwicklungen bzw. Modellversuchen, die in die Richtung neuerer Tendenzen in der Arbeit der österreichischen Schulaufsicht weisen und die mittel- und längerfristig die Entwicklung eines Schulinspektorats wahrscheinlicher machen: So wurden drei Lehrgänge zur Weiterbildung der Schulaufsichtsorgane im Hinblick auf Evaluation vom Bundesministerium für Unterricht, Kunst und Kultur (BMUKK) in Auftrag gegeben und von Unterrichtswissenschaftler/innen umgesetzt. Im Bundesland Steiermark wurde ein Modellprojekt zur „Teaminspektion" durchgeführt, in dem bezirksübergreifende Teams von Schulaufsichtsorganen erprobt wurden (vgl. Steirischer Bildungsbericht 2005). Außerdem gibt es ein Projekt für die österreichischen Auslandsschulen, in dem das Konzept „Qualitätsrahmen plus Peer-Evaluation", das sich auf den hessischen Referenzrahmen stützt, eingeführt werden soll (vgl. Altrichter 2008b). Weitere Impulse zur Reform der aktuellen Schulaufsicht lieferte schließlich ein Rechnungshofbericht aus dem Jahre 2007, in dem die Schwächen der aktuellen österreichischen Schulaufsicht benannt und u.a. die folgenden Empfehlungen zur Optimierung der Organisation und Durchführung der Schulaufsicht gegeben wurden:

„Das BMBWK sollte (...)
[6] die gesetzliche Verankerung von Schulprogrammen als eines der Hauptelemente einer zielgerichteten Qualitätssicherung im Schulrecht anstreben und sowohl Schulen als auch Schulaufsichtsorgane mit diesem neuen Qualitätssicherungsinstrument vertraut machen;
[7] auf eine Standardisierung der Vorbereitung, Durchführung und Dokumentation der Schulinspektionen hinwirken" (Rechnungshof 2007, S. 146).

In der Schweiz haben die Bemühungen zur Entwicklung und Implementation einer Schulinspektion eine etwas längere Geschichte. Die notwendige Reform der Schulaufsicht wurde bereits seit Mitte der 1990er Jahre intensiv diskutiert (vgl. Dubs 1995) und führte im Kanton Zürich schon 1999 zu einem Pilotversuch zum Thema „Neue Schulaufsicht", der auch wissenschaftlich begleitet wurde (vgl. z.B. Binder & Trachsler 2002). In der Folge stand das Zürcher Qualitätssicherungsmodell (vgl. Bildungsdirektion des Kantons Zürich 2001) Pate für den Aufbau weiterer Qualitätssicherungssysteme in anderen Kantonen der Schweiz, so dass mittlerweile

> „fast alle deutschsprachigen Kantone (...) bereits über Pilotprojekte im Bereich der externen Schulevaluation [verfügen] und ca. zwei Drittel (...) davon [stehen], alle Schulen des Kantons periodisch und flächendeckend einer externen Evaluation zu unterziehen" (Brägger, Kramis & Teuteberg 2007, S. 69).

Auch wenn in den 26 Schweizer Kantonen durchaus Unterschiede in der Organisation und Durchführung der Schulinspektion erkennbar sind, so ist es doch angesichts der traditionell stark ausgeprägten Eigenständigkeit der Schweizer Kantone in der Bildungspolitik – mit Oelkers' Worten – „erstaunlich", wie weitgehend „die schweizerische Bildungspolitik offenbar bereit [ist], nationale Maßnahmen [sic] zur Qualitätssicherung abzustimmen" (Oelkers 2005, S. 153). Insbesondere in Bezug auf den Bereich der „externen Schulevaluation", wie die „Schulinspektion" in den deutsprachigen Kantonen heißt, haben sich Brägger u.a. (2007) zufolge mittlerweile Prinzipien und Standards wie die Transparenz und Akzeptanz des Vorgehens, der Beurteilungsschwerpunkte und der -kriterien herausgebildet, die von den meisten kantonalen Fachstellen für externe Schulevaluation unterstützt und aktiv umgesetzt werden (ebd., S. 85). Dieser ausgeprägte interkantonale Konsens bezüglich der Notwendigkeit und der leitenden Prinzipien der externen Schulevaluation ist nicht zuletzt auf die Aktivitäten und Initiativen der interkantonalen „Arbeitsgemeinschaft Externe Evaluation von Schulen" (ARGEV) zurückzuführen, die bereits 2002 gegründet wurde und deren Mitglieder sich intensiv über Fragen der Qualifizierung und Professionalisierung von Fachleuten für externe Evaluation und der Verfahrens- und Instrumentenentwicklung für die externe Schulevaluation austauschen (vgl. www.argev.ch).

Während offenbar über die Notwendigkeit einer „externen Schulevaluation" ein interkantonaler Konsens besteht, ist die institutionelle Verankerung dieser neuen Steuerungsinstanz zwischen den Kantonen durchaus unterschiedlich. Brägger, Bucher und Landwehr (2005) unterscheiden in der Schweiz zwischen vier Varianten der administrativen Einbettung der externen Schulevaluation: die „prozedural und organisatorisch selbstständige Verwaltungseinheit", die „prozedural selbstständige, aber organisatorisch eingebundene Abteilung", die „ausgelagerte, selbstständige operative Einheit" und die „interkantonale Kooperation" (vgl. ebd., S. 42). Grundsätzlich aber ist allen 26 Schweizer Kantonen gemein, dass sie versuchen, die „externe Schulevaluation" von der Schulaufsicht deutlich abzugrenzen:

> „Deutlich erkennbar ist in allen Kantonen der konzeptionelle Wille, die von der externen Schulevaluation beanspruchte Neutralität organisatorisch einzulösen. Wo dies mit neu errichteten (Dienst-)Stellen versucht wird, sind die Trennlinien zwischen Führung/Aufsicht/Controlling, Beratung und externer Schulevaluation offensichtlicher. Wo die externe Schulevaluation in zwar reorganisierte und neu definierte, aber bestehende Amtsstrukturen eingebettet wird, ist der Bedarf an geregelten Abgrenzungen zu benachbarten Funktionen besonders ausgewiesen. In kleineren Kantonen, in denen die Funktion der externen Schulevaluation umständehalber mit anderen Funktionen mehr oder weniger verknüpft bleibt, stellt sich die hochanspruchsvolle Aufgabe, notwendige und sinnvolle Grenzziehungen zwischen diesen Funktionen organisatorisch zu finden und im Berufsalltag einzulösen." (Brägger, Bucher & Landwehr 2005, S. 42)

Zusammenfassend lässt sich konstatieren, dass sich in der Schweiz – zumindest in den deutschsprachigen Kantonen – nach einem relativ späten Einstieg in die internationale Diskussion über die Notwendigkeit einer externen Schulevaluation innerhalb eines Jahrzehnts eine intensive Debatte über verschiedene Formen der externen Schulevaluation entfaltet hat, die in fast allen Kantonen zu wissenschaftlich begleiteten Pilotprojekten geführt hat, die wiederum in einer Mehrzahl der deutschsprachigen Kantone in gesetzlichen Verankerungen mündeten.

In Deutschland verlief die Entwicklung der Schulinspektion recht ähnlich: Auch hier setzte die Diskussion über Formen der externen Evaluation von Schulen – im internationalen Vergleich betrachtet – relativ spät ein. Bezeichnenderweise hieß es noch 1995 in der viel beachteten Denkschrift der Bildungskommission NRW *Zukunft der Bildung – Schule der Zukunft,* dass selbst der Gedanke, dass Schulen für die Ergebnisse ihrer Arbeit rechenschaftspflichtig sind, im deutschen Schulwesen vollkommen fremd sei:

> „Auch von außen werden die Schulen als Handlungseinheiten nicht systematisch evaluiert. Schulaufsichtliche Kontrolle findet in der Regel als punktuelle Einzelfallüberprüfung von Unterricht statt. Insgesamt ist die Vorstellung, dass die Einzelschulen eine ganzheitliche Verantwortung für die Ergebnisse ihrer Arbeit übernehmen und vor sich selbst und gegenüber befugten dritten Rechenschaft ablegen müssen, dem gegenwärtigen Schulsystem fremd" (Bildungskommission 1995, S. 158).

Gleichzeitig ist aber darauf hinzuweisen, dass erste Versuche, Formen der externen Evaluation von Schulen verbindlich in ein Bildungssystem einzuführen, bereits seit 1996 in Bremen zu beobachten sind. Folgt man dem Länderüberblick zum „aktuellen" Implementationsstand der Schulinspektion in den deutschen

Bundesländern, der von Bos, Holtappels und Rösner (2006) vorgelegt wurde, so hatten bis Ende 2005 alle Bundesländer bis auf das Saarland den Einstieg in die Inspektionsarbeit gefunden, wenngleich mit z.T. großen Unterschieden in Bezug auf die Verbindlichkeit, die Stichprobengröße und die Implementierungsstrategie (z.B. Praxisfeldphase, Pilotphase, Regelbetrieb) (ebd., S. 98ff.). Auch die institutionelle Verankerung der Schulinspektion variiert stark zwischen den Bundesländern: Die Schulinspektion liegt teils in der Verantwortung der jeweiligen Landesinstitute bzw. in speziellen Qualitätsagenturen innerhalb der Landesinstitute (z.B. Baden-Württemberg, Bayern, Nordrhein-Westfalen), teils bei selbstständigen Organisationseinheiten innerhalb des zuständigen Ministeriums (z.B. Hessen, Rheinland-Pfalz, Sachsen-Anhalt) oder innerhalb der zuständigen Behörden, Schulämter oder Kommunen (z.B. Hamburg, Thüringen).

Angesichts der im deutschen Schulwesen traditionell stark beachteten Rolle der Schulaufsicht (vgl. Burkard u.a. 1994; Rosenbusch 1994, 1997) überrascht es nicht, dass die durch die Einführung der Schulinspektion induzierte veränderte Rolle der traditionellen Schulaufsicht in den Bundesländern mit großer Aufmerksamkeit bzw. Skepsis verfolgt wird. „Man kann [nämlich]", wie Maritzen (2008) bemerkt, „die Einführung von Schulinspektionen auch als Antwort auf eine Krise der Schulaufsicht interpretieren", die darin besteht, dass schulaufsichtliches Handeln in Qualitätsfragen von „durchschlagender Wirkungslosigkeit" gekennzeichnet ist und dass es der traditionellen Schulaufsicht in Deutschland kaum gelungen ist, „den qualitativen Kern des Schulehaltens, d.h. Unterricht und Schulleben, in den Blick zu nehmen" (ebd., S. 88). Bei der Institutionalisierung der Schulinspektion in die Steuerungsmechanismen der Bildungssysteme der jeweiligen Bundesländer ist man daher bislang eher vorsichtig verfahren und hat Lösungen gefunden, die Maritzen als „eher konservativ" charakterisiert:

> „Die gegenwärtig in Deutschland in der Erprobung stehenden Inspektionsmodelle zeichnen sich eher durch konservative Lösungen aus, d.h. sie belassen Inspektionen im Verantwortungsbereich des Schulministeriums. Unterschiedlich weit gehen sie in der Frage der Institutionalisierung: Entweder wird Schulinspektion als neues, gleichsam professionelleres Verfahren einer Schulaufsicht konzipiert, die zwar zu neuen kooperativen Vernetzungen mit anderen Akteuren kommt, als solche aber in ihrer Zuständigkeit (Fach-, Dienst- und Rechtsaufsicht mit Kontroll- und Beratungsaspekten) nahezu unverändert bleibt (z.B. Schleswig-Holstein). In anderen Fällen kommt es zu neuen institutionellen „Kernen", die organisatorisch und personell getrennt von der Aufsicht agieren (z.B. in Niedersachsen und Brandenburg), obwohl sich ihr Personal zum Teil aus der Schulaufsicht rekrutiert oder die Anbindung an ministerielle Aufsichtsabteilungen erfolgt." (Maritzen 2008, S. 91)

Auch die gesetzliche Verankerung der Schulinspektion erfolgte im deutschen Schulwesen bislang sehr zurückhaltend. Wenn überhaupt, wird die Schulinspektion nach Maritzens Beobachtung „eher aus symbolischen Gründen im Schul- oder Schulverwaltungsgesetz genannt". Darüber hinaus hat sie im deutlichen Unterschied zur Schulaufsicht in der Regel kein Weisungsrecht gegenüber den Schulen (ebd., S. 92).

2 Wirkungsmodelle und „Wirkungshoffnungen" der Schulinspektion

Angesichts der im internationalen Vergleich relativ spät einsetzenden Entwicklung und Implementation von Schulinspektionsmodellen in den deutschsprachigen Bildungssystemen überrascht es nicht, dass auch die wissenschaftliche Beschäftigung mit dem Steuerungsinstrument „Schulinspektion" noch in den Anfängen steckt. In den deutschsprachigen Publikationen überwiegen mangels empirisch erhobener Befunde zudem eher „theoretische" Auseinandersetzungen mit der Schulinspektion, die darauf abzielen, unterschiedliche Schulinspektionstypen systematisch zu erfassen und/oder die sich mit unterschiedlichen Wirkungsmodellen des Steuerungsmodells Schulinspektion beschäftigen (vgl. Bos, Holtappels & Rösner 2006; Maritzen 2006, 2008; Böttger-Beer & Koch 2008).

Fragt man danach, welche Wirkungshoffnungen bzw. Steuerungsvorstellungen mit der Schulinspektion verknüpft werden, so kann in analytischer Hinsicht zwischen zwei Dimensionen unterschieden werden, die die Steuerung und Evaluation von Schulen grundsätzlich und somit auch das Steuerungsinstrument „Schulinspektion" betreffen und die, wie Strittmatter (2007) jüngst bemerkte, bereits 1990 von Nisbet identifiziert wurden. In der ersten Dimension, die auf die Frage nach den verantwortlichen Träger/innen bzw. Akteur/innen der Evaluation fokussiert ist, unterscheidet Nisbet zwischen der Evaluation als extern motivierter staatlich kontrollierter Rechenschaftslegung einerseits und der Evaluation aus internen professionellen Motiven andererseits. Während staatlich kontrollierte Rechenschaftslegung relativ abstrakt über die Verpflichtung des Staates zur Schulaufsicht bzw. zum Systemmonitoring und/oder mit mangelndem Vertrauen in die Kompetenz und das Berufsethos der Lehrerschaft legitimiert wird, geht die professionell kontrollierte Evaluation von der gegenteiligen Annahme aus, dass nämlich Lehrer/innen und Schulleitungen aufgrund ihrer Qualifikation und ihrer professionellen Kompetenz in besonderer Weise dazu befähigt sind, die Qualität ihrer Arbeit zu evaluieren und weiter zu entwickeln (vgl. auch Kogan 1986; Posch & Altrichter 1997).

In der zweiten Dimension unterscheidet Nisbet bezüglich der Funktion der schulischen Evaluation zwischen „Evaluation als Kontrolle" und „Evaluation als Entwicklung". Während die Kontrollfunktion der Schulevaluation darauf abzielt, Lernergebnisse und die Ergebnisse schulischer Entwicklungsprozesse zu messen und zum Zwecke der Soll-Sicherung Soll-Ist-Vergleiche anzustellen, dient die „Evaluation als Entwicklung" dazu, konkrete Verbesserungen in der schulischen Praxis einzuleiten und Schulentwicklungsprozesse im Sinne einer formativen Evaluation zu begleiten. Noch differenzierter ist die analytische Unterscheidung von Hopkins (1989), der zwischen „evaluation *of*", „evaluation *for*" und „evaluation *as* school improvement" differenziert (vgl. ebd., S. 27-28). Während „evaluation *of* school improvement" auf die Kontrolle bzw. Messung der Ergebnisse schulischer Entwicklungsprozesse abzielt, liegen „evaluation *for*" und „evaluation *as* school improvement" eher auf der anderen Seite des oben beschrieben Spektrums:

> „The sense of what is meant by evaluation *for* school improvement is perhaps best captured in the commonly understood phrase 'formative evaluation'. It is evaluation conducted for purpose of bringing about improvements in practice. The critical feature of this evaluation approach is that its prime focus is on facilitating change. (...) Evaluation *as* school improvement occurs best when the evaluation has an explicit school improvement purpose and the role of the evaluator and user are clearly linked. Here the evaluation and the school improvement is to all intents and purposes the same process as in some of the more developmental approaches to school self-evaluation." (Hopkins 1989, S. 27f.)

Fragt man nach den Wirksamkeitserwartungen, die mit der Schulinspektion in den deutschsprachigen Schulsystemen verknüpft werden, so ist festzustellen, dass Maritzens Fazit, der in Bezug auf die deutschen Bundesländer von einem „Funktionenmix" der Schulinspektion spricht (Maritzen 2006), in gewisser Weise auch für die Schweizer Kantone und – soweit Formen der Schulinspektion überhaupt existieren – auch für die österreichischen Bundesländer gilt. „Dieser Funktionenmix", so resümiert Maritzen,

> „kann als Hinweis darauf gewertet werden, dass hinsichtlich der mit Schulinspektion verbundenen Zielsetzungen gegenwärtig noch *erhebliche Unsicherheiten* bestehen. (...) Es scheint noch schwer zu fallen, Ziele, Funktionen und Leistungen der Schulinspektion differenziert zu beschreiben, begrifflich gegeneinander abzusetzen und im Konzert weiterer Maßnahmen zu spezifizieren" (ebd., S. 9).

Zu den Funktionen der Schulinspektion zählen gemäß Maritzen die Spiegel- oder Feedbackfunktion, die staatliche Qualitätssicherungsfunktion, die Unterstützungsfunktion für einzelne Schulen, die Impuls- und Katalysatorfunktion für die

Schulentwicklung und die Erkenntnisfunktion hinsichtlich der Wirksamkeit schulischer Arbeit (Maritzen 2008, S. 87). In analytischer Hinsicht lassen sich diese fünf Funktionen der Schulinspektion problemlos in die von Nisbet (1990) genannten Dimensionen einordnen.

Eine Weiterentwicklung der analytischen Betrachtung der Wirksamkeitserwartungen an die Schulinspektion stellen die Überlegungen von Böttger-Beer und Koch (2008, S. 254f.) dar. Demnach stehen sämtliche Evaluationsverfahren grundsätzlich in einem Spannungsfeld verschiedener Ziele bzw. Funktionen, die in der Praxis eng zusammenhängen. Auch die Ziele der externen Evaluation bewegen sich zwischen den vier Polen eines Spektrums, das durch die Begriffe (Qualitäts-)Entwicklung, Erkenntnis als Dienstleistung, Transparenz und Kontrolle gekennzeichnet ist. Je nachdem, welches Ziel bzw. welche Funktion in einem spezifischen externen Evaluationsmodell Priorität gewinnen soll, treten bestimmte Wirkungsmechanismen in den Vordergrund. Böttger-Beer und Koch unterscheiden in diesem Zusammenhang zwischen drei idealtypischen Wirkungsmechanismen von externen Evaluationen (vgl. Böttger-Beer & Koch 2008, S. 255):

1. Werden in erster Linie die beiden Ziele Kontrolle und Transparenz angestrebt, so ist der beabsichtigte Wirkungsmechanismus durch die Formel *Qualitäts-/Schulentwicklung über Wettbewerb* zu charakterisieren. Dieser Wettbewerb kann allerdings nur dann funktionieren, wenn die Ergebnisse der externen Evaluation veröffentlicht werden, wenn die Eltern zu allen Schulen freien Zugang haben und wenn die Schulen in hohem Maße selbstständig und eigenverantwortlich sind.
2. Werden die beiden Ziele Erkenntnis als Dienstleistung und Kontrolle prioritär gesetzt, so wird der beabsichtigte Wirkungsmechanismus als *Qualitäts-/Schulentwicklung über Konsequenzen* bezeichnet. Wenn das Ziel Erkenntnis als Dienstleistung für die Einzelschule im Vordergrund steht, wird die beabsichtigte Qualitäts- und Schulentwicklung durch Unterstützung angestrebt. Steht hingegen der Kontrollaspekt im Vordergrund, wird die Qualitäts- und Schulentwicklung in der Regel durch negative oder positive Sanktionen ausgelöst.
3. Werden die Ziele Erkenntnis als Dienstleistung und Transparenz angestrebt, so ist der Wirkungsmechanismus durch die Formel *Qualitäts-/Schulentwicklung über Einsicht* zu charakterisieren. In diesem Fall wird die externe Evaluation als Unterstützung bzw. Dienstleistung für die Einzelschule verstanden. Der Ergebnisbericht sorgt für Transparenz innerhalb der Schulöffentlichkeit und dient der eigenverantwortlichen Schulleitung als Basis für einzuleitende Qualitäts- und Schulentwicklungsmaßnahmen.

Durch welche Konzepte bzw. Schulinspektionsmodelle diese idealtypischen Wirkungsmechanismen der externen Evaluation in der Praxis umgesetzt werden, soll im folgenden Abschnitt anhand des englischen und des baden-württembergischen Schulinspektorrats analysiert werden, die sich in Aufbau, Inspektionsverfahren und „Wirkungshoffnungen" deutlich voneinander unterscheiden und die exemplarisch für die erste (*Qualitäts-/Schulentwicklung über Wettbewerb*) und dritte Wirkungsvariante (*Qualitäts-/Schulentwicklung über Einsicht*) der externen Evaluation stehen können.

3 Schulinspektionsmodelle im internationalen Vergleich

3.1 Schulinspektion in England: Steigerung von Schülerleistungen durch Wettbewerb

In England hat die Schulinspektion eine lange Tradition: Sie geht auf den „Althorpe Act" von 1833 zurück (vgl. Shaw u.a. 2003, S. 63). „Her Majesty's Inspectorate" wurde im Jahr 1870 gegründet. Mit dem *Balfour Act* 1902 ist die regelmäßige, periodisch durchgeführte Schulinspektion von weiterführenden Schulen ins Leben gerufen worden (vgl. Kotthoff 2003, S. 82). Bis 1976 wurden die Inspektoren überwiegend von den *Local Authorities* gestellt, deren Einfluss im Zuge eines stärkeren Bestrebens nach mehr zentralstaatlicher Kontrolle zunehmend schwand: Während mit den *Education Acts* von 1986 und 1988 die Einzelschule deutlich mehr Freiheit gewann (vgl. Kotthoff 2003, S. 82ff.; Bellenberg, Böttcher & Klemm 2001, S. 135ff.), erfuhr die Schulinspektion – gewissermaßen als Gegengewicht und Ausdruck staatlicher Kontrolle – einen Bedeutungsschub.

Die Motivlage für die mit der Schulgesetzgebung von 1988 besiegelte „Neue Steuerung" der englischen Schulen ist komplex. Die Entwicklung kann – anders als zum Beispiel in Deutschland – durchaus an eine Tradition einer relativ starken Eigenständigkeit englischer Schulen und einer herausgehobenen Rolle ihres Leiters anknüpfen (vgl. Kotthoff 2003, S. 91ff.). Die erhöhte Selbstständigkeit sollte Schulen mehr Freiheit geben, flexibler und schneller auf Anforderungen reagieren zu können. In der Annahme, dass Marktkräfte die Qualität verbessern, wurden den „Kunden" – also den Eltern – mehr Rechte, insbesondere Schulwahlrechte zugesprochen. Im Politikverständnis der freien Marktwirtschaft sollte die Konkurrenz zwischen den Schulen zu einer Erhöhung der Standards und der Effektivität der Einzelschule führen. Zudem, so die Vermutung, gingen eigenständige Schulen effizienter mit den Ressourcen um. Die Übertragung von

Verantwortung sollte auch bei Lehrpersonen zu gesteigerter Leistungsmotivation führen (vgl. ebd., S. 93).

Auf der anderen Seite erforderte die Autonomie eine verstärkte Rechenschaftspflicht der Einzelschule. Diese sollte aber nicht mehr bei der lokalen Schulaufsicht (LEA), sondern auf nationaler Ebene angesiedelt sein. Staatliche Aufsicht wurde durch kontrollierende Instrumente wie national verbindliche Curricula und standardisierte Leistungstests, aber eben auch durch Inspektion ausgeübt. Inspektionen wurden im Jahr 1992 (nach § 9 des „Education Act 1992") mit der Gründung von OFSTED („Office for Standards in Education"; seit April 2007 „Office for Standards in Education, Children's Services and Skills") zentralisiert. Eine Veröffentlichung der Inspektions- und der Testergebnisse erhöhte den Wettbewerbsdruck auf die Schulen. Dies auch deshalb, weil das englische Inspektionssystem ein ausgesprochenes „high-stakes-Verfahren" darstellt, das mit rigorosen Konsequenzen bis hin zur Schließung von Schulen reagiert, wenn Ergebnisse der externen Evaluation dauerhaft schlecht sind. An der Art und Weise, wie die Inspektionen konzipiert und durchgeführt wurden, gab es massive Kritik insbesondere auch aus Reihen der Lehrerschaft und ihrer Organisationen (vgl. z.B. Cheesmann 2007).

Seit der Entstehung von OFSTED wurde das System der Schulinspektionen – auch auf Grundlage empirisch gestützter Kritik – kontinuierlich überarbeitet (vgl. Bell 2004). Im Februar 2004 veröffentlichte OFSTED „The Future of Inspection" und schlug darin folgende Verbesserungen vor: Die Schulinspektionen sollten im Abstand von höchstens drei Jahren stattfinden und nicht wie bisher im Abstand von sechs Jahren. Um die Belastung für die Schulen gering zu halten, sollten die Inspektionen kürzer und präziser werden. Die Inspektionen sollten nicht mehr langfristig angekündigt werden, da sich gezeigt hatte, dass die Lehrkräfte dazu tendieren, bei einer frühzeitigen Ankündigung der Inspektion sich sehr intensiv darauf vorzubereiten, was eine zu große Belastung in der alltäglichen Arbeit darstellt. Außerdem sollte die Anzahl der Inspektionstage erheblich gekürzt werden (zwei Tage anstatt vier oder fünf Tage). Wie auch in der Vergangenheit sollen die Ergebnisse der Öffentlichkeit, im Besonderen den Eltern, zugänglich gemacht werden. Allerdings sollen die Berichte in Zukunft kürzer sein und klarere Informationen darüber enthalten, wie sich die Schule im Folgenden verbessern kann. Die Inspektion sollte durch Selbstevaluationen ergänzt werden. Das gesteigerte Vertrauen in die Professionalität der Lehrkräfte und Schulleitungen sollte sich in dieser Maßnahme widerspiegeln. Zu weiteren Prinzipien gehörte, dass

- der Fokus auf die Folgen und Ergebnisse (*Outcomes*) für die Kinder und Jugendlichen gelegt werden soll,
- es einen klaren Bezug zu den nationalen Leistungsindikatoren und den nationalen Standards geben und die
- Schüler- und Elternsicht einbezogen werden sollte.

„Vereinfachung" ist neben der Idee eines entwickelten Dialoges mit den Schulen der Kern der neuen Konzeption:

> „These changes (...) include simplification of the funding and support for school improvement, and simplification of the data collected from schools and communications with schools. This package of changes will allow a new relationship with schools that will reduce burdens on them and will unlock energy to raise standards." (Bell 2004, S. 4)

Im Juni 2004 veröffentlichte OFSTED in Zusammenarbeit mit der Regierung das Policy-Dokument „A New Relationship with Schools", welches sich eng an den Vorschlägen aus „The Future of Inspection" orientierte. Dies brachte weitere Entwicklungen ins Rollen, die schließlich im *Education Act 2005* mündeten und zu einer Reform der Schulinspektionen führten. Zur Verbesserung der Kommunikation mit den Schulen wurde mit der *Self-Evaluation Form* (SEF) ein geregeltes Verfahren der Selbstevaluation eingeführt. Die Förderung der Zusammenarbeit mit *School Improvement Partners*, die die Schulen im Rahmen von Einzelgesprächen unterstützen sollen, belegt ein gesteigertes Gewicht der Schulentwicklung gegenüber der Kontroll- und Rechenschaftsintention. Die Tatsache, dass im englischen Schulsystem in den letzten Jahren eine deutliche Neuakzentuierung der Schulinspektion in Richtung einer stärkeren Entwicklungsorientierung stattgefunden hat, wird auch dadurch bestätigt, dass OFSTED heute die Anhebung schulischer Standards und die Stärkung der Schulentwicklung als die zentralen Ziele der Inspektion definiert (vgl. OFSTED Report 2007). Die OFSTED-Inspektionen intendieren allerdings nicht nur dazu, dem einzelnen „Bildungsanbieter" zu helfen. Zu ihren intendierten Wirkungen gehört es auch, nationale und lokale Reformen auszulösen.

3.2 Schulinspektion in Deutschland: Schulentwicklung durch Einsicht – das Beispiel Baden-Württemberg

Auch wenn sich die Implementierung von Schulinspektionsmodellen in den deutschen Bundesländern in Bezug auf Zusammensetzung der Inspektorenteams, die Schnittstelle zur Schulaufsicht und den Grad der Institutionalisierung etc.

durchaus sehr variantenreich vollzieht (vgl. den Überblick bei Bos, Holtappels & Rösner 2006; Maritzen 2008), so ist doch in keinem Bundesland die detaillierte Veröffentlichung der schulbezogenen Inspektionsbefunde vorgesehen, die wiederum eine wesentliche Voraussetzung für den Wirkungsmechanismus „Qualitäts-/Schulentwicklung durch Wettbewerb" wäre. Vielmehr scheint sich in der Mehrheit der deutschen Bundesländer – wenn auch in sehr unterschiedlichem Maße – ein Trend abzuzeichnen, demzufolge Schulinspektionen eher als ein Unterstützungs- und Dienstleistungsangebot für die Schule verstanden werden, deren Erkenntnisse wirksam für die interne Schulentwicklung genutzt werden können bzw. sollen. In der analytischen Differenzierung von Böttger-Beer und Koch (2008) entspricht dies eher dem Wirkungsmechanismus „Qualitäts-/Schulentwicklung durch Einsicht", der im Folgenden am Beispiel der „Fremdevaluation" in Baden-Württemberg dargestellt werden soll.[1]

Obwohl die „Fremdevaluation" in Baden-Württemberg sämtliche Merkmale der einleitend definierten „Schulinspektion" (vgl. Maritzen 2008, S. 87) aufweist, wird hier der Begriff der „Fremdevaluation" verwendet. Die Selbst- und Fremdevaluation sind seit Ende 2006 verbindlich im baden-württembergischen Schulgesetz festgeschrieben. Nach Abschluss einer Pilotphase befindet sich die Fremdevaluation seit Beginn des Schuljahres 2008/09 in der Regelphase. Verantwortlich für Konzeption und Durchführung der Fremdevaluation ist das Landesinstitut für Schulentwicklung Stuttgart (LS). Das LS hat als Anstalt öffentlichen Rechts keine schulaufsichtliche Funktion, ebenso wenig wie die Fremdevaluator/innen, die selbst Lehrer/innen sind und als Mitarbeiter/innen an das LS abgeordnet werden.

Das baden-württembergische Fremdevaluationsmodell betont stark die Entwicklungsfunktion und wird als Unterstützung für die Schule verstanden:

„Die Fremdevaluation dient wie die Selbstevaluation vorrangig der innerschulischen Qualitätssicherung und Qualitätsentwicklung, ein Ranking der Schulen findet nicht statt" (Landesinstitut für Schulentwicklung 2007, S. 7).

Die in diesem Zitat ebenfalls angedeutete gleichwertige Bedeutung der schulischen Selbstevaluation im Konzept der baden-württembergischen Qualitätssicherung und -entwicklung zeigt sich auch darin, dass Selbst- und Fremdevaluation konzeptionell über einen gemeinsamen Orientierungsrahmen für Schulqualität

---

1   Die folgenden Ausführungen stützen sich auf die Ergebnisse der wissenschaftlichen Begleitung der Pilotphase Fremdevaluation in Baden-Württemberg, die zwischen 2007-08 von der Pädagogischen Hochschule Freiburg unter der Leitung von K. Maag Merki und H.-G. Kotthoff durchgeführt wurde (vgl. Kotthoff, Maag Merki & Lambrecht 2008 und Lambrecht, Kotthoff & Maag Merki 2008).

verbunden sind. Darüber hinaus wird – in deutlichem Unterschied etwa zur ursprünglichen Konzeption der englischen Schulinspektion (vgl. 3.1) – in Baden-Württemberg versucht, die Kontroll- und Rechenschaftsfunktion der Schulinspektion gegenüber ihrer Entwicklungsfunktion abzuschwächen. Dies zeigt sich vor allem an den folgenden Merkmalen: Die Ergebnisse der Fremdevaluation werden nur innerhalb der Schulöffentlichkeit diskutiert; eine darüber hinausgehende „Veröffentlichung" ist nicht geplant. Zwischen der „kontrollierenden" Schulaufsicht einerseits und der „beurteilenden" Fremdevaluation andererseits wird in organisatorischer und personeller Hinsicht strikt getrennt. Die Fremdevaluation beurteilt die Schule als Gesamtsystem, nicht jedoch einzelne Lehrpersonen. Die Ergebnisse von Schülerleistungen, zentralen Prüfungen oder Diagnose- und Vergleichsarbeiten werden in die schulische Beurteilung durch die Fremdevaluation nicht einbezogen. Das Konzept hat den Anspruch, sämtliche Daten zur Schulqualität über qualitative Verfahren zu gewinnen. Dies soll u.a. das Prinzip der Offenheit gegenüber den Besonderheiten der Schule garantieren (vgl. Landesinstitut für Schulentwicklung 2007).

Bezüglich der aus den Ergebnissen der Fremdevaluation resultierenden Konsequenzen ist im Konzept für die Pilotphase vorgesehen, dass der Evaluationsbericht der jeweiligen Schule übergeben wird, die diesen zusammen mit ihren selbst gesetzten Entwicklungsprioritäten an die Schulaufsicht weiterleitet. Auf der Basis dieses Berichts sollen dann zwischen der Schulaufsicht und der betreffenden Schule Ziele vereinbart werden, deren Realisierung wiederum in der Verantwortung der Schule bzw. der Schulleitung liegt. Eine weitere Stärkung der Position der Einzelschule im baden-württembergischen Fremdevaluationsprozess wird durch die Gewährung bestimmter Spielräume angestrebt. So können die zu evaluierenden Schulen:

- zwischen verschiedenen Evaluationsvarianten wählen;
- die Auswahl der Personen für Interviews und für die sog. „Beobachtung von Unterrichtssituationen" (BUS) zum Teil mitbestimmen;
- die Rangfolge der Bearbeitung der Empfehlungen festlegen;
- den Fremdevaluations-Bericht selbst an die zuständige Schulaufsichtsbehörde weiterleiten (vgl. ebd.).

Die grundsätzliche Entwicklungsorientierung der baden-württembergischen Fremdevaluation wird schließlich auch dadurch betont, dass das Qualitätsmanagement im Sinne einer „Metaevaluation" in der Pilotphase der einzige verpflichtende Qualitätsbereich war.

Seit Abschluss der Pilotphase sind allerdings Änderungen in Kraft getreten, die darauf hinweisen, dass die schulischen Spielräume eingeschränkt werden sollen. So können die zu evaluierenden Schulen zwar weiterhin selbstständig Evaluationsschwerpunkte setzen. Bestimmte Qualitätsbereiche wie „Qualitätsmanagement", „Unterricht", „Schulführung und Schulmanagement" sind allerdings obligatorisch geworden, während andere als Wahlpflichtbereiche definiert worden sind. Darüber hinaus ist auch die Weiterleitung des Fremdevaluationsberichts an den Schulträger für die evaluierten Schulen zur Pflicht geworden. Schließlich ist in diesem Zusammenhang darauf hinzuweisen, dass im Fremdevaluationsprozess auch inhaltlich-strukturelle Schulbereiche erfasst werden, d.h. es findet eine Verknüpfung von Meta- und Primärevaluation statt. Dadurch gewinnt neben der Entwicklungsorientierung eine weitere Funktion an Bedeutung, nämlich die „Implementationsfunktion":

> „Inspektionen orientieren sich an einem schulübergreifenden Qualitätsverständnis, das gegebenenfalls im Rahmen des Inspektionskonzepts durch Standards, Kriterien oder gegebenenfalls allgemein verbindlichen Indikatoren zur Beurteilung der Qualität der schulischen Arbeit konkretisiert wird. Steuernden Einfluss auf die pädagogische Arbeit hat externe Evaluation auf dieser Ebene durch den Transport dieser Standards bzw. Qualitätsvorstellungen." (Burkard 2005, S. 89)

Diese Implementationsfunktion kann als Subkategorie der Kontrollfunktion gesehen werden und unterläuft somit das „reine" Paradigma der Entwicklungsorientierung.

4 Akzeptanz und Wirksamkeit der Schulinspektion im Spiegel empirischer Bildungsforschung

4.1 Zur Akzeptanz und Wirksamkeit der Schulinspektion: empirische Befunde aus England

Obwohl in England der positive Effekt der Inspektion für die Schulentwicklung selbstverständlich unterstellt wurde, gab es in den 1990er Jahren wenig einschlägiges Wissen: „It may seem reasonable to link improvement and inspection, but research on the relationship was slight" (Shaw u.a. 2003, S. 64). Der strengste Maßstab für die Prüfung ihrer Effekte ist die Analyse der Schülerleistungen als Folge der Inspektion. Dies kann in England mittels der Ergebnisse von zentralen Prüfungen an inspizierten Schulen geschehen. Eine Reihe von Studien nutzte die Ergebnisse des GCSE-Examens (vgl. ebd., S. 65ff.). Es besteht aber das methodische Problem, leistungsrelevante Effekte tatsächlich der Inspektion zuzurechnen und nicht anderen Variablen. Diese Schwierigkeit lässt sich zum Beispiel daran verdeutlichen, dass seit 1988, also seit dem zentralen Reformgesetz zur „neuen Steuerung" der Schulen, die Anzahl der Schüler/innen, die in mehr als fünf Fächern gute Noten (A-C) erreichten, stetig gestiegen war (vgl. ebd.). Wirkungsstudien setzen deshalb mehrebenenanalytische Modellierungen voraus. Cullingford und Daniels (1999) untersuchten den Zusammenhang von Schulinspektion und Schülerleistungen derart, dass die allgemeine Entwicklung der Abschlüsse mit Hilfe von multidimensionaler Skalierung herausgerechnet wird. Sie verwendeten OFSTED-Daten von über 3000 Schulen, die zwischen 1992 und 1997 inspiziert wurden. Damit deckt die Untersuchung in etwa den ersten Untersuchungszyklus von OFSTED ab. Zusammenfassend stellten die Autoren fest, dass für die Mehrzahl der englischen Schülerinnen und Schüler kein positiver Einfluss auf die Ergebnisse in GCSE-Examen nachgewiesen werden konnte. Allenfalls leicht positive Effekte ließen sich für spezifische Populationen (z.B. Jungen in nicht-städtischen Gesamtschulen) und Schultypen (z.B. Mädchenschulen) zeigen (vgl. auch Shaw u.a. 2003, S. 68ff.).

Eine Untersuchung von Rosenthal (2001) kommt zu tendenziell noch stärker enttäuschenden Ergebnissen. Basierend auf einer Datenbasis der mittleren bis späten 1990er Jahre ergab die Studie für unterschiedliche Jahrgänge, dass Inspektionen signifikant negativ – allerdings mit nur kleiner Effektstärke – mit den im Jahr der Inspektion erbrachten Prüfungsleistungen zusammenhängen. Rosenthal führt als möglichen Grund an, dass die Vorbereitung der Schulinspektion viele Ressourcen binde, die ansonsten in den Unterricht geflossen wären (vgl. ebd., S. 13). Allerdings weist sie in ihrer Studie auch nach, dass es dann keinen signifikanten Zusammenhang mehr gibt, wenn Prüfungsleistungen des Schuljahres nach dem OFSTED-Besuch herangezogen werden. Rosenthal zufolge gibt es keine statistisch belastbaren Hinweise dafür, dass die Inspektion die Arbeit von Schulen derart verändert hat, dass nachfolgende Prüfungsleistungen signifikant besser ausfielen (vgl. ebd., S. 15f.).

Die Reaktionen auf OFSTED-kritische Studien fielen deutlich aus. Ein eigens eingesetzter Untersuchungsausschuss formulierte gewissermaßen als Benchmark: „The key test of effective inspection is the extent to which it enhances the education of the children" (Education and Employment Select Committee 1999, S. V). Weil solche Evidenzen fehlten, wurden Zweifel am Preis-Leistungs-Verhältnis der Arbeit von OFSTED geäußert (vgl. Shaw u.a. 2003, S. 64ff.; Rosenthal 2001, S. 5ff.).

Und dennoch: In der nachfolgenden Schulinspektionsrunde wurde trotz der Kritik ein ähnliches Instrumentarium verwendet. Im September 2005 wurde auf Grundlage des *Education Act 2005* (§ 5) zwar kein gänzlich neues System zur Schulinspektion eingeführt, aber alles in allem sind die Innovationen deutlich. Die Hauptelemente des modifizierten Systems waren häufigere Inspektionen mit kurzfristiger Ankündigung (mithin kürzere Zyklen), kürzere Inspektionen, kleinere Inspektionsteams, eine neue Art und eine größere Gewichtung der Selbstevaluation, ein einheitliches Rahmenwerk für Inspektionen aller Bildungsphasen und kürzere, genauere Berichte mit klaren Verbesserungshinweisen. Im Herbst 2005 wurden ca. 2000 dieser neuen *„section 5-inspections"* durchgeführt.

2005/2006 führte OFSTED eine interne Evaluation des neuen Systems durch (vgl. OFSTED 2006). Der methodische Ansatz war komplex. Neben Telefoninterviews wurden Schulbesuche durchgeführt, bei denen alle schulrelevanten Akteure zu Wort kamen, es wurden Qualitätsprüfungen der Inspektionsberichte zum Zwecke der Ergebnisabsicherung vorgenommen, die Analyse von Beschwerden oder Medienberichten arrondierten den Zugang. Auch wurde der *School Inspection Survey* analysiert, wobei bemerkt werden muss, dass diese Reportbögen, mit denen die Schulleitung nach der Inspektion Feedbacks geben können, einen mangelhaften Rücklauf hatten. Ein knapper Eindruck der Befunde soll hier zunächst genügen: Die Reaktionen auf die neue Inspektion waren überwiegend positiv, so waren z.B. neun von zehn Schulleiter/innen mit dem Inspektionsbericht zufrieden, und eine große Mehrheit stimmte mit den Aktionsplänen und den Verbesserungsvorschlägen der Inspektorinnen und Inspektoren überein. Man bescheinigte der Inspektion, dass sie viel weniger Stress und Arbeitsbelastung erzeuge als die alte Version. Die Studie beinhaltete auch einen Kostenvergleich. Die Kosten der Inspektionen umfassen sowohl die Durchführungskosten für OFSTED als auch die Kosten für die Schulen in der Vorbereitung und der Durchführung. Die Kostenschätzung ermittelte £ 9.300 für eine *section 5-Inspektion*, wogegen in der alten Variante eine Inspektion ca. £ 20.000 kostete (vgl. ebd., S. 10).

Im Frühjahr 2006 beauftragte das Office for Standards in Education die *National Foundation for Educational Research* (NFER) mit der externen Evaluation des reformierten Inspektionssystems. In den wesentlichen Punkten wurden die Ergebnisse der internen Evaluation durch OFSTED durch die Ergebnisse der externen Evaluation durch die NFER bestätigt (vgl. McCrone u.a. 2007). Die NFER-Untersuchung bestand aus quantitativen und qualitativen Teilstudien. Zu den Befunden gehört eine positive Rückmeldung auf die Selbstevaluation. Das Bearbeiten des SEF wird von einer großen Mehrheit als positiv empfunden: als Bestätigung für die schulinterne Evaluation und für Verbesserungspläne, als Impuls für einen anhaltenden Dialog innerhalb der Schule und als Antrieb für neue oder geplante Verbesserungen. Auch das mündliche Feedback ist offenbar von großer Bedeutung für die Schulen. 96 % der Befragten beurteilten es als sehr oder ziemlich nützlich. Bei einer Minderheit von Schulen wurde allerdings „großer Widerspruch" gegenüber den beim mündlichen Feedback angesprochenen

Ergebnissen geäußert – die meisten dieser Schulen erhielten die Bewertung befriedigend (vgl. ebd., S. iii).

Obwohl die Mehrheit der Befragten den Inspektionsbericht als hilfreich beurteilte, konnte ein Zusammenhang festgestellt werden zwischen der erreichten Note und der Beurteilung des Berichts: Je schlechter die Abschlussnote war, desto eher wurde der Bericht als weniger hilfreich eingestuft (vgl. ebd., S. iiiff.). Dieser Befund lässt durchaus die Hypothese zu, dass die Schwächen des Berichtes im Hinblick auf praktische Veränderungsaktivitäten insbesondere dann deutlich werden, wenn tatsächlich Hilfe nötig wäre. Diese Vermutung kann dadurch bekräftigt werden, dass der Bericht insgesamt weniger als Anstoß für Verbesserungen gesehen, sondern eher als Bestärkung für den Status quo oder für bereits geplante Verbesserungen betrachtet wurde.

Ein Report von OFSTED aus dem Jahr 2007 nimmt die Resultate beider empirischer Forschungen auf. OFSTED spricht von einer insbesondere durch partizipative Elemente zu verzeichnenden hohen Akzeptanz und Nutzung von Inspektionsbefunden. Die Einbeziehung der Inspizierten und ihrer vorherigen Arbeit fördere die Zufriedenheit und verbessere die Umsetzung der Evaluationsergebnisse in einen Schulentwicklungsprozess (vgl. OFSTED Report 2007, S. 2ff.):

- Das professionelle Wissen der Inspektorinnen und Inspektoren hilft Schulleiter/innen demnach dabei, ihre Arbeit in Zukunft besser unter dem Blickwinkel der Qualität wahrzunehmen und zu steuern und
- die Schulleiter/innen unterstützen Inspektor/innen dadurch, dass diese ihre Evaluation fokussieren könnten.

In dem Bericht werden die Ergebnisse zur Akzeptanz und Wirkung von Inspektionen, basierend auf zwei von OFSTED selbst in Auftrag gegebenen Studien (OFSTED 2006; McCrone u.a. 2007), wie folgt zusammengefasst:

Dialog Inspektor/innen – Schulleitung
- Der professionelle Dialog und das mündliche Feedback sind äußerst wichtig, damit Schulen Empfehlungen der Inspektion akzeptieren können und darauf aufbauend Veränderungen einleiten (vgl. OFSTED Report 2007, S. 12).
- Der Dialog mit Inspektorinnen und Inspektoren stimuliert nachfolgende Diskussionen und Reflexionen innerhalb der Schule (vgl. ebd.).
- Lehrkräfte nehmen das Feedback am Ende der Inspektion positiv auf: zu 69 % als „sehr hilfreich" [very useful] und zu 27 % als „hilfreich" [fairly useful] (vgl. ebd., S. 13).

Selbstevaluation
- Die Mehrzahl der Schulleiter/innen nimmt das angebotene Rahmenwerk zur Selbstevaluation positiv auf (vgl. ebd.).
- Wenn Inspektionen Ergebnisse der Selbstevaluation bestätigen, gibt dies der Schule Vertrauen in ihre eigene Urteilsfähigkeit und ist eine moralische Verstärkung. Die sei bedeutsam für die Einleitung von Schulentwicklungsprozessen (vgl. ebd.).

Entwicklungspotenzial durch Inspektion
- Schulen tendieren zwar dazu anzunehmen, dass Inspektionen lediglich Entwicklungspotenziale bestätigen und weniger neue Problembereiche aufdecken, dennoch bietet die Inspektion eine klare Entwicklungsagenda (vgl. ebd., S. 12).
- Auch wenn Ergebnisse lediglich bestätigt werden, helfen Inspektionen, Prioritäten zu setzen (vgl. ebd., S. 13).

Einstellung der Schulleitung zur Inspektion
- Die kommunalen Bildungsbehörden [*local authorities*] geben an, dass Schulleitungen die Inspektionen im Allgemeinen als gute Basis für Schulentwicklung sehen (vgl. ebd.).
- Die Mehrzahl der Schulleiter/innen, die sich an Befragungen beteiligt haben, gibt an, dass die Vorteile von Schulinspektionen die Nachteile überwiegen (vgl. ebd.).

Einfluss der Schulinspektion auf Schülerleistungen
- Die Messung des Einflusses von Inspektionen auf Standards, Schülerleistungen und andere *Outcomes* ist schwierig zu beurteilen, da viele Faktoren hierfür relevant sind und das Gewicht des Beitrages der Inspektion schwer zurechenbar ist (vgl. ebd., S. 14).
- Schulleiterinnen und Schulleiter benennen allerdings verschiedene schulinterne Faktoren, die für die Verbesserung der Leistungen der Schüler/innen wichtig seien und sich durch die Schulinspektion positiv entwickelt hätten. Dazu zählen Aspekte wie Anwesenheit, Benehmen, Curriculum und Lehrqualität (vgl. ebd.).

Kritik an Inspektion
Die beiden häufigsten Kritikpunkte an Schulinspektionen sind die detaillierten Berichte über die Leistungen von Schüler/innen [*Every Child Matters outcome*] und die Inkonsistenz oder Inflexibilität in der Datennutzung (vgl. ebd.).

Zusammenfassend wertet OFSTED, durch die stärkere Einbeziehung von Ergebnissen der Selbstevaluation und deren Diskussion im Rahmen der Schulinspektion werde die Akzeptanz der Schulinspektion gefördert. Die kurzfristigere Ankündigung von Inspektionen und die reduzierte „Papierarbeit" seit 2005 helfe Schulen, den Aufwand zu reduzieren. Die „neuen" Inspektionen sind laut OFSTED-Bericht stärker an Schulentwicklung orientiert. Dies gelte insbesondere für die Entwicklung des schulischen Selbstbewusstseins, die Fähigkeit, sich selbst richtig einzuschätzen und ihre eigenen Prioritäten zu setzen bzw. zu modifizieren (vgl. OFSTED Report 2007, S. 14). Besonders im Fall „schlechter" Schulen wird die Notwendigkeit deutlich, durch Systeme der Beobachtung und Unterstützung sowie durch Seminarangebote ein besseres Verständnis für Handlungsbedarf zu erzeugen und Möglichkeiten für Problemlösungen aufzuzeigen.

Bezogen auf Schulen, denen die Inspektor/innen eine inadäquate Qualität attestierten und die als *„special measure"* Schulen bezeichnet werden, urteilt OFSTED:

- Die Arbeit von OFSTED hilft diesen Schulen: Von den 242 Schulen, die im Schuljahr 2004/05 in die Kategorie „special measures" fielen, schafften 93 % eine signifikante Verbesserung (vgl. ebd., S. 17). 60 % stiegen nicht nur in die Kategorie „befriedigend", sie stiegen sogar in die Kategorie „gut" auf (ebd., S. 18).
- Die von OFSTED angebotenen Monitoring-Besuche und Entwicklungsseminare werden von den Schulen mehrheitlich als effektive Methode gesehen, eine Basis für einen Aktionsplan zu entwickeln. In einer Studie, bei der 188 Schulleiter/innen befragt wurden, gaben drei Viertel der Befragten an, dass diese Maßnahmen sinnvoll sind. Bezüglich der Seminare geben vier von fünf Schulleiter/innen an, dass diese „gut" oder „hervorragend" sind (vgl. ebd., S. 16).
- An denjenigen Schulen, die bei der Re-Inspektion die Kategorie der „schlechten" Schulen hinter sich gelassen haben, geben die Schulleiterinnen und Schulleiter an, dass das Monitoring-System eine zentrale Rolle für ihren Erfolg gespielt hat (vgl. ebd., S. 17).

Von den schlechten Schulen, die zwei Jahre nach der Re-Inspektion nochmals inspiziert wurden, erreichten die meisten eine bessere Bewertung. 15 % der als nicht zufriedenstellend bewerteten Schulen allerdings blieben problematisch. Von diesen Schulen wurden 23 geschlossen, 16 Schulen gaben immerhin Anlass, ihnen einen Aufschub zu gewähren (vgl. ebd., S. 18).

Soweit wir Einblick gewinnen konnten, fehlen Studien, die den Zusammenhang von Inspektion und GCSE-Examen mit neueren Daten untersuchen. Das mag damit zu erklären sein, dass die Implementation der *section 5-Inspektionen* noch in einem frühen Stadium ist und Aussagen über die Wirkung und den Einfluss auf mögliche Schulverbesserung auch gar nicht erwartbar wären. Dennoch benennt OFSTED Anhaltspunkte, an denen der Einfluss der Inspektion – wenn auch nicht in strengem Sinne gemessen, aber dennoch – abgelesen werden kann:

- Die Entwicklung einzelner Schulen von einer zur nächsten Inspektion,
- der Grad der Verbesserung gemessen an der Selbstevaluation,
- die Wahrnehmung der Schulleitungen, der Beschäftigten, der Eltern und der Schüler/innen sowie
- die positive Entwicklung der großen Mehrzahl „besorgniserregender" Schulen.

Die Effekte der Schulinspektion gehen freilich weit über die interne Entwicklung von Schulen hinaus. Die Einführung von Inspektionen und ihre Bedeutung verändern auch die nationale Bildungspolitik und das nationale Bildungsklima. Inspektionen und damit verbundene Regulationen generieren öffentliches Interesse und machen Bildungsanbieter rechenschaftspflichtig gegenüber der lokalen und interessierten Öffentlichkeit (vgl. OFSTED Report 2007, S. 3).

4.2 Zur Akzeptanz und Wirksamkeit der Schulinspektion: empirische Befunde aus Baden-Württemberg

Zur Wirksamkeit der in Baden-Württemberg praktizierten „Fremdevaluation" bzw. Schulinspektion, deren beabsichtigter Wirkungsmechanismus durch die Formel „Qualitäts-/Schulentwicklung durch Einsicht" gekennzeichnet wurde, liegen derzeit ausschließlich die Ergebnisse aus der wissenschaftlichen Begleitung der Pilotphase vor (vgl. Kotthoff, Maag Merki & Lambrecht 2008; Lambrecht, Kotthoff & Maag Merki 2008). Das Ziel der wissenschaftlichen Begleitung bestand darin, durch die Einbeziehung der wichtigsten Akteursgruppen der Fremdevaluation (Schulen, Fremdevaluator/innen und Schulaufsicht) folgende Aspekte der Fremdevaluation einer genaueren Analyse zu unterziehen:

- Gesamtkonzept, Passung Selbstevaluation-Fremdevaluation
- Qualität des Instrumentariums
- Gelingens- und Risikofaktoren
- Wirkungen und Nebenwirkungen für Schule, Personen, Prozesse
- Rollenausgestaltung/Rollenrekonstruktion der verschiedenen Akteursgruppen

In Bezug auf die hier interessierenden Wirkungen und Nebenwirkungen der Fremdevaluation lassen sich die Ergebnisse der wissenschaftlichen Begleitung folgendermaßen zusammenfassen:[2]

Für die Maßnahmenplanung im Anschluss an die Fremdevaluation brauchen die Schulen in der Regel viel Zeit; erste Maßnahmen scheinen oft erst im nachfolgenden Schuljahr anzulaufen. Häufig finden an den Schulen Nachbesprechungen der Ergebnisse statt und eine Prioritätensetzung in Bezug auf die Empfehlungen, sehr viel weniger häufig eine dezidierte Aufgaben- und Zeitplanung. Nicht immer ist klar, wer für die Umsetzung der Ergebnisse zuständig ist. Es scheinen vor allem solche Anregungen aufgegriffen zu werden, die in der jeweiligen Schule anschlussfähig sind, wobei die Maßnahmen sich häufig auf die Dokumentation und Strukturierung schulischer Prozesse beziehen, auch wenn diese „Bürokratisierung" in den Interviews der wissenschaftlichen Begleitung oft kritisiert wird.

Die Umsetzung der Empfehlungen kann durch Konflikte zwischen Schulleitung und Kollegium behindert werden oder durch interne Themenlisten zur Schulentwicklung, die nicht deckungsgleich mit den Empfehlungen der Fremdevaluation sind. Manche Schulen wollen bestimmte Empfehlungen auch nicht umsetzen. In diesem Zusammenhang scheint vor allem vielen Schulleitungen wichtig zu sein, bereits mit einem fertigen Maßnahmenkonzept in Zielvereinbarungsgespräche mit der Schulaufsicht einzusteigen, um so den Prozess „in der Hand zu behalten". Als Hindernisse bei der Umsetzung der Empfehlungen werden von den Schulen der Fallanalyse außerdem fehlende Ressourcen genannt. Vor allem Aussagen in den qualitativen Interviews der wissenschaftlichen Begleitung mit Lehrerinnen und Lehrern zeigen, dass die nahezu komplette Ausklammerung des Bereichs Ressourcen/Rahmenbedingungen in Bezug auf die Akzeptanz des Konzepts in den Kollegien nicht unproblematisch ist. Auch für die Fremdevaluatorinnen und Fremdevaluatoren sowie die interviewten Vertreterinnen und Vertreter der Schulaufsicht spielt die „Ressourcenfrage" eine wichtige Rolle. Die Effektivität der Fremdevaluation für die Qualitätsentwicklung scheint auch davon abzuhängen, inwieweit schulische Prozesse, die unabhängig von bestehenden Ressourcen optimiert werden können, durch die Fremdevaluation identifiziert und von jenen abgegrenzt werden, die strukturell bedingt sind und nicht von der einzelnen Schule beeinflusst werden können. Schließlich empfinden es viele befragte Lehrerinnen und Lehrer als schwierig, von der in Baden-

---

2   Die Ergebnisse basieren in erster Linie auf Leitfadeninterviews, die an sechs Pilotschulen des ersten Jahres der Pilotphase jeweils vor und nach der Fremdevaluation mit Schulleitungen und Lehrpersonen durchgeführt wurden, sowie auf einer standardisierten Befragung aller Schulleitungen des ersten Jahres der Pilotphase (N=17).

Württemberg derzeit üblichen gesamtsystemischen Rückmeldung zum Unterricht zu einer veränderten Unterrichtspraxis zu kommen. Dies wird vor allem durch den häufig geäußerten Wunsch von Lehrpersonen nach einer individuellen Rückmeldung zum Unterricht deutlich.

Die Analysen der wissenschaftlichen Begleitung zeigen, dass sich Zielvereinbarungen in der baden-württembergischen Schulentwicklung noch nicht etabliert haben. Dies bedeutet im Umkehrschluss, dass die Nachhaltigkeit der Fremdevaluation für die Schulentwicklung bisher nicht gewährleistet ist. Die wenigen Erfahrungen deuten darauf hin, dass die Impulse für Zielvereinbarungen vor allem von den Schulen selbst kommen. Wesentlich für die Umsetzung einer Empfehlung ist aus Sicht der Schulen ihre Anschlussfähigkeit. Die Frage ist, wie in Zukunft gewährleistet werden soll, dass Schulen auch Empfehlungen umsetzen, die (noch) nicht auf der schulischen Agenda stehen.

Über die standardisierte Schulleitungsbefragung lässt sich feststellen, dass die Fremdevaluation von den Schulleitungen in Baden-Württemberg vor allem als gute Werbung für die Schule wahrgenommen wird. Etwa die Hälfte der befragten Schulleitungen gibt außerdem an, dass die Fremdevaluation ihnen wichtige Anstöße für ihre Arbeit gegeben hat. Ebenfalls etwa die Hälfte der befragten Schulleitungen gibt an, dass die Evaluation des schulischen Qualitätsmanagements geholfen hat, die Qualität der Schule zu verbessern. Die Ergebnisse stützen somit die Einschätzung, dass das Konzept ein wichtiges Instrument für die Schulleitungen werden könnte. In der Pilotphase waren vor allem die Schulleitungen der Motor des jeweiligen Fremdevaluationsprozesses. Dagegen nehmen die befragten Schulleitungen in den Kernbereichen Unterrichts- und Organisationsentwicklung kaum Wirkungen wahr. Die Möglichkeit der Einflussnahme auf die Unterrichtsgestaltung über gesamtsystemische Steuerungsinstrumente ist ein generelles Problem und kann nur dann gelingen, wenn explizit auf die Unterrichtspraxis fokussiert wird.

Die Auswertung der standardisierten Schulleitungsbefragung zeigt, dass in der untersuchten Stichprobe Unterschiede im Umgang mit der Fremdevaluation in Abhängigkeit von der bisherigen Erfahrung der Schulen mit Qualitätsmanagement bestehen. So sind die Schulleitungen von Schulen mit umfangreicherer Erfahrung im Qualitätsmanagement eher der Meinung, dass die Ergebnisse der Fremdevaluation hilfreich waren für die Planung zukünftiger Selbstevaluationen, dass die mündliche Rückmeldung der Fremdevaluations-Ergebnisse inhaltlich ergiebig war und die Diskussion um die Schulqualität intensiviert hat sowie dass die Empfehlungen konkret genug und geeignet sind, Maßnahmen zur Qualitätsverbesserung einzuleiten. Auch scheint in Schulen mit umfangreicheren Erfahrungen im Qualitätsmanagement eher eine Maßnahmenplanung vorzuliegen. Anscheinend können diese Schulen den Fremdevaluationsprozess besser an die internen Schulentwicklungsprozesse anbinden und kompetenter, aber auch selbstbewusster mit den Ergebnissen der Fremdevaluation umgehen.

In Bezug auf Aufwand und Ertrag der Fremdevaluation geben die Schulleitungen mehrheitlich an, dass sich der Aufwand für die Fremdevaluation gelohnt hat; allerdings werden der Zeit- und der Gesamtaufwand für die Schulleitung von einigen Befragten kritisch gesehen. Vor allem in Schulen mit bisher gering ausgeprägter Erfahrung mit Qualitätsmanagement nehmen die befragten Schulleitungen eine tendenzielle Belastungs- und Erwartungsdrucksteigerung durch die Fremdevaluation wahr. In der der Pilotphase zugrunde liegenden Stichprobe steht die erlebte Belastung also in einem Zusammenhang mit der bisherigen Schulentwicklungspraxis. Dabei kann es sein, dass in Schulen mit mehr Erfahrung in Bezug auf Qualitätsmanagement durch die bereits erworbenen Kompetenzen der Umgang mit der Fremdevaluation tatsächlich effizienter und effektiver verläuft, so dass real auch weniger Belastungen auftreten. Möglich ist aber auch, dass die realen Belastungen lediglich weniger stark wahrgenommen und die Fremdevaluationssituation besser an die bisherigen Erfahrungen angepasst werden können.

In Baden-Württemberg wurde versucht, über ein niederschwelliges Schulinspektionskonzept, das einerseits entwicklungsorientiert ist und andererseits den Schulen zumindest in der Pilotphase einigen Spielraum in der Gestaltung lässt, die Akzeptanz der Schulen in Bezug auf das neue Steuerungsinstrument zu erhöhen. Die Steigerung der Akzeptanz und damit der Steuerungsmöglichkeit scheint aber auch bei einem „weichen" Zugang nicht sicher zu sein. Vielmehr wird insbesondere in den Lehrerinterviews der wissenschaftlichen Begleitung Methodenkritik geäußert, und zwar vor allem in Bezug auf drei Kriterien:

- Vorauswahl der Bereiche durch die Schulen
- Freiwilligkeit und Vorankündigung der Beobachtungen von Unterrichtssituationen
- Vorauswahl der Personen für die Interviews durch die Schulen

Kritisiert wird die „weiche" Linie der Fremdevaluation, die auf Kooperation, Freiwilligkeit und Unabhängigkeit der Lehrpersonen setzt. Gefordert wird ein härteres Verfahren, um „objektive" bzw. „repräsentative" Ergebnisse zu erzielen. Diese Kritik richtet sich vor allem auf die Beobachtungen von Unterrichtssituationen. Gelegentlich werden sogar „Razzien", d.h. Unterrichtsbesuche ohne Vorankündigung, gefordert.

Auch die Wahl der Variante kann problematisch sein. Eine der im Rahmen der wissenschaftlichen Begleitung interviewten Schulleitungen hat sich bewusst für eine enge Evaluationsvariante ohne den Bereich Unterricht entschieden, um die Akzeptanz des Konzepts im Kollegium zu fördern. Die schmale Evaluationsvariante wurde vom Kollegium jedoch als „Farce" empfunden. Die Akzeptanz der Fremdevaluation ist im Kollegium ausgesprochen niedrig:

> „Wir haben den Bereich ja angegeben, den wir evaluieren lassen wollten. Wir haben punktemäßig voll abgesahnt. (...) Evaluation ist eine Farce, wenn man einen Bereich evaluieren lässt, wo man ohnehin weiß, dass man gut ist. Geld zum Fenster raus geschmissen. Für dieses Geld hätte man einen Lehrer einstellen können. Ist eine Katastrophe" (Lambrecht, Kotthoff & Maag Merki 2008, S. 286).

Bei den Schulleitungen hingegen zeigt sich ein etwas anderes Bild. Alle Schulleitungen sind der Ansicht, dass die Datenerhebung methodisch teilweise (N=7) oder vollständig (N=10) korrekt erfolgte. Sieben Schulleitungen geben zudem an, dass eine objektive Einschätzung der eigenen Schule durch die Fremdevaluation möglich war, acht Schulleitungen unterstützen diese Aussage teilweise und nur eine Schulleitung gibt zum Ausdruck, dass sie eher nicht dieser Ansicht ist.

Während die Fremdevaluation in Baden-Württemberg einerseits wegen ihrer zu „weichen" Linie kritisiert wird, zeigen die mit den Schulleitungen geführten Interviews andererseits, dass die normierende Funktion der Fremdevaluation z.T. als direkter Widerspruch zur postulierten Schulautonomie empfunden wird:

> „Einerseits sagt man „operativ eigenständige Schule", will man einerseits. Aber auf der anderen Seite gibt's doch bestimmte Dinge, die durch die Fremdevaluation abgefragt werden und die Schule dann sicherlich schon in eine bestimmte Richtung bringen oder auch nicht bringen" (ebd.).

Dies zeigt sich neben anderen Bereichen besonders deutlich im Bereich des Unterrichts. So betont der Qualitätsrahmen zur Fremdevaluation im Qualitätsbereich I „Unterrichtsergebnisse und Unterrichtsprozesse" stark die Aspekte Schüleraktivierung, Individualisierung und Förderung von überfachlichen Kompetenzen. In den im Rahmen der wissenschaftlichen Begleitung geführten Interviews in den Schulen wird nahezu durchgängig beschrieben, dass mit dem Fremdevaluationskonzept bestimmte Vorgaben zur Gestaltung der Unterrichtspraxis gemacht werden. Grundsätzlich scheint der Anspruch einer qualitativen Datenerhebung aus der Perspektive der Befragten durch die Art und Weise der Fragestellungen eher nicht eingelöst werden zu können. Vielmehr entsteht bei vielen Befragten der Eindruck, dass in den Interviews vor allem das Schulportfolio „abgefragt" werde.

5 Resümee: Bildungspolitische Konsequenzen und Forschungsperspektiven

Vergleicht man die oben dargelegten empirischen Befunde zu Funktionsweisen und Wirksamkeit der Schulinspektion mit den im zweiten Abschnitt dargelegten Wirkungsmodellen und Wirkungshoffnungen, so lassen sich folgende Annahmen formulieren:

In dem Spannungsfeld zwischen Kontrolle einerseits und Entwicklung/ Lernen andererseits muss Inspektion eine verbindliche und überprüfbare Position beziehen. Nicht nur aus der organisationssoziologisch gut gesättigten These, dass Kontrolle und damit verbundene Sanktionen wenig motivierend sind, sondern auch aus den Erfahrungen mit der englischen Inspektion und ihrem Wandel lässt sich ableiten, dass die Entwicklungsperspektive die Leitperspektive sein muss. Wenn es darum geht, das Schulsystem in den Dienst der Lernenden, der Lehrenden und der auf erfolgreiche Lernende angewiesenen Gesellschaft zu stellen, dann sollte diese Option gezogen werden. Wie die schier unüberblickbare Literatur zu Schulreform und Wandel im Bildungswesen zeigt, sind Veränderungen – insbesondere positive Entwicklungen von „kämpfenden" Schulen – nur schwer zu bewerkstelligen. Schnelle Lösungen – „Quick Fixes" – sind offenbar illusorisch (vgl. Stoll & Myers 1998).

Insbesondere das baden-württembergische Beispiel zeigt allerdings, dass jede Evaluation immer auch ein kontrollierendes Element in sich birgt und dass auch eine stark entwicklungsorientierte Fremdevaluation ein Steuerungsinstrument darstellt, das zwangsläufig normativ ist. So transportiert es über die Definition von Bezugsnormen bzw. Indikatoren zur Qualität von Unterricht und Schule (Qualitätsrahmen o.ä.) normative Vorstellungen über „guten" und „schlechten" Unterricht oder „gute" und „schlechte" Schulen. Diese normierenden Vorgaben können aus Sicht der evaluierten Schulen im Widerspruch zum Entwicklungs- bzw. Autonomiegedanken stehen und gefährden damit die Akzeptanz der Fremdevaluation auf Seiten der Lehrerschaft. Das baden-württembergische Beispiel zeigt darüber hinaus, dass ein möglichst weicher, entwicklungsorientierter Ansatz der Fremdevaluation nicht in jedem Fall die Akzeptanz des Konzepts und damit seine Steuerungswirkung erhöht. Die in Baden-Württemberg zu beobachtende ambivalente Haltung der Schulen gegenüber der Fremdevaluation, die durch das Spannungsfeld „Taktieren oder Öffnen" gekennzeichnet werden kann, ist vor diesem Hintergrund nachvollziehbar. Ein taktisches Vorgehen in Bezug auf die Fremdevaluation bzw. eine zunächst paradox anmutende Methodenkritik an der vermeintlich „weichen" Linie der Fremdevaluation können dann auch als Versuch von Schulen und Lehrkräften interpretiert werden, die eigene Autonomie zu erhalten, zurückzugewinnen oder überhaupt aufzubauen (vgl. Lambrecht, Kotthoff & Maag Merki 2008, S. 290).

Kontrolle ist eine Konzeption aus dem überkommenen staatlichen – und im Übrigen auch unternehmerischen – Regierungshandeln, das eine auf Handlungskontrolle abzielende und hierarchisch geordnete Handlungskaskade durchexerziert. Die Entwicklung von OFSTED und die Erfahrungen in Baden-Württemberg zeigen aus unserer Sicht, dass es eine notwendige – wenn auch nicht eine hinreichende – Bedingung ist, die Kompetenz der zu evaluierenden Akteure zu nutzen, ihre Akzeptanz zu gewinnen, ihnen mit Vertrauen statt mit Misstrauen zu begegnen und ihre Lern- und Entwicklungsbereitschaft zu stimulieren. Aber die positive Haltung reicht nicht aus. Guter Wille genügt in der Regel nicht, um soziale Systeme zu verbessern. Schulen benötigen Veränderungswissen, über das sie ohne weiteres und aus sich heraus kaum verfügen. Wer inspiziert und urteilt, sollte deshalb auch wissen, was getan werden kann, Schwächen auszumerzen und Stärken zu stärken.

Internationale Erfahrungen mit unterschiedlichen Inspektionssystemen (vgl. Böttcher & Kotthoff 2007, S. 223ff.), aber auch die Erfahrungen in Baden-Württemberg (vgl. Kotthoff, Maag Merki & Lambrecht 2008) legen nahe, dass schulisches Veränderungswissen und der Aufbau von Akzeptanz und Vertrauen auf Seiten der Lehrer/innen und Schulleitungen angebahnt bzw. aufgebaut werden kann, indem:

- die Etablierung von innerschulischen Qualitätsmanagementsystemen unterstützt wird,
- die Aus- und Weiterbildung von Schulleitungen und Lehrer/innen in Bezug auf schulinterne Qualitätsentwicklungsprozesse intensiviert wird, insbesondere in Schulen, die bisher noch wenig Erfahrung in diesem Bereich haben, sowie generell in Bezug auf Unterrichtsentwicklung,
- den Schulen und der Schulaufsicht ausreichende Unterstützung im Nachfolgeprozess der Fremdevaluation (Prozessbegleitung etc.) zugesichert und angeboten wird,
- aktiv nach Wegen bzw. Methoden gesucht wird, durch die spezifische Rahmenbedingungen von Schulen (Schulform, Schulgröße, Einzugsgebiet, Ganztagsbetrieb, sonderpädagogische Bereiche etc.) als bedeutsame Inputfaktoren für die Beurteilung der Schulen explizit und transparent berücksichtigt werden können.

Erst diese Elemente statten ein Inspektionsverfahren mit mehr als nur kontrollierender Funktion aus.

Den OFSTED-Berichten kann man Hinweise darauf entnehmen, dass diese Sicht mittlerweile auch in England geteilt wird. Es ist demnach notwendig, den als inadäquat eingeschätzten Schulen Unterstützung anzubieten. Solche Entwicklungsmaßnahmen führen augenscheinlich zu Verbesserungen – wenigstens dann, wenn die folgenden Inspektionen als Maßstab genommen werden. Ein Schuss Essig sei in den Wein gegossen: Ob Verbesserungen im OFSTED-Indikatorensystem tatsächlich auch Ausdruck substantieller Verbesserung der Schule sind, wird lediglich unterstellt.

Auf jeden Fall hat sich die englische Inspektion in eine Richtung verändert, die den Entwicklungsaspekt der Schule stärker in Rechnung stellt. Hiermit wird aufgegriffen, was im Prinzip von Anbeginn hätte klar sein sollen. Offenbar herrscht bei OFSTED Einigkeit darüber, dass Veränderung nur in Kooperation mit den Schulen gelingen kann. Auf die Frage, ob Inspektionen einen positiven Einfluss auf die Schulentwicklung nähmen, antwortete bereits die erste OFSTED-Direktorin Anthea Millet folgendermaßen:

> „Improvement through inspections will remain just a slogan unless governors, heads and staff of schools actually take up (as they are required to do) the issues, address any of the weaknesses and build on the strength." (Millet 1993, S. 12; zit. n. Shaw u.a. 2003, S. 64)

OFSTED folgert aus den oben skizzierten Untersuchungen (vgl. 4.1), dass die direkte Einbeziehung der „Bildungsanbieter" in den Inspektions- und Regulationsprozess ihr Verständnis für ihre Leistungen verbessert habe und so der Kontext für zukünftige Entwicklungen geebnet sei (vgl. OFSTED Report 2007, S. 4). Dies beruht auf der Annahme, dass Partizipation „Committment" fördert. Eine bemerkenswerte Neuerung mit positiven Wirkungen ist folgerichtig die schulische Selbstevaluation, die stärker in die Schulinspektion einfließt sowie die Tatsache, dass die Ergebnisse der Inspektion von Inspektor/innen und Schule intensiv diskutiert werden. So ist es plausibel, dass der OFSTED-Bericht aus dem Jahr 2007 als Entwicklungsaufgabe beschreibt, interne und externe Inspektion besser aufeinander abzustimmen (vgl. OFSTED Report 2007, S. 3).

Bemerkenswert ist auch der ins englische System eingezogene Pragmatismus, der sich in organisatorischen Aspekten wie z.B. der kürzeren Vorankündigung der Inspektion, kürzeren Zyklen, kürzeren Inspektionen oder veränderten Rückmeldungsmodalitäten zeigt. Wir können das auch als eine Art „neuer Bescheidenheit" verstehen, insofern nämlich die Inspektion erkennt, dass sie nicht die wissenschaftliche Wahrheit über das Funktionieren des komplexen Systems Schule gepachtet hat, sondern allenfalls Anregungen und Ideen liefern kann oder zur Selbstreflexion anzuregen vermag. Es ist keine einfache Angelegenheit, schulischen Wandel zu generieren.

Ehren und Visscher (2006) geben einen Hinweis darauf, wie schwierig Aktivitäten in dieser Richtung sein werden. Sie schlussfolgern aus ihren Studien des englischen Inspektionssystems, dass es wenigstens zwei unterschiedliche Ansätze der Qualitätsentwicklung geben müsse. Beide hätten die spezifische Innovationskapazität von Schulen zu berücksichtigen:

> „In the case of a school with a low innovation capacity and few external impulses, this school is probably helped best by a directive approach in which an inspector clearly points to the strong and weak points, the probable causes of their level of functioning, and potential ways for improvement. The inspector may pressure the school to change by making written agreements on how to change (for example, in the school report) and by asking the school to work out these agreements in an improvement plan." (ebd., S. 66f.)

Für Schulen mit hohem Potential müsse hingegen ein anderer Ansatz gelten:

> „A school with a high innovation capacity and strong external impulses is expected to do better with a more reserved inspection approach as this type of school is capable of improving on its own. Inspectors only need to provide this school with some insight into their strong and weak points." (ebd., S. 67)

Obwohl die englische Schulinspektion eine lange Tradition aufweist und die englische Schulforschung empirisch ausgerichtet ist, bleiben viele Fragen zu Effekten des Systems offen. Vor allem die Kernfrage nach den Effekten auf die Schülerleistungen bleibt im Dunkeln. OFSTED ist das offenbar durchaus bewusst, wenn im Report von 2007 als Aufgabe formuliert ist, zu sondieren, ob und inwieweit Inspektionen und damit verbundene Regulationen Einfluss auf die *„Outcomes"* haben (vgl. OFSTED Report 2007, S. 3).

Schulinspektionen können als ein Kernelement im international vorherrschenden Reformprogramm gesehen werden, das einerseits der einzelnen Schule mehr Freiheit von zentraler Steuerung zugesteht, dieses aber dann gleichzeitig auch wieder durch zentrale Vorgaben und Rechenschaftssysteme austariert (vgl. Böttcher 2002). Rechenschaft kann allerdings auch anders als durch externe Kontrolle gesichert werden. Gerade in der als Vorbild für Dezentralisierung dienenden Wirtschaft haben Elemente der Selbststeuerung Fremdkontrolle ersetzt. Unverzichtbar aber ist in der Logik der neuen Systemsteuerung, dass sie auf die Sicherung und Verbesserung von Lernergebnissen, also auf basale schulische „Outputs" ausgerichtet ist. Es ist zu prüfen, wie dieses Ziel in den Schulen am besten erreicht werden kann. Die Inspektion kann für sich verbuchen, dass sie im Prinzip in der Lage ist, Schulen multidimensional zu bewerten und auf dieser Grundlage ein breites Spektrum von potentiellen Innovationsinstrumenten zu generieren. Anders als z.B. Schulleistungstests kann sie das komplexe soziale System Schule systematisch auch hinsichtlich der Bedingungsfaktoren für Schülerleistungen untersuchen. Aber gerade dieses Potenzial verpflichtet, ein sowohl theoretisch wie empirisch angemessenes Modell der Schule – ihrer Ressourcen, Kontexte, Prozesse, Strukturen und Wirkungen – solide zu entwickeln. Dies gilt sowohl dann, wenn es der Inspektion eher um Kontrolle, als auch erst recht, wenn es ihr um Schul- und Qualitätsentwicklung geht.

Wie andere Instrumente, die das staatliche Regieren im Schulsystem – mit gutem Recht und aus guten Gründen – sichern sollen, gehört die Inspektion auf den Prüfstand wissenschaftlicher Evaluation. Sie muss beweisen, dass sie die – in aller Regel durchaus anspruchsvollen – Ziele auch erfüllen kann. Dazu gehört aber auch, dass die Ziele so formuliert sind, dass sie einer Prüfung zugänglich werden. Allgemeinplätze helfen da nicht. Es muss klar definiert sein, was die Inspektion zu leisten beabsichtigt und wie verlässlich und relevant das erzeugte Wissen ist – und was diese Leistung kostet. Doch gegenwärtig dürfte der Eindruck nicht von der Hand zu weisen sein, dass der Staat allenfalls ein eingeschränktes Interesse daran hat, seine Steuerungspolitik auf den Prüfstand zu stellen. Angesichts des enormen finanziellen und motivationalen Ressourcenverbrauchs, der durch die Umsteuerung der schulischen Governance entsteht, ist das kaum verständlich.

Selbst wenn Inspektionen verlässliche Daten über den Zustand von Schulen liefern können, bleibt zu fragen, was ein System, das dem Regenten nicht verrät, wie über die Diagnose hinausgegangen werden soll, tatsächlich wert ist. Wertvoll wäre es, wenn den Schulen präzise und praktikabel gesagt und vorgemacht werden könnte, was sie tun müssen und können, um besser zu werden. Im besten Fall bleibt immer noch zu prüfen, ob die dann eingeleiteten Entwicklungen lediglich den – womöglich empirisch nicht abgesicherten – Qualitätsvorstellungen eines Inspektionssystems entsprechen oder den Ansprüchen, die aus anderen – und womöglich besser abgesicherten – Perspektiven an die Schulen formuliert werden können. Eine Alternative zu den sich eher organisationstheoretisch gebenden Qualitätsperspektiven könnte durchaus eine bildungstheoretische Verortung schulischer Qualität liefern, auch wenn das eher unmodern klingt.

Es geht in sinnvollen Evaluationen nicht nur darum, die selbst formulierten Ziele des Inspektionssystems zu überprüfen. Weil Inspektion lediglich ein Instrument in einem neuen Konzept der schulischen „Governance" ist, wäre zum Beispiel auch zu fragen, ob sie die mit der Autonomisierung der Schule verbundenen Ziele stützen oder diese eher beschädigen kann. Wird eine als staatliche Kontrollinstanz ausgestattete Inspektion nicht eher wesentliche Autonomieziele wie die Motivationssteigerung der Lehrpersonen oder die erhöhte Verantwortung für die Leistungen der Schüler/innen verhindern? Die Erfahrungen der englischen Schulinspektion weisen durch die Stärkung von Selbstevaluation und Dialog in diese Richtung und auch die Erfahrungen in Baden-Württemberg zeigen, dass die normierende Wirkung der Fremdevaluation in Opposition zur postulierten Schulautonomie geraten kann.

Ein Zugeständnis zum Schluss: Dieser Artikel endet mit der Forderung nach vermehrter empirischer Forschung zu Funktionen, Zielen und – intendierten und nicht intendierten – Effekten von Inspektion geradezu stereotyp und erwartbar. Aber wer diese Forderung für unsinnig hält, sollte mit Wissen über die Inspektion aufwarten und einer soliden Berechnung, der zufolge sie sich lohnt.

Kathrin Fussangel, Matthias Rürup & Cornelia Gräsel

Lehrerfortbildung als Unterstützungssystem

1 Einleitung

Die Gestaltung von Unterstützungssystemen im Bildungswesen ist ein seit den 1990er Jahren prominentes Thema in der schulpolitischen Diskussion. Es ist eng verkoppelt mit anderen Reformprogrammen wie der Schulautonomie, dem Bildungsmonitoring oder der evaluationsbasierten Steuerung. „Unterstützungssysteme erscheinen so – neben Systemen der Evaluierung – als Teilantwort auf die ‚Herausforderung der Dezentralisierung'" (Arbeitsgruppe Internationale Vergleichsstudie 2007, S. 145). Sie bieten – als System unterstelltermaßen dauerhaft, verlässlich und systematisch – Hilfestellung für die von den einzelnen Schulen und Lehrkräften zunehmend eigenständiger zu erbringenden Leistungen. So eindeutig diese konzeptuelle Einordnung der schulpolitischen Diskussion ist, die mit Unterstützungssystemen konkret gemeinten Strukturen, Adressaten und Arbeitsformen sind äußerst vielfältig. Einen allgemeinen Definitionsvorschlag unterbreitet wiederum die Arbeitsgruppe Internationale Vergleichsstudie (2007, S. 144). Sie bezeichnet Unterstützungssysteme im Bildungswesen als

> „institutionalisierte Dienste (...), die zur Verbesserung der Schulqualität beitragen sollen und deren Dienstleistungen an Schulträger, Schulverwaltungen, Schulleitungen, Lehrkräfte und Schüler gerichtet sein können."

Diese Definition deutet letztlich mehr auf die Vielfältigkeit des Phänomens, als es wirklich einzugrenzen. Lediglich eine gewisse Formalisierung und Dauerhaftigkeit (Institutionalisierung) und eine grundlegende Zielorientierung (Verbesserung der Schulqualität) scheinen grundlegende Merkmale. Die Vielfalt von Unterstützungssystemen macht z.B. die alltägliche Begriffsverwendung im World Wide Web anschaulich. Unter den ersten 100 Treffern der Sucheingabe bei Google[1] thematisieren 26 Seiten unter Unterstützungssystemen eine staatlich bereitgestellte Infrastruktur (Personal und Finanzen), als Abrufangebot für stär-

---

1 In Google wurden die Begriffe „Unterstützungssystem" und „Schule" eingegeben (Stand 28.08.2008, 14.35) und die ersten 100 Treffer inhaltsanalytisch nach der Bedeutung ausgewertet, in der sie den Begriff „Unterstützungssystem" verwenden.

ker eigenverantwortliche Schulen – aber auch für die Schulaufsicht (BUSS in Brandenburg). Auf 22 Seiten werden hingegen Unterstützungssysteme mit staatlich organisierten Netzwerken von Lehrpersonen, Administratorinnen und Administratoren und auch Wissenschaftlerinnen und Wissenschaftlern identifiziert – z.B. zur Förderung des mathematisch-naturwissenschaftlichen Unterrichts (das Projekt IMST3 in Österreich) oder zur Unterstützung von IT- und Multimediaberater/innen an Schulen (vor allem in Baden-Württemberg). Die Internetrecherche macht deutlich, dass der Begriff Unterstützungssysteme nicht allein auf Hilfestellungen für Schulen und Schulentwicklung begrenzt ist. Unterstützungssysteme dienen auch der Förderung einzelner Schüler/innen als schulübergreifende (17 Seiten) wie auch schulinterne (14 Seiten) Lern-, Beratungs- und Orientierungsangebote. So ist die Qualität des schulinternen Unterstützungssystems für die Schülerinnen und Schüler ein Evaluationskriterium im Erhebungsinstrument SEIS der Bertelsmann-Stiftung (vgl. http://www.seis-deutschland.de, Stand 02.12.2008). Ein in diesem Zusammenhang ebenfalls einzuordnendes Thema ist die stärkere Berücksichtigung der Schulpsychologinnen und -psychologen, Beratungslehrkräfte und Schulsozialarbeiterinnen und -sozialarbeiter als ein bestehendes und weiter zu entwickelndes Unterstützungssystem an deutschen Schulen (11 Seiten). Es wird vor allem von den entsprechenden Berufsverbänden vorgetragen. Mit nur geringen Häufigkeiten werden auch Fördervereine von Schulen (4 Seiten), schulinterne Hilfestellungen für Referendarinnen und Referendare und Berufseinsteiger/innen (2 Seiten), Lernstandserhebungen (2 Seiten) oder die Polizei (1 Seite) als Unterstützungssysteme bezeichnet. Zudem findet sich in der Trefferliste ein Förderprogramm in der Stadt Bonn (ModUs) für junge Eltern beim Übergang von Schule in Ausbildung.

Dieser Vielfalt des Gegenstands kann und will der folgende Beitrag nicht gerecht werden. Wir haben uns dafür entschieden, uns auf ein spezifisches – und relativ gut erforschtes – Unterstützungssystem zu konzentrieren und an ihm exemplarisch institutionelle Formen, Wirkungspotentiale sowie Forschungsbedarfe zu diskutieren. Thema unseres Beitrages ist die Fortbildung[2] von Lehrerin-

---

2 Der Begriff „Lehrerfortbildung" ist ein Beispiel für im Sprachgebrauch fest eingebürgerte Formulierungen, die sich nur schwer bzw. umständlich durch geschlechtsneutrale bzw. beide Geschlechter bezeichnende Fassungen ersetzen lassen. Schwierig ist dies besonders deswegen, da mit „Lehrerfortbildung" bzw. in der Schweiz „Lehrerweiterbildung" eine bestehende und traditionsreiche Institution bezeichnet wird, die durch alternative Begrifflichkeiten nicht mehr so eindeutig benannt wäre. In unserem Beitrag haben wir uns deswegen entschlossen, den Begriff „Lehrerfortbildung" trotz berechtigter Bedenken immer dann zu benutzen, wenn wir uns auf Aussagen zur Institution „Lehrerfortbildung" oder „Lehrerweiterbildung" beziehen. Grundsätzlich ist aber auch in diesen Formulierungen die Fortbildung von Lehrkräften beiderlei Geschlechts angesprochen.

nen und Lehrern, als Gesamtheit von Bildungsangeboten, die als dritte Phase der Lehrerbildung den aktiven Lehrkräften ein „Lernen im Beruf" ermöglichen.

Die in der deutschen Diskussion gebräuchliche Unterscheidung zwischen Angeboten der Lehrerfortbildung bzw. der Weiterbildung von Lehrkräften greifen wir bewusst nicht auf (vgl. z.B. Terhart 2000, S. 131). Unseren Beitrag konzentrieren wir auf Lernangebote, die auf eine Unterstützung der Lehrkräfte in ihrer aktuellen Berufspraxis und auf Qualifikationserhaltung zielen. Traditionell werden solche Lernangebote mit dem Begriff Fortbildung bezeichnet. Weiterbildungen beabsichtigen demgegenüber formale Erweiterungen beruflicher Qualifikation zur Übernahme neuer Funktionen und Ämter. Gerade mit Blick auf internationale Diskussionen und aktuelle Entwicklungen erscheint es uns dabei begriffsstrategisch wichtig, eine frühe Engführung des Verständnisses von Lehrerfortbildung auf zertifikatsorientierte Lehrgänge zu vermeiden. Lehrerfortbildung muss nicht die Form von überregionalen durch staatliche Institutionen angebotenen mehrtägigen Veranstaltungen haben, in denen Referentinnen und Referenten vornehmlich in Vorträgen einen von vornherein festgelegten Lernstoff an weitgehend passive Kursteilnehmer/innen vermitteln. Wir werden gleich vertiefend auf die Formvielfalt von Fortbildungen von Lehrkräften eingehen (Abschnitt 2).

Zuvor seien noch drei Anmerkungen erlaubt, erstens zum spezifischen Untersuchungsfokus, der in unserem Vorgehen bei der Betrachtung von Unterstützungssystemen angelegt ist, zweitens allgemein zu Unterstützungssystemen als schulpolitisches Steuerungsinstrument und drittens zur Argumentationsstruktur unseres Beitrages.

1. Unser gewählter Fokus auf die Fortbildung von Lehrkräften als Beispiel für Unterstützungssysteme bringt mit sich, dass ein bestimmter Begriffsbereich von vornherein ausgeschlossen wird. Wir konzentrieren uns auf Unterstützungssysteme, die sich auf Schulen und Lehrkräfte als zentrale Adressaten orientieren. Nicht in den Blick genommen werden dagegen Unterstützungsstrukturen für Schülerinnen und Schüler und ihre Eltern. Unterstützungsstrukturen für Schulen und Lehrkräfte oder Schülerinnen und Schüler und ihre Eltern haben außer dem gemeinsamen Namen wenig gemein. Sowohl ihre Strukturen als auch ihre Zielsetzungen und Wirkungspotentiale wären separat zu diskutieren.
2. Unterstützungssysteme als politische Steuerungsinstrumente zu betrachten, ist zumindest dem reinen Wortlaut nach überraschend. Unterstützung deutet begrifflich eher auf ein unverbindliches, altruistisches Angebot und nicht auf bewusst gewählte Maßnahmen eines Steuerungsakteurs A (der Schulpolitik), mit denen ein Steuerungsobjekt B (Schulen und Lehrkräfte) auf eine Weise zu einem bestimmten Zweck beeinflusst werden soll.

Dieser Widerspruch verweist zum einen auf die rhetorische Dimension des Begriffs Unterstützung, zum anderen auf Differenzierungsbedarfe im Verständnis von Steuerung. Steuerung schließt nicht nur direkte Steuerungsaktivitäten ein (Verbote und Gebote oder Anreize), sondern auch vielfältige indirekte Handlungsoptionen wie z.b. Informationskampagnen, die Verlagerung von Entscheidungen in Partizipationsgremien oder eben die Offerte von Unterstützung (vgl. z.B. Görlitz & Burth 1998; Tillmann u.a. 2008). Die Wirkungspotentiale dieser indirekten Steuerungsformen sind keineswegs gering zu schätzen. Durch die Konzentration von Unterstützungsangeboten auf bestimmte Adressaten oder Themen kann die Schulsystementwicklung durchaus auf politisch vordringliche und besonders wertvoll erachtete Veränderungen orientiert werden. Der Angebotscharakter und der positive Nimbus von Unterstützung ermöglicht dabei, potentielle Abwehrhaltungen von Schulen und Lehrkräften gegenüber den administrativen Reformaufforderungen zu minimieren. Statt eines bürokratisch-hierarchischen Verhältnisses von Befehl und Gehorsam wird ein Arbeitsbündnis offeriert und gestaltet. Erwartet wird, dass die über Unterstützungsangebote vermittelten Reformansätze aufmerksamer und vorurteilsloser rezipiert, eher akzeptiert sowie intensiver und engagierter umgesetzt werden. Dies umso mehr, wenn die Unterstützungssysteme wie z.B. die Fortbildung von Lehrkräften selbst Gelegenheiten des Erlernens, der Diskussion und des Ausprobierens von Neuerungen anbieten oder wie die Schulaufsicht als Unterstützungssystem den Schulen zusätzliches Personal, Geld oder auch erweiterte Entscheidungsrechte anbieten können, wenn sie sich bestimmte Reformanliegen zu eigen machen.

Die rhetorische Dimension von Unterstützung wird umso deutlicher, je mehr die Angebote Pflichtcharakter annehmen oder ihre Nichtnutzung sanktionsbewehrt ist. So können Fortbildungen zu bestimmten Themen verpflichtend gemacht werden. Und eine dialogisch orientierte Schulaufsicht verfügt im Konfliktfall eben doch über umfängliche Kontroll- und Weisungsrechte. Steuerungstheoretisch geht es letztlich um die beste Mischung von Offerte und Verpflichtung, die Arbeitsbündnisse von spezialisierten Professionellen in und außerhalb von Schulen entstehen lässt, sie aber zugleich auf übergeordnete politisch gewünschte Zielstellungen orientiert und an sie rückbindet.

3. Unser Beitrag ist folgendermaßen strukturiert. In Abschnitt 2 werden wir die Fortbildung von Lehrerinnen und Lehrern als System näher beschreiben und dabei auch auf ihre gegenwärtigen Strukturen vor allem in Deutschland, Österreich und der Schweiz eingehen. Abschnitt 3 referiert anschließend den internationalen Forschungsstand zur Wirksamkeit von Lehrerfortbil-

dung und Abschnitt 4 diskutiert darauf aufbauend Forschungsbedarfe und Forschungsfelder, wobei neben den bestehenden Forschungslücken auch aktuelle Gestaltungsherausforderungen einbezogen werden.

2 Die Lehrerfortbildung als Unterstützungssystem – eine Zustandsbeschreibung

2.1 Definition und Inhalte

Zentrales Definitionsmerkmal der Fortbildung von Lehrerinnen und Lehrern als Unterstützungssystem sind ihre Adressatinnen und Adressaten. Immer hat sie es mit voll ausgebildeten, im Dienst stehenden Lehrkräften zu tun.

> „Sie dient der Erhaltung und Erweiterung der beruflichen Kompetenz der Lehrpersonen und trägt dazu bei, dass Lehrerinnen und Lehrer den jeweils aktuellen Anforderungen ihres Lehramtes entsprechen und den Erziehungs- und Bildungsauftrag der Schule erfüllen können" (Daschner 2004, S. 291).

Der Adressatenbezug verweist zugleich auf ihre zentralen Unterstützungsleistungen und Themenstellungen. Den Lehrkräften sollen Möglichkeiten eröffnet werden (vgl. Terhart 2000, S. 131f.),

- kontinuierlich an den Entwicklungen von wissenschaftlichen Theorien und Befunden in den von ihnen unterrichteten Fächern teilzuhaben,
- neue fachdidaktische Konzepte und curriculare Schwerpunktsetzungen wahrzunehmen und einzuüben, insbesondere wenn sie Inhalt neuer Richtlinien und Lehrpläne sind oder
- sich mit allgemeinen pädagogisch-praktischen Fragestellungen und Problemlagen (Gewalt, Drogen, Selbstüberforderung, Disziplinprobleme, multi-ethnische Schülerschaft, Wandel von Kindheit und Jugend) auseinander zu setzen.

Über diese Wissensaktualisierung und Kompetenzerweiterung hinaus dient die Lehrerfortbildung aber auch der Erhaltung und Förderung des Leistungs- und Lernpotentials der Lehrkräfte, ihrer Motivation und Arbeitszufriedenheit. Entsprechend stellt sie Gelegenheiten für Austausch und Reflexion bereit und ermöglicht eine Teilhabe an der Entwicklung und Erprobung von Reformideen. Wachsende Bedeutung haben schließlich Themen der Schulorganisation, des

Schulmanagements und der Schulentwicklung, die nicht nur im Rahmen der Führungskräfteschulung angeboten werden.

2.2 Differenzierung von Formen der Lehrerfortbildung

Die Lehrerfortbildung hat nicht nur ein reichhaltiges Themenspektrum, sondern auch eine große Formenvielfalt. Fortbildungsveranstaltungen sind nach ihrem Institutionalisierungsgrad, ihrem Träger sowie nach zentralen organisatorischen und didaktischen-methodischen Merkmalen zu typisieren.

2.2.1 Formale vs. non-formale Fortbildung von Lehrkräften

Eine erste Unterscheidung ist die zwischen formaler und non-formaler Fortbildung. Bei formalen Fortbildungen handelt es sich um konkrete zum Zweck der Fortbildung organisierte und curricular durchgeplante Veranstaltungen. Der Begriff der non-formalen Fortbildung bezieht sich dagegen auf Veranstaltungen und Lerngelegenheiten, die nicht ursprünglich und ausschließlich zu Fortbildungszwecken eingerichtet wurden, aber zu solchen individuell genutzt werden können (vgl. z.B. Nuissl 2002; Rauschenbach u.a. 2004).[3] Beispiele sind die Lektüre von Fachzeitschriften oder der Besuch von wissenschaftlichen Tagungen. Staatliche Aktivitäten spielen in beiden Fortbildungstypen eine Rolle – zum einen natürlich in staatlich organisierten bzw. anerkannten Veranstaltungen; zum anderen durch die Publikationen zur Schul- und Unterrichtsgestaltung, die den Schulen durch die Kultusadministration verfügbar gemacht werden oder durch die Mittel, die den Schulen zum Abonnement von Zeitschriften bzw. zur Unterhaltung von Schulbibliotheken zugewiesen werden (Heise 2007).

Insbesondere durch staatliche Vorgaben zur Fortbildungspflicht vermag der Staat steuernd einzugreifen. So ist in nahezu allen deutschen Bundesländern eine kontinuierliche Fortbildungspflicht inzwischen schulrechtlich – nicht nur beamtenrechtlich – verankert (z.B. § 25 Abs. 8, Schulgesetz Rheinland-Pfalz; für die Schweiz: EDK 2004; für Österreich: § 51 Abs. 2 SchUG) und der Schulleitung eine Aufsichtsfunktion über die Pflichterfüllung der Lehrkräfte zugewiesen worden (vgl. z.B. § 59 Abs. 6 Schulgesetz NRW; § 89 Abs. 3 Nr. 3 Hamburgisches Schulgesetz; § 69 Abs. 5 Schulgesetz Berlin). Der Umfang der jährlich verankerten Fortbildungspflicht variiert im internationalen Vergleich jedoch erheblich.

---

3   Den Bereich des informellen – also sich nebenbei im privaten und beruflichen Alltag – vollziehenden Lernens klammern wir hier aus, da mit ihm per Definition weder ausdrückliche Planung noch Steuerungsintentionen der Schulpolitik verbunden sind.

Für österreichische Lehrkräfte an Hauptschulen besteht nach der Dienstrechtsnovelle 1997 eine jährliche Fortbildungspflicht von 15 Stunden, in den Niederlanden dagegen werden jährlich 155 und in Schweden 104 Stunden Fortbildungsengagement pro Jahr erwartet (vgl. Eurydice 2003, S. 117, 2008, S. 47).

Im Rahmen des behördlichen Weisungsrechtes hat die Kultusadministration zudem die Möglichkeit, den Besuch bestimmter Fortbildungen anzuordnen. Diese traditionellen Steuerungseinflüsse werden allerdings durch die Stärkung einzelschulischer Eigenverantwortung eingeschränkt, die unter anderem eine einzelschulische Fortbildungsplanung beinhaltet (vgl. § 59 Abs. 6 Schulgesetz NRW; § 67 Abs. 6 Schulgesetz Berlin; § 127b Abs. 2 Hessisches Schulgesetz).

International finden sich zudem Regelungen, die von einer kontinuierlich nachgewiesenen Fortbildung den Erhalt der staatlich akkreditierten Lehrbefähigung von Lehrkräften abhängig machen (vgl. Koch-Priewe 2007, S. 31f. für Australien). In den deutschsprachigen Ländern werden aktuell eher Formen der Prämierung diskutiert, beispielsweise durch eine verstärkte Zertifizierung von Fortbildungsteilnahmen, die in Personalportfolios Eingang finden und bei Gehaltszulagen oder Höhergruppierungen berücksichtigt werden sollen (Eurydice 2008, S. 52). Insbesondere für Funktionsstellen, z.B. zur Qualifizierung von Schulleitungen, werden vermehrt Pflichtlehrgänge eingerichtet (vgl. Arbeitsgruppe Internationale Vergleichsstudie 2007, S. 160).

Als Anerkennung des Fortbildungsengagements spielen traditionell Entlastungen bei den Lehrverpflichtungen (Freistellungen, Anrechnungsstunden, Abordnungen) und Reisekostenübernahmen eine wichtige Rolle (Eurydice 2003, S. 121ff.). Attraktive Veranstaltungsorte und mehrtägige Veranstaltungsformen fern von der eigenen Schule ermöglichen eine Distanzierung zur unmittelbaren Berufswirklichkeit, die durch die Lehrkräfte als befreiend und entlastend erlebt werden kann (Terhart 2000, S. 131). In der aktuellen Schulpolitik zeigt sich allerdings eine zunehmende Problematisierung und Verknappung solcher Vergünstigungen (vgl. Arbeitsgruppe Internationale Vergleichsstudie 2007, S. 159). Lehrdeputatsentlastungen stehen in Konflikt mit Interessen der Sicherung des regulären Unterrichts und der Minimierung von Unterrichtsausfall. Fortbildungen finden zunehmend in unterrichtsfreien Zeiten – vor allem in den Ferien – statt. Bei der Suche nach möglichst effektiven und effizienten Veranstaltungsformen favorisieren die Kultusadministration (als Arbeitgeber und Organisatoren) mehr und mehr kürzere, schulnahe oder auch virtuelle Angebote. Bei überregionalen und mehrtägigen Fortbildungsangeboten werden vermehrt Unkostenbeiträge erhoben oder auch nur ein Teil der Reisekosten anerkannt. Prinzipiell bieten diese aktuellen Entwicklungen aber auch neue staatliche Steuerungspotentiale: eine Konzentration der Vergünstigungen auf bestimmte Veranstaltungen und Themen ist angesichts ansonsten eher knapper Anreize womöglich besonders wirksam.

2.2.2 Träger der Lehrerfortbildung

Lehrerfortbildungen werden nicht allein durch staatliche Stellen organisiert und durchgeführt, sondern auch von Berufsverbänden, Kirchen und privaten Anbietern (vgl. Eurydice 2003, S. 120f. für eine europäische Übersicht). Zudem sind unterschiedliche staatliche Stellen und Ebenen als Fortbildungsanbieter aktiv: Neben den Kultusministerien und ihren nachgeordneten Behörden (Landesinstituten und der regionalen Schulaufsicht) halten größere Kommunen für ihre Schulen ein Fortbildungsangebot bereit. Eine lange Tradition hat dies z.B. in Köln, München, Nürnberg, Düsseldorf oder Wien (Dumke 1964/1980; Böwer-Franke & Genger 1977). Auch die Universitäten sind wichtige Veranstalter von Fortbildungen von Lehrkräften. In Österreich sind die Pädagogischen Hochschulen seit 2007 hauptzuständig für die Fortbildung aller Lehrerinnen und Lehrer (vgl. Dellanoy u.a. 2004, S. 28). Die Schweiz hat ebenfalls mit der Neueinrichtung Pädagogischer Hochschulen die Lehrerbildung umorganisiert und die Verantwortlichkeiten für die kontinuierliche professionelle Weiterentwicklung gebündelt (vgl. z.B. im Kanton Zürich das Gesetz über die Pädagogische Hochschule vom 25.10.1999). In etlichen Kantonen steht die Einbindung der Weiterbildung in die vorhandenen Hochschulstrukturen allerdings noch aus (vgl. Lehmann u.a. 2007, S. 65f.).

Bei aller Anbieterpluralität ist der kultusministeriale Einfluss hervorzuheben. Schulbehörden akkreditieren bzw. anerkennen einzelne nichtstaatliche Fortbildungen als Möglichkeiten, die Fortbildungspflicht zu erfüllen (§ 99b Abs. 3 Hessisches Schulgesetz). Sie vermitteln zudem Kontakte zu Fortbildungsanbietern für interessierte Schulen oder Lehrkräfte. Zum Teil integrieren sie nichtstaatliche Veranstaltungsangebote in ihre Planungen und nehmen sie in ihre offiziellen Ankündigungsverzeichnisse auf. Im historischen Rückblick ist zudem ein Prozess der zunehmenden Verstaatlichung und Zentralisierung der Fortbildung von Lehrkräften zu beobachten. Wurde im 19. und in der ersten Hälfte des 20. Jahrhunderts die Fortbildung in Deutschland, Österreich und der Schweiz noch wesentlich durch Berufsverbände getragen, so übernahmen nach dem 2. Weltkrieg immer stärker die Kultusministerien eine verantwortliche Rolle (vgl. Cloer 1980; Landert 1999, S. 14; Gönner 1967; Engelbrecht 1988). In zwei Schüben – in den fünfziger und siebziger Jahren – wurden in allen deutschen Bundesländern Landesinstitute und Landesakademien für Lehrerfort- und -weiterbildung gegründet bzw. ausgebaut.[4] Für die Schweiz konstatiert Landert (1999, S. 14), dass seit den 1970er Jahren die Lehrerorganisationen als Träger der Fortbildungen von Lehrkräften zurückgedrängt wurden und nunmehr kantonale Institutionen „über eine Quasi-Monopolstellung in der Lehrerweiterbildung verfügen." In Österreich wurden mit der Schulorganisationsgesetznovelle 1962 pädagogische bzw. berufspädagogische Institute eingerichtet, die in den Bundesländern für die Fortbildung von Lehrkräften verantwortlich zeichnen sollten. Seit 1971 existierte so in jedem Bundesland ein pädagogisches Institut (Engelbrecht 1988, S. 520).

Seit den späten 1990er Jahren ist die staatlich organisierte Fortbildungslandschaft von vielfältigen Bemühungen der Optimierung geprägt, die zu umfänglichen Neuordnungen von Aufgabenfeldern, Ausgliederungen und Zusammenschlüssen, Zentralisierungen und Regionalisierungen führten. Bei diesen Neustrukturierungen ging es – neben der Nutzung von Einsparpotentialen – vor allem darum, die schulnahe und unterrichtsbezogene Wirksamkeit des Fortbildungsangebots zu erhöhen. Zum Teil wurden Außenstellen der staatlichen Lehrerfortbildungsinstitute für ein stärker dezentrales Angebot eingerichtet oder Regionalbehörden der staatlichen Schulaufsicht bzw. Universitäten zu regionalen Trägern der Lehrerbildung bestimmt. Die Benennung der Lehrerfortbildung als ein Unterstützungssystem stammt letztlich aus diesem Kontext und bezieht sich so implizit auf gesteigerte Effizienz- und Effektivitätserwartungen.

Nationale Erhebungsprogramme der Statistischen Ämter zu den Bildungsbudgets enthalten in der Regel zwar auch Daten zu den öffentlichen Ausgaben für Lehrerfortbildung, diese werden aber nur selten in amtlichen Publikationen differenziert ausgewiesen. Eine solche Ausnahme ist z.B. die Übersicht zum deutschen Bildungsbudget für das Jahr 2005/2006 durch das Statistische Bundesamt (2008, Anhang 2, S. 15, Haushaltsschlüssel B23). Demnach gaben die deutschen Bundesländer gerundet 0,1 Milliarden EURO für Lehrerfortbildung aus. Allerdings erschweren die fehlende Länderdifferenzierung, als auch die nicht ausgewiesene längsschnittliche Entwicklung der Länderausgaben eine qualifizierte Einschätzungen, ob und inwieweit das Ausgabenvolumen für Lehrerfortbildung einem ebenfalls nur zu schätzenden Fortbildungsbedarf der Lehrkräfte entspricht.[5] Insbesondere im internationalen Vergleich liegen zur Entwick-

---

4 In Hamburg wurde dabei an die Tradition des schon 1927 gegründeten Instituts für Lehrerfortbildung angeschlossen und in Baden-Württemberg u.a. an die schon 1920 eingerichtete Landesanstalt für Physikunterricht in Bad Cannstatt.

5 In den weitaus differenzierteren Tabellen des früheren von der BLK herausgegebenen Bildungsfinanzberichts (s. BLK 2006) werden die Ausgaben für Lehrerfortbildung in den Gesamtposten der Weiterbildungsausgaben integriert ausgewiesen. Die Analyse der entsprechenden länderbezogenen Ausgabenstruktur und ihrer Entwicklung im Zeitverlauf erscheint so

lung von Stellenkapazitäten und Ausgabenvolumen der staatlichen Fortbildung von Lehrkräften nur wenig aktuelle Zahlen vor. Zuletzt informierte Eurydice (1995, wiederholt in OECD 1998) über die staatlichen Ausgaben für die Fortbildung von Lehrkräften im europäischen Vergleich. Berichtet wurde für Deutschland (die alten Bundesländer, Stand 1991), dass der Anteil der staatlichen Ausgaben für die Fortbildung von Lehrkräften an den staatlichen Bildungsausgaben bei 0,14 % gelegen habe und in Österreich bei ca. 0,5 %. Norwegen (ca. 2 %) und Schweden (ca. 1,5 %) investierten in den dargestellten europäischen Ländern am meisten – bei einem zugleich höheren Anteil der Bildungsausgaben am nationalen Bruttoinlandsprodukt. Die Verlagerung der Fortbildungsplanung von zentralen Angeboten auf die einzelnen Schulen und schulinterne Fortbildungen erschweren zudem aktuelle Einschätzungen. Sicherlich hat die Fülle des Angebots durch den verstärkten Einsatz nebenamtlicher Fortbildnerinnen und Fortbildner oder durch die vermehrte Nutzung nichtstaatlicher Kooperationspartner/innen zugenommen.[6] Dafür spricht auch der generelle Bedeutungszuwachs der Fortbildung von Lehrkräften und des lebenslangen Lernens in den schulpolitischen Verlautbarungen (vgl. z.B. Bildungskommission NRW 1995, S. 306ff.). Offen ist allerdings, inwieweit die einzelnen Schulen und Lehrkräfte über ausreichende Finanzmittel bzw. zeitliche oder personelle Kapazitäten verfügen, um dieses Angebot im benötigten Maße nutzen zu können. Dies hat auch mit den schulpolitischen Entwicklungen einer stärkeren Eigenverantwortung der Einzelschulen zu tun. Nahezu alle deutschen Bundesländer sind dazu übergegangen, den Schulen Fortbildungsbudgets zuzuweisen bzw. in den Etats der regionalen Schulaufsicht oder der Länderinstitute entsprechende Unterstützungstöpfe der einzelschulischen Nachfragen vorzusehen (z.B. SCHILF-Budgets in Thüringen z.B. im Erlass über die Organisation des Schuljahres 1998/99, Anlage 2 Nr. 3 oder auch für Nordrhein-Westfalen: Runderlass über die Budgetierung von Fortbildungsmitteln des Landes und Bewirtschaftung dieser Haushaltsmittel durch die Schulen vom 06.05.2004).

Grundsätzlich bleibt festzuhalten: die Fortbildung von Lehrkräften in Deutschland, Österreich und der Schweiz wird – trotz einer großen Anbieterpluralität – zentral durch staatliche Institutionen verantwortet. Die Kultusministerien haben entsprechend einen großen Einfluss auf die Inhalte, die Angebote und die organisatorischen Rahmenbedingungen von Lehrerfortbildung. Andererseits arbeiten staatliche Lehrerfortbildungsinstitute und erst recht die Universitäten und pädagogischen Hochschulen mit großer Eigenständigkeit. Themenangebote wer-

---

prinzipiell möglich, würde aber eine eigenständige und umfassende Recherchearbeit erforderlich machen, auf die für den vorliegenden Beitrag verzichtet wurde.

6   Zwischenzeitliche Planungen in Niedersachsen, die Aufgabe der Fortbildung von Lehrkräften insgesamt einem privatwirtschaftlichen Träger zu übergeben, wurden nicht realisiert.

den nicht nur anhand ministerialer Vorgaben, sondern auch aufgrund eigener Interessen und Schwerpunktsetzungen der Fortbildungsanbieter bzw. auch anhand von Nachfragen der Schulen und Lehrkräfte generiert. Ministeriale Steuerungsinteressen haben bei der Angebotsgestaltung womöglich eine besondere Durchsetzungskraft und erhalten im Angebotssortiment eine herausgehobene Aufmerksamkeit. Nichtsdestotrotz ist das Lehrerfortbildungsangebot sowohl seinen Trägern als auch den Inhalten nach als sehr plural und wenig koordiniert einzuschätzen. Zudem ist die Steuerungswirkung dieses Angebots dadurch begrenzt, dass die Auswahl der besuchten Fortbildungsveranstaltungen weitgehend eine eigenständige Entscheidung der einzelnen Lehrpersonen bzw. der Einzelschulen darstellt. So kann auch eine zeitlich genau festgelegte Fortbildungspflicht nur das allgemeine Fortbildungsengagement regulieren, aber nicht – zumindest nicht flächendeckend und für alle Lehrpersonen – die besuchten Veranstaltungen und ihre Inhalte.

2.2.3 Organisatorische Merkmale von Fortbildungen

Das zeitliche Spektrum von Fortbildungsformen reicht von mehrjährigen Lehrgängen, über mehrtägige Kurse bis hin zu einstündigen Informationsveranstaltungen. Zu unterscheiden sind zudem einmalige von mehrmaligen Treffen, die dann mit zeitlichem Abstand aufeinander aufbauen und neben Aneignungsphasen auch Erprobungs- und Reflektionsphasen des Lernstoffes beinhalten können.

Nach ihrem Ort sind überregionale, regional/schulnahe und schulinterne Fortbildungen von Lehrerinnen und Lehrern zu unterscheiden. Dabei gehen mit den verschiedenen Fortbildungsorten jeweils verschiedene Verantwortlichkeiten für die Organisation des Angebots einher. Während überregionale und regionale Fortbildungen durch die Schulbehörden bzw. ihre Beauftragten verantwortet werden, liegt die Hauptverantwortung für die Organisation schulnaher bzw. schulinterner Fortbildungen von Lehrkräften bei den einzelnen Schulen und ihren Kollegien. Schulinterne Fortbildungen benötigen aber ebenfalls ein überschulisch – behördlich bereitgestelltes – Abrufangebot an qualifizierten Moderatoren zu den schulspezifisch ausgewählten Themenstellungen.

In der aktuellen Entwicklung der Lehrerfortbildung zeigt sich zudem eine gewisse funktionale Differenzierung zwischen den einzelnen Veranstaltungsorten. Überregionale (staatliche) Veranstaltungen zielen vor allem auf die umfassende Qualifizierung von Schulleitungen und Lehrkräften mit besonderen Funktionen (Fachleiter/innen, Fachmoderator/innen), die dann regional oder schulintern als Multiplikatorinnen und Multiplikatoren tätig werden. Regionale Fortbildungen von Lehrkräften sind demgegenüber offener adressiert – auf einzelne

Lehrkräfte, die interessenabhängig aus einem vorhandenen Angebot wählen. Allerdings zeigt sich ein schulrechtlicher Trend (vor allem in Deutschland), die Fortbildungsteilnahme von Lehrkräften stärker an eine einzelschulische Fortbildungsplanung rückzubinden und von der Hauptverantwortung des Schulleiters oder der Schulleiterin abhängig zu machen (vgl. § 59 Abs. 6 Schulgesetz NRW; § 88 Abs. 2 Nr. 5 Schulgesetz Hessen).[7] In ihrem zeitlichen Umfang sind regionale Fortbildungsangebote sehr vielfältig, wobei das Gewicht eintägiger und halbtägiger Formen in den letzten Jahrzehnten immer weiter zugenommen haben dürfte. Schulinterne Fortbildungen von Lehrkräften haben zumeist eintägige Dauer, wenn sie z.b. als pädagogische Klausurtagungen das gesamte Kollegium umfassen. Für kleinere und fachbereichsspezifische Informationsveranstaltungen sind auch Treffen außerhalb der Unterrichtszeit üblich – z.b. im Rahmen von Lehrer- und Fachkonferenzen.

2.2.4 Didaktisch-methodische Merkmale der Lehrerfortbildung

Formale Fortbildungsangebote haben nicht notwendigerweise die Form von Lehrveranstaltungen mit einem oder einer Vortragenden und einem Auditorium, obschon dies – insbesondere in den kürzeren und einmaligen informationsorientierten Veranstaltungen – immer noch ein verbreitetes Modell darstellt (Priebe 1999; Bessoth 2007, S. 43). Fortbildungen können dagegen auch in Schriftform stattfinden. Klassisch sind dies Fernstudienlehrgänge mit monatlichen Studienbriefen, die von den Kursteilnehmerinnen und -teilnehmern bearbeitet werden müssen (Böwer-Franke & Genger 1977). Heute spielen computer- und internetbasierte Lernumgebungen eine zunehmend wichtigere Rolle (Bessoth 2007, S. 109).[8] Aktuelle Herausforderungen liegen insbesondere in der wirksamen Verzahnung unterschiedlicher Lehrmedien: internetbasierter Einführungen und Nacharbeiten mit intensiven Präsenzzeiten und nachhaltig nutzbaren schriftlichen Materialien. Neue Medien erweitern aktuell auch das didaktische Methodenreservoir in der Lehrerfortbildung. Über Videomitschnitte können reale Unterrichtssituationen zu Lernanlässen werden, insbesondere wenn die Kursteilnehmer/innen Gelegenheit erhalten, sich in ihrem eigenen Unterrichtsverhalten

---

7 Der österreichische Rechnungshof (2007) kritisiert aber die mangelnde Wirksamkeit dieser Maßnahme. Schulleiter/innen missverstünden ihre Aufgabe der Genehmigung von Fortbildungsveranstaltungen häufig als Entgegenkommen gegenüber den Lehrer/innen; weder die Schulleiter/innen noch die Schulaufsicht steuern die Fortbildung ihrer Lehrer/innen im Sinne einer gezielten Personalentwicklung.

8 Vgl. z.B. das Niedersächsische Fernlern-Forum (NiFF) unter http://nline.nibis.de/niff/menue/nibis.phtml?menid=44, Zugriff: 08.10.2008.

zu reflektieren (vgl. Lipowsky 2004; Göbel 2007, 2008; Oelkers & Reusser 2008, S. 421ff.).

Von stärker themen- und lernzielorientierten Fortbildungen von Lehrkräften, die grundsätzlich von einem Wissensgefälle zwischen Lehrenden und Lernenden ausgehen, das durch Wissensvermittlung ausgeglichen werden soll, sind zudem Veranstaltungsformen zu unterscheiden, bei denen die Tätigkeit der Fortbildungsleiter/innen eher als Moderation oder Supervision zu beschreiben ist. Beispiele hierfür wären schulinterne Fortbildungen von Lehrkräften, die der Schulentwicklungsberatung bzw. der professionellen Begleitung schulinterner Entscheidungsprozesse z.B. zum Schulprogramm oder zur Verarbeitung von Befunden externer Evaluationen dienen.[9] Aber auch individualisierte Beratungen von Lehrkräften in ihrer Unterrichtsarbeit und bei der Verwirklichung ihrer beruflichen Entwicklungsziele fallen in diese Kategorie, insbesondere wenn ein solches Coaching institutionalisierte Formen über einzelschulische oder schulübergreifende Arbeitskreise erhält. Generell sind schulübergreifende Arbeitsgruppen von Lehrkräften (Pädagogische Arbeitsgemeinschaften) ein traditionsreiches und historisch bedeutsames Element im staatlichen Lehrerfortbildungsangebot vor allem auf lokaler Ebene. Zu nennen wären die regelmäßigen Lehrerkonferenzen und Junglehrerseminare im Wilhelminischen Reich und der Weimarer Republik, die entweder an den Pädagogischen Seminaren oder bei der örtlichen Schulaufsicht angesiedelt waren (vgl. Cloer 1980; für Österreich vgl. Gönner 1967, S. 229ff.). In den 1960er und 1970er Jahren wurden schulübergreifende Arbeitsgemeinschaften explizit als Möglichkeiten einer kooperativ-schulübergreifend-schulinternen Curriculumentwicklung diskutiert. Regionale Pädagogische Zentren (Gerbaulet, Herz & Huber 1972; Deutscher Bildungsrat 1974) wurden als geeignete Knotenpunkte der Kommunikation zwischen Wissenschaft und Praxis zur arbeitsteiligen Weiterentwicklung und Erprobung von curricularen Richtlinien vorgeschlagen und punktuell eingerichtet (Arlt, Döbrich & Lippert 1981).

Unter dem Begriff der Lerngemeinschaften setzt sich diese Tradition aktuell fort, erhält aber auch eine neue Konturierung. McLaughlin und Talbert (2006, S. 4) definieren Lerngemeinschaften allgemein als

> „a professional community where teachers work collaboratively to reflect on their practice, (…), and make changes that improve teaching and learning for the particular students in their classes."

---

9 Vgl. z.B. das Hamburger Fortbildungsangebot im Rahmen des Schulversuchs Selbstverantwortliche Schule (SvS) unter http://www.li-hamburg.de/projekte/projekte.svs/index.html, Zugriff: 08.10.2008.

Ein zentrales Ziel der Arbeit von Lerngemeinschaften ist also die langfristige Verbesserung des Unterrichts bzw. eine verbesserte Unterstützung der Lernprozesse der Schülerinnen und Schüler. Die enge Kooperation der Lehrkräfte stellt einen besonderen Nutzen der Arbeit von Lerngemeinschaften dar. Prinzipiell lassen sich verschiedene Organisationsmöglichkeiten unterscheiden, je nachdem, welche Personengruppen an einer Lerngemeinschaft beteiligt sind. Lerngemeinschaften können schulintern aus den Lehrkräften eines Faches oder verschiedener Fächer gebildet werden; sie können aber auch schulübergreifend aus Lehrkräften unterschiedlicher Schulen bestehen. Darüber hinaus können sich auch andere Personen, wie z.B. Wissenschaftler/innen an der Arbeit einer Lerngemeinschaft beteiligen. Die genaue Organisation und Zusammensetzung hängt maßgeblich mit dem Ziel zusammen, mit der eine Lerngemeinschaft gegründet wird. Schulübergreifende Netzwerke, in denen Lehrkräfte verschiedener Schulen zusammenarbeiten, gewinnen dabei in letzter Zeit zunehmend an Bedeutung (vgl. Berkemeyer u.a. 2008; vgl. auch Abschnitt 3.1.1).

Eine weitere Variante von Lehrerfortbildungen mit dem zentralen Element der Kooperation von Lehrkräften stellen Mentorensysteme dar, in denen wie in England offiziell benannte „Advanced Skilled Teachers" individualisierte Hilfestellungen für andere Lehrkräfte anbieten (vgl. Arbeitsgruppe Internationale Vergleichsstudie 2007, S. 149). Ein strukturell ähnliches Angebot stellt auch das Coaching individueller Lehrpersonen dar, wie es beispielsweise West und Staub (2003) entwickelten (vgl. Abschnitt 3.1).

In der aktuellen methodisch-didaktischen Entwicklung des Fortbildungsangebots für Lehrkräfte ist von einer tendenziellen Abwertung vortragsförmiger, informatorischer Veranstaltungsformen auszugehen – während schulnahe, auf gemeinsame, kooperative und intensive, praxisbezogene Auseinandersetzung orientierte Formen zunehmen, die sich auch stärker um eine Integration in den beruflichen Alltag der Lehrkräfte bemühen.

3 Befunde zur Wirksamkeit von Lehrerfortbildungen

Im vorhergehenden Abschnitt haben wir die Vielfalt der Gestaltungsformen von Lehrerfortbildungen zu systematisieren versucht, in diesem Kapitel wollen wir uns ihren Wirkungen zuwenden. Wir fragen, unter welchen Bedingungen Fortbildungen von Lehrkräften erfolgreich sind und erörtern dazu aktuelle Forschungsbefunde. Eingangs wollen wir auf eine gewisse thematische Begrenzung der Forschungsfoki der vorzustellenden Untersuchungen verweisen. Den aktuellen Forschungen sind keine Befunde zur Wirksamkeit von Fortbildungssystemen in ihrer Gänze und damit auf der Makroebene des Schulsystems zu entnehmen.

Die Forschungen konzentrieren sich vielmehr auf die Meso- oder Mikroebene der Schul- und Unterrichtsentwicklung und untersuchen die Bedeutung bestimmter methodisch-didaktischer Arrangements der Fortbildungsorganisation angesichts konkreter Interventionsprogramme. Inwiefern diese Beschränkung als Defizit zu benennen ist, werden wir im anschließenden vierten Abschnitt diskutieren.

Die Entwicklung und das Lernen der Schülerinnen und Schüler sind die zentralen Ziele von Unterricht. Dementsprechend müssen letztlich auch Fortbildungen für Lehrkräfte darauf abzielen, das Lernen der Schülerinnen und Schüler zu fördern bzw. zu optimieren. Fortbildungen zeigen jedoch zunächst einmal Wirkungen bei den direkt adressierten Personen, den Lehrkräften. Das Lernen von Lehrkräften bzw. die Veränderungen ihres Wissens und des Handelns ist Voraussetzung für Veränderungen des Unterrichts und damit des Lernens der Schülerinnen und Schüler. Dabei spielen nicht nur fachspezifische Wissensinhalte eine Rolle; auch die subjektiven Überzeugungen und „beliefs" von Lehrerinnen und Lehrern haben eine handlungssteuernde Funktion und bestimmen somit die Art und Weise des Unterrichtens mit (vgl. z.B. Mandl & Huber 1983; Calderhead 1996). Fortbildungen können somit sowohl auf der Ebene des Wissens wie auch des Handelns der Lehrkräfte Wirkungen zeigen.

Inwieweit Fortbildungen unterschiedlicher Art Effekte auf verschiedenen Wirkebenen zeigen, hat Lipowsky (2004, 2008) systematisch anhand empirischer Befunde dargestellt. Er unterscheidet vier Ebenen, auf denen Wirkungen von Lehrerfortbildungen beschrieben werden können: (1) die Meinung bzw. Zufriedenheit der Lehrkräfte, (2) Veränderungen im Wissen der Lehrkräfte, (3) Veränderungen im Handeln der Lehrkräfte sowie (4) Wirkungen auf die Schülerinnen und Schüler.

Bei der Darstellung der empirischen Befunde in den folgenden Abschnitten orientieren wir uns insofern an diesen Kategorien, als wir Wirkungen von Lehrerfortbildungen darstellen, die sich auf der Ebene des Unterrichts und damit dem Wissen und Handeln der Lehrkräfte einerseits und der Schülerinnen und Schüler andererseits niederschlagen. Fortbildungen, die sich z.B. mit Themen der Gesundheitsprophylaxe von Lehrkräften beschäftigen, werden ausgeklammert.

3.1 Veränderungen im professionellen Wissen und Handeln der Lehrkräfte

Die Wissensbasis, auf deren Grundlage Lehrerinnen und Lehrer handeln und ihren Unterricht gestalten, ist vielfältig. Neben fachlichem und fachdidaktischem Wissen stellen auch evaluativ-normative Überzeugungen einen Teil des professionellen Wissens dar, die in einer konkreten Situation die Grundlage darstellen, auf deren Basis gehandelt wird.

In Bezug auf das fachspezifische Wissen der Lehrerinnen und Lehrer stellt sich insbesondere die Frage, inwieweit durch Fortbildungen bei Lehrkräften ein „conceptual change" stattfinden kann, wie Lehrkräfte also darin unterstützt werden können, neue – eventuell den vorhandenen widersprechende – Konzepte in ihren Wissensbestand zu integrieren. Solche fachspezifischen Konzepte können als „knowledge structures [that] enable the individual to find explanations and to solve problems within the respective domain" (Beerenwinkel 2006, S. 20) bezeichnet werden. Sie gelten als relativ stabile Kognitionen und sind damit nur schwer veränderbar.

Wie können solche Wissensstrukturen nun durch Fortbildungen verändert werden? Verschiedene Studien geben Hinweise darauf, wie Fortbildungen gestaltet werden sollten, damit dieses Ziel erreicht werden kann. Möller u.a. (2006) haben in einer Studie solche „conceptual-change"-orientierte Fortbildungen für Grundschullehrkräfte konzipiert und durchgeführt. Ziel der Studie war es, die fachspezifischen Vorstellungen der Grundschullehrkräfte zum Lehren und Lernen im naturwissenschaftlichen Sachunterricht zu verändern, da die Forschung gezeigt hat, dass die vorhandenen Vorstellungen der Lehrkräfte häufig den Ideen eines kognitiv aktivierenden, konstruktivistisch orientierten Unterrichts entgegen stehen. Verschiedene Befunde haben gezeigt, dass vereinzelte Fortbildungsveranstaltungen kaum in der Lage sind, tief greifende Veränderungen herbeizuführen (vgl. z.B. Garet u.a. 2001; McLaughlin & Talbert 2006). Möller u.a. (2006) entwickelten daher ein Fortbildungskonzept, das sechzehn ganztägige Veranstaltungen vorsah, die sich über sechs Monate erstreckten. Im Rahmen eines Vergleichsgruppendesigns gab es zwei Experimentalgruppen, die tutorielle Unterstützung durch eine Fortbildungsleiterin erhielten. Eine Kontrollgruppe erarbeitete die Inhalte der Fortbildung weitgehend selbst gesteuert auf der Grundlage von schriftlichen Materialien. Die Ergebnisse der Studie zeigen, dass die Lehrkräfte der Experimentalgruppen stärker eine Vorstellung von naturwissenschaftlichem Unterricht als „conceptual change" sowie eine stärkere Vorstellung von der Bedeutung der Präkonzepte der Kinder aufbauten. Für diese Veränderungen der Vorstellungen zum Lehren und Lernen im naturwissenschaftlichen Sachunterricht war die tutorielle Begleitung offenbar entscheidend (Möller u.a. 2006).

Andere Studien, wie etwa die von Garet u.a. (2001), die größere Stichproben umfassten und verschiedene Merkmale von Fortbildungen miteinander verglichen, zeigten, dass eine (selbst berichtete) Veränderung des Lehrerwissens dann stattfindet, wenn die Fortbildungen kohärent zum Vorwissen der Lehrkräfte, den Curricula etc. sind und fachspezifische Inhalte fokussieren. In etwas weniger starkem Ausmaß wird eine Wissensveränderung auch von dem Ausmaß des aktiven Lernens der Lehrerinnen und Lehrer, das durch die Fortbildung ermöglicht wurde, beeinflusst (Garet u.a. 2001).

Insbesondere bei kurzfristig angelegten Fortbildungen scheint die Kohärenz der Fortbildungsinhalte mit dem Vorwissen und den Überzeugungen der Lehrkräfte wichtig zu sein, um Veränderungen im Unterricht bewirken zu können (Richardson & Placier 2002). Stimmen die in Fortbildungen vermittelten Inhalte und Werte nicht mit den Überzeugungen und „beliefs" der Lehrkräfte überein, dann ist die Implementation des Neuen in den Unterricht und die Integration in das Handlungsrepertoire der Lehrkräfte unwahrscheinlicher. Ist es jedoch das Ziel der Fortbildung, die bestehenden Vorstellungen und Überzeugungen der Lehrkräfte zu verändern, so bedarf es weiterer Charakteristika, die eine Fortbildungsmaßnahme aufweisen sollte. Dies gilt umso mehr, wenn es um Veränderungen geht, die sich auch auf der Handlungsebene der Lehrpersonen niederschlagen sollen. Eine tutorielle Unterstützung der Lehrkräfte, wie sie von Möller u.a. (2006) realisiert wurde, stellt eine solche Möglichkeit dar. In der Studie zeigte sich, dass diese Unterstützung in den Experimentalgruppen auch für die Modifikation der unterrichtlichen Praxis bedeutsam war.

Eine noch stärker individualisierte Form der Fortbildung stellt das Coaching individueller Lehrpersonen dar (West & Staub 2003). Das fachspezifisch pädagogische Coaching von Staub (2001; West & Staub 2003) beispielsweise stellt eine situationsspezifische und individualisierte Unterstützung dar und ermöglicht den Lehrerinnen und Lehrern, ihre Unterrichtspraxis auf einer sehr konkreten und unmittelbaren Ebene zusammen mit dem Coach zu reflektieren. Als Fortbildungsmaßnahme ist das Coaching insofern besonders geeignet, als es in den Schulalltag der Lehrkräfte eingebettet ist und einen klaren Fokus auf das Lernen der Schülerinnen und Schüler hat. In verschiedenen Studien zeigte sich, dass ein solches Coaching das unterrichtliche Handeln von Lehrerinnen und Lehrern verändern kann. In einer quasi-experimentellen Studie konnten Kreis und Staub (2008) Unterschiede im unterrichtlichen Handeln von angehenden Lehrerinnen und Lehrern zeigen. Eine Gruppe von Praxislehrkräften, die die Lehramtsstudierenden in ihren praktischen Phasen in der Schule begleiten, wurde im Sinne des fachspezifisch pädagogischen Coaching geschult. In einer Kontrollgruppe wurden die Lehramtsstudierenden von den Praxislehrkräften auf herkömmliche Art und Weise betreut. Die Mathematikstunden der angehenden Lehrkräfte wurden daraufhin videografiert und von unabhängigen Expertinnen und Experten anhand verschiedener Kriterien beurteilt. Die Ergebnisse zeigen, dass die Unterrichtsstunden von Lehramtsstudierenden, die von einem/r ausgebildeten Coach begleitet wurden, in Bezug auf folgende Dimensionen qualitativ besser beurteilt wurden: Interessantheit des Unterrichts, motivierende Unterstützung, positive Fehlerkultur, Verwendung von strukturierenden Maßnahmen sowie das Herstellen von erklärenden Verbindungen. Insgesamt zeigen die Ergebnisse dieser Studie, dass das fachspezifische pädagogische Coaching in der Lage ist, die Qualität des Unterrichts zu verbessern. Als (flächendeckend anzubietende) Fortbildung für praktizierende Lehrkräfte stößt ein solches Coaching allerdings schnell an seine Grenzen, zumindest wenn professionelle Coaches zum Einsatz kommen. Die Ausbildung zum Coach und die Vermittlung der grundlegenden Ideen des fachspezifisch pädagogischen Coaching an erfahrene Lehrpersonen sind jedoch über Fortbildungsangebote realisierbar. Lehrerinnen und Lehrer können sich auf dieser Grundlage als Peers gegenseitig coachen. In einer ersten Studie, in der ein solches Peer-Coaching an Schweizer Schulen implementiert wurde, zeigte sich, dass auch erfahrene Lehrkräfte das Verfahren überwiegend positiv beurteilten und angaben, davon für ihren Unterricht profitieren zu können (Kreis, Lügstenmann & Staub 2008).

Von diesen sehr stark auf die individuelle Lehrperson zugeschnittenen Fortbildungen lassen sich solche abgrenzen, die eher gruppenorientiert sind und versuchen, die Kooperation unter Lehrkräften anzuregen. Auch hier lassen sich Wirkungen in Bezug auf eine Veränderung der Lehrerkognitionen wie auch des unterrichtlichen Handelns feststellen. Lerngemeinschaften von Lehrerinnen und Lehrern haben in diesem Zusammenhang in den vergangenen Jahren an besonderer Bedeutung gewonnen und sollen deswegen im Folgenden genauer betrachtet werden.

Lerngemeinschaften als Form der Lehrerfortbildung

Lerngemeinschaften stellen eine Form der Fortbildung für Lehrkräfte dar, die vor allem im Zusammenhang mit der Implementation von Innovationen in das Schulsystem an Bedeutung gewonnen hat. Sie spielen vor allem dann eine Rolle, wenn es darum geht, langfristige und nachhaltige Veränderungen des Unterrichts zu erzielen. Um dieses Ziel erreichen zu können, sind Lerngemeinschaften langfristig angelegt und zeichnen sich durch eine intensive Zusammenarbeit der Lehrkräfte aus, die sich in regelmäßigen Abständen treffen, um gemeinsam über ihren Unterricht zu sprechen und die Bedeutung des beispielsweise neuen Unterrichtskonzepts, das eingeführt werden soll, für ihre eigene Unterrichtsgestaltung zu diskutieren. Eine intensive Auseinandersetzung mit neuen Konzepten und die Integration in die Unterrichtspraxis kann durch kurzfristige Fortbildungsmaßnahmen kaum erzielt werden:

„Only in a commited community, where individuals have the sustained opportunity to explore issues of teaching and learning with their peers, do such differences emerge" (Thomas u.a. 1998, S. 32).

In einer solchen Gemeinschaft können Lehrerinnen und Lehrer gemeinsam „Werkzeuge", wie beispielsweise Unterrichtsmaterialien oder -strategien oder auch Fachinhalte besprechen und deren Bedeutung und Anwendbarkeit aushandeln.

Die theoretische Grundlage von Lerngemeinschaften liegt in den Ansätzen des situierten Lernens, die davon ausgehen, dass Lernen nicht losgelöst von Situationen und Kontexten stattfindet, sondern vielmehr situiert ist. Die alltägliche Praxis von Lehrkräften, die Erfahrungen, die sie in ihren Klassen sammeln sowie auch die Kooperation mit Kolleginnen und Kollegen und die dabei stattfindenden Gespräche stellen insgesamt einen Bestandteil dessen dar, was Lehrkräfte lernen (Putnam & Borko 2000). Lerngemeinschaften stellen in diesem Verständnis die kognitiven Werkzeuge zur Verfügung, die Lehrpersonen in ihrem Unterricht anwenden können. Werden Lerngemeinschaften im Sinne einer Fortbildung zur Einführung eines neuen Unterrichtskonzepts eingesetzt, so können die beteiligten Lehrkräfte in kooperativer Weise erarbeiten, wie die Innovation im Unterricht umgesetzt und an ihre jeweilige Situation angepasst werden kann. Auf diese Art und Weise können Strukturen geschaffen werden, die ein Versanden der Innovation verhindern (Mandl 1998).

Als Beispiel für eine Innovationsimplementation mittels Lerngemeinschaften kann die Unterrichtskonzeption „Chemie im Kontext" dienen. Die Innovation bestand darin, dass der Chemieunterricht stärker anwendungsorientiert und ausgehend von Alltagsphänomenen gestaltet werden sollte; darüber hinaus sollten vielfältige Unterrichtsmethoden angewendet werden. Um den Lehrkräften die Umsetzung dieser Konzeption im Unterricht zu erleichtern und sie dabei zu unterstützen, wurde eine symbiotische Implementationsstrategie gewählt, bei der Wissenschaftler/innen und Lehrkräfte gemeinsam in Lerngemeinschaften zusammenarbeiteten (Gräsel & Parchmann 2004). Die Wissenschaftler/innen brachten den Lehrkräften die Rahmenkonzeption von „Chemie im Konzept" nahe und die Lehrkräfte wiederum entwickelten in kooperativer Weise Unterrichtsreihen nach dieser Konzeption. Auf diese Art und Weise konnten die Lehrkräfte „Chemie im Kontext" von Beginn an ihren schulischen Gegebenheiten und der konkreten Situation in ihren Klassen anpassen. Die beteiligten Lehrkräfte beurteilten die Arbeit in den Lerngemeinschaften insgesamt sehr positiv und gaben an, von der Unterstützung durch die Wissenschaftlerinnen und Wissenschaftler profitieren zu können (Fussangel & Gräsel 2009). Zur weiteren Verbreitung des Konzeptes und zur nachhaltigen Verstetigung in der Schule kam ein

Multiplikatorensystem zum Einsatz: Lehrkräfte aus den ursprünglichen Lerngemeinschaften gründeten nach einem Jahr der Mitarbeit neue Gruppen, in denen sie fortan mehr Verantwortung übernahmen und gemeinsam mit den neu Hinzugekommenen weitere Unterrichtsreihen nach „Chemie im Kontext" entwickelten. Die Evaluation des gesamten Projektes zeigte, dass sich der Unterricht in allen Klassen, sowohl denjenigen von Lehrkräften aus den ursprünglichen Lerngemeinschaften wie auch aus den Multiplikatorengruppen, gleichermaßen veränderte. Die Lehrkräfte integrierten zentrale Aspekte des Konzeptes „Chemie im Kontext" in ihrem Unterricht und verwendeten eine größere Vielfalt an Unterrichtsmethoden (Fussangel, Schellenbach-Zell & Gräsel 2008).

Diese Befunde zeigen, dass es gelungen ist, das Unterrichtshandeln der Lehrerinnen und Lehrer und ihre Praxis zu verändern. Durch die Arbeit in den Lerngemeinschaften und die enge Kooperation mit Kolleginnen und Kollegen konnten die Lehrkräfte darin unterstützt werden, die neue Konzeption in ihre Unterrichtspraxis zu integrieren. Die Arbeit in den Lerngemeinschaften half ihnen dabei, neue Methoden auszuprobieren und die mit der Innovation verbundenen Konzepte nach und nach in ihr Handlungsrepertoire zu übernehmen.

Auch international zeigen die Forschungsarbeiten zu Lerngemeinschaften, dass diese Form der Arbeitsorganisation geeignet ist, die Unterrichtspraxis von Lehrerinnen und Lehrern zu verändern. Butler u.a. (2004) berichten von einem Projekt, in dem Lehrkräfte mit Wissenschaftlerinnen und Wissenschaftlern in Lerngemeinschaften arbeiten und gemeinsam Unterrichtsstrategien entwickeln, durch die bei Schülerinnen und Schülern das selbstregulierte Lernen gefördert werden soll. Die Lehrkräfte nahmen zunächst an einem eineinhalbtägigen Workshop teil, in dem ihnen das Gesamtkonzept nahe gebracht wurde. Im Anschluss traf sich je ein/e Fachdidaktiker/in mit einem Team von mehreren Lehrkräften, um die gemeinsamen Ziele der Arbeit festzulegen. Die Person aus der Fachdidaktik besuchte anschließend je eine Lehrperson in ihren Klassen. In den ersten zwei Jahren dieses Unterfangens wurde eine Vielzahl von (qualitativen) Daten erhoben und es zeigte sich, dass die Lehrpersonen lernten, verstärkt ihre eigene Effektivität im Unterricht zu reflektieren und nach und nach ihre Unterrichtsmethoden und Routinen den Bedürfnissen der Schülerinnen und Schüler anzupassen. Die enge Kooperation mit der Wissenschaft und vor allem mit den Kolleginnen und Kollegen half den Lehrkräften dabei, Lösungen für alltägliche Probleme, die sie mit dem Konzept in ihrem Unterricht hatten, zu finden.

Boyle u.a. (2005) berichten von langfristigen Weiterbildungsmaßnahmen, durch die die Mehrheit der Lehrkräfte, die teilnahmen, ihren Unterricht hinsichtlich eines oder mehrerer Aspekte verändert hat. Insbesondere das gegenseitige Coaching und das forschungsorientierte Arbeiten schätzten die Lehrpersonen. Auch Hord (1997) und Morrissey (2000) berichten, dass sich die traditionelle

Rolle der Lehrpersonen zugunsten einer kollegialen und kooperativen Arbeitsweise verändert, bei der die Lehrerinnen und Lehrer ein Bewusstsein dafür entwickeln, dass sie gemeinsam für das Lernen der Schülerinnen und Schüler verantwortlich sind. Eine Erweiterung der unterrichtlichen Kompetenzen und des professionellen Wissens zeigt sich z.B. im Erproben neuer Unterrichtstechniken und -methoden und in der Fähigkeit, auch bei ungünstigen und häufig wechselnden Rahmenbedingungen Lösungsstrategien zur Steigerung der Schülerleistungen zu erarbeiten (Reyes, Scribner & Paredes Scribner 1999).

Zusammenfassend hat die Forschung gezeigt, dass Veränderungen im Wissen (einschließlich Überzeugungen) und Handeln von Lehrkräften zeitintensive Prozesse sind. Fortbildungsmaßnahmen, die Lehrkräfte in diesen Veränderungen unterstützen wollen, müssen dies berücksichtigen und dementsprechend langfristig angelegt und derart gestaltet sein, dass Lehrerinnen und Lehrer die Möglichkeit haben, ihre Unterrichtspraxis zu reflektieren und ihr eigenes Handeln in Bezug auf das Schülerlernen zu interpretieren (Garet u.a. 2001). Kwakman (2003) bezeichnet die Reflexion als das Herzstück der professionellen Entwicklung von Lehrpersonen. Lerngemeinschaften scheinen diesbezüglich als Fortbildungsformat besonders geeignet zu sein, sind aber natürlich zunächst mit einem größeren organisatorischen Aufwand verbunden als andere kürzere Fortbildungsmaßnahmen. Lerngemeinschaften lassen sich – zumindest in der Anfangsphase – nur schwer ohne externe Unterstützung realisieren und bedürfen zeitlicher Strukturen, in denen die Lehrkräfte sich treffen können. Wenn sie jedoch einmal etabliert sind und die Lehrkräfte ihren Nutzen erfahren haben, dann können sie z.B. über Multiplikatorensysteme in die Breite getragen werden. Ein weiterer Aspekt von guten Fortbildungen, der in Lerngemeinschaften realisiert werden kann, ist die enge Kooperation von Lehrkräften. Der Austausch von Perspektiven und das gemeinsame Erarbeiten von Strategien und Lösungen kann Lehrpersonen darin unterstützen, neue Methoden und Konzepte in ihren Unterricht und ihr Handlungsrepertoire zu integrieren; ein hoher Praxisbezug und ein reflexiver Austausch mit Kolleginnen und Kollegen ist ein weiteres Merkmal von Fortbildungen, das zu Veränderungen im Wissen und Handeln von Lehrkräften beiträgt (Richardson & Placier 2002; Borko 2004; Lipowsky 2004, 2008). McLaughlin (1994) geht sogar so weit, dass sie sagt „enabling professional growth is, at root, enabling professional community" (S. 31).

Die Studien von Möller u.a. (2006) zum fachspezifisch pädagogischen Coaching (Kreis & Staub 2008) und zum Unterrichtskonzept „Chemie im Kontext" (Fussangel u.a. 2008) zeigen, dass ein klarer fachlicher und fachdidaktischer Bezug der Fortbildungsinhalte hilfreich für Veränderungen des Unterrichts ist. Je konkreter die Inhalte der Fortbildung und je stärker sie sich auf den konkreten Unterricht der Lehrkräfte beziehen, desto eher können die Lehrerinnen und Lehrer die neuen Handlungsalternativen erproben und im Unterricht anwenden (Lipowsky 2008). Die Transferkosten für die Übertragung von neuen Konzepten in ihren Unterricht können für die Lehrkräfte dann verringert werden, wenn die Fortbildungsveranstaltungen von vornherein auf die Fachinhalte fokussieren.

3.2 Wirkungen auf Schülerinnen und Schüler

Die Schwierigkeit, Effekte von Fortbildungen auf der Ebene der Lehrpersonen empirisch nachzuweisen, setzt sich bei den Schülerinnen und Schülern in verstärkter Form fort. Fortbildungen von Lehrkräften sollten letztlich der Qualität des Unterrichts und dem Lernen der Schülerinnen und Schüler dienen. Diesen Fokus auf das Schülerlernen in Fortbildungen explizit zu thematisieren und die Aufmerksamkeit der Lehrkräfte darauf zu lenken, ist bereits ein wichtiger Aspekt, durch den Wirkungen bei Schülerinnen und Schülern eintreten können (Lipowsky 2004, 2008). Studien, die Lernfortschritte von Schülerinnen und Schülern in Folge von Lehrerfortbildungen nachweisen wollen, bedürfen eines Vergleichgruppendesigns, da ansonsten nur schwer die Effekte, die auf die Fortbildung zurückzuführen sind, isoliert werden können.

In der bereits beschriebenen Studie von Möller u.a. (2006) wurden neben den Lehrpersonen die Lernfortschritte der Schülerinnen und Schüler untersucht. Dabei zeigte sich, dass die Kinder aus Klassen von Lehrkräften der Experimentalgruppen signifikant größere Fortschritte im konzeptuellen Verständnis des behandelten Themas „Schwimmen und Sinken" zeigten. Die durch die Fortbildung veränderten Vorstellungen zum Lehren und Lernen der Lehrpersonen spielten hier eine entscheidende Rolle: Waren die Lehrkräfte sich darüber bewusst, dass der naturwissenschaftliche Unterricht derart gestaltet werden sollte, dass bei den Kindern ein „conceptual change" von naturwissenschaftlichen Konzepten stattfinden kann, so erwies sich dies als starker Prädiktor für Lernzuwächse bei den Schülerinnen und Schülern (Kleickmann u.a. 2007). Eine Veränderung der Vorstellungen und Überzeugungen der Lehrkräfte zum Lehren und Lernen in Richtung eines stärker „conceptual-change"-orientierten Sachunterrichts führte demnach zu einer besseren Unterstützung der Schülerinnen und Schüler hinsichtlich des konzeptuellen Verständnisses des behandelten Themas.

Mit der Frage, wie durch die Fortbildung von Lehrkräften die kognitive Weiterentwicklung von Schülerinnen und Schülern unterstützt werden kann, haben sich auch Adey u.a. (2004) in vielfältigen Forschungsarbeiten beschäftigt. Insbesondere die CASE-Studien („Cognitive Acceleration through Science Education") zeigen Merkmale von Fortbildungen auf, die Wirkungen bei Schülerinnen und Schülern hervorrufen können. Wie der Name bereits andeutet, haben auch die CASE-Fortbildungsprogramme für Lehrkräfte einen klaren fachdidaktischen Fokus und sind konkret auf das Lernen der Schülerinnen und Schüler im naturwissenschaftlichen Unterricht ausgerichtet. Des Weiteren zeichnen sie sich durch Langfristigkeit aus und erstrecken sich in der Regel über zwei Jahre, in denen die Lehrkräfte sowohl an zentralen Veranstaltungen teilnehmen (konzentrierte Workshops) wie auch an Coaching-Phasen in ihren Schulen. Damit erfüllen diese Fortbildungen schon einige der formalen Kriterien von guten Lehrerfortbildungen. Adey u.a. (2004) betonen darüber hinaus die Wichtigkeit der theoretischen Einbettung des Fortbildungsprogramms. Die CASE-Programme beziehen sich auf drei theoretische Stränge, die die Veränderung von Lehrkräften beschreiben können: „conceptual change", die Reflexion der eigenen Praxis sowie der Bedeutung des intuitiven Wissens beim Unterrichten. Ohne dass diese Stränge hier näher ausgeführt werden sollen, so weisen sie dennoch auf einen klaren Fokus der Fortbildungen hin, die mit eindeutigen Zielen und Methoden verbunden sind. In zahlreichen quasi-experimentellen Studien untersuchten Adey u.a. (2004), ob die gewünschten kognitiven Lernfortschritte bei den Schülerinnen und Schülern eingetreten sind. Die Ergebnisse der Studien zeigen, dass die Schülerinnen und Schüler aus den CASE-Gruppen signifikante kognitive Zugewinne im Post-Test erzielten. Interessanterweise konnten diese Effekte nicht unmittelbar nach der Intervention nachgewiesen werden, jedoch in allen nachfolgenden Post-Tests in den auf die Durchführung des CASE-Programms nachfolgenden Jahren. Die zweijährige Fortbildungsintervention zeigte somit langfristige Wirkungen bei den Schülerinnen und Schülern, die sich auch nach Abschluss des Programms hielten (Adey u.a. 2004).

In einer Studie von Gräsel u.a. (2004) zur Fortbildung von Chemielehrkräften zeigten sich stärkere Lernzuwächse bei Schülerinnen und Schülern, deren Lehrkräfte in der Fortbildung verstärkt zur Kooperation angeregt wurden. Die Fortbildung, in der die Lehrkräfte das Unterrichtskonzept „Chemie im Kontext" kennen lernen sollten (s.o.), bestand aus zwei Workshops, die im Abstand mehrerer Monate stattfanden. Am Ende des ersten Termins bekam eine Gruppe von Lehrkräften eine Kooperationsanregung, in der sie aufgefordert wurden, sich an ihrer Schule eine/n Kooperationspartner/in zu suchen, um gemeinsam eine Unterrichtseinheit nach „Chemie im Kontext" zu entwickeln. Interessanterweise war diese Kooperationsanregung nicht in Bezug auf eine Intensivierung der Zusammenarbeit erfolgreich: Die Lehrkräfte, die die Anregung erhielten, arbeiteten nicht intensiver zusammen als die Gruppe, die diese Aufgabe nicht erhalten hatten. Ihre Schülerinnen und Schüler zeigten jedoch einen höheren Lernzuwachs. Es ist daher zu vermuten, dass die Lehrkräfte die Kooperationsanregung stärker als Reflexionsanregung genutzt haben, wodurch sie die Lernprozesse der Schülerinnen und Schüler offenbar besser unterstützen konnten.

Neben diesen Fortbildungsprogrammen gibt es auch solche Maßnahmen, die sich mit einer Umstrukturierung der gesamten Schule hin zu weniger bürokratischen Organisationen beschäftigen. Die (amerikanische) Reformbewegung „Restructuring Schools" beispielsweise basiert auf verschiedenen Forschungsarbeiten, aus denen Prinzipien hergeleitet wurden, die eine Veränderung an Schulen herbeiführen können. Solche „principles of change" beziehen sich u.a. auf die Umorganisation von Schulen hinsichtlich ihrer sozialen Organisation, ihrer Curricula und ihrer Unterrichtsgestaltung (vgl. Lee, Smith & Croninger 1997). Lehrkräfte sollen ihren Unterricht „authentisch" gestalten (Newman 1996), das heißt den Schülerinnen und Schülern helfen, ein Wissen aufzubauen, das ihnen in ihrem Alltag hilfreich und nützlich ist. Insgesamt gilt es, die Schwerpunkte des Unterrichts weniger auf das Reproduzieren von Wissen, sondern vielmehr auf die Konstruktion individueller Wissensstrukturen zu legen. Die Schulen sollten sich als Ganzes weiterentwickeln und sich als Gemeinschaft verstehen; das Ziel ist es, dass sich alle am schulischen Leben beteiligten Personen gemeinsam für das Lernen der Schülerinnen und Schüler verantwortlich fühlen. Insgesamt wurde diese umfassende Reformbewegung mit Fortbildungsmaßnahmen für Lehrkräfte sowie für die Schulleitungen begleitet. Verschiedene Studien weisen darauf hin, dass solche Umstrukturierungsmaßnahmen einen positiven Einfluss auf das Lernen der Schülerinnen und Schüler haben. Lee, Smith und Croninger (1997) konnten in ihrer Studie Unterschiede in den mathematischen und naturwissenschaftlichen Leistungen zwischen Schulen feststellen, die unterschiedlich viele bzw. unterschiedliche Umstrukturierungsmaßnahmen umgesetzt hatten. Die Effekte auf die Schülerinnen und Schüler werden dabei über die soziale Organisation der Schule sowie über die Gestaltung des Unterrichts vermittelt (vgl. Louis & Marks 1998).

Zusammenfassend lässt sich in Bezug auf das Lernen der Schülerinnen und Schüler sagen, dass Fortbildungen für Lehrkräfte dann eine Wirkung zeigen, wenn sie das Lernen der Schülerinnen und Schüler explizit in den Fokus nehmen. Wenn sich die Lehrkräfte z.B. der Prä- oder Fehlkonzepte ihrer Schülerinnen und Schüler bewusst sind, können sie ihren Unterricht besser darauf abstimmen. Betrachtet man größer angelegte Programme, die als Fortbildung für ganze Schulen bzw. Bereiche des Schulsystems verstanden werden können, so scheint die Entwicklung einer (Lern-)Gemeinschaft wichtig zu sein, um einen gemeinsamen Fokus und damit ein gemeinsames Ziel der täglichen Arbeit zu entwickeln.

Die Ausführungen der vergangenen Abschnitte zeigen, dass es in der bisherigen Forschung zur Fortbildung von Lehrkräften gelungen ist, Merkmale zu identifizieren, die eine Veränderung im Wissen und Handeln von Lehrkräften wie auch Schülerinnen und Schülern bewirken können. Langfristig angelegte

Unterstützungen für Lehrkräfte mit einem fachlichen bzw. fachdidaktischen Fokus sind besonders erfolgreich. Darüber hinaus sollten die Lehrkräfte Gelegenheit haben, sich untereinander auszutauschen und in Bezug auf die Inhalte der Fortbildung zu kooperieren. Dabei sollte die Unterstützung der Lernprozesse der Schülerinnen und Schüler immer das eigentliche Ziel der Arbeit sein (Borko 2004; Lipowsky 2004, 2008).

4 Forschungsbedarfe und Forschungsfelder

Sowohl die Systematisierung der organisatorischen Merkmale (Abschnitt 2) als auch die Darstellung der Befunde aktueller Untersuchungen machen deutlich, dass die empirische Bildungsforschung schon einiges über die Situation und Wirksamkeit von Lehrerfortbildungen weiß. Es handelt sich keinesfalls um ein unbekanntes Land, das erst durch einzelfallorientierte explorative Studien zu erschließen wäre. So lassen sich zentrale Forschungsfragen, die in den nächsten Jahren vordringlich zu bearbeiten wären, benennen. Wir benötigen vermehrt quasiexperimentelle Untersuchungen insbesondere zu wirksamen Fortbildungsarrangements, die zu tief greifenden und dauerhaften Lerneffekten bei Lehrkräften und darauf aufbauend zu größeren Lernerfolgen bei Schülerinnen und Schülern führen. Der Schwerpunkt der aktuellen Forschung liegt vor allem auf der Untersuchung von Einzelmaßnahmen. Die Chancen der Verknüpfung und modulhaften Ergänzung unterschiedlicher Veranstaltungsformen werden hingegen noch zu wenig in den Blick genommen. Der Transfer von erfolgreichen Fortbildungsmaßnahmen in die Breite ist somit ein noch näher zu untersuchender Bereich. Dies betrifft vor allem solche Fortbildungen, die sich an einem eher traditionellen Format orientieren (Workshops). Wie können einzelne Maßnahmen, die sich als wirksam herausgestellt haben, in größere Programme einfließen? Auch die Kombination verschiedener Fortbildungsformate birgt Fragestellungen, die es weiter zu erforschen gilt.

Insgesamt stellt sich darüber hinaus die Frage, wo die Grenzen zu anderen Maßnahmen der Unterrichts- und Schulentwicklung liegen bzw. wie diese sich produktiv ergänzen können. Lerngemeinschaften, wie sie anhand des Beispiels „Chemie im Kontext" vorgestellt wurden, stellen eindeutig ein Instrument der Unterrichtsentwicklung dar. Wie diese in der einzelnen Schule mit anderen Formen der Fortbildung und Schulentwicklung interagieren, muss jedoch noch näher in den Blick genommen werden. Dies gilt auch für andere Fortbildungsformate, bei denen sich in gleicher Weise die Frage stellen lässt, was diese in Kombination mit anderen Maßnahmen zur Entwicklung der einzelnen Schule beitragen.

Ein weiteres Forschungsfeld bezieht sich auf IT- und internetbasierte Fortbildungen von Lehrkräften, die schon vielfältig als neue Angebotsformate diskutiert werden. In welchem Maße aber Präsenzveranstaltungen von solchen Fortbildungsformaten nicht nur in Frage gestellt werden, sondern auch neue Aufgaben erhalten und neue Arbeitsstrukturen benötigen, ist dagegen erst noch systematisch zu erforschen. Zudem konzentrieren sich die empirischen Studien gegenwärtig vor allem auf formale Fortbildungen von Lehrkräften. Neben diesen wären aber noch weitere vielfältige Lerngelegenheiten beachtenswert, durch die Lehrkräfte ihr Wissen und ihr Handlungsrepertoire erweitern und verändern können und die eher informeller Natur sind (Bransford, Brown & Cocking 1999). Diese näher zu untersuchen und ihre Wirkung und vor allem ihre Interaktion mit formalen Formen der Fortbildung in den Blick zu nehmen, ist ein weiteres Forschungsfeld, das Aufschluss darüber geben kann, wie Lehrkräfte insgesamt in ihrer professionellen Entwicklung unterstützt werden können (vgl. Heise 2007).

Dem aktuellen Forschungswissen lassen sich aber auch Hinweise auf blinde Flecken und unbehandelte Fragen entnehmen, die auf notwendige Erweiterungen der Forschungsstrategien hinweisen. So werden die aktuellen Forschungsbefunde zur Wirksamkeit von Lehrerfortbildungen an einem bestimmten Kreis von Fortbildungsthemen gewonnen, die ihre Verallgemeinerbarkeit zumindest begrenzen. Vorwiegend werden unterrichtsbezogene – auf ein erfolgreicheres fachbezogenes Lernen der Schülerinnen und Schüler gerichtete – Fortbildungen untersucht. Dass diese umso so effektiver sind, je besser es gelingt, schon in den Fortbildungen einen engen Fach- und Praxisbezug herzustellen, ist ein wichtiger, in seiner Reichweite möglicherweise aber begrenzter Befund. Bei anderen Fortbildungsthemen mit dem Ziel allgemeinpädagogischer Vergewisserung (veränderte Jugend, Erziehungsauftrag der Schule) oder lehrkräftebezogener Gesundheitsprophylaxe ist ein zu starker Fachbezug möglicherweise auch hinderlich. Allerdings steht bisher der Nachweis aus, dass derartige allgemeine Fortbildungen überhaupt einen Effekt haben – dies wäre durch entsprechende Forschung erst zu belegen.

Nicht zuletzt werden im Argumentationsgang unseres Beitrages erhebliche Wissenslücken sichtbar, die auf die Begrenzung der gegenwärtigen Forschungsstrategien zurückzuführen sind. Problematisch ist insbesondere, dass so gut wie keine quantitativen Daten über das existierende Fortbildungsangebot sowohl auf nationaler Ebene in Deutschland, Österreich und der Schweiz als auch im internationalen Vergleich vorliegen. Demgegenüber lassen sich aus einzelnen Befragungen Aussagen zum Nutzungsverhalten entnehmen (für Österreich z.B.: Rechnungshof 2007; Hofinger u.a. 2000; in Deutschland: Mikrozensus, Berichtssystem Weiterbildung; Heise 2007, 2009). Da jedoch die Angebotsseite nicht empirisch aufgearbeitet ist, sind aktuell keine verlässlichen Einschätzungen möglich, inwieweit sich Angebot und Nachfrage entsprechen und ob z.b. eine als zu gering kritisierte Nachfrage zumindest teilweise auf ein quantitativ und qualitativ unzureichendes Angebot zurückzuführen wäre. Die das System der Lehrerfortbildung prägende Anbietervielfalt und die Verschiebung der Organisationsverantwortung auf die einzelnen Schulen erschweren entsprechende Einschätzungen zusätzlich. Dies verweist auf weitergehende Systemfragen des Fortbildungsangebots, die in der empirischen Forschung bisher ebenfalls zu wenig berücksichtigt werden.

Generell ist die Fortbildung von Lehrkräften als ein staatlich beaufsichtigter Markt unterschiedlicher Veranstaltungsanbieter/innen zu beschreiben, die um eine begrenzte – aber durch staatliche Fortbildungsverpflichtung dauerhaft gesicherte – Nachfrage von Schulen und Lehrkräften konkurrieren. Im staatlichen Auftrag handelnde Akteure wie Landesinstitute, Universitäten und Pädagogische Hochschulen haben in diesem Anbietermarkt zwar großen Einfluss. Dieser dürfte jedoch kaum dazu ausreichen, ein systematisch und planvoll abgestimmtes Angebot zu gewährleisten – nicht nur kapazitär, sondern auch bezogen auf die in den letzten Jahren erweiterten autonomen Entscheidungsmöglichkeiten der einzelnen Schulen. Offen und bisher empirisch unbehandelt sind Fragen der Möglichkeiten und des optimalen Umfangs des staatlichen Eingriffs und staatlicher Planung auf dem Lehrerfortbildungsmarkt, um eine möglichst hohe Qualität und Effektivität des Angebots zu gewährleisten.

Stärkerer Reflexionen in zukünftigen Forschungen bedürfen die Hürden des internationalen Vergleichs bzw. die kulturelle Sensibilität der vorgestellten empirischen Befunde. So verweist Bessoth (2007, S. 107) auf die Schwierigkeiten, im anglo-amerikanischen Kontext gewonnene Evidenzen auf „die alternden schweizerischen Kollegien (und erst recht nicht auf die noch stärker ‚vergreisten' deutschen)" zu übertragen.

> „Hierzulande sind Kollegien sehr stabil, Fluktuation und Mobilität sind in der Schweiz etwas höher als in Deutschland, aber insgesamt recht bescheiden. Schulen, an denen 25 bis 30 % der Lehrpersonen in einem Jahr wechseln, gibt es nicht." (ebd., für Österreich vgl. z.B. Dellanoy u.a. 2004).

In den deutschsprachigen Ländern ist zudem die „Behaltequote" sehr hoch: sobald Lehrkräfte eine dauerhafte Anstellung erreicht haben, ist ein Schul- oder gar regionaler Wechsel die Ausnahme. Eine Konsequenz dieser Bedingungen ist, dass anders als in den USA in der Schul- und Unterrichtsentwicklung weniger darauf gesetzt werden kann, dass die ständige, große Veränderung in den Kollegien einen stetigen Wissenszufluss über neue Konzepte und Forschungen gewährleistet. Dies erhöht in den deutschsprachigen Ländern nochmals die Anforderungen an eine stetige, extern geförderte und orientierte Fortbildung von Lehrkräften.

5 Ausblick

Betrachtet man zusammenfassend die empirischen Ergebnisse zur Effektivität von Fortbildungen, dann ergibt sich ein bedenklicher Widerspruch zwischen den Richtungen, die die Kultusadministration bei der Weiterentwicklung von Fortbildungen einschlägt, und diesen Forschungsbefunden. Diese zeigen ja gerade, dass langfristig angelegte, intensiv-handlungsorientierte sowie Theorie-, Praxis- und Reflexionsanteile verschränkende Veranstaltungskonzepte besonders wirksam sind. Die Neugestaltung der staatlich getragenen Lehrerfortbildungssysteme in den letzten Jahren strebt aber vor allem Effizienzgewinne an: Viele Bemühungen zielen darauf ab, wie mit weniger langen und weniger intensiven Veranstaltungsformen möglichst ähnliche Effekte erreicht werden können als mit aufwändigeren Formen. Statt mehrtägigen Kursen in überregionalen Fortbildungsakademien werden vermehrt regionalisierte und schulinterne Fortbildungen mit maximal eintägigem Umfang angeboten. Lerngemeinschaften, die Arbeit von Metorinnen und Mentoren und Coachings sind zwar leichter in den Berufsalltag zu integrieren und verringern den Anteil an Unterrichtsausfall. Aufgrund des hohen Bedarfs an hoch qualifiziertem Personal ist dennoch zu bezweifeln, dass diese Formen weniger kostenintensiv sind als traditionelle Angebote.

Dieser Widerspruch verweist auf ein Problem, das in der empirischen Bildungsforschung zwar zunehmend, aber noch nicht ausreichend diskutiert wird: Derzeit wird eine Fülle von empirisch fundiertem Wissen über die Bedeutung von Steuerung und Unterstützungsformen für Lehrkräfte – etwa über Fortbildungsstrukturen – erzeugt. Dieses Wissen kann nur dann fruchtbar für die Verbesserung des Bildungswesens werden, wenn es durch die Verantwortlichen zum einen rezipiert und zum anderen umgesetzt wird.

Marcus Emmerich

Regionalisierung und Schulentwicklung: Bildungsregionen als Modernisierungsansätze im Bildungssektor

Im Rahmen der schulentwicklungsorientierten Reformbemühungen innerhalb des deutschen Bildungswesens gewinnen Regionalisierungsstrategien zunehmend an Bedeutung, wie die in den letzten Jahren initiierten Regionalisierungsprogramme „Selbstständige Schule" in Nordrhein-Westfalen (vgl. Holtappels, Klemm & Rolff 2008; Berkemeyer & Lehmpfuhl 2009), „Regionale Bildungslandschaften" bzw. „Bildungsregionen" in Baden-Württemberg (vgl. Emmerich, Maag Merki & Kotthoff 2009) und Niedersachsen (vgl. Minderop 2007) sowie „Lokale Bildungslandschaften" im Bereich der Ganztagsschulentwicklung (vgl. Stolz 2008) exemplarisch zeigen.[1] Standen seit den 1990er Jahren die Ideen der Schulautonomie und des „Wandels durch Selbstorganisation" (vgl. Rolff 1995) im Mittelpunkt sowohl administrativer und gesetzlicher Ermöglichungsstrategien als auch der Schulentwicklungsforschung, lässt sich in den aktuellen Reformansätzen eine deutliche Tendenz zu einer stärkeren Kopplung von Makrosteuerung und schulischer Qualitätsentwicklung, beispielsweise durch Einführung von Qualitätsstandards und externen Evaluationen, ausmachen (vgl. Heinrich 2007; Altrichter & Heinrich 2007; Rürup & Heinrich 2007). Vor dem Hintergrund dieser Parallelentwicklung von De- und Rezentralisierung stellt sich die Frage, ob und inwiefern dem Ansatz der Regionalisierung im Bildungssektor gegenüber diesen mitunter ambivalenten Steuerungstrends eine spezifische Steuerungslogik eignet, insofern er insbesondere Veränderungen auf der intermediären Ebene des Schulsystems (vgl. Altrichter & Heinrich 2007, S. 66ff.) impliziert.

Bereits zu Beginn der 1970er Jahre wurden seitens des Deutschen Bildungsrates Dezentralisierungs- und Kommunalisierungsmaßnahmen als Elemente einer strukturellen und organisatorischen Reform des Bildungswesens empfoh-

---

[1] Zu weiteren Entwicklungen im Bereich regionaler Schulentwicklung vgl. die Beiträge in Die Deutsche Schule 2008/3 (Themenschwerpunkt „Bildungslandschaften") sowie in der Zeitschrift für Pädagogik 2007/3 (Themenschwerpunkt „regionale Schulentwicklung").

len², die in der Breite allerdings auf eher geringe Resonanz in den Kultusadministrationen stießen (vgl. Zymek 2007). Mitte der 1990er Jahre stellten die bildungsreformerischen Aktivitäten der nordrhein-westfälischen Landesregierung eine richtungweisende Initiative für Regionalisierungsbestrebungen dar. Die Bildungskommission NRW empfahl 1995 in ihrer Denkschrift „Zukunft der Bildung – Schule der Zukunft" neben der Förderung schulischer Selbstständigkeit auch den Aufbau Regionaler Bildungslandschaften (vgl. Berkemeyer & Pfeiffer 2006). Dass Regionalisierungsstrategien als Steuerungsinnovationen und Steuerungsalternativen Plausibilität erlangen, ist nicht zuletzt in der zentralstaatlichen Regelungsstruktur der Schulsysteme der Länder der Bundesrepublik Deutschland sowie in der Trennung von Schulaufsicht und Trägerschaft begründet. In ähnlicher Weise gilt dies auch für regionale Netzwerkentwicklungen in Österreich, etwa im Rahmen des IMST-Projekts (vgl. Rauch, Kreis & Sturm 2008), da auch hier die Schulaufsicht und die entsprechende institutionelle Verantwortung für Schulqualität in der Hand des Bundes liegen. Dass im IMST-Kontext der Begriff *Region* die territoriale Ebene der einzelnen Bundesländer (ebd., S. 209) bezeichnet, verdeutlicht nicht zuletzt, in welcher Weise Regionalisierungssemantiken auf die jeweiligen Spezifika nationaler Makrostrukturen reagieren.³ In der territorial ausdifferenzierten Struktur der Bildungssysteme der USA⁴ und Kanadas (vgl. Döbert u.a. 2004), in denen schulpolitische Gestaltungskompetenzen auf der Ebene der Schuldistrikte und der öffentlich gewählten local school boards angesiedelt sind, können in diesem Sinn keine vergleichbaren Regionalisierungsprozesse beobachtet werden.⁵ Am Beispiel Kanadas zeigt sich vielmehr, dass in klassisch dezentral organisierten Schulsystemen eher Zentralisierungstendenzen zu beobachten sind: Nach einer Welle der „school board consolidation" Mitte der 1990er Jahre haben einige Provinzen die Zahl ihrer lokalen school boards zum Teil stark reduziert (vgl. Schäfer & Weiß 2004, S. 48f.; Wilson & Lam 2004, S. 20).

In Deutschland finden Regionalisierungsentwicklungen mit Blick auf den internationalen Kontext insofern unter Sonderbedingungen statt, als zentralstaatliche Steuerungsstrukturen des Bildungssystems und die staatlich-föderale Bil-

---

2 „Die Kooperation zwischen Staat und Kommune im Schulbereich sollte daher neben der Abgrenzung der Aufgaben vor allem durch eine institutionalisierte Zusammenarbeit in wichtigen Planungsentscheidungen bestimmt werden. Auf diese Weise werden sich zentrale Planung und dezentrale Verwirklichung und Gestaltung im Schulwesen besser miteinander verbinden lassen." (Deutscher Bildungsrat 1973, S. 34)
3 In Deutschland werden mit „Region" bislang gebietskörperschaftlich definierte Räume unterhalb der Bundeslandebene bezeichnet.
4 vgl. http://www.ed.gov/about/offices/list/ous/international/usnei/us/edlite-org-us.html
5 So fehlen Regionalisierungsmaßnahmen beispielsweise in der Aufzählung internationaler Steuerungstrends bei Brüsemeister (2007, S. 53ff. und S. 114ff.).

dungspolitik spezifische Ausgangslagen und damit kontextabhängige Plausibilitätsbedingungen für die Umsetzung regional orientierter Bildungsreformen schaffen.[6] Daraus ergeben sich hinsichtlich der Beschreibung von Regionalisierungsprozessen und in diese eingebetteten institutionellen Netzwerkbildungen theoretische Fragen, die unterschiedliche Beobachtungsdimensionen betreffen:

- das Verhältnis von De- und Rezentralisierung innerhalb des Schulsystems und dessen Relevanz für die Realisierbarkeit von Regionalisierungsstrategien;
- die Konstitution handlungsfähiger Akteure im regionalen Kontext sowie Formen der Interdependenzbearbeitung zwischen ihnen;
- die Frage nach zentralen Bezugsproblemen von Regionalisierung im Bildungssektor.

Im Folgenden werden diese Aspekte in einem ersten Schritt diskutiert. In einem zweiten Schritt wird der gegenwärtige Stand der deutschsprachigen Regionalisierungsforschung skizziert, um abschließend anhand einer empirischen Fallstudie zur Umsetzung von Bildungsregionen in Baden-Württemberg der Frage nach zu gehen, welche Resonanz Regionalisierungsmaßnahmen auf Ebene der Einzelschule auslösen und welche intentionalen und transintentionalen Effekte regional vernetzter Qualitätsentwicklung erwartbar sind.

1 Regionalisierung im Bildungssektor: Governanceanalytische Prämissen[7]

Regionalisierung (vgl. Benz u.a. 1999) stellt letztlich ein Epiphänomen des steuerungspolitischen Paradigmenwechsels infolge der wohlfahrtsstaatlichen Steuerungskrise dar, der mit Attributen wie „kooperativer" (Ritter 1979; Mayntz 2004) oder „aktivierender" (Mezger & West 2000) Staat gekennzeichnet wird und in Form von Deregulierungsprozessen und der Implementation von Elemen-

---

6   Die Aktivitäten der Bertelsmann Stiftung spielen in Bezug auf die Verbreitung des Regionalisierungsansatzes als Reformmodell im staatlichen Bildungswesen unter dem Namen „Regionale Bildungslandschaften" eine zentrale Rolle: Projekte wie „Schule & Co" in den Jahren 1997-2002 (vgl. Bastian 2004) und „Selbstständige Schule" von 2002-2008 (vgl. Lohre u.a. 2004; Holtappels, Klemm & Rolff 2008), die gemeinsam mit dem Land Nordrhein-Westfalen im Sinne einer Public-Private-Partnership umgesetzt wurden, haben hierbei Vorreiterfunktion.
7   Zu den interdisziplinären theoretischen Grundlagen und zur spezifischen Beobachtungslogik von Governanceanalysen vgl. insbesondere die Beiträge in Benz 2004a und 2007a, sowie zum engeren Kontext der Educational Governance Altrichter, Brüsemeister & Wissinger 2007; Kussau & Brüsemeister 2007.

ten des New Public Management sowie Konzepten des Public Private Partnership im administrativen Bereich zur Entfaltung kommt. Aus dieser Zurücknahme zentralstaatlicher Interventions- bzw. Steuerungstätigkeit resultiert ein verstärktes Interesse an Potenzialen „gesellschaftlicher Selbstregulierung" (Mayntz & Scharpf 1995; vgl. Benz u.a. 1999, S. 133) sowie an Dezentralisierungsmaßnahmen, die das Ziel verfolgen, nichtstaatliche Akteure in die Politikgestaltung und in die Generierung und Realisierung von Lösungsansätzen für sozial- und wirtschaftspolitisch relevante Problemstellungen einzubeziehen. Governanceanalytisch wird daher auch von einer „nicht-hierarchischen und nicht lediglich staatlichen Regelung" (Mayntz 2004, S. 66) in diesen Handlungsfeldern gesprochen.

Mehrebenensysteme als funktionsspezifisch differenzierte Regelsysteme (vgl. Benz 2004b, 2007b) und die durch diese evozierten Akteurskonstellationen bilden den genuinen Beobachtungsgegenstand politikwissenschaftlicher Governanceanalysen. Dabei werden Verflechtungen zwischen territorial differenzierten Ebenen der politischen Organisation in den Blick genommen, die sich jenseits staatlich-organisatorischer Hierarchieebenen konstituieren:

> „Mehrebenensysteme entstehen also durch Aufteilung von Macht oder Kompetenzen auf territorial abgegrenzte Organisationen. (…) Die konkrete Form eines Mehrebenensystems resultiert aus der Kombination von institutionellen Regelsystemen der jeweiligen Ebenen und der Beziehungen zwischen ihnen. Die Regelsysteme erzeugen bestimmte Funktionslogiken der Politik, die mehr oder weniger miteinander kompatibel sind." (Benz 2004b, S. 126f.)

In Bezug auf die Analyse von Regionalisierungstendenzen im Bildungssektor erlangen daher räumlich begrenzte Selbststeuerungskontexte Relevanz, die unter dem Aspekt der „Regional Governance" (Fürst 2004a, b, 2007) beobachtet werden und deren Kerndimensionen in der problembezogenen, funktionssystemübergreifenden Handlungskoordination lokaler Akteure, etwa aus Wirtschaft, Politik und Bildung, bestehen (vgl. Fürst 2004a, S. 48ff.).

1.1 Dezentralisierung – Rezentralisierung – Regionalisierung

Dezentralisierungs- und Rezentralisierungprozesse beziehen sich auf die formalorganisatorische Differenzierung von Entscheidungsbefugnissen, Verfügungsrechten und territorialen Zuständigkeiten (vgl. Benz u.a. 1999, S. 19ff., 135ff.). Sie stellen somit Veränderungsprozesse in der vertikalen Ordnung staatlicher Verwaltungsorganisation und ihrer hierarchischen Entscheidungsstrukturen dar und operieren „intragouvernemental" (Benz 2004b, S. 127). Dies gilt etwa für schulgesetzliche Maßnahmen oder Formen der Ergebnis- und Prozesskontrolle durch Bildungs- und Qualitätsstandards sowie Rechenschaftslegung. Während diese Transformationen unter dem Gesichtspunkt einer stärker oder schwächer ausgeprägten Kopplung interner Systemebenen betrachtet werden können, zielen Regionalisierungsentwicklungen im Bildungssektor auf eine horizontale, das heißt systemübergreifende Relationierung schulischer (Einzelschule, Schulaufsicht) und außerschulischer Akteure und Akteursgruppen, die in der gesellschaftlichen Umwelt des staatlichen Schulwesens agieren. Handlungskoordinationen zwischen diesen Akteuren operieren folglich sektorenübergreifend, „intergouvernemental" (ebd.), entsprechende Akteurskonstellationen gestalten sich *issue*orientiert (vgl. Fürst 2004a, S. 54) und mit Fokus auf spezifizierte Problembezüge.

Entscheidend ist dabei jedoch, dass Prozesse der Regionalisierung eine vollzogene Dezentralisierung institutioneller oder organisatorischer Entscheidungsstrukturen nicht notwendig voraussetzen, da sie quasi *zwischen* den institutionellen Ebenen ansetzen:

> „Governance-Arrangements sind kein Ersatz für feste Institutionen, sondern ergänzen sie und machen sie geschmeidiger. Aber da sie nur intermediäre Funktionen zwischen bestehenden Governement-Strukturen erfüllen, werden sie von letzteren beeinflusst" (Fürst 2007, S. 361).

Unter diesen Vorzeichen scheinen Regionalisierungsmodelle für Schuladministrationen als Steuerungsinnovationen Attraktivität zu besitzen, gerade weil sie sowohl organisationsinterne Hierarchien als auch institutionelle Entscheidungsdomänen – etwa die Differenzierung in innere und äußere Schulangelegenheiten oder auch die gegliederte Schulorganisation – prinzipiell nicht in Frage stellen.

Netzwerken kommt in regionalen Konstellationen zunehmend eine Funktion als institutioneller Steuerungsmechanismus zu (vgl. Kuper 2004; Emmerich & Maag Merki 2009). Netzwerke koordinieren als akteurszentrierte Strukturen Kooperationen zwischen organisierten und professionellen Akteuren und ermöglichen es insbesondere, funktionssystemische Grenzen durch die Generierung reziproker Erwartungsmuster zu überwinden. Die netzwerkbasierte Handlungsabstimmung zwischen den Akteuren erfolgt im Horizont definierter Problembezüge (issues) und folgt damit der Logik sachlicher Differenzierung (vgl. Bommes & Tacke 2006). Netzwerkarrangements können insofern als Folge funktionaler Systemdifferenzierung begriffen werden, als sie interaktionsbasierte Kopplungen zwischen eigenrational operierenden Teilsystemen bzw. Organisationen herstellen (vgl. Kämper & Schmitt 2000). Damit verschieben sie intersystemische Beziehungen von Independenz auf „*institutionalisierte* Interdependenzbeziehungen" (Kussau & Brüsemeister 2007, S. 31) und konstituieren Bereiche partieller, d.h. issue-bezogener Anschlussfähigkeit im Modus „grenzüberschreitender Koordination" (ebd., S. 32f.).

1.2 Akteur und Interdependenz

Im Rahmen der Governanceanalysen zugrunde liegenden handlungstheoretischen Beobachtungsprämissen (vgl. Schimank 2000) werden korporative Akteure, d.h. formal organisierte Sozialsysteme als Zurechnungspunkte strukturbildender Aktivitäten in unterschiedlichen Handlungsfeldern identifiziert. Als Referenz dienen hierbei unter anderem neuere Institutionentheorien wie der „akteurszentrierte Institutionalismus" (Mayntz & Scharpf 1995) oder neo-institutionalistische Ansätze in der Organisationssoziologie (vgl. Zucker 1988; Meyer & Jepperson 2005; Rowan 2006). Die Akteursorientierung lässt prinzipiell Handlungsspielräume und eigenlogische Handlungswahlen auch auf Seiten der Steuerungsobjekte innerhalb eines „institutionellen Rahmens" (vgl. Mayntz & Scharpf 1995, S. 49) erwartbar werden, sodass die Regelungsstrukturen des staatlichen Schulwesens zwar als Kontingenzbeschränkung in Hinblick auf mögliche Handlungsalternativen für Schulorganisation und Lehrprofession interpretiert werden, ohne dabei jedoch einen determinierenden Charakter zu besitzen (vgl. ebd., S. 43). An diese akteurszentrierte Beobachtungsperspektive anknüpfend stellt sich allerdings die Frage, aufgrund welcher Bedingungen Akteure in Mehrebenenkonstellationen *als Akteure* konstituiert werden: Offenbar definieren die jeweiligen Regelsysteme, wer innerhalb eines institutionellen Rahmens legitimerweise mit Handlungskompetenz – und das bedeutet prinzipiell mit Entscheidungsfähigkeit in Bezug auf Problemlösungen sowie die Gestaltung dieses Handlungsrahmens – ausgestattet ist und entsprechend beobachtet werden kann. Im institutionellen Rahmen spielen folglich Machtdifferenziale eine handlungs- und strukturierungswirksame Rolle, wobei die Verfügbarkeit über Definitionsmacht in Bezug auf zu bearbeitende Probleme hier als zentrales Moment der Festlegung von Handlungsoptionen fungiert.

Im Zusammenhang mit Regionalisierungsentwicklungen im Bildungssektor wird vor diesem Hintergrund der Status der einzelnen Schule als entscheidungsfähiger Akteur bzw. dessen Veränderung im Prozess des regionalen Strukturaufbaus erklärungsbedürftig. Unter dem Gesichtspunkt der Interdependenzbewältigung (vgl. Schimank 2007a) stellt sich beispielsweise die Frage, wie weitgehend der einzelnen Schule eigene Entscheidungskompetenzen – etwa hinsichtlich der Definition relevanter und zu bearbeitender Probleme und der Gestaltung ihrer Umweltbeziehungen – eingeräumt werden. Nach Kussau (2008) bilden entsprechend

„Interdependenzbeziehungen, die empirisch mehr in Richtung Autonomie, d.h. Interdependenzunterbrechung weisen oder mehr in Richtung Dependenz" einen „Schlüssel, um in der Governance-Perspektive die Regelungsstruktur des Schulsystems zu untersuchen" (ebd., S. 205).

Dezentralisierungsmaßnahmen erhöhen aus dieser Perspektive nicht lediglich graduell einzelschulische Handlungsspielräume, sondern konstituieren die Einzelschule innerhalb des institutionellen Regelungssystems als (mehr oder weniger) entscheidungsfähigen Akteur, der Interdependenz eigensinnig bearbeitet, während Rezentralisierung Dependenz und Einschränkung von Entscheidungsautonomie evoziert.

Die Unterbrechung gesellschaftlicher Abhängigkeitsverkettungen kann als Folge und Prinzip funktionaler Differenzierung auf der Ebene sozialer Teilsysteme beschrieben werden, insbesondere bilden Organisationen die „wesentlichen Träger von Interdependenzunterbrechungen" (Luhmann 2000, S. 395). Die Trennung von inneren und äußeren Schulangelegenheiten etwa verhindert, dass kommunalpolitische Machtwechsel oder lokale Wirtschaftsinteressen direkten Einfluss auf Lerninhalte oder Unterrichtsmethoden nehmen, gleichzeitig sind Alternativen zur staatlichen Bildungssteuerung kaum durchsetzbar. Interdependenzunterbrechung durch Organisationssysteme kommt jedoch auch innerhalb des „Erziehungssystems" (vgl. Luhmann & Schorr 1988; Luhmann 2002) vor: Die vertikale Binnendifferenzierung in Schulstufen und die horizontale Gliederung in Sekundarschularten erzeugt derartige Unterbrechungen, deren transintentionale Folgen als Übergangsprobleme beobachtet werden. Regionalisierungsprogramme richten ihre Aufmerksamkeit offensichtlich auf diese Zonen unterbrochener Interdependenz und es lässt sich entsprechend beobachten, dass Schulen Handlungsspielräume an den horizontalen und vertikalen Schnittstellen des Schulsystems mit der Zielsetzung eröffnet werden, operative Independenz in kooperationsbasierte Interdependenz zu transformieren.[8]

Regionalisierung bedeutet für Schulen, Lehrpersonal, Schulaufsichtsbehörden und kommunale Schulverwaltungen damit, dass die erwartungsstabilisierende vertikale Binnenhierarchie des staatlichen Schulsystems nicht mehr als alleinige Umweltkoordinate für Entscheidungen und Handlungswahlen fungiert: Indem zunehmend Interdependenzbeziehungen mit außerschulischen Akteuren im regionalen Kontext berücksichtigt werden müssen, unterwerfen Regionalisierungsprozesse die institutionellen Akteure – insbesondere die Einzelschulen –

---

8   Aus governanceanalytischer Perspektive geht es hierbei entsprechend um die Frage, „wie ‚Grenzen' zwischen Akteuren konstituiert werden und wie versucht wird, sie wieder zu ‚überbrücken'." (Altrichter & Heinrich 2007, S. 68)

einer gesteigerten Umweltkomplexität und differenzierteren Beobachtungs-, Beeinflussungs- und Verhandlungsbeziehungen (vgl. Schimank 2000, 2007a).

1.3 Bezugsprobleme und Differenzierungsanlässe

Die bildungspolitischen und fachwissenschaftlichen Debatten um Defizite im Bildungssystem infolge international vergleichender Schulleistungsstudien wie PISA (vgl. Deutsches PISA-Konsortium 2005) und IGLU (vgl. Bos u.a. 2004) bilden einen wesentlichen Legitimationshorizont für den Aufbau regionaler Steuerungsstrukturen und netzwerkbasierter Unterstützungssysteme. Dabei werden zwei Problemebenen miteinander verknüpft: Zum einen die empirisch nachgewiesene soziale Selektivität sowie die damit verbundene herkunftsabhängige Zuweisung von Bildungschancen innerhalb des Systems und zum anderen das Problem schulischer Prozessqualität, das zudem auf Selbstbeobachtungslücken des Bildungssystems in Bezug auf seine operativen Leistungsstrukturen hinweist.[9] Regionalisierungsansätze fokussieren vor diesem Hintergrund Steuerungsbereiche, die durch das zentralstaatliche Steuerungsinstrumentarium nicht erreicht werden. Dies gilt für die nahräumlichen sozialen und ökonomischen Kontexte schulischer Bildungsprozesse, die als Bedingungsfaktoren Einfluss auf die Gestaltung von Schule und die Zuweisung von Bildungschancen im Übergang von Schule und tertiärer Bildung sowie Ausbildungs- bzw. Arbeitsmarkt nehmen (vgl. Gomolla & Radtke 2002; Klemm 2008; Böhm-Kasper, Schuchart & Schulzeck 2007). Nicht zuletzt setzt auch die Diskussion um einen erweiterten Bildungsbegriff und die insbesondere im Kontext von Ganztagsschule und „Lokalen Bildungslandschaften" (vgl. Stolz 2008) aufgeworfene Frage nach notwendigen Anschlüssen von formeller, non-formaler und informeller Bildung (vgl. Otto & Rauschenbach 2004) angesichts der beschreibbaren sozial disparaten Verteilung von Bildungschancen und Lernausgangslagen an der Frage der Handlungsfähigkeit des staatlichen Schulsystems *als Akteur* an. Regionalisierung und Netzwerkbildung versprechen vor diesem Hintergrund, die Umweltadaptivität der Einzelschule als *lernender Organisation* und die Kontext- bzw. Problemsensibilität schulischer Leistungserbringung zu verbessern. Dabei besteht systemlogisch jedoch die Notwendigkeit, Umweltfaktoren wie sozioökonomische Ungleichheitsbedingungen als pädagogisch bearbeitbare Probleme im Sinne interner Entscheidungsprämissen rekonstruieren zu müssen, um innerhalb des institutionellen Rahmens des Schulsystems handlungsfähig zu werden bzw. um

---

9   Vor diesem Problemhintergrund stellt sich aus bildungsökonomischer Perspektive zudem die Frage nach der Ressourceneffizienz des Bildungssystems unter den Bedingungen, die die anhaltende Finanzierungskrise des Wohlfahrtsstaates herstellt.

entsprechende Kontextfaktoren überhaupt als Lernanlässe definieren zu können.[10] Allerdings wird dem Kollektivgut Bildung auch von wirtschafts- und kommunalpolitischen Akteuren sowohl im Horizont sozialpräventiver und demographischer Problembeschreibungen als auch hinsichtlich einer humankapitaltheoretisch begründeten Entwicklungsstrategie regionaler Wirtschaftsstandorte[11] zunehmend Relevanz beigemessen.[12] Regionalisierung reagiert hier auf unterbrochene Interdependenzen zwischen Wirtschafts- und Erziehungssystem und bearbeitet Folgen funktionaler Differenzierung durch verstärkte *regionale Differenzierung* (vgl. Kuper 2006, S. 187ff.). Regionale Netzwerke werden dabei als Koordinationsmechanismus spezifizierbar, der eine temporäre Interdependenzverstärkung zwischen Organisationen unterschiedlicher Funktionssysteme zulässt, ohne deren formal konstituierten Grenzen infrage zu stellen.

2 Regionalisierung in der erziehungswissenschaftlichen Forschung

Die empirische Forschung zu schulentwicklungsorientierten Regionalisierungsprozessen im deutschsprachigen Raum steht nicht nur theoretisch, sondern auch methodologisch/methodisch noch am Anfang. Als problematisch ist zudem der Umstand zu werten, dass der Anteil machbarkeitsorientierter Implementations- bzw. Evaluationsstudien gegenüber analytischen Beiträgen eher gering ausfällt (vgl. dazu auch Berkemeyer & Pfeiffer 2006). Im Fall von Regionalisierung handelt es sich darüber hinaus um komplexe (ebenenübergreifende), langwierige und diskontinuierliche Veränderungsprozesse, sodass intendierte und nicht-intendierte Effekte auf der Schul- und Unterrichtsebene (Outcome) erst im Rahmen von Langzeitstudien sichtbar werden können. Zwischen dieser Forschungssituation und der hohen Expansionsdynamik von Programmen und Einzelprojekten, die Regionalisierungs- und Netzwerksemantiken für ihre Selbstbeschreibung und Legitimation nutzen, muss daher gegenwärtig nicht nur von einer Diskrepanz zwischen Praxis und Reflexion, sondern auch von einer in der Breite nicht-evidenzbasierten administrativen Reformaktivität ausgegangen werden.

---

10 So kann Schulentwicklung keine Lehrstellen schaffen, aber es scheint pädagogisch plausibel zu sein, mangelnde „Sozialkompetenz" oder „Ausbildungsfähigkeit" als Defizit der Schüler/innen zu beschreiben.

11 Als eines von vielen Beispielen sei auf die im Kontext des Programms „Lernende Regionen NRW" in Aachen initiierte Weiterbildungsdatenbank „ERFOLGSFAKTOR MENSCH" (vgl. http://www.weiterbildung-aachen.de) hingewiesen.

12 Vgl. die Aachener Erklärung „Bildung in der Stadt" des Deutschen Städtetags 2007 (http://www.staedtetag.de/imperia/md/content/veranstalt/2007/58.pdf).

Regionalisierungsprozesse werden gegenwärtig primär unter dem Aspekt der Implementation netzwerkförmiger Strukturen in lokalen bzw. regionalen Kontexten beobachtet (vgl. Minderop & Solzbacher 2007), wobei sich *regionalisierte Schulentwicklung* (vgl. Lohmann & Rolff 2007; Lohre 2007; Holtappels u.a. 2008, Emmerich, Maag Merki & Kotthoff 2009), *Lebenslanges Lernen* (vgl. Dobischat 2007; Tippelt 2007a) sowie die nahräumliche Unterstützung des *Ganztagsschulaufbaus* (vgl. Stolz 2008) als zentrale Handlungsfelder herauskristallisieren. In den beiden erstgenannten Feldern gewinnt insbesondere die regionale Bearbeitung von Übergangsproblemen (vgl. Tippelt 2007b) innerhalb des Schulsystems sowie an den Schnittstellen zwischen Schule und Ausbildungs- bzw. Arbeitsmarkt – nicht zuletzt in Hinblick auf standortpolitische Strategien (vgl. Eichert 2007) – grundlegend an Bedeutung, während im Bereich Ganztagsschule Kooperationen zwischen schulischen und außerschulischen (kommunalen) Bildungsträgern sowie die infrastrukturelle Unterstützung des Ganztagsbetriebs im Vordergrund stehen.

Gegenüber der mittlerweile relativ ausdifferenzierten Forschung zu schulischen Netzwerken (vgl. Berkemeyer u.a. 2008, 2009) besteht hinsichtlich der Analyse institutionalisierter Steuerungsstrukturen in regionalen Kontexten ein Desiderat. Allerdings wurden hierzu im Rahmen der Begleitforschung des Landesprogramms „Selbstständige Schule" konzeptionelle Grundlagen entwickelt (vgl. Berkemeyer 2007; Berkemeyer & Pfeiffer 2006; Berkemeyer & Lehmpfuhl 2009). Als institutionell isomorphes[13] Kernelement regionaler Steuerung kann hierbei die Form der „Regionalen Steuergruppe" angesehen werden, die sich „aus Mitgliedern verschiedener kollektiver Akteure des traditionellen Governance-Regimes rekrutiert" (Berkemeyer 2007, S. 212), teilweise unterstützt durch ein regionales „Bildungsbüro" (vgl. Lehmpfuhl & Pfeiffer 2008). Regionale Steuergruppen setzen sich – zumindest innerhalb der Regionalisierungsprojekte in Deutschland – primär aus Vertreter/innen der staatlichen Schulaufsicht und der kommunalen Trägerschaft sowie teilweise der Schulen zusammen. Deutlich wird hierbei das Bemühen, innere und äußere Schulverwaltung im lokalen Handlungsrahmen mit dem Ziel der ressourceneffizienten Qualitätsentwicklung der lokalen Schullandschaft sowie der regionalen Abstimmung institutionell differenzierter (formaler und informeller) Bildungsangebote stärker zu koordinieren (vgl. Lohre 2007). Regionale Steuergruppen stellen in dieser Form ein konsensorientiertes Verhandlungsgremium dar, dessen Mitglieder sich innerhalb der Entscheidungsdomänen ihrer Herkunftsinstitution und territorialen Zuständigkeiten bewegen, gleichzeitig jedoch strategische Rahmenrichtlinien der regionalen Schulentwicklung definieren. Regionale Steuergruppen dieses Zuschnitts sind

---

13 Zum Begriff des „Institutionellen Isomorphismus" vgl. DiMaggio & Powell 1991

entsprechend – ebenso wie die Bildungsbüros – nicht Element der regionalen Schulnetzwerke, sondern agieren diesen gegenüber als externer (intermediärer) Steuerungsakteur mit in der Regel auf die Ressourcendistribution beschränkten Entscheidungsmöglichkeiten.

Wie Lehmpfuhl und Pfeiffer (2008) in ihrer Bereichsstudie zu Regionalisierungsprozessen im Rahmen der Begleitforschung des Programms „Selbstständige Schule" zeigen, bewerten die befragten Mitglieder aus 19 Regionalen Steuergruppen den Entwicklungsstand der Regionalisierung in der Tendenz positiv, während die befragten Schulleitungen „keine nennenswerten Veränderungen" feststellten, zudem divergieren diese Einschätzungen zwischen den befragten Schulleitungen und schulischen Steuergruppen regionenspezifisch erheblich (ebd., S. 214). Ähnliche Muster zeigen sich auch in Bezug auf die Kooperationsaktivitäten zwischen Schulen (ebd., S. 215) sowie hinsichtlich der schulintern wahrgenommenen Effekte der Regionalisierung durch Lehrkräfte (ebd., S. 219). Es deutet sich hierbei zumindest an, dass die Wahrnehmungshorizonte zwischen regionalen und schulischen Akteuren hinsichtlich der Wirkung der regionalen Aktivitäten systematisch voneinander abweichen – ob und in welcher Hinsicht dies als Interventionsnebeneffekt des Regionalisierungsprogramms oder als dessen Folgenlosigkeit interpretiert werden kann, bleibt dabei offen.

Zymek u.a. (2006) konnten im Rahmen einer vergleichenden Langzeitstudie zu lokalen/regionalen Schulangebotsstrukturen zeigen, dass in den untersuchten Gemeinden ein je spezifisch strukturiertes Feld der lokalen bzw. regionalen Handlungskoordination zwischen Schulaufsicht, Schulträger und Schulen existierte. In Bezug auf die Implementation der Regionalisierungsprogrammatik „Regionale Bildungslandschaften" des Landes NRW folgen die Autor/innen, dass diese primär eine Transformation gewachsener regionale Strukturen evoziert und es sich dabei insofern um „einen politisch motivierten Eingriff in eine delikate informelle Balance" handelt, „die sich überall vor Ort zwischen Schulträgern, Schulaufsicht, Schulen und den sie umgebenden Milieus eingespielt hat" (ebd., S. 217). Deutlich wird damit einerseits der implizite Interventionscharakter top-down initiierter Bildungsregionen, vor dessen Hintergrund der proklamierte Aufbaucharakter (Schaffung regionaler Kooperationsstrukturen) zu relativieren wäre. Darüber hinaus hat ein derartiger Befund Konsequenzen für wirkungsorientierte Forschungen: Um intentionale bzw. transintentionale Effekte zurechnen zu können, müssten bereits etablierte (formelle wie informelle) Regionalstrukturen als Bedingungsfaktoren für die Umsetzung von Regionalisierungsmaßnahmen mitbeobachtet werden.

Vor dem Hintergrund dieser Forschungslage stellt sich die Frage, wie die Wirkungen bzw. Folgen dieser Interdependenzverstärkung infolge von Regionalisierung auf der Ebene der Einzelschule bewältigt werden. Am Fallbeispiel

Regionaler Bildungslandschaften in zwei Modellregionen in Baden-Württemberg soll dieser Frage im Folgenden nachgegangen werden.

3 Fallstudie Baden-Württemberg

Grundlage der folgenden Diskussion empirischer Befunde zur Umsetzung eines Regionalisierungsprojekts bilden quantitative und qualitative Daten, die im Rahmen der externen Evaluation des Modellprojekts „Regionale Bildungslandschaft. Qualitätsentwicklung von Schule und Unterricht in staatlich-kommunalen Verantwortungsgemeinschaften" zwischen 2007 und 2008 erhoben wurden.[14] Ausgehend von einem um den institutionellen Handlungskontext *Region* als zusätzliche intermediäre Systemebene erweiterten Mehrebenenmodell des Schulsystems (vgl. Fend 2006a), wurde ein Forschungsdesign gewählt, das es erlauben sollte, Steuerungseffekte zwischen den Akteursebenen Region (Regionale Steuergruppen, Bildungsbüros und Beiräte) und Einzelschule (Steuergruppen und Lehrpersonen ohne Projektfunktion) zu untersuchen: In der ersten Phase wurden Dokumentenanalysen und Experteninterviews (vgl. Meuser & Nagel 1997) auf der Ebene der regionalen Akteure sowie auf Schulleitungsebene (N=23) durchgeführt, deren qualitativ-inhaltsanalytischen (vgl. Mayring 1993) Auswertungsergebnisse die Basis für die Entwicklung des Erhebungsinstruments der standardisierten Befragung der zweiten Phase bildeten, an der a) Schulleitungen aus Projektschulen (N=108) sowie b) Lehrpersonen aus vierzig Schulen unterschiedlicher Schularten (N=580) teilgenommen haben. Die Daten wurden auf Basis deskriptiver sowie uni- und multivariater statistischer Verfahren ausgewertet. Im letzten Schritt des Forschungsprozesses wurde eine kontrastive Fallanalyse (vgl. Miles & Huberman 1994) auf Basis ebenfalls inhaltsanalytisch ausgewerteter Gruppeninterviews mit Steuergruppen und Lehrpersonen ohne Organisationsfunktion (N=8) an vier Schulen beider Modellregionen realisiert.

3.1 Programmatische Zielsetzungen des Regionalisierungsprojekts

Entsprechend der Programmbeschreibung der Projektträger[15] besteht die Idee dieses Ansatzes darin, ausgehend von der durch die territoriale Schulverwaltungsstruktur (Gemeinden und Kreise) geschaffenen Schullandschaft eine regionale Bildungslandschaft aufzubauen. Dem Prinzip des kooperativen Staatsver-

---

14　Träger dieses Regionalisierungsprojekts, an dem in zwei Modellregionen insgesamt 149 Schulen teilgenommen haben, waren das Land Baden-Württemberg und die Bertelsmann Stiftung.
15　Vgl. http://www.schulentwicklung-bw.de/bildungsregionen

ständnisses sowie Deregulierungszielen folgend, ist damit eine Involvierung und Partizipation zivilgesellschaftlicher Kräfte in die Gestaltung regionaler Bildungsprozesse intendiert.[16] Bildung wird infolge der Regionalisierungslogik eingebunden in einen interregionalen Wettbewerb und Schulqualität entsprechend als regionaler Standortfaktor definiert.

Spezifikum der Bildungsregion ist die Kombination von *regional governance* und evaluationsbasierter Schul- und Unterrichtsentwicklung. Tragende Basis stellt dabei ein regionales Unterstützungssystem für die schulische Qualitätsentwicklung sowie regionale Netzwerke zwischen schulischen und außerschulischen Akteuren dar, die themenorientierte Kooperationen koordinieren sollen. Die weitergehende Delegation von Prozessverantwortung auf die Schulebene wird dabei ebenso als Kernbestandteil des Regionalisierungsprogramms ausgewiesen, wie Effizienzgewinne durch Überwindung der organisatorisch-institutionellen Differenzierung staatlicher und kommunaler Entscheidungsfelder.[17] Dem Einsatz des von der Bertelsmann Stiftung entwickelten standardisierten „Selbstevaluationsinstruments für Schulen" (SEIS) kommt dabei eine doppelte Funktion zu, insofern SEIS einerseits die schulinterne Qualitätsentwicklung effektivieren[18], andererseits die entwicklungsorientierte Vernetzung der Schulen durch einen sog. „Qualitätsvergleich" fördern soll (vgl. Stern u.a. 2006, S. 66).

3.2 Ausgangssituation der Schulen vor Beginn des Regionalisierungsprojekts

Ausgehend von der Annahme, dass infolge der territorialen Struktur der Schulverwaltung sowie der daraus resultierenden Kontextfaktoren schulischer Bildungsprozesse in den Modellregionen des Regionalisierungsprojekts bereits *historisch gewachsene* Vorbedingungen existieren, sollte im Rahmen der Untersuchung der regionalen Projektumsetzung zunächst die Ausgangslage der Schulen berücksichtigt werden. Die Schulleitungen wurden daher nach der Selbsteinschätzung zu Vorerfahrungen ihrer Schulen in den relevanten Steuerungsbereichen des Regionenprojekts – Schulentwicklung, Vernetzung, Evaluation – gefragt. Im Ergebnis zeigt sich, dass sich über 80 % der Schulen Erfahrungen in der Kooperation mit außerschulischen Partnern vor Projektstart zuschreiben. Etwa dieselbe Zahl an Schulleitungen sah ihre Schule bereits in einem zielge-

---

16 Vgl. http://www.bertelsmann-stiftung.de/cps/rde/xchg/bst/hs.xsl/10117.htm
17 Vgl. http://www.bertelsmann-stiftung.de/cps/rde/xchg/bst/hs.xsl/10117.htm
18 „Auf der Grundlage der Ergebnisse aus dem Schulbericht leiten die Schulen ihre Maßnahmenplanung ab und beginnen einen Qualitätsentwicklungsprozess. Schulentwicklung wird effizienter, systemischer und nachhaltiger!" (vgl. http://www.seis-deutschland.de/)

richteten internen Schulentwicklungsprozess begriffen. Zudem gaben etwa zwei Drittel an, bereits vor dem Regionalisierungsprojekt mit anderen Schulen kooperiert zu haben. Interessant ist an diesen Befunden, dass auf Schulleitungsebene eine Selbstzurechnung von Erfahrungen und Kompetenzen in den Bereichen externer Kooperation vorliegt, die wesentliche Interventionsbereiche des Projekts betreffen. Damit ist – in Anlehnung an Zymek u.a. (2006) – erwartbar, dass die Schulen in den im Zuge der Regionalisierung definierten Steuerungsbereichen nicht nur bereits an mehr oder weniger ausdifferenzierten lokalen Akteurskonstellationen partizipierten, sondern zudem bereits über mehr oder weniger explizite Problemdiagnosen sowie entsprechend kontextorientierte Problembezüge und Relevanzstrukturen verfügten, die wiederum die Selbst- und Umweltbeobachtung der Einzelschule orientierten.

3.3 Schulentwicklung und schulische Steuerungsstrukturen

Der systematische Aufbau schulischer Steuergruppen im Rahmen des Modellprojekts kann als eine Maßnahme zur Konstituierung der Einzelschule als Akteur im regionalen Kontext interpretiert werden. Dies impliziert, dass nicht die Schule als Ganzes, sondern zunächst Steuergruppen und Schulleitungen als adressierbare schulische Akteure im regionalen Interdependenzgefüge auftreten.[19] Abbildung 1 zeigt die Wirkungseinschätzungen der schulischen Akteursgruppen Schulleitung (SL), Steuergruppe (StG) und Lehrpersonal (LP) zu unterschiedlichen Wirkungsebenen (Schule, Individuum, Region) des Regionalisierungsprojekts.[20] Auffällig ist zunächst das systematisch differenzierte Antwortverhalten zwischen Lehrpersonen, Steuergruppen und Schulleitungen: Akteure, die in den regionalen Steuerungskontext involviert sind, nehmen eher Effekte auf den jeweiligen Wirkungsebenen wahr. Dies ist insofern erwartbar, als diese Gruppen im Rahmen der Befragung implizit den Erfolg oder Misserfolg ihres Handelns als Steuergruppe bewerten. Wirkungen des Projekts werden insbesondere im

---

19 Im Unterschied zur „Selbstständigen Schule" in NRW (vgl. Berkemeyer & Lehmpfuhl 2009) waren in den beiden Modellregionen in Baden-Württemberg keine Vertretungen der Schulen formal in der Regionalen Steuergruppe repräsentiert.

20 Exemplarische Items sind etwa: „Das Projekt Bildungsregion trägt entscheidend dazu bei, dass Bildungschancen sozial benachteiligter Schüler verbessert werden" (Skala ‚Regionale Ebene'), „Das Projekt Bildungsregion trägt entscheidend dazu bei, dass sich die Kommunikation zwischen Schulleitung und Kollegium verbessert" (Skala ‚Organisation Team'), „Die Arbeit der Steuergruppe hat für unsere Schule an Bedeutung gewonnen" (Skala ‚Organisation Steuergruppe'), „Durch die Teilnahme am Projekt Bildungsregion konnte ich einzelne Aspekte meines Unterrichts verbessern" (Skala ‚Unterrichtsebene'), „Das Projekt Bildungsregion hat mir persönlich Entwicklungsimpulse gegeben" (Skala ‚Individuelle Ebene').

Bereich des Steuergruppenaufbaus (Organisation Steuergruppe) wahrgenommen und zwar von allen Akteursgruppen. Demgegenüber bilden die Entwicklung von Teamstrukturen (Organisation Team), die Unterrichtsgestaltung, die eigene professionelle Entwicklung (individuelle Ebene) sowie die interne Schulentwicklung Bereiche, in denen die befragten Akteursgruppen eher keine Wirkungen wahrnehmen. Die Beobachtungsdimension *Ebene Region* umfasste Items, die die Umsetzung der regionenspezifischen Entwicklungsziele der Regionalen Steuergruppen betrafen: Verbesserung der Lernleistungen, Verbesserung von Schullaufbahnen, Verbesserung der Bildungschancen, Realisierung einer breiten regionalen Bildungsverantwortung sowie Erzeugung von Standortvorteilen. Die Einschätzungen zur regionalen Entwicklung in diesen Bereichen fallen in der Tendenz ebenfalls zurückhaltend (Schulleitungen) bis negativ (Lehrpersonen) aus und stützen damit die Befunde von Lehmpfuhl und Pfeiffer (2008). Effekte durch die Regionalisierungsmaßnahmen scheinen von den Schulen folglich primär in Bezug auf die Ausdifferenzierung schulinterner Steuerungsstrukturen wahrgenommen zu werden, was angesichts der auf diese ausgerichteten Implementationsstrategie in beiden Modellregionen ebenfalls erwartbar war.

Abbildung 1 Wirkungseinschätzung Regionalisierungsprojekt (Mittelwerte)

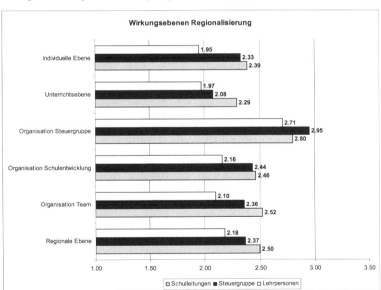

*Antwortmöglichkeiten: 1=trifft gar nicht zu, 2=trifft eher nicht zu, 3=trifft eher zu, 4=trifft voll zu

Als Nebenfolge dieser Strategie zeigt sich schulintern teilweise allerdings eine tendenzielle Entkopplung von Erfahrungs- und Sinnhorizonten: Insbesondere die Auswertung der qualitativen Daten machte deutlich, dass Lehrpersonen nach wie vor eine professionszentrierte und damit vor allem in der Frage adäquater Unterstützungsleistungen auf die konkrete (operative) Unterrichtspraxis ausgerichtete Aufmerksamkeit besitzen, Steuergruppen und Schulleitungen infolge ihrer neuen Rollenzuweisungen jedoch verstärkt organisatorische und planerische (strategische) Aufmerksamkeiten ausbildeten. Zudem zeichnet sich ab, dass ein substanzieller Anteil der befragten Lehrpersonen ohne Steuergruppenfunktion keine differenzierten Aussagen zu den Strukturen und Angeboten des Regionalisierungsprojekts machen kann.

3.4 Schulische Qualitätsentwicklung im regionalen Kontext

Die jährlich wiederholten SEIS-Erhebungen während der Modellphase bilden auf schulischer Ebene das wichtigste Kopplungselement zum Regionalisierungsprojekt. Neben der schulinternen Qualitätsentwicklung soll SEIS auch die regionale Vernetzung und Kooperation der Projektschulen in Bezug auf die schulische Qualitätsentwicklung fördern und insbesondere zum Austausch über funktionale Praxislösungen (*best practice*) beitragen.

Abbildung 2 Wirkungseinschätzung SEIS-Evaluation in Bezug auf Schulentwicklung

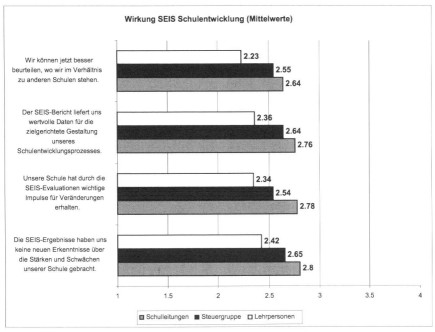

*Antwortmöglichkeiten: 1=trifft gar nicht zu, 2=trifft eher nicht zu, 3=trifft eher zu, 4=trifft voll zu

Wie ein Vergleich der Einzelitems der Skalen zur Schulentwicklungsfunktion (Abbildung 2) und zur Vernetzungsfunktion (Abbildung 3) von SEIS zeigt, werden von Schulleitungen und Steuergruppen Effekte in Bezug auf die Gestaltung des internen Schulentwicklungsprozesses gesehen (die Lehrpersonen ohne Steuerungsfunktion stellen hier in der Tendenz keine Wirkungen fest), jedoch kaum Impulse für einen Austausch mit anderen Schulen oder außerschulischen Partnern sowie Eltern. Eine wechselseitige schulübergreifende Unterstützung und Beratung in Hinblick auf Qualitätsentwicklungsfragen scheint auf dieser Basis nur bedingt umgesetzt worden zu sein.

Abbildung 3 Wirkungseinschätzung SEIS-Evaluation in Bezug auf Vernetzung

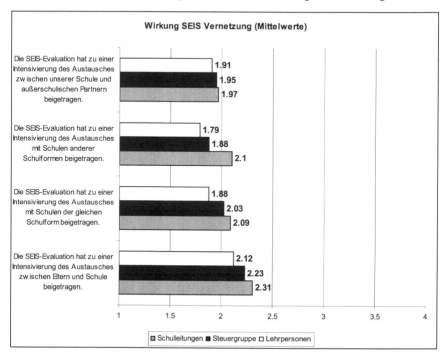

*Antwortmöglichkeiten: 1=trifft gar nicht zu, 2=trifft eher nicht zu, 3=trifft eher zu, 4=trifft voll zu

Insgesamt beurteilen die Schulen den Aufwand für die Durchführung von SEIS eher als zu groß. Dabei scheinen die Kooperationsaktivitäten der Schulen Einfluss auf die Beurteilung zu nehmen: Schulen mit einer geringen Anzahl externer Kooperationen bewerten die Durchführbarkeit der Selbstevaluation positiver, was darauf hindeutet, dass hier verfügbare zeitliche Ressourcen eine wichtige Rolle spielen. Sind die Schulentwicklungserfahrungen einer Schule gering, beurteilen Lehrpersonen den Stand der Umsetzung der Evaluationsergebnisse in konkrete Handlungsziele ebenfalls negativer. Die Analyse der qualitativen Daten ermöglicht eine weitergehende Interpretation dieser Befunde: Erfahrenere Schulen scheinen die SEIS-Ergebnisse routinierter, selektiver und zur Legitimation bereits stabilisierter interner Relevanzsetzungen nutzen zu können, während weniger erfahrene Schulen angesichts der erzeugten Datenmenge Schwierigkeiten mit der Selektion relevanter Informationen und in der Folge mit der Konkretisierung von Entwicklungsschritten haben. Als weiterer Faktor kommt die Kooperationsaktivität der jeweiligen Schule hinzu: Ist diese niedrig, werden sowohl Durchführbarkeit der SEIS-Erhebung als auch die Planung und Umsetzung von Schulentwicklungsmaßnahmen positiver bewertet.

3.5 Bezugsprobleme regionaler Vernetzung

Dass nach Angabe der Schulleitungen ca. 80 % der Projektschulen zu Projektbeginn über Erfahrungen im Bereich externer Kooperationen mit außerschulischen Partnern verfügten deutet darauf hin, dass ein relevanter Teil der Schulen eigeninitiativ und gegebenenfalls motiviert durch interne Problemanalysen Kooperations- und Unterstützungsstrukturen im näräumlichen Kontext aufgebaut hat. Wie Abbildung 4 zeigt, geben tatsächlich über 55 % der Schulleitungen an, im lokalen Kontext bzw. auf Gemeindeebene mit außerschulischen Partnern zusammenzuarbeiten.

Abbildung 4 Vernetzungsbereiche der Projektschulen (Prozentwerte)

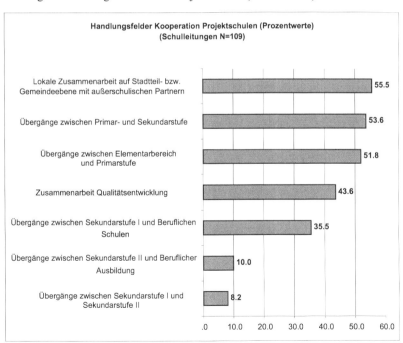

Am häufigsten existieren dabei Kooperationsbeziehungen mit Sport- oder Musikvereinen, Wirtschaftsbetrieben, kulturellen Institutionen (z.b. Theater), Kirchen und Jugendhilfeträgern; relativ häufig bestehen diese im Bereich Übergänge, geringer fällt die Frequenz der Kontakte hinsichtlich der Vernetzung von Schulen zu Fragen der gemeinsamen Qualitätsentwicklung aus. Allerdings liegt der Umfang der Einbindung der Schulen in das regionale Übergangsmanagement ebenfalls auf hohem Niveau, was insbesondere die Grundschulen betrifft, da diese die Übergangsschwellen sowohl zum Elementar- als auch zum Sekundarbereich bearbeiten müssen. Probleme des Übergangs zwischen Grund- und Sekundarschulen entstehen durch die vertikale Differenzierung des Schulsystems und sind letztlich Folge seiner Selektionsstrukturen. Im Fall des Übergangs Sekundarschule – berufliche Ausbildung müssen demgegenüber intersystemische Schnittstellenprobleme wie Lehrstellenmangel oder die Entwertung niedriger Hauptschulabschlüsse auf dem Ausbildungsmarkt berücksichtigt werden. Deutlich wird damit, dass eines der zentralen Bezugsprobleme des Regionalisierungsprojekts in der Bearbeitung von Problemen *unterbrochener Interdependenz* als Differenzierungsfolge liegt.[21] Alternativen zur organisatorischen Binnendifferenzierung des Schulsystems können jedoch nicht im Kontext von *regional governance* durchgesetzt werden, da Entscheidungen über eine Neugliederung des Schulsystems schulgesetzlich verankert sind und nur durch entsprechende Aktivitäten der Makroebene in Gang gesetzt werden können.

4 Schlussbetrachtung: Regionalisierung und Schulentwicklung

Schulentwicklungsbezogene Regionalisierung lässt sich als Steuerungsansatz beschreiben, dessen *Interventionsanteile* in einem Spannungsverhältnis zur *aktivierenden Ausrichtung* der Regionalisierungsprogrammatik (Förderung schulischer Selbstständigkeit) stehen und entsprechende Paradoxien auslösen, die von den Akteuren auf unterschiedlichen Ebenen bearbeitet – entparadoxiert – werden müssen. Die Innovation regionalisierter Steuerung besteht letztlich in der systemübergreifenden Koordination schulischer und außerschulischer Akteure, die aus der Perspektive der Schulen tendenziell als *Verdichtung* von Interpendenzbeziehungen wahrgenommen wird und entsprechende Strategien eigensinniger Interdependenzbewältigung motivieren kann. Die beobachtbare regionale Ausdifferenzierung bestehender Steuerungshierarchien zielt dabei – trotz der verbrei-

---

21 In Bezug auf die Funktion der unterschiedlichen, im Regionalisierungsprojekt initiierten Netzwerke lässt sich ein analoger Schluss ziehen (vgl. Emmerich & Maag Merki 2009).

teten Autonomiesemantiken – offensichtlich auf eine stärkere Kopplung zwischen intermediärer und schulischer Steuerungsebene. Im Fall Baden-Württembergs weisen die empirischen Befunde insgesamt darauf hin, dass in den Projektschulen – mit Ausnahme der Steuergruppen und Schulleitungen – nur vages oder kein Wissen über die regionalen Aktivitäten und die Ziele der regionalen Steuerungsakteure vorliegt, d.h. dass die operative Ebene der Einzelschule *neben den bestehenden administrativen (Rahmen-)Vorgaben* mit nicht hinreichend transparenten regionalen Steuerungsimpulsen konfrontiert ist und infolgedessen mehr oder weniger konsequente Entlastungsversuche wie etwa die Zurücknahme eigener Schulentwicklungsanstrengungen zu beobachten sind.

Ob Regionale Bildungslandschaften ihren Wirkungserwartungen in Hinblick auf die Verbesserung schulischer Lehr-Lernprozesse gerecht werden können, lässt sich zum gegenwärtigen Zeitpunkt nicht beantworten, da es sich hierbei um indirekte Effekte handelt und entsprechende Längsschnittstudien notwendig wären. Inwiefern Regionalisierung vor dem Hintergrund disparater sozioökonomischer, demographischer und infrastruktureller Ausgangslagen[22] dazu beitragen kann, Bildungsbenachteiligungen abzubauen, ist gegenwärtig ebenso wenig beantwortbar. Netzwerkaufbau und Kooperationsentwicklung können zudem als Versuche verstanden werden, innerhalb des Handlungsgefüges *Region* den durch Einführung quasi-marktlicher Elemente *neuer Steuerung* (vgl. Weiß 2001) zu befürchtenden selektiven Wettbewerb und die dysfunktionale Konkurrenz zwischen Schulstandorten zu vermeiden: Qualitätsentwicklung soll vielmehr einen *regionalen Fahrstuhleffekt* auslösen, an dem alle beteiligten Akteure partizipieren und von dem sie profitieren. Allerdings bleibt die entscheidende Frage offen, ob der politisch somit angestoßene „Wettbewerb der Regionen" auf der Ebene formaler Bildung zu einer effektiven Kompensation oder eher zu einer Verstärkung sozioökonomischer Disparitäten und struktureller Bildungsbenachteiligung führt: Das Risiko bestünde letztlich darin, dass Schulerfolg und soziale Allokation wiederum stärker an Herkunft gekoppelt würden – an regionale.

---

22 Hier spielen etwa regionale Binnendifferenzierungen in urbane Zentren und ländliche Peripherien eine wichtige Rolle.

Matthias Rürup, Hans-Werner Fuchs & Horst Weishaupt

Bildungsberichterstattung – Bildungsmonitoring

Die Begriffe „Bildungsberichterstattung/Bildungsmonitoring" stehen für Verfahren der systematischen Informationsgewinnung und Informationsaufbereitung über das Bildungswesen, mit denen Gestaltungsentscheidungen zielgerichtet vorgenommen werden sollen. Solche Verfahren sind nichts Neues. Eine statistische Erfassung des Bildungswesens, staatlich initiierte Begleitforschung, Volksbefragungen oder die Dokumentation von Bildungssystementwicklungen mit Hilfe von Erhebungen gibt es bereits seit Jahrzehnten oder gar Jahrhunderten. Dies wirft die Frage nach dem Neuigkeitsanspruch auf, der sich mit Begriffen Bildungsberichterstattung/Bildungsmonitoring verbindet, die sich seit 1990er Jahren erst international und dann zunehmend im europäischen und deutschsprachigen Raum etablieren. Inwieweit ist es überhaupt sinnvoll, den Ansatz der Bildungsberichterstattung/des Bildungsmonitorings von früheren Praxen der Informationsgewinnung zu unterscheiden? Wenn es sich nicht nur um eine fortgesetzte, möglicherweise optimierte Praxis handelt, sondern um ein neues Instrument, das eine neue Wirksamkeit beansprucht: Worin besteht der Qualitätssprung? Unsere Antwort ist, dass es die Bildungsberichte sind, die die Differenz ausmachen. Als regelmäßig erscheinende, an Öffentlichkeit und politisch-administrative Entscheidungsträger gerichtete Publikationen, die eine datengestützte, evaluative Gesamtschau über das Bildungswesen ermöglichen sollen, beanspruchen sie, eine neuartige Übersichtlichkeit und Klarheit über den Verlauf und die Ergebnisse von Bildungsprozessen herzustellen. Bildungsberichte sind dabei ihrem Anspruch nach nicht nur eine weitere Publikation zum Bildungswesen, sondern die Zusammenfassung anderer Texte und Einzelbefunde zu einem Gesamtbild. Diese Zusammenfassung erfolgt – bei aller Vielfalt der auf internationaler, nationaler und regionaler Ebene vorliegenden Berichte – nach einem grundsätzlich ähnlichen Konzept. Dies wurde Anfang der 1990er Jahre durch die OECD entwickelt und hat sich mit verschiedenen Veränderungen und Anpassungen dann international, national und regional immer weiter verbreitet. Deutschland, Österreich und die Schweiz sind ab Mitte der 2000er Jahre aktiv geworden.

Ziel unseres Beitrages ist, das Instrument der Bildungsberichte als Kernelement von Bildungsberichterstattung/Bildungsmonitoring vorzustellen und vorhandene empirische Befunde zu ihrer Wirksamkeit zusammenzutragen. In

Kapitel 1 erörtern wir zentrale Merkmale von Bildungsberichten und stellen verschiedene Funktionen bzw. Erwartungen heraus, an denen sich ihre Wirksamkeit erweisen muss. In Kapitel 2 geben wir eine Übersicht über vorliegende Befunde zur Wirksamkeit von Bildungsberichten, um dann im dritten Kapitel unsere Argumentation theoretisch zu öffnen. Wir verweisen auf den Ansatz der sozialwissenschaftlichen Verwendungsforschung als konzeptionellen Zugang für weiterführende Untersuchungen. Abgeschlossen wird unser Beitrag durch eine Zusammenfassung wichtiger Aussagen und eine Skizze der Forschungsbedarfe zur Bildungsberichterstattung in ausgewählten Feldern (Kap. 4).

1 Bildungsberichte als Steuerungsinstrument

Dass wir die Begriffe Bildungsberichterstattung/Bildungsmonitoring im Beitragstitel so eng verkoppeln, ist dem unterschiedlichem Gebrauch dieser Termini in den Ländern Deutschland, Österreich und der Schweiz geschuldet. So werden Bildungsmonitoring und Bildungsberichterstattung in Deutschland oftmals getrennt thematisiert; in Österreich und der Schweiz steht Bildungsmonitoring oder auch Systemmonitoring für eine neue Praxis systematischer Informationsgewinnung mit einem Bildungsbericht als zentralem Produkt. Die Darstellung der Merkmale und Funktionen des Steuerungsinstruments (1.2 und 1.3) erfordert so eine vorhergehende definitorische Klärung (1.1).

1.1 Definitorische Abgrenzungen

Bei Bildungsberichterstattung/Bildungsmonitoring handelt es sich um vor allem durch die Politik initiierte und verantwortete Aktivitäten, die dazu dienen sollen, eine umfassende Information über das Bildungswesen zu sichern. Es geht um

> „die kontinuierliche, datengestützte Information von Bildungspolitik und Öffentlichkeit über Rahmenbedingungen, Verlaufsmerkmale, Ergebnisse und Erträge von Bildungsprozessen." (Döbert & Avenarius 2007, S. 299; Klieme u.a. 2006, S. 130).

Das Bildungsgeschehen in der Gesellschaft soll transparent gemacht werden und so Grundlage für schnellere, klarere und rationalere Zieldiskussionen und politische Entscheidungen sein, die zu einer besseren Funktionserfüllung und Qualitätssteigerung des Bildungswesens führen und geeignet sind, negative Entwicklungen prospektiv zu verhindern (vgl. Wolter & Kerst 2006, S. 204f.; Husén & Tuijnman 1994, S. 4).

Zur Klärung der Mehrdeutigkeit und Unschärfen der Begriffe schlagen wir vor, die Aufgabe der Bildungsberichterstattung als ein Teilelement des „Bildungsmontorings" anzusehen (siehe ähnlich Avenarius u.a. 2003b, S. 85; KMK/IQB 2006). Bildungsmonitoring fassen wir als Oberbegriff für die vielfältigen Datenerhebungen im Bildungswesen: der Bildungsstatistik, der Bildungsforschung und der neuen Verfahren systematischer Evaluation wie z.B. Lernstandserhebungen und Schulinspektionen (vgl. Avenarius u.a. 2003b, S. 104). Die Bildungsberichterstattung ist dabei kein weiteres Erhebungsprogramm, sondern eine besondere, zusätzliche Aktivität der Aufbereitung von Informationen. Die vorliegenden Daten sollen noch einmal systematisch zusammengefasst und dargestellt werden. Zentrales Ergebnis dieser Tätigkeit ist ein neues Produkt: ein Bildungsbericht, der eine regelmäßig aktualisierte, evaluative Gesamtschau zum Bildungswesen ermöglichen soll. Der Anspruch ist, durch die besondere Auswahl, Anordnung und Darstellung der Daten eine neue Qualität der Information von Öffentlichkeit, Bildungspolitik und Bildungsadministration zu erzielen.

Dieser Bericht ist auch die eigentliche Neuerung gegenüber den traditionellen Informationssystemen zum Bildungswesen, die von einer Parallelität unterschiedlicher Informationsquellen mit unterschiedlichen Aktualisierungszyklen ausgegangen sind. Er übernimmt gegenüber den einzelnen Erhebungsprogrammen eine Schlusssteinfunktion, der ihnen Platz und Wert zuschreibt und so auch das Bildungsmonitoring als systematische Erhebungspraxis erst konstituiert. Verschiedene Datenerhebungen müssen in ihren Vorgehensweisen verknüpfbar sein und ihren Beitrag zur evaluativen Gesamtschau, der Identifikation von Handlungsbedarf und Ansatzpunkten für Interventionen liefern.

Der Bildungsbericht hat so nicht nur eine besondere Stellung und herausgehobene Funktion im System des Bildungsmonitorings und als Produkt der Bildungsberichterstattung. Seine Gestaltungsprinzipien definieren generell den Rahmen für die Entwicklung des Gesamtsystems systemischer Datenerhebungen und Datenaufbereitungen zum Bildungswesen. Was Bildungsberichterstattung/ Bildungsmonitoring als Steuerungsinstrument ist und sein kann, ist so vor allem über die Analyse der Merkmale, Funktionen und Wirkungsmöglichkeiten von Bildungsberichten zu erschließen.

1.2 Konzeptionelle Merkmale von Bildungsberichten

Mit Bildungsberichten sind nicht nur bestimmte Erwartungen verbunden, sondern auch konkrete konzeptionelle Entscheidungen und Ausformungen der Berichtspraxis, die sie von traditionellen oder anderen Berichtsformen zum Bildungswesen unterscheiden. Die vorgestellten Merkmale dienen so zugleich der

Ein- und Abgrenzung: Was kann als Bildungsbericht bezeichnet werden, unabhängig davon, wie die Autorinnen und Autoren ihre Publikation jeweils bezeichnen und einordnen? Wir erläutern dabei eine Idealform – das Grundmodell – des Instruments, wie es vor allem von der OECD und dann auf nationaler Ebene in den USA, in Kanada, Frankreich und Deutschland weiterentwickelt wurde.

Datenreport statt Expertise

Bildungsberichte sind Periodika, die regelmäßig, in festen Zyklen und nach einem einmal entwickelten, weitgehend unveränderlichen Schema vorgelegt werden. In ihnen steht die Aufbereitung bedeutsamer, objektiver und valider Daten im Vordergrund, die geeignet sein sollen, Öffentlichkeit und Politik über die Leistungsfähigkeit des Bildungswesens zu informieren. Damit grenzen sie sich zuallererst von Expertisen ab. Die Befunde zu bewerten und Handlungsempfehlungen abzuleiten, ist ihrer Konzeption nach Öffentlichkeit und Politik vorbehalten (Klieme u.a. 2006, S. 130; ähnlich Döbert 2007; SKBF 2006; Wolter 2008). Insbesondere ein Bildungsrat, der grundsätzlich über Perspektiven und Herausforderungen der Bildungsentwicklung reflektiert, wird durch die Bildungsberichterstattung weder ersetzt noch obsolet. Bildungsberichterstattung will vielmehr eine verlässliche Datengrundlage herstellen, die als objektiv-wissenschaftliche Darstellung dem öffentlichen und politischen Diskurs vorausgeht. Die Erörterung und Bewertung der präsentierten Daten oder gar ihre normativ-abwägende Diskussion sind entweder nicht Teil des Berichts oder als thematischer Schwerpunkt von der generellen Datendarstellung abgegrenzt. So erscheinen parallel zum OECD-Bildungsbericht „Education at a Glance" vertiefende Untersuchungen („Education Policy Analysis"), in denen neben statistischen Daten auch Forschungsberichte ausgewertet werden (vgl. Rürup 2003, S. 2ff.; Sedel 2004). Ähnlich ist das Konzept der Bildungsberichte in Deutschland und der Schweiz. Im Bildungsbericht von Österreich hat sich das Verhältnis des auf Fortschreibung angelegten Datenreports und der Bearbeitung von Schwerpunktthemen allerdings umgekehrt. Der schmale Datenband wird hier durch einen umfangreichen zweiten Teil mit „fokussierten Analysen bildungspolitischer Schwerpunktthemen" begleitet, der neben Ist-Standsbeschreibungen auch dezidierte Aussagen zu Handlungsherausforderungen und Entwicklungsoptionen enthält (Specht 2009b). Dass dieses Vorgehen von dem international üblichen Modell abweicht, wird allerdings im Bericht selbst konstatiert und mit spezifischen österreichischen Traditionen begründet (ebd., S. 7f.).

Qualitätsstandards für Daten

Die Leistungsfähigkeit von Bildungsberichten wird durch die Belastbarkeit ihrer Daten bestimmt, die als verlässliche Befunde die politisch-öffentliche Diskussion stützen sollen. Entsprechende hohe Qualitätsstandards liegen ihnen zu Grunde. Berichtet werden kontinuierlich fortschreibbare, repräsentative, reliable und valide Daten, die zudem potentiell mit Daten aus anderen Quellen verknüpfbar sein sollen, um z.b. bildungsbereichsübergreifende Prozesse (Bildung im Lebenslauf) nachzeichnen oder die Effektivität von Bildungsprozessen analysieren zu können (vgl. van Ackeren 2003b, S. 23; Döbert 2007, S. 188). Neben einer Präferenz für quantitative Daten, die – national oder international standardisierten – Erhebungsprogrammen der amtlichen Statistik oder wissenschaftlichen Large-Scale-Studien entnommen werden, schließt Bildungsberichterstattung an methodische Standards der Sozialwissenschaften an und integriert methodische Entwicklungen aus anderen Wissenschaftsbereichen oder Berichtspraxen, vor allem aus der Arbeitsmarkt- und Gesundheitsforschung (vgl. Wolter 2008, S. 59). Insofern soll Bildungsberichterstattung nicht nur das System des Bildungsmonitorings modernisieren und erweitern, sondern auch methodische Impulse z.B. für Mehrebenenanalysen, experimentelle Studien oder Studien mit Längsschnittdesign setzen (vgl. Burns & Schuller 2007; Cook & Gorard 2007; EU-Kommission 2007; Kristen u.a. 2005; Slavin 2002).

Konzepte für die Bildungssystembeschreibung

Mit der Aufgabe einer evaluativen Gesamtschau ist für Bildungsberichte der Anspruch des „System Modeling" verbunden – der Abbildung des Bildungssystems und der in ihm ablaufenden Prozesse. Als Grundschema wird dabei vor allem die Unterscheidung nach Kontext-, Input-, Prozess- und Output- bzw. Outcome-Aspekten von Bildung herangezogen. In Anlehnung an Vorstellungen der School-Effectiveness-Forschung (vgl. Scheerens & Bosker 1997) wird Bildung dabei als Produktionsprozess verstanden, bei dem ein Input an zeitlichen, finanziellen, materiellen und personellen Ressourcen durch Institutionen des Bildungswesens zur Gestaltung von Bildungsprozessen verwendet wird, die in messbare Ergebnisse münden. Hinsichtlich der Wirkungen von Bildung wird zwischen dem kurzfristigen Output (z.B. vergebenen Zertifikaten, vermittelten Kompetenzen) sowie längerfristigen individuellen und gesellschaftlichen Erträgen von Bildung (Wohlstand, Gesundheit, Bürgerbeteiligung), dem Outcome und Impact, unterschieden. Erweitert wird dieses Grundschema durch ein Verständnis des Bildungswesens als eines Mehrebenensystems, in dem individuelle, interaktive, organisationale und systemische Faktoren erfasst und verknüpft werden. Überdies ist mit Bildungsberichterstattung eine Perspektive lebenslangen Lernens verbunden; daher werden über die vorwiegend staatlich getragenen Bildungsinstitutionen (allgemeinbildendes Schulwesen, Berufsbildung, Hochschule) hinaus auch weniger formalisierte und nichtstaatliche Strukturen der frühkindlichen, der außerschulischen sowie der Erwachsenen- und Weiterbildung in die Berichterstattung integriert.

Der Anspruch des „System Modeling" führt dazu, dass im Rahmen der Bildungsberichterstattung systematisch Datendefizite sichtbar werden. Gegenüber den traditionellen Erhebungsprogrammen der amtlichen Statistik wird z.B. ein Bedarf an individuellen, organisations- und unterrichtsbezogenen Prozess- und Outputdaten deutlich, der weitere Erhebungsprogramme legitimiert (vgl. Konsortium Bildungsberichterstattung 2006b).

Bildungsberichte und Indikatorenforschung

Der Anspruch des „System Modeling" führt so zu einer systematischen Ausweitung verfügbarer Informationen zum Bildungswesen. Damit steigen zugleich die Anforderungen, wichtige von unwichtigen Daten zu unterscheiden und Prioritäten zu benennen – dies sowohl hinsichtlich des politisch verantworteten Ausbaus von Erhebungsprogrammen als auch der in Bildungsberichten konkret anzusprechenden Themen.

Das theoretische Konzept einer solchen Datenauswahl ist der Indikatorenansatz, der zugleich ein Abgrenzungsmerkmal von Bildungsberichten gegenüber anderen Publikationen darstellt (vgl. Döbert & Avenarius 2007, S. 299). Ein Indikator wird üblicherweise definiert als

> „a policy-relevant statistic designed to provide information about the condition, the stability or change, the functioning, or the performance of an education system or a part thereof" (Bottani & Tuijnman 1994, S. 4; vgl. van Ackeren 2003b, S. 23).

Indikatoren werden so von anderen statistischen Kennzahlen begrifflich unterschieden, die keine relevante Anzeiger-Funktion für wesentliche Aspekte der Systemleistung und der Systemsteuerung besitzen.

Der Indikatorenansatz löst das Problem der Selektionsanforderungen in der Bildungsberichterstattung allerdings nicht vollständig. Er setzt insbesondere ein wissenschaftliches und datenbezogenes Forschungsprogramm zur Identifikation und Konstruktion statistischer Kennzahlen voraus. Forschungsbedarf besteht insbesondere mit Blick auf die Sicherung der Datenqualität, die konkrete Modellierung der Indikatoren und deren Einordnung in Indikatorensets sowie die Identifikation und Quantifizierung von Wirkzusammenhängen mehrerer Indikatoren vor allem im Rahmen des Input-Prozess-Output-Modells (Wolter 2008, S. 63; zur Diskussion im Rahmen der Sozialberichterstattung vgl. Weishaupt & Weiß 1983; Weishaupt 2006).

Die Umformung statistischer Kennzahlen in Indikatoren setzt zudem definierte Standards oder Benchmarks voraus, die es ermöglichen, die gemessenen Werte als Mehr- oder Minderleistungen zu bewerten. Wissenschaftlich gesicherte (absolute) Standards sind indes rar (vgl. Thomas & Peng 2004) und angesichts der Komplexität und Konfliktträchtigkeit des Themas „Bildung" auch schwer vorstellbar. Selbst abstrakte Definitionsversuche gesellschaftlicher Leistungen des Bildungswesens sind anfällig für Kritik. So sind im deutschen Bildungsbericht ausgewiesene Qualitätsmaßstäbe von Bildung (Gewährleistung individueller Regulationsfähigkeit, Bereitstellung von Humankapital, Förderung gesellschaftlicher Teilhabe und Chancengleichheit; vgl. Konsortium Bildungsberichterstattung 2006a, S. 2) durchaus als utilitaristisch und ökonomistisch verengt kritisierbar. Nicht zuletzt sind im Prinzip der Indikatorisierung selbst normative Implikationen enthalten. Nicht alle für die Weiterentwicklung eines Bildungssystems politisch relevanten Aspekte lassen sich indikatorisieren. Berichtssysteme auf der Basis von Indikatoren wiesen, so Wolter & Kerst, eine „gleichsam natürliche Präferenz für längerfristige quantitativ-strukturelle Entwicklungen" auf (Wolter & Kerst 2006, S. 205); qualitative Aspekte oder Fragen nach Verfahren und Abläufen ließen sich hingegen weniger gut in Indikatorenmodellen abbilden (optimistischer allerdings Brosziewski 2007, S. 142).

Politik als primärer Adressat und Impulsgeber

Legitimation bezieht die Normativität der Bildungsberichterstattung vor allem aus ihrem Adressatenbezug. Primär die Politik als Auftraggeberin, aber auch die Öffentlichkeit soll informiert werden. Und so bleibt bei aller wissenschaftlichen Fundierung und Prüfung festzuhalten: „Indicators and indicator systems themselves are political entities." (Burnstein u.a. 1992, S. 410; vgl. auch Bottani & Tuijnman 1994, S. 26). Aber auch die Politik definiert in der Regel keine präzisen Ziele, die als objektive und absolute Referenzgrößen für Bildungsindikatoren dienen könnten. Bildungsberichte bieten allerdings eine technisch-methodische Lösung für dieses Normierungsproblem, in dem sie durch die systematische Darstellung von Vergleichswerten Benchmarks für politische und öffentliche Debatten liefern. Die Indikatoren werden dazu in Zeitreihen, im internationalen oder regionalen Vergleich oder nach Referenzgrößen differenziert (z.B. Geschlecht, Einkommen, Bildungsstand, sozialer oder Migrationshintergrund) dargestellt. Die Vielfalt der Vergleichsmöglichkeiten erlaubt einerseits eine beständige Variation der Darstellung und eröffnet andererseits Raum für politische und wissenschaftlich-methodische Debatten über die Frage, welche Vergleiche als relevant und aussagekräftig erscheinen (vgl. Döbert 2007; Wolter 2008). Bildungsberichte tragen so nicht nur zur Weiterentwicklung des Bildungsmonitorings bei. Zugleich bieten sie Bildungspolitik, Administration und Öffentlichkeit Gelegenheit zur Reflexion, welche Daten in welcher Form zur Information und Systemsteuerung benötigt werden, wie eine Berichterstattung aussehen muss, die hilfreich und unterstützend für Entscheidungsprozesse sein kann und welcher administrativen Strukturen und Ressourcen es bedarf, um die Befunde der Bildungsberichterstattung angemessen zu verarbeiten.

Öffentliche Rechenschaftslegung

Bildungsberichte sind in der Regel öffentlich (vgl. Klieme u.a. 2006, S. 130). In der Gewichtung gibt es indes Unterschiede. Während sich z.B. der bayerische Bildungsbericht vorrangig an den Auftraggeber – die bayerische Landesregierung – richtet, ist der schleswig-holsteinische Bildungsbericht explizit an die Öffentlichkeit adressiert. Ihr Informationspotential steht nicht nur der Administration bzw. der Exekutive zur Verfügung, sondern ebenso der Legislative, insbesondere der parlamentarischen Opposition, den Medien und wiederum der Wissenschaft; sie alle können die Befunde analysieren und kritisch kommentieren. Staatliche Bildungsberichterstattung kann so auch zur Kontrastierung eines konkurrierenden, nichtstaatlich initiierten Berichtswesens über das Bildungssystem dienen, wie dies in Deutschland z.B. mit dem Bildungsmonitor der „Initiative Neue Soziale Marktwirtschaft" der Fall ist (vgl. http://www.insm-bildungsmonitor.de, [15.08.2008]). Gerade der Grad an Unabhängigkeit, mit dem Bildungsberichte erstellt werden, kann als wichtiges Merkmal für eine wissenschaftliche Analyse dieser Textgattung angesehen werden. Schließlich schafft Bildungsberichterstattung mit der Orientierung an dem Kontext-Input-Prozess-Output-Modell, dem Indikatorenansatz und der Stärkung methodischer Standards der Datengewinnung und -aufbereitung eine neue Qualität der öffentlichen Sichtbarkeit und Transparenz von Bildungsprozessen. Ein erhöhter Rechtfertigungsdruck auf die Bildungspolitik kann die Folge sein.

1.3 Erwartungen an die Bildungsberichterstattung

Bildungsberichte, so die Ausgangsthese unseres Beitrages, sind das zentrale Produkt des neuen bildungspolitischen Steuerungsinstruments Bildungsmonitoring. Vor allem seitens der Bildungspolitik sind umfangreiche Erwartungen an dieses Instrument geknüpft, die wir im Folgenden systematisiert vorstellen möchten. Dabei werden jeweils Kriterien zur Beurteilung des Erfolgs und der Wirkungspotentiale von Bildungsberichten formuliert:

1. Bildungsberichte befördern ein in sich abgestimmtes, umfassendes System regelmäßiger und standardisierter Erhebungen zur Bildung im Lebenslauf. Sie sind ein zentrales *Element des Bildungsmonitorings*, indem sie Impulse zum systematischen Aufbau, zum Umbau und zur Koordination von Erhebungsprogrammen setzen; zugleich lassen sie veränderte Infrastrukturen der Datenerhebung und Datenaufbereitung als notwendig erscheinen. Ein Erfolg von Bildungsberichten wird sichtbar an der wachsenden Qualität der für Politik, Öffentlichkeit und Wissenschaft verfügbaren Datenbasis sowie an den erweiterten organisatorischen und personellen Kapazitäten für die Datenverarbeitung.
2. Bildungsberichte sind eine *wissenschaftlich fundierte und adressatengerechte Darstellung* des Bildungswesens. Die Bewältigung dieser doppelten Referenz auf Wissenschaft und Abnehmer/innen ist ihre zentrale inhaltliche Leistung. Zu beobachten ist, ob sich die Form der Darstellung sowie die Ansätze des „System Modeling" und der Indikatorisierung für eine umfassende Rezeption durch unterschiedliche Rezipienten eignen.
3. Bildungsberichte sind ein wesentlicher *Bezugspunkt bildungspolitischer Planungs- und Aufmerksamkeitszyklen*. Als politisches Steuerungsinstrument sollen sie nicht irgendein – weiterer – Bericht, sondern eine zentrale, dauerhafte und unverzichtbare Grundlegung von Entscheidungsprozessen sein. Erfolgskriterien wären demnach eine umfassende und der Textvorlage gerecht werdende Rezeption durch die Exekutive und vor allem auch die parlamentarische Ebene sowie eine Abstimmung der kontinuierlich vorgelegten Bildungsberichte mit den Planungs- und Entscheidungszyklen der Politik.
4. Bildungsberichte befördern eine *rationale, sachorientierte und evidenzbasierte Politikgestaltung* (OECD/CERI 2007; Nutley, Davies & Walter 2002). Dies verweist darauf, dass Bildungsberichte Politik nicht nur informieren, sondern selbst „steuern" sollen. Ihnen ist die Erwartung unterlegt, dass auf ein Mehr an Information auch ein Mehr an problembewusster, zielgerichteter und wirksamer Entscheidungsfindung folgen müsse. Sichtbar

werden könnten solche Effekte in Prozessen der politischen Einscheidungsfindung, wenn diese mehr pragmatisch und datenbasiert und weniger abhängig von Ideologien, Parteiprogrammatik und wechselnden parlamentarischen Mehrheiten erschienen.
5. Letzten Endes erweist sich der Erfolg von Bildungsberichten auch darin, ob die Praxis datenbasierter bildungspolitischer Steuerung geeignet ist, zu *Qualitätsverbesserungen im Bildungswesen* zu führen.
6. Bildungsberichte sind aber selbst eine Form politischer Aktivität. Mit ihrer Veröffentlichung wird der Anspruch kommuniziert, die Bildungssystemsteuerung zu optimieren und Qualitätsentwicklung zu forcieren – unabhängig davon, ob dieser Anspruch auch erfüllt wird. Dies verweist auf die Funktion *symbolischer Politik*. Ihr Erfolg erwiese sich darin, dass die Vorlage von Bildungsberichten medial umfangreich und positiv als politische Leistung wahrgenommen und öffentliche Unterstützung für weitere Reformen aufgebaut wird. Hier wäre auch danach zu fragen, wie die öffentliche Anerkennung von Bildungsberichten als unabhängiger wissenschaftlicher Expertisen gesichert werden kann, zumal Bildungsberichte als Steuerungsinstrumente der Politik dienen und nicht selbst unmittelbar „Politik betreiben" sollen. Allerdings ist durchaus zu erwarten, dass Bildungsberichte politisch instrumentalisiert, das heißt durch die Politik dazu genutzt werden, die öffentliche Aufmerksamkeit auf bestimmte Themen und Entscheidungsoptionen zu lenken.
7. Dem steht die Erwartung gegenüber, dass mit Bildungsberichten auch für die Öffentlichkeit *Transparenz über die Bildungssystemperformance* hergestellt und dieser so Gelegenheit für kritische Anfragen an die Bildungspolitik geboten wird. Erhofft wird ein intensiverer, informierterer und abgewogenerer öffentlicher Diskurs über Bildungsfragen nicht nur in den Medien, sondern auch in den parlamentarischen Debatten. Gegenwärtig ist noch offen, ob und wie der Ausgleich zwischen politischen Steuerungsinteressen und dem Anliegen öffentlicher Rechenschaftslegung erreicht werden kann. Notwendig wären diesbezüglich vergleichende Analysen der politischen und öffentlichen Rezeption von Bildungsberichten in unterschiedlichen Kontexten.
8. Unabhängig davon, auf welche Weise dies gelingen kann, soll mit Bildungsberichten die *Zufriedenheit* der Öffentlichkeit mit dem bildungspolitischen Steuerungshandeln befördert werden. Dies kann durch eine erfolgreiche (pragmatisch-evidenzbasierte) Bildungspolitik, durch die symbolisch-legitimatorische Nutzung der Berichte oder durch die Herstellung von Transparenz als Basis für öffentliches Vertrauen geschehen. Zu fragen wird

sein, ob und, wenn ja, in welchem Umfang Bildungsberichte Anteil an einer solchen Steigerung öffentlicher Zufriedenheit haben.

Sichtlich finden sich unter diesen Erwartungen solche, die eher leicht zu erfüllen sein können sowie gut beobachtbar und durch Bildungsberichte direkt beeinflussbar erscheinen. Bei anderen Erwartungen stellt sich von vornherein die Frage, wie Wirkungen identifiziert und dem Einfluss von Bildungsberichten zugerechnet werden können. Letzteres trifft z.B. auf die Frage nach höherer Bildungsqualität oder gesellschaftlicher Zufriedenheit zu. Die hier angedeuteten Probleme werden bei den nachfolgend referierten Forschungsbefunden aufscheinen.

2 Forschung zur Wirksamkeit von Bildungsberichten

Wenn wir im Folgenden auf die empirische Evidenz zur Wirksamkeit von Bildungsberichten eingehen, so wird an vielen Stellen deutlich werden, wie wenig Wissen gegenwärtig zu der Frage vorliegt, ob Bildungsberichte die in sie gesetzten Erwartungen erfüllen. In der Diskussion zur Bildungsberichtstattung dominieren vor allem konzeptionelle Aspekte und Aussagen zu Erwartungen und erhofften Wirkungen. Dies ist nicht zuletzt mit der Aktualität des Instruments begründet. Eine weitere Begründung dürfte darin liegen, dass Bildungsberichte für die empirische Bildungsforschung bisher randständige Phänomene waren, zumal ein *unmittelbarer* Einfluss der Bildungsberichte auf Schule und Unterricht wenig wahrscheinlich ist. Auch hierin unterscheiden sie sich z.B. von schulbezogenen Rückmeldungen aus Large-Scale-Assessments, deren Wirkungen und Wirkungsweisen intensiv erforscht werden. Hinzu kommt, dass dem Thema Bildungspolitik in der deutschsprachigen politik- und erziehungswissenschaftlichen Forschung in der jüngeren Vergangenheit nur geringe Bedeutung zukam. Ungeachtet des insgesamt unbefriedigenden Wissensstandes liegen einige Erkenntnisse vor, die im Folgenden präsentiert werden. Vorangestellt ist ein Überblick über den Implementationsstand von Bildungsberichten in den deutschsprachigen Ländern.

2.1 Zum Stand der Implementation von Bildungsberichten

Zeitlich lässt sich die Einführung von Bildungsberichten in der hier diskutierten Form auf den Beginn der 1990er Jahre datieren und – abgesehen von den USA – als zunächst durch die OECD moderierter und forcierter Prozess der Verbreitung dieses Instruments über die verschiedenen Ebenen hinweg (international, national, regional, lokal) beschreiben. So betreibt die OECD seit 1989 das Programm INES (Indicators of Education Systems), in das Expertinnen und Experten aus Wissenschaft, Politik und Administration eingebunden sind (vgl. OECD/CERI 1994, 2000). Seit 1992 publiziert sie jährlich den Bildungsbericht „Education at a Glance", der ungeachtet seiner inhaltlichen Varianz die zentrale Referenz eines indikatorengestützten Bildungsberichts darstellt. Die PISA-Studie – ein Bestandteil des INES-Programms – wurde 1995 vor allem zum Zweck der Datenerhebung für die OECD-Bildungsberichterstattung initiiert. Ende der 1980er Jahre und damit etwa zeitgleich mit den OECD-Aktivitäten setzte in den USA die Bildungsberichterstattung ein. Hier wurde erstmals im Jahr 1989 der nationale Bildungsbericht „The Condition of Education" vorgelegt; er erscheint seitdem jährlich zum 1. Juni (vgl. Rürup 2003, S. 7ff.). Ein umfangreiches Konzept für ein „Indicator System to Monitor the Nation's Educational Health" wurde im Jahr 1991 publiziert (vgl. Special Study Panel on Education Indicators 1991). Mit seiner Orientierung an „issues" statt Kontext-Input-Prozess-Output-Elementen steht es in einem bemerkenswerten Kontrast zum OECD-Ansatz.

In *Deutschland* wurde 2003 auf Veranlassung der Kultusministerkonferenz der erste – noch ausschließlich auf das Schulwesen bezogene – länderübergreifende Bildungsbericht vorgelegt (vgl. Avenarius u.a. 2003a; Rürup 2004). Der erste gemeinsam von Bund und Ländern in Auftrag gegebene Nationale Bildungsbericht erschien im Jahr 2006 (vgl. Konsortium Bildungsberichterstattung 2006a; Rürup 2007); im zweijährigen Turnus sollen weitere Berichte folgen (vgl. Döbert 2007; Autorengruppe Bildungsberichterstattung 2008). Die Nationalen Bildungsberichte werden im Auftrag von Bund (BMBF) und Ländern (KMK) durch ein wissenschaftliches Konsortium erstellt, das durch eine administrative Steuerungsgruppe und einen wissenschaftlichen Beirat begleitet wird.

In der *Schweiz* legt das Bundesamt für Statistik bereits seit Mitte der 1990er Jahre indikatorengestützte Berichte vor. Während die Erfassung und Darstellung der Daten der amtlichen Statistik auf der Homepage des Bundesamtes ebenfalls einem Indikatorenmodell folgt, beruht das gemeinsam von Bund und Kantonen getragene Bildungsmonitoring (erster Pilotbericht: vgl. SKBF 2006) nicht auf diesen Vorarbeiten. Der schweizerische Bildungsbericht konstituiert sich weitgehend in Abgrenzung zum bestehenden Indikatorenprogramm des Bundesamtes für Statistik, ohne allerdings die Konzepte der Indikatorenbasierung oder des „System Modeling" selbst aufzugeben (vgl. Wolter 2008). Anders als die deutschen Bildungsberichte referieren diese vor allem einen theoretischen Hintergrund, sind aber nicht Ordnungskriterium der Datenpräsentation. So werden die Informationen in den Bildungsberichten nicht nach dem Kontext-Input-Prozess-Output-Schema, sondern anhand dreier „Qualitätsmaßstäbe", d.h. quasi-objektiver Erwartungen an Bildungseinrichtungen, dargestellt, nämlich *effizient, effektiv und gerecht* zu arbeiten. Neben den der amtlichen Statistik und Large-Scale-Assessments entnommenen Daten enthalten die schweizerischen Bildungsberichte auch Forschungsbefunde sowie Verweise auf Wissenslücken. Erstellt wird der Bildungsbericht, der im vierjährigen Rhythmus erscheinen soll, durch die bereits 1971 als gemeinsame Einrichtung von Bund und Kantonen geschaffene Schweizerische Koordinierungsstelle für Bildungsforschung (SKBF), deren Arbeit durch eine Steuerungsgruppe begleitet wird. Über den Bericht hinaus soll jeweils eine Expertise zu einem aktuellen bildungspolitischen Thema erstellt werden, die über eine öffentliche Ausschreibung an unabhängige Wissenschaftler vergeben wird. In die deutschen Bildungsberichte wird ein solches von der Politik festgelegtes Schwerpunktthema als eigenständiges Kapitel integriert.

In *Österreich* wurde der erste auf das Schulwesen konzentrierte nationale Bildungsbericht im Jahr 2009 vorgelegt (Specht 2009a, 2009b); die konzeptionellen Vorarbeiten gehen zurück bis in das Jahr 2005 (Specht 2007, 2008). Der als Pilot gedachte erste Bericht umfasst zwei Teile: einen kürzeren indikatorenbasierten Datenreport (192 Seiten) und eine längeren Teil (459 Seiten) mit fokussierten Analysen zu bildungspolitischen Schwerpunktthemen, die von namentlich genannten Experten verantwortet werden und einen zweistufigen Reviewprozess durchlaufen haben. Das Spektrum der im zweiten Teil vertretenen Themen reicht von Entwicklungsbeschreibungen in den einzelnen Sektoren des Schulsystems bis zu Themen der pädagogischen Qualität von Schule und Herausforderungen der Systemsteuerung. Verantwortlich für die Berichterstattung sind zwei Institutionen, das Institut für Höhere Studien (IHS) in Wien und das Bundesinstitut für Bildungsforschung, Innovation und Entwicklung im österreichischen Bildungswesen (BIFIE) in Salzburg. Zudem existierte eine wissenschaftliche Steuerungsgruppe; eine ministeriale Projektgruppe war für die Begleitung der Berichtslegung zuständig. Für die Zukunft ist ein dreijähriger Erscheinungszyklus vorgesehen.

In den genannten Staaten werden mittlerweile auch auf regionaler und lokaler Ebene Bildungsberichte erarbeitet, die sich jedoch zumeist auf Segmente des Bildungswesens, vor allem das Schulwesen, konzentrieren und in der Regel durch der Kultusadministration nachgeordnete Behörden erstellt werden.[1]

---

1   Eine regelmäßig aktualisierte Übersicht über regionale Bildungsberichte der deutschen Bundesländer und deutschen Kommunen aber auch in anderen Staaten gibt die Internetseite http://bildungsbericht.de/zeigen.html?seite=4368 [11.09.2009].

2.2 Befunde zur Wirksamkeit von Bildungsberichten

Zwar ist die Forschungslage zur Wirksamkeit von Bildungsberichten insgesamt schwach; erste empirische Befunde sind gleichwohl verfügbar. In der BEQUAD-Studie (vgl. Scheerens & Hendriks 2004) stand die Rezeption zweier supranationaler Berichte (Education at a Glance; Key Data on Education) in ausgewählten europäischen Staaten (Belgien, Dänemark, Frankreich, Italien, Niederlande, Spanien, Großbritannien) im Mittelpunkt. Ferner liegen Einzelstudien zu Aspekten der Rezeption von Bildungsberichten vor; überdies können Befunde zur Wirkung externer Evaluationsinstrumente wie Schulleistungsstudien, Schulinspektionen und School-Report-Cards vergleichend herangezogen werden. Wir erörtern die Befunde orientiert an den in Abschnitt 1.3 vorgestellten Erwartungen an Bildungsberichte.

Förderung eines Systems des Bildungsmonitorings

Auf internationaler, nationaler und regional-lokaler bildungspolitischer Ebene findet sich nicht nur eine fortschreitende Institutionalisierung regelmäßiger Bildungsberichterstattung, sondern auch ein erheblicher Ausbau von Erhebungsprogrammen, die vor allem auf die Messung von Leistungs-Outputs von Bildungseinrichtungen abzielen (Lernstandserhebungen; vgl. Maag Merki in diesem Band). Zugleich werden Schulinspektionen eingeführt, mit denen intensiver als bisher Prozessmerkmale schulischer Qualität dokumentiert werden (vgl. Kotthoff & Böttcher in diesem Band). In Deutschland wird eine spezifisch bildungsbezogene Bevölkerungsbefragung durchgeführt (Bildungspanel, s. http://www.uni-bamberg.de/neps, [11.09.2009]). Intensive Bemühungen gelten auch der Standardisierung und Koordinierung der Erhebungsprogramme der amtlichen Statistik (vgl. Avenarius u.a. 2003b; KMK 2009). Zwar sind diese Entwicklungen deutlich erkennbar, eine Entscheidung, ob hier wirklich ein *System* des Bildungsmonitorings im Entstehen begriffen ist, ist jedoch (noch) nicht möglich. Ebenso wenig kann gegenwärtig abgeschätzt werden, inwieweit diese Optimierungsbemühungen koordiniert sind, ob Bildungsberichte tatsächlich eine führende und orientierende Rolle im Rahmen dieser Entwicklungen spielen, ob die Qualität der herangezogenen Daten ihren Anforderungen entspricht und ob sich der konzeptionelle Anspruch an Bildungsberichte als eines Schlusssteins im System des Bildungsmonitorings aufrecht erhalten lässt.

Wissenschaftlich fundierte und adressatengerechte Darstellung

Mit Bildungsberichten ist auch der Anspruch an elaborierte, wissenschaftlich fundierte Konzepte der Datenauswahl und -darstellung verbunden. In Analysen von Bildungsberichten im internationalen Vergleich finden sich jedoch Hinweise auf eine hohe Vielfalt und Disparität von Indikatoren und Darstellung (vgl. Rürup 2003; van Ackeren 2003b; Sedel 2004). So existieren neben der im Wesentlichen auf statistischen Daten beruhenden Bildungsberichterstattung der OECD (auch USA, Kanada, Frankreich, Deutschland) Berichtssysteme, die vor allem auf Daten externer Evaluation durch Schulinspektionen beruhen (z.b. Schweden, Niederlande, England; vgl. Rürup 2003; Döbert 2008). Inwiefern diese These konkurrierender Berichtskonzepte aufrechterhalten werden kann, bedarf noch genauerer Prüfung. Insbesondere in den deutschen Bundesländern ist die Entwicklung von Mischformen wahrscheinlich, zumal dort Bildungsberichte auf Grundlage statistischer Daten erarbeitet werden, in die auch Befunde der Schulinspektion einfließen sollen.

Inhaltlich gesehen können die Konzepte von Bildungsqualität, die sich in den (internationalen) Bildungsberichten niederschlagen, bislang nicht überzeugen. Scheerens & Hendriks (vgl. 2004, S. 392; Sedel 2004) kritisieren die eklektische Interpretation von Bildungsqualität. Die zu Einzelaspekten bzw. einzelnen Indikatoren präsentierten Daten referierten zwar auf ein umfassendes Systemmodell des Bildungswesens, dessen Wirkungszusammenhänge aber kaum sichtbar würden. Im Gegensatz zu diesen analytischen Einschätzungen betonen in Politik und Verwaltung Tätige in Experteninterviews, dass die Berichte (dennoch?) für die politische Planung und Entscheidung auf Systemebene von großem Nutzen seien und wertvolle Hinweise auf die Produktivität und Effizienz des Bildungswesens lieferten. In Bildungspolitik und Bildungsadministration bestünde aber eine größere Nachfrage nach Indikatoren zur Einschätzung von Gerechtigkeit (Equity) und Effektivität sowie nach stärker qualitativ untersetzten Indikatoren, die unterschiedliche Praxen und Traditionen sichtbar machten (vgl. Scheerens & Henriks 2004, S. 393). Die Nutzbarkeit (internationaler) Bildungsberichte scheint generell mit der Position des Rezipienten im Bildungswesen eng verbunden (ebd.): Nationale und in planerisch-administrative Entscheidungsprozesse stärker involvierte Akteure können mit den internationalen Vergleichsdaten zielgenauer umgehen (vgl. z.B. Guskey 2007; Kohler 2005). Coburn & Talbot finden in ihren qualitativen Studien eine „substantial diversity in conceptions of valid evidence, evidence use, and conceptions of high-quality research among people in the district" (Coburn & Talbot 2006, S. 482). Die Sichtweisen erscheinen abhängig von

„(1) the nature and demands of individuals' work roles, and (2) individuals' involvement in particular district reform efforts historically, which itself was shaped by the organizational structure of the district and patterns of informational linkage inside and outside the district" (ebd.).

Diese Befunde sprechen dafür, dass Bildungsberichte einer dezidierten adressatenbezogenen Konzeption bedürfen. Ansätze einer internationalen bzw. nationalen Bildungsberichterstattung lassen sich ebenso wenig bruchlos auf regionale und lokale politisch-administrative Entscheidungsebenen übertragen wie von politisch-administrativen Kontexten auf Prozesse bildungsinstitutioneller (administrativ-pädagogischer) Entscheidungsfindung. Gemäß der BEQUAD-Studie findet in den untersuchten europäischen Staaten keine direkte einzelschulische Rezeption internationaler Indikatoren statt. Weder zeigen sich systematische, administrative Aktivitäten der Informationsweitergabe an regionale Untereinheiten oder Schulen noch ein ausgesprochenes Nutzungsinteresse von Schulleiterinnen und Schulleitern (vgl. van Petegem & Vanhoof 2004). Anders ist dies bei einzelschulischen Rückmeldungen von Schulleistungsuntersuchungen, die sowohl von der Administration organisiert als auch von Schulleitungen intensiver rezipiert werden als die allgemeinen Studien (vgl. Altrichter in diesem Band).

Bezugspunkt bildungspolitischer Planungs- und Aufmerksamkeitszyklen

Auch für die nationalen Bildungspolitiken europäischer Länder und ihre politischen Entscheidungsprozesse belegt die BEQUAD-Studie eine nur ausschnitthafte Nutzung der (internationalen) Bildungsberichte. Scheerens & Hendriks (2004, S. 393) konstatieren einen „eclectic kind of use, depending on the specific politic issue that is at the center of attention in a particular country at a particular time". Dabei haben bestimmte Daten allerdings mehr Einfluss auf politische Aktivitäten als andere. Vor allem „critical results of international comparative assessment studies were taken to heart and led to corrective policy-measures" (ebd.). Dieser Befund verweist jedoch nicht nur auf die unterschiedliche Relevanz der in Bildungsberichten dokumentierten Daten für bildungspolitische Reflexionen; zugleich lenkt er den Blick auf das zu klärende Verhältnis von Bildungsberichten – als umfassender Gesamtevaluationen des Bildungswesens – zu den ihnen unterliegenden, auf Einzelaspekte spezialisierten Erhebungen des Bildungsmonitorings und ihren eigenständigen Ergebnisberichten. Die öffentliche Rezeption und parlamentarische Diskussion international oder auch national vergleichender Schulleistungsstudien wie PISA, IGLU/PIRLS oder TIMSS war auf jeden Fall intensiver als diejenige der nationalen Bildungsberichte oder jener der OECD.

Gerade im Hinblick auf die eklektische Nutzung von Bildungsberichten ist so die Frage nach ihrem spezifischen analytischen Mehrwert aufgeworfen, da der Anspruch des „System Modeling" in ihrer Rezeption anscheinend nicht aufgegriffen wird; über die Entwicklung von Einzelindikatoren wird aber auch in anderen Publikationen berichtet.

Vorsicht scheint gegenüber Erwartungen angebracht, dass Bildungsberichte konkrete Orientierungen für politische Entscheidungsprozesse vermitteln können. Sie beinhalten in der Regel keine ausreichend gesicherten Maßstäbe für konkrete Einschätzungen politischer Handlungsbedarfe:

> „For instance, commonly used collections of indicators (Education at a Glance, for example) give the reader virtually no precise pointers as to how a specific value should be interpreted, just the raw statistical data" (Wolter 2008, S. 61; vgl. Thomas & Peng 2004).

In den Bildungsberichten dominieren relative Benchmarks, d.h. Vergleiche von Länderwerten, Werten sozialer Gruppen oder Zeitreihendarstellungen. Die Interpretation, ab wann welche Abweichungen bzw. Veränderungen einen politischen Handlungsauftrag darstellen, ist unabhängig von den berichteten Werten und muss interpretatorisch hinzugesetzt werden. Selbst entsprechende Hinweise und fokussierte Zusammenfassungen im Sinne bildungspolitischer Perspektiven liefern maximal Folien für politisch-administrative Reflexionen, ohne dass sich diese Situation einer deutlichen Kritik bildungspolitischer Experten ausgesetzt sähe. Zumindest zeigten die von Scheerens & Hendriks (2004) auf nationaler Ebene befragten Politiker/innen kein Interesse an internationalen Qualitätsstandards oder vorgegebenen bildungspolitischen Zielsetzungen, die dann „harte" Referenzkriterien der Dateninterpretation darstellen könnten. Dieser Befund ist bemerkenswert, da sowohl die EU (vgl. EU-Kommission 2004) als auch die UNESCO (vgl. UNESCO 2007; Motivans 2005) ausdrücklich zielbezogene Bildungsberichte herausgegeben haben, die allerdings in Deutschland kaum öffentlich wahrgenommen werden.

Rationale Politikgestaltung

Auch die Hoffnung, dass Bildungsberichte eine Versachlichung der öffentlich-politischen Bildungsdiskussionen befördern können, ist einzuschränken. Wie z.B. Köller (2008) argumentiert, sind mit den gegenwärtig verfügbaren Daten und Instrumenten der statistischen Prüfung keine eindeutigen Entscheidungen in schulpolitischen Kontroversen möglich. Nach Wolter & Kerst (2006) könnten Bildungsberichte zwar mit neuen Daten Probleme genauer beschreiben und ihre

Ursachen tiefer ausloten, doch seien die Kernprobleme des Bildungssystems vielfach lange bekannt und auch deren Ursachen lägen nicht immer im Dunkeln. Vor diesem Hintergrund lasse sich fragen, ob Bildungspolitik

> „eigentlich primär ein Informations- und Wissensdefizit oder doch eher ein konsensuales Handlungs- und Realisierungsdefizit hat und in welchem Verhältnis eigentlich Informations- und Legitimationsbedarf der Politik stehen" (Wolter & Kerst 2006, S. 205).

Solche grundlegenden Fragen der politischen Bedeutung von Bildungsberichten sind allerdings kein Gegenstand der vorliegenden empirischen Studien. Neben ihrer geringen Anzahl und ihrer hohen gegenstandsbezogenen Spezialisierung (z.B. auf internationale Bildungsberichte) ist ihre geringe theoretische Fundierung kritisch anzumerken. Während die konzeptionellen Grundlagen von Bildungsberichten breit und theoriebasiert entfaltet werden, finden sich auf der Seite der Nutzungsuntersuchungen gegenwärtig keine entsprechend elaborierten Modelle. Mit der sozialwissenschaftlichen Verwendungsforschung gibt es aber durchaus eine Forschungstraditionen, deren Befunde und theoretischen Modellierungen nutzbar gemacht werden können (Kap. 3).

Höhere Qualität des Bildungswesens

Dass Bildungsberichte einen *direkten* Einfluss auf die Qualität des Bildungswesens haben, ist unwahrscheinlich – schließlich wirken sie vermittelt über Bildungspolitik und Initiativen, welche durch Problemdiagnosen ausgelöst wurden. Gegenwärtig existieren auch keine Studien, die sich dieser komplexen Fragestellung empirisch angenommen hätten. Wössmann (2005) verweist in einer Sekundäranalyse der PISA-Daten darauf, dass Staaten mit Systemen einer zentralen Evaluation von Lernergebnissen und eigenverantwortlicheren Schulen bessere Schülerleistungen aufwiesen. Auch die Arbeitsgruppe Internationale Vergleichsstudie (2007a) kommt zu dem deskriptiven Ergebnis, dass erfolgreichere PISA-Länder schon größere Anstrengungen bei dem Umbau ihrer schulischen Governancestrukturen unternommen hätten. Bildungsberichterstattung sei ein Element dieses Systemumbaus zu einer distanzierteren, daten- und evaluationsbasierten politischen Steuerung von stärker eigenverantwortlichen Einzelschulen. Damit wird aber zuallererst aufgezeigt, dass es sich bei Bildungsberichterstattung um einen internationalen Trend handelt. Schließlich verfügen auch in PISA weniger erfolgreiche Länder wie Frankreich oder Brasilien über umfassende Systeme der Schulevaluation. So nötig umfassende und notwendigerweise mehrebenenanalytische Wirkungsuntersuchungen wären, so zweifelhaft ist, ob sich diese in näherer Zukunft realisieren lassen. Die mangelnde Verfügbarkeit international vergleichender Daten und methodische Grenzen der statistischen Modellierung (vgl. Arbeitsgruppe Internationale Vergleichsstudie 2007b) sowie die Langfristigkeit und Unterschwelligkeit der zu vermutenden Effekte erscheinen als schwer auszuräumende Hindernisse.

Symbolische Politik

Umfassende empirische Studien zur „Wirkung" von Bildungsberichten für die Legitimation politischen Handelns liegen gegenwärtig nicht vor. Erwartbar wäre eine solche Wirkung von Bildungsberichten zumindest auf der Systemebene – in der öffentlichen Meinungsbildung, aber auch in parlamentarischen Diskussionen und Entscheidungen sowie in Presseverlautbarungen und Politikinitiativen. Überdies ist der Aufbau einer Bildungsberichterstattung insbesondere im Vergleich zu einer seit langem institutionalisierten Berichterstattung in der Wirtschafts-, Arbeitsmarkt- und Gesundheitspolitik als nachholende Modernisierung im Bereich der Bildungspolitik zu werten, die – z.B. in Form einer medial unterstützten, „ritualisierten" Übergabe der Berichte und der Präsentation zentraler Befunde – auch und gerade auf die Vermittlung von Politik in die Öffentlichkeit zielt (vgl. Burns & Schuller 2007; Wolter 2008).

Transparenz

Die erwähnten Schwierigkeiten bei der bildungssysteminternen Rezeption von Bildungsberichten (Administrator/innen auf zentraler vs. Pädagog/innen auf dezentraler Ebene) können auch als Hinweise auf systematische Hürden der *öffentlichen Wahrnehmung* betrachtet werden. Brosziewski (2007, S. 144) weist darauf hin, dass die Lektüre der Bildungsberichte ein Verständnis für die Verfahren der Generierung von Indikatorenmodellen und der damit verbundenen Interpretationsmöglichkeiten voraussetze, was einen nicht unerheblichen Teil der Öffentlichkeit von einer sachkundigen Diskussion ausschließe (ähnlich Scheerens & Hendriks 2004, S. 395). Allerdings erleichterten die anschauliche Datenpräsentation mit kurzen Texten sowie die vielfältigen Abbildungen die Rezeption. Die öffentliche Verwendung der Bildungsberichtsdaten ist jedoch selektiv und beschränkt sich auf bestimmte Aspekte, die in rankingförmigen Darstellungen dokumentiert sind und denen scheinbar einfache lineare Wertmaßstäbe („Mehr ist besser") korrespondieren. Diese Rezeption habe, so Scheerens &

Hendriks (2004, S. 393), einen „apparently unavoidable appeal of the 'horse race' kind of use of the information".

In einer Analyse der Presserezeption der OECD-Bildungsberichte in den OECD-Mitgliedsstaaten von 1998 bis 2001 ermittelten Hendriks, Barzanò & Brumana (2004), dass zumeist Input-Indikatoren, d.h. Fragen der finanziellen Ausstattung des Bildungswesens und einzelne Kontext- (Bildungsbeteiligung) und Outputaspekte (vergebene Hochschulabschlüsse) besprochen wurden. Allerdings hatten die PISA-Ergebnisse noch keine Aufnahme in die untersuchten OECD-Berichte gefunden. In einer vertiefenden Analyse der italienischen Presserezeption verweisen die Autorinnen auf Unterschiede zwischen verschiedenen Medientypen. Die Massenpresse sei vor allem darauf orientiert, die Daten öffentlich zu machen und zur Unterstützung bestimmter Anliegen und Ideen zu nutzen. „The specialist press treats this data with caution and criticism, often commenting on their unreliability 'as they are so general'" (ebd. 2004, S. 297). In der deutschen Rezeption der OECD-Berichte als auch der nationalen Bildungsberichte finden sich ähnliche Unterschiede. Während die führenden Tageszeitungen vor allem einzelne Daten und Aspekte – insbesondere aus den Pressehandreichungen – aufgreifen und diskutieren, verhalten sich Publikationen mit pädagogischer, erziehungswissenschaftlicher oder bildungspolitischer Orientierung bzw. bildungspolitische Journale deutlich zurückhaltender. Mit Blick auf den ersten nationalen Bildungsbericht in Deutschland wird so von Weishaupt (2006, S. 47) eine geringe Resonanz in der Erziehungswissenschaft konstatiert. Dies mag seine Ursache auch darin finden, dass Bildungsberichte nicht als „von Kollegen für Kollegen" (Drerup 1987, S. 119) betriebene Wissenschaft, sondern (lediglich) als „randständige", klientenbezogene Dienstleistung für die Bildungspolitik gesehen werden. In den im Deutschen Bundestag durchgeführten Expertenanhörungen zum nationalen Bildungsbericht 2006 traten bei den beigezogenen Wissenschaftler/innen ebenfalls die skeptisch-kritischen Töne deutlich hervor (vgl. Hib & SUK 2007).

Zufriedenheit

Ob Bildungsberichte geeignet sind, die Zufriedenheit der Öffentlichkeit mit bildungspolitischem Steuerungshandeln zu steigern, kann mit dem vorliegenden empirischen Material nicht zureichend beantwortet werden – wie an vielen anderen Stellen unseres Forschungsüberblicks auch ist vor allem ein gravierender Forschungsbedarf zu konstatieren.

3 Theoretische Perspektive: Verwendungsforschung

Die bisherigen Darstellungen in unserem Beitrag sind von einer pragmatischen Konzentration auf ein Steuerungsinstrument getragen, das beschrieben, in seinen Erwartungen konturiert und in seiner Wirksamkeit diskutiert wurde. Ausgeblendet wurden dabei theoretische Anregungen oder auch Forschungen, die abstrakter bzw. anhand anderer Gegenstände ebenfalls die Fragestellung untersucht haben, wie und inwieweit wissenschaftliches Wissen außerwissenschaftliche Praxen anleiten kann: Auf die Reichhaltigkeit entsprechender Untersuchungen wollen wir im folgenden Kapitel verweisen. Konkret möchten wir die theoretische Perspektive der Wissensverwendungsforschung als mögliche Orientierung für zukünftige Forschungen zur Bildungsberichterstattung vorstellen. Gerade im deutschsprachigen Raum können wir hierbei auf eine langjährige soziologische und politikwissenschaftliche Tradition zurückgreifen (vgl. Drerup 1989, S. 150ff.; grundlegend Wingens 1988; Beck & Bonß 1989; Franz u.a. 2003), die auch in der Erziehungswissenschaft schon für die Thematisierung der Verwendung bzw. Verwertung (erziehungs-)wissenschaftlichen Wissens in der pädagogischen Praxis produktiv gemacht wurde (vgl. Drerup 1987; Drerup & Terhart 1990; Heid & Harteis 2005; König & Zedler 1989).

Grundlegend für die Analysen der Verwendungsforschung ist die Annahme, dass sich im Modus der Politikberatung *zwei Sphären mit divergierenden Handlungslogiken* begegnen. Während Wissenschaft vor allem mit dem Ziel der Generierung neuen, wissenschaftlich, d.h. methodisch abgesicherten und geprüften Wissens betrieben wird und idealtypisch letztlich der Suche nach „Wahrheit" verpflichtet ist, steht im politischen Raum die Durchsetzung grundlegender gesellschaftspolitischer Gestaltungsinteressen im Vordergrund, die analytisch an Kategorien wie „Macht" oder „Konflikt und Konsens" gebunden werden kann (vgl. Lompe 2006, S. 25). Mit Blick auf die Verwendung wissenschaftlichen Wissens im politischen Raum wird ein latent konfliktträchtiges Verhältnis zwischen Wissenschaft und Politik angenommen. Dies ist auch für die Bildungsberichterstattung wahrscheinlich, bei der Differenzen und damit „mögliche Konflikte zwischen wissenschaftlicher Forschung und der Berichterstattung als spezifischer Form wissenschaftlicher Politikberatung" (Weishaupt 2006, S. 43) nicht übersehen werden können (vgl. Fuchs 2003).

Untersuchungen der Verwendungsforschung zur Nutzung wissenschaftlichen Wissens im politischen Raum zeigen, dass sich die seitens der Wissenschaft zunächst gehegten Vorstellungen der Verwendung „ihres" Wissens im Rahmen des Politikprozesses nicht aufrecht erhalten lassen. Wissenschaftliches, rationales Wissen diffundiert nicht einfach über Beratung in die Politik und führt nicht selbstverständlich zu einer zunehmend rationaleren Politikgestaltung. Vielmehr war erkennbar, dass mit der Aneignung wissenschaftlichen Wissens durch die Adressaten stets ein Prozess der Transformation eben dieses Wissens einhergeht. Dies gilt nicht nur für die Verwendung wissenschaftlichen Wissens in Politikberatungsprozessen, sondern zugleich auch für die Diffusion wissenschaftlichen Wissens z.B. in die pädagogische Praxis (vgl. König & Zedler 1989, S. 14; Altrichter, Kannonier-Finster & Ziegler 2005b, S. 120).

Des weiteren wurde in Studien zur Verwendung wissenschaftlichen Wissens deutlich, dass das, was den Urhebern dieses wissenschaftlichen Wissens rational erscheint, nicht zugleich auch den Abnehmerinnen und Abnehmern rational erscheinen muss – die Produzentinnen und Produzenten wissenschaftlichen Wissens konnten und können keine Interpretationshoheit über dieses Wissen beanspruchen und keine Kontrolle über dessen „richtige" Verwendung ausüben. Kurz: Die Tatsache der Bereitstellung wissenschaftlichen Wissens hat nicht unmittelbar auch seine Wahrnehmung und Anwendung zur Folge (vgl. zusammenfassend Fischer 2007, S. 5ff.).

Auch die Mehrperspektivität politischer Entscheidungsprozesse steht einem technokratischen Informationsübertragungsmodell von Politikberatung entgegen. Politische Entscheidungen basieren auf einer komplexen Mischung aus sachbezogener Information einerseits und normativ-gesellschaftspolitischen sowie politiktaktischen Erwägungen andererseits, wobei letztlich kaum zu bestimmen ist, welcher Einfluss den „harten Fakten" auf die schließlich praktizierte Politik zukommt (vgl. Martinsen & Rehfeld 2006, S. 50ff.; Drerup 1989, S. 151ff.; Fischer 2007, S. 10ff.).

Als alternative Formen der Politikberatung finden sich in der politikwissenschaftlichen Verwendungsdiskussion mittlerweile Konzepte, die sich wissenschaftstheoretisch und terminologisch im konstruktivistischen Denken und der Systemtheorie Luhmannscher Provenienz verorten. Demnach käme es darauf an, Politikberatung hin zu einer reflexiven Praxis zu entwickeln, deren zentraler Ansatz in der Vermittlung des Irritationspotentials kontingenter Wahrheitshorizonte an die politischen Entscheidungsträger gesehen wird. Die Verwendung wissenschaftlichen Wissens im Kontext von Politikberatung bestünde dann darin, gegenüber der Politik eine Moderatorenfunktion einzunehmen sowie unterschiedliche Möglichkeiten der Wirklichkeitswahrnehmung und damit alternative Deutungsmöglichkeiten aufzuzeigen.

Diesen Alternativkonzepten steht indessen eine Praxis der Politikberatung entgegen, die weiterhin wesentlich durch das klassische Beratungsmodell geprägt ist und die wissenschaftspositivistische Annahme fortschreibt, dass wissenschaftliche Daten und Fakten einerseits und Tatsachen der realen Welt andererseits identisch seien (vgl. Martinsen & Rehfeld 2006, S. 53ff.). Unterstützt werde dieses Denken im klassischen Beratungsmodell schließlich durch eine zunehmende Nutzung statistischer Daten und Verfahren, in denen „die Hoffnung auf eine nahezu mathematische Exaktheit in der Analyse und Bearbeitung der jeweiligen Problemfelder" (Fischer 2007, S. 9) zum Ausdruck komme.

Mit dieser Diagnose einer Fortsetzung und forschungsmethodischen Modernisierung der traditionellen Ansprüche wissenschaftlicher Politikberatung stellt die Verwendungsforschung einen analytischen Ansatz zur Verortung und Untersuchung von Bildungsberichten bereit. Die wissenschaftspositivistische Erwartung, dass über Bildungsberichte ein wesentlicher Beitrag zur Weiterentwicklung des Bildungssystems und zur Sicherung und Verbesserung seiner Qualität geliefert würde, zeigt sich zumindest als rhetorische Erwartungshaltung in ihren Einleitungen. Beachtenswert ist allerdings, dass die neuen Bildungsberichte sich weitgehend auf die Datenpräsentation begrenzen. Eine Interpretation der – durch die beteiligten Wissenschaftlerinnen und Wissenschaftler ausgewählten – Daten unterbleibt weitestgehend; Handlungsempfehlungen werden nicht erwartet und nicht ausgesprochen. Die diesbezügliche Zurückhaltung der Berichterstattung spricht womöglich für ein funktional neu abgestimmtes Verhältnis von Wissenschaft und Politik, das sich an der begrenzten Verwendbarkeit wissenschaftlicher Befunde in politischen Entscheidungszusammenhängen orientiert. Wissenschaft liefert belastbare und nützliche Daten; Politik und Öffentlichkeit nutzen sie für ihre Interpretationen und Entscheidungen. Allerdings ist auch diese Lösung mit den Befunden der Verwendungsforschung kritisch zu hinterfragen. Es ist zweifelhaft, dass wissenschaftliche Befunde – als bloße empirisch gewonnene Kennzahlen – dauerhaft dem politischen Diskurs vorausgehen und ihn unabhängig fundieren können.

4 Zusammenfassung und Ausblick

In unserem Beitrag haben wir die Bildungsberichterstattung als ein neues, auf allen Ebenen (international, national, regional, lokal) sich verbreitendes Instrument erörtert, als dessen zentrale Funktion die systematische Aufbereitung von Daten zur Bildungssystementwicklung und zu den Erträgen von Bildungsprozessen genannt werden kann. Bildungsberichte sind das zentrale Produkt der Bildungsberichterstattung und stellen für sich eine neue, methodisch und konzeptionell anspruchsvolle Form der Aufbereitung und Darstellung von Informationen dar. Anspruch der Bildungsberichterstattung ist, mit ihren Informationsaufbereitungen zu einer verbesserten Steuerung der Bildungssystementwicklung beizutragen und implizit eine zunehmende evidenzbasierte „Rationalisierung" von Bildungspolitik zu befördern. Die Erreichung beider Ziele hat die Generierung wissenschaftlich fundierter, rational begründbarer, systematisch erfasster, weitgehend standardisierter und adressatengerecht aufbereiteter Daten als Voraussetzung. Theoretisch sind Bildungsberichte als neues Instrument der Politikberatung einzuordnen. So ist bei ihrer Analyse nicht nur ihre Informationsfunktion zu beachten, sondern auch ihre legitimatorische Leistung. Weitgehend unklar ist bisher allerdings, ob Bildungsberichte im Sinne der ihnen zugewiesenen Funktionen „wirken" und ob die angestrebten Ziele erreicht werden können. Hierzu liegen erst wenige Studien vor, die ein insgesamt diffuses Bild ergeben. In der Verwendungsforschung gilt der Versuch als gescheitert, mit Politikberatung unmittelbar auf bildungspolitische Entscheidungen einzuwirken. Zu reduzieren sind so vor allem die Erwartungen an die Wirksamkeit von Bildungsberichten. So kann von wissenschaftlichen Publikationen nicht angemessen erhofft werden, dass sie politische Entscheidungen vorwegnehmen oder direkt orientieren. Sie sind Hilfsmittel in politischen Prozessen vor dem Hintergrund aktueller Reformherausforderungen und Stimmungsbildern der öffentlichen Meinung. Erst wenn Bildungsberichte darin versagen sollten, grundsätzlich für Politik, Verwaltung und öffentlichen Diskurs hilfreich zu *erscheinen*, wäre ihnen ein Scheitern zu attestieren.

Im Ergebnis unserer Darstellung ist vor allem der Forschungsbedarf offensichtlich. Zur besseren Verständnis der Wirksamkeit von Bildungsberichten benötigen wir Untersuchungen hinsichtlich der Eignung der bestehenden Datenbasis für die Aufgabe der Bildungsberichterstattung. Erkennbar sind gegenwärtig zwar der Ausbau neuer und die Veränderung bestehender Erhebungsinstrumente. Bislang gibt es aber keine systematische Erfassung dieser Veränderungsprozesse im Hinblick auf ihre Tauglichkeit für eine integrierte bildungsberichtsbezogene Datenlieferung. Offen ist auch die Eignung der politischen Verarbeitungskapazitäten für die Rezeption der Daten der Bildungsberichterstattung. Gegenwärtig liegt insbesondere noch kein systematisches Wissen über Strukturveränderungen in der Bildungsadministration vor, die dem Aufbau solcher Rezeptionskapazitäten dienen könnten. In ersten deskriptiven Analysen der Organisationspläne deutscher Kultusministerien und Landesinstitute deutet sich eine Stärkung von Strukturen der „Datenverarbeitung" an. Dieser Befund bedarf jedoch ebenso wie die Frage nach der Wahrnehmung und Nutzung von Bildungsberichten in parlamentarischen Debatten vertiefender Analysen. Auch der Einfluss von Bildungsberichten auf bildungspolitische Agenden und Entscheidungsprozesse muss erst noch systematisch aufbereitet werden. Über bislang spärliche Forschungsergebnisse hinaus liegen keine Evaluationsstudien vor, in denen der Einfluss von Bildungsberichterstattung auf die Bildungssystementwicklung untersucht, geschweige denn nachgewiesen worden wäre. Abgesehen von den grundlegenden theoretischen Orientierungen der Verwendungsforschung erscheint es bislang weitgehend offen, ob das in Bildungsberichten gespeicherte Wissen überhaupt geeignet ist, als Steuerungswissen zu fungieren, das die Phasen des Politikprozesses (Diskussion, Zielformulierung, Strategiekonzeption, Umsetzung und Evaluation konkreter Maßnahmen) angemessen zu begleiten in der Lage ist.

Zwar haben Bildungsberichte mittlerweile Eingang in die (deutschen) parlamentarischen Beratungen auf Bundes- und Länderebene gefunden. In ersten, explorativen Studien zeigt sich aber, dass sie dort vor allem zur Stützung bestehender parteipolitischer Standpunkte oder zur Reformulierung bestehender gesellschafts- bzw. bildungspolitischer Positionen dienen, was als Bestätigung der politiktheoretisch angenommenen Legitimationsfunktion von Bildungsberichten angenommen werden kann (s. Fuchs & Rürup 2008). Günstigstenfalls geht es um die Initiierung von auf konkrete Daten bezogenen Einzelaktivitäten, nicht jedoch um die Nutzung der Daten im Sinne einer umfassenden und strukturierten Bildungssystementwicklung („System Modeling"). Wiederum treten die Befunde von Lernstandserhebungen (v.a. PISA) als intensiver beratenes Thema hervor. Zudem ist auch der ohne staatlichen Auftrag erstellte Bildungsmonitor der „Initiative Neue Soziale Marktwirtschaft" Thema parlamentarischer Beratungen. Hieraus resultieren neue Fragen – so z.B. zum Verhältnis der unterschiedlichen Formate von Bildungsberichten, zur „Interaktion" der verschiedenen Berichte und der in ihnen enthaltenen Befunde und Wertungen.

Ob – im Blick auf ihre Legitimationsfunktion – Bildungsberichte geeignet sind, die öffentliche Aufmerksamkeit auf bestimmte bildungspolitische Optionen und Entscheidungen zu lenken, lässt sich aus den bislang verfügbaren Untersuchungen nicht klar ersehen; Skepsis erscheint jedoch angebracht. Zudem dürften sich Bildungsberichte kaum dazu eignen, die öffentliche Diskussion bestimmter Themen zu forcieren oder gar einen dominierenden Einfluss auf eventuelle Entscheidungsfindungen auszuüben.

Nicht zuletzt wäre aus systemtheoretischer Sicht zu fragen, inwieweit sich das Irritationspotential von wissenschaftlicher Politikberatung qua Datenaufbereitung auf Dauer stellen lässt. Eventuell lernt das politische System die zyklischen Informationsbeiträge der Bildungsberichterstattung in seine Entscheidungszyklen zu integrieren oder auch in ihrer irritierenden Wirkung zu neutralisieren. Womöglich führt Bildungsberichterstattung regelmäßig zur Verunsicherung und beständigen Neutarierung der Bildungspolitik, die für kontinuierlich längerfristige Reformprozesse keinen Raum lässt. Auch dies wäre letztlich erst zu beobachten.

Katharina Maag Merki & Herbert Altrichter

Empirische Erforschung schulischer Governance. Eine Zwischenbilanz und offene Forschungsfragen

Die in diesem Sammelband enthaltenen Beiträge haben zum Ziel, einzelne Steuerungselemente, die gegenwärtig in der Debatte um ein „neues Steuerungsmodell des Schulwesens" immer wieder thematisiert werden, einer theoretischen und empirischen Analyse zu unterziehen. Dabei wurde gefragt, welche Wirkungsannahmen der Implementation der einzelnen Steuerungsinstrumente explizit oder implizit zugrunde liegen, wie diese begründet werden, wie groß – auf der Basis derzeit vorliegenden empirischen Wissens – der Deckungsgrad zwischen den postulierten und den zu realisierenden Wirkungen eingeschätzt werden kann sowie ob zusätzliche nicht-intendierte Effekte identifiziert werden können. Der jeweils letzte Teil der einzelnen Beiträge diente dazu, offene Forschungsfragen und Konsequenzen für Fragen der Systemsteuerung aus bildungspolitischer und/oder bildungswissenschaftlicher Perspektive zu formulieren.

Eine Übersicht über aktuelle Reformstrategien in Deutschland, Österreich und der Schweiz zeigt, dass Fragen zur Steuerung des Schulwesens und zur Implementation von Steuerungselementen, die stärker *prozess- und outputorientiert* sind sowie den *Zusammenhang zwischen Aufwand und Ertrag* in den Blick nehmen, ein starkes Gewicht in den bildungspolitischen Reformansätzen erhalten haben. Die internationale Verortung des Diskurses zu Fragen der Steuerung macht deutlich, dass zwar der Begriff der „Educational Governance" oder „School Governance" in jüngster Zeit im deutschsprachigen Raum zu einem „präsenten Schlagwort in Erziehungswissenschaft sowie in Bildungspolitik und Bildungsadministration" (van Ackeren & Brauckmann, in diesem Band) geworden ist, dass international betrachtet die Verwendung des Begriffes in Literatur und verschiedenen Forschungszusammenhängen bereits seit den 1990er-Jahren zu beobachten ist. Dabei lassen sich nach van Ackeren & Brauckmann insbesondere zwei Diskussionsperspektiven unterscheiden, zum einen die *normativ* geführte Diskussion um die Ausgestaltung von „good governance" und zum anderen eine *analytische* Perspektive von Governance, die eine Typisierung von Governance-Regimen zum Ziel hat und nach Merkmalen effektiver und effizienter Konstellationen für die Entwicklung von Bildungssystemen sucht. Der noch junge deutschsprachige Entwurf einer Governanceforschung im Bildungswesen, dem sich dieser Band verbunden fühlt, hat klar für eine analytische Beschäftigung mit dem Gegenstand optiert (vgl. Altrichter, Brüsemeister & Heinrich 2005a, S. 8f.).

Ein Blick in die Ausgestaltung und Erforschung der Steuerungsstrukturen in den – exemplarisch ausgewählten – zwei Ländern England und Niederlande zeigt im Beitrag von van Ackeren & Brauckmann deutlich, dass innerhalb der jeweiligen Länder die Fragen zu Steuerung, Steuerungsstrukturen und Steuerungserfahrungen *fragmentarisch bearbeitet* sind und noch keine klare Forschungseinheit mit gemeinsamen Theoriebezügen und Fragestellungen darstellen. Zudem ergeben sich häufig *Widersprüche auf bildungspolitischer Ebene*, wenn beispielsweise die einzelnen Steuerungselemente nicht aufeinander abgestimmt sind oder sogar einander zuwiderlaufen (Entwicklung hin zu einer stärkeren Dezentralisierung bei gleichzeitiger Rezentralisierung in anderen Bereichen).

Dieser Blick auf die *Konfiguration* der einzelnen Steuerungselemente bzw. auf die *„Governance-Regime"* zeigt damit, wie bedeutsam nicht nur die Erforschung einzelner Steuerungselemente hinsichtlich ihrer Wirkungslogik und ihres Wirkungsertrages ist, sondern dass gerade im *Zusammenspiel der einzelnen Elemente* oftmals ein Schlüssel für ein besseres Verständnis für das Funktionieren oder Nicht-Funktionieren von bildungspolitischen Arrangements steckt. In den verschiedenen Beiträgen, die eine Analyse einzelner Steuerungselemente im Kontext der jeweiligen Steuerungskonfiguration zum Ziel hatten, wird deutlich, dass zwar empirische Befunde zu je einzelnen Aspekten vorliegen, die Hinweise zu erwünschten oder auch nicht erwünschten Wirkungen der untersuchten Steuerungselementen zumindest teilweise geben, dass sich diese Analysen aber *in der Regel auf diese Einzelaspekte beschränken*. Empirische Forschung zu Fragen der Steuerung ist damit (zu) stark auf Einzelaspekte fokussiert, ohne dass die *Funktionalität der Elemente in einem größeren Steuerungskontext* verortet und die *Handlungskoordination zwischen den verschiedenen Akteuren und Ebenen* empirisch bearbeitet wird. Damit ergibt sich aktuell ein stark *fragmentiertes Bild* der Wirkungen der untersuchten Steuerungselemente und möglicher Steuerungskonfigurationen sowie das *Problem der Generalisierbarkeit* der singulär identifizierten Ergebnisse. Notwendig wäre, die an einzelnen Stellen des Bildungssystems gewonnenen Befunde in einem größeren Kontext in Abhängigkeit weiterer Steuerungselemente und der jeweiligen Kontextfaktoren unter Berücksichtigung des Mehrebenensystems zu verorten und empirisch zu untersuchen.

Zu fragen ist in einem nächsten Schritt, in welchem Ausmaß sich die in den theoretischen und normativen Konzepten von Steuerung formulierten Zielvorstellungen mit den in den Studien beobachteten Wirkungen decken. *Legen die empirischen Ergebnisse eine Veränderung bzw. Weiterentwicklung der „Wirkungslogik" des jeweiligen Steuerungsinstruments nahe?* Die verschiedenen Beiträge zeigen deutlich, dass in die einzelnen Steuerungselemente häufig *zu große Hoffnungen* gesetzt werden. In keinem der untersuchten Instrumente kann nach der Darstellung der empirischen Befunde ein sehr hoher Deckungsgrad zwischen der bildungspolitischen Wirkungshoffnung und den Wirkungserfahrungen identifiziert werden. Zum einen basieren die jeweiligen Wirkungserwartungen zumeist auf einem zu *reduktionistischen Wirkungsmodell*, da sich diese tendenziell auf unterkomplexen und die Bildungswirklichkeit nur partiell beschreibbaren Theorien abstützen. Die Komplexität von Bildungsprozesszusammenhängen und von Implementationsmechanismen kann mit diesen Theorien, so scheint zumindest die aktuelle Analyse, nicht trennscharf beschrieben und erfasst werden. Ein hoher Deckungsgrad zwischen Theoriemodell und Wirkungserfahrungen kann aber auch nicht realisiert werden, weil die *Handlungskoordination zwischen den verschiedenen Systemelementen und die Innenperspektive der verschiedenen Akteure nicht verstanden* und in genügender Differenziertheit in Konzipierung und Realisierung bearbeitet worden sind. Die Implementation von Steuerungselementen ist komplex; sie wird beeinflusst von den politischen und gesellschaftlichen Rahmenbedingungen sowie von den Vorstellungen, Kompetenzen und Kapazitäten der einzelnen Akteure und ihrer Übersetzungsleistungen und Handlungen im jeweiligen Kontext. Die Implementation von Steuerungselementen kann zudem nicht in kurzer Zeit erfolgreich realisiert werden (siehe das Beispiel Bildungsstandards, vgl. Oelkers & Reusser 2008). Sie bedingt die situationsadäquate und nutzersensible Umsetzung vor Ort, wobei die unterschiedlichen Rekontextualisierungsprozesse (Fend 2006a) der verschiedenen Akteure systematisch mitberücksichtigt werden müssen. Die Chance, dass sich über die Implementation der Steuerungselemente die erwarteten Hoffnungen erfüllen werden, kann erhöht werden, wenn neben einer theorie- und empiriebasierten Konzipierung der Reformmaßnahme im Mehrebenensystem eine differenziertere Analyse der *Wege der Implementation* in Abhängigkeit der Akteure, Situationen und der Rahmenbedingungen vor Ort sowie die Perspektiven der Akteure miteingeplant und berücksichtigt werden. Hier müssen Governance-Studien Anschlussfähigkeit an den Forschungsstand der Innovationsforschung leisten (vgl. Altrichter 2005). Steuerungselemente können nicht gegen die Akteure – auch nicht ohne die Akteure – erfolgreich werden. Ein sorgsam gestalteter Implementationsprozess eröffnet Chancen, die Möglichkeiten und Kapazitätsgrenzen der schulischen Praxis zu entdecken und neue Lösungen zu „verhandeln", die sich dann wahrscheinlich von den Vorbildern „fortgeschrittener" evidenzbasierter Systeme ebenso unterscheiden werden wie von den Erstversionen jener Modernisierungskonzepte, die in Ministerien oder Universitäten ersonnen wurden.

Die bisherigen Einschätzungen weisen neben einem Theoriedefizit damit auch auf ein *Empiriedefizit* hin. Wird untersucht, welche methodischen und forschungsstrategischen Zugangsweisen zur Erforschung der jeweiligen Forschungsfelder in den bisherigen Forschungsstudien dominant sind, so zeigt die Analyse deutlich, dass bislang in hohem Maße über standardisierte oder halbstandardisierte Fragebogen- und Interviewstudien deskriptive und korrelative Befunde auf der Basis von Selbsteinschätzungen der Akteure erarbeitet wurden. Querschnittanalysen dominieren zudem die aktuellen Forschungsdesigns. Forschungsdefizite zeigen sich somit in Bezug auf die Verwendung von

- multivariaten Forschungsdesigns unter Berücksichtigung der Mehrebenenstruktur
- Längsschnittstudien
- Interventionsstudien
- performanzorientierten Forschungsmethoden.

Ist es möglich, über standardisierte oder halb-standardisierte Fragebogenerhebungen oder Interviewstudien subjektive Einschätzungen und Einstellungen zu den jeweiligen Steuerungsinstrumenten zu einem bestimmten Zeitpunkt zu erfassen, so gelingt es nicht, die Prozesse und Veränderungen der Handlungsweisen der Akteure sowie die Wirkungen in ihrer Komplexität in valider Weise abzubilden. Dazu sind multivariate Längsschnittstudien notwendig, die die Wirkungen und Prozesse eines Untersuchungsgegenstandes in Abhängigkeit der Kontextfaktoren über einen längeren Zeitpunkt erfassen können.

Dieses Problem ist zum einen „hausgemacht", da dieses Forschungsdefizit in der empirischen Bildungsforschung auch in anderen Bereichen identifiziert werden kann (vgl. Seidel 2008). Zum anderen zeigt sich hier ein Spezifikum der Governance-Forschung, die oftmals mit Finanzierung durch die öffentliche Hand realisiert wird. Bildungspolitik und Bildungsforschung arbeiten meist mit verschiedenen Zeithorizonten: Die bildungspolitischen Akteure sind in der Tendenz an schnellen Resultaten interessiert, die „Wirkungen" bzw. der „Erfolg" einer Steuerungsmaßnahme müssen schnell dargelegt werden, damit politische Entscheide legitimiert werden können und deren „Evidenzbasierung" nachgewiesen werden kann.

Die Akteure der Bildungsforschung wissen zwar um die Bedeutung langfristiger Erfahrungen. Aus einer wissenschaftlichen Perspektive ergibt sich aber das Problem, dass die Entwicklungen, die in Längsschnittuntersuchungen beobachtet werden, nicht ohne Probleme auch tatsächlich auf benennbare Ursachen zurückgeführt werden können. Die Isolierung von Bedingungsfaktoren unter Ausschluss von Drittvariablen ist gerade für die governancetheoretisch fundierte

Wirkungseinschätzung von großer Bedeutung. Je länger allerdings die längsschnittlichen Untersuchungen laufen, desto eher treten Veränderungen im Bildungssystem auf, die die zu untersuchenden Reformmaßnahmen unterstützen oder auch konterkarieren können. In kurzfristig angelegten Längsschnittstudien kann hingegen die Nachhaltigkeit von Reformen nicht präzise abgeschätzt werden. Dieses Problem stellt sich sicherlich nicht nur in der Governanceforschung, ist aber hier von besonderer Bedeutung.

Eine Möglichkeit des Umgangs mit dieser Problematik liegt in der Realisierung von *Interventionsstudien*. Ohne die Gegenüberstellung der identifizierten Ergebnisse einer Reformmaßnahme zu Befunden, die sich ohne diese Reformmaßannahme einstellen, ist eine Wirkungsabschätzung nur bedingt möglich. Gerade in der schulischen Governanceforschung können aber quasi-experimentelle Designs nur mit großen Einschränkungen realisiert werden, da die Kontrolle der relevanten und möglichen Drittvariablen aufgrund zu vieler intervenierender Variablen nur bedingt möglich ist und die schnellen politischen Entwicklungen teilweise keine Analysen zum Zeitpunkt des Systemwechsels erlauben, um Vor- und Nachher-Vergleiche zu realisieren. Dennoch entsteht nach der Lektüre der Analysen in diesem Band der Eindruck, dass in der bisherigen Forschung *die tatsächlich bestehenden Möglichkeiten nicht genügend genutzt wurden*. So könnten zukünftig Prozesse und Wirkungen – von verschiedenen Selbstevaluations- oder Schulinspektionsmodellen, von Verfahren der Rückmeldung von Ergebnissen an die einzelnen Schulen oder von verschiedenen Fortbildungsmaßnahmen – über kontrastierende Analysen auf der Basis quasi-experimenteller Designs differenzierter und unter Kontrolle von Drittvariablen erfasst werden.

Ein Gewinn für eine differenziertere Erfassung von Wirkungen und Prozessen könnte zudem in der *Erweiterung des „traditionellen" Inventars an Erhebungsinstrumenten* (wie schriftliche Befragungen oder Interviews) durch stärker performanzorientierte Erhebungsverfahren sowie durch Analysen von Strukturen und Texten liegen, die die Einschätzungen der verschiedenen Akteure kontrastieren und ergänzen können. Selbstauskünfte der mehr oder minder stark involvierten Akteure sind relevant, bergen aber die Gefahr, dass die Dynamiken und Prozesse nur partiell abgebildet werden können und die subjektiven Wirkungseinschätzungen stark von den eigenen normativen Vorstellungen, den Wirkungs- oder Misserfolgshoffnungen bzw. -befürchtungen geprägt werden. Die *Methodentriangulation* (vgl. Flick 2004) könnte, auch unter Berücksichtigung einer interdisziplinären Perspektive, gerade in der Governanceforschung ein hohes Potenzial für das Beschreiben und Verstehen der komplexen Handlungskoordinationen zwischen den verschiedenen Akteuren aufweisen.

Auch wenn das Ziel ist, die Handlungskoordinationsleistungen der verschiedenen Akteure im Gesamtsystem zu untersuchen und theoretisch zu fassen, wäre es sowohl aus forschungspragmatischen wie auch aus theoretischen Gründen abwegig zu fordern, dass in *allen* Studien *alle* Bereiche bearbeitet werden sollten. Vielmehr gilt es, *unterschiedliche Schwerpunkte* zu setzen. Wünschbar wäre allerdings, dass durch eine *stärkere Koordination der die Forschung leitenden Kategorien, der Erhebungsinstrumente, der Stichproben und der Kontextfaktoren* die empirischen Ergebnisse der Studien besser in einer vergleichenden Perspektive analysiert werden können. Nicht zuletzt deshalb ist die Beurteilung der Wirkungseffekte schwierig, weil es in der Zwischenzeit zwar eine Fülle von Einzelstudien mit je unterschiedlichen forschungsmethodischen Zugangsweisen und Auswertungsstrategien (unter Berücksichtigung welcher Kontextfaktoren?) gibt, diese jedoch nur einen geringen konzeptuellen Überschneidungsbereich aufweisen und somit kaum vergleichend analysiert werden können. Die Konzeptualisierung von Steuerungsphänomenen, ihre Umsetzung in die Praxis, die Entwicklung von Forschungsstrategien sowie die Interpretation der entsprechenden empirischen Ergebnisse stehen somit erst am Anfang.

Literatur

Abbott, D.V. (2008). A Functionality Framework for Educational Organizations: Achieving Accountability at Scale. In E.B. Mandinach & M. Honey (Hrsg.), *Data-Driven School Improvement* (S. 257-276). New York: Teachers College Press.

Abrams, L.M. (2007). Implications of High-Stakes Testing for the Use of Formative Classroom Assessment. In J.H. McMillan (Hrsg.), *Formative Classroom Assessment* (S. 79-98). New York: Teachers College Press.

Abrams, L.M., & Madaus, G.F. (2003). The Lessons of High-Stakes Testing. *Educational Leadership, 61*(3), 31-35.

Abs, H.J., Maag Merki, K., & Klieme, E. (2006). Grundlegende Gütekriterien für Schulevaluation. In W. Böttcher, H.G. Holtappels & M. Brohm (Hrsg.), *Evaluation im Bildungswesen* (S. 97-108). Weinheim: Juventa.

Ackeren, I.v. (2003a). *Evaluation, Rückmeldung und Schulentwicklung. Erfahrungen mit zentralen Tests, Prüfungen und Inspektionen in England, Frankreich und den Niederlanden.* Münster: Waxmann.

Ackeren, I.v. (2003b). Entwicklung von und Forschung über Bildungsindikatoren. In I.v. Ackeren & G. Hovestadt (Hrsg.), *Indikatorisierung der Empfehlungen des Forum Bildung* (S. 9-31). Berlin: BMBF.

Ackeren, I.v. (2006). Freie Wahlen der Grundschule? Zur Aufhebung fester Schulbezirke und deren Folgen. *Die Deutsche Schule, 98*, 301-310.

Ackeren, I.v. (2007). *Nutzung großflächiger Tests für die Schulentwicklung: Exemplarische Analyse der Erfahrungen aus England, Frankreich und den Niederlanden. Bildungsforschung: Bd. 3.* Bonn: BMBF. URL: http://www.bmbf.de/pub/nutzung_grossflaechiger_tests_fd_schulentwicklung.pdf (12.09.2009).

Ackeren, I.v., & Bellenberg, G. (2004). Parallelarbeiten, Vergleichsarbeiten und Zentrale Abschlussprüfungen. In H.G. Holtappels, K. Klemm, H. Pfeiffer, H.-G. Rolff & R. Schulz-Zander (Hrsg.), *Jahrbuch der Schulentwicklung. Band 13* (S. 125-159). Weinheim: Juventa.

Adey, P., Hewitt, G., Hewitt, J., & Landau, N. (2004). *The Professional Development of Teachers: Practice and Theory.* Dordrecht: Kluwer Academic Publishers.

AERA (American Educational Research Association) (2000). *AERA Position Statement on High-Stakes Testing in Pre-K - 12 Education.* Washington, DC: AERA. URL: http://www.aera.net/policyandprograms/?id=378 (20.05.2009).

AERA (American Educational Research Association) (2005). Auf die Lehrer kommt es an: Neuere Forschungsergebnisse zu den Bedingungen des Lernfortschritts von Schülern. *PÄDAGOGIK, 57*(7-8), 70-74.

Aiglsdorfer, B., & Aigner, M. (2005). *Implementierung nationaler Bildungsstandards in Österreich. Untersuchung zur Einführung der nationalen Bildungsstandards an ausgewählten Hauptschulen der Pilotphase II.* Unveröffentlichte Diplomarbeit. Linz: Johannes Kepler Universität.

Alexiadou, N., & Ozga, J. (2002). Modernising Education. Governance in England and Scotland: devolution and control. *European Educational Research Journal, 1*, 676-691.

Altrichter, H. (1999). Selbstevaluation von Schulen als Strategie der Qualitätsentwicklung. In Zentrum für Schulentwicklung (Hrsg.), *Evaluation und Qualität im Bildungswesen* (S. 23-71). Graz: ZSE.

Altrichter, H. (2000a). Wie können Schulen lernen? In U.P. Trier (Hrsg.), *Bildungswirksamkeit zwischen Forschung und Politik* (S. 71-90). Chur: Rüegger.

Altrichter, H. (2000b). Konfliktzonen beim Aufbau schulischer Qualitätssicherung und Qualitätsentwicklung. *Zeitschrift für Pädagogik,* (41. Beiheft), 93-110.

Altrichter, H. (2005). Curriculum implementation – limiting and facilitating factors. In P. Nentwig & D. Waddington (Hrsg.), *Context based learning of science* (S. 35-62). Münster: Waxmann.

Altrichter, H. (2008a). Veränderungen der Systemsteuerung im Schulwesen durch die Implementation einer Politik der Bildungsstandards. In T. Brüsemeister & K.-D. Eubel (Hrsg.), *Evaluation, Wissen und Nichtwissen* (S. 75-116). Wiesbaden: VS.

Altrichter, H. (2008b). Persönliche Mitteilung vom 11. November 2008.

Altrichter, H., & Eder, F. (2004). Das „Autonomie-Paritätsmuster" als Innovationsbarriere? In H.G. Holtappels (Hrsg.), *Schulprogramme – Instrumente der Schulentwicklung* (S. 195-221). Weinheim: Juventa.

Altrichter, H., & Heinrich, M. (2005). Schulprofilierung und Transformation schulischer Governance. In X. Büeler, A. Buholzer & M. Roos (Hrsg.), *Schulen mit Profil* (S. 125-140). Innsbruck: StudienVerlag.

Altrichter, H., & Heinrich, M. (2006). Evaluation als Steuerungsinstrument im Rahmen eines „neuen Steuerungsmodells" im Schulwesen. In W. Böttcher, H.G. Holtappels & M. Brohm (Hrsg.), *Evaluation im Bildungswesen* (S. 51-64). Weinheim: Juventa.

Altrichter, H., & Heinrich, M. (2007). Kategorien der Governance-Analyse und Transformationen der Systemsteuerung in Österreich. In H. Altrichter, T. Brüsemeister & J. Wissinger (Hrsg.), *Educational Governance* (S. 55-103). Wiesbaden: VS.

Altrichter, H., & Langer, R. (2008). Thesen zu einer Theorie der Schulentwicklung. *Journal für Schulentwicklung, 12*(2), 40-47.

Altrichter, H., & Posch, P. (1995). Austria: System of Education. In T.N. Postlethwaite (Hrsg.), *International Encyclopedia of National Systems of Education* (S. 45-58). Oxford: Pergamon Press.

Altrichter, H., & Posch, P. (1999). *Wege zur Schulqualität*. Innsbruck: StudienVerlag.

Altrichter, H., & Posch, P. (2007). *Lehrerinnen und Lehrer erforschen ihren Unterricht.* 4. Auflage. Bad Heilbrunn: Klinkhardt.

Altrichter, H., & Salzgeber, S. (1996). Zur Mikropolitik schulischer Innovation. In H. Altrichter & P. Posch (Hrsg.), *Mikropolitik der Schulentwicklung* (S. 96-169). Innsbruck: StudienVerlag.

Altrichter, H., Brüsemeister, T., & Heinrich, M. (2005a). Merkmale und Fragen einer Governance-Reform am Beispiel des österreichischen Schulwesens. *Österreichische Zeitschrift für Soziologie, 30*(4), 6-28.

Altrichter, H., Kannonier-Finster, W., & Ziegler, M. (2005b). Das Theorie-Praxis-Verhältnis in den Sozialwissenschaften. In H. Heid & C. Harteis (Hrsg.), *Verwertbar-*

keit. Ein Qualitätskriterium (erziehungs-)wissenschaftlichen Wissens? (S. 119-142). Wiesbaden: VS.
Altrichter, H., Prexl-Krausz, U., & Soukup-Altrichter, K. (2005c). *Schulprofilierung und neue Informations- und Kommunikationstechnologien.* Klinkhardt: Bad Heilbrunn.
Altrichter, H., Messner, E., & Posch, P. (2006). *Schulen evaluieren sich selbst.* Seelze: Klett/Kallmeyer.
Altrichter, H., Brüsemeister, T., & Wissinger, J. (Hrsg.). (2007). *Educational Governance. Handlungskoordination und Steuerung im Bildungssystem.* Wiesbaden: VS.
Altrichter, H., Bacher, J., Beham-Rabanser, M., Nagy, G., & Wetzelhütter, D. (2008a). *Linzer Elternbefragung 2008.* Unv. Projektbericht. Linz: Johannes Kepler Universität.
Altrichter, H., Heinrich, M., Langer, R., Prammer-Semmler, E., Soukup-Altrichter, K., Doppler, B., Mitterhumer, B., & Prexl-Krausz, U. (2008b). *Schulentwicklung durch Schulprofilierung?* Unv. Projektbericht. Linz: Johannes Kepler Universität.
Ambrosius, G. (2003). Das Verhältnis von Staat und Wirtschaft in historischer Perspektive – vornehmlich im Hinblick auf die kommunale Ebene. In J. Harms & C. Reichard (Hrsg.), *Die Ökonomisierung des öffentlichen Sektors: Instrumente und Trends* (S. 29-46). Baden-Baden: Nomos.
Amelsvoort, G.v., Bos, K., Janssens, F., Klaver, L., Lelyveld, J., & Pol, M. (2006). *Proportional supervision and school improvement from an international perspective.* Utrecht: Afdeling Communicatie, Inspectie van het Onderwijs.
Amrein, A.L., & Berliner, D.C. (2002). High-stakes testing, uncertainty, and student learning. *Education Policy Analysis Archives, 10*(18). URL: http://epaa.asu.edu/epaa /v10n18/ (04.04.2009).
Anderson, B., & Briddle, B.J. (Hrsg.). (1991). *Knowledge for Policy: Improving education through research.* London: Falmer.
APEC (2004). *Governance Sub-Theme Strategic Plan of APEC Final Draft.* 3rd APEC Education Ministerial Meeting. Santiago, Chile. URL: http://www.apecneted.org/ resources/downloads/Governance_Subtheme_Strategic_Plan_-_Final_Draft.pdf (30.12.2008).
Arbeitsgruppe Internationale Vergleichsstudie (Hrsg.). (2003). *Vertiefender Vergleich der Schulsysteme ausgewählter PISA-Teilnehmerstaaten. Kanada, England, Finnland, Frankreich, Niederlande, Schweden.* Bonn: Bundesministerium für Bildung und Forschung.
Arbeitsgruppe Internationale Vergleichsstudie (Hrsg.). (2007a). *Schulleistungen und Steuerung des Schulsystems im Bundesstaat. Kanada und Deutschland im Vergleich.* Münster: Waxmann.
Arbeitsgruppe Internationale Vergleichsstudie (Hrsg.). (2007b). *Vertiefender Vergleich der Schulsysteme ausgewählter PISA-Teilnehmerstaaten.* Bonn: BMBF. URL: http://www.bmbf.de/pub/pisa-vergleichsstudie.pdf (11.09.2009).
Argyris, C., & Schön, D.A. (1978). *Organizational Learning.* Reading, Mass.: Addison Wesley.
Arlt, W., Döbrich, P., & Lippert, G. (1981). *Modellversuche zur Lehrerfort- und -weiterbildung.* Stuttgart: Klett-Cotta.

Arnold, E., Bastian, J., & Reh, S. (2004). Spannungsfelder der Schulprogrammarbeit – Akzeptanzprobleme eines neuen Entwicklungsinstruments. In H.G. Holtappels (Hrsg.), *Schulprogramme – Instrumente der Schulentwicklung* (S. 44-60). Weinheim: Juventa.

Arnold, K.-H. (2007). Bildungspolitische, diagnostische und didaktische Bedingungen und Wirkungen von Schulleistungsevaluationen. *Empirische Pädagogik, 21*, 448-457.

Arrow, K.J. (1985). The Economics of Agency. In J.W. Pratt & R.J. Zeckhauser (Hrsg.), *Principals and Agents: The Structure of Business* (S. 37-51). Boston: Harvard Business School Press.

Askim, J. (2007). How do politicians use performance information? *International Review of Administrative Sciences, 73*, 453-472.

Au, W. (2007). High-stakes Testing and Curricular Control: A Qualitative Metasynthesis. *Educational Researcher, 36*(5), 258-267.

Aurin, K. (Hrsg.) (1991). *Gute Schulen – Worauf beruht ihre Wirksamkeit?* Bad Heilbrunn: Klinkhardt.

Autorengruppe Bildungsberichterstattung (2008). *Bildung in Deutschland 2008.* Bielefeld: Bertelsmann.

Avenarius, H. (1994). Schulische Selbstverwaltung – Grenzen und Möglichkeiten. *Recht der Jugend und des Bildungswesens, 42*(2), 256-269.

Avenarius, H., Ditton, H., Döbert, H., Klemm, K., Klieme, E., Rürup, M., Tenorth, H.-E., Weishaupt, H., & Weiß, M. (2003a). *Bildungsbericht für Deutschland. Erste Befunde.* Opladen: Leske + Budrich.

Avenarius, H., Ditton, H., Döbert, H., Klemm, K., Klieme, E., Rürup, M., Tenorth, H.-E., Weishaupt, H., & Weiß, M. (2003b). *Bildungsbericht für Deutschland: Konzeption.* Frankfurt a.M.: DIPF. URL: http://www.pedocs.de/volltexte/2009/541/pdf/BBE 2003_Konzeption.pdf (20.07.2009).

Bachmann, H., Iby, E., Kern, A., Osinger, D., Radnitzky, E., & Specht, W. (1996). *Auf dem Weg zu einer besseren Schule.* Evaluation der Schulautonomie in Österreich, Auswirkung der 14. SchOG-Novelle. Innsbruck: StudienVerlag.

Baeriswyl, F., Wandeler, C., Trautwein, U., & Oswald, K. (2006). Leistungstests, Offenheit von Bildungsgängen und obligatorische Beratung der Eltern. *Zeitschrift für Erziehungswissenschaft, 9*, 371-392.

Ball, S.J. (1997a/2006). Policy Sociology and Critical Social Research. In S.J. Ball (Hrsg.), *Education Policy and Social Class* (S. 9-25). London: Routledge.

Ball, S.J. (1997b/2006). What is Policy? Texts, Trajectories and Toolboxes. In S.J. Ball (Hrsg.), *Education Policy and Social Class* (S. 43-53). London: Routledge.

Ball, S.J. (2007). *Education plc. Understanding private sector participation in public sector education.* London: Routledge.

Ball, S.J. (2008). The Legacy of ERA, Privatization and the Policy Ratchet. *Educational Management Administration & Leadership, 36*, 185-199.

Bamburg, J., & Andrews, R. (1991). School goals, principals and achievement. *School Effectiveness and School Improvement, 2*, 175-191.

Bartlett, W., & Le Grand, J. (1993). The theory of quasi-markets. In J. Le Grand & W. Bartlett (Hrsg.), *Quasi-Markets and Social Policy* (S. 13-34). Houndmills: MacMillan Press.
Bartz, A. (2004). *Personalmanagement in Schule.* Soest: Landesinstitut für Schule NRW.
Bastian, J. (1998). Autonomie und Schulentwicklung. In J. Bastian (Hrsg.), *Pädagogische Schulentwicklung, Schulprogramm und Evaluation* (S. 13-24). Hamburg: Bergmann + Helbig.
Bastian, J. (2004). Unterrichtsentwicklung – Lernkultur – Fachkultur. In U. Popp & S. Reh (Hrsg.), *Schule forschend entwickeln. Schul- und Unterrichtsentwicklung zwischen Systemzwang und Reformansprüchen* (S. 89-104). Weinheim: Juventa.
Bastian, J., Combe, A., & Langer, R. (2005). *Feedback-Methoden.* Weinheim: Beltz.
Bauer, K.-O. (2004). Dialog zwischen Schulaufsicht und Schule – Qualitative Analyse von Dialoggesprächen zur Schulprogrammarbeit. In H.G. Holtappels (Hrsg.), *Schulprogramme – Instrumente der Schulentwicklung* (S. 155-174). Weinheim: Juventa.
Baumert, J. (2001). Vergleichende Leistungsmessung im Bildungsbereich. *Zeitschrift für Pädagogik,* (41. Beiheft), 13-36.
Baumert, J., & Watermann, R. (2000). Institutionelle und regionale Variabilität und die Sicherung gemeinsamer Standards in der gymnasialen Oberstufe. In J. Baumert, W. Bos & R. Lehmann (Hrsg.), *TIMSS/III. Dritte Internationale Mathematik- und Naturwissenschaftsstudie – Mathematische und naturwissenschaftliche Bildung am Ende der Schullaufbahn. Band 2* (S. 317-372). Opladen: Leske + Budrich.
Beck, U., & Bonß, W. (Hrsg.). (1989). *Weder Sozialtechnologie noch Aufklärung? Analysen zur Verwendung sozialwissenschaftlichen Wissens.* Frankfurt a.M.: Suhrkamp.
Becker, M., & Dreher, R. (2006). *BEAGLE-E. Berufsbildende Schulen als Eigenständig AGierende LErnende Organisationen / Entwicklungsstand. Endbericht.* Flensburg: Universität Flensburg.
Becker, H., & Langosch, I. (1995). *Produktivität und Menschlichkeit.* Stuttgart: Lucius & Lucius.
Becker, R., & Lauterbach, W. (2007). Bildung als Privileg – Ursachen, Mechanismen, Prozesse und Wirkungen. In R. Becker & W. Lauterbach (Hrsg.), *Bildung als Privileg. Erklärungen und Befunde zu den Ursachen der Bildungsungleichheit.* 2., aktualisierte Auflage (S. 9-42). Wiesbaden: VS.
Beerenwinkel, A. (2006). *Fostering conceptual change in chemistry classes using expository texts.* Wuppertal: Bergische Universität Wuppertal.
Beetz, S. (1997). Autonome öffentliche Schule – Diskussion eines Auftrags zur Schulentwicklung. *Zeitschrift für Pädagogik, 42,* 149-164.
Behn, R. (2003). Why Measure Performance? Different Purposes Require Different Measures. *Public Administration Review, 63,* 586-606.
Bell, D. (2004). *The future of inspection. A consultation paper.* Manchester: Ofsted Publications Centre. URL: http://www.ofsted.gov.uk/publications/index.cfm?fuseaction=pubs.summary&id=3566 (05.03.2008).
Bellenberg, G., Böttcher, W., & Klemm, K. (2001). *Stärkung der Einzelschule.* Neuwied: Luchterhand.
Bellmann, J., & Weiß, M. (2009). Risiken und Nebenwirkungen neuer Steuerung im Schulsystem. *Zeitschrift für Pädagogik, 55,* 286-308.

Bemelmans-Videc, M.-L. (1989). Dutch Experience in the Utilization of Evaluation Research: The Procedure of Reconsideration. *Knowledge in Society, 2*, 31-48.
Bender, S. (in Vorb.). *Kunst im Kern von Schulkultur*. Diss. Univ. Hildesheim.
Bennett, N., Wise, C., Woods, P., & Harvey, J. (2003). *Distributed Leadership: Summary Report*. Nottingham: National College for School Leadership.
Benz, A. (Hrsg.). (2004a). *Governance – Regieren in komplexen Regelsystemen. Eine Einführung*. Wiesbaden: VS.
Benz, A. (2004b). Multilevel Governance – Governance in Mehrebenensystemen. In A. Benz (Hrsg.), *Governance – Regieren in komplexen Regelsystemen. Eine Einführung* (S. 125-146). Wiesbaden: VS.
Benz, A. (2004c). Einleitung: Governance – Modebegriff oder nützliches sozialwissenschaftliches Konzept? In A. Benz (Hrsg.), *Governance – Regieren in komplexen Regelsystemen* (S. 11-28). Wiesbaden: VS.
Benz, A. (Hrsg.). (2007a). *Handbuch Governance: Theoretische Grundlagen und empirische Anwendungsfelder*. Wiesbaden: VS.
Benz, A. (2007b). Multilevel Governance. In A. Benz (Hrsg.), *Handbuch Governance: Theoretische Grundlagen und empirische Anwendungsfelder* (S. 297-310). Wiesbaden: VS.
Benz, A., Fürst, D., Kilper, H., & Rehfeld, D. (1999). *Regionalisierung. Theorie – Praxis – Perspektiven*. Opladen: Leske + Budrich.
Benz, A., Lütz, S., Schimank, U., & Simonis, G. (Hrsg.). (2007). *Handbuch Governance*. Wiesbaden: VS.
Berkemeyer, N. (2007). Change Management durch regionale Steuergruppen? In N. Berkemeyer & H.G. Holtappels (Hrsg.), *Schulische Steuergruppe und Change Management* (S. 201-220). Weinheim: Juventa.
Berkemeyer, N. (2008). Schulleitung zwischen Evaluation und Organisation. In T. Brüsemeister & K.-D. Eubel (Hrsg.), *Evaluation, Wissen und Nichtwissen* (S. 35-60). Wiesbaden: VS.
Berkemeyer, N. (2009). *Die Steuerung des Schulsystems. Theoretische und praktische Explorationen*. Wiesbaden: VS.
Berkemeyer, N., & Bos, W. (2009). Professionalisierung im Spannungsfeld von interner und externer Evaluation. In O. Zlatkin-Troitschanskaia, K. Beck, D. Sembill, R. Nickolaus & R. Mulder (Hrsg.), *Lehrprofessionalität* (S. 529-542). Weinheim: Beltz.
Berkemeyer, N., & Lehmpfuhl, U. (2009). Regionalisierung durch Kooperation? Überlegungen am Beispiel des Modellvorhabens „Selbständige Schule NRW". In K. Maag Merki (Hrsg.), *Kooperation und Netzwerkbildung. Strategien zur Qualitätsentwicklung in Schulen* (S. 167-177). Seelze: Klett/Kallmeyer.
Berkemeyer, N., & Pfeiffer, H. (2006). Regionalisierung – neue Steuerungs- und Kooperationsstrukturen für die Schulentwicklung. In W. Bos, H.G. Holtappels, H. Pfeiffer, H.-G. Rolff & R. Schulz-Zander (Hrsg.), *Jahrbuch der Schulentwicklung. Band 14* (S. 161-194). Weinheim: Juventa.
Berkemeyer, N., Brüsemeister, T., & Feldhoff, T. (2007a). Steuergruppen als intermediäre Akteure in Schulen. In N. Berkemeyer & H.G. Holtappels (Hrsg.), *Schulische Steuergruppen und Change Management* (S. 61-84). Weinheim: Juventa.

Berkemeyer, N., Kummer, N., & Müller, S. (2007b). Fremd- und Selbststeuerung von Schulen durch Jahresplanungen. *Die Deutsche Schule, 99*, 287-302.

Berkemeyer, N., Bos, W., Manitius, V., & Müthing, K. (Hrsg.). (2008). *Unterrichtsentwicklung in Netzwerken. Konzeptionen, Befunde, Perspektiven.* Münster: Waxmann.

Berkemeyer, N., Kuper, H., Manitius, V., & Müthing, K. (Hrsg.). (2009). *Schulische Vernetzung. Eine Übersicht zu aktuellen Netzwerkprojekten.* Münster: Waxmann.

Bessoth, R. (2007). *Wirksame Weiterbildung.* Oberentfelden: Sauerländer.

Bieber, G., Kowalski, D., & Lambrich, H.-J. (2009). *Abitur 2008 – Brandenburg. Ausgewählte Ergebnisse.* Ludwigsfelde-Struveshof: Landesinstitut für Schule und Medien Berlin-Brandenburg.

Bieri, C., & Forrer, E. (2001). Selbstwirksamkeit von Lehrkräften, Mittelstufenschülerinnen und Mittelstufenschülern. In K. Maag Merki, X. Büeler & P. Schuler (Hrsg.), *Selbstevaluation. Berichte aus dem Forschungsbereich Schulqualität und Schulentwicklung* (S. 4-24). Zürich: Universität Zürich.

Bildungsdirektion des Kantons Zürich (2001). *Verfahrensschritte der Externen Schulevaluation. Qualitätssicherung an der Volksschule des Kantons Zürich. Handbuch 1.* Zürich: Lehrmittelverlag.

Bildungsdirektion Kanton Zürich (2008). *Umsetzung Volksschulgesetz: Merkblatt zur Finanzierung der Volksschule ab 01.01.2008.*

Bildungskommission NRW (1995). *Zukunft der Bildung. Schule der Zukunft.* Neuwied: Luchterhand.

Binder, H.-M., & Trachsler, E. (2002). *wif!-Projekt „Neue Schulaufsicht an der Volksschule". Externe Evaluation.* Luzern: Interface, Institut für Politikstudien.

Birenbaum, M., Breuer, K., Cascallar, E., Dochy, F., Dori, Y., Ridgway, J., & Wiesemes, R. (2006). *A Learning Integrated Assessment System. Position Paper of the EARLI.* Leuven: European Association for Research on Learning and Instruction. URL: http://www.earli.org/position_papers (23.05.2009).

Bishop, J.H. (1999). Are national exit examinations important for educational efficiency? *Swedish Economic Policy Review, 6*, 349-398.

Bishop, J.H., & Wößmann, L. (2004). Institutional Effects in a Simple Model of Educational Production. *Education Economics, 12*(1), 17-38.

Black, P., & Wiliam, D. (1998). Assessment and Classroom Learning. *Assessment in Education, 5*(1), 7-74.

Blase, J., & Blase, J. (1999). Implementation of Shared Governance for Instructional Improvement: Principals' Perspectives. *Journal of Educational Administration, 37*, 476-500.

BLK (2006). *BLK-Bildungsfinanzbericht 2004/2005. Tabellenteil B. Ausgaben der staatlichen Haushalte für Bildung, Wissenschaft und Kultur.* Bonn: Bund-Länder-Kommission für Bildungsplanung und Forschungsförderung. URL: http://www.blk-bonn.de/papers/Heft137-Tabellenteil_B.pdf (21.06.2009).

BMBWK (Bundesministerium für Bildung, Wissenschaft und Kultur) (2005). *Reformdialog für Österreich: „Schule Neu" wird den Herausforderungen der Zukunft gerecht: Zwei Sofortmaßnahmen.* Wien: BMBWK.

BMUK (Bundesministerium für Unterricht und Kultur) (1999). *Entwürfe von Verordnungen über die Lehrpläne der Hauptschulen und der allgemein bildenden höheren Schulen (Unterstufe) – Lehrplan 99.* Wien: BMUK.

BMUKA (Bundesministerium für Unterricht und kulturelle Angelegenheiten) (1999). *Aufgabenprofil der Schulaufsicht.* Rundschreiben Nr. 64/1999. Wien: AMEDIA.

BMUKK (Bundesministerium für Unterricht, Kunst und Kultur) (Hrsg.). (2008). *Bildungsentwicklung in Österreich 2004 bis 2007.* Wien: BMUKK.

Bogt, H. ter (2004). Politicians in Search of Performance Information? Survey Research on Dutch Aldermen's Use of Performance Information. *Financial Accountability and Management, 20,* 221-252.

Böhm-Kasper, O., Schuchart, C., & Schulzeck, U. (Hrsg.). (2007). *Kontexte von Bildung. Erweiterte Perspektiven in der Bildungsforschung.* Münster: Waxmann.

Boller, S. (2009). *Kooperation in der Schulentwicklung.* Wiesbaden: VS.

Bommes, M., & Tacke, V. (2006). Das Allgemeine und das Besondere des Netzwerks. In B. Hollstein & F. Straus (Hrsg.), *Qualitative Netzwerkanalyse. Konzepte, Methoden, Anwendungen* (S. 37-62). Wiesbaden: VS.

Bonsen, M. (2003). *Schule, Führung, Organisation.* Münster: Waxmann.

Bonsen, M., & Büchter, A. (2005). *Sozialwissenschaftliche Forschungsmethoden für Schulevaluation. Studienbrief SEM 0910.* Kaiserslautern: Technische Universität.

Bonsen, M., & Gathen, J.v.d. (2004). Schulentwicklung und Testdaten. Die innerschulische Verarbeitung von Leistungsrückmeldungen. In H.G. Holtappels, K. Klemm, H. Pfeiffer, H.-G. Rolff & R. Schulz-Zander (Hrsg.), *Jahrbuch der Schulentwicklung. Band 13* (S. 225-252). Weinheim: Juventa.

Bonsen, M., & Rolff, H.-G. (2006). Professionelle Lerngemeinschaften von Lehrerinnen und Lehrern. *Zeitschrift für Pädagogik, 52,* 167-184.

Bonsen, M., Gathen, J., Iglhaut, C., & Pfeiffer, H. (2002a). *Die Wirksamkeit von Schulleitung.* Weinheim: Juventa.

Bonsen, M., Gathen, J., & Pfeiffer, H. (2002b). Wie wirkt Schulleitung? In H.-G. Rolff, H.G. Holtappels, K. Klemm, H. Pfeiffer & R. Schulz-Zander (Hrsg.), *Jahrbuch der Schulentwicklung. Band 12* (S. 287-322). Weinheim: Juventa.

Bonsen, M., Büchter, A., & Peek, R. (2006). Datengestützte Schul- und Unterrichtsentwicklung. In W. Bos, H.G. Holtappels, H. Pfeiffer, H.-G. Rolff & R. Schulz-Zander (Hrsg.), *Jahrbuch der Schulentwicklung. Band 14* (S. 125-148). Weinheim: Juventa.

Bonz, G., Ilsemann, C.v., Klafki, W., Klemm, K., Stryck, T., & Zedler, P. (1993). *Innovation und Kontinuität. Empfehlungen zur Schulentwicklung in Bremen.* Ms. Bremen.

Borko, H. (2004). Professional Development and Teacher Learning: Mapping the Terrain. *Educational Researcher, 38*(8), 3-15.

Bortz, J., & Döring, N. (1995). *Forschungsmethoden und Evaluation für Sozialwissenschaftler.* Berlin: Springer.

Bos, W., & Postlethwaite, N. (2000). Möglichkeiten, Grenzen und Perspektiven internationaler Schulleistungsforschung. In H.-G. Rolff, W. Bos, K. Klemm, H. Pfeiffer & R. Schulz-Zander (Hrsg.), *Jahrbuch der Schulentwicklung. Band 11* (S. 365-386). Weinheim: Juventa.

Bos, W., Lankes, E.-M., Prenzel, M., Schwippert, K., Valtin, R., & Walther, G. (Hrsg.). (2004). *IGLU. Einige Länder der Bundesrepublik Deutschland im nationalen und internationalen Vergleich.* Münster: Waxmann.

Bos, W., Holtappels, H.-G., & Rösner, E. (2006). Schulinspektion in den deutschen Bundesländern – eine Baustellenbeschreibung. In W. Bos, H.G. Holtappels & R. Schulz-Zander (Hrsg.), *Jahrbuch der Schulentwicklung. Daten, Beispiele und Perspektiven. Band 14* (S. 81-123). Weinheim: Juventa.

Bossert, S., Dwyer, D., Rowan, B., & Lee, G. (1982). The Instructional Management Role of the Principal. *Educational Administration Quarterly, 18*(3), 34-64.

Bottani, N., & Tuijnman, A. (1994). The Design of Indicator Systems. In A.C. Tuijnman & T.N. Postlethwaite (Hrsg.), *Monitoring the Standards of Education* (S. 47-77). Oxford: Elsevier Science.

Böttcher, P. (1997). Kann man Schulen budgetieren, und wozu kann das nutzen? In W. Böttcher, H. Weishaupt & M. Weiß (Hrsg.), *Wege zu einer neuen Bildungsökonomie – Pädagogik und Ökonomie auf der Suche nach Ressourcen und Finanzierungskonzepten* (S. 203-215). Weinheim: Juventa.

Böttcher, W. (2002). *Kann eine ökonomische Schule auch eine pädagogische sein?* Weinheim: Juventa.

Böttcher, W., & Kotthoff, H.-G. (Hrsg.). (2007). *Schulinspektion: Evaluation, Rechenschaftslegung und Qualitätsentwicklung.* Münster: Waxmann.

Böttcher, W., Görtz, P., Meetz, F., & Ottmann, A. (2006). Budgetierung und ihr pädagogisches Potenzial. *Recht der Jugend und des Bildungswesens, 54,* 433-447.

Böttger-Beer, M., & Koch, E. (2008). Externe Schulevaluation in Sachsen – ein Dialog zwischen Wissenschaft und Praxis. In W. Böttcher, W. Bos, H. Döbert & H.G. Holtappels (Hrsg.), *Bildungsmonitoring und Bildungscontrolling in nationaler und internationaler Perspektive* (S. 253-264). Münster: Waxmann.

Bourdieu, P. & Passeron, J.C. (1971). *Die Illusion der Chancengleichheit.* Stuttgart: Klett.

Böwer-Franke, C., & Genger, A. (1977). Lehrerfortbildung. Das Ringen um verbindliche Konzeptionen. *Forum E, 30*(2), 42-48.

Boyle, B., Lamprianou, I., & Boyle, T. (2005). A Longitudinal Study of Teacher Change: What makes professional development effective? *School Effectiveness and School Improvement, 16,* 1-27.

Brägger, G., Bucher, B., & Landwehr, N. (2005). *Schlüsselfragen zur externen Schulevaluation.* Bern: h.e.p.

Brägger, G., Kramis, J., & Teuteberg, H. (2007). Reform der Schulaufsicht und Aufbau der externen Schulevaluation in der Schweiz am Beispiel der Kantone Luzern und Thurgau. In W. Böttcher & H.-G. Kotthoff (Hrsg.), *Schulinspektion: Evaluation, Rechenschaftslegung und Qualitätsentwicklung* (S. 65-91). Münster: Waxmann.

Brand, U. (2004). Governance. In U. Bröckling, S. Krasmann & T. Lemke (Hrsg.), *Glossar der Gegenwart* (S. 111-117). Frankfurt a.M: Suhrkamp.

Bransford, J.D., Brown, A.L., & Cocking, R.R. (Hrsg.). (1999). *How People Learn. Brain, Mind, Experience, and School.* Washington, D.C.: National Academy Press.

Braun, D. (2001). Regulierungsmodelle und Machtstrukturen an Universitäten. In E. Stölting & U. Schimank (Hrsg.), *Die Krise der Universitäten* (S. 243-262). Wiesbaden: Westdeutscher Verlag (Leviathan Sonderheft 20).

Breiter, A. (2008). Datengestützte Schulentwicklung – internationale Forschung und praktische Anwendungen. *Die Deutsche Schule, 100*, 217-220.

Breiter, A., & Stauke, E. (2007). Anforderungen an elektronische Rückmeldesysteme aus Nutzersicht. *Empirische Pädagogik, 21*, 383-400.

Broadhead, P., & Cuckle, P. (1999). Promoting pupil learning within a school development framework. *Research Papers in Education, 14*(3), 275-294.

Broadhead, P., & Cuckle, P. (2002). Starting with learning: new approaches to development and improvement planning in primary schools. *Research Papers in Education, 17*(3), 305-322.

Broadhead, P., Hodgson, J., Cuckle, P., & Dunford, J. (1998). Development planning – moving from the amorphous to the dimensional and making it your own. *Research Papers in Education, 13*(1), 3-18.

Brookover, W.B., & Lezotte, L.W. (1979). *Changes in School Characteristics Coincident With Changes in Student Achievement.* Occasional Paper No. 17. East Lansing: Institute for Research on Teaching, Michigan State University.

Brosziewski, A. (2007). Bildungsmonitoring in der Globalisierung der Bildungspolitik. In I. Bemerburg & A. Niederbacher (Hrsg.), *Die Globalisierung und ihre Kritik(er)* (S. 135-148). Wiesbaden: VS.

Brozo, W.G., & Hargis, C. (2003). Using Low-Stakes Reading Assessment. *Educational Leadership, 61*(3), 60-64.

Brückner, Y., & Böhm-Kasper, C. (2009). Finanzierung des allgemeinbildenden Schulwesens. In H. Barz (Hrsg.), *Handbuch Bildungsfinanzierung.* (In Vorb.)

Brunsson, N. (1989). *The Organization of Hypocrisy: Talk, Decisions and Actions in Organizations.* Chichester: Wiley.

Brüsemeister, T. (2007). Analysemittel der Governanceforschung. In J. Kussau & T. Brüsemeister (Hrsg.), *Governance, Schule und Politik. Zwischen Antagonismus und Kooperation* (S. 97-122). Wiesbaden: VS.

Brüsemeister, T., & Eubel, K.-D. (Hrsg.). (2003). *Zur Modernisierung der Schule.* Bielefeld: transcript.

Brüsemeister, T., & Eubel, K.-D. (Hrsg.). (2008a). *Evaluation, Wissen, Nichtwissen.* Wiesbaden: VS.

Brüsemeister, T., & Eubel, K.-D. (2008b). Evaluationsbasierte Steuerung, Wissen und Nichtwissen – Einführung in die Thematik. In T. Brüsemeister & K.-D. Eubel (Hrsg.), *Evaluation, Wissen und Nichtwissen* (S. 7-15). Wiesbaden: VS.

Bryk, A., Camburn, E., & Seashore Louis, K. (1999). Promoting school improvement through professional communities: An analysis of Chicago elementary schools. *Educational Administration Quarterly, 35*, 707-750.

Buchen, H., & Burkhard, C. (2000). Wird Schulmanagement zum Qualitätsmanagement? In B. Frommelt, K. Klemm, E. Rösner & K.-J. Tillmann (Hrsg.), *Schule am Ausgang des 20. Jahrhunderts: gesellschaftliche Ungleichheit, Modernisierung und Steuerungsprobleme im Prozess der Schulentwicklung* (S. 205-236). Weinheim: Juventa.

Büeler, X. (2007). School Governance – Die Fallstudie Luzern. In H. Altrichter, T. Brüsemeister & J. Wissinger (Hrsg.), *Educational Governance* (S. 131-155). Wiesbaden: VS.

Buer, J.v., & Hallmann, P.J. (2007). Schulprogramme – Konstruktions- und Implementationsbefunde. In J.v. Buer & C. Wagner (Hrsg.), *Qualität von Schule* (S. 317-344). Frankfurt a.M.: Peter Lang.

Buer, J.v., & Köller, M. (2007). Schulprogramme als zentrales Steuerungsinstrument für die Qualitätsentwicklung von Schule und Unterricht. In J.v. Buer & C. Wagner (Hrsg.), *Qualität von Schule* (S. 103-129). Frankfurt a.M.: Peter Lang.

Buer, J.v., & Zlatkin-Troitschanskaia, O. (2006). *Systematische schulindividuelle Qualitätsentwicklung durch Innovationsverbund.* Berlin: Humboldt-Universität zu Berlin.

Buhren, C.G. (2007). *Selbstevaluation in Schule und Unterricht.* Köln: LinkLuchterhand.

Buhren, C.G., & Rolff, H.-G. (2006). Personalmanagement. Ein Gesamtkonzept. In H. Buchen & H.-G. Rolff (Hrsg.), *Professionswissen Schulleitung* (S. 450-544). Weinheim: Beltz.

Buhren, C.G., Killus, D., & Müller, S. (1998). *Wege und Methoden der Selbstevaluation.* Dortmund: IFS-Verlag.

Buhren, C.G., Killus, D., & Müller, S. (2000). Implementation und Wirkung von Selbstevaluation in Schulen. In H.-G. Rolff, W. Bos, K. Klemm, H. Pfeiffer & R. Schulz-Zander (Hrsg.), *Jahrbuch der Schulentwicklung. Band 11* (S. 327-364). Weinheim: Juventa.

Burkard, C. (1998). *Schulentwicklung durch Evaluation?* Frankfurt a.M.: Peter Lang.

Burkard, C. (2004). Funktionen und Schwerpunkte von Schulprogrammen aus Sicht der Schulaufsicht. In H.G. Holtappels (Hrsg.), *Schulprogramme – Instrumente der Schulentwicklung* (S. 137-154). Weinheim: Juventa.

Burkard, C. (2005). Ergebnisorientierte Systemsteuerung: Konsequenzen für die externe Evaluation. In G. Brägger, B. Bucher & N. Landwehr (Hrsg.), *Schlüsselfragen zur externen Schulevaluation* (S. 79-109). Bern: h.e.p.

Burkard, C., & Eikenbusch, G. (2000). *Praxishandbuch Evaluation in der Schule.* Berlin: Cornelsen Scriptor.

Burkard, C., & Eikenbusch, G. (2002). Schulentwicklung international – eine Bilanz. *PÄDAGOGIK, 54*(11), 44-49.

Burkard, C., & Rolff, H.-G. (1994). Steuerleute auf neuem Kurs? Funktionen und Perspektiven der Schulaufsicht für die Schulentwicklung. In H.-G. Rolff, K.-O. Bauer, K. Klemm, H. Pfeiffer & R. Schulz-Zander (Hrsg.), *Jahrbuch der Schulentwicklung. Band 8* (S. 205-266). Weinheim: Juventa.

Burkard, C., Eikenbusch, G., & Ekholm, M. (2003). *Starke Schüler – gute Schulen.* Berlin: Cornelsen.

Burns, T., & Schuller, T. (2007). The Evidence Agenda. In OECD/CERI (Hrsg.), *Evidence in Education: Linking research and policy* (S. 15-32). Paris: OECD.

Burstein, L., Oakes, J., & Guiton, G. (1992). Education indicators. In M.C. Alkin (Hrsg.), *Encyclopaedia of educational research* (S. 409-418). New York: Macmillan.

Burth, H.-P. (1999). *Steuerung unter der Bedingung struktureller Koppelungen.* Opladen: Leske + Budrich.

Buschor, E. (1998). Schulen in erweiterter Verantwortung – Die Schweizer Anstrengungen und Erfahrungen. In H. Avenarius, J. Baumert, H. Döbert & H.-P. Füssel (Hrsg.), *Schule in erweiterter Verantwortung* (S. 67-88). Luchterhand: Neuwied.

Buschor, E. (2005). Potenziale von New Public Management (NPM) für Bildung und Wissenschaft. In R. Fisch & S. Koch (Hrsg.), *Neue Steuerung von Bildung und Wissenschaft. Schule – Hochschule – Forschung* (S. 25-36). Bonn: Lemmens.

Bussmann, W. (1996). Democracy and Evaluation's Contribution to Negotiation, Empowerment and Information. *Evaluation, 2*, 307-319.

Butler, D.L., Novak Lauscher, H., Jarvis-Selinger, S., & Beckingham, B. (2004). Collaboration and self-regulation in teachers' professional development. *Teaching and Teacher Education, 20*, 435-455.

Calderhead, J. (1996). Teachers: Beliefs and Knowledge. In D.C. Berliner & R.C. Calfee (Hrsg.), *Handbook of Educational Psychology* (S. 709-725). Mahwah, N.J.: Lawrence Erlbaum Associates.

Campbell, D.T. (1975). Assessing the impact of planned social change. In G.M. Lyons (Hrsg.), *Social Research and Public Policies* (S. 3-45). Hanover, NH: The Public Affairs Center, Dartmouth College.

Caplan, N. (1976). Social research and national policy: What gets used, by whom, for what purposes and with what effects? *International Social Science Journal, 28*, 187-194.

Caplan, N.S., Morrison, A., & Stambaugh, R.J. (1975). *The use of social science knowledge in policy decisions at the national level.* Ann Arbor, Michigan: Institute for Social Research, University of Michigan.

Carnoy, M., & Loeb, S. (2004). Does External Accountability Affect Student Outcomes? In S.H. Fuhrman & R.F. Elmore (Hrsg.), *Redesigning Accountability Systems for Education* (S. 189-219). New York: Teachers College Press.

Cheesman, R. (2007). School Inspection in England. In W. Böttcher & H.-G. Kotthoff (Hrsg.), *Schulinspektion: Evaluation, Rechenschaftslegung und Qualitätsentwicklung* (S. 33-41). Münster: Waxmann.

Cheng, Y.C. (1996). A School-Based Management Mechanism for School Effectiveness and Development. *School Effectiveness and School Improvement, 7*, 35-61.

Clarke, M., Haney, W., & Madaus, G. (2000). High Stakes Testing and High School Completion. *NBETPP statements, 1*(3), 1-12.

Clarke, M., Shore, A., Rhoades, K., Abrams, L.M., Miao, J., & Li, J. (2003). *Perceived effects of state-mandated testing programs on teaching and learning.* Chestnut Hill, MA: Boston College, National Board on Educational Testing and Public Policy.

Clausen, M. (2002). *Unterrichtsqualität: Eine Frage der Perspektive?* Münster: Waxmann.

Clausen, M., Winkler, C., & Neu-Clausen, M. (2007). Die Förderung psychosozialer Entwicklung durch Schulprofile? *Zeitschrift für Pädagogik, 53*, 744-757.

Cloer, E. (1980). Geschichtliche Entwicklung der Lehrerfortbildung in Deutschland bis 1945. In K. Ulrich (Hrsg.), *Institutionalisierte Lehrerfortbildung. Konzepte, Modelle und ihre Praxis* (S. 13-37). Weinheim: Beltz.

Coase, R.H. (1937). The Nature of the Firm. *Economica, 4*, 386-405.

Coburn, C.E., & Talbot, J.E. (2006). Conceptions of Evidence Use in School Districts: Mapping the Terrain. *American Journal of Education, 112*, 469-495.

Coburn, C.E., Toure, J., & Yamashita, M. (2009). Evidence, Interpretation, and Persuasion: Instructional Decision Making at the District Central Office. *Teachers College Record, 111*, 1115-1161.
Coe, R. (2002). Evidence on the role and impact of performance feedback in schools. In A.J. Visscher & R. Coe (Hrsg.), *School improvement through performance feedback* (S. 3-26). Lisse: Swets & Zeitlinger.
Coleman, J.S. (1990). *Foundations of Social Theory*. Cambridge: Belknap Press of Harvard University Press.
Commissie Strikwerda (2003). *Goed bestuur, goed onderwijs. Uitgangspunten en overwegingen voor toezicht, bestuur en management in het onderwijs*. Den Haag: Besturenraad.
Commission of the European Communities, SEC (2007). *Towards more knowledge-based policy and practice in education and training*. Commission Staff Working Document. Brüssel.
Commission on Global Governance (1995). *Our Global Neighborhood. Report of the Commission on Global Governance*. Oxford: Oxford University Press.
Commission on Global Governance (1996). *Nachbarn in einer Welt*. Bonn.
Cook, T., & Gorard, S. (2007). What Counts and What Should Count as Evidence. In OECD/CERI (Hrsg.), *Evidence in Education: Linking research and policy* (S. 33-49). Paris: OECD.
Corbett, H.D., Firestone, W.A., & Rossman, G.B. (1987). Resistance to planned change and the sacred in school cultures. *Educational Administration Quarterly, 23*(4), 36-59.
Corcoran, T., Fuhrman, S.H., & Belcher, C.L. (2001). The district role in instructional improvement. *Phi Delta Kappan, 83*, 78-84.
Cousins, J.B., & Leithwood, K.A. (1986). Current Empirical Research on Evaluation Utilization. *Review of Educational Research, 56*, 331-364.
Creemers, B.P.M., & Kyriakides, L. (2006). A critical analysis of the current approaches to modelling educational effectiveness. *School Effectiveness and School Improvement, 17*, 347-366.
Creemers, B.P.M., & Kyriakides, L. (2008). *The Dynamics of Educational Effectiveness*. London: Routledge.
Criblez, L., & Huber, C. (2008). Bildungsstandards – ein Innovationsprogramm aus historischer Perspektive. *Beiträge zur Lehrerbildung, 26*, 279-291.
Cuckle, P., & Broadhead, P. (2003). Developments in Development Planning in English Primary Schools: 1994-2001. *School Leadership & Management, 23*, 229-240.
Cullingford, C., & Daniels, S. (1999). Effects of OFSTED inspections on school performance. In C. Cullingworth (Hrsg.), *An Inspector Calls: OFSTED and its effect on school standards* (S. 59-66). London: Kogan Page.
Dalin, P., Rolff, H.-G., & Buchen, H. (1996). *Institutioneller Schulentwicklungsprozess*. Bönen: Kettler.
Darling-Hammond, L. (1997). Restructuring schools for student success. In A.H. Halsey, H. Lauder, P. Brown & A. Stuart Wells (Hrsg.), *Education – Culture – Economy, and Society* (S. 332-353). Oxford: University Press.

Darling-Hammond, L. (2004). Standards, accountability and school reform. *Teachers College Record, 106*(6), 1047-1085.

Darling-Hammond, L., Holtzman, D.J., Gatlin, S.J., & Heilig, J.V. (2005). Does teacher education matter? Evidence about teacher certification, Teach for America, and teacher effectiveness. *Education Policy Analysis Archives, 13*(42), 1-42. URL: http://epaa.asu.edu/epaa/v13n42 (27.03.2006).

Daschner, P. (2004). Dritte Phase an Einrichtungen der Lehrerfortbildung. In S. Blömeke, P. Reinhold, G. Tulodziecki & J. Wildt (Hrsg.), *Handbuch Lehrerbildung* (S. 290-301). Bad Heilbrunn: Klinkhardt.

Davies, B.A., & Ellison, L. (1998). Strategic planning in schools: an oxymoron? *School Leadership & Management, 18*, 461-473.

DeBray, E., Parson, G., & Woodworth, K. (2001). Patterns of response in four high schools under state accountability policies in Vermont and New York. In S.H. Fuhrman (Hrsg.), *From the capitol to the classroom: Standards-based reform in the states* (S. 170-192). Chicago: University of Chicago Press.

Dedering, K. (2008). Der Einfluss bildungspolitischer Maßnahmen auf die Steuerung des Schulsystems. *Zeitschrift für Pädagogik, 54*, 869-887.

Dedering, K., Kneuper, D., Kuhlmann, C., Nessel, I., & Tillmann, K.-J. (2007). Bildungspolitische Aktivitäten im Zuge von PISA – Das Beispiel Bremen. *Die Deutsche Schule, 99*, 408-421.

Dellanoy, F., McKenzie, P., Wolter, S., & Ree, B.v.d. (2004). *Attracting, Developing and Retaining Effective Teachers. Country Note: Austria*. Paris: OECD. URL: http://www.oecd.org/dataoecd/58/21/33919144.pdf (03.12.2008).

Delli, D.E., & Vera, E.M. (2003). Psychological and context influences on the teacher selection interview: A model for future research. *Journal of Personnel Evaluation in Education, 17*, 137-155.

Deutscher Bildungsrat (1973). *Empfehlungen der Bildungskommission. Zur Reform von Organisation und Verwaltung im Bildungswesen, Teil I: Verstärkte Selbständigkeit der Schule und Partizipation der Lehrer, Schüler und Eltern*. Stuttgart: Klett.

Deutscher Bildungsrat (1974). *Zur Förderung praxisnaher Curriculum-Entwicklung*. Stuttgart: Klett.

Deutscher Juristentag (1981). *Deutscher Juristentag. Schule im Rechtsstaat. Band I: Entwurf für ein Landesschulgesetz*. München: C.H. Beck.

Devos, G., & Verhoeven, J.C. (2003). School self-evaluation: conditions and caveats. *Educational Management Administration & Leadership, 31*, 403-420.

Dewe, B., Ferchoff, W., & Radtke, F.-O. (1992). Das „Professionswissen" von Pädagogen. In B. Dewe, W. Ferchoff & F.-O. Radtke (Hrsg.), *Erziehen als Profession* (S. 70-91). Opladen: Leske + Budrich.

Diegelmann, E., & Porzelle, K. (1998). Schulprogramm und Evaluation. *PÄDAGOGIK, 50*(2), 36-40.

Diegelmann, E., & Porzelle, K. (1999). Schulprogramm und Evaluation. Aktivitäten, Materialien und Programme der Bundesländer – eine Aktualisierung. *PÄDAGOGIK, 51*(11), 32-36.

Dietrich, P., & Reuter, L.R. (2010). *Schulautonomie im Ländervergleich. Dokumentation zum Jahresgutachten 2010 des Aktionsrates Bildung: Regulierung und Deregu-*

lierung des Bildungssystems – die Bundesländer im Vergleich. (in Vorb., zit. nach dem Ms.)

DiMaggio, P.J., & Powell, W.W. (1991). The Iron Cage Revisited: Institutional Isomorphism and Collective Rationality. In P.J. DiMaggio & W.W. Powell (Hrsg.), *The New Institutionalism in Organizational Analysis* (S. 63-82). Chicago: The University of Chicago Press.

DIPF (2006). *Durch größere Eigenverantwortlichkeit zu besseren Schulen.* Berlin: DIPF.

Ditton, H. (2008). Qualitätssicherung in Schulen. *Zeitschrift für Pädagogik,* (53. Beiheft), 36-58.

Ditton, H., & Arnoldt, B. (2004). Schülerbefragungen zum Fachunterricht – Feedback an Lehrkräfte. *Empirische Pädagogik, 18,* 115-139.

Ditton, H., Merz, D., & Edelhäusser, T. (2002). Einstellungen von Lehrkräften und Schulleiter/innen zu zentralen Testuntersuchungen an Schulen. *Empirische Pädagogik, 16,* 17-33.

Döbert, H. (1997). Schulen in erweiterter Verantwortung. Projekte und Modellversuche in Berlin und Brandenburg. *Recht der Jugend und des Bildungswesens, 45,* 406-414.

Döbert, H. (2007). Bildungsberichterstattung in Deutschland als Instrument bildungspolitischer Steuerung. In O. Böhm-Kasper, C. Schuchart & U. Schulzeck (Hrsg.), *Kontexte von Bildung. Erweiterte Perspektiven in der Bildungsforschung* (S. 177-196). Münster: Waxmann.

Döbert, H. (2008). Die Bildungsberichterstattung in Deutschland. In LISUM, BMUKK, EDK (Hrsg.), *Bildungsmonitoring, Vergleichsstudien und Innovationen. Von evidenzbasierter Steuerung zur Praxis* (S. 71-91). Berlin: Berliner Wissenschafts-Verlag.

Döbert, H., & Avenarius, H. (2007). Konzeptionelle Grundlagen der Bildungsberichterstattung in Deutschland. In J.v. Buer & C. Wagner (Hrsg.), *Qualität von Schule* (S. 297-314). Frankfurt a.M.: Peter Lang.

Döbert, H., Klieme, E., & Sroka, W. (Hrsg.). (2004). *Conditions of School Performance in Seven Countries.* Münster: Waxmann.

Dobischat, R. (2007). ‚Lernende Regionen – Förderung von Netzwerken'. Zur Bedeutung regional orientierter Bildungspolitik und -forschung. In C. Solzbacher & D. Minderop (Hrsg.), *Bildungsnetzwerke und Regionale Bildungslandschaften* (S. 159-168). München: Wolters/Kluver.

Dohmen, D. (2005). *Theorie und Empirie von Bildungsgutscheinen: Was können wir von den Erfahrungen anderer Länder für die deutsche Diskussion lernen?* FiBS Forum Nr. 27. Köln: FiBS.

Drerup, H. (1987). *Wissenschaftliche Erkenntnis und gesellschaftliche Praxis.* Weinheim: Juventa.

Drerup, H. (1989). Probleme außerwissenschaftlicher Verwendbarkeit von Erziehungswissenschaft. In E. König & P. Zedler (Hrsg.), *Rezeption und Verwendung erziehungswissenschaftlichen Wissens in pädagogischen Handlungs- und Entscheidungsfeldern* (S. 143-165). Weinheim: Juventa.

Drerup, H., & Terhart, E. (1979). Wissensproduktion und Wissensanwendung im Bereich der Erziehungswissenschaft. *Zeitschrift für Pädagogik, 25,* 377-394.

Drerup, H., & Terhart, E. (Hrsg.). (1990). *Erkenntnis und Gestaltung. Vom Nutzen erziehungswissenschaftlicher Forschung in praktischen Verwendungskontexten.* Weinheim: Juventa.
Drucker, P.F. (1954). *The Practice of Management.* New York: Harper & Row.
Drüke-Noe, T., Keller, K., & Blum, W. (2008). Bildungsstandards – Motor für Unterrichtsentwicklung und Lehrerbildung? *Beiträge zur Lehrerbildung, 26,* 372-382.
Dubs, R. (1995). Schulaufsicht. *Schweizerische Lehrerinnen- und Lehrerzeitung,* (15-16).
Dubs, R. (1996a). Schule und New Public Management. *Beiträge zur Lehrerbildung, 14,* 330-337.
Dubs, R. (1996b). *Schule, Schulentwicklung und New Public Management.* St. Gallen: Institut für Wirtschaftspädagogik.
Dubs, R. (2006a). Führung. In H. Buchen & H.-G. Rolff (Hrsg.), *Professionswissen Schulleitung* (S. 102-176). Weinheim: Beltz.
Dubs, R. (2006b). Bildungsstandards: Das Problem der schulpraktischen Umsetzung. *Netzwerk – Die Zeitschrift für Wirtschaftsbildung, 1,* 18-29.
Duke, D. (1982). What Can Principals Do? Leadership Functions and Instructional Effectiveness. *NASSP bulletin, 66*(456), 1-12.
Duke, D., & Canady, L. (1991). *School Policy.* New York: McGraw Hill.
Dumke, A. (1964/1980). Die Lehrerfortbildung in der Bundesrepublik. In U. Kröll (Hrsg.), *Institutionalisierte Lehrerfortbildung. Konzepte, Modelle und ihre Praxis* (S. 77-94). Weinheim: Beltz.
Dwyer, D. (1986). Understanding the principal's contribution to instruction. *Peabody Journal of Education, 63*(1), 3-18.
Earl, L., & Lee, L. (1998). *Evaluation of the Manitoba School Improvement Program.* Toronto: OISE.
Ebers, M., & Gotsch, W. (2002). Institutionenökonomische Theorien der Organisation. In A. Kieser (Hrsg.), *Organisationstheorien.* 5. Auflage (S. 199-252). Stuttgart: Kohlhammer.
Eder, F. (2006). *Wie gut sind die Musikhauptschulen? Bericht über eine Untersuchung zu Leistung und Befinden von Schülerinnen und Schülern an Musikhauptschulen bzw. in Musikklassen.* Unv. Forschungsbericht. Universität Salzburg.
Eder, F., & Altrichter, H. (2009). Qualitätsentwicklung und Qualitätssicherung im österreichischen Schulwesen: Bilanz aus 15 Jahren Diskussion und Entwicklungsperspektiven für die Zukunft. In W. Specht (Hrsg.), *Nationaler Bildungsbericht. Österreich 2009. Band 2* (S. 305-322). Graz: Leykam.
Eder, F., Posch, P., Schratz, M., Specht, W., & Thonhauser, J. (2002). *Qualitätsentwicklung und Qualitätssicherung im österreichischen Schulwesen.* Innsbruck: StudienVerlag.
EDK (Erziehungsdirektorenkonferenz) (2000). *Die Vielfalt orchestrieren.* Innsbruck: StudienVerlag.
EDK (Erziehungsdirektorenkonferenz) (2004a). *HARMOS. Zielsetzungen und Konzeption.* Bern: EDK.
EDK (Erziehungsdirektorenkonferenz) (2004b). *Erläuterungen zu den Empfehlungen zur Weiterbildung von Lehrpersonen.* URL: http://edudoc.ch/record/25686/files/Empf_WBLehrp_Erl_d.pdf?ln=deversion=1 (07.10.2008).

EDK (Erziehungsdirektorenkonferenz) (2009). *Kantonsumfrage 2008/2009. Grundlegende Informationen zu den kantonalen Bildungssystemen.* URL: http://www.edk.ch/dyn/13341.php (20.09.2009).
Education Act (1992). London: Office for Public Sector Information. URL: http://www.opsi.gov.uk/acts/acts1992/Ukpga_19920038_en_1 (22.07.2009).
Education Act (1996). London: Office for Public Sector Information. URL: http://www.opsi.gov.uk/acts/acts1996/ukpga_19960056_en_34#pt10-ch1-pb1-l1g542 (22.07.2009).
Education Act (2005). London: Office for Public Sector Information. URL: http://www.opsi.gov.uk/acts/acts2005/ukpga_20050018_en_1 (22.07.2009).
Education and Employment Select Committee (1999). *Fourth Report: The Work of OFSTED: Volume I.* London: The Stationary Office.
Ehren, M.C.M., & Visscher, A.J. (2006). Towards a Theory on the Impact of School Inspections. *British Journal of Educational Studies, 54*, 51-72.
Eichert, C. (2007). Bildung als Standortfaktor. In C. Solzbacher & D. Minderop (Hrsg.), *Bildungsnetzwerke und Regionale Bildungslandschaften* (S. 14-22). München: Wolters/Kluver.
Eide, E., Goldhaber, D., & Brewer, D. (2004). The teacher labor market and teacher quality. *Oxford Review of Economic Policy, 20*, 230-244.
Eikenbusch, G. (1998). *Praxishandbuch Schulentwicklung.* Berlin: Cornelsen.
Ekholm, M. (1997). Steuerungsmodelle für Schulen in Europa. Schwedische Erfahrungen mit alternativen Ordnungsmodellen. *Zeitschrift für Pädagogik, 43*, 597-608.
Ekholm, M. (1999). Schüler machen Schulprogramm und was man von Schweden lernen kann. *PÄDAGOGIK, 51*(11), 16-20.
Emmerich, M., & Maag Merki, K. (2007). *Schulsystementwicklung und Reformstrategien in den Ländern der Bundesrepublik Deutschland. Gutachten für den 10. Gesprächskreis Schulentwicklung im Auftrag der Bertelsmann Stiftung. Abschlussbericht.* Freiburg: Pädagogische Hochschule.
Emmerich, M., & Maag Merki, K. (2009). Netzwerke als Koordinationsform regionaler Bildungslandschaften: Empirische Befunde und governancetheoretische Implikationen. In N. Berkemeyer, H. Kuper, V. Manitius & K. Müthing (Hrsg.), *Schulische Vernetzung* (S. 13-30). Münster: Waxmann.
Emmerich, M., Maag Merki, K., & Kotthoff, H.-G. (2009). Bildungsregionen als Motor der Qualitätsentwicklung in der Einzelschule? In K. Maag Merki (Hrsg.), *Kooperation und Netzwerkbildung* (S. 156-166). Seelze: Klett/Kallmeyer.
EMSE (Netzwerk empirische Schulentwicklung) (2006). *Zentrale standardisierte Lernstandserhebungen.* Positionspapier verabschiedet auf der 5. EMSE-Fachtagung am 8. Dezember 2006 in Berlin.
EMSE (Netzwerk empirische Schulentwicklung) (2008). *Nutzung und Nutzen von Schulrückmeldungen im Rahmen standardisierter Lernstandserhebungen/Vergleichsarbeiten.* 2. Positionspapier verabschiedet auf der 9. EMSE-Fachtagung am 16.-17. Dezember 2008 in Nürnberg.
Engelbrecht, H. (1988). *Geschichte des österreichischen Bildungswesens. Erziehung und Unterricht auf dem Boden Österreichs. Band 5. Von 1918 bis zur Gegenwart.* Wien: Österreichischer Bundesverlag.

Englert, R.M., Kean, M.H., & Scribner, J.D. (1977). Politics of program evaluation in large city school districts. *Education and Urban Society, 9*, 429-450.

EU-Kommission (2004). *Allgemeine und Berufliche Bildung 2010 – Die Dringlichkeit von Reformen für den Erfolg der Lissabon-Strategie. Gemeinsamer Zwischenbericht des Rates und der Kommission vom 12. Februar 2004.* URL: http://www.bmbf.de/pub/allgemeine_und_berufliche_bildung_2010.pdf (23.10.2009).

EU-Kommission (2007). *Towards more knowledge-based policy and practice in education and training. Commission staff working document from 28.08.2007.* Brüssel. URL: http://www.oecd.org/dataoecd/56/22/39442860.pdf (15.08.2008).

Euler, D. (2007). *Operativ Eigenständige Schule (OES).* St. Gallen: Universität.

Eurydice (1995). *In-service training of teachers in the European Union and the EFTA/EEA countries.* Brüssel: Europäische Kommission.

Eurydice (2000). *Private Education in the European Union. Organisation, Administration and the Public Authorities' Role.* Brüssel: Europäische Kommission.

Eurydice (2001). *Schulfinanzierung und Bewirtschaftung der Mittel im Schulwesen.* Brüssel: Europäische Kommission.

Eurydice (2003). *The Teaching Profession in Europe: Profile, Trends and Concerns. Report III Working Conditions and Pay: General Lower Secondary Education.* Brüssel: Europäische Kommission. URL: http://eacea.ec.europa.eu/ressources/eurydice/pdf/043EN/013_reference_043EN.pdf (03.12.2008).

Eurydice (2007). *School Autonomy in Europe: Policies and Measures.* Brüssel: Eurydice.

Eurydice (2008). *Levels of Autonomy and Responsibilities of Teachers in Europe.* Brüssel: Europäische Kommission. URL: http://eacea.ec.europa.eu/ressources/eurydice/pdf/094EN/094EN_011_TOF.pdf (03.12.2008).

Fankhauser, R. (2001). Entwicklungen in der österreichischen Schulgesetzgebung. *Recht der Jugend und des Bildungswesens, 3*, 379-387.

Fankhauser, R. (o.J.). *Rechtliche Verankerung der Schulautonomie in Österreich.* Unv. Ms. Wien.

Feldman, M.S., & March, J.G. (1988). Information in organizations as signal and symbol. In J.G. March (Hrsg.), *Decisions and Organizations* (S. 409-428). Oxford: Basil Blackwell.

Fend, H. (1986). Gute Schulen – Schlechte Schulen. *Die Deutsche Schule, 78*, 275-293.

Fend, H. (1988). Schulqualität – die Wiederentdeckung der Schule als pädagogische Gestaltungsebene. *Neue Sammlung, 28*, 537-547.

Fend, H. (1998). *Qualität von Schule.* München: Juventa.

Fend, H. (2000). Qualität und Qualitätssicherung im Bildungswesen: Wohlfahrtsstaatliche Modelle und Marktmodelle. *Zeitschrift für Pädagogik,* (41. Beiheft), 55-72.

Fend, H. (2005). Systemsteuerung im Bildungswesen. In K. Maag Merki, A. Sandmeier, P. Schuler & H. Fend (Hrsg.), *Schule wohin? Schulentwicklung und Qualitätsmanagement im 21. Jahrhundert* (S. 15-27). Zürich: Forschungsbereich Schulqualität & Schulentwicklung, Universität Zürich.

Fend, H. (2006a). *Neue Theorie der Schule.* Wiesbaden: VS.

Fend, H. (2006b). *Geschichte des Bildungswesens.* Wiesbaden: VS.

Fend, H. (2008a). *Schule gestalten.* Wiesbaden: VS.

Fend, H. (2008b). Die Bedeutung von Bildungsstandards im Kontext von Educational Governance. *Beiträge zur Lehrerbildung, 26*, 292-303.
Fersch, J.M. (2002). *Leistungsbeurteilung und Zielvereinbarungen in Unternehmen.* Wiesbaden: Gabler.
Fidler, B. (1998). How can a successful school avoid failure? Strategic management in schools. *School Leadership & Management, 18*, 497-509.
Fischer, D. (2007). *Eine Frage der Übersetzung? Politikberatung aus dem Blickwinkel der Verwendungsforschung.* München: Universität der Bundeswehr. URL: http://www.unibw.de/soziologie/forschung/wissen/statistik/download_bereich.2007-08-14.4731848234/down1/at_download (14.02.2008).
Fleischer-Bickmann, W. (1993). Projekt Autonomie. *PÄDAGOGIK, 45*(11), 21-25.
Flick, U. (2004). *Triangulation.* Wiesbaden: VS.
Flinspach, S.L., & Ryan, S.P. (1992). *Vision and accountability in school improvement planning.* Chicago: Panel on Public School Policy and Finance.
Flitner, E. (2007). Schöne Schulprofile. Zur Dynamik ethnischer Segregationsprozesse am Beispiel der Entwicklung exklusiver Angebote im Berliner öffentlichen Schulsystem 1995-2005. In R. Casale (Hrsg.), *Bildung und Öffentlichkeit* (S. 44-59). Weinheim: Beltz.
Franz, H.-W., Howalt, J., Jacobsen, H., & Kopp, R. (Hrsg.). (2003). *Forschen – lernen – beraten. Der Wandel von Wissensproduktion und Transfer in den Sozialwissenschaften.* Berlin: Edition Sigma.
Frein, T., & Möller, G. (2006). Bedarfsgerechte Stellenzuweisung – das neue Instrument Sozialindex. *SchulVerwaltung NRW,* (6), 188-189.
French, W.L., & Bell, C.H. (1994). *Organisationsentwicklung.* 4. Auflage. Stuttgart: Haupt/UTB.
Freudenthaler, H.H., & Specht, W. (2005). *Bildungsstandards aus Sicht der Anwender. Evaluation der Pilotphase I zur Umsetzung nationaler Bildungsstandards in der Sekundarstufe I.* ZSE-Report Nr. 69. Graz: ZSE.
Freudenthaler, H.H., & Specht, W. (2006). *Bildungsstandards: Der Implementationsprozess aus der Sicht der Praxis.* Graz: ZSE.
Freudenthaler, H.H., Specht, W., & Paechter, M. (2004). Von der Entwicklung zur Akzeptanz und professionellen Nutzung nationaler Bildungsstandards. *Erziehung und Unterricht, 154*(7/8), 606-612 (zit. nach dem Ms.).
Friedman, M. (1955). The Role of Government in Education. In R.A. Solo (Hrsg.), *Economics and the Public Interest* (S. 123-144). New Brunswick: Rutgers University Press.
Friedman, M. (1962). *Capitalism and Freedom.* Chicago: Phoenix.
Fuchs, H.-W. (2003). Zum Verhältnis von Bildungsforschung und Bildungspolitik. In H. Döbert, B.v. Kopp, R. Martini & M. Weiß (Hrsg.), *Bildung vor neuen Herausforderungen* (S. 231-239). Neuwied: Luchterhand.
Fuchs, H-W., & Rürup, M. (2008). *Steuern durch Berichte?* Vortrag auf der KBBB-Herbsttagung 2008. URL: http://egora.uni-muenster.de/ew/qe/forschen/bindata/Fuchs_Ruerup_Bildungsberichte.pdf (11.09.2009).
Fullan, M. (1999). *Die Schule als lernendes Unternehmen.* Stuttgart: Klett.

Fullan, M. (2001). *The New Meaning of Educational Change.* New York: Teachers College Press.
Fullan, M., & Watson, N. (2000). School-based management: Reconceptualising to improve learning outcomes. *School Effectiveness and School Improvement, 11,* 435-473.
Fürst, D. (2004a). Regional Governance. In A. Benz (Hrsg.), *Governance. Eine Einführung* (S. 49-70). Hagen: FernUniversität Hagen, Polis.
Fürst, D. (2004b). Chancen der Regionalisierung im Bildungsbereich. Regional Governance – ein neuer Ansatz der Steuerung regionaler Entwicklungsprozesse. In W. Lohre, G. Engelking, Z. Götte, C. Hoppe, U. Kober, P. Madelung, D. Schnoor & K. Weisker (Hrsg.), *Regionale Bildungslandschaften. Grundlagen einer staatlich-kommunalen Verantwortungsgemeinschaft* (S. 35-55). Troisdorf: Bildungsverlag EINS.
Fürst, D. (2007). Regional Governance. In A. Benz (Hrsg.), *Handbuch Governance: Theoretische Grundlagen und empirische Anwendungsfelder* (S. 353-365). Wiesbaden: VS.
Fussangel, K., & Gräsel, C. (2009). Die Kooperation in schulübergreifenden Lerngemeinschaften. In K. Maag Merki (Hrsg.), *Kooperation und Netzwerkbildung* (S. 120-131). Seelze: Klett/Kallmeyer.
Fussangel, K., Schellenbach-Zell, J., & Gräsel, C. (2008). Die Verbreitung von Chemie im Kontext: Entwicklung der symbiotischen Implementationsstrategie. In R. Demuth, C. Gräsel, B. Ralle & I. Parchmann (Hrsg.), *Chemie im Kontext – Von der Innovation zur nachhaltigen Verbreitung einer Unterrichtskonzeption* (S. 49-81). Münster: Waxmann.
Füssel, H.-P., & Kretschmann, R. (2005). Verträge im Bildungsbereich – Chancen und Grenzen. *Recht der Jugend und des Bildungswesens, 53,* 56-70.
Garet, M.S., Porter, A.C., Desimone, L., Birman, B.F., & Yoon, K.S. (2001). What Makes Professional Development Effective? Results from a National Sample of Teachers. *American Educational Research Journal, 38,* 915-945.
Gärtner, H., Füsemann, D., Pant, H.A. (2009). Wirkungen von Schulinspektion aus Sicht betroffener Schulleitungen. *Empirische Pädagogik, 23,* 1-18.
Gathen, J.v.d. (2006). Grenzen der innerschulischen Rezeption von Rückmeldungen aus Large-Scale-Assessments. *Journal für Schulentwicklung, 10*(4), 13-19.
Geert, D., & Verhoeven, J.C. (2003). School self-evaluation – conditions and caveats: The Case of Secondary Schools. *Educational Management and Administration, 31*(4), 403-420.
Gerbaulet S., Herz, O., & Huber, L. (Hrsg.). (1972). *Schulnahe Curriculumentwicklung. Ein Vorschlag zur Errichtung Regionaler Pädagogischer Zentren mit Analysen über Innovationsprobleme in den USA, England und Schweden.* Stuttgart: Klett.
Gerecht, M., Steinert, B., Klieme, E., & Döbrich, P. (2007). *Skalen zur Schulqualität.* Frankfurt a.M.: DIPF.
Gerstenmaier, J. (2002). Philosophische Bildungsforschung: Handlungstheorien. In R. Tippel (Hrsg.), *Handbuch Bildungsforschung* (S. 155-168). Opladen: Leske + Budrich.

Gerwitz, S., Ball, S., & Bowe, R. (1995). *Markets, Choice and Equity in Education.* Buckingham: Open University Press.
Giddens, A. (1992). *Die Konstitution der Gesellschaft. Grundzüge einer Theorie der Strukturierung.* Frankfurt a.M.: Campus.
Giesen, H., & Gold, A. (1994). Die Wahl von Lehramtsstudiengängen. In J. Mayr (Hrsg.), *Lehrer/in werden* (S. 64-78). Innsbruck: StudienVerlag.
Göbel, K. (2007). *Qualität im interkulturellen Englischunterricht.* Münster: Waxmann.
Göbel, K. (2008). Die Entwicklung von thematischem Interesse im interkulturellen Englischunterricht. In T. Ringeisen, P. Buchwald & C. Schwarzer (Hrsg.), *Interkulturelle Kompetenz in Schule und Weiterbildung* (S. 169-186). Münster: Lit.
Gomolla, M., & Radtke, F.-O. (2002). *Institutionelle Diskriminierung. Die Herstellung ethnischer Differenz in der Schule.* Opladen: Leske + Budrich.
Gönner, R. (1967). *Die österreichische Lehrerbildung von der Normalschule bis zur Pädagogischen Akademie.* Wien: Bundesverlag.
Goodin, R.E. (1986). Laundering preferences. In J. Elster & A. Hylland (Hrsg.), *Foundations of Social Choice Theory* (S. 75-101). Cambridge: Cambridge University Press.
Görlitz, A., & Burth, H.-P. (1998). *Politische Steuerung.* Opladen: Leske + Budrich.
Gorry, G.A., & Scott Morton, M.S. (1971). A Framework for Management Information Systems. *Sloane Management Review, 13,* 55-70.
Grabensberger, E., Freudenthaler, H.H., & Specht, W. (2008). *Bildungsstandards: Testungen und Ergebnisrückmeldungen auf der achten Schulstufe aus der Sicht der Praxis.* Graz: bifie.
Graf, M.A., & Graf, E.O. (1997). Der Angriff der Bildungselite auf die Volksbildung. *Widerspruch, 33,* 23-37.
Granzer, D., Wendt, P., & Berger, R. (Hrsg.). (2008). *Selbstevaluation in Schulen.* Weinheim: Beltz.
Gräsel, C., & Parchmann, I. (2004). Implementationsforschung – oder: der steinige Weg, Unterricht zu verändern. *Unterrichtswissenschaft, 32,* 238-256.
Gräsel, C., Parchmann, I., Puhl, T., Baer, A., Fey, A., & Demuth, R. (2004). Lehrerfortbildungen und ihre Wirkungen auf die Zusammenarbeit von Lehrkräften und die Unterrichtsqualität. In J. Doll & M. Prenzel (Hrsg.), *Bildungsqualität von Schule: Lehrerprofessionalisierung, Unterrichtsentwicklung und Schülerförderung als Strategien der Qualitätsverbesserung* (S. 133-151). Münster: Waxmann.
Griffith, J.J. (2000). School Climate as Group Evaluation and Group Consensus. *The Elementary School Journal, 101,* 35-61.
Groeben, A.v.d. (2005). Aus Falschem folgt Falsches – Wie Standards zum pädagogischen Bumerang werden können. In G. Becker, A. Bremerich-Vos, M. Demmer, K. Maag Merki, B. Priebe, K. Schwippert, L. Städel & K.-J. Tillmann (Hrsg.), *Standards. Friedrich Jahresheft 2005* (S. 78-79). Seelze: Friedrich.
Gronn, P. (2002). Distributed Leadership. In K. Leithwood, P. Hallinger, K. Seashore-Louis, G. Furman-Brown, P. Gronn, W. Mulford & K. Riley (Hrsg.), *Second International Handbook of Educational Leadership and Administration* (S. 653-696). Dordrecht: Kluwer.
Gronn, P. (2009). *Autonomy: A theoretical, policy and practical matter?* Paper presented at the ECER-Conference, Vienna, September 2009.

Groß Ophoff, J., Koch, U., Helmke, A., & Hosenfeld, I. (2006). Vergleichsarbeiten für die Grundschule – und was diese daraus machen (können). *Journal für Schulentwicklung, 10*(4), 7-12.

Groß Ophoff, J., Hosenfeld, I., & Koch, U. (2007). Formen der Ergebnisrezeption und damit verbundene Schul- und Unterrichtsentwicklung. *Empirische Pädagogik, 21*, 411-427.

Gruber, K.H. (1990). School reform and curriculum development: The Austrian experience. *The Curriculum Journal, 2*(3), 315-322.

Gruehn, S. (2000). *Unterricht und schulisches Lernen. Schüler als Quellen der Unterrichtsbeschreibung.* Münster: Waxmann.

Grundmann, M., Dierschke, T., Drucks, S., & Kunze, I. (Hrsg.). (2006). *Soziale Gemeinschaften. Experimentierfelder für kollektive Lebensformen.* Berlin: LIT.

Gruschka, A., Heinrich, M., Köck, N., Ellen, M., Pollmanns, M., & Tiedtke, M. (2003). *Innere Schulreform durch Kriseninduktion?* Frankfurt a.M.: Goethe-Universität.

Guskey, T.R. (2007). Multiple Sources of Evidence: An Analysis of Stakeholders' Perceptions of Various Indicators of Student Learning. *Educational Measurement: Issues and Practice, 26*(1), 19-27.

Gutknecht-Gmeiner, M., Lachmayr, N., Strasser, C., & Gottwald, R. (2007). *Profilbildung in der Sekundarstufe. Bundesweite Erhebungen und Befragung von Schulleitungen.* Unveröff. Bericht. Wien: Arbeiterkammer.

Hackl, B. (1998). Aufbruch aus der Krise? „Schulautonomie" in Österreich zwischen Reformbedarf, Demokratisierung und Marktrhetorik. *Die Deutsche Schule, 90*, 79-92.

Haenisch, H. (2004). Gelingensbedingungen für die Entwicklung und Umsetzung des Schulprogramms. In H.G. Holtappels (Hrsg.), *Schulprogramme – Instrumente der Schulentwicklung* (S. 223-244). Weinheim: Juventa.

Hahn, A. (1983). Konsensfiktionen in Kleingruppen. *Kölner Zeitschrift für Soziologie und Sozialpsychologie,* (Sonderheft 25), 210-232.

Haider, G., & Reiter, C. (Hrsg.). (2004). *PISA 2003. Internationaler Vergleich von Schülerleistungen.* Graz: Leykam.

Halbheer, U., & Reusser, K. (2008). Output-Steuerung, Accountability, Educational Governance – Einführung in die Geschichte, Begrifflichkeiten und Funktionen von Bildungsstandards. *Beiträge zur Lehrerbildung, 26*, 253-266.

Hall, R. (1997). Knowledge Use and the Dynamics of Managing Curriculum Change. *Science Communication, 18*, 342-361.

Hallinger, P., & Heck, R.H. (1996). The principal's role in school effectiveness: An assessment of methodological progress, 1980-1995. In K. Leithwood, J. Chapman, P. Corson, P. Hallinger & A. Hart (Hrsg.), *International Handbook of Educational Leadership and Administration* (S. 723-781). Dordrecht: Kluwer.

Hallinger, P., & Heck, R.H. (1998). Exploring the principal's contribution to school effectiveness: 1980-1995. *School Effectiveness and School Improvement, 9*, 157-191.

Hallinger, P., Bickmann, L., & Davis, K. (1996). School Context, Principal Leadership, and Student Reading Achievement. *The Elementary School Journal, 96*, 527-549.

Halpin, D., & Troyna, B. (1995). The Politics of Education Policy Borrowing. *Comparative Education, 31*, 303-310.

Hamilton, L.S., Stecher, B.M., & Klein, S.P. (Hrsg.). (2002). *Making Sense of Test-Based Accountability in Education.* Santa Monica, CA: Rand.

Hamilton, L.S., Stecher, B.M., Marsh, J.A., McCombs, J.S., Robyn, A., Russell, J.L., Naftel, S., & Barney, H. (2007). *Standards-Based Accountability Under No Child Left Behind. Experiences of Teachers and Administrators in Three States.* Santa Monica, CA: Rand.

Hamilton, L.S., Stecher, B.M., Russell, J.L., Marsh, J.A., & Miles, J. (2008). Accountability and Teaching Practices: School-Level Actions and Teacher Responses. In B. Fuller, M.K. Henne & E. Hannum (Hrsg.), *Strong Stakes, Weak Schools: The Benefits and Dilemmas of Centralized Accountability* (S. 31-66). Bingley: Emerald.

Hannaway, J. (1989). *Managers Managing: The workings of an administrative system.* New York: Oxford University Press.

Hanushek, E., & Raymond, M.E. (2004). *Does School Accountability Lead to Improved Student Performance?* Working Paper 10591. Cambridge, MA: National Bureau of Economic Research.

Harazd, B., Gieske, M., & Rolff, H.-G. (2008). Herausforderungen an Schulleitung: Verteilung von Verantwortung und Aufgaben. In W. Bos, H.G. Holtappels, H. Pfeiffer, H.-G. Rolff & R. Schulz-Zander (Hrsg.), *Jahrbuch der Schulentwicklung. Band 15* (S. 231-263). Weinheim: Juventa.

Harris, A. (2001). *Change at the learning level.* Paper presented at the International Congress for School Effectiveness and Improvement, Toronto.

Harris, A., & Chapman, C. (2002). *Democratic leadership for school improvement in challenging contexts.* Paper presented at the International Congress on School Effectiveness and Improvement, Copenhagen.

Harris, A., & Young, J. (2000). Comparing school improvement programmes in England and Canada. *School Leadership & Management, 20,* 31-42.

Harris, P. (1999). *The battle for raising standards: can improvement be mandated?* Paper presented at the European Conference on Educational Research, 22-25 September, Finland. URL: http://www.leeds.ac.uk/educol/documents/00001351.htm (26.10.2008).

Hartley, D. (2003). Education as a global positioning device: some theoretical considerations. *Comparative Education, 39,* 439-450.

Hartung-Beck, V. (2009). *Schulische Organisationsentwicklung und Professionalisierung. Folgen von Lernstandserhebungen an Gesamtschulen.* Wiesbaden: VS.

Hattie, J., & Timperley, H. (2007). The Power of Feedback. *Review of Educational Research, 77*(1), 81-112.

Hatton, E. (2001). School development planning in a small primary school. *Journal of Educational Administration, 39,* 118-133.

Heid, H., & Harteis, C. (Hrsg.). (2005). *Verwertbarkeit. Ein Qualitätskriterium (erziehungs-)wissenschaftlichen Wissens?* Wiesbaden: VS.

Heinrich, M. (2006). *Autonomie und Schulautonomie. Die vergessenen ideengeschichtlichen Quellen der Autonomiedebatte der 1990er Jahre.* Münster: Monsenstein & Vannerdat.

Heinrich, M. (2007). *Governance in der Schulentwicklung. Von der Autonomie zur evaluationsbasierten Steuerung.* Wiesbaden: VS.

Heinrich, M., & Altrichter, H. (2008). Schulentwicklung und Profession. Der Einfluss von Initiativen zur Modernisierung der Schule auf die Lehrerprofession. In W. Helsper, S. Busse, M. Hummrich & R.-T. Kramer (Hrsg.), *Pädagogische Professionalität in Organisationen* (S. 205-221). Wiesbaden: VS.

Heise, M. (2007). Professionelles Lernen jenseits von Fortbildungsmaßnahmen. Was tun Lehrkräfte im Vergleich zu anderen akademischen Berufsgruppen? *Zeitschrift für Erziehungswissenschaft, 10*, 513-531.

Heise, M. (2009). *Informelles professionelles Lernen von Lehrkräften und dessen Unterstützung durch die Schule.* Münster: Waxmann.

Helmke, A. (2003). *Unterrichtsqualität. Erfassen, Bewerten, Verbessern.* Seelze: Kallmeyer.

Helmke, A. (2004). Von der Evaluation zur Innovation: Pädagogische Nutzbarmachung von Vergleichsarbeiten in der Grundschule. *Seminar,* (2), 90-112. URL: http://scholar.google.com/scholar?q=Das+Seminar+2/2004+von+der+evaluation+zur+innovation+helmke+andreas&hl=de&um=1&oi=scholart (18.04.2007).

Helmke, A., & Hosenfeld, I. (2005). Standardbezogene Unterrichtsentwicklung. In G. Brägger, B. Bucher & N. Landwehr (Hrsg.), *Schlüsselfragen zur externen Schulevaluation* (S. 127-152). Bern: h.e.p.

Helmke, A., & Schrader, F.-W. (2006). Determinanten der Schulleistung. In D.H. Rost (Hrsg.), *Handwörterbuch Pädagogische Psychologie.* 3. Ausgabe (S. 83-94). Weinheim: Beltz.

Helsper, W., Busse, S., Hummrich, M., & Kramer, R.-T. (Hrsg.). (2008). *Pädagogische Professionalität in Organisationen.* Wiesbaden: VS.

Hendriks, M., Barzanò, G., & Brumana, E. (2004). Attention that Indicators Receive in the Press. *European Educational Research Journal, 3*, 278-304.

Hercher, J., Schaefers, C., Treptow, E., & Terhart, E. (2004). *Die Mitwirkung von Schulen bei der Einstellung von Lehrerinnen und Lehrern: Erfahrungen und Wirkungen.* Unv. Forschungsbericht. Münster: Westfälische Wilhelms-Universität.

Hercher, J., Schaefers, C., Treptow, E., & Rothland, M. (2005). „Jeder Schule ihre Lehrer"? Empirische Befunde zum Auswahlverfahren bei der Besetzung von Lehrerstellen in Nordrhein-Westfalen. *Zeitschrift für Erziehungswissenschaft, 8*, 305-320.

Herman, J.L. (2004). The Effects of Testing on Instruction. In S.H. Fuhrman & R.F. Elmore (Hrsg.), *Redesigning Accountability Systems for Education* (S. 141-166). New York: Teachers College Press.

Herzog, W. (2009). *Besserer Unterricht durch Bildungsstandards und Kompetenzmodelle?* Vortrag bei der Tagung der DGfE-Kommissionen Schul- und Professionsforschung an der PH Heidelberg am 25.-27.3.2009.

Heubert, J.P. (2004). High-Stakes Testing in a Changing Environment: Disparate Impact, Opportunity to Learn, and Current Legal Protections. In S.H. Fuhrman & R.F. Elmore (Hrsg.), *Redesigning Accountability Systems for Education* (S. 220-242). New York: Teachers College Press.

Hib & SUK (2007). *Bildungsbericht unter Experten umstritten.* URL: http://www.bundestag.de/presse/hib/2007_01/2007_007/01.html (22.09.2008).

Hinteregger, R. (2001). Schulen mit Programm. *PÄDAGOGIK, 53*(12), 58-59.

Hintz, D., Pöppel, K.G., & Rekus, J. (2001). *Neues schulpädagogisches Wörterbuch.* Weinheim: Juventa.
Hirschman, A.O. (1970). *Exit, Voice and Loyality: Responses to Decline in Firms, Organizations, and States.* Cambridge, MA: Harvard University Press.
Hofinger, C., Jenny, M., Kaupa, I., Salfinger, B., Enzenhofer, E., Doblhammer, M., Havranek, C., Reichmann, M., Rüdiger H.W., Barth, A., & Blauensteiner, R. (2000). *LehrerIn 2000. Arbeitszeit, Zufriedenheit, Beanspruchungen und Gesundheit der LehrerInnen in Österreich.* Wien: BMUKK. URL: http://www.bmukk.gv.at/medienpool/16164/lehrerin2000.pdf (03.12.2008).
Hofmann, R.H., Dijkstra, N.J., & Hofman, A. (2009). School self-evaluation and student achievement. *School Effectiveness and School Improvement, 20*, 47-68.
Holme, J.J. (2008). High Stakes Diplomas: Organizational Responses to California's High School Exit Exam. In B. Fuller, M.K. Henne & E. Hannum (Hrsg.), *Strong Stakes, Weak Schools: The Benefits and Dilemmas of Centralized Accountability* (S. 157-188). Bingley: Emerald.
Holtappels, H.G. (2004a). Schulprogramm – ein Instrument zur systematischen Entwicklung der Schule. In H.G. Holtappels (Hrsg.), *Schulprogramme – Instrumente der Schulentwicklung* (S. 11-28). Weinheim: Juventa.
Holtappels, H.G. (2004b). Schulprogramm und Organisationskultur – Ergebnisse aus niedersächsischen Schulen über Bedingungen und Wirkungen. In H.G. Holtappels (Hrsg.), *Schulprogramme – Instrumente der Schulentwicklung* (S. 175-194). Weinheim: Juventa.
Holtappels, H.G. (2004c). Prozessformen für gelingende Schulprogrammarbeit in der Praxis. In H.G. Holtappels (Hrsg.), *Schulprogramme – Instrumente der Schulentwicklung* (S. 245-261). Weinheim: Juventa.
Holtappels, H.-G. (Hrsg.). (2004d). *Schulprogramme – Instrumente der Schulentwicklung.* Weinheim: Juventa.
Holtappels, H.G., & Müller, S. (2004). Inhalte von Schulprogrammen – Ergebnisse einer Inhaltsanalyse Hamburger Schulprogrammtexte. In H.G. Holtappels (Hrsg.), *Schulprogramme – Instrumente der Schulentwicklung* (S. 79-102). Weinheim: Juventa.
Holtappels, H.G., & Simon, F. (2002). *Schulqualität und Schulentwicklung über Schulprogramm.* Dortmund.
Holtappels, H.G., Müller, S., & Simon, F. (2002). Schulprogramm als Instrument der Schulentwicklung. *Die Deutsche Schule, 94*, 217-233.
Holtappels, H.G., Klemm, K., & Rolff, H.-G. (Hrsg.). (2008). *Schulentwicklung durch Gestaltungsautonomie.* Ergebnisse der Begleitforschung zum Modellvorhaben ,Selbstständige Schule' in Nordrhein-Westfalen. Münster: Waxmann.
Hölzl, L., & Rixinger, G. (2007). *Implementierung von Bildungsstandards in Österreich – das zweite Jahr. Dokumentation des Entwicklungsprozesses der Pilotphase II in zwei österreichischen Hauptschulen.* Unveröffentlichte Diplomarbeit. Linz: Johannes Kepler Universität.
Honig, M. (2003). Building policy from practice: Central office administrators' roles and capacity in collaborative policy implementation. *Educational Administration Quarterly, 39*, 292-338.

Honig, M., & Coburn, C. (2008). Evidence-Based Decision Making in School District Central Offices. Toward a Policy and Research Agenda. *Educational Policy, 22*, 578-608.

Hood, C. (1991). A Public Management for all Seasons? *Public Administration, 69*, 3-19.

Hopkins, D. (1989). *Evaluation for School Development*. Milton Keynes: Open University Press.

Hopkins, D., & Levin, B. (2000). Government policy and school development. *School Leadership & Management, 20*, 15-30.

Hopkins, D., & MacGilchrist, B. (1998). Development planning for pupil achievement. *School Leadership & Management, 18*, 409-424.

Horak, R. (2005). *Schulische Profilbildung und Selektion*. Frankfurt a.M.: Unv. Ms.

Horak, R., & Johanns, D. (2001). Schulische Profilbildungs- und Selektionsprozesse. In K. Himmelstein & W. Keim (Hrsg.), *Jahrbuch für Pädagogik 2000: Gleichheit und Ungleichheit in der Pädagogik* (S. 191-206). Frankfurt a.M.: Lang.

Hord, S.M. (1997). *Professional learning communities: Communities of continuous inquiry and improvement*. Austin, Texas: Southwest Educational Development Laboratory.

Horn, R.A.J. (2004). *Standards*. New York: Peter Lang.

Hosenfeld, I. (2005). Rezeption – Reflexion – Aktion . Wie lassen sich Lernstandserhebungen und Vergleichsarbeiten pädagogisch nutzen? In G. Becker, A. Bremerich-Vos, M. Demmer, K. Maag Merki, B. Priebe, K. Schwippert, L. Stäudel & K.-J. Tillmann (Hrsg.), *Standards. Friedrich Jahresheft 2005* (S. 112-114). Seelze: Friedrich.

Hosenfeld, I., & Groß Ophoff, J. (2007). Nutzung und Nutzen von Evaluationsstudien in Schule und Unterricht. *Empirische Pädagogik, 21*, 352-367.

Hosenfeld, I., Groß Ophoff, J., & Koch, U. (2007). *Vergleichsarbeiten in Klassenstufe 3 („VERA 3") – Konzept und empirische Befunde zum Umgang mit den Ergebnisrückmeldungen in den Schulen*. Präsentation bei der 7. Tagung „Empiriegestützte Schulentwicklung" in Mainz. Landau: Universität Koblenz-Landau.

Husén, T., & Tuijnman, A.C. (1994). Monitoring Standards in Education: Why and How it Came About? In A.C. Tuijnman & T.N. Postlethwaite (Hrsg.), *Monitoring the Standards of Education* (S. 1-21). Oxford: Elsevier Science.

IFS (Institut für Schulentwicklungsforschung) (1999). *IFS-Schulbarometer*. Dortmund: IFS-Verlag.

Ingersoll, R.M. (2005). The problem of underqualified teachers: A sociological perspective. *Sociology of Education, 78*, 175-178.

Ingram, D., Seashore Louis, K., & Schroeder, R.G. (2004). Accountability policies and teacher decision making: Barriers to the use of data to improve practice. *Teachers College Record, 106*(6), 1258-1287.

Ipsos Mori (2006). *School inspections for OFSTED. Research Study Conducted for OFSTED. Final Report* (23. Oktober 2006). London.

IWD (Institut der deutschen Wirtschaft) (2005). Lehrerfortbildung – Nachhilfe ist Chefsache. *Informationsdienst der deutschen Wirtschaft, 31*(51-52), 6-7.

Jackson, D. (2006). The Creation of Knowledge Networks. In A. Harris & J.H. Chrispeels (Hrsg.), *Improving schools and educational systems* (S. 274-291). London: Routledge.

Jann, W. (2001). Neues Steuerungsmodell. In B. Blanke, S.v. Bandemer, F. Nullmeier & G. Wewer (Hrsg.), *Handbuch zur Verwaltungsreform* (S. 82-92). Opladen: Leske + Budrich.

Janssen, F.J.G., & Amelsvoort, G.v. (2008). School self-evaluation and school inspections in Europe. *Studies in Educational Evaluation, 34*, 15-23.

Johnson, B.L. (1999). The Politics of Research-Information Use in the Educational Policy Arena. *Educational Policy, 13*, 23-36.

Jornitz, S. (2008). Was bedeutet „evidenzbasierte Bildungsforschung"? *Die Deutsche Schule, 100*, 206-216.

Jürgens, E. (2004). Schulprogrammarbeit auf dem Prüfstand. In H.G. Holtappels (Hrsg.), *Schulprogramme – Instrumente der Schulentwicklung* (S. 103-116). Weinheim: Juventa.

Jürges, H., & Schneider, K. (2007). Fair ranking of teachers. *Empirical Economics, 32*, 411-431.

Jürges, H., Schneider, K., & Büchel, F. (2003). *The Effect of Central Exit Examinations on Student Achievement: Quasi-Experimental Evidence from TIMSS Germany*. CESifo Working Paper 939. München: CESifo.

Kämper, E., & Schmitt, J. (2000). Netzwerke als strukturelle Kopplung. Systemtheoretische Überlegungen zum Netzwerkbegriff. In J. Weyer (Hrsg.), *Soziale Netzwerke* (S. 211-235). München: Oldenbourg.

Kanders, M. (2004). Schulprogrammarbeit in NRW. In H.G. Holtappels (Hrsg.), *Schulprogramme – Instrumente der Schulentwicklung* (S. 117-136). Weinheim: Juventa.

Kennedy, M.M. (1982a). Evidence and decision. In M.M. Kennedy (Hrsg.), *Working knowledge and other essays* (S. 59-103). Cambridge, MA: Huron Institute.

Kennedy, M.M. (1982b). Working knowledge. In M.M. Kennedy (Hrsg.), *Working knowledge and other essays* (S. 1-28). Cambridge, MA: Huron Institute.

Keppelmüller, J. (2000). Die Rolle des Schulprogramms im neuen Lehrplan der Hauptschule und der AHS-Unterstufe. *Erziehung und Unterricht, 150*, 248-252.

KGSt (1993). *Das neue Steuerungsmodell. Begründungen, Konturen, Umsetzung*. Köln.

Kiefer, B.-U. (2004). *Taschenbuch Personalbeurteilung. Feedback in Organisationen.* Heidelberg: Verlag Recht und Wirtschaft.

Klafki, W. (2002). *Schultheorie, Schulforschung und Schulentwicklung im politisch-gesellschaftlichen Kontext*. Weinheim: Beltz.

Klatetzki, T. (2005). Professionelle Arbeit und kollegiale Organisation. Eine symbolisch interpretative Perspektive. In T. Klatetzki & V. Tacke (Hrsg.), *Organisation und Profession* (S. 253-283). Wiesbaden: VS.

Klatetzki, T., & Tacke, V. (Hrsg.). (2005). *Organisation und Profession*. Wiesbaden: VS.

Kleickmann, T., Vehmeyer, J., Möller, K., & Jonen, A. (2007). *Zur Bedeutung tutorieller Unterstützung im Rahmen von Conceptual-Change-orientierten Lehrerfortbildungen*. Vortrag auf der 4. Tagung der Sektion „Empirische Bildungsforschung" der DGfE, Wuppertal.

Klein, E.D., Kühn, S.M., Ackeren, I.v., & Block, R. (2009). Wie zentral sind zentrale Prüfungen? – Abschlussprüfungen am Ende der Sekundarstufe II im nationalen und internationalen Vergleich. *Zeitschrift für Pädagogik, 55*, 596-621.

Klein, S.P., Hamilton, L.S., McCaffrey, D., & Stecher, B.M. (2000). *What do test scores in Texas tell us?* Issue Paper IP-202. Santa Monica, CA: Rand.

Klemm, K. (2005). Dezentralisierung und Privatisierung im Bildungswesen. In H.G. Holtappels & K. Höhmann (Hrsg.), *Schulentwicklung und Schulwirksamkeit* (S. 111-119). Weinheim: Juventa.

Klemm, K. (2008). Bildungschancen in der Stadt? Sozialräumliche Segregation und selektives Bildungssystem. *Die Deutsche Schule, 100*, 272-280.

Klemm, K., & Meetz, F. (2004). Schulen werden selbständiger. Eigenständiges Ressourcen- und Personalmanagement als Aufgabenfelder gestärkter Schulen. *Essener Unikate,* (24), 8-19.

Klieme, E. (2003). Benotungsmaßstäbe an Schulen: Pädagogische Praxis und institutionelle Bedingung. In H. Döbert, B.v. Kopp, R. Martini & M. Weiß (Hrsg.), *Bildung vor neuen Herausforderungen* (S. 195-210). Neuwied: Luchterhand.

Klieme, E. (2004). Begründung, Implementation und Wirkung von Bildungsstandards. *Zeitschrift für Pädagogik, 50*, 625-634.

Klieme, E. (2005a). *Bildungsstandards – Kompetenzmodelle – Notengebung und Unterricht.* Referat bei der AEPF-Tagung in Salzburg am 21. September 2005.

Klieme, E. (2005b). Zur Bedeutung von Evaluation für die Schulentwicklung. In K. Maag Merki, A. Sandmeier, P. Schuler & H. Fend (Hrsg.), *Schule wohin? Schulentwicklung und Qualitätsmanagement im 21. Jahrhundert* (S. 40-61). Zürich: Universität.

Klieme, E., Avenarius, H., Blum, W., Döbrich, P., Gruber, H., Prenzel, M., Reiss, K., Riquarts, K., Rost, J., Tenorth, H.-E., & Vollmer, H.J. (2003). *Zur Entwicklung nationaler Bildungsstandards. Eine Expertise.* Bonn: Bundesministerium für Bildung und Forschung.

Klieme, E., Avenarius, H., Baethge, M., Döbert, H., Hetmeier, H.-W., Meister-Scheufelen, G., Rauschenbach, T., & Wolter, A. (2006). Grundkonzeption der Bildungsberichterstattung für Deutschland. *Zeitschrift für Erziehungswissenschaft,* (6. Beiheft), 129-145.

Klifman, H. (2004). Greep krijgen op educational governance. *School en Wet,* (Oktober 2004), 276-281.

Klug, C., & Reh, S. (2000). Was fangen die Schulen mit den Ergebnissen an? *PÄDAGOGIK, 52*(12), 16-21.

Kluge, K. (2004). Auswahl von Lehrkräften. Verfahren und Erfahrungen am Beispiel der USA. *Schulmanagement, 35*(6), 16-18.

Kluger, A.N., & DeNisi, A. (1996). The effects of feedback interventions on performance: a historical review, a meta-analysis, and a preliminary feedback intervention theory. *Psychological Bulletin, 119*(2), 254-284.

KMK (Kultusministerkonferenz) (2004). *Bildungsstandards der Kultusministerkonferenz. Erläuterungen zur Konzeption und Entwicklung.* München: Luchterhand.

KMK (Kultusministerkonferenz) (2009). *FAQ's – Frequently Asked Questions zum Kerndatensatz und zur Datengewinnungsstrategie.* Bonn: KMK. URL: http://www.kmk.org/fileadmin/pdf/Statistik/FAQ_Januar09.pdf (20.07.2009).

KMK/IQB (2006). *Gesamtstrategie der Kultusministerkonferenz zum Bildungsmonitoring*. Neuwied: Luchterhand.
Knorr, K.D. (1977). Policymakers' use of social science knowledge. Symbolic or instrumental? In C.H. Weiss (Hrsg.), *Using social research in public policy making* (S. 165-182). Lexington, MA: Lexington Books.
Koch-Priewe, B. (2007). Brauchen wir Standards in der Lehrer- und Lehrerinnenbildung? In D. Fischer (Hrsg.), *Qualität der Lehrerfortbildung. Kriterien und Umgang mit Differenzen* (S. 27-33). Berlin/Münster: Lit Verlag.
Kogan, M. (1986). *Educational Accountability*. London: Hutchinson.
Kogan, M. (1996). Monitoring, control and governance of school systems. In OECD (Hrsg.), *Evaluating and Reforming Education Systems* (S. 25-45). Paris: OECD.
Kohler, B. (2002). Zur Rezeption von TIMSS durch Lehrerinnen und Lehrer. *Unterrichtswissenschaft, 30*(2), 158-188.
Kohler, B. (2005). *Rezeption internationaler Schulleistungsstudien*. Münster: Waxmann.
Kohler, B., & Schrader, F.-W. (2004). Ergebnisrückmeldung und Rezeption: Von der externen Evaluation zur Entwicklung von Schule und Unterricht. *Empirische Pädagogik, 18*, 3-17.
Köller, O. (2008). Wenn sich Wissenschaft instrumentalisieren lässt – PISA und die Schulstrukturdebatte. In LISUM, BMUKK & EDK (Hrsg.), *Bildungsmonitoring, Vergleichsstudien und Innovationen. Von evidenzbasierter Steuerung zur Praxis* (S. 25-40). Berlin: Berliner Wissenschafts-Verlag.
Köller, O., Baumert, J., & Schnabel, K. (1999). Wege zur Hochschulreife: Offenheit des Systems und Sicherung vergleichender Standards. *Zeitschrift für Erziehungswissenschaft, 2*, 385-422.
Köller, O., Baumert, J., Cortina, K.S., Trautwein, U., & Watermann, R. (2004). Öffnung von Bildungswegen in der Sekundarstufe II und die Wahrung von Standards. *Zeitschrift für Pädagogik, 50*, 679-700.
König, E., & Zedler, P. (Hrsg.). (1989). *Rezeption und Verwendung erziehungswissenschaftlichen Wissens in pädagogischen Handlungs- und Entscheidungsfeldern*. Weinheim: Juventa.
Konsortium Bildungsberichterstattung (2006a). *Bildung in Deutschland*. Bielefeld: Bertelsmann.
Konsortium Bildungsberichterstattung (2006b). *Zur langfristigen Sicherstellung der Datenbasis für die Bildungsberichterstattung. Interner Bericht vom 9. Januar 2006*. URL: http://www.bildungsbericht.de/daten/datenstrategie.pdf (15.08.2008).
Kopp, B.v. (2007). ‚New Governance', gesellschaftlicher Wandel und civil society: Steuerung von Schule im Kontext von Paradoxien und Chancen. *TiBi*, (15), 1-15.
Kopp, B.v. (2008). Bildungssteuerung: Vom Drehen an der Stellschraube zur Governance. *TiBi*, (19), 1-36.
Koretz, D. (2002). Limitations in the use of achievement tests as measures of educators' productivity. *Journal of Human Resources, 37*, 752-777.
Koretz, D. (2008). Test-based Educational Accountability. Research Evidence and Implications. *Zeitschrift für Pädagogik, 54*, 777-790.
Koretz, D., & Barron, S.I. (1998). *The Validity of Gains on the Kentucky Instructional Results Information System (KIRIS)*. MR-1014-EDU. Santa Monica, CA: Rand.

Koretz, D., McCaffrey, D., & Hamilton, L.S. (2001). *Toward a framework for validating gains under high-stakes conditions.* CSE Technical Report 551. Los Angeles: National Center for Research on Evaluation, Standards, and Student Testing.

Kotthoff, H.-G. (2003). *Bessere Schulen durch Evaluation? Internationale Erfahrungen.* Münster: Waxmann.

Kotthoff, H.-G. (2005). Nicht-normative Steuerung in dezentralen Systemen. In J. Oebbeck (Hrsg.), *Nicht-normative Steuerung in dezentralen Systemen* (S. 231-251). Stuttgart: Steiner.

Kotthoff, H.-G., Maag Merki, K., & Böttcher, W. (2007). Schulinspektion im internationalen Vergleich: Konzepte und Erfahrungen – England, Niederlande, Schweden, Schweiz. *Journal für Schulentwicklung, 11*(3), 52-58.

Kotthoff, H.-G., Maag Merki, K., & Lambrecht, M. (2008). *Wissenschaftliche Begleitung der Pilotphase Fremdevaluation an allgemein bildenden Schulen in Baden-Württemberg. Abschlussbericht.* Unv. Ms. Freiburg: Pädagogische Hochschule.

Krainz-Dürr, M. (2002a). Schulprogrammentwicklung als Projekt. In M. Krainz-Dürr, P. Posch & F. Rauch (Hrsg.), *Schulprogramme entwickeln* (S. 48-64). Innsbruck: StudienVerlag.

Krainz-Dürr, M. (2002b). Schulprogrammentwicklung: Erfolgsfaktoren und Knackpunkte. *Journal für Schulentwicklung, 6*(3), 29-40.

Krainz-Dürr, M., Posch, P., & Rauch, F. (2002). *Schulprogramme entwickeln. Erfahrungen eines Pilotprojektes an berufsbildenden Schulen.* Innsbruck: StudienVerlag.

Kreis, A., & Staub, F.C. (2008). Praxislehrpersonen als Unterrichtscoaches und als Mediatoren in der Rekontextualisierung unterrichtsbezogenen Wissens. *Beiträge zur Lehrerbildung, 26*, 198-210.

Kreis, A., Lügstenmann, G., & Staub, F.C. (2008). *Kollegiales Unterrichtscoaching als Ansatz zur Schulentwicklung. Schlussbericht zur Pilotstudie Peer Coaching.* Kreuzlingen: Pädagogische Hochschule Thurgau.

Kristen, C., Römmer, A., Müller, W., & Kalter, F. (2005). *Längsschnittstudien für die Bildungsberichterstattung – Beispiele aus Europa und Nordamerika.* Bonn: BMBF. URL: http://www.bmbf.de/pub/Laengsschnitt_fuer_Bildungsberichterstattung.pdf (15.08.2008).

Kühle, B., & Peek, R. (2007). Lernstandserhebungen in Nordrhein Westfalen. Evaluationsbefunde zur Rezeption und zum Umgang mit Ergebnisrückmeldungen in Schulen. *Empirische Pädagogik, 21*, 428-447.

Kunz-Heim, D. (2002). *Qualität durch Qualifizierung. Lehrerbeurteilung als Instrument zur Förderung von Qualität im Unterricht.* Weinheim: Juventa.

Kuper, H. (2004). Netzwerke als Form pädagogischer Institutionen. In W. Böttcher & E. Terhardt (Hrsg.), *Organisationstheorie in pädagogischen Feldern* (S. 237-252). Wiesbaden: VS.

Kuper, H. (2005). *Evaluation im Bildungssystem.* Stuttgart: Kohlhammer.

Kuper, H. (2006a). Rückmeldung und Rezeption – zwei Seiten der Verwendung wissenschaftlichen Wissens im Bildungssystem. In H. Kuper & J. Schneewind (Hrsg.), *Rückmeldung und Rezeption von Forschungsergebnissen* (S. 7-16). Münster: Waxmann.

Kuper, H. (2006b). Eröffnen sich aus dem Erziehungssystem Alternativen zur funktionalen Differenzierung pädagogischer Kommunikation? In Y. Ehrenspeck & D. Lenzen (Hrsg.), *Beobachtungen des Erziehungssystems. Systemtheoretische Perspektiven* (S. 178-191). Wiesbaden: VS.

Kuper, H. (2008). Entscheiden und Kommunizieren. In W. Helsper, S. Busse, M. Hummrich & R.-T. Kramer (Hrsg.), *Pädagogische Professionalität in Organisationen* (S. 149-162). Wiesbaden: VS.

Kuper, H., & Hartung, V. (2007). Überzeugungen zur Verwendung des Wissens aus Lernstandserhebungen. *Zeitschrift für Erziehungswissenschaft, 10*, 214-229.

Kuper, H., & Schneewind, J. (Hrsg.). (2006). *Rückmeldung und Rezeption von Forschungsergebnissen.* Münster: Waxmann.

Kuper, H., & Thiel, F. (2009). Erziehungswissenschaftliche Institutionen- und Organisationsforschung. In R. Tippelt & B. Schmidt (Hrsg.), *Handbuch Bildungsforschung* (S. 483-498). Wiesbaden: VS.

Kussau, J. (2008a). Zur Mitarbeiterbeurteilung als Instrument schulischer Qualitätssicherung. In R. Langer (Hrsg.), *Warum tun die das?* (S. 227-253). Wiesbaden: VS.

Kussau, J. (2008b). Governance der Schule im Kontext von Interdependenz und sozialem Wissen. In T. Brüsemeister & K.-D. Eubel (Hrsg.), *Evaluation, Wissen und Nichtwissen* (S. 203-232). Wiesbaden: VS.

Kussau, J., & Brüsemeister, T. (2007a). Educational Governance: Zur Analyse der Handlungskoordination im Mehrebenensystem der Schule. In H. Altrichter, T. Brüsemeister & J. Wissinger (Hrsg.), *Educational Governance – Handlungskoordination und Steuerung im Bildungssystem* (S. 15-54). Wiesbaden: VS.

Kussau, J., & Brüsemeister, T. (2007b). *Governance, Schule und Politik. Zwischen Antagonismus und Kooperation.* Wiesbaden: VS.

Kwakman, K. (2003). Factors affecting teachers' participation in professional learning activities. *Teaching and Teacher Education, 19*, 149-170.

Laczko-Kerr, I., & Berliner, D. (2002). The effectiveness of „Teach for America" and other under-certified teachers on student academic achievement: The case of a harmful public policy. *Education Policy Analysis Archives, 10*(37), 1-52. URL: http://epaa.asu.edu/epaa/v10n37 (23.03.2006).

Lambrecht, M., Kotthoff, H.-G., & Maag Merki, K. (2008). Taktieren oder Öffnen? Die Pilotphase Fremdevaluation in Baden-Württemberg zwischen Entwicklung und Kontrolle. In W. Böttcher, W. Bos, H. Döbert & H.G. Holtappels (Hrsg.), *Bildungsmonitoring und Bildungscontrolling in nationaler und internationaler Perspektive* (S. 279-291). Münster: Waxmann.

Lander, R., & Ekholm, M. (2005). School Evaluation and Improvement: A Scandinavian View. In D. Hopkins (Hrsg.), *The Practice and Theory of School Improvement. International Handbook of Educational Change* (S. 85-100). Berlin: Springer.

Landert, C. (1999). *Lehrerweiterbildung in der Schweiz. Ergebnisse der Evaluation von ausgewählten Weiterbildungssystemen und Entwicklungslinien für eine wirksame Personalentwicklung in den Schulen.* Chur: Rüegger.

Landesinstitut für Schulentwicklung (2007). *Informationen zur Pilotphase Fremdevaluation.* Stuttgart.

Landtag Rheinland-Pfalz (2002). *Plenarprotokoll 14/23. Sitzung vom 25.4.2002.* S. 1526 und Drucksache 14/618. Mainz.

Landwehr, N., & Steiner, P. (2007). *Q2E – Qualität durch Evaluation und Entwicklung.* Bern: h.e.p.

Lange, H. (1995). Schulautonomie und Personalentwicklung für Schulen. In P. Daschner, H.-G. Rolff & T. Stryck (Hrsg.), *Schulautonomie – Chancen und Grenzen* (S. 207-226). München: Juventa.

Lange, H. (1999). Schulautonomie und Neues Steuerungsmodell. *Recht der Jugend und des Bildungswesens, 47*(4), 423-438.

Lange, S., & Schimank, U. (2004). Einleitung: Governance und gesellschaftliche Integration. In S. Lange & U. Schimank (Hrsg.), *Governance und gesellschaftliche Integration* (S. 9-44). Wiesbaden: VS.

Lassnigg, L., Felderer, B., Paterson, I., Kuschej, H., & Graf, N. (2007). *Ökonomische Bewertung des österreichischen Bildungswesens und seiner Verwaltung.* Wien: IHS.

Lee, V.E., Smith, J.B., & Croninger, R.G. (1997). How High School Organization Influences the Equitable Distribution of Learning in Mathematics and Science. *Sociology of Education, 70,* 128-150.

Legler, A. (2006). *Beurteilung von Lehrpersonen an Schweizer Volksschulen. Praxis, Akzeptanz, Analysen.* Zürich: Verlag Pestalozzianum.

Lehmann, L., Criblez, L., Guldimann, T., Fuchs, W., & Bagnoud, D.P. (2007). *Lehrerinnen- und Lehrerbildung in der Schweiz. Bericht im Rahmen der Bildungsberichterstattung 2006.* Aarau: Schweizerische Koordinationsstelle für Bildungsforschung.

Lehmann, R., & Nikolova, R. (2003). *ELEMENT. Erhebung zum Lese- und Mathematikverständnis – Entwicklungen in den Jahrgangsstufen 4 - 6 in Berlin.* URL: http://www.berlin.de/imperia/md/content/sen-bildung/schulqualitaet/schulleistungsuntersuchungen/hu_praes.pdf?start&ts=1229526638 (25.10.2009).

Lehmpfuhl, U., & Pfeiffer, H. (2008). Regionale Schul- und Bildungslandschaften, Regionale Kooperations- und Unterstützungsstrukturen. In H.-G. Holtappels, K. Klemm & H.-G. Rolff (Hrsg.), *Schulentwicklung durch Gestaltungsautonomie* (S. 195-224). Münster: Waxmann.

Leithwood, K., & Jantzi, D. (2000). Principal and Teacher Leadership Effects: A Replication. *School Leadership & Management, 20,* 415-434.

Leithwood, K., & Menzies, T. (1998a). A Review of Research Concerning the Implementation of Site-Based Management. *School Effectiveness and School Improvement, 9,* 233-285.

Leithwood, K., & Menzies, T. (1998b). Forms and effects of school-based management: A review. *Educational Policy, 12,* 325-346.

Leithwood, K., & Riehl, C. (2003). *What We Know About Successful Leadership.* Philadelphia: Laboratory for Student Success, Temple University.

Leithwood, K., Louis, K.S., Anderson, S., & Wahlstrom, K. (2004). *How Leadership Influences Student Learning. Review of Research.* Minneapolis, MN: Center for Applied Research, University of Minnesota.

Leithwood, K., Aitken, R., & Jantzi, D. (2006a). *Making Schools Smarter: Leading with Evidence.* Thousand Oaks: Corwin Press.

Leithwood, K., Jantzi, D., & McElheron-Hopkins, C. (2006b). The Development and Testing of a School Improvement Model. *School Effectiveness and School Improvement, 17*, 441-464.

Lenz, C., & Ruchlak, N. (2001). *Kleines Politik-Lexikon.* München: Oldenbourg.

Leutner, D., Fleischer, J., Spoden, C., & Wirth, J. (2007). *Schulrückmeldungen in landesweiten Lernstandserhebungen – Das Beispiel Lernstand 8 in NRW.* Präsentation bei der 7. Tagung „Empiriegestützte Schulentwicklung" in Mainz. Landau: Universität Koblenz-Landau.

Leutwyler, B., & Sieber, P. (2006). Der Lehrerberuf im Wandel? – Über Grenzen von Leadership. *Schweizerische Zeitschrift für Bildungswissenschaften, 28*, 57-74.

Levin, B., & Fullan, M. (2008). Learning about System Renewal. *Educational Management Administration & Leadership, 36*, 289-303.

Leviton, L., & Hughes, E. (1981). Research on the Utilizations of Evaluations: A Review and Synthesis. *Evaluation Review, 5*, 525-548.

Li, A., & Butler, A.B. (2004). The Effects of Participation in Goal Setting and Goal Rationales on Goal Commitment: An Exploration of Justice Mediators. *Journal of Business and Psychology, 19*, 37-51.

Light, D., Honey, M., Heinze, J., Brunner, C., Wexlar, D., Mandinach, E., & Fasca, C. (2005). *Linking Data and Learning – the grow network study.* New York: EDC's Center for Children and Technology.

Liket, T.M.E. (1993). *Freiheit und Verantwortung.* Gütersloh: Bertelsmann.

Liket, T.M.E. (1995). *Freiheit und Verantwortung.* 2. Auflage. Gütersloh: Bertelsmann.

Lindblad, S., & Popkewitz, T.S. (Hrsg.). (2001a). *Listening to Education Actors on Governance and Social Integration and Exclusion.* Uppsala: Uppsala University Press.

Lindblad, S., & Popkewitz, T.S. (Hrsg.). (2001b). *Statistical Information and Systems of Reason on Education and Social Inclusion and Exclusion in International and National Contexts.* Uppsala: Uppsala University Press.

Lindblom, C.E. (1959). The Science of Muddling Through. *Public Administration Review, 13*, 79-88.

Lindblom, C.E., & Cohen, D.K. (1979). *Usable knowledge: Social science and problem solving.* New Haven, CT: Yale University Press.

Linn, R.L. (2004). Accountability Models. In S.H. Fuhrman & R.F. Elmore (Hrsg.), *Redesigning Accountability Systems for Education* (S. 73-95). New York: Teachers College Press.

Lipowsky, F. (2004). Was macht Fortbildungen für Lehrkräfte erfolgreich? Befunde der Forschung und mögliche Konsequenzen für die Praxis. *Die Deutsche Schule, 96*, 462-479.

Lipowsky, F. (2008). *Lernen im Beruf – Empirische Befunde zur Wirksamkeit von Lehrerfortbildung.* Vortrag auf der Tagung „Lehrerinnen und Lehrer lernen", Klagenfurt.

Locke, E.A. (1968). Toward a Theory of Task Motivation and Incentives. *Organizational Behavior and Human Performance, 3*, 157-189.

Locke, E.A., & Latham, G.P. (2005). Goal Setting Theory: Theory Buiding by Induction. In K.G. Smith & M.A. Hitt (Hrsg.), *Great Minds in Management. The Process of Theory Development* (S. 128-150). Oxford: University Press.

Locke, E.A., Shaw, K.N., Saari, L.M., & Latham, G.P. (1981). Goal Setting and Task Performance: 1969-1980. *Psychological Bulletin, 90*, 125-152.

Lohmann, A., & Rolff, H.-G. (2007). Qualitätsentwicklung in Netzwerken. In C. Solzbacher & D. Minderop (Hrsg.), *Bildungsnetzwerke und Regionale Bildungslandschaften* (S. 61-69). München: Wolters/ Kluver.

Lohmann, A., Hajek, M., & Döbrich, P. (1997). *Identität und Schulprogramm*. Lichtenau: AOL Verlag.

Lohre, W. (2007). Über das Netzwerk hinaus – Entwicklung und Steuerung regionaler Bildungslandschaften. In C. Solzbacher & D. Minderop (Hrsg.), *Bildungsnetzwerke und Regionale Bildungslandschaften* (S. 43-50). München: Wolters/Kluver.

Lohre, W., Engelking, G., Götte, Z., Hoppe, C., Kober, U., Madelung, P., Schnoor, D., & Weisker, K. (Hrsg.). (2004). *Regionale Bildungslandschaften. Grundlagen einer staatlich-kommunalen Verantwortungsgemeinschaft*. Troisdorf: Bildungsverlag EINS.

Lompe, K. (2006). Traditionelle Modelle der Politikberatung. In S. Falk, D. Rehfeld, A. Römmele & M. Thunert (Hrsg.), *Handbuch Politikberatung* (S. 25-34). Wiesbaden: VS.

Lortie, D.C. (1975/2002). *Schoolteacher*. Chicago: University of Chicago Press.

Louis, K.S., & Marks, H.M. (1998). Does Professional Community Affect the Classroom? Teachers' Work and Student Experiences in Restructuring Schools. *American Journal of Education, 106*, 532-575.

Lucyshyn, J. (o.J.). *Handreichung Bildungsstandards. Ein Beitrag zur Qualitätssicherung an Österreichs Schulen*. Salzburg.

Lucyshyn, J. (2004). *Bildungsstandards – Ein weiterer Qualitätssprung für das österreichische Bildungswesen*. Unv. Ms. Salzburg.

Lucyshyn, J. (2006). *Implementation von Bildungsstandards in Österreich. Projektmanagement Bildungsstandards*. Salzburg: BMBWK.

Lüde, R.v. (1995). Corporate Identity und Schulprogramm. In H. Buchen, L. Horster & H.-G. Rolff (Hrsg.), *Schulleitung und Schulentwicklung*. Stuttgart: Raabe.

Luhmann, N. (1990). *Die Wissenschaft der Gesellschaft*. Frankfurt a.M.: Suhrkamp.

Luhmann, N. (1997). *Die Gesellschaft der Gesellschaft*. Frankfurt a.M.: Suhrkamp.

Luhmann, N. (2000). *Organisation und Entscheidung*. Opladen: Westdeutscher Verlag.

Luhmann, N. (2002). *Das Erziehungssystem der Gesellschaft*. Frankfurt a.M.: Suhrkamp.

Luhmann, N., & Schorr, K.-E. (1979). *Reflexionsprobleme im Erziehungssystem*. Stuttgart: Klett.

Luhmann, N., & Schorr, K.-E. (1988). *Reflexionsprobleme im Erziehungssystem*. Frankfurt a.M.: Suhrkamp.

Maag Merki, K. (2008a). Die Architektur einer Theorie der Schulentwicklung. *Journal für Schulentwicklung, 12*(2), 22-30.

Maag Merki, K. (2008b). Die Einführung des Zentralabiturs in Bremen – Eine Fallanalyse. *Die Deutsche Schule, 100*, 357-368.

Maag Merki, K. (2009). Evaluation im Bildungsbereich Schule in Deutschland. In T. Widmer, W. Beywl & C. Fabian (Hrsg.), *Evaluation. Ein systematisches Handbuch* (S. 157-162). Wiesbaden: VS.

Maag Merki, K. (in Vorb.). Die Effekte der Einführung zentraler Abiturprüfungen auf das selbstregulierte Lernen der Schüler/innen. *Zeitschrift für Erziehungswissenschaft.*
Maag Merki, K. (eingereicht). Die Effekte der Einführung zentraler Abiturprüfungen auf die Unterrichtsgestaltung. *Unterrichtswissenschaft.*
Maag Merki, K., & Büeler, X. (2002). Schulautonomie in der Schweiz. In H.-G. Rolff, H.G. Holtappels, K. Klemm, H. Pfeiffer & R. Schultz-Zander (Hrsg.), *Jahrbuch der Schulentwicklung. Band 12* (S. 131-161). Weinheim: Juventa.
Maag Merki, K., & Holmeier, M. (2008). Die Implementation zentraler Abiturprüfungen. In E.-M. Lankes (Hrsg.), *Pädagogische Professionalität als Gegenstand empirischer Forschung* (S. 233-244). Münster: Waxmann.
Maag Merki, K., & Schwippert, K. (2008). Systeme der Rechenschaftslegung und Schulentwicklung: Editorial. *Zeitschrift für Pädagogik, 54*, 773-776.
Maag Merki, K., & Steinert, B. (2006). Die Prozessstruktur von teilautonomen Schulen und ihre Effektivität für die Herstellung optimaler Lernkontexte für schulische Bildungsprozesse. *Schweizerische Zeitschrift für Bildungswissenschaften, 28* (Sonderheft), 103-122.
Maag Merki, K., Imhasly, M.-T., & Leutwyler, B. (2003). „Spieglein, Spieglein an der Wand, wer ist die Schönste im ganzen Land?" *Journal für Schulentwicklung, 7*(2), 33-41.
Maag Merki, K., Klieme, E., & Holmeier, M. (2008). Unterrichtsgestaltung unter den Bedingungen zentraler Abiturprüfungen. *Zeitschrift für Pädagogik, 54*, 791-809.
MacBeath, J. (2000). *Schools must speak for themselves: The case for school self-evaluation.* London: Routledge.
MacBeath, J. (2006). New Relationships for Old: Inspection and Self-Evaluation in England and Hong Kong. *Council of Educational Administration, 34*(2), 2-18.
MacBeath, J. (2008). Leading learning in the self-evaluating school. *School Leadership & Management, 28*, 385-399.
MacGilchrist, B., & Mortimore, P. (1997). The impact of school development plans in primary schools. *School Effectiveness and School Improvement, 8*, 198-218.
Madaus, G., & Russell, M. (2009). *The Paradoxes of High Stakes Testing. How They Affect Students, Their Parents, Teachers, Principals, Schools, and Society.* Charlotte, NC: Information Age.
Maier, U. (2006). Können Vergleichsarbeiten einen Beitrag zur Schulentwicklung leisten? *Journal für Schulentwicklung, 10*(4), 20-28.
Maier, U. (2007). *Lehrereinschätzungen zu zentralen Tests und Leistungsrückmeldungen – Ein Vergleich zwischen Baden-Württemberg und Thüringen.* Präsentation bei der 7. Tagung „Empiriegestützte Schulentwicklung" in Mainz. Landau: Universität Koblenz-Landau.
Maier, U. (2008). Rezeption und Nutzung von Vergleichsarbeiten aus der Perspektive von Lehrkräften. *Zeitschrift für Pädagogik, 54*, 95-117.
Maier, U. (2009). Testen und dann? – Ergebnisse einer qualitativen Lehrerbefragung zur individualdiagnostischen Funktion von Vergleichsarbeiten. *Empirische Pädagogik, 23*, 191-207.
Malik, F. (2001). *Führen, Leisten, Leben – Wirksames Management für eine neue Zeit.* München: Heyne.

Mandl, H. (1998). Implementationsforschung – Einführung in das Thema. *Unterrichtswissenschaft, 26*, 290.
Mandl, H., & Huber, G.L. (1983). Subjektive Theorien von Lehrern. *Psychologie in Erziehung und Unterricht, 30*, 98-112.
Maritz, B., Gerber, N., Perrottet, A., Rüegg, A., Studer, H., Wenger, B., & Winkelmann, F. (2006). *Bewertungsbuch für Schulen: Eine Anleitung zur Evaluation der Schulqualität auf der Grundlage des Modells der European Foundation for Quality Management (EFQM)*. Bern: h.e.p.
Maritzen, N. (1998). Autonomie der Schule: Schulentwicklung zwischen Selbst- und Systemsteuerung. In H. Altrichter, W. Schley & M. Schratz (Hrsg.), *Handbuch zur Schulentwicklung* (S. 609-637). Innsbruck: StudienVerlag.
Maritzen, N. (2000). Funktionen des Schulprogramms im Rahmen eines Steuerungskonzeptes. *Erziehung und Unterricht, 150*, 215-225.
Maritzen, N. (2004). Steuerungsansprüche: Vom Über-Ich des Schulprogramms. In H.G. Holtappels (Hrsg.), *Schulprogramme – Instrumente der Schulentwicklung* (S. 29-43). Weinheim: Juventa.
Maritzen, N. (2006). Schulinspektion in Deutschland. In H. Buchen, L. Horster & H.-G. Rolff (Hrsg.), *Schulinspektion und Schulleitung* (S. 7-26). Stuttgart: Raabe.
Maritzen, N. (2008). Schulinspektion. Zur Transformation von Governance-Strukturen im Schulwesen. *Die Deutsche Schule, 100*, 85-96.
Marks, H.M., & Louis, K.S. (1999). Teacher Empowerment and the Capacity for Organizational Learning. *Educational Administration Quarterly, 35*, 707-750.
Maroy, C., & Zanten, A.v. (2009). Regulation and competition among schools in six European localities. *Sociologie du travail, 51*(S1), e67-e79.
Marsh, J.A. (2006). *Democratic dilemmas*. Albany: State University of New York Press.
Martin, C., & Clement, U. (2008). Das Modellprojekt „Selbstverantwortung Plus" aus Sicht der wissenschaftlichen Begleitung. *Die berufsbildende Schule, 60*, 111-114.
Martinsen, R., & Rehfeld, D. (2006). Von der Aufklärung über Defizite zur reflexiven Aufklärung? In S. Falk, D. Rehfeld, A. Römmele & M. Thunert (Hrsg.), *Handbuch Politikberatung* (S. 45-58). Wiesbaden: VS.
Marzano, R.J., Waters, T., & McNulty, B.A. (2005). *School Leadership that Works*. Alexandria, VA: ASCD.
Maslowski, R., Scheerens, J., & Luyten, H. (2007). The Effect of School Autonomy and School Internal Decentralisation on Students' Reading literacy. *School Effectiveness and School Improvement, 18*(3), 303-334.
Maurer, H., & Gurzeler, B. (2007). *Handbuch Kompetenzen für Lehrpersonen. Basic skills, permanente und gezielte Kompetenzbildung*. Bern: h.e.p.
Mayntz, R. (1997). Politische Steuerung und gesellschaftliche Steuerungsprobleme – Anmerkungen zu einem theoretischen Paradigma. In R. Mayntz (Hrsg.), *Soziale Dynamik und politische Steuerung* (S. 186-208). Franfurt a.M.: Campus.
Mayntz, R. (2004). Governance im modernen Staat. In A. Benz (Hrsg.), *Governance – Regieren in komplexen Regelsystemen. Eine Einführung* (S. 65-76). Wiesbaden: VS.
Mayntz, R., & Scharpf, F. (1995). Der Ansatz des akteurszentrierten Institutionalismus. In R. Mayntz & F. Scharpf (Hrsg.), *Gesellschaftliche Selbstregulung und politische Steuerung* (S. 39-72). Frankfurt: Campus.

Mayring, P. (1993). *Qualitative Inhaltsanalyse*. Weinheim: Deutscher StudienVerlag.
MBJS (Ministerium für Bildung, Jugend und Sport, Brandenburg) (Hrsg.). (1998). *Schulprogramme aus Ganztagsschulen im Land Brandenburg*. Potsdam.
MBJS (Ministerium für Bildung, Jugend und Sport, Brandenburg) (2006). *Landesbericht über die Abiturprüfungen des Schuljahres 2004/2005 im Land Brandenburg*. Potsdam: Ministerium für Bildung, Jugend und Sport, Brandenburg.
McCaffrey, D., Lockwood, J.R., Koretz, D., & Hamilton, L.S. (2003). *Evaluating Value-Added Models for Teacher Accountability*. Santa Monica, CA: Rand.
McCrone, T., Rudd, P., Blenkinsop, S., & Wade, P. (2007). *Impact of Section 5 inspections: maintained schools in England*. Berkshire: National Foundation for Educational Research. URL: http://www.nfer.ac.uk/research-areas/pims-data/summaries/impact-of-section-5-inspections-maintained-schools-in-england.cfm (05.03.2008).
McLaughlin, M. (1994). Strategic sites for teachers' professional development. In P. Grimmett & J. Neufeld (Hrsg.), *Teacher development and the struggle for authentity* (S. 31-51). New York: Teachers College Press.
McLaughlin, W.M., & Talbert, J.E. (2006). *Building School-Based Teacher Learning Communities. Professional Strategies to Improve Student Achievement*. New York: Teachers College Press.
McLellan, R. (2009). *Learning Outcomes & Student Voice: Whistling Past the Graveyard?* Paper presented in at the ECER-conference, Vienna, 28-30 September.
Meetz, F. (2007). *Personalentwicklung als Element der Schulentwicklung*. Bad Heilbrunn: Klinkhardt.
Melkers, J., & Willoughby, K.G. (2005). Models of performance-measurement use in local governments. *Public Administration Review, 65*, 180-190.
Merkens, H. (2007). Rückmeldungen von Schülerleistungen als Instrument der Schulentwicklung und der Unterrichtsverbesserung. In D. Benner (Hrsg.), *Bildungsstandards* (S. 83-101). Paderborn: Schöningh.
Meuser, M., & Nagel, U. (1997). Das Experteninterview – Wissenssoziologische Voraussetzungen und methodische Durchführung. In B. Friebertshäuser & A. Prengel (Hrsg.), *Handbuch qualitative Forschungsmethoden in der Erziehungswissenschaft* (S. 481-491). Weinheim: Juventa.
Meyer, J.W., & Jepperson, R.L. (2005). Die „Akteure" der modernen Gesellschaft: Die kulturelle Konstruktion sozialer Agentenschaft. In J.W. Meyer (Hrsg.), *Weltkultur. Wie die westlichen Prinzipien die Welt durchdringen* (S. 47-84). Frankfurt a.M.: Suhrkamp.
Mezger, E., & West, K. (Hrsg.). (2000). *Aktivierender Sozialstaat und politisches Handeln*. Marburg: Schüren.
Miao, J., & Haney, W. (2004). *High School Graduation Rates: Alternative Methods and Implications*. Bosten: Boston College.
Miles, M.B., & Huberman, M.A. (1994*). Qualitative Data Analysis. An Expanded Sourcebook*. Thousand Oaks: Sage.
Miller, G.A., Galanter, E., & Pribram, K.H. (1960). *Plans and the structure of behavior*. New York: Holt, Rinehart & Winston [dt. Miller, G.A., Galanter, E., & Pribram, K.H. (1973). Strategien des Handelns. Pläne und Strukturen des Verhaltens. Stuttgart: Klett].

Minderop, D. (2007). Bildungsregionen in Niedersachsen: Eigenverantwortliche Schule und Qualitätsvergleich. In C. Solzbacher & D. Minderop (Hrsg.), *Bildungsnetzwerke und Regionale Bildungslandschaften* (S. 51-57). München: Wolters/Kluver.

Minderop, D., & Solzbacher, C. (2007). Ansätze und Dimensionen – eine Einführung. In C. Solzbacher & D. Minderop (Hrsg.), *Bildungsnetzwerke und Regionale Bildungslandschaften* (S. 3-13). München: Wolters/Kluver.

Mintzberg, H. (1979). *The Structuring of Organizations: A Synthesis of the Research.* Englewood Cliffs, NJ: Prentice-Hall.

Mittelstädt, H. (2006). *Evaluation von Unterricht und Schule.* Mülheim/Ruhr: Verlag an der Ruhr.

Mohr, I. (2006). *Analyse von Schulprogrammen.* Münster: Waxmann.

Möller, K., Hardy, I., Jonen, A., Kleickmann, T., & Blumberg, E. (2006). Naturwissenschaften in der Primarstufe. Zur Förderung konzeptuellen Verständnisses durch Unterricht und zur Wirksamkeit von Lehrerfortbildungen. In M. Prenzel & L. Allolio-Näcke (Hrsg.), *Untersuchungen zur Bildungsqualität von Schule* (S. 161-193). Münster: Waxmann.

Morrisey, M.S. (2000). *Professional Learning Communities: An Ongoing Exploration.* Texas: Southwest Educational Development Laboratory.

Moser, U. (2003). *Klassencockpit im Kanton Zürich – Bericht einer Befragung von Lehrerinnen und Lehrern der 6. Klassen über ihre Erfahrungen im Rahmen der Erprobung von Klassencockpit im Schuljahr 2002/03.* Bildungsdirektion des Kantons Zürich. Kompetenzzentrum für Bildungsevaluation und Leistungsmessung an der Universität Zürich. URL: http://www.ibe.uzh.ch/entwicklung/klassencockpit/Evaluation_Klassencockpit.pdf (09.09.2009).

Moser, U., & Hollenweger, J. (Hrsg.). (2008). *Drei Jahre danach. Lesen, Wortschatz, Mathematik und soziale Kompetenzen am Ende der dritten Klasse.* Oberentfelden: Sauerländer.

Motivans, A. (2005). Using Educational Indicators for Policy: School Life Expectancy. *Prospects. Quarterly Review of Comparative Education, 35,* 109-116.

MSKJ (Ministerium für Schule, Jugend und Kinder des Landes Nordrhein-Westfalen) (2003). *Neue Aufgaben der Lehrerräte an den Modellschulen Selbstständige Schule.* URL: http://www.selbststaendige-schule.nrw.de/dasProjekt/rechtlicheGrundlagen/ordner_template/hinweise_Lehrerrat_neu03-03.pdf (28.08.2008).

MSKJ (Ministerium für Schule, Jugend und Kinder des Landes Nordrhein-Westfalen) (o.J.). *Kompetenzprofil für Schulleiterinnen und Schulleiter im Rahmen des Modellprojekts „Selbstständige Schule".* URL: http://www.selbststaendige-schule.nrw.de/Fortbildung/SchulleiterInnen/ordner_template/MSJK_Kompetenzprofil_Endfassung_PL.pdf (28.08.2008).

MSW (Ministerium für Schule und Weiterbildung) (2009). *Qualitätsanalyse NRW. Jahresbericht 2009.* Düsseldorf.

MSWWF (Ministerium für Schule und Weiterbildung, Wissenschaft und Forschung) (1999). *Evaluation – eine Handreichung*: Schriftenreihe Schule in NRW Nr. 9033. Ritterbach: Frechen.

MSWWF (Ministerium für Schule und Weiterbildung, Wissenschaft und Forschung), & LSW (Landesinstitut für Schule und Weiterbildung) (Hrsg.). (2002). *Schulprogrammarbeit in Nordrhein-Westfalen*. Bönen: Verlag für Schule und Weiterbildung.

Mühlenkamp, H. (2003). Zum grundlegenden Verständnis einer Ökonomisierung des öffentlichen Sektors. Die Sicht eines Ökonomen. In J. Harms & C. Reichard (Hrsg.), *Die Ökonomisierung des öffentlichen Sektors: Instrumente und Trends* (S. 47-73). Baden-Baden: Nomos.

Müllener-Malina, J. (2005). *Beurteilung der Unterrichtsqualität von Lehrpersonen. Optimierung von Feedbacks bei Hospitationen und Mitarbeiterbeurteilungen*. Phil. Diss.: Universität Zürich.

Müller, A. (2009). Bezugsnormen in klassenbezogenen Ergebnisrückmeldungen. *Empirische Pädagogik, 23*, 50-74.

Müller, S. (2002). *Schulinterne Evaluation – Gelingensbedingungen und Wirkungen*. Dortmund: IFS-Verlag.

Müller, S., Dedering, K., & Bos, W. (2008). *Schulische Qualitätsanalyse in Nordrhein-Westfalen*. Köln: LinkLucherhand.

Müller, S., Pietsch, M., & Bos, W. (Hrsg.). (2009). *Schulinspektion in Deutschland*. Münster: Waxmann.

Murphy, J., & Hallinger, P. (1989). Equity as Access to Learning: Curricular and Instructional Treatment Differences. *Journal of Curriculum Studies, 21*, 129-149.

Nachtigall, C. (2005). *Landesbericht – Thüringer Kompetenztest 2005*. Friedrich-Schiller-Universität Jena.

Nachtigall, C., & Jantowski, A. (2007). Die Thüringer Kompetenztests unter besonderer Berücksichtigung der Evaluationsergebnisse zum Rezeptionsverhalten. *Empirische Pädagogik, 21*, 401-410.

Neuweg, G.H. (2004). Figuren der Relationierung von Lehrerwissen und Lehrerkönnen. In B. Hackl & G.H. Neuweg (Hrsg.), *Zur Professionalisierung pädagogischen Handelns* (S. 1-26). Münster: Lit.

Newman, F.M. (1996). *Authentic Achievement. Restructuring Schools for Intellectual Quality*. San Francisco: Jossey-Bass.

Nichols, S.L., & Berliner, D.C. (2007). *Collateral Damage. How Hig-Stakes Testing Corrupts America's schools*. Cambridge: Harvard Education Press.

Nilshon, I. (2004). Qualitätssicherung auf der Grundlage von System-Monitoring. 6 Fallstudien an Brandenburger Gymnasien (Projekt QuaSUM 3). In Ministerium für Bildung, Jugend und Sport des Landes Brandenburg (Hrsg.), *Schulrückmeldungen von Schulleistungsstudien am Beispiel des QuaSUM-Projekts* (S. 1-52). Potsdam: MBJS.

Nisbet, J. (1990). Rapporteur's report. In Council of Europe/Scottish Council for Research in Education (Hrsg.), *The evaluation of educational programmes: methods, uses and benefits* (S. 1-9). Amsterdam: Swets & Zeitlinger.

Nolle, A. (2004). *Evaluation der universitären Lehrerinnen und Lehrerausbildung*. München: Maidenbauer.

North, D.C. (1990). *Institutions, Institutional Change and Economic Performance*. Cambridge: Cambridge University Press.

Nóvoa, A. (2000). The teaching professions in Europe: historical and sociological analysis. In E.S. Swing, J. Schriewer & F. Orivel (Hrsg.), *Problems and prospects in European education* (S. 45-71). London: Praeger.
Nuissl, E. (2002). Weiterbildung/Erwachsenenbildung. In R. Tippelt (Hrsg.), *Handbuch Bildungsforschung* (S. 333-347). Wiesbaden: VS.
Nutley, S., Davies, H., & Walter, I. (2002). *Evidence based policy and practice: Cross sector lessons from the UK*. ESRC UK Centre for Evidence Based Policy and Practice, Working paper 9b. URL: http://www.evidencenetwork.org/Documents/wp9b.pdf (15.08.2008).
Oakes, J. (1989). Detracking schools. *Phi Delta Kappan, 73*, 448-454.
O'Day, J.A. (2004). Complexity, Accountability, and School Improvement. In S.H. Fuhrman & R.F. Elmore (Hrsg.), *Redesigning Accountability Systems for Education* (S. 15-43). New York: Teachers College Press.
OECD (1998). *Staying ahead. In-service Training and Teacher Professional Development*. Paris: OECD.
OECD (2002a). *Education at a Glance*. Paris: OECD.
OECD (2002b). *Financing Education – Investments and Returns. Analysis of the world education indicators*. Paris: OECD.
OECD (2004). *Bildung auf einen Blick. OECD-Indikatoren 2004*. Paris: OECD.
OECD (2005/2006). *Teachers matter. Attracting, developing and retaining effective teachers*. Paris: OECD.
OECD (2007). *PISA 2006. Science Competencies for Tomorrow's World. Volume 1: Analysis*. Paris: OECD.
OECD (2008a). *Bildung auf einen Blick 2008. OECD-Indikatoren*. Paris: OECD/W. Bertelsmann.
OECD (2008b). *Improving School Leadership. Volume 1: Policy and Practice*. Paris: OECD.
OECD (2009). *Bildung auf einen Blick 2009. OECD-Indikatoren*. Paris: OECD/W. Bertelsmann.
OECD/CERI (1994). *Making Education Count*. Paris: OECD.
OECD/CERI (1995a). *Decision-making in 14 OECD Education Systems*. Paris: OECD.
OECD/CERI (1995b). *Educational Research and Development: Trends, issues and challenges*. Paris: OECD.
OECD/CERI (1997). *Wissensgrundlagen für die Bildungspolitik*. Frankfurt a.M.: Lang.
OECD/CERI (1998). *Education at a Glance. OECD indicators 1998*. Paris: OECD.
OECD/CERI (2000a). *Knowledge Management in the Learning Society*. Paris: OECD.
OECD/CERI (2000b). *The INES Compendium. Contributions from the INES Networks and Working Groups*. Paris: OECD. URL: http://www.edu.u-szeged.hu/~csapo/publ/OECD_GA4.pdf (15.08.2008).
OECD/CERI (2007). *Evidence in Education: Linking Research and Policy*. Paris: OECD.
OECD-PISA (2000). *Schülerleistungen im internationalen Vergleich*. Berlin: Max-Planck-Institut für Bildungsforschung.
Oelkers, J. (2005). Bildungspolitische Konsequenzen nach PISA: neue Steuerung, Standards und Evaluation. In G. Brägger, B. Bucher & N. Landwehr (Hrsg.), *Schlüsselfragen zur externen Schulevaluation* (S. 153-173). Bern: h.e.p.

Oelkers, J. (2008). *Schulentwicklung in Deutschland und die Bedeutung der Selbstevaluation.* Vortrag bei der Tagung „Von Daten zu Taten – SEIS als Motor der Schulentwicklung" am 11. September 2008 in Berlin.

Oelkers, J., & Reusser, K. (2008). *Qualität entwickeln – Standards sichern – mit Differenz umgehen.* Berlin: Bundesministerium für Bildung und Forschung.

Oerke, B., & Maag Merki, K. (2009). Einfluss der Implementation zentraler Abiturprüfungen auf die leistungsbezogenen Attributionen von Schülerinnen und Schülern vor dem Abitur. In W. Böttcher, J.N. Dicke & H. Ziegler (Hrsg.), *Evidenzbasierte Bildung. Wirkungsevaluation in Bildungspolitik und pädagogischer Praxis* (S. 171-179). Münster: Waxmann.

OFSTED (2006). *School Inspection. An Evaluation.* (HMI 2373). Manchester: Ofsted Publications Centre.

OFSTED (2007). *Review of the impact of inspection.* (Reference no: 070042). Manchester: Ofsted Publications Centre.

Onderwijsraad (Hrsg.). (2004). *Degelijk onderwijsbestuur.* Advies. Den Haag: Onderwijsraad.

Onderwijsraad (Hrsg.). (2006). *Hoe kan governance in het onderwijs verder vormkrijgen. Die adviezen over onderwijsbestuur: degelijk onderwijsbestuur, doortastend onderwijstoezicht en duurzame onderwijsrelaties.* Den Haag: Onderwijsraad.

O'Neil, H.F., Abedi, J., Miyoshi, J., & Mastergeorge, A. (2003). Monetary Incentives for Low-Stakes Tests. In T. Fitzner (Hrsg.), *Bildungsstandards. Internationale Erfahrungen – Schulentwicklung – Bildungsreform* (S. 164-201). Bad Boll: Edition Akademie.

OPM and CIPFA (2004). *The Good Governance Standard for Public Services. The Independent Commission on Good Governance in Public Services.* Office for Public Management Ltd (OPM) and The Chartered Institute of Public Finance and Accountancy (CIPFA) London: Hackney Press Ltd. URL: http://www.cipfa.org.uk/pt/download/governance_standard.pdf (30.12.2008).

Osterloh, M., & Grand, S. (1997). Die Theorie der Strukturation als Metatheorie der Organisation? In G. Ortmann, J. Sydow & K. Türk (Hrsg.), *Theorien der Organisation* (S. 355-359). Opladen: Westdeutscher Verlag.

Osterwalder, F., & Binder, U. (2007). Schule als Organisation. In H.-E. Tenorth & R. Tippelt (Hrsg.), *Lexikon Pädagogik* (S. 616-619). Weinheim: Beltz.

Otto, H.-U., & Rauschenbach, T. (Hrsg.). (2004). *Die andere Seite der Bildung. Zum Verhältnis von formellen und informellen Bildungsprozessen.* Wiesbaden: VS.

Ozga, J., & Jones, R. (2006). Travelling and Embedded Policy: The Case of Knowledge Transfer. *Journal of Education Policy, 21,* 1-17.

Paschon, A. (2007). Schulentwicklung mit dem Modulansatz zur Selbstevaluation (MSS). In K.-O. Bauer (Hrsg.), *Evaluation an Schulen* (S. 119-161). Weinheim: Juventa.

Pedder, D., & MacBeath, J. (2008). Organisational learning approaches to school leadership and management. *School Effectiveness and School Improvement, 19,* 207-224.

Pedulla, J., Abrams, L.M., Madaus, G., Russell, M., Ramos, M., & Miao, J. (2003). *Perceived effects of state-mandated testing programs on teaching and learning.* Chestnut Hill, MA: Boston College.

Peek, R. (2004). Qualitätsuntersuchung an Schulen zum Unterricht in Mathematik (QuaSUM) – Klassenbezogene Ergebnisrückmeldung und ihre Rezeption in Brandenburger Schulen. *Empirische Pädagogik, 18*, 82-114.

Peek, R. (2006). Dateninduzierte Schulentwicklung. In H. Buchen & H.-G. Rolff (Hrsg.), *Professionswissen Schulleitung* (S. 1343-1366). Weinheim: Beltz.

Pelinka, A. (1996). Die (veränderte) Kultur bildungspolitischer Entscheidungen. In W. Specht & J. Thonhauser (Hrsg.), *Schulqualität* (S. 22-36). Innsbruck: StudienVerlag.

Perna, L.W., & Thomas, S.L. (2009). Barriers to College Opportunity. The Unintended Consequences of State-Mandated Testing. *Educational Policy, 23*, 451-479.

Petegem, P.v., & Vanhoof, J. (2004). Feedback of Indicators to Schools. *European Educational Research Journal, 3*, 246-277.

Peterson, K., Wahlquist, C., Brown, J., & Mukhopadhyay, S. (2003). Parent surveys for teacher evaluation. *Journal of Personnel Evaluation in Education, 17*, 317-330.

Philipp, E., & Rolff, H.G. (1999). *Schulprogramme und Leitbilder entwickeln*. Weinheim: Beltz.

PISA-Konsortium Deutschland (Hrsg.). (2005). *PISA 2003. Der zweite Vergleichstest der Länder in Deutschland – Was wissen und können Jugendliche?* Münster: Waxmann.

Plowright, D. (2008). Using self-evaluation for inspection: how well prepared are primary school headteachers? *School Leadership & Management, 28*, 101-126.

Poerschke, J. (2008). *Sozialindex von Schulen – Erfahrungen in Hamburg mit einem neuen bildungsplanerischen Ansatz*. Fachanhörung „Schule und Quartier" des Bayerischen Lehrer- und Lehrerinnenvereins (BLLV). URL: http://www.bllv.de/cms/fileadmin/Dateien/Land-PDF/Aktion/Schule_Quartier/Hamburger_Schulindex_Poerschke.pdf (12.05.2009).

Pöhlmann, C. (2009). *Einführung von Standards – psychologische Komponenten von Änderungsprozessen*. Referat bei der Tagung „Standards im Bildungsbereich – Anspruch und Realität", Österr. Forschungsgemeinschaft, 11.-12.Mai 2009, Wien.

Pollitt, C. (2006a). Performance management in practice: A comparative study of executive agencies. *Journal of Public Administration Research and Theory, 16*, 25-44.

Pollitt, C. (2006b). Performance information for democracy: The missing link? *Evaluation, 12*, 38-55.

Pollitt, C., & Bouckaert, G. (2004). *Public management reform: A comparative analysis*. Oxford: Oxford University Press.

Pollitt, C., & O'Neill, H. (1999). *An Evaluation of the process of evaluation of EC external aid programmes*. Brüssel: Europ. Commission.

Pont, B., Nusche, D., & Moorman, H. (2008). *Improving School Leadership. Volume 1: Policy and Practice*. Paris: OECD.

Portin, B.S. (1998). Compounding roles: a study of Washington's principals. *International Journal of Educational Research, 29*, 381-391.

Posch, P. (2002). Das Schulprogramm. In M. Krainz-Dürr, P. Posch & F. Rauch (Hrsg.), *Schulprogramme entwickeln* (S. 23-47). Innsbruck: StudienVerlag.

Posch, P. (2009). Zur schulpraktischen Nutzung von Daten: Konzepte, Strategien, Erfahrungen. *Die Deutsche Schule, 101*, 119-135 (zit. nach dem Ms.).

Posch, P., & Altrichter, H. (1990). *Bildung in Österreich*. Innsbruck: StudienVerlag.

Posch, P., & Altrichter, H. (1993). *Schulautonomie in Österreich*. Wien: Bundesministerium für Unterricht und Kunst.
Posch, P., & Altrichter, H. (1997). *Möglichkeiten und Grenzen der Qualitätsevaluation und Qualitätsentwicklung im Schulwesen*. Innsbruck: StudienVerlag.
Posch, P., & Altrichter, H. (1998). Schulen am Weg zu Schulprogramm und Qualitätsevaluation. *Erziehung und Unterricht, 148*, 544-557.
Prenzel, M., Baumert, J., Blum, W., Lehmann, R., Leutner, D., Neubrand, M., Pekrun, R., Rolff, H.-G., Rost, J., & Schiefele, U. (Hrsg.). (2004). *PISA 2003. Der Bildungsstand der Jugendlichen in Deutschland*. Münster: Waxmann.
Pressmann, J.L., & Wildavsky, A. (1973). *Implementation. How Great Expectations in Washington Are Dashed in Oakland*. Oakland Project Series: Berkeley.
Priebe, B. (1999). Situation und Perspektiven der Lehrerfortbildung. In KMK (Hrsg.), *Materialband zum Abschlussbericht der von der Kultusministerkonferenz eingesetzten Kommission: Perspektiven der Lehrerbildung in Deutschland* (S. 87-103). Bonn: Sekretariat der KMK.
Propper, C., & Wilson, D. (2003). *The use and usefulness of performance measures in the public sector*. CMPO Working Paper Series 03/073. Bristol: University.
Putnam, R.T., & Borko, H. (2000). What Do New Views of Knowledge and Thinking Have to Say About Research on Teacher Learning. *Educational Researcher, 29*(1), 4-15.
Radnitzky, E. (2001). Q. I. S. – Qualität in Schulen (www. qis. at). In H. Döbert & C. Ernst (Hrsg.), *Schule und Qualität. Basiswissen Pädagogik, Bd. 6* (S. 159-176). Baltmannsweiler: Schneider Verlag Hohengehren.
Radnitzky, E. (2002). Q.I.S. – Schulprogrammkonzept und Service-Angebot des Bildungsministeriums. In F. Eder & H. Altrichter (Hrsg.), *Qualitätsentwicklung und Qualitätssicherung im österreichischen Schulwesen* (S. 153-168). Innsbruck: StudienVerlag.
Ranson, S. (2008). The Changing Governance of Education. *Educational Management Administration & Leadership, 36*, 201-219.
Rauch, F., Kreis, I., & Sturm, T. (2008). Lernen durch Netzwerke – Konzept und Zwischenergebnisse regionaler Netzwerke im Projekt IMST. In F. Eder & G. Hörl (Hrsg.), *Gerechtigkeit und Effizienz im Bildungswesen* (S. 209-219). Wien: Lit.
Rauschenbach, T., Mack, W., Leu, H.R., Lingenauber, S., Schilling, M., Schneider, K., & Züchner, I. (2004). *Konzeptionelle Grundlagen für einen Nationalen Bildungsbericht – Non-formale und informelle Bildung im Kindes- und Jugendalter*. Berlin: BMBF. URL: http://www.bmbf.de/pub/nonformale_und_informelle_bildung_kindes_u_jugendalter.pdf (15.08.2008).
Ravitch, D. (1995). *National Standards in American Education. A Citizen's Guide*. Washington, D.C.: Brookings Institution Press.
Rechnungshof (2007a). *Organisation und Wirksamkeit der Schulaufsicht*. Bund 2007/2. Wien. URL: http://www.rechnungshof.gv.at/fileadmin/downloads/Teilberichte/Bund/Bund_2007_02/Bund_2007_02_3.pdf (19.08.2009).
Rechnungshof (2007b). *Lehrerfortbildung*. Bund 2007/4, Band 4 (S. 71-93). Wien. URL: http://www.rechnungshof.gv.at/fileadmin/downloads/Teilberichte/Bund/Bund_2007_04/Bund_2007_04_Bd4_5.pdf (03.12.2008).

Redaktionskommission des Verfassungsrates des Kantons Basel-Stadt (2003). *Kommentar zum ersten Entwurf für eine neue Kantonsverfassung des Kantons Basel-Stadt vom 14. Februar 2003.* (Beilage zum Bericht Nr. 801). Basel.

Reeves, J. (2000). Tracking the links between pupil attainment and development planning. *School Leadership & Management, 20,* 315-332.

Reiners-Woch, I. (2002). Zielvereinbarungen. In H.-G. Rolff & H.-J. Schmidt (Hrsg.), *Brennpunkt Schulleitung und Schulaufsicht. Konzepte und Anregungen für die Praxis* (S. 127-137). Neuwied: Luchterhand.

Reyes, P., Scribner, J.D., & Paredes Scribner, A. (Hrsg.). (1999). *Lessons from high-performing Hispanic schools: Creating learning communities.* New York: Teachers College Press.

Rhodes, R.A.W. (1991). The New Public Management. *Public Administration, 69,* 3-23.

Rhyn, H. (2009). Evaluation im Bildungsbereich in der Schweiz. In T. Widmer, W. Beywl & C. Fabian (Hrsg.), *Evaluation* (S. 182-192). Wiesbaden: VS.

Rhyn, H., Widmer, T., Roos, M., & Niederöst, B. (2002). *Zuständigkeiten und Ressourcen in Zürcher Volksschulen mit und ohne Teilautonomie (TaV).* Evaluationsbericht. Zürich: KBL, IPZ.

Rice, J.K., & Roellke, C. (2009). Conclusion: Linking High-Stakes Accountability and Capacity. In J.K. Rice & C. Roellke (Hrsg.), *High Stakes Accountability. Implications for Resources and Capacity* (S. 251-257). Charlotte, NC: Information Age.

Rich, R.F. (1977). Uses of social science information by federal bureaucrats. In C.H. Weiss (Hrsg.), *Using social research in public policy making* (S. 199-211). Lexington, MA: Lexington Books.

Rich, R.F., & Oh, C.H. (2000). Rationality and use of information in policy decisions. *Science Communication, 22,* 173-211.

Richardson, V., & Placier, P. (2002). Teacher Change. In V. Richardson (Hrsg.), *Handbook of Research on Teaching* (S. 905-947). Washington, D.C.: AERA.

Richter, I. (1994). Theorien der Schulautonomie. *Recht der Jugend und des Bildungswesens, 42*(1), 5-16.

Richter, I. (1999). Die Steuerung des Schulwesens durch Autonomie. *Neue Sammlung, 30*(1), 81-95.

Richter, W. (1998). Controlling und Berichtswesen. In B. Blanke, S.v. Bandemer, F. Nullmeier & G. Wewer (Hrsg.), *Handbuch zur Verwaltungsreform* (S. 392-400). Opladen: Leske + Budrich.

Rieger, G. (2000). *Schulentwicklung kontrovers. Schulleitung und Teilautonomie.* Aargau: Sauerländer.

Riffert, F., & Paschon, A. (2005). *Selbstevaluation von Schulentwicklungsprojekten. Der Modulansatz MSS.* Münster: Lit.

Ritter, E.H. (1979). Der kooperative Staat. Bemerkungen zum Verhältnis von Staat und Wirtschaft. *Archiv des öffentlichen Rechtes, 104,* 389-413.

Robin, S.R., & Sprietsma, M. (2003). *Characteristics of Teaching Institutions and Students' Performance: New empirical data from OECD data.* URL: http://www.ires.ucl.ac.be/DP/IRES_DP/2003-28.pdf (19.10.2009).

Röbken, H. (2008). *Bildungsmanagement in der Schule.* München: Oldenbourg.

Rogers, E.M. (1995). *Diffusion of innovations.* New York: The Free Press.

Rolff, H.-G. (1991). Schulentwicklung als Entwicklung von Einzelschulen? *Zeitschrift für Pädagogik, 37*, 865-886.
Rolff, H.-G. (1992). Die Schule als besondere soziale Organisation. *Zeitschrift für Sozialisationsforschung und Erziehungssoziologie, 12*(4), 306-324.
Rolff, H.-G. (1993). *Wandel durch Selbstorganisation*. Weinheim: Juventa.
Rolff, H.-G. (1995a). Autonomie als Gestaltungsaufgabe. Organisationspädagogische Perspektiven. In P. Daschner, H.-G. Rolff & T. Stryck (Hrsg.), *Schulautonomie – Chancen und Grenzen* (S. 31-54). Weinheim: Juventa.
Rolff, H.-G. (1995b). Die Schule als besondere soziale Organisation. In H.-G. Rolff (Hrsg.), *Wandel durch Selbstorganisation* (S. 121-145). Weinhein: Juventa.
Rolff, H.-G. (1995c). Schulentwicklung als Entwicklung von Einzelschulen? In H.-G. Rolff (Hrsg.), *Wandel durch Selbstorganisation* (S. 105-120). Weinhein: Juventa.
Rolff, H.-G. (1995d). *Wandel durch Selbstorganisation*. Weinheim: Juventa.
Rolff, H.-G. (1999). Lehrerbeurteilung und Qualitätsentwicklung – Lehrerbeurteilung als Politikum. *Journal für Schulentwicklung, 3*(1), 6-15.
Rolff, H.-G. (2002). Rückmeldung und Nutzung der Ergebnisse von großflächigen Leistungsuntersuchungen. In H.-G. Rolff, H.G. Holtappels, K. Klemm, H. Pfeiffer & R. Schulz-Zander (Hrsg.), *Jahrbuch der Schulentwicklung. Band 12* (S. 75-98). Weinheim: Juventa.
Rolff, H.-G. (2006). Schulentwicklung, Schulprogramm und Steuergruppe. In H.R. Buchen & H.-G. Rolff (Hrsg.), *Professionswissen Schulleitung* (S. 296-364). Weinheim: Beltz.
Rolff, H.G. (2007). *Studien zu einer Theorie der Schulentwicklung*. Weinheim: Beltz.
Rolff, H.-G., Buhren, C.G., Lindau-Bank, D., & Müller, S. (1998). *Manual Schulentwicklung*. Dortmund: IFS-Verlag.
Roos, M. (2006). *Geleitete Schulen im Kanton Aargau*. Zug: Institut für Bildungsmanagement und Bildungsökonomie.
Rose, J. (1995). OfSTED inspection: who is it for? *Education Review, 9*(1), 63-66.
Rose, R. (1993). *Lesson-drawing in Public Policy*. Chatham: Chatham House Publishers.
Rosenbusch, H.S. (1994). *Lehrer und Schulräte. Ein strukturell gestörtes Verhältnis*. Bad Heilbronn: Klinkhardt.
Rosenbusch, H.S. (1997). Organisationspädagogische Perspektiven für eine Reform der Schulorganisation. *SchulVerwaltung. Zeitschrift für Schulleitung und Schulaufsicht*, (10), 329-334.
Rosenholtz, S.J. (1991). *Teacher's workplace*. New York: Teachers College Press.
Rosenthal, L. (2001). *The cost of regulation in education: do school inspections improve school quality?* Staffordshire: University of Keele. URL: http://www.keele.ac.uk/depts/ec/wpapers/0009.pdf (30.04.2008).
Ross, S.A. (1973). The Economic Theory of Acency: The Principal's Problem. *American Economic Review, 63*, 134-139.
Rothland, M. (2007). Wann gelingen Unterrichtsentwicklung und Kooperation? In G. Becker, A. Feindt, H. Meyer, M. Rothland, L. Stäudel & E. Terhart (Hrsg.), *Guter Unterricht. Maßstäbe und Merkmale, Wege und Werkzeuge* (S. 90-94). Seelze: Friedrich.

Röthlisberger, H., & Herren, B. (2008). *Fachbericht: Neue Modelle zur Steuerung und Finanzierung der Volksschule*. Bern: Erziehungsdirektion.

Rowan, B. (2006). The New Institutionalism and the Study of Educational Organizations: Changing Ideas for Changing Times. In H.-D. Meyer & B. Rowan (Hrsg.), *The New Institutionalism in Education* (S. 15-32). Albany: State University of New York Press.

Rusch, E.A. (2005). Institutional barriers to organizational learning in school systems: the power of silence. *Educational Administration Quarterly, 41*, 83-120.

Rürup, M. (2003). Ausländische und internationale Bildungsberichte als Orientierung für die nationale Bildungsberichterstattung in Deutschland. *TiBi*, (7), 1-18. URL: http://www1.dipf.de/publikationen/tibi/tibi7_ruerup_3.pdf (25.10.2009).

Rürup, M. (2004). Bildungsberichterstattung – begriffliche Annäherungen an eine neue gesellschaftliche Praxis. *Zeitschrift für Bildungsverwaltung, 19*(1), 79-92.

Rürup, M. (2007a). *Innovationswege im deutschen Bildungssystem*. Wiesbaden: VS.

Rürup, M. (2007b). Zum Wissen der Bildungsberichtserstattung. In T. Brüsemeister & D. Eubel (Hrsg.), *Evaluation, Wissen und Nichtwissen* (S. 141-169). Wiesbaden: VS.

Rürup, M. (2008a). Typen der Schulinspektion in den deutschen Bundesländern. *Die Deutsche Schule, 100*, 470-480.

Rürup, M. (2008b). *Schulautonomie in Deutschland – Konturen einer langfristigen Reform*. Vortrag auf der Tagung „Effekte und Problemlagen neuer Steuerungskonzepte im Bildungswesen" an der PH Ludwigsburg. URL: http://www.zbl.uni-wuppertal.de/personen/roebken/team/ruerup/p_pics/Ruerup_Schulautonomie_29022008.pdf (27.10.2009).

Rürup, M., & Heinrich, M. (2007). Schulen unter Zugzwang – Die Schulautonomiegesetzgebung der deutschen Länder als Rahmen der Schulentwicklung. In H. Altrichter, T. Brüsemeister & J. Wissinger (Hrsg.), *Educational Governance* (S. 157-183). Wiesbaden: VS.

Ryan, K.E., Ryan, A.M., Arbuthnot, K., & Samuels, M. (2007). Students' Motivation for Standardized Math Exams. *Educational Researcher, 36*(1), 5-13.

Ryan, R.N., & Sapp, A. (2005). Zum Einfluss testbasierter Reformen: High Stakes Testing. *Unterrichtswissenschaft, 33*(2), 143-159.

Saalfrank, W.-T. (2005). *Schule zwischen staatlicher Aufsicht und Autonomie*. Würzburg: ERGON.

Sahlin-Andersson, K. (1996). Imitating by Editing Success: The Construction of Organizational Fields. In B. Czarniawska & G. Sevón (Hrsg.), *Translating Organizational Change* (S. 69-92). Berlin: de Gruyter.

Saks, M. (1998). Professions, markets, and public responsibility. In M. Dent, M. O'Neill & C. Bagley (Hrsg.), *Professions, new public management, and the European welfare state* (S. 13-27). Staffordshire: Staffordshire University Press.

Sandström, F.M., & Bergström, F. (2005). School Vouchers in Practice: Competition Will Not Hurt You. *Journal of Public Economics, 89*, 351-380.

Sassenscheid, H. (2006). Personalauswahl schulgenau. In H. Buchen & H.-G. Rolff (Hrsg.), *Professionswissen Schulleitung* (S. 646-672). Weinheim: Beltz.

Schaarschmidt, U. (2004). Situationsanalyse. In U. Schaarschmidt (Hrsg.), *Halbtagsjobber? – Psychische Gesundheit im Lehrerberuf – Analysen eines veränderungsbedürftigen Zustandes* (S. 41-71). Weinheim: Beltz.
Schaefers, C. (2004). Die erweiterte Entscheidungskompetenz von Schulen bei der Besetzung von Lehrerstellen. In W. Böttcher & E. Terhart (Hrsg.), *Organisationstheorie in pädagogischen Feldern* (S. 159-169). Wiesbaden: VS.
Schaefers, C. (2008). Steigerungssemantiken im Organisationsentwicklungsdiskurs. In W. Helsper, M. Hummrich & R.-T. Kramer (Hrsg.), *Pädagogische Professionalität in Organisationen* (S. 225-243). Wiesbaden: VS.
Schaefers, C., & Terhart, E. (2006). The participation of schools in the recruitment of teachers: Evaluating new procedures in Germany. *European Journal of Teacher Education, 29*, 505-517.
Schäfer, G., & Weiß, M. (2004). Governance of the School System and Allocation of Resources. In H. Döbert & W. Sroka (Hrsg.), *Features of Successful School Systems. A Comparison of Schooling in Six Countries* (S. 47-59). Münster: Waxmann.
Scharpf, F.W. (1997). *Games Real Actors Play*. Boulder: Westview.
Schedler, K. (2005). *Handbuch zur Verwaltungsreform*. Wiesbaden: VS.
Schedler, K. (2007). Public Management und Public Governance. In A. Benz, S. Lütz, U. Schimank & G. Simonis (Hrsg.), *Handbuch Governance* (S. 253-268). Wiesbaden: VS.
Scheerens, J. (2002). School self-evaluation: origins, definition, approaches, methods and implementation. In D. Nevo (Hrsg.), *School-Based Evaluation: An International Perspective 8* (S. 35-69). Oxford: JAI Press.
Scheerens, J. (2003). The Formative Implications of Standards. In T. Fitzner (Hrsg.), *Bildungsstandards. Internationale Erfahrungen – Schulentwicklung – Bildungsreform* (S. 202-212). Bad Boll: Edition Akademie.
Scheerens, J., & Bosker, R.J. (1997). *The Foundations of Educational Effectiveness*. Oxford: Oxford University Press.
Scheerens, J., & Hendriks, M. (2004). Benchmarking the Quality of Education. *European Educational Research Journal, 3*, 101-399.
Scheerens, J., Glas, C., & Thomas, S.M. (2003). *Educational Evaluation, Assessment, and Monitoring*. Lisse: Swets & Zetlinger.
Schildkamp, K. & Ehren, M. (in Vorb.). *An Exploratory Study into the Use of Accountability Data in the Netherlands*. Unv. Ms. University of Twente.
Schildkamp, K., Visscher, A., & Luyten, H. (2009). The effects of the use of a school self-evaluation instrument. *School Effectiveness and School Improvement, 20*, 69-88.
Schimank, U. (2000). *Handeln und Strukturen. Einführung in die akteurstheoretische Soziologie*. Weinheim: Juventa.
Schimank, U. (2006). *Teilsystemische Autonomie und politische Gesellschaftssteuerung*. Wiesbaden: VS.
Schimank, U. (2007a). Die Governance-Perspektive: Analytisches Potenzial und anstehende konzeptionelle Fragen. In H. Altrichter, T. Brüsemeister & J. Wissinger (Hrsg.), *Educational Governance* (S. 231-260). Wiesbaden: VS.
Schimank, U. (2007b). Elementare Mechanismen. In A. Benz, S. Lütz, U. Schimank & G. Simonis (Hrsg.), *Governance – Ein Handbuch* (S. 29-45). Wiesbaden: VS.

Schimank, U. (2009). Planung – Steuerung – Governance: Metamorphosen politischer Gesellschaftsgestaltung. *Die Deutsche Schule, 101*, 231-239 (zit. nach dem Ms.).

Schlömerkemper, J. (2004). Einstellungen und Erwartungen gegenüber dem Schulprogramm. In H.G. Holtappels (Hrsg.), *Schulprogramme – Instrumente der Schulentwicklung* (S. 61-78). Weinhein: Juventa.

Schluga, A. (2006). *Die Implementierung der österreichischen Bildungsstandards. Akzeptanz und Umsetzungsbereitschaft am Beispiel von Tiroler Grundschulen*. Unv. Diplomarbeit. Universität Innsbruck.

Schmid, K., Hafner, H., & Pirolt, R. (2007). *Reform von Schulgovernance-Systemen. Vergleichende Analyse der Reformprozesse in Österreich und bei einigen PISA-Teilnehmerländern*. Wien: Institut für Bildungsforschung der Wirtschaft.

Schneewind, J. (2007a). *Wie Lehrkräfte mit Ergebnisrückmeldungen aus Schulleistungsstudien umgehen. Ergebnisse aus Befragungen von Berliner Grundschullehrerinnen*. Berlin: Freie Universität. URL: http://www.diss.fu-berlin.de/diss/receive/FUDISS_thesis_000000002819 (20.04.2009).

Schneewind, J. (2007b). Erfahrungen mit Ergebnisrückmeldungen im Projekt BeLesen – Ergebnisse der Interviewstudie. *Empirische Pädagogik, 21*, 368-382.

Schneewind, J., & Kuper, H. (2008). Rückmeldeformate und Verwendungsmöglichkeiten der Ergebnisse aus zentralen Lernstandserhebungen. Dokumentation zum Symposion „Lernen aus Evaluationsergebnissen – Verbesserungen planen und implementieren" (S. 18-29) im Rahmen der didacta vom 20. - 21.02.2008 in Stuttgart.

Schneider, K.K., & Sommer, B.S. (2006). Coaching – ein Instrument zur Qualitätssteigerung von Unterricht und zur Integration von „Seiteneinsteigern" in ein Berufskolleg. *Wirtschaft und Erziehung, 58*, 192-198.

Schneider, V., & Kenis, P. (1996). Verteilte Kontrolle. Institutionelle Steuerung in modernen Gesellschaften. In P. Kenis & V. Schneider (Hrsg.), *Organisation und Netzwerk* (S. 9-43). Frankfurt a.M.: Campus.

Schrader, F.-W., & Helmke, A. (2003). Evaluation – und was danach? *Schweizerische Zeitschrift für Bildungswissenschaft, 25*(1), 79-110 (zit. nach dem Ms.).

Schrader, F.-W., & Helmke, A. (2004a). Von der Evaluation zur Innovation? *Empirische Pädagogik, 18*, 140-161.

Schrader, F.-W., & Helmke, A. (2004b). MARKUS und die Folgen. In R.S. Jäger, A. Frey & M. Wosnitza (Hrsg.), *Lernprozesse, Lernumgebung und Lerndiagnostik* (S. 413-427). Landau: Verlag Empirische Pädagogik.

Schratz, M. (1998). Neue Rollen und Aufgaben für Schulleitung und Schulaufsicht. In A. Dobart (Hrsg.), *Schulleitung und Schulaufsicht* (S. 93-116). Innsbruck: StudienVerlag.

Schratz, M., & Hartmann, M. (2009). Schulautonomie in Österreich: Bilanz und Perspektiven für eine eigenverantwortliche Schule. In W. Specht (Hrsg.), *Nationaler Bildungsbericht. Österreich 2009. Band 2: Fokussierte Analysen bildungspolitischer Schwerpunktthemen* (S. 323-340). Graz: Leykam.

Schreyögg, G. (1995). Führungstheorien – Situationstheorie. In A. Kieser, G. Reber & R. Wunderer (Hrsg.), *Handwörterbuch der Führung* (S. 993-1005). Stuttgart: Schäffer/Poeschel.

Schrittesser, I. (2007). *Bildung organisierter Widerspruch? Über die Möglichkeiten und Grenzen der Organisationsentwicklung im Bildungssystem.* Frankfurt a.M.: Lang.
SchulG NRW (Schulgesetz für das Land Nordrhein-Westfalen) vom 15. Februar 2005 (GV. NRW. S. 102) zuletzt geändert durch Gesetz vom 21. April 2009 (GV. NRW. S. 224). URL: http://www.schulministerium.nrw.de/BP/Schulrecht/Gesetze/SchulG_ Info/Schulgesetz.pdf (03.10.2009).
Schümer, G., & Weiß, M. (2008). *Bildungsökonomie und Qualität der Schulbildung. Kommentar zur bildungsökonomischen Auswertung von Daten aus internationalen Schulleistungsstudien.* Frankfurt a.M.: Gewerkschaft Erziehung und Wissenschaft.
Schwartz Chrismer, S., Hodge, S.T., & Saintil, D. (Hrsg.). (2006). *Assessing NCLB. Perspectives and Prescriptions. Harvard Educational Review.* Cambridge: Harvard Graduate School of Ecucation.
Schwippert, K. (2004). Leistungsrückmeldungen an Grundschulen im Rahmen der internationalen Grundschul-Lese-Untersuchung (IGLU). *Empirische Pädagogik, 18*, 62-81.
Scribner, J.P., Cockrell, K.S., Cockrell, D.H., & Valentine, J.W. (1999). Creating Professional Communities in Schools Through Organizational Learning. *Educational Administration Quarterly, 35*, 130-160.
Secretary of State for Justice and Lord Chancellor (Hrsg.). (2007). *The Governance of Britain.* CM 7170. July 2007. Norwich. URL: http://www.official-documents.gov. uk/document/cm71/7170/7170.pdf (30.12.2008).
Sedel, J. (2004). Three Sets of Indicators on Education. *European Educational Research Journal, 3*, 139-176.
Seel, A., Altrichter, H., & Mayr, J. (2006). Innovation durch ein neues Lehrerdienstrecht? Eine Evaluationsstudie zur Implementierung des LDG 2001. In M. Heinrich & U. Greiner (Hrsg.), *Schauen, was 'rauskommt* (S. 95-111). Wien: Lit.
Seidel, T. (2008). Schuleffektivitätskriterien in der internationalen Forschung. *Zeitschrift für Erziehungswissenschaft, 11*(3), 348-367.
Seijts, G.H., Latham, G.P., Tasa, K., & Latham, B.W. (2004). Goal setting and Goal Orientation: An Integration of two Different Yet Related Literatures. *Academy of Management Journal, 47*, 227-239.
Sertl, M. (1993). Kurze Geschichte der Autonomiediskussion in Österreich. In P. Posch & H. Altrichter (Hrsg.), *Schulautonomie in Österreich.* (S. 88-124). Wien: BMUK.
Shavell, S. (1979). On Moral Hazard and Insurance. *Quarterly Journal of Economics, 93*, 541-562.
Shaw, I., Newton, D.P., Aitkin, M., & Darnell, R. (2003). Do OFSTED Inspections of Secondary Schools Make a Difference to GCSE Results? *British Educational Research Journal, 29*, 63-75.
Shulha, L.M., & Cousins, J.B. (1997). Evaluation Use: Theory, Research, and Practice since 1986. *American Journal of Evaluation, 18*, 195-208.
Sigrist, M., Wehner, T., & Legler, A. (Hrsg.). (2005). *Schule als Arbeitsplatz. Mitarbeiterbeurteilung zwischen Absicht, Leistungsfähigkeit und Akzeptanz.* Zürich: Verlag Pestalozzianum.
Sikorski, S. (2007). Differenzierungsprozesse in städtischen Schullandschaften: Das Beispiel der Hauptschulen. *Zeitschrift für Pädagogik, 53*, 284-298.

Simon, H.A. (1993). *Homo rationalis. Die Vernunft im menschlichen Leben*. Frankfurt a.M.: Campus.
SKBF (Schweizerische Koordinationsstelle für Bildungsforschung) (2006). *Bildungsbericht Schweiz 2006*. Aarau: SKBF.
Slavin, R.E. (2002). Evidence-Based Education Policies: Transforming Educational Practice and Research. *Educational Researcher, 31*(7), 15-21.
Smithers, A. (2001). Education Policy. In E.A. Seldon (Hrsg.), *The Blair Effect* (S. 405-426). London: Little Brown.
Specht, W. (2006a). Von den Mühen der Ebene. Entwicklung und Implementation von Bildungsstandards in Österreich. In F. Eder, A. Gastager & F. Hofmann (Hrsg.), *Qualität durch Standards?* (S. 13-37). Münster: Waxmann.
Specht, W. (2006b). *Statement in einer Podiumsdiskussion der Veranstaltung „next practice"*. Linz.
Specht, W. (2007). *Länderbericht Österreich*. Vortrag auf dem OECD-CERI Regionalseminar Potsdam, Sept. 2007. URL: http://www.bildung-brandenburg.de/fileadmin/ bbs/bildung_und_gesellschaft/bildungsdiskussion/OECD-CERI/Dokumentation/ CERI_2007_Specht_Laenderbericht_OEsterreich.pdf (15.08.2008).
Specht, W. (2008). Nationaler Bildungsbericht – ein Schritt in Richtung evidenzbasierter Politik in Österreich. In LISUM, BMUKK, EDK (Hrsg.), *Bildungsmonitoring, Vergleichsstudien und Innovationen* (S. 93-107). Berlin: Berliner Wissenschafts-Verlag.
Specht, W. (Hrsg.). (2009a). *Nationaler Bildungsbericht Österreich 2009. Band 1: Das Schulsystem im Spiegel von Daten und Indikatoren*. Graz: Leykam.
Specht, W. (Hrsg.). (2009b). *Nationaler Bildungsbericht Österreich 2009. Band 2: Fokussierte Analysen bildungspolitischer Themen*. Graz: Leykam.
Specht, W. (2009c). Österreich: Evaluation im Bereich der Schule. In T. Widmer, W. Beywl & C. Fabian (Hrsg.), *Evaluation. Ein systematisches Handbuch* (S. 170-176). Wiesbaden: VS.
Special Study Panel on Education Indicators (1991). *Education counts. An Indicator System to Monitor the Nation's Educational Health*. Washington, D.C.: Government Printing Office. URL: http://eric.ed.gov/ERICWebPortal/contentdelivery/servlet/ ERICServlet?accno=ED334279 (15.08.2008).
Spillane, J.P. (1998). State policy and the non-monolithic nature of the local school district. *American Educational Research Journal, 35*, 33-63.
Spillane, J.P., & Jennings, N.E. (1997). Aligned instructional policy and ambitious pedagogy. *Teachers College Record, 98*, 439-481.
Spillane, J.P., Halverson, R., & Diamond, J.B. (2001). Investigating School Leadership Practice: A Distributed Perspective. *Educational Researcher, 30*(3), 23-28.
Spillane, J.P., Reiser, B.J., & Reimer, T. (2002). Policy implementation and cognition: Reframing and refocusing implementation research. *Review of Educational Research, 72*, 387-431.
Spinath, B., Ophuysen, S.v., & Heise, E. (2005). Individuelle Voraussetzungen von Studierenden zu Studienbeginn: Sind Lehramtsstudenten so schlecht wie ihr Ruf? *Psychologie in Erziehung und Unterricht, 52*, 186-197.
Stamm, M. (2003). *Evaluation und ihre Folgen für die Bildung*. Münster: Waxmann.

Statistisches Bundesamt (2008). *Budget für Bildung, Forschung und Wissenschaft 2005/2006*. Wiesbaden: Statistisches Bundesamt. URL: http://www.destatis.de /jetspeed/portal/cms/Sites/destatis/Internet/DE/Content/Publikationen/Fachveroef fentlichungen/BildungForschungKultur/Content75/AusgabenBudget__Pdf,property =file.pdf (21.06.2009).

Staub, F.C. (2001). Fachspezifisch-pädagogisches Coaching: Theoriebezogene Unterrichtsentwicklung zur Förderung der Unterrichtsexpertise. *Beiträge zur Lehrerbildung, 19*, 175-198.

Stecher, B.M. (2002). Consequences of large-scale, high-stakes testing on school and classroom practice. In L.S. Hamilton, B.M. Stecher & S.P. Klein (Hrsg.), *Making Sense of Test-Based Accountability in Education* (S. 79-100). Santa Monica, CA: Rand.

Steffens, U. (2004). *Die empirische Wende in der Bildungspolitik und Bildungsplanung*. Einleitung zur bundesweiten Fachtagung „Empiriegestützte Schulentwicklung" am 15.-16. Dezember 2004. Unv. Ms. Soest.

Steffens, U. (2007). Schulqualitätsdiskussion in Deutschland – Ihre Entwicklung im Überblick. In J.v. Buer & C. Wagner (Hrsg.), *Qualität von Schule* (S. 21-51). Frankfurt a.M.: Peter Lang.

Steffens, U. (2009). *Lernstandserhebungen in den deutschen Ländern – Probleme und Perspektiven*. Unv. Ms. Wiesbaden: Institut für Qualitätsentwicklung.

Steiner, R., & Ritz, A. (2005). Beurteilung und Entlöhnung von Lehrpersonen. In N. Thom (Hrsg.), *Effektive Schulführung* (S. 207-237). Bern: Haupt.

Steiner-Khamsi, G. (2000). De-Regulierung und Schulwahl in den U.S.A.: Gewinner und Verlierer. In F.-O. Radtke & M. Weiß (Hrsg.), *Schulautonomie, Wohlfahrtsstaat und Chancengleichheit* (S. 117-135). Opladen: Leske + Budrich.

Steirischer Bildungsbericht (2005). *2. Bildungsbericht des Landschulrates für Steiermark*. Graz: Landesschulrat für Steiermark. URL: http://www.lsr-stmk.gv.at/cms/doku mente/10079504_608286/19c10fad/2_Bildungsbericht.pdf (02.08.2008).

Stern, C., Mahlmann, J., & Vaccaro, E. (Hrsg.). (2004). *Spieglein, Spieglein. Schulentwicklung durch internationale Qualitätsvergleiche*. Gütersloh: Verlag Bertelsmannstiftung.

Stern, C., Ebel, C., Vaccaro, E., & Vorndran, O. (2006). *Bessere Qualität in allen Schulen. Praxisleitfaden zur Einführung des Selbstevaluationsinstruments SEIS in Schulen*. Gütersloh: Bertelsmann.

Steuergruppe des BMBWK (2004). *Bericht an die Frau Bundesministerin zur Einführung von Bildungsstandards in Österreich*. Typoskript. Salzburg.

Stichweh, R. (1992). Professionalisierung, Ausdifferenzierung von Funktionssystemen, Inklusion. In B. Dewe, W. Ferchhoff & F.-O. Radtke (Hrsg.), *Erziehen als Profession* (S. 36-48). Opladen: Leske + Budrich.

Stiftung Bildungspakt Bayern (Hrsg.). (2005). *MODUS21 – Das Programm – Die Maßnahmen*. Berlin: Cornelsen.

Stoll, L., & Myers, K. (Hrsg.). (1998). *No Quick Fixes. Perspectives on Schools in Difficulty*. London: Falmer Press.

Stolz, H.-J. (2008). Ganztagsbildung im lokalen Raum. Perspektiven der Kinder- und Jugendhilfe. *Die Deutsche Schule, 100*, 281-288.

Strain, M., & Simkins, T. (2008). Continuity, Change and Educational Reform Questioning the Legacy of the Education Reform Act 1988. *Educational Management Administration & Leadership, 36*, 155-163.

Strietholt, R., & Terhart, E. (2009). Referendare beurteilen. Eine explorative Analyse von Beurteilungsinstrumenten in der Zweiten Phase der Lehrerbildung. *Zeitschrift für Pädagogik, 55*, 622-645.

Strittmatter, A. (2000). Worauf bei der Selbstevaluation zu achten ist. In H. Buchen, L. Horster & H.-G. Rolff (Hrsg.), *Schulleitung und Schulentwicklung* (S. 1-29). Berlin: Raabe.

Strittmatter, A. (2007). Zwischen Solbad und Polizeiradar. Über das sensible Verhältnis von interner und externer Evaluation von Bildungsinstitutionen. In W. Böttcher & H.-G. Kotthoff (Hrsg.), *Schulinspektion: Evaluation, Rechenschaftslegung und Qualitätsentwicklung* (S. 93-112). Münster: Waxmann.

Stryck, T. (2000). Qualitätssicherung in der Geisterbahn. Was hat die Schulaufsicht mit Schulqualität zu tun? *Zeitschrift für Pädagogik,* (41. Beiheft), 111-128.

Swanson, C.B., & Stevenson, D.L. (2002). Standards-based reform in practice. *Educational Evaluation and Policy Analysis, 24*, 1-27.

Sydow, J., & Windeler, A. (2000). Steuerung von und in Netzwerken – Perspektiven, Konzepte, vor allem aber offene Fragen. In J. Sydow & A. Windeler (Hrsg.), *Steuerung von Netzwerken* (S. 1-24). Opladen: Westdeutscher Verlag.

Tanzer, N.K., Grogger, G., & Maier, E. (2000). Ergebnisse der Erhebung. In *Gestaltung von Freiräumen an österreichischen Hauptschulen. ZSE-Report,* (49), 61-154.

Tenorth, H.-E. (2003). Autonomie und Eigenlogik von Bildungseinrichtungen – ein pädagogisches Prinzip in historischer Perspektive. *Zeitschrift für Pädagogik, 49*, 106-119.

Terhart, E. (1995). Lehrerprofessionalität. In H.-G. Rolff (Hrsg.), *Zukunftsfelder von Schulforschung* (S. 225-266). Weinheim: Deutscher Studien Verlag.

Terhart, E. (1996). Berufskultur und professionelles Handeln bei Lehrern. In A. Combe & W. Helsper (Hrsg.), *Pädagogische Professionalität* (S. 448-471). Frankfurt a.M.: Suhrkamp.

Terhart, E. (Hrsg.). (2000). *Perspektiven der Lehrerbildung in Deutschland.* Weinheim: Beltz.

Terhart, E. (2002). *Nach PISA. Bildungsqualität entwickeln.* Hamburg: Europäische Verlagsanstalt.

Terhart, E. (2004). Die Mitwirkung von Schulen bei der Besetzung von Lehrerstellen. *SchulVerwaltung NRW,* (15), 280-283.

Terhart, E. (2007). Erfassung und Beurteilung der beruflichen Kompetenzen von Lehrkräften. In M. Lüders & J. Wissinger (Hrsg.), *Forschung zur Lehrerbildung. Kompetenzentwicklung und Programmevaluation* (S. 37-62). Münster: Waxmann.

The World Bank (Hrsg.). (1994). *Governance: The World Bank's Experience.* Washington, D.C.: The World Bank. URL: http://publications.worldbank.org/ecommerce/catalog/product?context+drilldown&item_id=196707 (30.12.2008).

Thom, N., Ritz, A., & Steiner, R. (Hrsg.). (2006). *Effektive Schulführung.* Bern: Haupt.

Thomas, G., Wineburg, S., Grossman, P., Myhre, O., & Woolworth, S. (1998). In the company of colleagues: An interim report on the development of a community of teacher learners. *Teaching and Teacher Education, 14*, 21-32.
Thomas, S., & Peng, W.-J. (2004). The Use of Educational Standards and Benchmarks in Indicator Publications. *European Educational Research Journal, 3*, 177-212.
Thrupp, M., & Lupton, R. (2006). Taking School Contexts More Seriously: The Social Justice Challenge. *British Journal of Educational Studies, 54*, 308-328.
Tillmann, K.-J., Dedering, K., Kneuper, D., Kuhlmann, C., & Nessel, I. (2008). *PISA als bildungspolitisches Ereignis.* Wiesbaden: VS.
Tippelt, R. (2007a). Lebenslanges Lernen im Prozess vertikaler und horizontaler Differenzierung. In M. Brumlik & H. Merkens (Hrsg.), *bildung macht gesellschaft.* (S. 109-127). Opladen: Barbara Budrich.
Tippelt, R. (2007b). Übergänge im Bildungssystem. Fragen zum Übergangsmanagement in regionalen Kontexten. In T. Eckert (Hrsg.), *Übergänge im Bildungswesen* (S. 11-22). Münster: Waxmann.
Tobe, P.F. (2009). Value-added models of teacher effects. In L.J. Saha & A.G. Dworkin (Hrsg.), *International Handbook of Research on Teachers and Teaching, Pt. 2* (S. 1113-1134). New York: Springer.
Tresch, S. (2007). *Potenzial Leistungstest. Wie Lehrerinnen und Lehrer Ergebnisrückmeldungen zur Sicherung und Steigerung ihrer Unterrichtsqualität nutzen.* Bern: h.e.p.
Tyack, D., & Tobin, W. (1994). The grammar of schooling: why has it been so hard to change? *American Educational Research Journal, 31*, 453-479.
Tymms, P., & Albone, S. (2002). Performance Indicators in Primary Schools. In A.J. Visscher & R. Coe (Hrsg.), *School improvement through performance feedback* (S. 191-218). Lisse: Swets & Zeitlinger.
Ulber, D. (2006). *Organisationsdiagnose an Schulen.* Münster: Waxmann.
UNESCO (Hrsg.). (2000). *Dakar Framework for Action. Education for All: Meeting our Collective Commitments.* Adapted by the The World Education Forum Dakar, Senegal April 2000. Paris: UNESCO.
UNESCO (Hrsg.). (2007a). *Policy paper and evaluation guidelines.* Paris: UNESCO.
UNESCO (2007b). *Education Counts. Benchmarking Progress in 19 WEI Countries. World Education Indicators – 2007.* URL: http://www.uis.unesco.org/template/pdf/wei/2007/WEI2007report.pdf (15.08.2008).
Valli, L., Croninger, R.G., Chambliss, M.J., Graeber, A.O., & Buese, D. (2008). *Test Driven. High-Stakes Accountability in Elementary Schools.* New York: Teacher College Press.
Visscher, A.J., & Coe, R. (Hrsg.). (2002). *School improvement through performance feedback.* London: Routledge.
Visscher, A.J., & Coe, R. (2003). School performance feedback systems: Conceptualisation, Analysis and Reflection. *School Effectiveness and School Improvement, 14*(3), 321-349.
Wallace, M. (2005). Innovations in Planning for School Improvement. In D. Hopkins (Hrsg.), *The Practice and Theory of School Improvement* (S. 147-168). Dordrecht: Springer.

Warren, J.R., Jenkins, K.N., & Kulick, R.B. (2006). High School Exit Examinations and State-Level Completion and GED Rates, 1975 through 2002. *Educational Evaluation and Policy Analysis, 28*, 131-152.

Watermann, R., & Stanat, P. (2004). Schulrückmeldungen in PISA 2000: Sozialnorm- und kriteriumsorientierte Rückmeldeverfahren. *Empirische Pädagogik, 18*, 40-61.

Wayne, A.J., & Youngs, P. (2006). Die Art der Ausbildung von Lehrern und die Lerngewinne ihrer Schüler. *Zeitschrift für Pädagogik,* (51. Beiheft), 71-96.

Weems, L. (2003). Representations of substitute teachers: The paradoxes of professionalism. *Journal of Teacher Education, 54*, 254-256.

Weick, K.E. (1982). Administering education in loosely coupled schools. *Phi Delta Kappan, 27*, 673-676.

Weick, K.E. (1995). *Sensemaking in Organizations*. Thousand Oaks: Sage.

Weishaupt, H. (2006). Der Beitrag von Wissenschaft und Forschung zur Bildungs- und Sozialberichterstattung. *Zeitschrift für Erziehungswissenschaft,* (6. Beiheft), 42-52.

Weishaupt, H., & Weiß, M. (1983). Defizitbereiche der Bildungs-Indikatoren-Forschung. In H.-J. Hoffmann-Nowotny (Hrsg.), *Gesellschaftliche Berichterstattung zwischen Theorie und politischer Praxis* (S. 95-113). Frankfurt a.M.: Campus.

Weiss, C.H. (1980). Knowledge creep and decision accretion. *Knowledge: Creation, Diffusion, Utilization, 1*, 381-404.

Weiss, C.H. (1990a). Evaluation for Decisions: Is Anybody There? Does Anybody Care? In N. Alkin (Hrsg.), *Debates on Evaluation* (S. 171-184). Newbury Park: Sage.

Weiss, C.H. (1990b). If Program Decisions Hinged Only on Information. In N. Alkin (Hrsg.), *Debates on Evaluation* (S. 208-222). Newbury Park: Sage.

Weiss, C.H., & Bucuvalas, M.J. (1977). The challenge of social research to decision making. In C.H. Weiss (Hrsg.), *Using social research in public policy making* (S. 213-233). Lexington, MA: Lexington Books.

Weiß, M. (2001). Quasi-Märkte im Schulbereich. Eine ökonomische Analyse. *Zeitschrift für Pädagogik,* (43. Beiheft), 69-85.

Weiß, M. (2006). Bildungsfinanzierungsmodelle und ihre Umsetzung: Erfahrungen und Ergebnisse. *TiBi,* (14), 1-10.

Weiß, M., & Bellmann, J. (2007). Bildungsfinanzierung in Deutschland und Schulqualität – eine gefährdete Balance? *Recht der Jugend und des Bildungswesens, 55*, 20-36.

Weiß, M., & Steinert, B. (2001). Institutionelle Vorgaben und ihre aktive Ausgestaltung. In J. Baumert, E. Klieme, M. Neubrand, M. Prenzel, U. Schiefele, W. Schneider, P. Stanat, K.-J. Tillmann, M. Weiß & Deutsches PISA-Konsortium (Hrsg.), *PISA 2000. Basiskompetenzen von Schülerinnen und Schülern im internationalen Vergleich* (S. 427-454). Opladen: Leske + Budrich.

Weitzel, U. (2008). Von der Stellenzuweisung zum schülerbezogenen Finanzbudget: Der Schulbezogene Sozialindex als Einstieg. *Beruf: Schulleitung, 2*(September), 6-9.

West, L., & Staub, F.C. (2003). *Content-focused coaching*. Portsmouth: Heinemann.

West, M., Ainscow, M., & Stanford, J. (2005). Sustaining Improvement in Schools in Challenging Circumstances. *School Leadership & Management, 25*, 77-93.

Whitty, G. (2008). Twenty Years of Progress? English Education Policy 1988 to the Present. *Educational Management Administration & Leadership, 36*, 165-184.

Whitty, G., Power, S., & Halpin, D. (1998). *Devolution and Choice in Education.* Buckingham: Open University Press.
Wiener, N. (1948). *Cybernatics: Control and Communication in the animal and the machine.* MA: MIT Press.
Williamson, O.E. (1985). *The Economic Institutions of Capitalism: Firms, Markets, Relational Contracting.* New York: Free Press.
Willke, H. (2001). *Systemtheorie III: Steuerungstheorie.* Stuttgart: Lucius & Lucius.
Willmott, R. (1999). School effectiveness research: an ideological commitment? *Journal of Philosophy and Education, 33*(2), 253-268.
Wilson, D.N. (1999). The utilization of research and information in educational decision-making. In W. Rokicka (Hrsg.), *Educational Documentation, Research and Decision-Making* (S. 41-77). Paris: International Bureau of Education – UNESCO.
Wilson, D.N., & Lam, T.C.M. (2004). Canada. In H. Döbert, E. Klieme & W. Sroka (Hrsg.), *Conditions of School Performance in Seven Countries* (S. 15-64). Münster: Waxmann.
Windzio, M., Sackmann, R., & Martens, K. (2005). *Types of Governance in Education. A Quantitative Analysis.* Bremen: Universität Bremen.
Wingens, M. (1988). *Soziologisches Wissen und politische Praxis. Neuere theoretische Entwicklungen der Verwendungsforschung.* Frankfurt a.M.: Campus.
Wissinger, J. (2007). Does School Governance matter? In H. Altrichter, T. Brüsemeister & J. Wissinger (Hrsg.), *Educational Governance* (S. 105-129). Wiesbaden: VS.
Witziers, B., Bosker, R.J., & Kruger, M.L. (2003). Educational Leadership and Student Achievement. *Educational Administration Quarterly, 39*, 398-425.
Wolter, A., & Kerst, C. (2006). Hochschule und Hochschulentwicklung in der nationalen und internationalen Bildungsberichterstattung. *Zeitschrift für Erziehungswissenschaft,* (6. Beiheft), 186-206.
Wolter, S.C. (2008). Purpose and Limits of a National Monitoring of the Education System Through Indicators. In N.-C. Soguel & P. Jaccard (Hrsg.), *Governance and Performance of Education Systems* (S. 57-84). Dordrecht: Springer.
Wößmann, L. (2002). *How Control Exams Affect Educational Achievement: International Evidence from TIMSS and TIMSS Repeat.* Paper presented at the Taking Account of Accountability, Boston.
Wößmann, L. (2003a). Central Exit Exams and Student Achievement: International Evidence. In P.E. Peterson & M.R. West (Hrsg.), *No Child Left Behind?* (S. 292-323). Washington, DC: Brookings Institution Press.
Wößmann, L. (2003b). Zentrale Prüfungen als „Währung" des Bildungssystems: Zur Komplementarität von Schulautonomie und Zentralprüfungen. *Vierteljahrshefte zur Wirtschaftsforschung, 72*(2), 220-237.
Wößmann, L. (2005a). The Effect Heterogeneity of Central Examinations: Evidence from TIMSS, TIMSS-Repeat and PISA. *Education Economics, 13*, 143-169.
Wößmann, L. (2005b). Ursachenkomplexe der PISA-Ergebnisse: Untersuchungen auf Basis der internationalen Mikrodaten. *Tertium Comparationis, 11*(2), 152-176.
Wößmann, L. (2007). International Evidence on School Competition, Autonomy and Accountability: A Review. *Peabody Journal of Education, 82*(2), 473-497.

Wößmann, L. (2008a). Zentrale Abschlussprüfungen und Schülerleistungen. *Zeitschrift für Pädagogik, 54*, 810-826.

Wößmann, L. (2008b). Efficiency and Equity of European Education and Training Policies. *International Tax and Public Finance, 15*, 199-230.

Young, I.P., & Delli, D.A. (2002). The validity of the teacher perceiver interview for predicting performance of classroom teachers. *Educational Administration Quarterly, 38*, 586-612.

Zeitler, S., Heller, N., & Asbrand, B. (2009). *Bildungspolitische Vorgaben und schulische Praxis. Eine Rekonstruktion der Orientierungen von Lehrerinnen und Lehrern bei der Einführung der Bildungsstandards*. Unv. Ms. Universität Göttingen.

Zucker, L.G. (1988). Where Do Institutional Patterns Come from? Organizations as Actors in Sozial Systems. In L.G. Zucker (Hrsg.), *Institutional Patterns and Organizations. Culture and Environment* (S. 23-49). Cambridge, MA: Ballinger Publishing Company.

Zukunftskommission (2005). *Abschlussbericht der Zukunftskommission*. Wien: Bundesministerium für Bildung, Wissenschaft und Kultur.

Zymek, B. (2007). Die Aktualität der regionalen Schulentwicklung als Gegenstand der empirischen Bildungsforschung. *Zeitschrift für Pädagogik, 53*, 279-283.

Zymek, B., Sikorski, S., Franke, T., Ragutt, F., & Jakubik, A. (2006). Die Transformation regionaler Bildungslandschaften. Vergleichende Analyse lokaler und regionaler Schulangebotsstrukturen in den Städten Münster, Recklinghausen, Bochum und dem Kreis Steinfurt 1995-2003. In W. Bos, H.G. Holtappels, H. Pfeiffer, H.-G. Rolff & R. Schulz-Zander (Hrsg.), *Jahrbuch der Schulentwicklung. Band 14* (S. 195-219). Weinheim: Juventa.

Autorinnen und Autoren

Altrichter, Herbert, Prof. Dr., Johannes-Kepler-Universität Linz, Sozial- und Wirtschaftswissenschaftliche Fakultät, Institut für Pädagogik und Psychologie; herbert.altrichter@jku.at

Berkemeyer, Nils, Dr., Technische Universität Dortmund, Fakultät 12 Erziehungswissenschaft und Soziologie, Institut für Schulentwicklungsforschung (IFS); NBerkemeyer@fb12.uni-dortmund.de

Bonsen, Martin, Prof. Dr., Westfälische Wilhelms-Universität Münster, Fachbereich Erziehungswissenschaft und Sozialwissenschaften, Institut für Erziehungswissenschaft; martin.bonsen@uni-muenster.de

Böttcher, Wolfgang, Prof. Dr., Westfälische Wilhelms-Universität Münster, Fachbereich Erziehungswissenschaft und Sozialwissenschaften, Institut für Erziehungswissenschaft; wolfgang.boettcher@uni-muenster.de

Brauckmann, Stefan, Dr., Deutsches Institut für Internationale Pädagogische Forschung (Berlin), Abteilung Steuerung und Finanzierung des Bildungswesens; brauckmann@dipf.de

Brückner, Yvonne, Dr., Deutsches Institut für Internationale Pädagogische Forschung, Arbeitseinheit Steuerung und Finanzierung: brueckner@dipf.de

Dedering, Kathrin, Dr., Universität Bielefeld, Fakultät für Erziehungswissenschaft, AG 4 Schulentwicklung und Schulforschung; kathrin.dedering@uni-bielefeld.de

Emmerich, Marcus, Dr., Universität Zürich, Philosophische Fakultät, Institut für Erziehungswissenschaft; memmerich@ife.uzh.ch

Fuchs, Hans-Werner, Dr., Helmut-Schmidt-Universität Hamburg, Fakultät für Geistes- und Sozialwissenschaften, Institut für Allgemeine Pädagogik; fuchs@hsuhh.de

Fussangel, Kathrin, Dr., Bergische Universität Wuppertal, Fachbereich Bildungs- und Sozialwissenschaften, Zentrum für Bildungsforschung und Lehrerbildung; fussangel@uni-wuppertal.de

Gräsel, Cornelia, Prof. Dr., Bergische Universität Wuppertal, Fachbereich Bildungs- und Sozialwissenschaften, Zentrum für Bildungsforschung und Lehrerbildung; graesel@uni-wuppertal.de

Heinrich, Martin, Prof. Dr., Leibniz Universität Hannover, Philosophische Fakultät, Institut für Erziehungswissenschaft; martin.heinrich@uni-hannover.de

Kotthoff, Hans-Georg, Prof. Dr., Pädagogische Hochschule Freiburg, Fakultät für Erziehungswissenschaft, Institut für Erziehungswissenschaft; hg.kotthoff@ph-freiburg.de

Kussau, Jürgen, Dr., †

Maag Merki, Katharina, Prof. Dr., Universität Zürich, Philosophische Fakultät, Institut für Erziehungswissenschaft; kmaag@ife.uzh.ch

Müller, Sabine, Dr., Technische Universität Dortmund, Fakultät 12 Erziehungswissenschaft und Soziologie, Institut für Schulentwicklungsforschung (IFS); mueller@ifs.uni-dortmund.de

Rürup, Matthias, Dr., Bergische Universität Wuppertal, Fachbereich Bildungs- und Sozialwissenschaften, Zentrum für Bildungsforschung und Lehrerbildung; ruerup@uni-wuppertal.de

Tarazona, Mareike, MBA, Deutsches Institut für Internationale Pädagogische Forschung (DIPF), Arbeitseinheit Steuerung und Finanzierung des Bildungswesens; tarazona@dipf.de

Terhart, Ewald, Prof. Dr., Westfälische Wilhelms-Universität Münster, Fachbereich Erziehungswissenschaft und Sozialwissenschaften, Institut für Erziehungswissenschaft; ewald.terhart@uni-muenster.de

van Ackeren, Isabell, Prof. Dr., Universität Duisburg-Essen, Fakultät für Bildungswissenschaften, Institut für Pädagogik; isabell.van-ackeren@uni-due.de

Weishaupt, Horst, Prof. Dr., Bergische Universität Wuppertal, Fachbereich Bildungs- und Sozialwissenschaften, Zentrum für Bildungsforschung und Lehrerbildung; weishaupt@uni-wuppertal.de

Educational Governance

Herbert Altrichter / Thomas Brüsemeister / Jochen Wissinger (Hrsg.)
Educational Governance
Handlungskoordination und Steuerung im Bildungssystem
2007. 261 S. (Educational Governance Bd. 1) Br. EUR 29,90
ISBN 978-3-531-15279-0

Jürgen Kussau / Thomas Brüsemeister
Governance, Schule und Politik
Zwischen Antagonismus und Kooperation
2007. 337 S. (Educational Governance Bd. 2) Br. EUR 34,90
ISBN 978-3-531-15278-3

Martin Heinrich
Governance in der Schulentwicklung
Von der Autonomie zur evaluationsbasierten Steuerung
2007. 350 S. (Educational Governance Bd. 3) Br. EUR 39,90
ISBN 978-3-531-15339-1

Matthias Rürup
Innovationswege im deutschen Bildungssystem
Die Verbreitung der Idee „Schulautonomie" im Ländervergleich
2007. 417 S. (Educational Governance Bd. 4) Br. EUR 39,90
ISBN 978-3-531-15596-8

Thomas Brüsemeister / Klaus-Dieter Eubel (Hrsg.)
Evaluation, Wissen und Nichtwissen
2008. 314 S. (Educational Governance Bd. 5) Br. EUR 34,90
ISBN 978-3-531-15586-9

Roman Langer (Hrsg.)
‚Warum tun die das?'
Governanceanalysen zum Steuerungshandeln in der Schulentwicklung
2008. 250 S. (Educational Governance Bd. 6) Br. EUR 29,90
ISBN 978-3-531-15807-5

Herbert Altrichter / Katharina Maag-Merki (Hrsg.)
Handbuch neue Steuerung im Schulsystem
2009. ca. 350 S. (Educational Governance Bd. 7) Br. ca. EUR 34,90
ISBN 978-3-531-16312-3

Herbert Altrichter / Martin Heinrich / Katharina Soukup-Altrichter (Hrsg.)
Schulentwicklung durch Schulprofilierung?
Zur Veränderung von Koordinationsmechanismen im Schulsystem
2010. ca. 220 S. (Educational Governance Bd. 8) Br. ca. EUR 29,90
ISBN 978-3-531-16671-1

Erhältlich im Buchhandel oder beim Verlag.
Änderungen vorbehalten. Stand: Juli 2009.

www.vs-verlag.de

VS VERLAG FÜR SOZIALWISSENSCHAFTEN

Abraham-Lincoln-Straße 46
65189 Wiesbaden
Tel. 0611.7878-722
Fax 0611.7878-400

Printed in Great Britain
by Amazon.co.uk, Ltd.,
Marston Gate.